Direito Civil
e Constituição

Anderson Schreiber

Direito Civil e Constituição

SÃO PAULO
EDITORA ATLAS S.A. – 2013

© 2012 by Editora Atlas S.A.

Capa: Leonardo Hermano
Composição: Entexto – Diagramação de textos

Dados Internacionais de Catalogação na Publicação (CIP)
(Câmara Brasileira do Livro, SP, Brasil)

Schreiber, Anderson
Direito civil e constituição /Anderson Schreiber.
São Paulo: Atlas, 2013.

Bibliografia.
ISBN 978-85-224-7718-0
eISBN 978-85-224-7721-0

1. Direito civil 2. Direito civil – Legislação – Brasil I. Título.

13-01000
CDU-347(81)

Índice para catálogo sistemático:

1. Brasil: Direito civil 347(81)

TODOS OS DIREITOS RESERVADOS – É proibida a reprodução total ou parcial, de qualquer forma ou por qualquer meio. A violação dos direitos de autor (Lei nº 9.610/98) é crime estabelecido pelo artigo 184 do Código Penal.

Depósito legal na Biblioteca Nacional conforme Lei nº 10.994, de 14 de dezembro de 2004.

Impresso no Brasil/*Printed in Brazil*

Editora Atlas S.A.
Rua Conselheiro Nébias, 1384
Campos Elísios
01203 904 São Paulo SP
011 3357 9144
atlas.com.br

Sumário

Prefácio, ix

Parte I – Estudos, 1

Teoria Geral do Direito Civil, 3

1   Direito Civil e Constituição, 5
2   Os Direitos da Personalidade e o Código Civil de 2002, 25
3   Abuso do Direito e Boa-fé Objetiva, 49
4   A Representação no Código Civil de 2002, 61
5   A Decadência da Prescrição?, 79

Obrigações e Contratos, 95

6   A Tríplice Transformação do Adimplemento (Adimplemento Substancial, Inadimplemento Antecipado e Outras Figuras), 97
7   O Princípio do Equilíbrio das Prestações e o Instituto da Lesão, 119
8   O Contrato-Fato, 138
9   A Proibição de Comportamento Contraditório, 141
10 Revisão Judicial dos Contratos, 144

Responsabilidade Civil, 149

11 Novas Tendências da Responsabilidade Civil Brasileira, 151

12 Arbitramento do Dano Moral no Código Civil, 173

13 A Perda da Chance na Jurisprudência do Superior Tribunal de Justiça, 192

14 Reparação Não Pecuniária dos Danos Morais, 205

15 *Twitter, Orkut e Facebook* – Considerações sobre a Responsabilidade Civil por Danos Decorrentes de Perfis Falsos nas Redes Sociais, 220

16 A Responsabilidade Civil como Política Pública, 229

Direitos Reais, 241

17 Função Social da Propriedade na Prática Jurisprudencial Brasileira, 243

18 O Ornitorrinco Jurídico: Por uma Aplicação Prática dos §§ 4º e 5º do art. 1.228 do Código Civil, 267

19 Direito à Moradia como Fundamento para a Impenhorabilidade do Imóvel Residencial do Devedor Solteiro, 280

Famílias e Sucessões, 295

20 Famílias Simultâneas e Redes Familiares, 297

21 O Princípio da Boa-Fé Objetiva no Direito de Família, 315

22 Aborto do Feto Anencéfalo e Tutela dos Direitos da Mulher, 331

23 Testamento Biológico e Resolução CFM 1.995/2012, 339

Parte II – Pareceres, 347

24 Direito do Consumidor e Acesso à Saúde: a Questão dos Quimioterápicos Orais, 349

25 Regime Jurídico das Associações e Exercício do Direito de Voto, 356

26 *Venire Contra Factum Proprium* e Interpretação de Estatuto Social, 367

27 Qualificação Contratual e o Chamado Contrato de Locação de Satélites, 380

28 Direito Autoral e o Conceito de Obra Intelectual, 397

29 Solidariedade Passiva e Renúncia Tácita, 405

30 Contrato de Distribuição e Resolução Abusiva, 418

Parte III – Outros escritos, 443

31 O Caso Cicarelli e a Privacidade Perdida, 445

32 Direito ou Alfafa? Primeiras Notas sobre o Ensino Jurídico, 448

33 Dez Anos do Código Civil, 454

34 Biografias Não Autorizadas: Outra Opinião, 456

35 Notas sobre o Dano Moral Coletivo, 459

36 Direito Civil e Direito do Trabalho, 464

37 Direito ao Esquecimento, 466

38 Dano Moral à Pessoa Jurídica: Uma Ideia Fora do Lugar, 469

39 Em Defesa do Direito de Sátira, 474

40 Atualização do Código de Defesa do Consumidor: Lições para o Direito Civil, 480

Referências Bibliográficas, 485

Prefácio

Este livro é dividido em três partes. A primeira reúne estudos desenvolvidos em torno de alguns dos temas mais relevantes do direito civil contemporâneo. Comprometidos com a aplicação direta e com a efetiva realização dos valores constitucionais nas relações privadas, tais estudos revisitam noções basilares da ciência jurídica, como a prescrição, o inadimplemento e o abuso do direito, mas se ocupam sobretudo de novas figuras, como a violação positiva do contrato, as famílias simultâneas, a perda de uma chance, a reparação não pecuniária dos danos morais, o testamento biológico, o direito ao esquecimento e assim por diante. Os textos foram agrupados em áreas específicas (teoria geral, obrigações e contratos, responsabilidade civil, direitos reais, família e sucessões), no intuito de oferecer ao leitor não um apanhado de artigos, mas uma visão sistemática e abrangente das transformações por que passa o direito civil brasileiro.

A segunda parte do livro é composta de pareceres selecionados exclusivamente a partir da sua utilidade para evidenciar a aplicação prática das novas teorias e conceitos contemplados na primeira parte da obra. A análise de casos concretos revela não raro aspectos e nuances que um exame puramente abstrato não permite identificar. Juristas concordam, muitas vezes, no discurso, mas divergem no tratamento de situações reais. A inclusão dos pareceres serve a este propósito: convidar o leitor a examinar a aplicação prática dos conceitos teóricos em casos polêmicos, permitindo-lhe avaliar por si mesmo os efeitos diferenciados das novas construções.

A terceira parte do livro reúne ensaios, palestras e outros textos mais curtos, redigidos muitas vezes em linguagem informal e publicados em jornais, revistas ou *sites* da internet. A maior parte deles foi animada pelo propósito de despertar a atenção do público para alguma nova controvérsia jurídica. São textos breves, mas talvez por isso mesmo exprimam mais precisamente a essência de algumas importantes inovações do direito civil contemporâneo.

Registro, por fim, meu agradecimento aos acadêmicos Fabiana Prestes, Marianna Borges e Alexandre Magno Hortega Barroco, que me ajudaram na seleção dos textos e na revisão dos originais, bem como aos amigos Luiz Hermann Jr., Roberta Densa e Daniel Petroccelli, que me incentivaram a publicar este volume.

Parte I

Estudos

Teoria Geral do Direito Civil

ID
Direito Civil e Constituição[*]

Sumário: 1. O que é (e o que não é) o direito civil-constitucional? 2. Um pouco de história. 3. Fundamentos do direito civil-constitucional. 3.1. Natureza normativa da Constituição. 3.2. Unidade e complexidade do ordenamento jurídico. 3.3. Interpretação com fins aplicativos. 4. O Código Civil brasileiro de 2002: a confirmação da necessidade de um direito civil-constitucional. 5. *Ser e ter*: despatrimonialização, funcionalização e os perigos da má compreensão do direito civil-constitucional. 6. Três desafios para o civilista contemporâneo.

1 O que é (e o que não é) o direito civil-constitucional?

Nos últimos 20 anos, o que era corrente minoritária entre os civilistas brasileiros parece ter se tornado sucesso absoluto de público e crítica. A expressão "direito civil-constitucional", antes restrita a um pequeno círculo acadêmico, aparece hoje em capas de livros, títulos de artigos, ementas de decisões judiciais, programas de concursos públicos e até em panfletos publicitários de cursos preparatórios. Na internet, quem se disponha a procurar encontrará o direito civil-constitucional não apenas nos *sites* jurídicos, mas também na *Wikipedia*, no *Orkut* e até mesmo no *YouTube*. Nesse vasto conjunto de referências, separar o joio do trigo é tarefa árdua. Não faltam pistas falsas e citações enganosas, frutos de mero desconhecimento ou, em alguns casos, de verdadeiro oportunismo. Daí a importância de revisitar, no atual momento, os principais fundamentos dessa metodologia, apresentando-os do modo mais didático possível, a fim de permitir ao leitor compreender o que é (e o que não é) o direito civil-constitucional.

---

[*] Publicado originalmente na *Revista Trimestral de Direito Civil*, v. 48, 2011, p. 3-26.

Para quem busca desde logo um conceito, o direito civil-constitucional pode ser definido como a corrente metodológica que defende a necessidade de permanente releitura do direito civil à luz da Constituição.[1] O termo "releitura" não deve, contudo, ser entendido de modo restritivo. Não se trata apenas de recorrer à Constituição para interpretar as normas ordinárias de direito civil (aplicação indireta da Constituição), mas também de reconhecer que as normas constitucionais podem e devem ser *diretamente* aplicadas às relações jurídicas estabelecidas entre particulares. A rigor, para o direito civil-constitucional não importa tanto se a Constituição é aplicada de modo direto ou indireto (distinção nem sempre fácil).[2] O que importa é obter a máxima realização dos valores constitucionais no campo das relações privadas.

Como se vê, o direito civil-constitucional não é o "conjunto de normas constitucionais que cuida de direito civil", nem se trata tampouco de uma tentativa de esvaziar o direito civil, transferindo alguns de seus temas (família, propriedade etc.) para o campo do direito constitucional. Trata-se, muito ao contrário, de superar a segregação entre a Constituição e o direito civil, remodelando os seus institutos a partir das diretrizes constitucionais, em especial dos valores fundamentais do ordenamento jurídico.

No Brasil, a expressão "direito civil-constitucional" começou a ser empregada a partir da década de 1990, em estudos de dois civilistas pioneiros. Gustavo Tepedino e Maria Celina Bodin de Moraes, recém-chegados da Itália, onde concluíram o curso da prestigiosa *Scuola di Specializzazione in Diritto Civile* da *Università di Camerino*, trouxeram na bagagem uma nova metodologia, apreendida diretamente das lições do seu maior expoente no direito italiano, Pietro Perlingieri: a doutrina do direito civil na legalidade constitucional.[3] Tal corrente de pensamento acabaria se tornando mais conhecida, especialmente entre nós, sob a sintética denominação de direito civil-constitucional.[4] Recor-

---

[1] Nas palavras de Pietro Perlingieri, trata-se da *"rilettura del codice civile e delle leggi speciali alla luce della Costituzione repubblicana"* (*Il diritto civile nella legalità costituzionale*, Nápoles: ESI, 2001, p. 189).

[2] Pietro Perlingieri, *Perfis do Direito Civil – Introdução ao Direito Civil Constitucional*, trad. Maria Cristina De Cicco, Rio de Janeiro: Renovar, 1999, p. 12.

[3] Há dois textos seminais para quem pretenda conhecer mais a fundo a metodologia civil--constitucional: Gustavo Tepedino, *Premissas Metodológicas para a Constitucionalização do Direito Civil*, fruto da aula inaugural proferida no ano acadêmico de 1992 no salão nobre da Faculdade de Direito da UERJ, e publicado em Gustavo Tepedino, *Temas de Direito Civil*, Rio de Janeiro: Renovar, 2004, 3. ed., p. 1-22; e Maria Celina Bodin de Moraes, *A Caminho de um Direito Civil-Constitucional*, publicado na *Revista de Direito Civil, Imobiliário, Agrário e Empresarial*, v. 17, n. 65, Rio de Janeiro, 1993, p. 21-32. Na Itália, além da obra do próprio Perlingieri, merecem registro os estudos desenvolvidos por inúmeros de seus ex-alunos e colegas, como Pasquale Femia, Francesco Prosperi, Vito Rizzo, Rocco Favale, entre outros.

[4] A expressão *"diritto civile costituzionale"* é empregada por Pietro Perlingieri, embora o autor utilize com mais frequência a fórmula *"dottrina del diritto civile nella legalità costituzionale"*. A bem da verdade, a adjetivação sempre foi vista com cautela pelos próprios defensores do direito civil--constitucional. Nesse sentido, Gustavo Tepedino adverte que "a adjetivação atribuída ao direito civil, que se diz *constitucionalizado, socializado, despatrimonializado* [...] poderia parecer desnecessária

dar sua trajetória na Europa e no Brasil ajuda a compreender não apenas a sua histórica importância, mas sobretudo seu rico papel nos dias atuais.

2 Um pouco de história

A ideia de promover a releitura do direito civil à luz das normas constitucionais ganhou corpo na Europa a partir do fim da Segunda Guerra Mundial, quando diversas nações decidiram editar Constituições novas, capazes de refletir seu comprometimento com a preservação da democracia, com a solidariedade social e com a proteção da dignidade humana. Por razões evidentes, tal necessidade foi sentida de modo mais imediato naqueles países cujos regimes autoritários restaram derrotados no conflito mundial.[5] O problema é que os novos textos constitucionais, fundados em uma visão mais humanista e solidária do direito, chocavam-se frontalmente com as codificações civis, ainda inspiradas na ideologia individualista e patrimonialista que havia sido consagrada com a Revolução Francesa e as demais revoluções burguesas dos séculos XVIII e XIX.[6]

Para ficar em um só exemplo, enquanto a maior parte das constituições europeias do pós-guerra aludia à necessidade de que a propriedade privada cumprisse uma "função social" e se "tornasse acessível a todos",[7] as codificações civis continuavam definindo a propriedade como um "direito de gozar e dispor da coisa, de modo pleno e exclusivo", sem qualquer referência a uma função "social".[8] Não se tratava, entenda-se bem, de simples desatualidade das codificações civis, mas de um verdadeiro confronto de valores e ideologias, uma autêntica colisão axiológica entre Constituição e Código Civil.

---

e até errônea. Se é o próprio direito civil que se altera, para que adjetivá-lo? Por que não apenas ter a coragem de alterar a dogmática, pura e simplesmente?" E o próprio autor responde que, "a rigor, a objeção é pertinente, e a tentativa de adjetivar o direito civil tem como meta apenas realçar o trabalho árduo que incumbe ao intérprete. Há de se advertir, no entanto, desde logo, que os adjetivos não poderão significar a superposição de elementos exógenos do direito público sobre conceitos estratificados, mas uma interpenetração do direito público e privado, de tal maneira a se reelaborar a dogmática do direito civil" (*Premissas Metodológicas para a Constitucionalização do Direito Civil*, cit., p. 22).

[5] A Constituição italiana foi promulgada em 1947 e a Constituição alemã foi promulgada em 1949. Em países onde o autoritarismo perdurou, as novas Constituições só viriam algumas décadas mais tarde, como foi o caso da Constituição portuguesa de 1976 e a Constituição espanhola de 1978, frutos da derrubada dos regimes salazarista e franquista, respectivamente.

[6] À burguesia interessava um direito privado que assegurasse ampla liberdade ao indivíduo, permitindo a circulação mais irrestrita possível de bens e mercadorias, em franca oposição às restrições e privilégios nobiliários que caracterizavam o período histórico anterior (*Ancien Régime*). Sobre o tema, ver, por todos, Michele Giorgianni, *O direito privado e as suas atuais fronteiras*, in *Revista dos Tribunais*, v. 747, p. 38.

[7] Ver, por exemplo, Constituição italiana, art. 42.

[8] Código Civil italiano, art. 832.

O confronto ganha contornos mais dramáticos quando se verifica que, ao fim da Segunda Guerra, as Constituições ainda eram vistas como documentos sujeitos a uma forte influência política, instáveis por definição, enquanto as codificações civis eram encaradas como monumentos da lógica jurídica, destinados a perdurar. Na França, por exemplo, o *Code Napoléon* representava (e representa ainda hoje) uma espécie de símbolo nacional. E o Código Civil alemão (BGB), em 50 anos de existência, já havia sobrevivido a nada menos que três Constituições inteiramente diversas entre si.[9]

Por toda a Europa continental, os institutos de direito civil carregavam o prestígio de sua longa tradição histórica, sendo vistos como verdadeiras "instituições", cuja estabilidade era atribuída ora ao gênio dos juristas romanos, ora a um suposto aperfeiçoamento técnico derivado de uma lenta depuração de seu conteúdo ideológico.[10] O próprio processo de codificação e o exacerbado positivismo jurídico haviam contribuído para essa aparência de neutralidade e abstração, difundindo a crença de que a dogmática civilista poderia sobreviver intacta às revoluções políticas e às diferentes ideologias. Assim, no confronto entre os novos valores constitucionais e as regras milenares do direito civil, a imensa maioria dos juristas preferia ater-se a estas últimas.

A metodologia civil-constitucional nasce da convicção oposta: a de que não existe um direito civil "neutro" ou "não histórico".[11] A aparente neutralidade ideológica das codificações civis europeias servia, na verdade, a um projeto bem definido: manter a segurança e a estabilidade dos negócios a salvo de qualquer intervenção, mudança ou crise do Estado, apartando o direito civil do restante do ordenamento jurídico e protegendo-o como espaço da autonomia da vontade, tutelada em si mesmo, independentemente dos fins que a vontade individual se propusesse a perseguir.[12]

Esse forte individualismo do direito civil, que estava longe de ser "neutro", chocava-se agora com o solidarismo humanista consagrado nas novas Constituições. O contexto histórico vinha exigir uma tomada de posição mais clara por parte dos juristas europeus,

---

[9] A Constituição Imperial Alemã de 1849, a Constituição de Weimar de 1919 e, finalmente, a Constituição Alemã de 1949.

[10] Não à toa um dos principais cursos de direito civil brasileiro, de autoria do saudoso Professor Caio Mário da Silva Pereira, intitula-se "Instituições de Direito Civil".

[11] Nas palavras de Pietro Perlingieri, "o conhecimento jurídico é uma ciência jurídica relativa: precisa-se levar em conta que os conceitos e os instrumentos caracterizam-se pela sua relatividade e por sua historicidade. É grave erro pensar que, para todas as épocas e para todos os tempos, haverá sempre os mesmos instrumentos jurídicos" (*Normas Constitucionais nas Relações Privadas*, in *Revista da Faculdade de Direito da UERJ*, n. 6-7, 1998/1999, p. 64). O texto citado é fruto de palestra proferida pelo civilista italiano em 25 de agosto de 1998, no salão nobre da Faculdade de Direito da UERJ.

[12] Nesse sentido, afirmava abertamente Luigi Ferri: "*L'autonomia privata non è un potere conferito al singolo per il perseguimento di uno scopo o di un fine che si imponga ad esso come scopo o fine necessario, non è cioè un potere cui corrisponde una funzione od un ufficio*" (*Nozione giuridica di autonomia privata*, in *Studi in onore di Francesco Messineo – per il suo XXXI anno d'insegnamento*, v. 4, Milão: Dott. A. Giuffrè, 1959, p. 158).

especialmente na Itália e na Alemanha, onde a suposta neutralidade ideológica dos institutos de direito civil havia servido para justificar a estabilidade das relações econômicas e um discurso de preservação da ordem jurídica mesmo sob o autoritarismo feroz dos regimes fascista e nazista.[13] O que vem propor, corajosamente, a metodologia civil-constitucional é que os institutos de direito civil sejam reformulados à luz dos novos valores constitucionais, abandonando-se o misoneísmo habitual da doutrina civilista em prol de uma efetiva reconstrução do direito privado.[14] É, nesse sentido, uma proposta altamente revolucionária, destinada a promover uma alteração profunda nas bases mais arraigadas do direito civil contemporâneo.[15]

Aqui, o leitor poderá se perguntar se o direito civil-constitucional não consiste em uma construção puramente "europeia", um estrangeirismo apto a atender tão somente às necessidades específicas da realidade alheia. A resposta é negativa. Embora a matriz do pensamento civil-constitucional radique fundo no contexto europeu do pós-guerra, é certo que, ressalvadas algumas peculiaridades, a proposta central de releitura do direito civil à luz da Constituição cairia como luva na experiência brasileira das últimas décadas do século XX.[16] Se, na Itália e na Alemanha, a derrubada dos regimes autoritários foi o gatilho para a edição de novas Constituições e a consequente reformulação do direito civil, tal papel coube, no Brasil, ao processo de "redemocratização", que deu fim a um longo e tenebroso período de ditadura militar.

Fruto de um amplo debate democrático, a Constituição brasileira de 1988 elegeu como valores fundamentais da sociedade brasileira a dignidade da pessoa humana, a solidariedade social, a redução das desigualdades, a erradicação da pobreza, entre outros valores de cunho fortemente social e humanista. Ao mesmo tempo, permanecia em vigor o Código Civil de 1916, que, inspirado na filosofia liberal e individualista, seguira, qual servo fiel, a cartilha das codificações europeias dos séculos XVIII e XIX. O conflito de valores entre Código Civil e Constituição tornou-se flagrante em diversos setores do direito privado. No direito de família, por exemplo, a Constituição consagra a igualdade entre homens e mulheres (art. 226, § 5º), enquanto nossa codificação civil continuava a apontar o marido como "chefe da sociedade conjugal" (art. 233). Em outros exemplos marcantes, a Constituição reconhece expressamente a união estável (art. 226, § 3º) e

---

[13] Sobre o tema, ver Orazio Abbamonte, *La Politica Invisibile*, Milão: Giuffré, 2003.

[14] "Os civilistas têm, notoriamente, uma postura intelectual de conservação frente à própria disciplina" (Maria Celina Bodin de Moraes, *O Direito Civil-Constitucional*, in Margarida M. Lacombe Camargo (Org.), *1988-1998: Uma Década de Constituição*, Rio de Janeiro: Renovar, 1998, p. 115).

[15] Não, porém, tão radical quanto outras propostas metodológicas que pretendiam estabelecer um rompimento com qualquer dado normativo. O tema será examinado em detalhe mais adiante.

[16] Também a metodologia civil-constitucional tem, nesse sentido, uma conotação histórica e relativa. Seu forte comprometimento com as normas constitucionais implica necessária variação dos seus resultados conforme o conteúdo da Constituição de cada Estado nacional. Sua aceitação é, evidentemente, maior naquelas situações geopolíticas em que o texto constitucional logra atender à sua genuína vocação: exprimir os valores fundamentais da sociedade na qual se insere.

afirma que "os filhos, havidos ou não da relação do casamento, ou por adoção, terão os mesmos direitos e qualificações, proibidas quaisquer designações discriminatórias relativas à filiação" (art. 227, § 6º). Bem ao contrário, o Código Civil de 1916 diferenciava expressamente os filhos "legítimos" dos "ilegítimos" e só reconhecia como família aquela decorrente do vínculo matrimonial, chancelado pelo Estado (arts. 180 e 355). Para além das colisões específicas, todo o Código Civil permanecia ancorado na ampla liberdade de contratar, no livre exercício da propriedade privada, na responsabilidade civil por culpa, enquanto a Constituição de 1988 funda-se no valor social da livre iniciativa, na função social da propriedade, na socialização dos riscos. A falta de sintonia era brutal.

Também no Brasil, portanto, a constitucionalização do direito civil mostrava-se imperativa e urgente. Encontrou, todavia, forte resistência entre os nossos civilistas, ciosos dos seus conceitos seculares e da sua dogmática imune às instabilidades políticas que, no Brasil, já haviam levado à promulgação de mais de seis Constituições, enquanto o Código Civil de 1916 permanecia único e monolítico. Nesse contexto, remodelar o direito civil à luz da Constituição parecia uma proposta insana e temerária, defendida por alguns poucos professores e alunos, concentrados em sua imensa maioria no Programa de Pós-Graduação da Faculdade de Direito da UERJ.[17]

Foi só com o passar do tempo e a intensa dedicação desses estudiosos pioneiros que a metodologia civil-constitucional conquistou adeptos, consolidando-se no debate acadêmico, difundindo-se Brasil afora e abrindo espaço sob as arcadas das Universidades mais tradicionais.[18] Sua aplicação acabaria consagrada também pela jurisprudência, especialmente pela atuação inovadora do Superior Tribunal de Justiça, que não se furtou a reler o direito civil à luz das normas constitucionais, promovendo alterações significativas no modo de aplicação dos institutos mais tradicionais do direito privado.[19]

Tamanho foi o avanço nos últimos 20 anos que o leitor que chega agora periga acreditar que a obra está pronta. Ledo engano. Sem prejuízo de todo o esforço, há muito ainda por fazer. O direito civil continua impregnado da filosofia do século XVIII, sendo ainda tratado pela maior parte da doutrina e da jurisprudência sob a ótica liberal, individualista, voluntarista e patrimonialista. O que dizer da disciplina das obrigações, do regime matrimonial de bens, das garantias reais e outros setores tão intensamente marcados, ainda hoje, pelos dogmas de outrora? O que dizer do inteiro ramo das sucessões,

---

[17] Fundados e conduzidos por Gustavo Tepedino, os cursos de Mestrado e Doutorado em Direito Civil da Faculdade de Direito da UERJ tornaram-se a *alma mater* da escola civil-constitucional no Brasil. Também é de se registrar a atuação do grupo de pesquisa "Virada de Copérnico", liderado pelo Professor Luiz Edson Fachin, no âmbito do Programa de Pós-Graduação em Direito da Universidade Federal do Paraná, com o qual a escola de direito civil-constitucional do Rio de Janeiro tem mantido longa e profícua relação.

[18] Hoje, novas gerações de civilistas abraçam a metodologia civil-constitucional mesmo naquelas Universidades brasileiras onde a proposta enfrentava maior resistência.

[19] Sobre o tema, ver Ana Frazão e Gustavo Tepedino (Coord.), *O STJ e a Reconstrução do Direito Privado*, São Paulo: Revista dos Tribunais, 2011.

com suas imensas concessões à vontade individual, ou dos direitos da personalidade, ainda encarados por muitos sob o prisma tipificante do direito subjetivo? Quem acha que o direito civil passou por todas as transformações necessárias que vá consultar a grade curricular da imensa maioria das Faculdades de Direito, onde o programa civilístico permanece inalterado desde décadas esquecidas, preso de modo quase irremediável à estrutura do Código Civil revogado ou do Código Civil atual, o que, como se verá mais adiante, dá quase no mesmo.

Não há aqui espaço para ilusões: o direito civil brasileiro continua a exigir e continuará a exigir permanente releitura à luz dos valores constitucionais, como único caminho seguro para a realização do projeto de sociedade traçado pela Constituição de 1988. É claro que o problema se impõe, em alguma medida, em todos os ramos do direito (fala-se, nesse sentido, em constitucionalização do direito administrativo, do direito penal, do direito do trabalho etc.).[20] A situação do direito civil é, contudo, extremamente peculiar, pois não se limita a alterações pontuais de postura, mas impõe a reconstrução do próprio papel do direito civil e da codificação na realidade contemporânea, colocando em xeque noções fundamentais da ciência jurídica, como o direito subjetivo, a autonomia privada e a própria distinção entre direito público e direito privado.

Não foi por outra razão que todo o debate em torno da chamada "constitucionalização" teve início nas trincheiras do direito civil e, ao menos no Brasil, foram os civilistas que defenderam com pioneirismo a aplicação direta das normas constitucionais às relações privadas. Pela própria matéria com que lidam (relações entre particulares), os civilistas foram logo forçados a trazer para o terreno dos fatos as normas constitucionais, fazendo-as incidir diretamente sobre os casos concretos. Tal aplicação direta, sobre a qual ainda controvertem os publicistas,[21] consiste em um dos três principais fundamentos da metodologia civil-constitucional, que se passa a examinar.

---

[20] Ver, por todos, Luis Roberto Barroso, *Neoconstitucionalismo e Constitucionalização do Direito (O Triunfo Tardio do Direito Constitucional no Brasil)*, in *ReRE – Revista Eletrônica sobre a Reforma do Estado*, n. 9, 2007 (www.direitodoestado.com.br/rede.asp).

[21] Há vasta bibliografia, no campo da doutrina publicista, discutindo a aplicação direta das normas constitucionais às relações privadas, em especial a chamada eficácia horizontal dos direitos fundamentais. É de se conferir, em particular, Daniel Sarmento, *A Vinculação dos Particulares aos Direitos Fundamentais no Direito Comparado e no Brasil*, in Luís Roberto Barroso (Org.), *A Nova Interpretação Constitucional: Ponderação, Direitos Fundamentais e Relações Privadas*, Rio de Janeiro: Renovar, 2003, p. 193-284. Para um bom exemplo de diálogo entre publicistas e privatistas nesse campo específico, ver Thiago Luís Santos Sombra, *A Eficácia dos Direitos Fundamentais nas Relações Jurídico-Privadas*, Porto Alegre: Sergio Antonio Fabris, 2004.

3 Fundamentos do direito civil-constitucional

Como toda corrente metodológica, o direito civil-constitucional está sujeito a alguma variação de abordagem e ênfase entre os seus autores.[22] Nenhuma metodologia nasce pronta e acabada, aperfeiçoando-se continuamente. Há, contudo, um núcleo central de premissas teóricas que permite a delimitação dos seus contornos e o mútuo reconhecimento entre os seus adeptos. Há, em outras palavras, alguns pressupostos teóricos fundamentais que caracterizam o direito civil-constitucional e que permitem distingui-lo de outras escolas de pensamento. Conhecer tais pressupostos é imprescindível e, aqui, nada mais seguro que ir às fontes.

Para Pietro Perlingieri, são três os pressupostos teóricos fundamentais da metodologia do direito civil-constitucional: (a) a natureza normativa da Constituição; (b) a complexidade e unidade do ordenamento jurídico e o pluralismo de fontes do direito; e (c) o desenvolvimento de uma renovada teoria da interpretação, de fins aplicativos.[23] Embora indissociáveis sob o prisma metodológico, tais pressupostos podem, para propósitos didáticos, ser examinados em separado.

3.1 Natureza normativa da Constituição

O direito civil-constitucional ancora-se, em primeiro lugar, na eficácia normativa da Constituição. Opõe-se, nesse sentido, à orientação mais tradicional da doutrina civilista brasileira, que ainda enxerga a Constituição como "carta política", ou como norma de conteúdo meramente "programático", dirigida apenas ao legislador. De acordo com esse entendimento tradicional, a Constituição dependeria sempre de uma lei ordinária, como degrau necessário para descer ao mundo dos fatos, e o Código Civil representaria já a concretização definitiva da vontade do constituinte, não restando, após a sua edição, qualquer espaço para incidência direta das normas constitucionais nas relações privadas. Mesmo em caso de "lacuna" do Código Civil, a aplicação direta da norma constitucional somente se faria possível como ultimíssimo recurso, por meio da invocação dos "princípios gerais de direito", a que se refere o art. 4º do Decreto-lei 4.657/1942:

> "Art. 4º Quando a lei for omissa, o juiz decidirá o caso de acordo com a analogia, os costumes e os princípios gerais de direito."[24]

---

[22] Luiz Edson Fachin alude, nesse sentido, às "constitucionalizações" do direito civil, no plural (*Questões de Direito Civil Brasileiro Contemporâneo*, Rio de Janeiro: Renovar, 2008, p. 5).

[23] São os três pressupostos apontados por Pietro Perlingieri em seu estudo *La dottrina del diritto civile nella legalità costituzionale*, publicado na RTDC – Revista Trimestral de Direito Civil, v. 31, 2007, p. 75-86.

[24] Trata-se da antiga Lei de Introdução ao Código Civil, rebatizada como Lei de Introdução às Normas de Direito Brasileiro pela Lei 12.376/2010, que, em exercício patente de inutilidade legislativa, foi editada com o só escopo de alterar a denominação reservada à norma anterior.

Trata-se, na lição de Gustavo Tepedino, de "verdadeira subversão hermenêutica", que acaba por "relegar a norma constitucional, situada no vértice do sistema, a elemento de integração subsidiário, aplicável apenas na ausência de norma ordinária específica e após terem sido frustradas as tentativas, pelo intérprete, de fazer uso da analogia e da regra consuetudinária".[25]

Os princípios constitucionais não se confundem com os "princípios gerais de direito", extraídos por indução de um conjunto de dispositivos específicos do Código Civil. Os princípios constitucionais são normas situadas no vértice do ordenamento jurídico e não podem, por isso mesmo, assumir papel subsidiário ou marginal, especialmente em um campo tão vasto e relevante como o direito civil. O reconhecimento de que os princípios constitucionais são normas aplicáveis (indireta ou diretamente) às relações privadas é indispensável para compreender que o direito civil não representa um mundo à parte, um campo jurídico guiado por valores próprios e autônomos, mas se insere no ordenamento jurídico, que é uno e gravita todo em torno do projeto constitucional.

3.2 Unidade e complexidade do ordenamento jurídico

A unidade e complexidade do ordenamento jurídico consistem no segundo pressuposto fundamental apontado por Perlingieri. As duas expressões (*unidade* e *complexidade*), que poderiam parecer antagônicas em outros contextos, não assumem aqui essa conotação: o ordenamento, por mais que se diversifiquem suas fontes, por mais que se multipliquem suas normas, por mais que se especializem os seus setores, permanece único, unitário, centrado sobre os valores constitucionais.

Com tal abordagem, a metodologia civil-constitucional opõe-se à chamada teoria dos microssistemas, que pretende enxergar o direito privado como uma cadeia de microssistemas autônomos. A teoria dos microssistemas foi defendida na Itália por Natalino Irti, em sua célebre obra *L'età della decodificazione*. Analisando o processo de "descodificação" pelo qual passava o direito privado italiano, com a edição de longos estatutos legislativos que furtavam setores inteiros do campo de incidência do Código Civil (estatuto do inquilinato, estatuto dos contratos bancários etc.), Irti anunciou a substituição do "monossistema jurídico", centrado sobre a codificação civil, por um "polissistema jurídico", formado pelos estatutos legislativos, cada qual guiado pela "sua própria lógica" e editado com a sua "própria linguagem".[26]

A teoria dos microssistemas tem o mérito de destacar a perda de importância do Código Civil como centro gravitacional do direito privado, diante da proliferação de leis especiais, mas o que propõe, a título de solução, é uma perigosa fragmentação do sistema jurídico, que, de um lado, passa a ser guiado por valores de ocasião e, de outro, deixa

---

[25] Gustavo Tepedino, *Crise de Fontes Normativas e Técnica Legislativa na Parte Geral do Código Civil de 2002*, in *Temas de Direito Civil*, t. II, Rio de Janeiro: Renovar, 2006, p. 25.
[26] Natalino Irti, *L'età della decodificazione*, Milão: Dott. A. Giuffrè, 1999, p. 126 (tradução livre).

sem qualquer resposta os inúmeros conflitos que atraem a aplicação simultânea de estatutos diversos, inspirados, muitas vezes, em propósitos antagônicos ou assimétricos.[27]

A compreensão do ordenamento jurídico como mero conjunto de microssistemas policêntricos traz, ainda, o risco de converter o jurista em uma espécie de técnico especializado, fechado em determinado universo normativo. Nesse sentido, Irti chega a defender abertamente que a proliferação de microssistemas assinala "o fim do estudioso enciclopédico do direito privado", exigindo do jurista não mais "a custódia de princípios supremos" ou a "decisão sobre os destinos da sociedade", mas o domínio de "competências circunscritas e limitadas" para o desempenho de "prestações técnicas, destinadas a confluir, juntamente com inúmeras outras, rumo a êxitos distantes que escapam à sua escolha e ao seu controle".[28]

O que o direito civil-constitucional propõe é justamente o oposto dessa fragmentação em microssistemas: a (re)unificação do sistema jurídico em torno dos valores constitucionais, de modo a que cada lei especial seja interpretada e aplicada em conformidade não com uma sua "lógica própria", mas em conformidade com o projeto de sociedade traçado pelo Constituinte. Não se trata tão somente de reconhecer a Constituição como centro formal do qual irradiam as leis especiais – centralidade que, de resto, vem reconhecida pelo próprio Irti com base na hierarquia das fontes[29] –, mas de atribuir aos valores constitucionais uma primazia substancial na interpretação e aplicação das leis especiais, que não devem ser tomadas como sistemas autônomos.[30]

Daí por que, na perspectiva civil-constitucional, o jurista não se converte jamais em um "técnico de microssistemas", como pretende Irti, já que isso significaria transformá-lo em um profissional "acrítico, insensível em relação ao projeto abrangente da sociedade mesmo quando esse, traduzido na máxima lei do Estado – qual seja, a Carta Constitucional –, encontra-se claramente em contradição com grupos de poder ou de pressão".[31]

Defender a unidade do ordenamento jurídico não significa, de modo algum, negar a sua complexidade. Na realidade contemporânea, são fenômenos por demais evidentes

---

[27] Exemplo marcante é o conflito que se estabelece, no Brasil, entre o Código de Proteção e Defesa do Consumidor (Lei 8.078/1990) e a Lei de Arbitragem (Lei 9.307/1996), no tocante à possibilidade ou não de arbitragem para a solução de conflitos entre consumidores e fornecedores.

[28] Natalino Irti, *L'età della decodificazione*, cit., p. 127 (tradução livre).

[29] Natalino Irti, *L'età della decodificazione*, cit., p. 118-120 (tradução livre).

[30] Rejeita-se, assim, a expressão "microssistemas", mesmo sob o disfarce do emprego exclusivamente didático, como bem adverte Gustavo Tepedino: "Em última análise, como o ordenamento jurídico há de ser unitário, a exigir a harmonização das diversas fontes normativas orientada pelos valores constitucionais, rejeita-se a expressão microssistema, mesmo tendo em conta o sentido meramente didático que se quer emprestar à sua utilização no Brasil, diversamente da noção originariamente concebida pela doutrina italiana" (*O direito civil-constitucional e suas perspectivas atuais*, in *Temas de Direito Civil*, t. III, Rio de Janeiro: Renovar, 2009, p. 30).

[31] Pietro Perlingieri, *La dottrina del diritto civile nella legalità costituzionale*, cit., p. 76 (tradução livre).

a proliferação de leis especiais, a multiplicação das próprias fontes do direito, a ampliação dos fatos dotados de relevância normativa. Tudo isso não afasta, mas intensifica, a necessidade de uma *reductio ad unitatem* "por meio do controle de legitimidade, o uso e a aplicação dos princípios constitucionais também nas relações intersubjetivas", como "garantia de sujeição aos valores fundantes do ordenamento jurídico".[32] Para uma missão assim tão ambiciosa, o jurista deve dispor de uma renovada teoria da interpretação jurídica, com fins aplicativos. Trata-se do terceiro pressuposto fundamental indicado por Pietro Perlingieri.

3.3 Interpretação com fins aplicativos

O direito civil-constitucional representa, em larga medida, um novo modo de interpretar o direito civil.[33] A "reinserção" do direito civil em um ordenamento jurídico unitário, irradiado da Constituição, exige que os seus institutos sejam repensados a partir do texto constitucional e dos novos valores ali consagrados. "A mudança de atitude é substancial: deve o jurista interpretar o Código Civil segundo a Constituição e não a Constituição segundo o Código, como ocorria com frequência (e ainda ocorre)."[34] Tamanho redirecionamento exige uma teoria da interpretação jurídica que, diferentemente da tradicional, não se limite a uma operação formalista, por meio da fria subsunção da situação fática à norma que a descreve de modo mais minucioso, mas que se mostre comprometida com a aplicação de todo o ordenamento jurídico a cada caso concreto, em uma busca permanente pela máxima realização dos seus valores fundamentais. "É neste sentido que se deve entender o real e mais profundo significado, marcadamente axiológico, da chamada constitucionalização do direito civil."[35]

Aqui, o papel do intérprete se transforma radicalmente: deixa de ser *la bouche da la loi* (a boca da lei) para passar a exercer uma atividade essencialmente "criadora, no sentido de que manifesta historicamente os valores do ordenamento, individua a normativa idônea, constitui um precedente doutrinal e jurisprudencial com uma sua autoridade ou um seu peso nas elaborações sucessivas da jurisprudência e da ciência; julga a compatibilidade da norma ao caso concreto".[36] O aspecto criativo da interpretação não é, con-

---

[32] Pietro Perlingieri, *La dotrtina del diritto civile nella legalità costituzionale*, cit., p. 76-77 (tradução livre).

[33] Em sentido semelhante, afirma Maria Cristina De Cicco em prefácio à edição brasileira dos *Perfis do Direito Civil* (de Pietro Perlingieri): "Trata-se de uma renovação dos estudos privatísticos através da influência da Constituição sobre o Direito Civil que leva a um modo novo de abordar os problemas e de raciocinar sobre a sua solução."

[34] Paulo Lôbo, *Direito Civil – Parte Geral*, São Paulo: Saraiva, 2009, p. 36.

[35] É a lição de Maria Celina Bodin de Moraes, *O Princípio da Dignidade Humana*, in *Princípios do Direito Civil Contemporâneo*, Rio de Janeiro: Renovar, 2006, p. 3.

[36] Pietro Perlingieri, *Perfis do Direito Civil*, cit., p. 81.

tudo, livre, como sugerem outras escolas de pensamento (*e. g.*, escola do direito livre e direito alternativo), mas "vinculada mais especificamente às escolhas e aos valores do ordenamento", sendo, por isso mesmo, passível de controle, por meio da análise da sua necessária motivação.[37]

Em outras palavras: o direito civil-constitucional não aprisiona o intérprete na literalidade da lei, como pretendia a escola da exegese com seu exacerbado positivismo, nem o deixa livre para criar o direito a partir dos seus próprios instintos e opiniões, como propõem a escola do direito livre e o direito alternativo. Reconhece-lhe um papel criativo, mas sempre vinculado à realização dos valores constitucionais. É certo que a transposição desses valores, enunciados em termos genéricos, ao caso concreto exigirá uma compreensão histórico-social e até mesmo cultural, que é, por definição, relativa, mas que, sendo necessariamente motivada, será passível de controle, discussão e revisão em perspectiva técnica, com base em um parâmetro mais seguro (os valores consagrados no texto constitucional) que o mero sentimento de justiça ou concepção de mundo de cada intérprete.

Com isso, o direito civil-constitucional assegura que a interpretação jurídica será exercida com propósito unitário, vinculado aos valores fundantes de cada sociedade, e não aos interesses e opiniões de cada um. Garante, ademais, que o jurista não atuará de modo isolado, empregando técnicas formais para aplicar certo dispositivo legal a uma situação fática qualquer, indiferente ao que o ordenamento projeta para a sociedade como um todo. A interpretação jurídica não pode ser tratada como procedimento lógico apartado da avaliação dos resultados da aplicação do direito, mas deve, ao contrário, perseguir sempre a concretização do plano constitucional, respeitando a "hierarquia das fontes e dos valores, em uma acepção necessariamente sistemática e axiológica".[38]

4 O Código Civil brasileiro de 2002: a confirmação da necessidade de um direito civil-constitucional

Há quem afirme que o direito civil-constitucional tornou-se "desnecessário" no Brasil, diante da edição de um novo Código Civil. Como se a eficácia normativa das normas constitucionais somente se justificasse diante da idade avançada do Código Civil anterior. Muito ao contrário: o que a metodologia civil-constitucional propõe não é uma releitura exigida pelo envelhecimento da codificação, mas uma releitura permanente, voltada à máxima realização dos valores constitucionais nas relações privadas. A edição de uma nova codificação civil não suprime nem atenua o papel da Constituição. A atuação do

---

[37] Idem. O direito civil-constitucional não se identifica, portanto, com a "Teoria do Caos" ou com outras linhas de pensamento segundo as quais "a mobilidade é a única certeza", como sugere o confuso verbete dedicado ao direito civil-constitucional no *site Wikipedia*.
[38] Pietro Perlingieri, *La dottrina del diritto civile nella legalità costituzionale*, cit., p. 77.

legislador ordinário não substitui o projeto constitucional, nem isenta o intérprete de buscar a permanente adequação do direito civil aos valores constitucionais.

A alegação de que a metodologia civil-constitucional teria perdido sua utilidade diante do novo Código Civil mostra-se ainda mais infundada porque a codificação civil de 2002 tem muito pouco de realmente novo.[39] Seu texto repete substancialmente aquele do Código Civil de 1916, já tendo sido chamado de "cópia mal feita" do seu antecessor.[40] Fruto de projeto elaborado na década de 70, durante o período mais severo da ditadura militar brasileira, o novo Código Civil chega com um atraso de mais de três décadas – quando a conveniência de uma nova codificação já era vista com reservas[41] – e em flagrante descompasso com a Constituição.[42] Sua aprovação foi recebida pela melhor doutrina como "um duro golpe na recente experiência constitucional brasileira".[43] Aos juízes, aos advogados, ao intérprete, de modo geral, restou "a espinhosa tarefa de temperar o desastre, aplicando diretamente o Texto Constitucional, seus valores e princípios, aos conflitos de direito civil, de modo a salvaguardar o tratamento evolutivo que tem caracterizado as relações jurídicas do Brasil contemporâneo".[44]

Não faltam oportunidades para isso. No campo do direito de família, por exemplo, o Código Civil de 2002 não trouxe uma palavra sobre a união homoafetiva, o que levou o Supremo Tribunal Federal a reservar uma interpretação constitucional ao art. 1.723 da codificação civil, de modo a estender a disciplina da união estável aos casais homos-

---

[39] O Código Civil de 2002 é fruto de projeto elaborado sob o período mais duro da ditadura militar brasileira. A comissão encarregada da tarefa, embora formada por juristas brilhantes, trabalhou sob a expressa premissa de "não dar guarida no Código senão aos institutos e soluções normativas já dotados de certa sedimentação e estabilidade" (Miguel Reale, *O Projeto de Código Civil – Situação Atual e Seus Problemas Fundamentais*, São Paulo: Saraiva, 1986, p. 76). Passadas três décadas, sua aprovação veio sem uma efetiva discussão com a sociedade civil, o que agravou ainda mais a sua desatualidade.

[40] Maria Celina Bodin de Moraes, *O Direito Civil-Constitucional*, cit., p. 127.

[41] "No Brasil, o desencanto com a codificação alcançou os civilistas que já haviam participado de outras tentativas de novas codificações civis, no início da década de sessenta do século XX, a exemplo de Orlando Gomes e Caio Mário da Silva Pereira. O Código Civil de 2002 não conseguiu estancar essa linha de tendência, o que deixa no ar a pertinência de sua utilidade, em sociedade com intensas mudanças" (Paulo Lôbo, *Direito Civil – Parte Geral*, cit., p. 13-14).

[42] Não faltaram alertas ao Congresso Nacional, como se vê de Luiz Edson Fachin e Carlos Eduardo Pianovski Ruzyk, *Um Projeto de Código Civil na contramão da Constituição*, in *RTDC – Revista Trimestral de Direito Civil*, v. 4, 2000, p. 243-263.

[43] Gustavo Tepedino, *O Novo Código Civil: Duro Golpe na Recente Experiência Constitucional Brasileira*, editorial à *RTDC – Revista Trimestral de Direito Civil*, v. 7, 2001, que, com alguma esperança, concluía: "Do Presidente da República espera-se o gesto nobre, que o fará entrar para a História como um grande estadista: o veto integral ao projeto."

[44] Idem.

sexuais.⁴⁵ No campo dos contratos, o Código Civil de 2002, repetindo acriticamente a codificação anterior, manteve a norma que prevê a prisão civil do depositário infiel (art. 652), situação contrária ao tecido constitucional após a celebração do Pacto de San José da Costa Rica, conforme também já reconheceu o Supremo Tribunal Federal.⁴⁶ No campo dos direitos da personalidade, o legislador civil autorizou o tratamento médico compulsório, vedando-o apenas diante de "risco de vida" (art. 15), situação que revela flagrante equívoco e total dissonância com a axiologia constitucional, que protege a dignidade humana como valor fundamental do ordenamento jurídico.⁴⁷

Como se vê, o Código Civil de 2002 não afastou (nem poderia) a necessidade de aplicação da Constituição às relações privadas. Ao revés, reforçou-a, pois, sob o disfarce da novidade legislativa, a codificação de 2002 oculta a ideologia do passado. O patrimonialismo, o individualismo, o liberalismo, o voluntarismo continuam vivamente presentes no texto do "novo" Código Civil, em franca oposição ao solidarismo humanista consagrado no texto constitucional. A aparência de novidade não deve, portanto, nos iludir.⁴⁸ Mais do que nunca, impõe-se a releitura do direito civil à luz da Constituição.

5 *Ser* e *ter*: despatrimonialização, funcionalização e os perigos da má compreensão do direito civil-constitucional

A Constituição brasileira de 1988 não poderia ter sido mais clara em relação ao seu projeto de sociedade. No título dedicado aos seus princípios fundamentais, inseriu "a dignidade da pessoa humana" e "a cidadania" (art. 1º, II e III). Aludiu ao trabalho e à livre iniciativa, mas sob a expressa perspectiva do seu "valor social" (art. 1º, IV). Elegeu, ainda, como objetivos fundamentais da República a construção de "uma sociedade livre, justa e solidária", impondo a erradicação da "pobreza" e da "marginalização", além da redução das "desigualdades sociais e regionais".

O constituinte não agasalhou expressamente, como fizeram outras constituições, o sistema capitalista de produção, mas tampouco o rejeitou. Garantiu o "direito de pro-

---

⁴⁵ STF, ADI 4277 e ADPF 132, julgadas conjuntamente em sessão histórica encerrada em 5.5.2011 e iniciada um dia antes.

⁴⁶ STF, Súmula Vinculante n. 25, editada em 16.12.2009: "É ilícita a prisão civil de depositário infiel, qualquer que seja a modalidade do depósito."

⁴⁷ Sobre o tema, seja consentido remeter a Anderson Schreiber, *Os Direitos da Personalidade e o Código Civil de 2002*, in *Diálogos sobre Direito Civil*, v. II, Gustavo Tepedino e Luiz Edson Fachin (Coord), Rio de Janeiro: Renovar, 2008, p. 231-264.

⁴⁸ Como adverte Gustavo Tepedino, "mostra-se inquietante que setores nostálgicos do voluntarismo queiram aproveitar a chegada do Código Civil de 2002 para considerar desnecessário, a partir de agora, todo o esforço hermenêutico de compatibilização das fontes normativas em torno da Constituição da República" (*Normas Constitucionais e Direito Civil na Construção Unitária do Ordenamento*, in *Temas de Direito Civil*, t. III, Rio de Janeiro: Renovar, 2009, p. 17).

priedade", mas se apressou em acrescentar que "a propriedade atenderá a sua função social" (art. 5º, XXII e XXIII). No capítulo dedicado aos "princípios gerais da atividade econômica" não apenas voltou a mencionar a função social da propriedade, mas também aludiu à "defesa do consumidor", à "defesa do meio ambiente", à "busca do pleno emprego" e, mais uma vez, à "redução das desigualdades sociais e regionais". Com isso, afirmou que a atividade econômica não é protegida em si mesma, mas tão somente enquanto instrumento de outros valores, de cunho existencial. Foi o que estampou, com incontestável clareza, no seu art. 170:

> "Art. 170. A ordem econômica, fundada na valorização do trabalho humano e na livre iniciativa, tem por fim assegurar a todos existência digna, conforme os ditames da justiça social [...]."

Diante desse quadro constitucional, não pode haver dúvida de que proceder a uma releitura do direito civil à luz da Constituição é tarefa que implica necessariamente em uma "despatrimonialização" dos seus institutos tradicionais. Com o termo "despatrimonialização" não se projeta "a expulsão" ou "a redução quantitativa do conteúdo patrimonial no sistema jurídico e naquele civilístico em especial", porque, em primeiro lugar, "o momento econômico, como aspecto da realidade social organizada, não é eliminável".[49] Além disso, a Constituição brasileira, como se viu, não repeliu a livre iniciativa, nem repugnou a propriedade privada. O que fez foi atrelar o exercício dessas situações jurídicas à realização de valores sociais. A mudança é, portanto, qualitativa.[50] Trata-se não de asfixiar a aspiração econômica, nem de lhe impor meros limites externos ou excepcionais, mas sim de lhe atribuir uma nova justificativa, uma nova razão legitimadora, que não pode ser vista como premissa dada, mas que deve ser encarada como uma *nova função* para a atividade econômica concretamente desenvolvida na realidade social.[51]

A funcionalização dos institutos de direito civil à realização de valores sociais está longe de ser coisa nova. León Duguit, Maurice Hariou e tantos outros autores célebres já defendiam, na segunda metade do século XIX, o reconhecimento de uma "função social" como modo de substituir ou temperar os contornos individualistas do direito subjetivo.[52]

---

[49] Pietro Perlingieri, *Perfis do Direito Civil*, cit., p. 33.
[50] No ensinamento de Luiz Edson Fachin: "Não se trata apenas de voltar a reconhecer que o trabalho justifica o patrimônio. Trata-se, isso sim, de ressaltar que a titularidade das coisas não pode ser um fim em si mesmo" (*Estatuto Jurídico do Patrimônio Mínimo*, Rio de Janeiro: Renovar, 2001, p. 305-306).
[51] Nessa direção, Carlos Nelson Konder indica, como uma das características do direito civil-constitucional, "privilegiar o perfil funcional dos institutos em detrimento do perfil estrutural", atitude que é "decorrência necessária da primazia do texto constitucional, que converte a normativa civil em instrumento para a realização de seus preceitos" (*Contratos Conexos – Grupos de Contratos, Redes Contratuais e Contratos Coligados*, Rio de Janeiro: Renovar, 2006, p. 15).
[52] José Fernando de Castro Farias, *A Origem do Direito de Solidariedade*, Rio de Janeiro: Renovar, 1998, especialmente p. 187-195 e 221-277.

A partir daí, a doutrina civilista passaria a distinguir a estrutura (*como funciona*) e a função (*para que serve*) dos institutos jurídicos, reconhecendo neste último aspecto a verdadeira justificativa da sua proteção pelo ordenamento. Na conhecida lição de Salvatore Pugliatti, a função é a "razão genética do instituto" e, por isso mesmo, seu real elemento caracterizador.[53] A função corresponde ao interesse que o ordenamento visa proteger por meio de um determinado instituto jurídico e, por isso mesmo, predetermina, nas palavras do Professor de Messina, a sua estrutura.[54]

A sofisticada construção obriga os juristas, e especialmente os civilistas, a se perguntarem: qual o papel que o ordenamento reserva a cada instituto jurídico? Por que a ordem jurídica atual o preserva? Abandona-se, com essas indagações, a postura sonolenta que tomava os institutos jurídicos como colocados à livre disposição do sujeito de direito. Evidencia-se a necessidade de que o exercício dos direitos atenda a uma finalidade maior que a simples vontade individual. Daí a consagração do termo "função social", que produziu verdadeira revolução no tratamento dispensado pelo direito civil à propriedade privada,[55] e que, hoje, se espraia para a empresa, para o contrato e para outros institutos.[56]

O que a metodologia civil-constitucional enfatiza, nessa seara, é justamente a necessidade de que os institutos jurídicos de direito civil, outrora compreendidos como meros instrumentos de perseguição do interesse particular, sejam redirecionados à realização dos valores constitucionais, em especial à realização da solidariedade social e da dignidade da pessoa humana. É nesse sentido que se afirma que o direito civil-constitucional se caracteriza pelo "decisivo predomínio das situações existenciais sobre as situações patrimoniais".[57] Daí afirmarem alguns autores, em fórmula sintética, que o *ser* prevalece sobre o *ter*. A ideia, contudo, deve ser bem compreendida.

O direito civil-constitucional *não* propõe uma segregação absoluta entre situações existenciais e situações patrimoniais. Numa reversão da perspectiva histórica do direito privado, que se interessava pelo sujeito de direito apenas sob o prisma patrimonial (o proprietário, o testador, o contratante), a metodologia civil-constitucional vem exigir

---

[53] Salvatore Pugliatti, *La Proprietà nel Nuovo Diritto*, Milão: Dott. A. Giuffrè, 1964, p. 300.

[54] "*Non soltanto la struttura per sè conduce inevitabilmente al tipo che si può descrivere, ma non individuare, bensì inoltre la funzione esclusivamente è idonea a fungere da criterio d'individuazione: essa, infatti, dà la ragione genetica dello strumento, e la ragione permanente del suo impiego, cioè la ragione d'essere (oltre a quella di essere stato). La base verso cui gravita e alla quale si collegano le linee strutturali di un dato istituto, è costituita dall'interesse al quale è consacrata la tutela. L'interesse tutelato è il centro di unificazione rispetto al quale si compongono gli elementi strutturali dell'istituto*" (Salvatore Pugliatti, *La Proprietà nel Nuovo Diritto*, cit., p. 300).

[55] Constituição, arts. 182 e 186, entre outros.

[56] No Código Civil brasileiro, ver notadamente o art. 421: "A liberdade de contratar será exercida em razão e nos limites da função social do contrato."

[57] Gustavo Tepedino, Maria Celina Bodin de Moraes e Bruno Lewicki, *O Código Civil e o Direito Civil Constitucional*, editorial à *Revista Trimestral de Direito Civil – RTDC*, v. 13, 2003, p. iii.

que a pessoa passe a ser valorizada pela sua condição humana.[58] O *ter* deixa, assim, de ser um valor em si mesmo para se tornar mero instrumento de realização do *ser*. A atividade econômica passa a estar subordinada ao atendimento de valores não econômicos, como a solidariedade social, a igualdade substancial e a dignidade da pessoa humana.

Não há, como se vê, segregação, mas funcionalização do *ter* ao *ser*. Uma rígida distinção entre relações jurídicas patrimoniais e relações jurídicas existenciais seria, em primeiro lugar, impossível. Como aspecto da vida social, o patrimônio está direta ou indiretamente envolvido na imensa maioria das relações privadas. A relação de paternidade, por exemplo, impõe, a um só tempo, deveres existenciais (criação, educação etc.) e patrimoniais (alimentos, sucessão etc.).[59] O que releva não é a distinção, mas a subordinação de todos esses deveres ao melhor interesse do menor, consagrado no art. 227 da Constituição.[60] Do mesmo modo, a impenhorabilidade do bem de família é instrumento tipicamente patrimonial, mas voltado à realização do direito à moradia, manifestação inegável da dignidade humana, valor existencial por excelência.[61]

Dividir o direito civil, colocando, de um lado, os institutos patrimoniais e, de outro, os institutos existenciais seria, além de artificioso, contrário ao objetivo central da metodologia civil-constitucional, que é a subordinação de *todo o direito civil* ao atendimento dos valores existenciais consagrados na norma fundamental do ordenamento jurídico brasileiro. A dicotomia entre o *ser* e o *ter* serve apenas para evidenciar, de modo didático, que a ideologia patrimonialista que marcava a codificação civil de 1916 e ainda marca o Código Civil de 2002 não pode prevalecer sobre os valores existenciais consagrados na Constituição, sob pena de uma inversão sistemática e axiológica.

O problema está, a rigor, em identificar *como* e *de que modo* os institutos jurídicos estruturados sob uma lógica puramente patrimonial devem ser adequados à nova tábua de valores constitucionais. A Constituição, como já se disse, não reprime a atividade econômica ou o ganho patrimonial, mas lhe atribui um valor social, consubstanciado no fim de "assegurar a todos existência digna, conforme os ditames da justiça social".

---

[58] "Na concepção clássica do Direito Privado, a pessoa humana é valorizada pelo que tem e não por sua dignidade como tal" (Jussara Meirelles, *O ser e o ter na codificação civil brasileira: do sujeito virtual à cláusula patrimonial*, in Luiz Edson Fachin, *Repensando os Fundamentos do Direito Civil Brasileiro Contemporâneo*, Rio de Janeiro: Renovar, 2000, p. 95).

[59] Código Civil, arts. 1.634 e 1.696, entre outros.

[60] "Art. 227. É dever da família, da sociedade e do Estado assegurar à criança, ao adolescente e ao jovem, com absoluta prioridade, o direito à vida, à saúde, à alimentação, à educação, ao lazer, à profissionalização, à cultura, à dignidade, ao respeito, à liberdade e à convivência familiar e comunitária, além de colocá-los a salvo de toda forma de negligência, discriminação, exploração, violência, crueldade e opressão."

[61] Sobre o tema, ver Anderson Schreiber, *Direito à Moradia como Fundamento para a Impenhorabilidade do Imóvel Residencial do Devedor Solteiro*, in *Diálogos sobre Direito Civil – Construindo a Racionalidade Contemporânea*, Rio de Janeiro: Renovar, 2002, p. 77-98.

Ao civilista incumbe perseguir, em cada recanto do direito civil, o modo mais efetivo de realizar esse escopo constitucional. A elevada missão encerra desafios.

6 Três desafios para o civilista contemporâneo

A presunção de conhecimento das leis, estampada no art. 3º do Decreto-lei 4.657/1942,[62] jamais soou tão irreal. Não há, nem mesmo entre os juristas mais esforçados, quem seja capaz de conhecer, por inteiro, o vasto universo de tratados internacionais, convenções, leis complementares, leis ordinárias, legislações estaduais, legislações municipais, sem falar na enxurrada de resoluções, portarias, pareceres normativos e outras normas infralegais emitidas com impressionante desenvoltura pelos órgãos (cada vez mais numerosos) da Administração Pública, em todos os níveis e esferas de governo.

Extrai-se daí o primeiro desafio para o civilista contemporâneo: não se deixar seduzir, em meio à imensidão (às vezes, assustadora) do oceano normativo, pelo simplismo da norma mais específica, resolvendo toda uma controvérsia à luz de um único artigo de lei, quando cada conflito deve, ao contrário, ser solucionado "à luz do inteiro ordenamento jurídico, e, em particular, de seus princípios fundamentais, considerados como opções de base que o caracterizam".[63] Um provimento da Corregedoria Geral de Justiça pode descrever com minuciosa precisão a situação fática que o civilista tem diante de si, atribuindo-lhe um determinado efeito. Nem por isso pode o civilista deixar de verificar se tal efeito é o que realiza de modo mais efetivo, naquelas circunstâncias, o projeto constitucional.

O segundo desafio para o civilista contemporâneo nasce do perigo oposto. Diante da percepção de que nem mesmo a intensa produção legislativa é capaz de dar conta de todas as novas situações sociais, o legislador se vale cada vez mais de cláusulas gerais, conceitos jurídicos indeterminados e outras normas de conteúdo aberto, que permitem atribuir alguma disciplina normativa às situações novas e imprevistas.[64] Isso sem falar no recurso cada vez mais frequente aos princípios. Nesse cenário, compete ao civilista evitar que essas normas de enunciado aberto sejam convertidas em argumentos de ocasião, para justificar de modo puramente retórico as convicções pessoais das partes ou do julgador. O resultado disso seriam decisões incoerentes e um clima generalizado de insegurança e descrédito em relação ao sistema jurídico.

Daí a importância do método, para além da metodologia. A aplicação direta de normas de elevado grau de abstração exige um exercício de identificação de parâmetros a

---

[62] "Art. 3º Ninguém se escusa de cumprir a lei, alegando que não a conhece."
[63] Pietro Perlingieri, *Perfis do Direito Civil*, cit., p. 5.
[64] Para mais detalhes sobre essas espécies de normas e sua distinção, ver Karl Engisch, *Introdução ao Pensamento Jurídico*, Lisboa: Fundação Calouste Gulbenkian, 1996, especialmente p. 208-255.

serem empregados na especificação concreta do seu conteúdo.[65] A uniformidade e a segurança serão tanto maiores quanto mais se tiver avançado no consenso em torno destes parâmetros. Trata-se de um processo gradativo, uma genuína "reconstrução" do direito privado, em que cada novo passo é fruto do anterior. Teorias pontuais e aventureiras, outrora festejadas como espasmos de equidade ou vias excepcionais de oxigenação de um sistema que permanecia intacto em sua essência, perdem espaço diante de um esforço abrangente de reformulação do direito civil, a partir da aplicação técnica, coerente e rigorosa de normas outrora tidas como "meramente programáticas", em especial os princípios constitucionais.[66]

Registre-se, a propósito, que nada está mais distante da metodologia civil-constitucional que a invocação irresponsável da "dignidade humana", para sustentar demandas indenizatórias de caráter frívolo, ou a menção oportunista à "função social do contrato" no afã de justificar o descumprimento de deveres contratuais legitimamente assumidos. A metodologia civil-constitucional reclama a aplicação dos princípios constitucionais, mas tal aplicação se dá necessariamente de modo técnico e criterioso, por meio de uma fundamentação controlável, ancorada no dado normativo. A invocação velhaca dos valores constitucionais nada tem de civil-constitucional: é patifaria intelectual, que, longe de privilegiar, esvazia a densidade das normas fundantes do ordenamento jurídico brasileiro.

Entre esses dois extremos, equilibra-se o civilista contemporâneo. Precisa escapar tanto do legalismo restrito, que o converte em mero reprodutor de normas cada vez mais específicas e numerosas, quanto do subjetivismo jurídico, que compromete a uniformidade na aplicação da lei (garantia da legalidade) e o impede de encontrar na sua tarefa uma unidade de ação, consubstanciada em um projeto de sociedade futura. É esse equilíbrio que oferece a metodologia civil-constitucional. Nem o "sono dogmático", nem as "esbórnias ideológicas", o direito civil-constitucional exprime um "positivismo ético", que, sem renunciar ao dado normativo, funda-se na primazia dos valores consagrados no texto constitucional.[67]

---

[65] Nessa direção, ensina Gustavo Tepedino que a técnica das cláusulas gerais imposta pela contemporaneidade "reclama, necessariamente, uma definição normativa (narrativa) de critérios interpretativos coerentes com a *ratio* do sistema" (*O Código Civil, os Chamados Microssistemas e a Constituição: Premissas para uma Reforma Legislativa*, cit., p. 10).

[66] Transcreva-se a sexta (e quiçá mais importante) proposição da *Carta de Curitiba*, documento-síntese do VIII Encontro UFPR-UERJ dos Núcleos de Pesquisa em Direito Civil: "Necessário se faz refletir sobre as dimensões metodológicas e axiológicas da constitucionalização do Direito Civil, de modo a assegurar a unicidade do ordenamento, a supremacia da Constituição e a construção de critérios que permitam aferir o substrato axiológico dos princípios constitucionais, visando à sua efetividade" (íntegra publicada no editorial da *RTDC*, v. 44, 2010, p. vi).

[67] Pietro Perlingieri, *Il diritto civile nella legalità costituzionale*, cit., p. 61. Significativo, a propósito, o título escolhido por Natalino Irti para a passagem que dedica a Perlingieri em belo ensaio sobre quatro juristas do seu tempo: "[...] *Pietro Perlingieri o dei valori*" (*Quattro giuristi del nostro tempo*, in *Scuole e figure del diritto civile*, Milão: Giuffrè, 2002, p. 423-439).

O terceiro desafio para o civilista contemporâneo diz respeito não ao modo, mas ao resultado da sua atuação. Cumpre-lhe realizar a vocação do direito civil, vocação que se confirma na experiência jurídica contemporânea, mas que não deixa, em certa medida, de se comunicar com as remotas origens do *ius civile*, como instrumento de proteção dos direitos do homem na vida comum.[68] A partir da releitura constitucional, retoma-se, sob renovadas e ampliadas vertentes, toda a tradição dos "direitos civis" na reconstrução de um ramo do direito destinado a garantir o pleno desenvolvimento do ser humano e a tutelá-lo em suas mais essenciais manifestações.[69]

Da tutela dos direitos da personalidade (integridade corporal, privacidade, imagem etc.) em face das novas tecnologias (clonagem, internet, mídia etc.) à proteção da liberdade afetiva expressa no pluralismo familiar (uniões estáveis, uniões homoafetivas etc.), passando pela reformulação da responsabilidade civil (reparação integral, responsabilidade objetiva por atividades de risco), dos direitos reais (função social da propriedade, função social da posse), do direito das obrigações (solidariedade contratual, tutela da confiança) e do direito das sucessões (fertilização *in vitro*, testamento biológico), toda a imensa revolução por que vem passando o direito civil brasileiro destina-se a promover a emancipação do homem comum, suprimindo modelos jurídicos ultrapassados e assegurando sua autonomia pessoal em face dos esquemas massificados da realidade contemporânea. Se esse novo direito civil realizará sua vocação histórica é indagação cuja resposta transcende emblemas e escolas. Toda ajuda será muito bem-vinda.

---

[68] "O Direito Civil reapropria-se, por alguns aspectos e renovadas formas, da sua originária vocação de *ius civile*, destinado a exercer a tutela dos direitos 'civis' em uma nova síntese – cuja consciência normativa tem importância histórica – entre as relações civis e aquelas econômicas e políticas" (Pietro Perlingieri, *Perfis do Direito Civil*, cit., p. 34).

[69] "Ao fim e ao cabo, trata-se de restaurar a primazia da pessoa humana também no contexto que a ela mais diz respeito, na ordem jurídica que regula as suas relações mais importantes, justamente porque são as relações que lhe tocam mais de perto, isto é, no direito civil" (Maria Celina Bodin de Moraes, *Constituição e Direito Civil: Tendências*, in *Revista dos Tribunais*, n. 779, São Paulo, 2000, p. 63).

2

Os Direitos da Personalidade e o Código Civil de 2002*

Sumário: 1. Sob o vestido esvoaçante da codificação. 2. O direito ao próprio corpo nas pistas de *Baja Beach*. O art. 13 do Código Civil e a insuficiência de seus critérios. Bons costumes e *body art*. A insuficiência da redução permanente à integridade física e o caso Gloria Trevi. Tutela das partes destacadas do corpo: do Vampiro Somoza ao caso Moore. Os *amputees-by-choice* e a supervalorização da verdade médica. 3. O direito à imagem e a Coroa Britânica. Públicos recônditos sob a mira das câmeras: tanto mar e tão pouco. O caso Maitê Proença e a nudez festejada. O art. 20 do Código Civil sob vaias proibidas. 4. O direito à privacidade na era do BBB. A biografia não autorizada do Rei e a vida privada do Mago. Os atributos de Mané Garrincha e a invocação da privacidade pelos herdeiros do retratado. A proteção de dados pessoais nos tempos do Orkut e do *no-fly list*. O art. 21 do Código Civil e a irreal inviolabilidade da privacidade no Brasil. 5. À guisa de conclusão. A igreja do diabo e o problema da limitação voluntária ao exercício dos direitos da personalidade. Franjas de seda em capas de algodão.

1 Sob o vestido esvoaçante da codificação

– A gente nem sabe como subiu tanto assim... – com estas palavras um assessor de Juliana Paes procurou explicar como a atriz, após inofensivo rodopio com um vestido esvoaçante, acabou, no dizer dos jornais, "flagrada sem calcinha", durante a divulgação de um pro-

---

* Publicado originalmente em *Diálogos sobre Direito Civil*, v. II, Gustavo Tepedino e Luiz Edson Fachin (Org.), Rio de Janeiro: Renovar, 2008, p. 231-264. Muitas das ideias lançadas de modo pioneiro neste artigo foram retomadas e aprofundadas em Anderson Schreiber, *Direitos da Personalidade*, São Paulo: Atlas, 2013, 2ª edição.

duto de beleza na *Beauty Fair*, em São Paulo, em setembro de 2006.[1] A imagem, captada distraidamente por um fotógrafo que procurava registrar o gesto da musa em sua plenitude, foi difundida na internet e alcançou recordes de popularidade que só se situaram abaixo daqueles atingidos por outro episódio semelhante, dessa vez protagonizado pela modelo Daniela Cicarelli, cuja intimidade praiana acabou filmada por um *paparazzo*[2] e lançada no universal *YouTube*.[3] A indiscrição foi conduzida ao Poder Judiciário, que, em criticada atitude, chegou a ordenar o bloqueio do acesso ao *site* em sua totalidade, deflagrando protestos de milhares de internautas,[4] e revelando os desastrados efeitos da falta de domínio de parte da magistratura brasileira em relação às novas tecnologias.[5]

---

[1] *Juliana Paes sem calcinha: os caminhos da notícia*, reportagem de Bob Fernandes publicada em 8 de setembro de 2006 na *Terra Magazine* (terramagazine.terra.com.br).

[2] A expressão tem origem no nome do personagem Paparazzo, interpretado por Walter Santesso, no filme *La Dolce Vita*, de Federico Fellini (1960), e tem sido utilizada em diversos idiomas para designar os fotógrafos de celebridades. Invertendo os papéis usuais, os *paparazzi* acabaram se tornando o centro das atenções no trágico episódio que gerou a morte da Princesa Diana e de Dodi Fayed. Duas semanas antes, o tablóide *Globe* publicou seis páginas de fotos do casal em férias e anunciou aos leitores ter pago 210 mil dólares pelas imagens. Sobre o tema, ver a reportagem de Richard Zoglin, *Hey, wanna buy some pix?*, publicada na revista *Time*, em 24 de junho de 2001 (www.time.com).

[3] Lançado em dezembro de 2005, o site *www.youtube.com*, que permite o compartilhamento gratuito de vídeos em escala mundial, tornou-se rapidamente um dos mais acessados da internet. Matéria publicada no *O Globo Online*, em 31 de agosto de 2006, informava que o *site* "atualmente computa mais de 100 milhões de vídeos vistos [...] A cada 24 horas, os internautas jogam no YouTube 65 mil novos arquivos de vídeo com 2 a 45 minutos de duração cada um. Só nos Estados Unidos, o número de visitantes já passa de 20 milhões" (oglobo.globo.com).

[4] Ver a matéria *Sites estrangeiros ridicularizam bloqueio do YouTube no Brasil*, publicada no *site* da BBC Brasil em 9 de janeiro de 2007. Em seguida, o Tribunal de Justiça de São Paulo, que havia concedido a tutela antecipada no âmbito de agravo de instrumento, voltou atrás, esclarecendo que a decisão limitava-se a impor a implementação de filtros que vedassem o acesso ao vídeo específico do casal, e que o bloqueio, imediatamente desfeito, devia-se à "má execução" do julgado "no Juízo de Primeiro Grau". Com o prosseguimento do processo, a sentença de primeiro grau foi proferida, dando ganho de causa ao YouTube e revogando a tutela antecipada, a qual veio a ter, contudo, seus efeitos restaurados por meio de nova decisão do Tribunal de Justiça de São Paulo, até o trânsito em julgado da sentença (TJSP, Agravo de Instrumento 488.184-4/3, 28.6.2007).

[5] Para uma instigante abordagem do caso Cicarelli, é de se conferir o artigo de Bruno Lewicki, *Realidade refletida: privacidade e imagem na sociedade vigiada*, in RTDC – Revista Trimestral de Direito Civil, v. 27, p. 211-219, onde o autor traça inspirado paralelo com o caso do ex-técnico da seleção brasileira Carlos Alberto Parreira, vítima de leitura labial durante a pífia campanha da equipe na Copa de 2006. Após destacar que o expediente da leitura labial chegou a alcançar conversas travadas nos vestiários do estádio por personagens que ignoravam por completo estarem sendo filmados, Lewicki conclui: "A mesma ignorância teria, em tese, acometido Cicarelli e seu namorado, ainda que em local indiscutivelmente aberto, onde havia outras pessoas. Estes fatores, a bem da verdade, acabam por falar a favor do casal, cujos gestos não pareceram chamar a atenção dos circunstantes ou representar conduta em desacordo com as normas informais que regem a convivência dos frequentadores daquele local. Amplificado pelo foco profissional da câmera-algoz, porém, o que era uma ligeira indiscrição adquire contornos quase épicos."

O mesmo desconforto é experimentado, do outro lado do mundo, pelas autoridades britânicas que assistem à escalada nos números relativos ao *happy slapping*, prática adotada por adolescentes na Inglaterra que consiste em atacar, aleatoriamente, um passante, enquanto se filma a agressão com um aparelho celular ou uma câmera, para posterior difusão.[6] O *slapping*, nem de longe *happy* para a vítima, vem despertando no meio jurídico europeu acesa preocupação no que concerne ao aumento do potencial lesivo colocado à disposição de crianças e adolescentes. Eis o problema evidente que se extrai de outro caso, colhido no cenário brasileiro, em que dois adolescentes, munidos apenas de um computador com *webcam*, registraram por minutos o contato mais genuíno entre um deles e sua namorada, que ignorava a existência da câmera. O vídeo foi difundido de forma planetária por meio da internet e os graves danos causados à menina podem ser verificados na declaração do representante do Ministério Público, que reconheceu, na ocasião, a absoluta impossibilidade de retirar o filme da rede mundial, "pois ele virou uma espécie de *cult* entre os pedófilos e circula nos mais diversos sites, desde estrangeiros até nacionais. Nós o encontramos em páginas de luta livre e até no Orkut".[7]

Embora, nesse caso, a imprensa brasileira tenha centrado fogo sobre a "perda de valores" da juventude atual, uma análise isenta não poderia deixar de reconhecer que o problema não está tanto em um esvaziamento dos valores do passado, mas na constituição de uma situação fática para a qual, talvez, esses mesmos valores não se afigurem mais suficientes. A justificada consternação gerada pelo episódio decorre menos da jamais incomum indiscrição de um adolescente em relação às suas conquistas amorosas, e, muito mais, do fato de se ter, hoje, como efeito desta, antes inofensiva, indiscrição a devastadora divulgação da intimidade mais profunda de uma menina em escala mundial, sem qualquer possibilidade de reparação. O cerne do problema está, para quem quiser enxergá-lo e combatê-lo, na extraordinária ampliação do potencial lesivo detido por cada indivíduo, a partir de novas tecnologias que vêm exigir não apenas uma nova ética, mas uma nova abordagem da parte do direito, especialmente atenta à proteção dos chamados direitos da personalidade.[8]

---

[6] *Concern over rise of 'happy slapping' craze – Fad on filming violent attacks on mobile phone spreads*, reportagem de Mark Honigsbaum publicada no *Guardian* em 26 de abril de 2005.

[7] *Jovem é suspeito de exibir sexo com namorada em site*, reportagem de José Messias Xavier, publicada na *Folha Online* (www.folha.com.br) em 2 de julho de 2005.

[8] A expressão "direitos da personalidade" sugere a proteção da personalidade humana sob a forma de direitos subjetivos. A insuficiência desta concepção e sua inspiração em direitos subjetivos patrimoniais, especialmente o direito de propriedade, são algumas das lições fundamentais de Gustavo Tepedino, *A Tutela da Personalidade no Ordenamento Civil-Constitucional Brasileiro*, in *Temas de Direito Civil*, Rio de Janeiro: Renovar, 2004, 3. ed., p. 23-58. Ali se conclui: "Imaginando-se a personalidade humana do ponto de vista estrutural (ora o elemento subjetivo da estrutura das relações jurídicas, identificada com o conceito de capacidade jurídica, ora o elemento objetivo, ponto de referência dos chamados direitos da personalidade) e protegendo-a em termos apenas negativos, no sentido de repelir as ingerências externas à livre atuação do sujeito de direito, segundo a técnica própria do direito de propriedade, a tutela da personalidade será sempre setorial e insuficiente."

Não se trata, como se acreditou no passado, de aprovar um conjunto de medidas drásticas a impor rigorosa e estrita observância de condutas pré-autorizadas, reeditando a censura ou a proibição antecipada de certos comportamentos que possam ameaçar as manifestações da personalidade humana. Mais que em qualquer outra seara, a disciplina dos direitos da personalidade exige técnica legislativa fundada em cláusulas gerais que, escapando ao rigorismo de uma normativa excessivamente regulamentar, se mostre capaz de acompanhar a evolução tecnológica e científica, revelando-se, ainda, compatível com o fato de que as lesões a interesses existenciais protegidos pelo ordenamento jurídico provêm, não raro, de condutas que procuram realizar interesses existenciais outros, igualmente tutelados. De fato, as lesões à imagem, à honra e à privacidade derivam, frequentemente, do exercício da liberdade de expressão ou de informação, e não é incomum que a dignidade humana seja invocada em lados opostos de uma mesma disputa.[9] Não se trata, por conseguinte, de editar normas rígidas que privilegiem uma manifestação ou outra da personalidade, mas de reconhecer o conteúdo necessariamente dialético e por assim dizer "móvel" dos direitos da personalidade, cuja exata extensão somente pode ser medida em face do interesse com que colide.

Assim, a veiculação televisiva da mesma imagem, retratando a dor e a comoção de certa pessoa envolvida em evento trágico, pode ser considerada lícita quando destinada a informar o público acerca do acontecimento, mas tida como ilícita ou abusiva quando tem por finalidade divulgar, a título de publicidade, a eficiência do próprio canal de televisão na colheita da notícia. Foi exatamente o que decidiu o Tribunal de Justiça do Rio de Janeiro ao examinar ação judicial proposta por um dos envolvidos no desastroso naufrágio da plataforma P-36,[10] já que, superado o acontecimento,

> "a foto do autor, em estado de grande choque, passou a ser mero chamariz com cunho publicitário para a programação do canal, aproveitando-se a empresa de comunicação, a Globo News, da imagem por ela colhida como atrativo na comercialização de seus produtos, sendo certo que nesses não mais se tratava de informar o fato ocorrido, mas tão-somente de divulgar comercialmente a empresa como sendo a mais eficiente no mercado".[11]

---

[9] Sobre o caráter aberto da dignidade humana, ver, entre outros, Ingo Wolfgang Sarlet, *Dignidade da Pessoa Humana e Direitos Fundamentais na Constituição Federal de 1988*, Porto Alegre: Livraria do Advogado, 2001, p. 38-39.

[10] Em março de 2001, a plataforma de petróleo P-36 da Petrobras sofreu três explosões em uma de suas pernas de sustentação e afundou parcialmente implicando grave risco para os funcionários que se encontravam no local. As notícias jornalísticas revelaram os aspectos mais dramáticos do acidente: "A plataforma P-36, da Petrobras, é a maior do mundo, capaz de extrair do fundo do mar 180 mil barris de petróleo por dia (estava produzindo 80 mil barris). Aos 20 minutos de ontem, a P-36 sofreu a primeira explosão. Quatro minutos depois, mais uma. Na terceira, o fogo havia transformado a plataforma num inferno" (*O Titanic da Petrobras*, matéria de 16 de março de 2001, disponível no *site* do *Correio Braziliense*, <www.correioweb.com.br>).

[11] TJRJ, Apelação Cível 2004.001.34678, j. 21.6.2005.

Casos assim revelam a impossibilidade de uma regulação rígida para os direitos da personalidade, que proíba em absoluto certas condutas, ou autorize outras, sendo mais consentânea com a matéria uma atuação legislativa que, atentando menos ao aspecto estrutural dos comportamentos, e mais ao seu componente finalístico, cuide de indicar parâmetros de ponderação entre os diversos interesses tutelados. O que se espera do legislador não é que solucione, em abstrato e de modo absoluto, a questão dos direitos da personalidade, mas simplesmente que oriente o Poder Judiciário e as autoridades administrativas para um resultado último que não pode prescindir da concreta avaliação dos interesses colidentes.

Metodologia oposta foi eleita pelo Código Civil de 2002, que, em vez de indicar parâmetros de ponderação para hipóteses frequentes de colisão, preferiu, com raríssimas exceções, uma regulação isolada, típica e abstrata de cada um dos direitos da personalidade, estipulando soluções pré-moldadas e estáticas que procuram camuflar sob a curta roupagem normativa uma realidade grandiosa demais para ser ocultada, e que acaba por se revelar, diariamente, mesmo para os espectadores menos curiosos. A título ilustrativo, vale examinar três situações de enorme relevância prática, tratadas em termos simplistas e irreais pela codificação: (i) o chamado direito ao próprio corpo (art. 13); (ii) o direito à imagem (art. 20); e (iii) o direito à privacidade (art. 21).

2 O direito ao próprio corpo nas pistas de *Baja Beach*. O art. 13 do Código Civil e a insuficiência de seus critérios. Bons costumes e *body art*. A insuficiência da redução permanente à integridade física e o caso Gloria Trevi. Tutela das partes destacadas do corpo: do Vampiro Somoza ao caso Moore. Os *amputees-by-choice* e a supervalorização da verdade médica

> "Laila começou desinfetando a parte superior do meu braço, antes de aplicar um analgésico local para amortecer a área onde o chip seria implantado. Com uma grande seringa na mão, ela testou o local, o que me fez hesitar. Ela aplicou outra dose de anestésico. Com meu braço amortecido, Laila inseriu o microchip entre a minha pele e a camada de gordura do meu braço. Ela pressionou a seringa e ali estavam: meus dez dígitos instalados seguramente no meu corpo."

O relato acima transcrito não provém da mente criativa de um escritor de ficção científica, mas da experiência real vivida pelo jornalista Simon Morton, da rede BBC, em visita à boate *Baja Beach Club*, em Barcelona.[12] O estabelecimento oferece aos seus

---

[12] Em seu *site*, a boate anuncia: "*Somos la primera discoteca del mundo en ofrecer el VIP VeriChip. Mediante un chip digital integrado, nuestros VIPs pueden identificarse como tal, así como pagar sus consumiciones sin la necesidad de aportar ningún tipo de documento*" (www.bajabeach.es).

clientes a possibilidade de terem inserido sob a pele um *microchip* emissor de ondas de radiofrequência, que permite o acesso à área VIP e funciona como uma espécie de cartão de consumação.

"O chip responde a um sinal quando o *scanner* é passado próximo a ele e transmite o número de identificação. O número é ligado a um banco de dados que se comunica com os dados da casa noturna, que então cobra os clientes."[13]

A empresa *VeriChip*, fabricante dos microchips utilizados em *Baja Beach*, oferece dispositivos semelhantes para múltiplas finalidades, que vão do monitoramento de pacientes de risco ao controle de acesso de funcionários.[14] Os controvertidos produtos, que têm fomentado discussões jurídicas nos Estados Unidos e na Europa, não encontrariam forte resistência por parte do art. 13 do Código Civil brasileiro, o qual, pretendendo regular a questão da voluntária limitação à integridade física, dispôs simplesmente:

"Art. 13. Salvo por exigência médica, é defeso o ato de disposição do próprio corpo, quando importar diminuição permanente da integridade física, ou contrariar os bons costumes."

O legislador adotou uma postura proibitiva, vedando qualquer ato de disposição do próprio corpo que importe (i) diminuição permanente da integridade física ou (ii) afronta aos bons costumes. Tem-se, assim, que não havendo redução permanente da capacidade física da pessoa, permite o art. 13 disponha de seu próprio corpo, restando como único obstáculo para tanto a noção algo ultrapassada e sempre nebulosa de bons costumes. Não há, note-se, no âmbito das reduções não permanentes (autorizadas) qualquer gradação relacionada à agressão ao corpo, e o dispositivo também não alude, em qualquer momento, à finalidade para a qual o ato de disposição é praticado (finalidade existencial ou patrimonial, no interesse pessoal ou de terceiros, propósito científico, terapêutico, artístico).

Traz apenas a fatigada fórmula dos bons costumes, que pode ensejar a tentativa de proibição de atos que, embora inaceitáveis ao olhar mais conservador, implicam sacrifício relativamente tênue à integridade física, como a prática de tatuagens ou o chamado *bodyart*. Embora o excesso possa aqui, como em qualquer outro campo, conduzir a consequências trágicas como na conhecida história de Felipe Klein,[15] a aptidão proibitiva

---

[13] *Barcelona clubbers get chipped*, reportagem de Simon Morton, publicada no *site* da rede *BBC* (news.bbc.co.uk) em 29 de setembro de 2004, e cuja versão traduzida pode ser encontrada na *Folha Online* (www.folha.com.br) sob o título *Casa noturna de Barcelona instala chip em clientes VIP*.

[14] Em seu *site*, a companhia informa as vantagens de utilização do *microchip* subcutâneo esclarecendo que *"unlike conventional forms of identification, the VeriChip cannot be lost, stolen, misplaced, or counterfeited. It is safe, secure, reversible, and always with you"* (www.verichipcorp.com).

[15] Felipe Augusto Klein, morto aos 20 anos de idade, chegou ao extremo do *body modification*, como se pode constatar em *A Tragédia de Felipe Klein*, reportagem de Renan Antunes de Oliveira

concedida à noção imprecisa de bons costumes periga frear atitudes que podem vir a configurar novas formas de lazer, como a insólita suspensão por *piercing*, ou, ainda, modos inovadores de expressão artística, como se vê da curiosa iniciativa da paulistana Priscilla Davanzo, estudante de artes plásticas, que decidiu tatuar o corpo com manchas pretas imitando o couro de uma vaca holandesa malhada. O projeto corporal atendeu, segundo Priscilla, à necessidade de protestar contra a incapacidade digestiva do ser humano: "Não digerimos bem as ideias que recebemos de filmes, livros, jornais"; as vacas, ao contrário, "digerem o bolo alimentar duas vezes".[16]

Afora a imprecisão dos bons costumes, o art. 13 do Código Civil peca ao eleger como único critério alternativo o do caráter permanente da diminuição à integridade física, sugerindo, *a contrario sensu*, que a diminuição não permanente resta autorizada. Interpretando-se de modo literal o dispositivo, não apenas as inserções de *microchips* subcutâneos e outros mecanismos removíveis seriam considerados lícitos no direito brasileiro, mesmo que com finalidade puramente comercial (*v. g.*, controle de acesso de funcionários), como se consagraria a ideia de que as partes regeneráveis do corpo humano merecem menor proteção do que as irrecuperáveis, protegendo-se apenas estas últimas contra os impulsos da autonomia privada.[17]

---

que conquistou o Prêmio Esso de Jornalismo em 2004: "Na noite do sábado 17 de abril, um corpo de aparência incomum foi levado pela polícia ao necrotério da Avenida Ipiranga. Tinha duas protuberâncias esquisitas na testa. O médico-legista abriu o couro cabeludo, abaixou a pele até o nariz e se deparou com algo muito raro: dois chifres implantados na carne, feitos de teflon. Cada um era quase do tamanho de uma barra de chocolate Prestígio. O cadáver estava todinho tatuado. Trazia argolas de metal nos genitais, mamilos, lábios, nariz e nas orelhas – e estas tinham orifícios da largura de um dedo. De entre os chifres saíam três pinos metálicos pontiagudos. A língua fora alterada: cortada ao meio e já cicatrizada, parecia a de um lagarto." Filho do ex-Ministro de Transportes, Odacyr Klein, que renunciou ao cargo após ter atropelado um operário e fugido sem prestar socorro, Felipe foi encontrado morto no depósito de lixo do prédio vizinho àquele em que morava, depois de se ter lançado, ao que tudo indica, da varanda do próprio apartamento. Embora Odacyr fosse, além de Felipe, a única pessoa em casa naquele momento, e testemunhas tenham ouvido algo que se assemelhava a uma discussão, a reportagem registrou que "o pai estava quase inconsciente na hora da tragédia, bêbado demais para qualquer ação violenta. Examinado pelo Departamento Médico-Legal, ele tinha 26 decigramas de álcool por litro de sangue, numa escala onde seis é o limite legal da embriaguês".

[16] Priscilla tornou-se o personagem-tema do curta-metragem *Geotomia*, de Marcelo Garcia, exibido durante a oitava edição do festival Mix Brasil.

[17] Embora superada, em atenção a fins socialmente relevantes como transfusões, transplantes e pesquisas médicas, a ideia de que o corpo humano não pode ser objeto de atos de disposição (Constituição, art. 199, § 4º), nem por isso se reconhece "uma liberdade ou poder absoluto do sujeito que retire do corpo o seu caráter essencial, singular e merecedor de proteção. A liberdade se vê sempre colocada diante da intangibilidade do corpo humano" (José Antônio Peres Gediel, *Os Transplantes de Órgãos e a Invenção Moderna do Corpo*, Curitiba: Moinho do Verbo, 2000, p. 96).

Tal concepção é perigosa e tem feito estrada especialmente no que diz respeito ao tratamento jurídico reservado às chamadas partes destacadas do corpo humano, como fios de cabelo, saliva, sêmen. Encaradas tradicionalmente como *res derelicta*, tais partículas carregam, hoje, a intimidade mais profunda da pessoa, representada pelo seu código genético. Em muitos países, tem-se chegado a declarar a extensão do conceito de corpo humano para assegurar sua proteção.[18] No Brasil, as próprias autoridades públicas têm perpetrado abusos, como revela o caso de Roberta Jamilly Martins Costa, cuja saliva coletada em guimbas de cigarros fumados na delegacia foi utilizada para realizar, contra a sua vontade, exame de DNA que atestou a ausência de vínculo biológico entre ela e sua mãe de criação, acusada também do sequestro do menino Pedrinho.[19] Em outro caso amplamente noticiado, a cantora mexicana Gloria Trevi, após engravidar na Superintendência da Polícia Federal, viu sua placenta coletada e congelada para a realização de exame de DNA, contra sua expressa manifestação de vontade, tudo com a chancela do Supremo Tribunal Federal.[20]

Verifica-se, assim, a necessidade de se conferir adequada proteção, seja em face de terceiros, seja em face do próprio indivíduo, também às diminuições físicas não permanentes, cuja importância se intensifica em um cenário onde passam a servir, mais que à aferição da filiação biológica, a procedimentos de resultados verdadeiramente fantásticos como a fecundação *in vitro* e até mesmo a clonagem.[21] O perigo de que, na ausência de uma firme proteção jurídica, o interesse comercial acabe por estimular a disposição de tais partículas aparece sob a forma de experiência consumada na América Latina, no nem

---

[18] Ver, na jurisprudência alemã, BGH 9.11.1993, *NJW*, 1994, 128, onde se conferiu pronta reparação contra a negligente destruição de líquido seminal em banco de sêmen.

[19] "A saliva de Roberta foi coletada nas pontas de cigarro fumados por ela na delegacia. Desde o início das investigações, ela jamais se propôs a fazer o teste. Orientado por uma perita de Brasília, o delegado Gonçalves conseguiu a prova durante o depoimento de Roberta na DEIC. Segundo ele, o procedimento da polícia foi legal, pois não houve invasão de privacidade. O promotor Diaulas Ribeiro, da Promotoria de Justiça Criminal de Defesa dos Usuários do Serviço de Saúde (Pró-Vida), não vê problemas no modo de coleta usado pela polícia: 'Não se permite a retirada de material de um réu. Mas, nesse caso, foi colhido o DNA da vítima, ou seja, da própria Roberta. A jogada foi genial', resumiu" (reportagem de Guilherme Goulart, publicada no *Correio Braziliense*, em 13 de fevereiro de 2003, sob o título *E Roberta é mesmo Aparecida*).

[20] STF, Reclamação 2040/DF, j. 21.2.2002.

[21] Embora a clonagem humana ainda não seja uma realidade, os avanços na clonagem de animais parecem pavimentar o caminho para a possibilidade científica (não necessariamente ética e jurídica) de clonagem de pessoas. Para além do experimento pioneiro, ocorrido em 1996 no Instituto de Embriologia Roslin, na Escócia, que deu origem à ovelha Dolly (falecida alguns anos depois, com sinais de envelhecimento precoce), a clonagem tem sido repetidamente utilizada em outras espécies animais como bois e cavalos. Neste último caso, inúmeras controvérsias têm sido suscitadas especialmente em relação à possibilidade de participação dos clones em eventos esportivos equestres. Confira-se, para maiores detalhes, a matéria *Cavalos clonados no Texas*, publicada em 1.4.2006 no site português *Equisport online*, <www.equisport.pt>.

sempre lembrado caso do *Plasmaferesis*, laboratório instalado na Nicarágua que coletava, mediante pagamento, o sangue de cidadãos pobres e subnutridos, além de prisioneiros e militares de baixo escalão "coagidos à doação". Com o integral apoio do governo ditatorial de Anastásio Somoza, o laboratório exportou, entre 1973 e 1977, para os Estados Unidos e Europa, a cada ano, 300 mil frascos de sangue, despertando críticas do jornal de oposição, *La Prensa*, cujo diretor, Pedro Chamorro, acabou assassinado. O crime causou a indignação do povo nicaraguense, que tomou as ruas e, aos gritos de "*Somoza vampiro!*", queimou a sede do *Plasmaferesis*, derrubando o regime ditatorial, já minado pela revolta sandinista, e obrigando o ditador a fugir do país.[22]

Exemplo de consequências menos dramáticas, mas igualmente estarrecedor no que tange à exploração comercial de partes destacadas do corpo, tem-se no famoso caso Moore, em que células do sangue (linfócitos T) retiradas do baço extraído de um paciente afetado pela leucemia foram cultivadas e, por sua peculiar capacidade de produzir substâncias antibactericidas e antitumoriais, acabaram patenteadas pela *University of California*, dando margem a uma linha de produtos lançada no mercado farmacêutico. O paciente, Mr. Moore, homem de negócios do Alaska, propôs ação judicial reivindicando participação nos significativos lucros auferidos com a venda dos produtos pelos médicos, pesquisadores e empresas associadas. A jurisprudência norte-americana deu razão, inicialmente, ao paciente, mas, em última instância, a Suprema Corte da Califórnia decidiu que não lhe cabia qualquer fatia na receita derivada do uso das células Moore, já então avaliadas em mais de três milhões de dólares.[23]

Na esteira dos avanços recentes da genética e da biologia, casos semelhantes revelam, em todo o mundo, a temerária imissão de interesses comerciais no campo da disposição de partes destacadas do corpo, questão a que o Código Civil brasileiro não reservou a merecida atenção. Proibiu, como visto, a diminuição permanente da integridade física, deixando as demais hipóteses ao sabor da noção pouco precisa de bons costumes. Mesmo no que tange à diminuição física permanente, porém, o legislador de 2002 tem recebido críticas. Como única exceção à proibição de atos de disposição definitiva, o art. 13 do Código Civil indicou a "exigência médica". De pronto, o termo "exigência" sugere um rigor terapêutico nem sempre presente em intervenções socialmente aceitas e amplamente difundidas, como as cirurgias plásticas puramente embelezadoras e os tratamentos estéticos definitivos (depilação permanente etc.). Além de irreal, a exceção tem mérito

---

[22] A viúva de Chamorro, Violeta, veio a se tornar presidente da Nicarágua em 1990. O episódio da *Plasmaferesis* e outros relacionados ao mercado de sangue são narrados no documentário de Sergio Rezende, *Até a última gota* (Brasil, 1980), que recebeu o prêmio de melhor filme no festival de Mannheim, na Alemanha.

[23] O caso *Moore v. Regents of University of California* é narrado por Giovanni Berlinguer e Volnei Garrafa, *O Mercado Humano*, Brasília: Editora Universidade de Brasília, 2001, p. 76-77. Os autores concluem assim o seu relato: "Depois da sentença conclusiva, as várias empresas biotecnológicas da Califórnia que haviam utilizado outras linhas de células puderam dar um suspiro de alívio e suas ações na bolsa subiram rapidamente."

discutível. A supervalorização do parâmetro médico pode estimular uma abordagem desfavorável de certas questões, como se vê, de forma emblemática, na evolução do tratamento reservado, no Brasil, às cirurgias de transgenitalização.

As cirurgias de transgenitalização, ou de readequação de sexo, ainda hoje vistas com desconfiança por parte dos tribunais, passaram a contar com um maior grau de aceitação a partir da Resolução 1.682/2002 do Conselho Federal de Medicina, segundo a qual o "diagnóstico de disforia de gênero", caracterizado pelo "desconforto com o sexo anatômico natural" e pelo "desejo de mudar de sexo capaz de levar à automutilação ou auto-extermínio" é considerado idôneo a permitir ao médico a realização da cirurgia, atendidos os demais requisitos estabelecidos pela norma deontológica.[24] Assim, afirma-se que a qualificação do desconforto com o sexo natural como "disforia" e a consequente previsão das cirurgias de transgenitalização como tratamento adequado a esses "pacientes" atendem ao requisito da "exigência médica" previsto no art. 13 do Código Civil, de modo a autorizar a realização de tal procedimento cirúrgico. Sob um manto aparente benéfico, essa abordagem presta um desserviço evidente ao converter o debate – jurídico e ético – em torno da liberdade sexual em uma discussão puramente técnica, que reduz toda a imensa questão da autodeterminação sexual a um "tratamento" de enfermidade ou doença.[25]

---

[24] Revogando a Resolução 1.482/1997, a Resolução 1.652/2002 traz como uma de suas expressas premissas "ser o paciente transexual portador de desvio psicológico permanente de identidade sexual, com rejeição do fenótipo e tendência à automutilação e ou auto-extermínio". O art. 1º da referida Resolução autoriza "a cirurgia de transgenitalização do tipo neocolpovulvoplastia e/ou procedimentos complementares sobre gônadas e caracteres sexuais secundários como tratamento dos casos de transexualismo" (inteiro teor disponível em <www.portalmedico.org.br>).

[25] O reconhecimento dos efeitos civis das cirurgias de transgenitalização encontrou forte resistência por parte da magistratura, sobretudo no que concerne à alteração do nome e do sexo no registro civil. Confira-se a redação do seguinte julgado do Tribunal de Justiça do Rio de Janeiro: "Retificação no Registro Civil. Mudança de nome e de sexo. Impossibilidade. Sentença mantida. O homem que almeja transmudar-se em mulher, submetendo-se a cirurgia plástica reparadora, extirpando os órgãos genitais, adquire uma 'genitália' com similitude externa ao órgão feminino, não faz jus à retificação de nome e de sexo porque não é a medicina que decide o sexo e sim a natureza. Se o requerente ostenta aparência feminina, incompatível com a sua condição de homem, haverá de assumir as consequências, porque a opção foi dele. O Judiciário, ainda que em procedimento de jurisdição voluntária, não pode acolher tal pretensão, eis que a extração do pênis e a abertura de uma cavidade similar a uma neovagina não tem o condão de fazer do homem, mulher. Quem nasce homem ou mulher, morre como nasceu. Genitália similar não é autêntica. Autêntico é o homem ser do sexo masculino e a mulher do feminino, a toda evidência" (TJRJ, Ap. Cível 1993.001.06617, Rel. Des. Geraldo Batista). As decisões mais recentes, contudo, têm admitido a alteração do registro, como se vê em outro julgado do mesmo Tribunal: "Registro civil. Retificação do registro de nascimento em relação ao sexo. Passando, a pessoa portadora de transexualismo, por cirurgia de mudança de sexo, que importa na transmutação de suas características sexuais, de ficar acolhida a pretensão de retificação do registro civil, para adequá-lo à realidade existente. A constituição morfológica do indivíduo e toda a sua aparência sendo de mulher, alterado que foi,

E se, no caso das cirurgias de readequação de sexo, o resultado útil alcançado pela abordagem médica – a autorização (Código Civil, art. 13 c/c Resolução CFM 1.652/2002) – pode justificar o efeito negativo do enfoque patológico adotado, outras hipóteses existem em que a conclusão médica caminhará em sentido diametralmente oposto. Comprova-no um sem-número de casos envolvendo os chamados *amputees-by-choice*, pessoas que se amputam por vontade própria, em atos que vêm preocupando a comunidade jurídica especialmente nos Estados Unidos e na Grã-Bretanha. Também nesse campo a medicina identifica distúrbios de adequação anatômica, associados ora à admiração pela capacidade de superação dos portadores de necessidades especiais, ora a um obsessivo anseio de especial atenção e cuidado que adviriam da mutilação.[26] No fim da década de 90, o cirurgião Robert Smith amputou as pernas de dois pacientes fisicamente saudáveis, em um hospital na Escócia, suscitando o furor da imprensa britânica. Pois Smith alegou atender à "exigência médica" de encerrar o sofrimento daqueles pacientes que, segundo o cirurgião, se encontravam em um tal estado de desespero que seriam capazes de promover automutilação "em uma linha de trem" ou "utilizando armas de fogo", com sério risco de vida para si e para terceiros.[27]

Vê-se que o critério da exigência médica, visto por juristas com certo temor reverencial, pode assumir, muitas vezes, contornos tão flexíveis quanto os que caracterizariam uma eventual alusão à exigência jurídica, com interpretações e nuances tão múltiplas quanto as que decorrem das próprias normas que procuram regular a dramática questão da disposição do próprio corpo. A verdade é que tais controvérsias encerram escolhas que não são biológicas, mas valorativas, para as quais um jurista não está, portanto, menos habilitado do que um clínico. E aqui, como em outros campos, se compreenderá que, se tal verdade, por ser apenas jurídica, não é verdade por inteiro, tampouco o será a verdade médica. O melhor remédio há de surgir não da prevalência de uma sobre outra, como sugere o art. 13 do Código Civil, mas da sua efetiva combinação.

---

cirurgicamente, o seu sexo, razoável que se retifique o dado de seu assento, para 'feminino', no registro civil. O sexo da pessoa, já com o seu prenome mandado alterar para a forma feminina, no caso concreto considerado, que é irreversível, deve ficar adequado, no apontamento respectivo, evitando-se, para o interessado, constrangimentos individuais e perplexidade no meio social" (TJRJ, Ap. Cível 2002.001.16591, Rel. Des. Ronaldo Valladares).

[26] Richard L. Bruno, *Devotees, pretenders and wannabes: Two cases of Factitious Disability Disorder*, in *Journal of Sexuality and Disability*, 1997, v. 15, p. 243-260.

[27] *What drives people to want to be amputees?*, reportagem publicada em 6 de abril de 2006 no *site* da *ABC News*, <abcnews.go.com>.

3 O direito à imagem e a Coroa Britânica. Públicos recônditos sob a mira das câmeras: tanto mar e tão pouco. O caso Maitê Proença e a nudez festejada. O art. 20 do Código Civil sob vaias proibidas

Em fevereiro de 2007, Helen Mirren obteve o Oscar de melhor atriz por sua atuação no filme *A Rainha*, de Stephen Frears, que retrata o esforço da monarca britânica por se manter alheia à profusão criada pela mídia em torno da morte da princesa Diana. Um mês depois, o tabloide inglês *The Sun* estampava a foto do príncipe William abraçado a uma jovem em uma casa noturna da cidade de Bournemouth, sob a manchete: "Ele apalpa o seio da garota... Não contem a Kate."[28] Kate Middleton, então namorada do príncipe, apresentaria, dois dias depois, frente a *Press Complaints Commission* (Comissão de Reclamações contra a Imprensa) queixa formal contra o jornal *Daily Mirror*, que publicou uma foto sua "caminhando para o trabalho, segurando um copo e as chaves do carro".[29] Considerada forte candidata a futura rainha da Inglaterra, Kate era constantemente perseguida por jornalistas e o casal chegou a ser forçado a chamar a polícia para conter a multidão de fotógrafos que os esperava na entrada de um clube noturno em janeiro de 2007. O episódio fez com que a companhia *News International*, dona de diversos jornais, entre os quais *The Sun* e *The Times*, proibisse a publicação de fotos de Kate tiradas por *paparazzi*. O romance terminaria em meados de abril e a própria imprensa britânica indicaria a pressão provocada pela intensa atenção da mídia como uma das razões do rompimento.[30]

A – outrora peculiar – atitude invasiva dos tabloides ingleses encontra, hoje, paralelo na imensa maioria dos países ocidentais. Bem mais assustadora que uma mão-boba monárquica é o crescente interesse de fotógrafos e cinegrafistas por imagens que exponham a intimidade de pessoas célebres. A intensa agressão à privacidade experimentada

---

[28] No original: "*He grabs club girl's boob... don't tell Kate*" (*The Sun*, edição de 27 de março de 2007, matéria intitulada *Where there is a Wills there's a... Wahey!*). A moça sobre a qual repousava a mão real era brasileira e negou, em entrevista ao *O Globo Online*, que tivesse havido qualquer espécie de abuso por parte do príncipe William: "Ele nem colocou a mão no meu peito direito." Admitiu, contudo, que, procurada pelo *The Sun*, vendeu a foto para o tabloide: "Jamais vou dizer por quanto foi vendida. Claro que fiquei feliz. A gente é estudante aqui, né?" Sobre a repercussão do fato, foi categórica: "As pessoas podem pensar coisas erradas. Mas acho que eles têm que cuidar da vida deles porque foi uma coisa muito besta. Deletei o meu Orkut porque eu tinha para entrar em contato com amigos de infância. Agora não tenho mais por que ter" (entrevista publicada no *O Globo Online*, oglobo.globo.com, em 28 de março de 2007 sob o título *Ana Laíse nega que o príncipe William tenha apalpado seu seio*).

[29] *Namorada do príncipe William faz queixa formal por assédio*, notícia publicada no *site* da BBC Brasil em 29 de março de 2007.

[30] Confira-se a reportagem de Andrew Pierce publicada no *site* www.telegraph.co.uk em 17 de abril de 2007: "*A decision on their future was thrown into sharp focus last month when the Press Complaints Commission for the first time upheld a charge of harassment brought by Miss Middleton, 25, against a tabloid newspaper. Prince William, who at 24 had never had any plans for marriage, decided to end it then to spare Miss Middleton any more exposure in the sharp glare of the media spotlight.*"

em episódios já mencionados, como os que envolveram a atriz Juliana Paes e a modelo Daniela Cicarelli, vem quase sempre justificada com base no "caráter público" da pessoa retratada ou do lugar onde a imagem foi captada. Aqui, necessárias se fazem duas observações.

Em primeiro lugar, a invocação da publicidade do local afigura-se evidentemente imprópria em situações onde o uso da tecnologia configura artifício inesperado e até malicioso. Absurdo assim que, como no episódio Cicarelli, se diga pública a praia ao crepúsculo, onde alguns casais permanecem, e onde uma troca de intimidades pode ser captada à longa distância, ampliada, "corrigida", de modo a que, suprindo-se a precária iluminação natural, um afago à meia-luz acabe se convertendo em uma cena de alta definição e impactante clareza. Por meio de astúcia semelhante, o cantor Chico Buarque, talvez acreditando nos versos de canção antiga – "sei que há léguas a nos separar, tanto mar, tanto mar" –, acabou surpreendido por cliques longínquos enquanto namorava nas águas do Leblon; e mais uma vez ergueu-se o coro dos que alegaram público o local e autorizada, *ipso facto*, a divulgação das imagens, sem maiores considerações, que acabaram todas deixadas para momento posterior ao estardalhaço criado com a divulgação das fotos.[31]

Para além da manipulação do argumento do local público, é de se rejeitar, em segundo lugar, a qualificação de qualquer pessoa como pública, a sugerir que nenhum aspecto de sua vida privada permanece a salvo de lentes indiscretas. A taxação de atrizes, atletas, políticos, como "pessoas públicas", a autorizar uma espécie de presunção de autorização à divulgação de suas imagens, ou a suscitar, ainda, o perverso argumento de que a veiculação na mídia mais beneficia do que prejudica aqueles que dependem da exposição ao público, representa a ingerência alheia em seara atinente apenas ao próprio retratado.

Em outras palavras, se a exposição pública não autorizada renderá frutos, alegrará a pessoa exposta, despertará nela orgulho e satisfação, são todas questões que – bem como a dor, o sofrimento, a humilhação – dizem respeito às consequências subjetivas e eventuais daquela lesão, e que não podem se converter em condições para a tutela da personalidade do retratado. Entender diferentemente significa consagrar precedentes judiciais disparatados, como o do famoso litígio envolvendo a atriz Maitê Proença, que, após ter fotografias publicadas com sua autorização em determinada revista, e vê-las novamente publicadas, desta vez sem seu consentimento, em jornal diário de circulação popular, teve negada pelo Tribunal de Justiça do Rio de Janeiro a sua pretensão de indenização por danos morais ao argumento de que "só mulher feia pode se sentir humilhada, constrangida, vexada em ver o seu corpo desnudo estampado em jornais ou em revistas. As bonitas, não".[32]

---

[31] O fato rendeu a capa do suplemento *Isto É Gente* sob o título *Ricardo amava Celina, que amava Chico...*, em alusão ao marido da moça, o também músico Ricardo Sjostedt.

[32] O acórdão, que restou reformado, por apertada maioria, no Superior Tribunal de Justiça, foi além: "Fosse a autora uma mulher feia, gorda, cheia de estrias, de celulite, de culote e de pelancas, a publicação da sua fotografia desnuda – ou quase – em jornal de grande circulação, certamente lhe acarretaria um grande vexame, muita humilhação, constrangimento enorme, sofrimentos sem

Ao contrário, a mais bonita e a mais midiática das celebridades conserva seu direito à imagem, como manifestação irrenunciável da sua própria condição humana, e parece óbvio que não se trata de considerar pública a pessoa em sua plenitude, mas certos atos, acontecimentos ou declarações dirigidos ao público, ou de seu *legítimo* interesse. E o adjetivo aí não pode ser menosprezado. Públicos não são quaisquer episódios sobre os quais os leitores de jornais e revistas, os espectadores de TV, ou os internautas possam ter interesse. Público, no que concerne a atos envolvendo a imagem de pessoas, é apenas o evento sobre o qual recaia interesse legítimo de informação, a atrair a tutela de uma liberdade constitucional que, à luz de certas circunstâncias, pode eventual e apenas ocasionalmente prevalecer sobre o direito à imagem da pessoa retratada.

Esse exercício de ponderação entre interesses tutelados, nuclear à questão do uso indevido de imagem alheia, passou despercebido ao olhar legislativo. O art. 20 do Código Civil, ao disciplinar o direito à imagem, declarou:

> "Art. 20. Salvo se autorizadas, ou se necessárias à administração da justiça ou à manutenção da ordem pública, a divulgação de escritos, a transmissão da palavra, ou a publicação, a exposição ou a utilização da imagem de uma pessoa poderão ser proibidas, a seu requerimento e sem prejuízo da indenização que couber, se lhe atingirem a honra, a boa fama ou a respeitabilidade, ou se se destinarem a fins comerciais."

Estabeleceu com isso o legislador de 2002 o que deveria ser o resultado de sua ponderação prévia entre o direito à imagem e outros interesses tutelados. Permitiu, como se vê do dispositivo, a proibição da circulação de imagem sem autorização do retratado, sempre que "lhe atingirem a honra, a boa fama ou a respeitabilidade, ou se se destinarem a fins comerciais". Excepcionou apenas duas hipóteses em que a circulação poderia, ainda assim, ocorrer: quando necessária à administração da justiça ou à manutenção da ordem pública.

Confronte-se à luz do art. 20 um caso concreto, envolvendo o ex-Chefe da Casa Civil que, segundo noticiado pelo jornal *O Globo*, votou nas eleições de outubro de 2006 sob o coro de *"ladrão, ladrão"*, entoado por eleitores que se encontravam em sua seção eleitoral em São Paulo.[33] A notícia, acompanhada da foto de José Dirceu, circulou, por

---

conta, a justificar – aí sim – o seu pedido de indenização de dano moral, a lhe servir de lenitivo para o mal sofrido. Tratando-se, porém, de uma das mulheres mais lindas do Brasil, nada justifica pedido dessa natureza, exatamente pela inexistência, aqui, de dano moral a ser indenizado." (*Revista de Direito do Tribunal de Justiça do Rio de Janeiro*, n. 41, p. 184-187). Para a decisão final do Superior Tribunal de Justiça sobre o caso, ver REsp 270.730, j. 20.12.2000. Imprescindível também, sobre a hipótese concreta e sobre os tormentosos contornos do dano moral no direito brasileiro, a leitura de Maria Celina Bodin de Moraes, *Danos à Pessoa Humana – Uma Leitura Civil-Constitucional dos Danos Morais*, Rio de Janeiro: Renovar, 2003, especialmente p. 19-56.

[33] *Dirceu vota aos gritos de 'ladrão, ladrão'*, reportagem de Lino Rodrigues e Tatiana Farah, disponível no *O Globo Online* em 29 de outubro de 2006, <oglobo.globo.com>.

óbvio, sem autorização do titular da imagem. Tampouco se trata de veiculação necessária à manutenção da ordem pública ou à administração da justiça. E não há dúvida de que a reportagem afeta a boa fama e a respeitabilidade do retratado. Não bastasse isso, sua inserção em um jornal de circulação não gratuita autoriza também a conclusão de que, ao menos indiretamente, a divulgação de imagem alcança fins comerciais. A veiculação seria, mesmo sem este último requisito, passível de proibição nos exatos termos do art. 20 do Código Civil. Tal resultado, contudo, afigurar-se-ia evidentemente injusto e inaceitável, pois desconsidera fatores outros como a veracidade do fato, o caráter público do evento, e, sobretudo, o interesse informativo por trás da notícia, grande ausência do referido dispositivo.

Por essa razão, alguns autores chegaram mesmo a sustentar a inconstitucionalidade do art. 20 do Código Civil brasileiro, em face da liberdade de pensamento e do acesso à informação consagrados no art. 5º da norma fundamental.[34] Embora não seja imprescindível concluir pela inconstitucionalidade, o certo é que o Poder Judiciário, na análise dos casos envolvendo o uso indevido de imagem, deverá ter em conta diversas circunstâncias que, embora não sendo mencionadas pelo art. 20, afiguram-se relevantes para a ponderação entre os interesses tutelados que vêm a se chocar nestas espécies de conflito. A doutrina sustenta, assim, que o magistrado deverá atentar, por exemplo, para "a veracidade do fato"; "a licitude do meio empregado na obtenção da informação"; "a personalidade pública ou estritamente privada da pessoa objeto da notícia"; "o local do fato"; "a natureza do fato" (fato que é notícia por si, como uma enchente ou uma eleição, ou que se torna notícia apenas por conta da pessoa envolvida); "a existência de interesse público na divulgação em tese"; e assim por diante.[35]

Já se terá percebido que uma resposta assim tão ponderada da parte do Poder Judiciário, com o balanceamento de fatores tão múltiplos e diversos, não poderá ser, sempre, uma resposta rápida. O controle jurisdicional do uso indevido de imagens ocorre quase sempre *a posteriori*, quando a lesão à imagem do retratado já se perpetrou e, para a reparação do dano causado, resta, quase sempre, a via exclusiva da indenização pecuniária.[36] Certo que existem remédios antecipatórios e liminares, mas a velocidade do

---

[34] Afirma, nesse sentido, Luis Gustavo Grandinetti Castanho de Carvalho: "O art. 20 do novo Código Civil, que representa uma ponderação de interesses por parte do legislador, é desarrazoado, porque valora bens constitucionais de modo contrário aos valores subjacentes à Constituição. A opção do legislador, tomada de modo apriorístico e desconsiderando o bem constitucional da liberdade de informação, pode e deve ser afastada pela interpretação constitucional" (*Direito à Informação x Direito à Privacidade. O Conflito de Direitos Fundamentais*. In *Fórum: Debates sobre Justiça e Cidadania, Revista da AMAERJ*, n. 5, 2002, p. 15).

[35] Confira-se, por todos, Luis Roberto Barroso, *Colisão entre Liberdade de Expressão e Direitos da Personalidade. Critérios de Ponderação. Interpretação Constitucionalmente Adequada do Código Civil e da Lei de Imprensa*, in *RTDC – Revista Trimestral de Direito Civil*, v. 16, p. 89-91.

[36] Sobre a necessidade de se superar, na responsabilidade civil em geral, a exclusividade do remédio pecuniário, seja permitido remeter a Anderson Schreiber, *Novas Tendências da Responsabilidade Civil*, in *RTDC – Revista Trimestral de Direito Civil*, v. 22, p. 45-69.

mundo das comunicações não raro impede o acesso preventivo à máquina judiciária. Tal circunstância não arrefece, mas exacerba a responsabilidade da imprensa. A definição interna dos limites da notícia no âmbito de cada meio de comunicação e de cada empresa jornalística costuma ser bem mais eficaz que o recurso ao poder público, como revela o exemplo da proibição da *News International* à divulgação de fotos de Kate Middleton tiradas por *paparazzi*.

Mais: em uma realidade marcada pela profusão em tempo real de informações e pela abundância de dados que, colhidos em todo o globo, são despejados diariamente sobre os destinatários da comunicação, impõe-se que a imprensa, em sentido amplo, assuma a genuína responsabilidade pela seleção das notícias e das imagens transmitidas ao público. O desenvolvimento de mecanismos cotidianos de captação da imagem (máquinas digitais, aparelhos de celular, *webcams*), associado ao incremento de meios anônimos de difusão, sobretudo através da internet, geram um caleidoscópio de imagens não autorizadas com o qual a imprensa não deve competir, mas ao qual deve, decididamente, se opor.

Para muito além de um mecanismo reprodutor de informações, a imprensa deve se investir, em definitivo, da tarefa verdadeiramente social em que consiste a construção da notícia e o seu desenvolvimento opinativo, sob pena de testemunharmos a circulação dos jornais mudos, a que se referiu Umberto Eco.[37] A banalização das matérias jornalísticas conduz, inevitavelmente, à banalização da sociedade que as lê, e quando o registro fotográfico do novo romance de um ator de Hollywood ganhar mais destaque que as decisões políticas nacionais no noticiário noturno, não tardará a que seja considerado efetivamente mais importante. Como *locus* de debate entre opiniões divergentes, plurais, que se refletem sobre a sociedade e sobre os seus valores, os meios de comunicação devem consistir não no violador sistemático e irrefletido dos direitos da personalidade, mas no primeiro *front* para o controle do uso da imagem alheia.

Para as gerações de novos leitores, formadas sob a explosão da mídia, é cada vez mais verdadeiro o jargão jornalístico, segundo o qual uma imagem vale mais que mil palavras. Isso não nos exime, porém, de decidir o conteúdo de um tão longo discurso.

---

[37] Em novembro de 2006, em uma forma muito original de protesto, os jornais italianos saíram, por diversos dias, sem a assinatura de seus autores. Na ocasião, declarou Umberto Eco: "um jornal diário serve agora para revestir os fatos de opiniões. É o que solicitamos dele hoje, e se trata de opiniões sobre os fatos, queremos saber quem expressa aquela opinião [...] Por isso, um jornal que faz greve eliminando as assinaturas se torna mudo" (Umberto Eco, *Para que servem os jornais*, publicado no Brasil na revista *Entrelivros*, ano 2, n. 23, p. 82).

4 O direito à privacidade na era do BBB. A biografia não autorizada do Rei e a vida privada do Mago. Os atributos de Mané Garrincha e a invocação da privacidade pelos herdeiros do retratado. A proteção de dados pessoais nos tempos do Orkut e do *no-fly list*. O art. 21 do Código Civil e a irreal inviolabilidade da privacidade no Brasil

"Cansei de fazer o papel de homem da relação" – declarou à *Revista Ouse* a ex-vendedora de cosméticos, Grazielli Massafera, referindo-se aos motivos do fim do seu relacionamento amoroso com o DJ Allan Passos. O desabafo que poderia soar indiscreto para um casal comum passa quase como tímido em se tratando de ex-participantes do Big Brother Brasil, *reality show* centrado sobre a mais completa supressão da privacidade dos envolvidos. Já na sua 7ª edição, o BBB comprova, com seu enorme sucesso, que o Brasil é, em larga medida, o país da exposição pública. A privacidade nunca foi, entre nós, muito valorizada, e o sigilo e a confidencialidade vêm, antes, associados frequentemente a fraudes e engodos, como revelou o insólito requerimento assinado pelo Deputado Aldo Rebelo, em 1999, que, ainda sob os influxos da frustração nacional pela derrota da seleção brasileira na Copa de 1998, solicitava a instauração de Comissão Parlamentar de Inquérito para apurar a regularidade do contrato firmado entre CBF e Nike, ao argumento de que "entre tantos pontos estranhos o contrato tem uma cláusula de sigilo, segundo a qual nenhum assunto relativo ao mesmo poderá ser levado ao conhecimento do público, sem o consentimento das duas partes".[38] A cláusula de sigilo, tão comum em contratos de patrocínio, onde o patrocinador precisa se resguardar das alegações de que oferece melhores condições a certos patrocinados, converteu-se, na vida pública brasileira, em indício de ilegalidade.

Naturalmente, o desenvolvimento desta sociedade transparente torna preciosas pessoas que zelam pela sua privacidade, preservando ao máximo suas vidas pessoais. A salvo dos holofotes, preservam-se ídolos como o escritor mineiro José Rubem Fonseca, notoriamente avesso a entrevistas e que teria chegado a declarar, diante de pedido do amigo Zuenir Ventura: "Tudo o que eu tenho a dizer está nos meus livros." Também reservado, o "Rei" Roberto Carlos viu-se, recentemente, compelido a vir a público para explicar sua decisão de requerer ao Poder Judiciário a proibição da circulação de biografia escrita sem a sua autorização. O livro *Roberto Carlos em Detalhes*, que descreve minuciosamente adversidades enfrentadas pelo cantor ao longo de sua trajetória, incluindo o acidente que lhe fez perder a perna e a agonia da mulher Maria Rita, que faleceu de

---

[38] Requerimento nº 003, de 1999. A suspeita com relação à cláusula de sigilo vem baseada em artigos do jornalista Juca Kfouri (*Folha de S. Paulo*, 31.1.1999 e 1º.2.1999).

câncer em 1999, além de revelar diversos casos amorosos, acabou recolhido das livrarias por força de um acordo celebrado em maio de 2007 com a editora Planeta.[39]

O episódio gerou críticas e alegações de censura por parcela do mercado editorial e da imprensa, chegando-se a declarar que "biografia é história e a história não pertence às pessoas – história é de domínio público".[40] O conhecido biógrafo Fernando Morais aludiu ao "ressurgimento de uma censura togada no Brasil",[41] e o editor Luiz Schwarcz aludiu à propriedade para afirmar: "o personagem público faz parte da nossa história e o proprietário da história do Brasil é a sua população. O que está acontecendo é que estamos sendo expropriados de um bem, da nossa própria história".[42] E mesmo o escritor Paulo Coelho, tema de um sem-número de biografias não autorizadas, considerando "infantil" a atitude de Roberto Carlos, declarou: "Estou pronto para defender minha honra, mas não vou perder um minuto do meu dia telefonando para um advogado e tentando saber o que posso fazer para defender a minha vida privada, *já que ela já não me pertence*."[43]

O tenebroso perigo de um retorno à "censura" não se afigura menos assustador que a ideia de que a vida privada de pessoas famosas pertence não a eles próprios, mas à história e à sociedade. Num caso, como noutro, um suposto interesse coletivo passa a autorizar a integral supressão ao exercício de um interesse existencial da pessoa – à liberdade de expressão, no caso da censura; à privacidade, no caso da exposição pública. Ao contrário, a postura também aqui não deve ser a da prevalência, mas a da ponderação.

Certo é que exigir a autorização para qualquer biografia poderia significar a própria extinção do gênero, como enfatiza o depoimento do historiador José Murilo de Carvalho: "Confesso que quando vejo na capa de um livro 'biografia autorizada', eu não abro o livro. Não tem valor: a biografia autorizada é uma fraude porque está dizendo que o biógrafo

---

[39] Sobre a controvertida transação, declarou o autor da biografia do Rei: "Foi um acordo bom para a Planeta, foi muito bom para o Roberto Carlos. E ruim para mim, para a história, o público e o mercado editorial" (entrevista de Paulo César de Araújo à *IstoÉ Online*, em 9 de maio de 2007, <www.istoe.com.br>).

[40] Declaração de Alberto Dines no programa televisivo do Observatório da Imprensa, de 15.5.2007, registrada na matéria *Roberto Carlos e a biografia não-autorizada: um novo censor nas paradas*, de Karla Candeia, em 16.5.2007 (disponível no *site* <www.cultura.gov.br>).

[41] Declaração de Fernando Morais em entrevista ao Fantástico, em 27 de maio de 2007. A expressão tem sido utilizada recorrentemente pelo escritor, cujo livro *Na Toca dos Leões*, acerca da trajetória da agência de publicidade W/Brasil, foi retirado de circulação por polêmica decisão da 7ª Vara Cível de Goiânia, no âmbito de ação proposta pelo deputado Ronaldo Caiado, um dos retratados na obra.

[42] Ver, novamente, *Roberto Carlos e a biografia não-autorizada: um novo censor nas paradas*, de Karla Candeia, em 16.5.2007 (disponível no *site* <www.cultura.gov.br>).

[43] Declaração publicada no *O Globo Online* em 3.5.2007 sob o título *Paulo Coelho chama Roberto Carlos de infantil por vetar biografia*.

está escrevendo aquilo que o biografado gostaria que ele escrevesse."[44] Por outro lado, não resta dúvida de que o interesse legítimo à informação limita-se aos aspectos públicos da vida da celebridade biografada, e que tudo que transpasse essa fronteira pode possuir, sim, uma utilidade informativa, relacionada à formação do caráter e da personalidade do ídolo, mas que deve ser cuidadosamente ponderada em face da intenção do retratado. A vida privada do Mago lhe pertence e, ainda que ele decida fazê-la desaparecer, esse truque deve ser, na medida do possível, um ato pessoal de exercício da própria autonomia, não uma imposição de terceiros ou da sociedade como um todo.

Diversa, sob o ponto de vista jurídico, é a polêmica deflagrada por outra biografia que alcançou o Poder Judiciário. Manoel dos Santos, o Mané Garrincha, foi tema do livro *A Estrela Solitária*, de Ruy Castro, que, no entendimento do Tribunal de Justiça do Rio de Janeiro, não se limitou "a relatar o futebol de Garrincha, a habilidade que o tornou um mito mundial, suas proezas nos gramados e vitórias nos campeonatos; infelizmente foi muito além, invadindo a intimidade do cidadão Manoel dos Santos e apequenando a sua imagem... Nem mesmo a intimidade de sua vida familiar foi poupada".[45]

A invasão da privacidade, identificada pela corte, não foi invocada pelo já falecido gênio das pernas tortas, mas por suas filhas, segundo as quais a obra "agride com tamanha violência a intimidade do ídolo mundial" que chega a descrever "de modo chulo" as "particularidades físicas da genitália de Garrincha, tudo isso com o objetivo de tornar atraente o livro e alcançar o lucro objetivado pela ré (editora) e seus sócios nessa lamentável empreitada".[46]

Em 2006, o Superior Tribunal de Justiça, analisando o caso Garrincha, concluiu que, embora os direitos da personalidade sejam intransmissíveis, nem por isso "deixa de merecer proteção a imagem e a honra de quem falece, como se fossem coisas de ninguém, porque elas permanecem perenemente lembradas nas memórias, como bens imortais que se prolongam para muito além da vida, estando até acima desta". Com isso, reconheceu às autoras da demanda direito à indenização por danos materiais e morais decorrentes do uso não autorizado da imagem do craque, em decisão que se preocupou em mesclar deliberadamente a revelação da intimidade (ou privacidade) do futebolista com um suposto atentado à honra e à reputação do biografado, e de suas filhas, a fim de justificar

---

[44] Ainda uma vez, *Roberto Carlos e a biografia não-autorizada: um novo censor nas paradas*, de Karla Candeia, em 16.5.2007 (disponível no *site* <www.cultura.gov.br>).
[45] Trecho da lavra do Desembargador Sergio Cavalieri Filho, ao relatar o agravo regimental interposto contra a liminar que concedeu, no âmbito de mandado de segurança, a busca e apreensão dos exemplares disponíveis ao público (transcrito no acórdão proferido pelo Superior Tribunal de Justiça no âmbito do REsp 521.697/RJ, Rel. Min. Cesar Asfor Rocha, 16.2.2006, publicado em *RSTJ*, v. 201, p. 449).
[46] Notícia publicada no *site* do Superior Tribunal de Justiça (www.stj.gov.br), em 17.2.2006, sob o título *Companhia das Letras terá de indenizar herdeiras de Garrincha por biografia*.

o ressarcimento, sem que se enfrentasse o aspecto efetivamente controvertido do caso: a continuidade pós-morte ou não da proteção ao direito personalíssimo da privacidade.[47]

Os conflitos acima retratados não devem sugerir que a privacidade limita-se a este "direito a ser deixado só". A privacidade nasce, é verdade, sob esta insígnia individualista, inspirada pela lógica segregacionista, pela lógica proprietária – "não se entra na propriedade, não se entra na vida privada"[48] –, mas acaba por se converter em um direito mais amplo, de caráter social, que abrange hoje especialmente o direito à proteção de dados pessoais. Bem mais sub-reptícia que a intromissão na intimidade doméstica de uma pessoa é a sua exposição ao olhar alheio por meio de dados fornecidos ou simplesmente coletados de forma aparentemente inofensiva. Nas palavras de Danilo Doneda:

> "nossos dados, estruturados de forma a significarem para determinado sujeito uma nossa representação virtual – ou um *avatar* –, podem ser examinados no julgamento de uma concessão de uma linha de crédito, de um plano de saúde, a obtenção de um emprego, a passagem livre pela alfândega de um país, além de tantas outras hipóteses".[49]

Recorde-se, entre tantos exemplos pitorescos, o uso de informações extraídas do Orkut em entrevistas de emprego, ou, ainda, os abusos perpetrados nos Estados Unidos na composição da *no-fly list* (oficialmente, *Terrorist Watch List*),[50] onde foi incluído o professor emérito da Universidade de Princeton, Walter F. Murphy, sem nenhuma

---

[47] Assim, registrou o hábil acórdão do Superior Tribunal de Justiça em suas razões: "Daí porque não se pode subtrair dos filhos o direito de defender a imagem e a honra de seu falecido pai, pois eles, em linha de normalidade, são os que mais se desvanecem com a exaltação feita à sua memória, como são os que mais se abatem e se deprimem por qualquer agressão que lhe possa trazer mácula" (STJ, REsp 521.697/RJ, cit.).

[48] Stefano Rodotà, *Intervista su Privacy e Libertà*, Paolo Conti (Org.), Roma-Bari: Laterza, p. 8. O ex-Presidente da *Autorità garante per la protezione dei dati personali*, explica a gênese eminentemente burguesa do conceito de privacidade, a partir do artigo *The Right to Privacy*, de Samuel Warren e Louis Brandeis, publicado na *Harvard Law Review* em 1890. Warren teria sido motivado pelo destaque exagerado – embora não difamatório – que os jornais de Boston reservavam à vida social de sua mulher. Amigo de Warren, e coautor do ensaio, Brandeis se tornaria, em 1916, o primeiro judeu a ser indicado para a Suprema Corte dos Estados Unidos, onde permaneceria até 1939, destacando-se como um de seus membros mais progressistas.

[49] Danilo Doneda, *Da Privacidade à Proteção de Dados Pessoais*, Rio de Janeiro: Renovar, 2006, p. 2.

[50] Criada em 1990, a lista contém os nomes de passageiros que, por representarem risco para a segurança nacional dos Estados Unidos, devem ser impedidos de embarcar ou submetidos a medidas adicionais de controle. Inicialmente administrada pelo FBI, a lista passou, na esteira do *USA Patriot Act*, aprovado em 26 de outubro de 2001 (menos de seis semanas após o ataque terrorista de 11 de setembro), a ser de competência da TSA (*Transportation Security Administration*), atualmente integrante do *United States Department of Homeland Security*. A existência da *no-fly list*, negada de início, foi oficialmente reconhecida em outubro de 2002.

razão aparente além de críticas dirigidas contra o Governo Bush.[51] A lista de vítimas de inclusão inteiramente injustificada na *no-fly list* é extensa e abrange desde celebridades como o cantor *pop* Cat Stevens, convertido ao Islamismo, ao fuzileiro naval Daniel Brown, que, retornando uniformizado do Iraque, onde havia combatido por oito meses, foi impedido, durante escala no aeroporto de Los Angeles, de embarcar em um voo para sua terra natal, Minneapolis.[52]

Em todas essas hipóteses, a tutela da privacidade vem exigir meios que transcendam a mera proteção negativa – não intromissão na vida privada, não obtenção de dados etc. –, para exigir, diante da inevitabilidade da coleta de dados pessoais, comportamentos positivos, que imponham a verificação de autenticidade das informações, sua correção, seu seguro armazenamento, sua utilização limitada à finalidade específica para a qual são fornecidos, sua avaliação não discriminatória e assim por diante.

Em vez de se concentrar sobre a pluralidade de remédios exigidos para a proteção da privacidade e dos dados pessoais, em face dessas novas controvérsias, o Código Civil de 2002 preferiu fazer constar de seu art. 21 o retumbante preceito de que "a vida privada da pessoa natural é inviolável".[53] Não é. A mera observação da vida cotidiana revela a violação sistemática da privacidade. E, frequentemente, com razão. O passageiro compelido a permitir a inspeção de sua bagagem de mão pelo raio X de um aeroporto tem, inegavelmente, violada a sua privacidade, mas compreenderá facilmente que tal violação justifica-se, na situação concreta, pelo direito de todos os passageiros, inclusive o próprio, à segurança nos aviões. Todavia, se guardas do aeroporto de Miami decidem, como noticiou a imprensa, inspecionar os espaços internos do gesso que envolve o braço de uma menina brasileira de nove anos, então, ter-se-á na esfera privada da criança uma interferência excessiva, abusiva.[54]

---

[51] Em seu relato do acontecimento, o Professor Murphy registrou a curiosa pergunta que lhe foi feita por um funcionário da companhia aérea após checar sua identificação: *"Have you been in any peace marches? We ban a lot of people from flying because of that"* (*Fascist America, in 10 easy steps*, substancioso ensaio de Naomi Wolf, publicado em 24 de abril de 2007, no jornal *The Guardian*).

[52] Os demais fuzileiros que o acompanhavam recusaram-se a partir até que o impasse restasse solucionado, em uma inusitada reedição do companheirismo militar: *"– 'We don't leave anybody behind,' said Marine 1st Sgt. Drew Benson. 'We start together, and we finish together'"* (*'No-fly' list delays Marine's Iraq homecoming*, reportagem da *Associated Press*, publicada em 12 de abril de 2006).

[53] A origem do comando pode ser identificada no texto constitucional, cujo art. 5º, inciso X, considera "invioláveis a intimidade, a vida privada, a honra e a imagem das pessoas, assegurado o direito a indenização pelo dano material ou moral decorrente de sua violação". Todavia, se, ali, a redação assume o caráter genericamente protetivo, natural em uma carta constitucional, a sua repetição literal no art. 21 do Código Civil se afigura, além de inútil, incompatível com o maior grau de concretude que se espera da normativa infraconstitucional.

[54] Noticiou Ancelmo Góis no jornal *O Globo*, edição de 21 de agosto de 2005: "Veja a que ponto chegou a paranoia americana. Uma brasileirinha de 9 anos foi minuciosamente revistada por dez minutos no aeroporto de Miami porque desconfiaram do... gesso em seu braço!"

Embora prosaicos, os exemplos revelam que a privacidade se sujeita, como outros interesses existenciais, a ponderações que, à luz das circunstâncias concretas, a fazem ora prevalecer, ora assentir com a prevalência de outros interesses que, também voltados à proteção da pessoa humana, mostram-se dignos em abstrato de igual proteção. Também nesse particular falhou, portanto, o legislador de 2002 ao declarar a tão solene quanto irreal inviolabilidade do direito à privacidade, quando melhor figura faria se ocupando das múltiplas manifestações da privacidade, dos fatores relevantes para sua ponderação com outros interesses, ou ainda dos remédios específicos disponíveis à sua tutela. Em matéria de proteção da vida privada e de dados pessoais, ao intérprete caberá o papel outrora reservado a Grazi Massafera.

5 À guisa de conclusão. A igreja do diabo e o problema da limitação voluntária ao exercício dos direitos da personalidade. Franjas de seda em capas de algodão

Em conto astuto, Machado de Assis retrata a empreitada do Diabo, que se sentindo "humilhado com o papel avulso que exercia desde séculos, sem organização, sem regras, sem cânones, sem ritual, sem nada", decide criar uma igreja para "combater as outras religiões, e destruí-las de uma vez".[55] Na construção da sua dogmática, o Diabo adota como pedra fundamental a venalidade:

> "Um casuísta do tempo chegou a confessar que era um monumento de lógica. A venalidade, disse o Diabo, era o exercício de um direito superior a todos os direitos. Se tu podes vender a tua casa, o teu boi, o teu sapato, o teu chapéu, coisas que são tuas por uma razão jurídica e legal, mas que, em todo o caso, estão fora de ti, como é que não podes vender a tua opinião, o teu voto, a tua palavra, a tua fé, coisas que são mais do que tuas, porque são a tua própria consciência, isto é, tu mesmo?"[56]

O diabólico raciocínio não seduziu o constituinte brasileiro. A clara supremacia dos valores existenciais, corporificados na tutela da dignidade da pessoa humana como fundamento da República (art. 1º, III), impõe da parte do intérprete a constante vigilância para que os atributos da personalidade não venham tratados sob a ótica patrimonialista que, há séculos, caracteriza a leitura do direito civil. Em matéria de direitos da personalidade, incumbe ao jurista brasileiro não permitir que a venalidade se torne uma falha venial. Somente a segura distinção entre a lógica do *ter* e a do *ser* pode tutelar adequadamente a pessoa humana, de modo a cumprir, plenamente, o elevado projeto constitucional.

---

[55] Machado de Assis, *A Igreja do Diabo*, in *Contos Consagrados*, Ediouro – Coleção Prestígio, disponível em www.biblio.com.br.
[56] Machado de Assis, *A Igreja do Diabo*, cit.

Ao olhar mais atento, tal missão pode, contudo, parecer quixotesca. A cotidiana renúncia ao exercício de direitos da personalidade está por toda parte com *reality shows* protagonizados por quem aceita, com prazer, a veiculação pública da sua vida privada, ou ainda com *sites de relacionamento* em que milhares de pessoas expõem, diariamente, a sua intimidade. Big Brother, Orkut, e tantas outras novas palavras já fazem parecer antigo e até senil o discurso de que os interesses existenciais são indisponíveis ou irrenunciáveis. Ainda mais drástico, e novamente fantasioso, foi o Código Civil de 2002 ao declarar em seu art. 11:

> "Art. 11. Com exceção dos casos previstos em lei, os direitos da personalidade são intransmissíveis e irrenunciáveis, não podendo o seu exercício sofrer limitação voluntária."

Não há dúvida de que limitações voluntárias ao exercício dos direitos da personalidade são admitidas de forma pontual em casos contra os quais, por razões diferenciadas, o sentimento social não investe. O que deve o direito vedar é que tal limitação decorra não do exercício de outro aspecto da dignidade humana – a liberdade de autodeterminação pessoal –, mas de propósitos patrimoniais, lucrativos, comerciais, especialmente se cultivados no terreno da necessidade, da vulnerabilidade ou, pior ainda, da miséria. Certo que, ainda assim, casos controvertidos avultam, já que os interesses existenciais ou patrimoniais nem sempre aparecem de forma cristalina nas demandas judiciais, e a complexidade da vida não raro transborda os limites estreitos da qualificação jurídica. A solução, já então necessariamente particular, há de se buscar, também aqui, no balanceamento e ponderação dos múltiplos interesses envolvidos, sem que se contente nunca o magistrado com o caprichoso argumento da vontade. A trajetória do direito privado contemporâneo tem sido justamente a de atenuar os contornos absolutos emprestados pelo individualismo jurídico à vontade humana, enquanto elemento legitimador das posições assumidas pela pessoa nas relações privadas, de tal modo que ao intérprete incumbe perquirir aquilo que a vontade oculta, os interesses que a dominam, e proceder à efetiva ponderação entre tais interesses e outros contra os quais o ato voluntário se choca.

Exemplo conhecido é o de Monsieur Wackenheim, que, na cidade francesa de Morsang-sur-Orge, protagonizava, mediante remuneração, a insólita modalidade de lazer intitulada *lancer de nain* (lançamento de anão). O Conselho de Estado manteve a proibição municipal emitida contra tal atividade com base na proteção à dignidade humana, embora o próprio Wackenheim alegasse que seu direito ao trabalho – parte também integrante da sua dignidade – não lhe vinha, na prática, assegurado pelo mesmo Estado que agora pretendia desempregá-lo com a proibição daquela atividade. Das diversas premissas da decisão se extrai a necessidade de proteção do indivíduo contra si mesmo, contra os efeitos da sua liberdade, e especialmente da sua liberdade de contratar.[57]

---

[57] O inteiro teor da decisão do Conselho de Estado, de 27 de outubro de 1995, pode ser consultado no *site* da *Revue de l'Actualité Juridique Française* (www.rajf.org).

O grandioso precedente, longe de esgotar a discussão, revela o antagonismo inerente aos *hard cases* dessa espécie, a revelar não raro aspectos conflitantes diante dos quais o jurista deve empregar o método ponderativo em sua mais genuína essência. No balanceamento de interesses contrapostos, há de identificar as circunstâncias relevantes a cada conflito, não podendo eximir-se aí de uma sensibilidade que se poderia dizer quase literária. E bem ensina a literatura a se transcender as meras aparências, como no aludido conto de Machado de Assis, que se conclui com o absoluto sucesso da igreja do Diabo. Em suas palavras:

> "Todas as virtudes cuja capa de veludo acabava em franja de algodão, uma vez puxadas pela franja, deitavam a capa às urtigas e vinham alistar-se na igreja nova. Atrás foram chegando as outras, e o tempo abençoou a instituição. A igreja fundara-se; a doutrina propagava-se; não havia uma região do globo que não a conhecesse, uma língua que não a traduzisse, uma raça que não a amasse."

Conta Machado que, um dia, porém, descobriu o Diabo que muitos dos seus fiéis, às escondidas, praticavam as antigas virtudes – "certos glutões recolhiam-se a comer frugalmente três ou quatro vezes por ano, justamente em dias de preceito católico; muitos avaros davam esmolas, à noite, ou nas ruas mal povoadas; vários dilapidadores do erário restituíam-lhe pequenas quantias" –, e, assombrado com aquilo, dirigiu-se a Deus, que o ouviu "com infinita complacência; não o interrompeu, não o repreendeu, não triunfou, sequer, daquela agonia satânica. Pôs os olhos nele, e disse: – Que queres tu, meu pobre Diabo? As capas de algodão têm agora franjas de seda, como as de veludo tiveram franjas de algodão. Que queres tu? É a eterna contradição humana".[58]

Ao longo deste ensaio, viu-se como a roupagem do Código Civil de 2002 deixou a descoberto inúmeros aspectos e problemas atinentes aos direitos da personalidade. Em sua rigidez e excesso de apego à técnica da subsunção, a vestimenta normativa não se mostra nem longa, nem flexível o suficiente para cobrir as estonteantes nuances que se combinam nos conflitos atinentes à personalidade. Com alguma simpatia, entretanto, o intérprete há de encontrar neste esvoaçante tecido da codificação a franja de seda, que, puxada, revelará, sob as rendas ludibriosas da literalidade, a nudez sublime da finalidade legislativa – a proteção da dignidade humana, em toda a sua rica multiplicidade e até no seu intrínseco antagonismo.

---

[58] Machado de Assis, *A Igreja do Diabo*, cit.

Abuso do Direito e Boa-fé Objetiva[*]

> *Você abusou, tirou partido de mim, abusou.*
> Samba de Antonio Carlos e Jocafi (1971)

Sumário: 1. Uma breve história do abuso. 2. A ascensão da boa-fé objetiva. 3. O direito comparado e a convergência de funções entre o abuso do direito e a boa-fé objetiva. 4. A sistemática adotada pelo art. 187 do Código Civil brasileiro de 2002. 5. O fim do abuso e o abuso dos fins.

1 Uma breve história do abuso

Indignação. Esse o sentimento de que foi tomado, no início do século XX, um construtor de balões dirigíveis ao se deparar com altas torres de madeira repletas de extremidades pontiagudas de metal, construídas pelo seu vizinho com o propósito de impedir voos de testes sobre o próprio terreno. O conflito, ocorrido em Amiens, acabou levado ao Poder Judiciário francês, o qual, em sucessivas instâncias, concluiu que, embora o engenhoso proprietário possuísse, sim, em abstrato, o direito de construir o que quisesse em suas terras, tal exercício do domínio afigurava-se, nas circunstâncias concretas, abusivo

---

[*] O artigo é fruto de palestra proferida em maio de 2007 no *Congresso Responsabilidade Civil e Direito do Consumidor*, realizado no auditório do Hotel Glória, no Rio de Janeiro, sob coordenação do CEPAD e do Instituto de Direito Civil. Foram acrescentados um sumário e notas de rodapé com as principais referências sobre o tema.

e, portanto, inadmissível.[1] Com esse desfecho, o caso Clément-Bayard, julgado em 1915, tornou-se o mais célebre precedente em relação à figura que se notabilizaria na prática jurisprudencial de diversos países sob a denominação de *abuso do direito*.[2]

O abuso do direito configura, em larga medida, uma reação. Expressa uma justificada resposta das cortes judiciais ao excessivo liberalismo consagrado nas codificações que se seguiram à Revolução Francesa.[3] Surge na esteira de inúmeros movimentos sociais que, percorrendo todo o século XIX, denunciaram o mecanismo perverso da concepção liberal-individualista, que, erigindo a liberdade do Homem a valor supremo e impedindo a interferência do Estado nas relações privadas, acabava retirando dos mais vulneráveis qualquer esperança de proteção contra a submissão econômica. O direito privado convertera-se, de fato, no espaço exclusivo da autonomia privada, ou na conhecida definição de Savigny, no "conjunto das relações jurídicas no qual cada indivíduo exerce a própria vida dando-lhe um especial caráter".[4] Da teoria das fontes à disciplina da propriedade, o direito da Idade Moderna vem todo construído de modo a que os direitos subjetivos – a liberdade tutelada – sejam exercidos amplamente, conhecendo limites apenas na vontade expressa do legislador.

Mesmo os direitos relativos, derivados de negócios jurídicos (contratos e declarações unilaterais de vontade), assumem força descomunal diante do postulado de que a livre manifestação de vontade se mostra suficiente para legitimar a submissão a deveres jurídicos sem controle ulterior. Emblemática nesse sentido a enumeração dos requisitos de validade do contrato, limitados a aspectos externos e alheios ao conteúdo da relação

---

[1] Confira-se o relato de Louis Josserand: *"sucesivamente el Tribunal Civil de Amiens, la Corte de Amiens y la Corte de Casción decidieron que ese uso de la propriedad raíz era ilícito y condenarion al ingenioso y poco escrupuloso constructor a demoler los edificios perjudiciales y pagar indemnización de daños y perjuicios al constructor de los dirigibles. Así se desató el famoso asunto de los Clément-Bayard"* (Louis Josserand, *Relatividad y Abuso de los Derechos*, in *Del Abuso de los Derechos y Otros Ensayos*, Santa Fe de Bogotá: Temis, 1999, p. 10).

[2] Célebre também a própria companhia Clément-Bayard, que, fundada em 1903 por Adolphe Clément, se tornaria conhecida especialmente pela fabricação de automóveis. Em 1922, a Clément-Bayard foi adquirida por André Citröen, amigo do fundador. Diz-se que a transferência se deu de forma tranquila já que sequer as iniciais pintadas no muro da fábrica (A. C.) precisaram ser alteradas (www.clement-bayard.com).

[3] Gustavo Tepedino, *Premissas metodológicas para a constitucionalização do direito civil*, in *Temas de direito civil*, Rio de Janeiro: Renovar, 2004, 3. ed., p. 1-22.

[4] A ideologia por trás da definição foi posta em evidência por Michele Giorgianni, em sua aula inaugural na Universidade de Nápoles em 1961: "Como se sabe, jusnaturalismo e racionalismo levaram a conceber o ordenamento jurídico, então entendido essencialmente como Direito Privado, em função do indivíduo e a considerá-lo como o conjunto dos direitos que a este cabem. No centro deste sistema, cujas origens ideais remontam justamente ao movimento renascentista, está o *sujeito* de direito, subvertendo-se, assim, a origem etimológica de tal termo, relacionada, ao contrário, a um estado de sujeição (*subiectum*). O direito subjetivo é por isso entendido como poder da vontade do sujeito, e no centro do sistema sobressai o contrato como a voluntária submissão do indivíduo a uma limitação da sua liberdade" (*O Direito Privado e as suas Atuais Fronteiras*, in *RT* 747/38).

contratual. Alude a lei ainda hoje[5] ao sujeito capaz, à forma legal, e, no tocante ao objeto, limita-se a verificar a sua licitude, possibilidade e determinabilidade. O conteúdo substancial e concreto (justo ou injusto, equilibrado ou desequilibrado) das prestações contratadas não aparece, em nenhum momento, como preocupação relevante, e apenas recentemente o legislador vem procurando corrigir esta histórica omissão.[6] Certo é que, ancorado na igualdade jurídica – meramente formal – entre os contratantes, o direito liberal disfarçava sob o manto da legítima expressão da vontade humana, pactos os mais leoninos, como evidenciaram em especial os contratos de trabalho característicos das primeiras fases do capitalismo industrial.

Quando a realidade concreta das relações privadas tornou-se por demais preocupante para se esconder sob o *"qui dit contractuel, dit juste"* (Fouillée) e outras fórmulas desgastadas pela experiência oitocentista, as cortes judiciais passaram a reprimir certos usos intoleráveis da liberdade individual. O exercício reluzente da liberdade, protegido por um controle acanhado e, mais que isso, abstrato de licitude, passou a sofrer, então, um controle concreto de legitimidade, apto a impedir comportamentos tidos como inaceitáveis em situações específicas, mesmo quando camuflados sob a aparência de um direito subjetivo. O instrumento, utilíssimo a uma magistratura já solidária com os dissabores sociais, ganhou fôlego e voou pela Europa, alçando alturas mais elevadas que os dirigíveis.

É bem verdade que, em sua origem, a aplicação do abuso do direito assumiu feições tímidas, como, de resto, ocorre com a imensa maioria dos institutos de gênese jurisprudencial, que carecem da legitimidade natural da fonte legislativa. Por muitas décadas, permaneceu ainda o abuso vinculado à noção de ato emulativo, isto é, aquele praticado com o exclusivo intuito de causar dano a outrem. Libertou-se gradativamente, mantendo, contudo, fortes vínculos com a construção voluntarista que enxergava o ato abusivo como um defeito na vontade do titular do direito subjetivo, defeito que chegou a ser atribuído, em conhecida construção, à divergência com a moral.[7] A própria expressão *abuso* denota,

---

[5] Confira-se o art. 104 do Código Civil brasileiro, de 2002: "Art. 104. A validade do negócio jurídico requer: I – agente capaz; II – objeto lícito, possível, determinado ou determinável; III – forma prescrita ou não defesa em lei."

[6] A título de controle e verificação do conteúdo das relações contratuais é que o novo Código Civil brasileiro reconheceu, expressamente, o instituto da resolução por onerosidade excessiva (art. 478 ss), bem como os defeitos da lesão e do estado de perigo (arts. 156 e 157). Mesmo nessas figuras, todavia, a proteção ficou a depender, na dicção dos dispositivos, de vir o desequilíbrio das prestações, fator objetivo, associado a um fator de ordem subjetiva, como a imprevisibilidade (ainda que universal) ou a exploração da ignorância ou da necessidade; sendo uma abordagem exclusiva e genuinamente objetiva apenas encontrada em estatutos protetivos, como o Código de Defesa do Consumidor. Sobre a lesão e o estado de perigo no novo Código Civil, é de se conferir Ana Luiza Maia Nevares, *O erro, o dolo, a lesão e o estado de perigo no novo Código Civil*, in *A Parte Geral do Novo Código Civil*, Gustavo Tepedino (Coord.), Rio de Janeiro: Renovar, 2003, especialmente p. 280-295.

[7] Georges Ripert, *A Regra Moral nas Obrigações Civis*, Campinas: Bookseller, 2000, p. 169-176, em que o jurista conclui ser o abuso do direito uma "limitação dos direitos positivos por respeito pela lei moral".

ainda hoje, uso inadequado, excessivo, desmesurado, a sugerir alguma participação intencional do titular do direito na sua má utilização. Mais recentemente, contudo, a melhor doutrina vem procurando reforçar o caráter objetivo da figura, a indicar qualquer situação concreta em que "podemos descobrir concordância com a estrutura formal de um dado direito subjetivo e, simultaneamente, discordância, desvio, oposição, ao próprio valor jurídico que daquele comportamento faz um direito subjetivo".[8]

No Brasil, o abuso do direito teve notável repercussão, servindo de instrumento determinante para o julgamento de inúmeros conflitos deflagrados pelos excessos da liberdade individual nas relações privadas. Hipóteses variadas de exercício malicioso de direitos subjetivos passaram a ser reprimidas por nossas cortes à imagem e semelhança do que ocorreu na França. Outras ferramentas de ordem solidarista somaram-se ao abuso no controle de legitimidade da liberdade individual. A própria releitura do direito privado, que retirou da autonomia privada o papel de valor tutelado por si só, condicionando sua proteção jurídica ao atendimento dos valores constitucionais, e especialmente à dignidade humana, veio, de certa forma, minimizar o recurso ao abuso do direito. A problemática, antes inerente ao direito subjetivo e ao seu uso abusivo, passou a ser solucionada pela incidência direta dos princípios constitucionais às relações privadas, afastando-se a tutela do direito subjetivo pela superioridade hierárquica da norma a que seu exercício concretamente se contrapõe.

Mesmo onde a incidência da norma constitucional não produz, pela amplitude de seus enunciados, resultados tão evidentes a favor de um ou outro litigante, as cortes pátrias têm deixado de recorrer ao abuso do direito, preferindo substitutivos menos contaminados pelo percurso histórico do ato abusivo, cujos capítulos subjetivistas, ligados ora à intenção lesiva, ora à imoralidade, ainda calam fundo na memória dos manuais, influenciado as correntes majoritárias do civilismo brasileiro.[9] Em particular, a deca-

---

[8] Fernando Augusto Cunha de Sá, *Abuso do Direito*, Lisboa: Petrony, 1973, p. 456. Em sentido semelhante, a lição de Castanheira Neves, para quem "um comportamento que tenha a aparência de licitude jurídica – por não contrariar a estrutura formal-definidora (legal ou conceitualmente) de um direito, à qual mesmo externamente corresponde – e, no entanto, viole ou não cumpra, no seu sentido concreto-materialmente realizado, a intenção normativa que materialmente fundamenta e constitui o direito invocado, ou de que o comportamento realizado se diz exercício, é o que juridicamente se deverá entender por exercício abusivo de um direito" (*Questão-de-fato-questão--de-direito ou o problema metodológico da juridicidade: ensaio de uma reposição crítica*, vol. 1, Coimbra: Almedina, 1967, p. 524). No Brasil, é de se conferir Heloísa Carpena, *Abuso do Direito nos Contratos de Consumo*, Rio de Janeiro: Renovar, 2001; e Rosalice Fidalgo Pinheiro, *O Abuso do Direito e as Relações Contratuais*, Rio de Janeiro: Renovar, 2002.

[9] Como registrava argutamente Caio Mário da Silva Pereira, *Responsabilidade Civil*, Forense: Rio de Janeiro, 1999, p. 255: "É a ideia que com maior vigor predomina, e que se pode designar como doutrina subjetivista, porque considera a intenção do titular. Para esta doutrina, se uma pessoa entrou no exercício normal e habitual de seu direito, pode-se acobertar com o adágio *neminem laedit qui suo iure utitur* [...]. Mas se este uso vem inspirado no desejo de prejudicar, a intenção altera o caráter do ato, e transforma o uso em abuso do direito."

dência do abuso do direito corresponde, entre nós, à ascensão de instituto semelhante, construído para idêntico propósito, mas fundado em base mais objetiva, como se apressa em esclarecer a sua própria denominação.

2 A ascensão da boa-fé objetiva

Como se sabe, a boa-fé objetiva, também chamada boa-fé contratual, embora já conhecida em outros períodos da história do direito, foi amplamente desenvolvida na Alemanha, a partir de 1896, com base no §242 do BGB, cuja literalidade está muito aquém das consequências que a sensibilidade jurisprudencial e a sofisticação doutrinária lhe reservaram. Tal qual o abuso do direito, a boa-fé objetiva nasce com o propósito de corrigir os excessos da liberdade individual. Apresentando-se como princípio geral de lealdade recíproca entre os contratantes, erige-se em obstáculo ao exercício da autonomia privada sempre que em violação aos parâmetros de convivência e confiança mútuas que devem reger um ambiente negocial sadio.

Como na experiência germânica, a boa-fé objetiva promoveu em diversos sistemas jurídicos que passaram a se valer de sua aplicação uma autêntica oxigenação do direito obrigacional, ramo do direito privado ainda excessivamente preso a categorias abstratas e perenes da tradição romanística. Por toda parte, suas potencialidades foram ampliadas em inúmeras direções, valendo-se doutrina e jurisprudência de suas virtudes estruturais (cláusula geral em oposição à técnica regulamentar que marca as codificações europeias e latino-americanas) e funcionais (como revela a construção da tríplice função da boa-fé objetiva).[10]

No Brasil, a boa-fé objetiva adquiriu, em um primeiro momento, contornos quase épicos. Sua pioneira aparição no tecido normativo deu-se por meio do Código de Defesa do Consumidor, onde, associando-se à finalidade protetiva do código consumerista, a boa-fé objetiva passou a ser aplicada como decoração ética de decisões que não se preocupavam em precisar-lhe o conteúdo.[11] A tarefa mostrava-se, além de árdua, realmente desnecessária diante de tantos institutos mais específicos que convergiam em favor do consumidor no caso concreto. Por conta disso, a jurisprudência habituou-se a uma utilização puramente ética (e não técnica) da cláusula geral de boa-fé objetiva, trazendo riscos significativos de superutilização do conceito.[12]

---

[10] Confira-se, especialmente, Judith Martins-Costa, *A boa-fé no direito privado – Sistema e tópica no processo obrigacional*, São Paulo: Revista dos Tribunais, 2000.

[11] Gustavo Tepedino e Anderson Schreiber, *A boa-fé objetiva no Código de Defesa do Consumidor e no novo Código Civil*, in Gustavo Tepedino (Coord.), *Obrigações – Estudos na Perspectiva Civil-Constitucional*, Rio de Janeiro: Renovar, 2005, p. 29-44.

[12] Sobre o risco de superutilização da cláusula geral de boa-fé objetiva e a ampliação do interesse em torno de figuras especificadoras, seja permitido remeter a Anderson Schreiber, *A Proibição de Comportamento Contraditório – Venire contra factum proprium e tutela da confiança*, Rio de Janeiro: Renovar, 2007, 2. ed., p. 120-127.

Esse cenário começa a se alterar com o Código Civil de 2002, que impõe a definitiva incidência da boa-fé objetiva em relações paritárias, onde a ausência de uma proteção legislativa previamente definida em favor de uma das partes do conflito (como ocorre com o consumidor) vem exigir do magistrado a especificação substancial do conceito de boa-fé.[13] Em outras palavras, diante da paridade entre os litigantes, aquela abordagem decorativa ou sentimental não se mostra suficiente vez que a boa-fé objetiva assume caráter mais determinante na solução do conflito do que ocorre em searas onde diversas normas específicas assomam em defesa de uma das partes apenas.

Crescem, assim, a investigação e a compreensão do conteúdo técnico da boa-fé objetiva, em oposição ao seu uso romântico ou puramente ético. Amplia-se a investigação especialmente em torno de institutos mais concretos que, captados de experiências estrangeiras diferenciadas e voltados à solução de problemas específicos, acabam, à falta de fundamento normativo mais imediato, sendo situados, por seu perfil funcional e axiológico, sob o manto legitimador da cláusula geral de boa-fé objetiva. É nesse sentido que a boa-fé objetiva vem, frequentemente, indicada como base normativa da teoria do inadimplemento antecipado (*antecipated breach of contract*) e da violação positiva do contrato (*Die positiven Vertragsverletzungen*), entre outros mecanismos de surgimento relativamente recente no cenário brasileiro.

No que tange ao seu campo de aplicação, a boa-fé objetiva tem sido invocada em diversos gêneros de conflitos tradicionalmente solucionados com base na noção de abuso do direito. Assim, entre tantos exemplos, a cláusula contratual que, em contratos de financiamento, impõe a perda de todas as prestações pagas em caso de inadimplemento vem reprimida ora por consistir em "indiscutível meio de abuso",[14] ora "porque não se coaduna" com o princípio da "boa-fé objetiva".[15] Do mesmo modo, a inscrição indevida do nome alheio em serviço de proteção ao crédito tem ora "caracteriza abuso de direito",[16] ora "viola o princípio da boa-fé objetiva".[17] E até a ruptura injustificada das negociações preliminares ao contrato, atualmente solucionada de forma quase unânime pela "aplicação do princípio da boa-fé objetiva, inclusive na fase pré-contratual",[18] já foi comumente solucionada "com arrimo na teoria do abuso de direito, em espécie de responsabilidade pré-contratual".[19]

---

[13] As falhas na incorporação da boa-fé objetiva na codificação de 2002 já haviam sido postas em relevo muito antes da sua edição por Antonio Junqueira de Azevedo, *Insuficiências, deficiências e desatualização do projeto de Código Civil na questão da boa-fé objetiva nos contratos*, in Revista Trimestral de Direito Civil, v. 1, 2000, p. 3-12.
[14] TJMG, Apelação Cível 344.366-7, 24.10.2001.
[15] TJMG, Apelação Cível 443.013-9, Rel. Alvimar de Ávila, 23.9.2004.
[16] TJRS, Apelação Cível 70020370607, Rel. Paulo Sérgio Scarparo, 22.8.2007.
[17] TJRJ, Apelação Cível 2007.001.19137, 3.7.2007.
[18] TJRS, Apelação Cível 70016838955, Rel. Tasso Delabary, 29.11.2006.
[19] TJDF, Apelação Cível 792, Rel. Dante Guerrera, 22.5.1968.

A divergência apontada está longe de ser meramente semântica. Embora o resultado nos casos citados seja quase sempre idêntico independentemente do conceito que se utilize, angustia-se, por vezes, o intérprete, hesitando entre o emprego de um ou outro instituto, para, em seguida, combiná-los ou confundi-los em sua fundamentação. A confusão justifica-se inteiramente. Expressa, a rigor, preocupação que elevados estudos estrangeiros já antecipavam, e que uma breve incursão no direito comparado ajuda a esclarecer.

3 O direito comparado e a convergência de funções entre o abuso do direito e a boa-fé objetiva

A menção ao direito comparado no Brasil não provoca, geralmente, simpatia. Antevê, logo, o leitor numerosas páginas que analisem a estrutura de certo instituto no direito francês, no direito alemão ou no direito inglês – sendo muito mais raras incursões a locais distantes como a China e a realidades próximas como a Argentina ou o Chile –, dissociadas, em qualquer caso, de reflexões sobre a utilidade da pesquisa comparatista para a experiência nacional. À minuciosa abstração opõe-se a já habitual superficialidade com que comentaristas limitam-se a indicar, pontualmente, dispositivos de códigos estrangeiros dedicados ao assunto, sem a necessária investigação da sua aplicação prática, por vezes frontalmente contrária ao texto positivado.

Bem longe desses dois extremos se desenvolve a autêntica pesquisa de direito comparado, fundada não na curiosidade meramente estrutural acerca dos institutos jurídicos estrangeiros, mas na sua compreensão funcional, de modo a possibilitar o eventual confronto entre o resultado prático obtido alhures e a conveniência de sua perseguição na experiência nacional. O direito comparado, não como apêndice cultural, mas como instrumento efetivo para a construção de soluções inovadoras, assume nítida preocupação com a função desempenhada pelos institutos jurídicos e revela não raro os caminhos diferenciados seguidos por experiências diversas na perseguição de fins idênticos.

É justamente o que se verifica no estudo do abuso do direito e da boa-fé objetiva, noções que, respeitadas as profundas diferenças entre suas bases nacionais originárias – a experiência francesa, no caso do abuso, e a germânica, no caso da boa-fé –, desenvolveram-se em torno do mesmo propósito comum: o de conter ou, mais precisamente, de controlar o avanço ilimitado da autonomia privada. Partiu o abuso da conotação subjetivista tão cara aos franceses, buscando na própria vontade do titular do direito (defeituosa porque dirigida exclusivamente ao prejuízo alheio e não ao seu pessoal benefício) o fundamento da contenção do seu exercício. Já a boa-fé objetiva foi encontrar no pragmatismo alemão a sua inspiração, calcada, desde sempre, na praxe negocial externa ao titular do direito, mas dirigida, igualmente, ao refreamento do seu exercício.

Ao sopro dos mesmos ventos bélicos que empurraram os dirigíveis Clément-Bayard,[20] abuso do direito e boa-fé objetiva espalharam-se pelo mundo como símbolos da necessidade de contenção do liberal-individualismo, preconizadores de uma ordem jurídica mais solidária, cuja imperatividade só seria plenamente reconhecida após os horrores desumanos perpetrados pelos regimes totalitários na Europa e na América Latina.[21] Alguns países filiaram-se logo à construção francesa; outros, ao contrário, sofreram maior influência do instrumento alemão, sendo certo, porém, que a adesão a uma ou outra via não veio ditada, na maior parte dos casos, por preferências necessariamente científicas, mas por fatores de caráter sociológico como os laços culturais ou a simples prioridade de chegada. A respeito, afigura-se esclarecedora a lição do comparatista italiano Rodolfo Sacco, para quem:

> "imperativo de boa-fé e proibição de abusar da liberdade não são entidades nem diversas, nem distantes, nem incomparáveis. Mas a boa-fé do art. 1.337 ingressou no discurso legal em primeiro lugar, não mereceu críticas, nem deflagrou sugestões no sentido de substituí-la com outras fórmulas equivalentes ou, hipoteticamente, melhores. Se desejará evitar, portanto, de lhe impor a companhia de uma duplicação inútil".[22]

Sem embargo da consolidação da figura mais afeta a cada experiência, o triunfo do pensamento solidarista ao longo da segunda metade do século XX passaria a prestigiar construções mais objetivistas, menos vinculadas a elementos anímicos ou intencionais, em franca reação ao longo império da vontade. Assim, a partir das décadas de 70 e 80, mesmo experiências tradicionalmente vinculadas ao abuso do direito, como a portuguesa, passaram a privilegiar intensamente a boa-fé objetiva, como instrumento "suficientemente vasto para controlar o exercício de quaisquer direitos privados, positivo no sentido de

---

[20] Afirma-se que, no início da Primeira Guerra Mundial (1914-1918), três dentre seis dirigíveis das forças armadas francesas levavam a marca criada por Adolphe Clément.

[21] Confira-se a lição de Maria Celina Bodin de Moraes, *O princípio da solidariedade*, in Manoel Messias Peixinho *et al.* (Org.), *Os princípios da Constituição de 1988*, Rio de Janeiro: Lumen Juris, 2001, p. 167: "Se o século XIX foi, reconhecidamente, o século do triunfo do individualismo, da explosão de confiança e orgulho na potência do indivíduo, em sua criatividade intelectual e em seu esforço particular, o século XX presenciou o início de um tipo completamente novo de relacionamento entre as pessoas, baseado na solidariedade social – consequência da reviravolta, na consciência coletiva e na cultura de alguns países europeus, decorrente das trágicas experiências vivenciadas ao longo da Segunda Grande Guerra."

[22] No original: "*Regola di buona fede e divieto di abusare della libertà non sono entità né diverse, né lontane, né incomparabili. Ma la buona fede dell'art. 1337 è entrata nel discorso legale per prima, non ha meritato critiche, non ha scatenato suggerimenti di sostituirla con altre formule equivalenti o, in ipotesi, migliori. Si vorrà evitare, allora, di imporle la compagnia di un doppione inutile*" (Rodolfo Sacco, *L'abuso della libertà contrattuale*, in *Diritto Privato*, v. III, Padova: Cedam, 1998, p. 234). O dispositivo do Código Civil italiano determina: "*Art. 1337 – Trattative e responsabilità precontrattuale. Le parti, nello svolgimento delle trattative e nella formazione del contratto, devono comportarsi secondo buona fede (1366,1375, 2208)*."

prescrever condutas e não, apenas, na sua falta, indemnizações, e objectivo por ignorar elementos atinentes ao agente, como o dolo ou a negligência".[23]

Ainda que o próprio abuso do direito tenha, como já se esclareceu, ganhado, em adição à abordagem tradicional, uma acepção objetiva, diversos sistemas retiraram-lhe a ênfase, substituindo usuais referências ao ato abusivo por expressões mais amplas, como ato ilegítimo ou inadmissível, total ou parcialmente vinculadas à noção de boa-fé objetiva.

4   A sistemática adotada pelo art. 187 do Código Civil brasileiro de 2002

O Código Civil brasileiro de 2002 não empregou a expressão "abuso do direito". Bem verdade que tampouco o Código Civil de 1916 a empregava, mas a doutrina era praticamente unânime em reconhecer na alusão ao "exercício regular do direito" como excludente de ilicitude a constatação implícita de que o exercício irregular – dito abusivo – do direito seria ilícito.[24] E a jurisprudência pátria, como se viu, abraçava o conceito, aplicando-a a um sem-número de hipóteses fáticas,[25] de modo que a omissão do legislador de 2002 revelou-se, no mínimo, surpreendente.

---

[23]   António Manuel da Rocha e Menezes Cordeiro, *Da Boa Fé no Direito Civil*, Coimbra: Almedina, 1997, p. 694.

[24]   Veja-se, por todos, Clovis Bevilaqua: "Estatue o art. 160, I, que nao constitui ato ilícito o praticado no exercício regular de um direito reconhecido. *A contrario sensu*, o praticado em exercício não regular de um direito, é ilícito. Eis aí a condenação do abuso do direito [...]" (*Código Civil dos Estados Unidos do Brasil Comentado*, v. I, Rio de Janeiro: Francisco Alves, 1930, p. 424).

[25]   Sob a égide do Código Civil de 1916, o Superior Tribunal de Justiça declarou, por exemplo, configurar abuso do direito a conduta de instituição bancária que, sendo credora de correntista, paga-se por meio da apropriação de valores depositados na conta-corrente do devedor (STJ, 18.2.2000, in Revista do Superior Tribunal de Justiça 145/446). Segundo o Tribunal de Justiça do Rio de Janeiro, abusa de seu direito de informar, a empresa jornalística que divulga notícia de caráter ofensivo ou deturpado (TJRJ, 18.12.2001, Ementário 06/2002, n. 28). O mesmo tribunal declarou que também constitui abuso do direito a retenção, por instituição de ensino, de documentos de conclusão do 2º grau, em virtude de dívida referente à mensalidade escolar (TJRJ, 5.4.2001, Apelação Cível 2000.001.08132). O Tribunal de Justiça do Rio Grande do Sul considerou como abuso do direito a inscrição de nome de devedor em sistema de proteção ao crédito quando a dívida se encontrava *sub judice* (TJRS, 13.12.2001, Apelação Cível 7000.225.7715). O mesmo tribunal declarou que o emprego de violência contra menor configura abuso do direito de educar, além de delito de maus tratos (TJRS, 19.12.2001, Apelação Cível 7000.274.9810). Também já se reconheceu a admissibilidade de ação visando ressarcimento pelo abuso do direito de demandar em juízo (TJSP, 6.3.1998, in *ADVCOAD* 84713, 39/98, p. 623). Por fim, a noção de abuso do direito tem sido invocada frequentemente para embasar a desconsideração da personalidade jurídica (TJDF, *DJ* 14.2.2001, p. 34), sobretudo em casos de danos coletivos, como o relativo ao trágico naufrágio do *Bateau Mouche* no Rio de Janeiro (TRF – 2ª Região, 10.1.1995, in *ADVCOAD* 68876, 14/95, p. 211).

Do controle do exercício dos direitos individuais cuidou o Código Civil em seu art. 187, em que se lê:

"Art. 187. Também comete ato ilícito o titular de um direito que, ao exercê-lo, excede manifestamente os limites impostos pelo seu fim econômico ou social, pela boa-fé ou pelos bons costumes."

A melhor técnica não recomendaria a alusão inicial ao "ato ilícito", figura de pressupostos próprios, já estabelecidos no art. 186 da codificação, que se distingue tradicionalmente do exercício inadmissível dos direitos, ato lícito, ao menos em sua aparência. A associação entre as duas situações, tão distintas entre si, ainda que seja possível remetê-las a uma ilicitude *lato sensu*, contrariou a tradição nacional, prestando desserviço à identificação bem mais sutil dos atos que se fundam em direitos reconhecidos, mas violam seu embasamento axiológico e finalístico.

De ato ilícito em sentido técnico, portanto, não cuida o art. 187 do Código Civil. Sua inspiração advém do art. 334 do Código Civil português, que, com idêntica linguagem, refere-se ao "exercício ilegítimo de um direito", a ser aferido com base na superação dos mesmos três "limites": "boa-fé", "bons costumes" e "fim social ou econômico desse direito".[26] Seja qual for a terminologia adotada, não resta dúvida de que o Código Civil brasileiro de 2002 procurou instituir o controle concreto – não tanto os "limites", em abstrato, como sugere a redação do art. 187 – do exercício de qualquer situação jurídica subjetiva (não apenas direitos subjetivos ou potestativos, mas também poderes, faculdades e assim por diante). E parece evidente que, na esteira das transformações históricas já aludidas, preferiu não vincular tal controle à figura do abuso do direito, excessivamente subjetivista em sua inicial concepção e ainda contaminada por influxos voluntaristas. Mencionou, ao revés, a boa-fé objetiva, ao lado de outros dois critérios: os bons costumes e o fim econômico ou social do direito.

À luz do dado normativo, portanto, não resta dúvida de que o legislador de 2002 privilegiou a boa-fé objetiva como instrumento de controle do exercício das situações jurídicas subjetivas. E ainda que se queira designar como "abuso do direito" a situação contemplada no art. 187 do Código Civil, rendendo-lhe histórica homenagem em oposição ao gritante silêncio legislativo, será forçoso reconhecer que a boa-fé objetiva tornou-se um de seus critérios substanciais, se não o mais importante.[27] Assim, ao abuso restará,

---

[26] "Art. 334. É ilegítimo o exercício de um direito, quando o titular exceda manifestamente os limites impostos pela boa-fé, pelos bons costumes ou pelo fim social ou econômico desse direito" (Código Civil português).

[27] É que os bons costumes constituem fórmula fluida em incontestável desuso, ao passo que o "fim econômico ou social" dos direitos ou remeterá a construções específicas (função social da propriedade, função social do contrato etc.) ou significará nada mais que uma análise funcional das situações jurídicas subjetivas, que deflui naturalmente da concepção mais atual do direito privado e vem comumente instrumentalizada pela própria boa-fé objetiva.

se não a pecha de "duplicação inútil",[28] um papel meramente formal, como degrau (a toda evidência desnecessário) para a atuação de conceitos substantivos expressamente eleitos pelo legislador para o controle das situações jurídicas subjetivas, como o fim econômico e social do direito e a boa-fé objetiva.

5 O fim do abuso e o abuso dos fins

Vê-se que o terreno está longe de ser fértil para a sobrevivência do abuso. A significativa omissão do legislador, a rejeição à sua origem subjetivista, a preferência generalizada pela cláusula geral de boa-fé objetiva como instrumento mais adequado ao controle do exercício de direitos são apenas alguns dos muitos fatores que contribuem para uma perspectiva pouco animadora para o abuso. Adicione-se a isso o amor ao alarde e já se teria a sentença de morte do instituto, seguida de calorosos aplausos à sua substituição por conceitos mais avançados. Ao contrário, o abuso promete, ainda, permanecer por longo tempo entre nós. E sua preservação se estenderá por, ao menos, dois caminhos.

De um lado, o abuso do direito tende a continuar sendo invocado em situações extranegociais. A matriz obrigacional da boa-fé objetiva na experiência germânica fez com que, em um primeiro momento, sua aplicação se restringisse, também nos países que a adotaram, àquelas relações em que as partes possuíam uma especial proximidade, porque vinculadas por um contrato ou direcionadas à sua formação. Embora a jurisprudência brasileira tenha avançado rapidamente na ampliação do campo de incidência da boa-fé – como se vê de inúmeras decisões do Superior Tribunal de Justiça que estendem, corretamente, sua aplicação às relações entre a Administração Pública e os administrados, ou entre o Fisco e os contribuintes[29] –, não há dúvida de que a maior parte dos magistrados continuará aplicando, fora do ambiente negocial, o instrumento mais tradicional do abuso do direito. Assim, tendem a se reproduzir, em nossa prática jurisprudencial,

---

[28] Note-se, a propósito, que a boa-fé objetiva desempenha papel mais amplo que o abuso do direito, funcionando não apenas como mecanismo de controle das situações jurídicas subjetivas, mas também como critério hermenêutico e como fonte de deveres anexos, revelando um papel positivo (de imposição de comportamentos), que transcende o cenário meramente negativo (de proibição de comportamentos) e patológico em que se costuma situar o abuso do direito. Sobre o tema, ver Teresa Negreiros, *Teoria do Contrato – Novos Paradigmas*, Renovar: Rio de Janeiro, 2002, p. 140-141.

[29] Confira-se, entre outros exemplos, STJ, Recurso Especial 141.879/SP, 17.10.1998; e TJRS, Apelação Cível 70005342373, 12.3.2003. Mais recentemente, a boa-fé objetiva e a tutela da confiança vêm sendo aplicadas até mesmo ao direito de família, embora aí, como em outros campos, não se possa incidir no erro de converter expectativas de lealdade e transparência em valores superiores a tantos outros que, como o melhor interesse da criança ou a solidariedade familiar, mostram-se mais relevantes na solução dos conflitos de ordem existencial. Ver Anderson Schreiber, *O Princípio da Boa-fé Objetiva no Direito de Família*, in Rodrigo da Cunha Pereira (Coord.), *Família e Dignidade Humana – Anais do V Congresso de Direito de Família*, Belo Horizonte: IBDFam, 2005, p. 125-143.

julgados que aludem ao abuso da liberdade de expressão em matérias jornalísticas, ou ao abuso do direito de defesa por meio da interposição de recursos protelatórios.

De outro lado, o abuso do direito, por sua longa influência no direito pátrio, serviu de base a uma série de construções específicas voltadas a reprimir os excessos de liberalismo em setores determinados da atividade econômica. Tal importância histórica do abuso do direito na experiência brasileira, como instrumento pioneiro no combate aos excessos do liberal-individualismo, garantirá sua continuada aplicação ao menos em figuras específicas que colhem no ato abusivo sua inspiração, justificativa e até nomenclatura. As referências ao abuso de autoridade, às cláusulas abusivas, ao abuso de poder econômico, à publicidade abusiva, ao abuso da personalidade jurídica e a tantas outras figuras específicas consagradas pela praxe ou pela lei continuarão a frequentar a jurisprudência, conservando a força subjacente do abuso do direito como fonte de institutos específicos.

E, com a especialização dos ramos jurídicos, tais figuras talvez se mostrem fortes o suficiente não apenas para prolongar a admirável história do abuso do direito, mas também para estimular, talvez, futura tentativa de recuperação de sua plena autonomia conceitual e utilidade funcional. Afinal, se é verdade que, no cotejo com a boa-fé objetiva, o abuso revela alguma "duplicação", também não se afigura menos verdadeiro que, contra um só mal, não é inútil ter mais de um remédio.

A Representação
no Código Civil de 2002[*]

> *Thus play I in one person many people*
> *And none contented.*
>
> William Shakespeare
> (*The Tragedy of King Richard II*)

Sumário: 1. A representação nos negócios jurídicos. 2. A *contemplatio domini* e a chamada representação imprópria. 3. O poder de representação. Representação voluntária e mandato. Teoria da separação e sua repercussão no Brasil. 4. Representação e interposição no Código Civil. 5. À guisa de conclusão: o problema do representante aparente e a proteção da confiança no direito civil contemporâneo.

1 A representação nos negócios jurídicos

"Como algo tão efêmero, mutável, obscuro, indemonstrável, como a vontade pode servir de fundamento a obrigações duradouras, até perpétuas, que vinculam descendentes e arrasam patrimônios e famílias inteiras?"[1] A provocação de Grotius, ainda no século XVII, não privou a vontade de seu papel central no direito privado. As principais categorias da ciência do direito estruturaram-se sobre o elemento voluntário. Toda a dogmática do ato jurídico e do ato ilícito fundou-se, desenvolveu-se e ainda hoje se cen-

---

[*] Publicado originalmente em Gustavo Tepedino (Coord.), *A Parte Geral do Novo Código Civil*, Rio de Janeiro: Renovar, 2002, p. 225-249.
[1] Grotius, *De iure belli ac pacis*, apud Hans Hattenhauer, *Conceptos Fundamentales del Derecho Civil*, Barcelona: Ariel, 1987, p. 67.

tra sobre a vontade. A abstração germânica conseguiu, com a disciplina dos negócios jurídicos, atribuir à vontade ainda maior importância, erigindo-a a razão e medida dos efeitos negociais. E se é verdade que o direito civil contemporâneo vem conhecendo um número cada vez maior de exceções ao absolutismo da vontade, também é verdade que o fundamento de muitas destas exceções é à própria vontade remetido.[2]

A relevância jurídica da vontade salta aos olhos na vida diária de qualquer sociedade contemporânea. Cotidianamente, pessoas declaram sua vontade, a ela se vinculando juridicamente, com a finalidade de obter determinados efeitos que a lei atribui a tais declarações e que interessam a quem as emite. Sim, porque, via de regra, a declaração de vontade é apresentada diretamente pelo próprio interessado nos efeitos do negócio jurídico. Atento, todavia, às dificuldades da vida social, o direito permite que o interessado não compareça pessoalmente à celebração do negócio, mas que se faça *representar* por um terceiro, que agirá em seu lugar, em seu nome e no seu interesse. A esse artifício chama-se *representação* e, embora sua existência pareça quase natural aos olhos dos juristas atuais, seu surgimento significou historicamente um avanço tão notável que Ernst Rabel chegou a definir a representação como um "milagre jurídico".[3]

No direito romano, a representação não era, em regra, admitida. O caráter personalíssimo e solene dos atos era incompatível com a ideia de representação.[4] Se uma

---

[2] Por exemplo, o direito brasileiro, seguindo a tendência de diversos ordenamentos estrangeiros, procura atenuar a força obrigatória da vontade em casos de desequilíbrio das prestações contratuais. Para atingir esse fim, vale-se, contudo, de instrumentos que transcendem a análise do objeto do contrato e vão buscar fundamento na vontade. Assim, reprime-se a onerosidade excessiva por meio da lesão e do estado de perigo, vícios da vontade (novo Código Civil, arts. 156 e 157). Também a resolução contratual por onerosidade excessiva (novo Código Civil, art. 478) exige como elemento necessário à sua configuração a imprevisibilidade, que é fator invariavelmente subjetivo. Outro exemplo é o da noção de vulnerabilidade (Código de Defesa do Consumidor, art. 4º, I), que, sem embargo de estar revolucionando o direito civil atual, tem sido geralmente invocada como um vício presumido da vontade, e não tanto como uma situação objetiva de disparidade técnica ou econômica, que autorize, por si só, a proteção especial da lei. De uma forma geral, quando não a dogmática, ao menos a legitimidade de todos esses novos instrumentos é buscada no fato de haver um defeito na formação da vontade ou de não ser a vontade inteiramente livre e apta a configurar, naquelas circunstâncias, o efeito jurídico que dela normalmente resultaria.

[3] Ernst Rabel, *Die Stellvertretung in den hellenistischen Rechten und in Rom*, in *Atti del Congresso Internazionale di Diritto Romano e di Stori di Diritto*, apud Paolo Cappellini, "Rappresentanza (Diritto Intermedio)", in *Enciclopedia del Diritto*, Varese, Giuffrè, 1984, p. 435.

[4] A doutrina romanística aponta ainda outras razões: "(a) a forma oral, que predominava nos negócios jurídicos em Roma, impunha a necessidade da presença das partes; (b) a obrigação contratual romana criava um vínculo exclusivo entre as pessoas que celebravam o contrato; e (c) em face da organização familiar romana, o *pater familias* podia, por meio dos *filii familias* ou dos escravos (e o que uns e outros adquiriam passava a integrar o patrimônio do *pater familias*), realizar negócios jurídicos sem a necessidade de ser representado por uma pessoa *sui iuris*, e, portanto, estranha à sua família" (José Carlos Moreira Alves, *Direito Romano*, v. 1, Rio de Janeiro, Forense, 2000, 13. ed., p. 159).

pessoa viesse a celebrar um determinado negócio jurídico em lugar de outra, os efeitos daí advindos atingiam o celebrante, e não o interessado, embora pudessem, por meio de uma nova operação jurídica, ser transferidos daquele para este. A atuação em nome de outrem tinha caráter excepcional entre os romanos. Contra isso reagiu o direito canônico, o que se explica não apenas por razões de conveniência prática, mas também pelo fato de que a própria Igreja Católica é, de certa forma, fundada sobre a ideia de uma representação divina em face dos homens.[5] Desse modo, os canonistas logo consagraram a regra *potest quis per alium quod potest facere per se ipsum* – pode-se fazer por outrem aquilo que se pode fazer por si.[6] Ressalvados os atos tidos como personalíssimos, a regra ainda impera no direito contemporâneo.

A representação consistiu, como se vê, na superação da etapa de transferência, que se fazia necessária entre os romanos. Com o advento do instituto, a celebração de um negócio jurídico entre uma parte e o representante da outra passou a produzir efeitos diretamente sobre o representado, sem a necessidade de qualquer negócio translativo entre o verdadeiro interessado e aquele que agiu em seu lugar. O avanço é considerável já que o contratante deixa de correr o risco de crédito do representante, com quem talvez não estivesse disposto a celebrar o negócio, e fica, desde o momento inicial, vinculado diretamente ao representado, real interessado na avença.

Em síntese, pode-se dizer que a representação consiste na realização de um negócio jurídico em nome de outra pessoa, sobre quem devem recair os efeitos negociais.[7] Trata-se, portanto, de uma técnica de atuação em nome de outrem. Note-se que, assim definida, a representação existe independentemente de o representante ter, de fato, o poder de agir em nome do representado. Para ocorrer a representação basta que um negócio jurídico tenha sido declaradamente celebrado em nome de um terceiro com o fim de que sobre tal pessoa recaiam os seus efeitos. "Realizar-se ou sair frustrada e inoperante esta intenção ou tendência do negócio, produzirem-se ou não se produzirem os seus efeitos na órbita deste terceiro, é já uma questão atinente, não ao conceito e portanto à existência da representação, mas à sua validade ou eficácia."[8] Portanto, independentemente da efetiva outorga do poder de representar, sempre que alguém vier a atuar em nome de outrem haverá representação.

---

[5] Miguel Maria de Serpa Lopes, *Curso de Direito Civil*, v.1, Rio de Janeiro, Freitas Bastos, 1996, p. 472.

[6] Francisco Amaral, *Direito Civil: Introdução*, Rio de Janeiro, Renovar, 2000, p. 425.

[7] A definição inspira-se em F. Sagesse, para quem a representação é o "instituto mediante o qual uma pessoa (representante) dá materialmente vida a um ato jurídico que diz respeito a uma outra pessoa (representado) e com a intenção externamente manifestada de que todos os efeitos do ato tenham repercussão na esfera jurídica deste outro, como se ele tivesse sido o autor" (apud Miguel Maria de Serpa Lopes, ob. cit., p. 470).

[8] Manuel A. Domingues de Andrade, *Teoria Geral da Relação Jurídica*, v. II, Coimbra, Almedina, 1998, p. 286.

2 A *contemplatio domini* e a chamada representação imprópria

Embora atue em nome de outrem, o representante não fica jamais adstrito à simples transmissão da vontade do representado. Possui sempre certa margem de discricionariedade na sua atuação; compete-lhe, no mínimo, o exame da oportunidade de celebrar ou não o negócio nas circunstâncias em que se apresenta. Nisso justamente se distingue do núncio ou mensageiro, que é mero transmissor da declaração negocial de outrem.[9] Não é por outra razão que do núncio se exige apenas a capacidade material de transmitir a mensagem que porta, enquanto do representante se exige plena capacidade jurídica.[10]

Para que se configure a representação, é preciso, ainda, que o representante atue declaradamente em nome de outra pessoa. É necessário que informe à outra parte que atua em nome de um terceiro, a quem representa. Essa publicidade ou exteriorização do fato de que a atuação se dá em nome de um representado é chamada *contemplatio domini*, e nela reside o núcleo central da representação.[11] Se o representante age em nome próprio, não há tecnicamente representação (atuação em nome de outrem); ficará o representante, e não o representado, vinculado aos efeitos do negócio. Pode ocorrer que alguém aja em nome próprio, celebrando pessoalmente o negócio e a ele se vinculando, mas que o faça no interesse de outrem. Exemplo trivial é o do sujeito que, a pedido de um amigo, dirige-se à tabacaria e compra um maço de cigarros. Frente ao comerciante, agiu o sujeito em nome próprio, adquirindo os cigarros como se os desejasse para si.

---

[9] "Etimologicamente, o termo núncio deriva do latim, *nuntius*, procedente de *nountius*, contração de *noventius*, 'es el que lleva las nuevas (de novus – novere – noventius)'. O núncio ou mensageiro atua como simples órgão transmissor da vontade do *dominus negotii*, ou seja, é o instrumento de que se vale o *dominus negotii* para exprimir sua vontade e fazê-la conhecida da contraparte. Faz chegar ao destinatário a declaração de vontade do emitente, sendo sua função meramente material, pois não necessita ter conhecimento algum sobre o teor e o sentido da declaração que transmite, bem como dos elementos do negócio jurídico" (Mairan Gonçalves Maia Júnior, *A Representação no Negócio Jurídico*, São Paulo: Revista dos Tribunais, 2001, p. 47-48).

[10] Nesse sentido, Andreas Von Thur, *Derecho Civil – Teoria General del Derecho Civil Aleman*, Buenos Aires: De Palma, 1948, p. 10: "La transmisión no es una declaración de voluntad del mensajero, sino una operación de hecho: no es necesario que el mensajero entienda la declaración que transmite. De ahí que no es necesario, a diferencia del representante, que el mensajero tenga capacidad de obrar; un niño o un enfermo mental pueden servir de mensajeros tan bien como una persona adulta y mentalmente sana."

[11] "O que caracteriza a representação não é a circunstância de ser alheio o interesse, mas o de o ser a posição jurídica e, por isso, é a indicação dessa circunstância quando da celebração do negócio que explica a produção dos efeitos deste na esfera jurídica do representado. A invocação do nome do representado ou *contemplatio domini* (ou princípio da exteriorização ou da notoriedade – *Offenkundigkeitsprinzip, Offenheitsgrundsatz*) é o elemento que permite distinguir a representação em sentido próprio da designada representação indireta" (Maria Helena de Brito, *A Representação nos Contratos Internacionais – Um Contributo para o Estudo do Princípio da Coerência em Direito Internacional Privado*, Coimbra: Almedina, 1999, p. 96).

Todavia, não tem sequer o hábito de fumar; agiu em nome próprio, mas no interesse de outrem. Em casos assim, não há representação propriamente dita, mas mera realização de um ato por interposta pessoa, figura autônoma que recebe o nome de *interposição*.

Alguns autores referem-se à interposição como representação indireta, mediata ou imprópria.[12] Embora haja traços comuns entre a representação e a chamada representação imprópria, não há neste último caso a *contemplatio domini*, que caracteriza aquela primeira.[13] Por conta disso, os negócios realizados por representação imprópria (*rectius*: interposição) não vinculam o "representado", sequer potencialmente. Os efeitos do contrato de compra e venda do maço de cigarros, no exemplo acima mencionado, obrigam apenas o próprio comprador, jamais o interessado, cujo nome não foi invocado na celebração da avença. A atuação no interesse de outrem, mas em nome próprio, só tem sido considerada eficaz com relação ao interessado naquelas hipóteses que configuram simulação, como na atuação do que os alemães chamam homem de palha (*Strohmann*), os franceses, *prête-nom*, e que no Brasil se tornou conhecido como "testa-de-ferro".[14] A eficácia direta, nesses casos, vem, todavia, por razões de proteção à ordem jurídica, e não como resultado natural da interposição, que, em regra, não vincula o real interessado.

Vê-se que a interposição é essencialmente diversa da representação. De fato, não há nessa figura a *contemplatio domini* (a declaração de que a atuação se dá em nome de outrem), faltando-lhe justamente por isso o efeito típico da representação, que é a vinculação direta do representado. Sendo assim, melhor abolir de vez, nessa matéria, denominações relacionadas com a representação, afastando confusões conceituais, mesmo porque chamar a interposição de representação imprópria só revela que não se trata propriamente de representação. E aí é melhor que, em respeito à lógica, se atribua a institutos diferentes nomes diferentes.

---

[12] Entre outros, Eduardo Espinola, *Sistema do Direito Civil Brasileiro*, v. 1, Rio de Janeiro, Francisco Alves, 1917, p. 569: "Quanto aos seus efeitos em relação a terceiros, a representação pode ser *imediata* ou *direta*, quando aparece como parte no negócio o interessado e não o representante pessoalmente, é *mediata* ou *indireta*, quando o representante, nas relações com terceiros, procede em nome próprio, ainda que no interesse do representado."

[13] Para argumentos contra e a favor da classificação da representação indireta ou imprópria como espécie do fenômeno representativo, ver Orlando Gomes, *Introdução ao Direito Civil*, Rio de Janeiro: Forense, 2001, p. 439-440.

[14] Cf., sobre o tema, Manuel A. Domingues de Andrade, ob. cit., p. 293.

3 O poder de representação. Representação voluntária e mandato. Teoria da separação e sua repercussão no Brasil

O poder de representação – ressalta a doutrina mais atual – não é elemento essencial à existência da representação, mas tão somente requisito para sua eficácia.[15] De fato, ao se definir a representação como técnica de atuação em nome de outrem, parece inevitável concluir que o instituto centra-se mais sobre a *contemplatio domini* e menos sobre a efetiva outorga do poder de representar.[16] É claro, por outro lado, que a ausência do poder de representação frustra a própria finalidade do instituto, já que, em regra, impede que sobre o representado repercuta o negócio que foi firmado em seu nome. Todavia, não é isso razão suficiente para que, diante da ausência de poder, se declare a inexistência da representação. Primeiro, porque a atuação em nome de outrem ocorre de fato, independentemente de produzir ou não os efeitos jurídicos esperados. Segundo, porque mesmo que a atuação em nome de outrem se dê sem poderes, o efeito típico da representação (a vinculação direta do representado) poderá ainda ser atingido, seja por meio da espontânea atuação do representado, ratificando os atos praticados pelo inabilitado representante, seja por força da atuação da própria ordem jurídica, que, em defesa de valores relevantes, converterá em real a representação que não o era.[17]

Embora seja modernamente qualificado como requisito de eficácia e não como elemento essencial, o poder de representação não deixa de ter significativa importância na etiologia do instituto. Ao contrário: é na origem do poder de representação que se centra a fundamental divisão nesta matéria, qual seja, a que distingue a representação legal da representação voluntária.[18] Diz-se legal a representação quando o poder de representar deriva diretamente da lei, como no caso da atuação dos tutores em nome de seus pupilos

---

[15] Como tudo em ciência, tal construção não é incontestável. A efetiva atribuição do poder de representação é inserida no núcleo conceitual do instituto por diversos autores, sobretudo os clássicos. Confira-se, entre outros, Andrea Torrente e Piero Schlesinger, *Manuale di diritto privato*, Milão: Dott. A. Giuffrè, 1999, p. 208: "*La rappresentanza è, appunto, l'istituto per cui ad un soggetto (rappresentante) è attribuito (dalla legge o dall'interessato) un apposito potere di sostituirsi ad un altro soggetto (rappresentato) nel compimento di attività giuridica per conto di quest'ultimo e con effetti diretti nella sua sfera giuridica.*"

[16] Salvatore Pugliatti, *Studi sulla rappresentanza*, Milão: Dott. A. Giuffrè, 1965, p. 398-399: "*Ma quello che conta è che in tal modo – come ho avuto altra volta occasione di rilevare – la rappresentanza viene ad essere caratterizzata piuttosto dal contegno del cooperatore nei confronti del terzo, anzichè dal rapporto interno: cioè dalla contemplatio domini, piuttosto che dal conferimento di poteri (seguendo la terminologia della dottrina tradizionale, ed ora della legge).*"

[17] Trata-se de hipótese de representação aparente, que será abordada no item 5 deste capítulo.

[18] A distinção está presente em todos os manuais e obras que tratam do assunto. Ver, a título de exemplo, Clóvis Beviláqua, *Teoria Geral do Direito Civil*, Brasília, Serviço de Documentação do Ministério da Justiça, 1972, p. 256; Caio Mário da Silva Pereira, *Instituições de Direito Civil*, v. 1, Rio de Janeiro: Forense, 1995, p. 396 e 398; e Roberto de Ruggiero, *Instituições de Direito Civil*, v. 1, Campinas: Bookseller, 1999, p. 350-351.

ou a dos pais em nome de seus filhos menores. Voluntária ou convencional é a representação quando o poder de representar surge por convenção entre as partes. É exemplo corriqueiro o do advogado que defende em juízo seu cliente ou o do mandatário que pratica atos da vida civil em nome de um amigo em viagem pelo exterior.[19]

A classificação, consagrada pela doutrina, não está imune a críticas. Alguns autores têm sustentado que a representação legal não se configura propriamente como representação e deve ser afastada do gênero.[20] Isso porque, na representação legal, a atuação do representante é plenamente independente da vontade do representado, que, a rigor, nada pode fazer para impedir os atos praticados em seu nome. Nada obstante, isso não parece suficiente para retirar o caráter representativo da atuação dos representantes legais, já que agem sempre em nome dos representados, e ainda no interesse dos mesmos, sofrendo a sua atividade o controle do poder público.

Maior interesse há no exame da representação voluntária, espécie em amplo desenvolvimento no direito civil contemporâneo. Parte da doutrina, sobretudo na esteira da codificação francesa, associa a representação voluntária ao mandato, tratando as duas figuras de forma unitária.[21] A sinonímia não parece, todavia, acertada. O mandato é um contrato que regula a relação entre o representado e o representante, estabelecendo termos e condições para o exercício do poder de representação. A representação – atuação em nome de outrem – ocorre, já se viu, independentemente da outorga do poder de representação e do eventual contrato que regule o seu exercício. Aliás, há inúmeras formas contratuais de se regular o exercício do poder de representação – não apenas por meio do mandato. Mais: a outorga do poder de representação diferencia-se e até independe do contrato que regula o exercício deste poder. Tal constatação foi apresentada por Paul Laband, ainda no século XIX, e influenciou decisivamente a doutrina germânica da representação. Em suas palavras,

---

[19] Alguns autores referem-se ainda a um *tertium genus* denominado representação judicial ou judiciária, em que o poder de representação é outorgado por decisão judicial, como ocorre nos casos de falência, concordata, inventário etc. A rigor, trata-se ainda de representação legal. Cf. Francisco Amaral, *Direito Civil – Introdução*, Rio de Janeiro: Renovar, 2000, p. 428.

[20] Por todos, Francesco Santoro-Passarelli, *Dottrine Generali del Diritto Civile*, Napoli: Dott. Eugenio Jovene, 1997, p. 276 ss: "*A nostro modo di vedere, la rappresentanza legale è una rappresentanza impropria, perchè si verifica la sostituzione di un soggetto a un altro nell'attività giuridica destinata a produrre effetti per quest'ultimo, ma l'attività non si fonda su un potere d'agire derivato dallo stesso, sì che il primo debba aggire in nome del secondo a rappresentarlo, sibbene su un potere proprio dell'agente, che allo stesso proviene dalla lege, e grazie al quale egli agisce in piena indipendenza dalla volontà di colui per cui agisce.*"

[21] Já o revelavam Aubry e Rau, como se extrai da seguinte passagem: "*La définition de l'art. 1984, qui s'applique plutôt à la procuration, c'est-à-dire à l'acte instrumentaire par lequel le pouvoir est conféré, qu'à la convention même de mandat, n'indique pas les caractères propres et distinctifs de ce contrat*" (*Cours de Droit Civil Français*, t. 6, Paris: Librarie de La Cour de Cassation, 1920, p. 153, nota 2).

"o poder de representação atribui a uma pessoa a possibilidade de, através de contratos concluídos em nome alheio, tornar uma outra credora ou devedora, independentemente de esta outra pessoa ter ordenado a celebração de um contrato determinado, ou de ter deixado à discrição do representante ou até proibido a celebração do contrato; o mandato é portanto irrelevante para a faculdade da representação".[22]

A nítida diferenciação entre o poder de representar e o mandato – que conquistou a Europa sob o nome de *teoria da separação* – não é uma mera abstração de alto rigor técnico; ao contrário, assenta suas bases em razões de conveniência social. Com efeito, a teoria da separação consagra o entendimento de que o poder de representação nasce não do mandato, mas de um negócio jurídico unilateral, autônomo e abstrato, a que a doutrina tem dado o nome de "procuração".[23] Essa independência entre o poder de representar e o mandato torna possível considerar eficaz a representação, vinculando o representado, ainda que se verifique um eventual vício no contrato de mandato ou em qualquer outra relação contratual interna entre o representante e o representado.[24] Mesmo quando reunidos em uma declaração única, a atribuição do poder de representação será independente, quanto à sua validade e subsistência, da validade ou eficácia do mandato.

A teoria da separação traz, assim, uma clara opção pela proteção do terceiro (de boa--fé) em desfavor do representado. Protege-se, acima do vínculo jurídico entre representante e representado, a confiança daquele que foi levado, pela conveniência de outrem, a contratar com o representante. A nulidade, a anulabilidade ou o descumprimento do mandato são questões a que fica imune o terceiro que contrata com o representante. Há, na teoria da separação, maior sensibilidade às práticas contemporâneas e maior equidade na distribuição dos riscos sociais. De fato, não se vislumbra razão que justifique lançar sobre o terceiro o ônus de uma falha qualquer na regulação do exercício do poder de representar, já que (i) se trata de uma relação jurídica interna entre o representante e o representado, e (ii) a própria representação é instituída a critério e em benefício do representante, o que, a princípio, justifica a proteção do terceiro que confiou na legitimidade da atuação em nome de outrem.

Os ordenamentos jurídicos europeus sofreram decisiva influência da teoria da separação, que encontra acolhida no BGB (§§164 e seguintes), no Código Civil português,

---

[22] Paul Laband, *Die Stellvertretung bei dem Abschluss von Rechtsgeschäften nach dem allgemeinen Deutshen Handelsgesetzbuch*, ZHR, Bd. 10, 1866, p. 204, apud Maria Helena Brito, ob. cit., p. 84.

[23] Confira-se Leonardo Mattietto, "A Representação Voluntária e o Negócio Jurídico de Procuração", *Revista Trimestral de Direito Civil*, v. 4, 2000, p. 55-71.

[24] Ennecerus, Kipp e Wolff, *Tratado de Derecho Civil*, t. I, v. II, Barcelona: Bosch, 1935, p. 268: "Por tanto, el poder no depende de la validez de la relación que dió motivo a su otorgamiento, sino que puede ser válido, a pesar de que esta relación sea nula por una causa que no afecta al poder."

de 1966 (art. 258 ss) e no Código Civil italiano, de 1942 (arts. 1387 ss), entre outros.[25] Apenas o *Code Civil* e a doutrina francesa mais conservadora permanecem ainda influenciados pela identidade entre o mandato e a representação, confusão originada na redação do art. 1.984, que define o mandato como *"acte par lequel une personne donne à une autre le pouvoir de faire quelque chose pour le mandant et en son nom"*.[26]

O Código Civil brasileiro de 1916 refletiu, nessa matéria, a orientação do Código francês e disciplinou unitariamente o contrato de mandato e a representação voluntária (art. 1.288 ss). Inúmeros autores brasileiros, todavia, defendem a adoção da distinção entre o mandato e a representação. Nesse sentido, já invocavam, na esteira da doutrina europeia e em oposição à terminologia do Código, as figuras do mandato sem representação[27] e da representação sem mandato.[28] A proposta de um novo Código Civil trouxe a esperança de que o legislador daria melhor tratamento à matéria.

4 Representação e interposição no Código Civil

O novo Código Civil não trouxe verdadeira revolução ao direito vigente. A ausência de grandes inovações se explica, em parte, pela própria desatualidade do projeto original, elaborado em 1975, mais de uma década antes, portanto, da atual Constituição da República. Além disso, a própria comissão redatora do projeto trabalhou sob a premissa de manter, no que fosse possível, o tecido normativo do Código Civil de 1916 e incorporar apenas institutos já consolidados na prática jurisprudencial e na doutrina brasileiras.[29] De fato, as novidades do novo Código ficaram, quase todas, por conta da expressa ado-

---

[25] Para um extenso estudo de direito comparado acerca do tema da representação, cf. Maria Helena de Brito, ob. cit, p. 83-299.

[26] Na íntegra: *"Le mandat ou procuration est un acte par lequel une personne donne à une autre le pouvoir de faire quelque chose pour le mandant et en son nom. Le contrat ne se forme que par l'acceptation du mandataire."*

[27] Ver, sobre o tema, Francisco Landin, *O Mandato Civil sem Representação*, Campinas: Agá Juris, 2000, *passim*, em que o autor sustenta, com base em ampla doutrina estrangeira e nacional, a possibilidade de mandato com mera interposição. O próprio Código Civil de 1916 autorizava de certa forma a tese, ao dispor, em seu art. 1.307: "Se o mandatário obrar em seu próprio nome, não terá o mandante ação contra os que com ele contrataram, nem estes contra o mandante."

[28] Não se trata apenas dos casos de representação legal, mas também da representação voluntária, que pode se reger por outro contrato como a prestação de serviços ou a gestão de negócios, e que, de qualquer forma, surge, independentemente de qualquer contrato, de um negócio jurídico, unilateral e autônomo, de atribuição de poderes. Cf., entre muitos outros, Maria Cândida Amaral Kroetz, *A Representação Voluntária no Direito Privado*, São Paulo: Revista dos Tribunais, 1997, sobretudo p. 33-36, 46 e 72-89.

[29] Entre as diretrizes fundamentais que guiaram o processo de elaboração do projeto do novo Código Civil, Miguel Reale, supervisor da Comissão Revisora e Elaboradora do Código Civil, indicou: "Não dar guarida no Código senão aos institutos e soluções normativas já dotados de certa

ção de orientações já dominantes em nosso direito. Mesmo os defensores mais acirrados da nova codificação o reconhecem, ao arrolar, entre os seus principais avanços, figuras já consagradas pelas cortes brasileiras como o abuso de direito e a resolução contratual por onerosidade excessiva.[30] A incorporação expressa tem, nada obstante, o mérito de consolidar as novas tendências e de garantir proteção legal aos novos institutos.

No que tange ao tema da representação, o novo Código contrariou suas próprias tendências e ignorou os insistentes apelos da doutrina nacional e estrangeira pela adoção expressa da teoria da separação. A dedicação de um capítulo inteiro de sua parte geral ao tema da representação (arts. 115 a 120) sugere que a nova codificação reconheceu a plena autonomia do instituto. O legislador parece, todavia, arrepender-se de tal avanço e voltar atrás no derradeiro dispositivo, em que se lê:

> "Art. 120. Os requisitos e os efeitos da representação legal são os estabelecidos nas normas respectivas; e os da representação voluntária, os da Parte Especial deste Código."

A primeira parte do artigo tem pouca, se alguma, utilidade; a segunda é incoerente, porque, em oposição à própria existência de um capítulo dedicado à representação, remete o intérprete, em matéria de representação voluntária, à Parte Especial do Código Civil. Lá, a situação também é preocupante. Como na Parte Especial do Código de 1916, a única referência à representação está no tipo contratual do mandato. E ali os preceitos que se aplicam à representação voluntária em geral aparecem como normas relativas ao contrato de mandato, como se as duas figuras se confundissem.

O exame evolutivo do novo Código Civil mostra que não era esta a intenção do responsável pela redação da parte geral do anteprojeto, José Carlos Moreira Alves. É o que se depreende da exposição de motivos que escreveu em 1970 para a versão original de seu trabalho:

> "Ocupa-se o Capítulo II com a representação. Nesse ponto, orientou-se o Anteprojeto no sentido de incluir, na Parte Geral, as regras referentes à representação legal e convencional. E, quanto a esta última – a fim de que não se fracionasse sua disciplina – regulou-a sob todos os aspectos que, no Código vigente, vêm tratados

---

sedimentação e estabilidade" (*O Projeto de Código Civil – Situação Atual e seus Problemas Fundamentais*, São Paulo: Saraiva, 1986, p. 76).

[30] A propósito da resolução por onerosidade excessiva, melhor seria que o art. 478 do Código Civil tivesse previsto a revisão, e não a resolução contratual, que é muitas vezes instrumento de ameaça aos interesses daquele que mais necessita do contrato. Todavia, é ainda possível ao intérprete invocar o direito à revisão do contrato com base no art. 317 do novo Código Civil, em que se lê: "Quando, por motivos imprevisíveis, sobrevier desproporção manifesta entre o valor da prestação devida e o do montante de sua execução, poderá o juiz *corrigi-lo*, a pedido da parte, de modo que assegure, quanto possível, o valor real da prestação."

no instituto do mandato. Se acolhida a ideia, o futuro Código Civil, em sua Parte Especial, ao tratar do mandato, deverá estabelecer apenas as normas relativas ao contrato de mandato, não se ocupando com a representação."[31]

Entretanto, a Comissão Elaboradora e Revisora do novo Código Civil rejeitou, por maioria, a ideia e inseriu no projeto o já transcrito art. 120, em sentido oposto à distinção entre o mandato e a representação voluntária. A atitude ensejou críticas por autorizada doutrina, mas o texto permaneceu inalterado.[32]

Apesar desse descuido por parte do novo Código Civil, e justamente em virtude desse conflito que surgiu na elaboração do seu texto, o intérprete, com boa vontade, poderá encontrar dispositivos que autorizam o entendimento de que a representação voluntária independe do mandato. Primeiro, a própria existência de um capítulo dedicado à representação já sugere que o mandato e a representação voluntária são institutos distintos. Além disso, é preciso notar que o art. 120, apesar de suas falhas, não remeteu a representação voluntária ao capítulo que cuida do mandato, mas à Parte Especial do novo Código Civil, que inclui outras figuras contratuais e que inclui também a possibilidade expressa da criação de contratos atípicos. Mais: o que se remete para a Parte Especial não é o instituto da representação voluntária como um todo ou mesmo a sua forma, mas tão somente os seus requisitos e os seus efeitos, de tal modo que nada no sistema do novo Código Civil impede que o intérprete extraia a essência da representação voluntária de dentro da disciplina do mandato e a utilize em outras espécies contratuais, previstas ou não pelo legislador de 2002.

Ora, se o novo Código autoriza a interpretação de que o mandato não é essencial à regulação do exercício do poder de representação, não se pode negar que alguns dispositivos permitem também reconhecer – como quer a melhor doutrina – que a outorga do poder de representação prescinde de qualquer regulação contratual do seu exercício. O art. 115 do novo Código Civil afirma, por exemplo, que "os poderes de representação

---

[31] José Carlos Moreira Alves, *A Parte Geral do Projeto de Código Civil Brasileiro*, São Paulo: Saraiva, 1986, p. 79.

[32] "Observamos que o primeiro Anteprojeto (art. 120; Projeto, art. 118), repetindo o erro do Código atual (art. 1288), ligava a representação voluntária ao mandato, e declarava a procuração instrumento do mandato (primeiro Anteprojeto, art. 668; Projeto art. 662). Mantinha, portanto, velhas e ultrapassadas ideias, porque há muito a ciência assentou a absoluta independência entre a representação voluntária (que nasce do autônomo negócio unilateral de procuração) e o negócio bilateral do mandato, que (tanto quanto muitos outros tipos de negócio) pode coexistir, e frequentemente coexiste, com a representação voluntária, mas com ela não coexiste nem exclusiva, nem necessariamente [...] Essas observações não foram aceitas, sem nenhuma justificação, como invariavelmente. Em consequência, o tratamento da representação é talvez o ponto em que o Projeto mais se distancia daquela 'atualização às novas exigências da vida científica', ou aos 'aperfeiçoamentos de ordem técnica ou dogmática', que lhe atribui o Prof. Reale" (José Paulo Cavalcanti, *Sobre o Projeto de Código Civil: Exposição ao Instituto dos Advogados Brasileiros*, Rio de Janeiro: Instituto dos Advogados Brasileiros, 1978, p. 30-32).

conferem-se por lei ou pelo interessado". O dispositivo não faz referência ao mandato, o que já auxilia na primeira tese, mas tem outro benefício mais sutil: refere-se somente ao "interessado", sem mencionar o representante. Ao fazê-lo, o art. 115 corrobora a ideia de que a outorga de poderes de representação é um negócio jurídico unilateral, a critério exclusivo do "interessado" (representado), e, portanto, inegavelmente autônomo com relação ao contrato de mandato ou a qualquer outro contrato que eventualmente regule o exercício deste poder.[33]

Como se vê, o Código Civil reconhece a autonomia do negócio jurídico de outorga do poder de representação e a possibilidade de representação sem mandato.[34] É preciso verificar, agora, se é verdadeira a recíproca: se também o mandato pode ocorrer sem representação. A doutrina, já se disse, defende há muito a ideia do mandato por mera interposição, em que o mandatário atua em seu próprio nome, mas no interesse do mandante. A tese sempre colidiu com o art. 1.288 do Código Civil de 1916, que parecia colocar a atuação em nome de outrem (representação) como elemento essencial ao mandato.[35] O novo Código Civil repetiu a norma na íntegra, declarando em seu art. 653:

"Art. 653. Opera-se o mandato quando alguém recebe de outrem poderes para, em seu nome, praticar atos ou administrar interesses."

A ideia de que a representação é essencial ao mandato foi, ao que parece, dominante na Comissão Elaboradora e Revisora do novo Código Civil.[36] Em defesa do mandato sem representação, pode-se, contudo, invocar o art. 663, que, repetindo a ideia que já constava do art. 1.307 do Código Civil de 1916, tratou de hipótese em que o mandatário age em seu próprio nome, mas no interesse do mandante.

"Art. 663. [...] ficará, porém, o mandatário pessoalmente obrigado, se agir no seu próprio nome, ainda que o negócio seja de conta do mandante."[37]

---

[33] Isso torna possível defender a adoção no direito brasileiro do negócio jurídico da procuração, ainda que com outro *nomen juris*, já que este foi expressamente reservado pelo art. 653 ao instrumento do mandato.

[34] Esclareça-se, aliás, que a representação independe do mandato por múltiplos aspectos. Primeiro, porque o mandato é apenas um e não o único contrato que regula o exercício do poder de representação. Segundo, porque a outorga do poder de representação independe de um contrato que regule o seu exercício. Terceiro, porque a própria representação – entendida como atuação em nome de outrem – ocorre independentemente da existência deste poder.

[35] "Art. 1.288. Opera-se o mandato, quando alguém recebe de outrem poderes, para, em seu nome, praticar atos, ou administrar interesses."

[36] O próprio José Carlos Moreira Alves afirmou, com relação ao mandato, que "em nosso sistema jurídico, a representação é da essência desse contrato" (ob. cit., p. 105).

[37] A hipótese não se confunde com aquela situação meramente patológica em que o mandatário excede ou contraria os poderes previstos no mandato, regulada em dispositivo diverso (art. 665 do novo Código Civil).

O novo Código Civil, como se vê, manteve a orientação dúbia da codificação anterior. Melhor seria que tivesse, em atenção à melhor doutrina, adotado mais claramente a ideia do mandato sem representação, em que o mandatário atua em nome próprio, mas no interesse do mandante.[38] Não o fez. De qualquer forma, a discussão do tema – sem embargo da sua importância doutrinária – parece não ter mais tanta relevância prática, já que o novo Código Civil consagrou definitivamente a interposição como técnica de atuação jurídica. Ora, podendo se dar a interposição por meio de inúmeras formas contratuais típicas e atípicas, não parece mais necessário (senão sob o prisma exclusivamente acadêmico) insistir na utilização do *nomen juris* de mandato para aquelas hipóteses de atuação no interesse de outrem.

É, de fato, marcante a presença da interposição no novo Código Civil. O livro atinente às obrigações consagra diversos tipos contratuais que trazem, em sua essência, a atuação em nome próprio, mas no interesse de outrem. É o que ocorre no contrato de comissão, cujo objeto é, nos expressos termos do art. 693, "a aquisição ou a venda de bens pelo comissário, em seu próprio nome, à conta do comitente". Também é o caso do contrato de corretagem, que traz a interposição dirigida à obtenção de novas oportunidades negociais (art. 722).[39] E ainda no mesmo sentido o novo Código Civil contempla os contratos de agência e distribuição, em que a atuação no interesse de outrem é voltada à realização de negócios em uma zona territorial predeterminada (art. 710).[40]

Note-se que nenhuma dessas figuras se relaciona à representação; não há, em nenhum desses casos, a atuação em nome de outrem e nem o seu efeito típico que é a direta vinculação do representado.[41] Ao contrário, em todos esses "novos" contratos, há expresso afastamento de uma vinculação direta, tornando incontestável o seu caráter não representativo.[42] À atuação do comissário, do agente, do distribuidor e do corretor

---

[38] Há no novo Código Civil, como havia no antigo, outros argumentos, além do art. 663 (antigo art. 1.307), para sustentar a tese do mandato sem representação. Ver Leonardo Mattietto, ob. cit., p. 63: "Como vigora o princípio da atipicidade dos contratos, nada obsta a que se vislumbre a existência de um mandato sem representação, mesmo que uma primeira leitura do art. 1.288, 1ª parte, do Código Civil Brasileiro, pudesse formar entendimento contrário."

[39] Sobre o tema, confira-se Gustavo Tepedino, *Questões Controvertidas sobre o Contrato de Corretagem*, in *Temas de Direito Civil*, Rio de Janeiro: Renovar, 1999, p. 113-135.

[40] Sobre o contrato de agência e sua relação com a representação comercial, contemplada em lei especial, ver Sílvio de Salvo Venosa, *A Representação no Novo Código Civil*, Valor Econômico – Online nº 457 (1º.3.2002).

[41] Ressalve-se que, paralelamente a esses contratos, os proponentes podem atribuir seja ao agente, ao distribuidor, ao comissário ou ao corretor, poderes de representação. No caso do contrato de agência, há inclusive previsão expressa neste sentido no art. 710, parágrafo único. Note-se que, de qualquer forma, a representação concedida em paralelo faz nascer uma relação jurídica que é diversa daquela que constitui a essência destes contratos.

[42] Cf., a título de exemplo, o disposto no art. 694 do novo Código Civil: "O comissário fica diretamente obrigado para com as pessoas com quem contratar, sem que estas tenham ação contra

falta a *contemplatio domini* que caracteriza a representação propriamente dita: agem em nome próprio e vinculam-se pessoalmente frente aos terceiros com quem contratam.

É justamente nisso que reside a grande vantagem dessas figuras contratuais: em manter o comitente, o proponente, enfim o titular do real interesse na avença imune a qualquer responsabilidade em face de terceiros. Os contratos de comissão, agência e seus semelhantes vêm atender à necessidade das empresas contemporâneas de ter intermediários independentes e autônomos vendendo produtos em outros mercados e promovendo a realização de determinados negócios, sem o custo de expandir fisicamente o empreendimento, sem os encargos de contratar e manter novos funcionários e sem a responsabilidade que derivaria dos atos dos seus prepostos. Tal necessidade não se pode atender com o instituto da representação, já que as referidas sociedades não dispõem de um efetivo controle sobre os atos do intermediário e de um grau de confiança na sua atuação suficiente a permitir a outorga de poderes para a prática de atos que as vinculem diretamente. Como se vê, a expansão das formas típicas de interposição – sem embargo da possibilidade de criação de formas atípicas (art. 425) – vem responder a um apelo do desenvolvimento negocial contemporâneo, que nada tem com a representação. Aí se tem, aliás, mais uma razão para abandonar definitivamente denominações como representação indireta ou representação imprópria, e atribuir à atuação no interesse de outrem o *nomen juris* de interposição, figura de relevância cada vez maior no cenário atual.

A atenção às relações sociais contemporâneas, que levou o legislador de 2002 a regular a interposição de forma tão extensa, não evitou que ele se omitisse acerca da questão do representante aparente, que, há algum tempo, vem dando margem a conflitos judiciais de difícil solução. É possível que alguém atue em nome de outrem, mesmo à falta do poder de representar, e, como se viu, isso não torna inexistente a representação. Todavia, o ato praticado pelo representante sem poderes será, em regra, ineficaz frente ao representado. Diz-se "em regra" porque há casos em que a representação sem poderes pode vincular o representado, ainda que contra a sua vontade. Trata-se da questão da representação aparente, não contemplada pelo novo Código Civil nem sob o capítulo da representação em geral, nem sob o do mandato. Não obstante, aqui, como na representação em geral, é possível encontrar preceitos que auxiliem o intérprete na busca de soluções adequadas para o problema.

5 À guisa de conclusão: o problema do representante aparente e a proteção da confiança no direito civil contemporâneo

Em 1967, na cidade de São Paulo, um certo corretor ofereceu, em nome da Finan S. A., a uma série de seus clientes títulos com renda de 34%. Como combinado, o produto

---

o comitente, nem este contra elas, salvo se o comissário ceder seus direitos a qualquer das partes." A norma se aplica também à agência e à distribuição por força do art. 721.

da venda de tais títulos foi utilizado na compra de letras de câmbio e na administração deste investimento. O negócio prosperou por alguns meses, mas, ainda em meados de 1967, acabou por sofrer, em decorrência de fatores econômicos diversos, notáveis prejuízos. A situação agravou-se a tal ponto que, em dezembro de 1967, o corretor, em ato de desespero, cometeu suicídio.

Diante da tragédia, os investidores procuraram a Finan S. A. a fim de exigir antecipadamente o resgate de seus títulos. A sociedade alegou, todavia, que o corretor não representava a Finan S. A. e não tinha poderes para vender, em nome dela, títulos de qualquer natureza. O caso foi levado ao Poder Judiciário e, após sucessivos recursos, foi, em 1974, definitivamente julgado pelo Supremo Tribunal Federal, que declarou a responsabilidade da Finan S. A. Segundo a Suprema Corte, embora o corretor não tivesse, de fato, poderes para representar a sociedade, atuava, naquelas circunstâncias, como representante aparente da Finan S. A., o que justificava a repercussão sobre a companhia dos efeitos de sua atuação. Baseou-se a decisão nas inúmeras provas de que o corretor participava informalmente de todas as decisões fundamentais para a empresa, possuía sala privativa com seu nome na sede da companhia, era tratado, inclusive pela imprensa, como diretor da sociedade, e tinha, por diversas outras razões, sua personalidade confundida com a da Finan S. A., fato que era conveniente e plenamente conhecido pelos sócios e administradores da companhia.[43]

Em casos assim, não há dúvida de que ocorreu representação, entendida como atuação em nome de outrem. Faltou, contudo, o poder de representar, jamais outorgado pelo representado. A ausência do poder de representação levaria, na dogmática tradicional, à ineficácia do ato perante o representado, sem quaisquer considerações adicionais.[44] A ineficácia, nessa concepção, somente poderia ser remediada por meio da posterior ratificação do ato pelo representado. Todavia, um olhar mais atento à realidade contemporânea impõe, em algumas situações particulares, a proteção ao terceiro de boa-fé, que tenha confiado em uma aparência de legitimidade do representante para a qual tenha contribuído, por ação ou omissão, o representado. Em tais situações, a mera aparência deve ser erigida à realidade,[45] reconhecendo-se a plena eficácia do ato sobre a esfera

---

[43] Supremo Tribunal Federal, Recurso Extraordinário n. 77.814/SP, j. 2.4.1974, *DJ* 10.5.1974.

[44] Assim expressamente Enneccerus, Kipp e Wolff, *Tratado de Derecho Civil*, t. I, v. II, Barcelona, Bosch, 1935, p. 236: "*la falta de poder de representación puede subsanarse en ciertos casos mediante ratificación. En cambio, no se protege, en principio, la creencia de buena fe en el poder de representación*".

[45] A proposta de considerar existentes situações que, juridicamente, inexistem ficou conhecida como teoria da aparência. Sobre o tema, cf., por todos, Ricardo Lira, *Considerações sobre a Representação nos Negócios Jurídicos. A Teoria da Aparência e o Princípio da Publicidade na Administração Pública*, Revista da Faculdade de Direito da UERJ, v. 1, Rio de Janeiro, 1993, p. 309: "Ainda causando controvérsias nas suas origens no direito alemão, francês e italiano, vem tomando corpo, entre nós, a teoria da aparência, em nome da proteção do comércio jurídico, por força da qual se admitem como existentes situações jurídicas que, na realidade, não existem, aceitando-se como vinculantes obrigações que são acolhidas como se efetivamente existissem aquelas situações que as gerariam."

jurídica do representado, não por força de ratificação, mas em homenagem à confiança depositada pelo terceiro.

A confiança, com efeito, vai se elevando a um dos mais importantes valores do direito civil no século XXI. Já no século anterior, a incontrolável proliferação normativa e o alto grau de tecnicismo do direito haviam se tornado incompatíveis com a celeridade da vida social. A adoção de todas as cautelas jurídicas necessárias à prática de cada ato tornou-se dispendiosa e inviável. Pior: acabou por servir como instrumento de abusos, em desfavor das classes e setores vulneráveis da sociedade (consumidores, locatários etc.), desconhecedores das normas específicas, quando não das gerais. Por outro lado, a consagração na Carta Constitucional de 1988 dos princípios da dignidade da pessoa humana e da solidariedade social fez despertar a necessidade de se proteger os valores existenciais, acima das previsões legais específicas.[46]

Como um dos principais reflexos dessas transformações, o direito vai abandonando o rigor formal e dispensando tutela também aos interesses envolvidos naquelas situações que, antes, eram desconsideradas pelo ordenamento por lhes faltar a requerida formalização ou por não atenderem a uma exigência qualquer da técnica jurídica. Tais situações, ditas meramente aparentes, geravam expectativas que o direito se negava a proteger, porque fundadas em fatos não jurídicos. O desenvolvimento de uma concepção mais axiológica do direito, não tão preocupada em tipificar situações, mas em proteger valores,[47] vai alterando este quadro e exigindo tutela jurídica mesmo aos interesses e expectativas despertados por situações de fato, formadas à margem da lei. Nesse cenário, cresce a importância da noção de confiança, que, em plena harmonia com a atual tendência a privilegiar os aspectos existenciais, vem servir de critério para a proteção dos interesses envolvidos em cada situação concreta.

É certo, todavia, que não se pode proteger a confiança a qualquer custo. Na questão da representação aparente, a tutela à confiança do terceiro gera um ônus para o representado, que terá de suportar as obrigações decorrentes do ato praticado pelo suposto representante. Tal ônus somente se justifica se o representado contribuiu com sua ação ou omissão para a produção da situação geradora da confiança. Assim, o banco que per-

---

[46] A cláusula geral de tutela da pessoa humana e dos valores existenciais, bem como sua direta incidência sobre as relações jurídicas privadas, são ideias propagadas na obra de Gustavo Tepedino. Cf., entre outros, o seguinte trecho: "Pretendeu, portanto, o constituinte, com a fixação da cláusula geral acima aludida e mediante o estabelecimento de princípios fundamentais introdutórios, definir uma nova ordem pública, da qual não se podem excluir as relações jurídicas privadas, que eleva ao ápice do ordenamento a tutela da pessoa humana, funcionalizando a atividade econômica privada aos valores existenciais e sociais ali definidos" (*Direitos Humanos e Relações Jurídicas Privadas* in Gustavo Tepedino, ob. cit., p. 67).

[47] A efetiva atuação dos valores socialmente relevantes, consubstanciados na Constituição, é preocupação que marca a obra de Pietro Perlingieri e de toda escola do direito civil-constitucional. Cf. Pietro Perlingieri, *Perfis do Direito Civil – Introdução ao Direito Civil Constitucional*, trad. Maria Cristina De Cicco, Rio de Janeiro: Renovar, 1999.

mite que um sujeito, vestido como funcionário da instituição financeira, saia de dentro do estabelecimento bancário para recolher valores entregues por firma de transporte contribuiu, com sua omissão, para a representação aparente e não poderá exigir do transportador a restituição dos valores. O mesmo raciocínio impede que um restaurante que deixa que um falso manobrista receba, à porta, um cliente e furte seu veículo negue-se a indenizar os prejuízos daí resultantes.

A confiança depositada pelo terceiro nessas situações de representação aparente deve ser legítima, não se podendo vincular o representado se foi o terceiro que agiu descuidadamente, supondo uma representação que das circunstâncias concretas não resultava. Mas isso não quer significar, de forma alguma, que seja dever do terceiro verificar os poderes do representante, em atos como a entrega do veículo ou o recebimento de valores à porta de um estabelecimento comercial. Não se pode exigir tal atitude do terceiro nesses atos cotidianos, céleres, em que a verificação de poderes não é habitual ou se sugere desnecessária em face de outras circunstâncias.[48] Nessas situações, é o representado que deve cercar-se dos cuidados necessários; se não o faz, contribui com sua omissão para o legítimo despertar da confiança. E, contribuindo, não se admite que venha posteriormente alegar a falta de poderes de representação, porque isso configuraria nítida violação ao princípio que proíbe a contradição à própria conduta – o conhecido *nemo potest venire contra factum proprium*. Se o ato comissivo ou omissivo do representado dá ensejo à aparência de representação, não pode ele contrariar sua conduta, alegando a ineficácia da representação por ausência de poderes. Não outorgou, é verdade, os poderes, mas permitiu, com seu comportamento (omissivo) inicial, que terceiros acreditassem, de boa-fé, na representação.

O *venire contra factum proprium* consiste em critério seguro para a solução do problema da representação aparente, que deve ser considerada eficaz com relação ao representado, sempre que a ineficácia seja incoerente com a sua conduta anterior, ou seja, sempre que tal conduta tenha, ainda que por omissão, contribuído para o surgimento da aparência de representação, em que confiou o terceiro de boa-fé. É verdade que nem o Código Civil de 1916 nem o Código Civil de 2002 consagraram expressamente o princípio do *nemo potest venire contra factum proprium*, mas a ideia encontra-se implícita em inúmeros dispositivos do direito codificado.[49] Além disso, o novo Código Civil tratou do abuso de

---

[48] Com vistas ao direito societário, afirmou Modesto Carvalhosa, *Comentários à Lei de Sociedades Anônimas*, São Paulo: Saraiva, 1977, p. 98: "Assim, nos negócios jurídicos celebrados em massa, ou nos de adesão e mesmo nos esporádicos, praticados dentro da rotina da administração e da atividade empresarial da companhia, não se pode presumir que os terceiros contratantes irão examinar os atos de eleição e investidura dos diretores (art. 146), o seu arquivamento no Registro do Comércio e a sua publicidade, para, só então, contratar. O sentido social do direito obviamente impede a aplicação do princípio da publicidade nestes casos."

[49] Entre as diversas expressões positivadas de proibição ao *venire contra factum proprium*, confira-se, no novo Código Civil, o art. 175, que impede a invalidação de negócio anulável já cumprido, em parte, pelo devedor e o art. 476, que trata da exceção do contrato não cumprido. No Código

direito, em seu art. 187, definindo-o como qualquer exercício de um direito que exceda manifestamente "os limites impostos pelo seu fim econômico ou social, pela boa-fé ou pelos bons costumes".[50] Na referência à boa-fé encontra espaço a figura do *venire contra factum proprium*, consoante autorizada doutrina estrangeira e nacional.[51]

Vê-se, portanto, que, não obstante a ausência no novo Código Civil de um dispositivo que consagre expressamente o princípio de proibição ao *venire contra factum proprium*, diversas normas o trazem implícito e a cláusula geral de proteção contra o abuso de direito lhe assegura tutela. Por sua vez, na vedação ao comportamento contraditório e na tutela da confiança encontra fundamento a atribuição de plena eficácia à representação aparente, em inúmeras hipóteses. Há, com efeito, base normativa suficiente no novo Código Civil para recomendar a proteção à confiança depositada pelo terceiro no representante aparente, sempre que (i) o terceiro que contratou com o representante tenha legitimamente confiado na aparência de representação, e (ii) o representado tenha contribuído, por ação ou omissão, para a formação ou permanência da situação em que confiou o terceiro de boa-fé.

Tal orientação, de resto, já era imposta pelos princípios constitucionais e pela própria evolução do direito civil, que ruma para uma proteção mais intensa à confiança. Torna-se cada vez mais evidente que o direito não pode tutelar e considerar vinculantes apenas os atos e negócios jurídicos, celebrados rigorosamente de acordo com os modelos legais. Um ordenamento jurídico que, mais do que regular relações sociais, vise a proteger valores deve voltar-se também para situações que se mantêm tradicionalmente à margem da lei, o que se torna especialmente importante no que toca à representação. No cenário contemporâneo, e principalmente em sociedades como a nossa, marcadas pelo histórico desequilíbrio social e pela falta de acesso à justiça, urge que o direito tutele expectativas e interesses que se afigurem legítimos diante de situações concretas e relações de fato, sob pena de os juristas perderem contato com a realidade que os cerca e se transformarem, como na fábula de Italo Calvino, em uma "tribo com os olhos para o céu".

Civil de 1916, ver, além dos correspondentes aos anteriores, o art. 1.146, não repetido na nova codificação, que impedia a impugnação da venda *a contento* após o pagamento do preço.

50 O novo Código Civil considera o abuso de direito como "ato ilícito" (art. 187). A expressão deve ser entendida como uma referência à ilicitude *lato sensu*, e não como uma vinculação do abuso de direito aos elementos e à etiologia do ato ilícito, definido no art. 186.

51 Entre outros, José Puig Brutau, *La doctrina de los actos propios*, in *Medio Siglo de Estudios Jurídicos*, Valencia: Tirant Lo Blanch, 1997, p. 94-96; António Manuel da Rocha e Menezes Cordeiro, *Da Boa Fé no Direito Civil*, Coimbra, Almedina, 1997, p. 742-770; Alejandro Borda, *La Teoria de los Actos Propios*, Buenos Aires: Abeledo-Perrot, 1986, sobretudo p. 53 a 65; e, entre nós, Judith Martins-Costa, *A Boa-Fé no Direito Privado*, São Paulo: Revista dos Tribunais, 2000, p. 461-472.

5

A Decadência da Prescrição?

Com o tempo, o tempo muda.
Pierre Rosnard

Sumário: 1. As razões da provocação. 2. A prescrição no Código Civil de 2002 e a teoria da pretensão. 3. Distinção entre prescrição e decadência. 4. De volta à disciplina legal da prescrição. 5. Prazos prescricionais e a indiferença do Código Civil à legislação especial. 6. Prescrição intertemporal: o ápice da confusão normativa. 7. A prescrição sob a ótica civil-constitucional. 8. Provocação final.

1 As razões da provocação

O trocadilho do título é perdoável porque atende a uma provocação justificada. Concebido para evitar o eterno prolongamento de conflitos sociais e, com isso, atribuir segurança às relações jurídicas, o instituto da prescrição se converteu, ele próprio, em fonte de dúvidas e incertezas. Seja no que diz respeito aos seus fundamentos, seja no que concerne aos seus efeitos, a prescrição é cercada de tantas controvérsias no direito contemporâneo que já há quem enxergue certa ironia na velha lição de que ela existe para dar certeza aos fatos.[1] No Brasil, a situação é ainda mais grave: o Código Civil de

---

[1] Para Bruno Troisi, *"sembra quasi un'ironia della sorte il fatto che un istituto destinato, secondo l'opinione dominante, a garantire la certezza sia esso estesso fonte di profonde incertezze: ogni suo aspetto più significativo – inerente sia alla natura giuridica, sia alla struttura, sia alla funzione – è controverso, dalla qualificazione al*

2002 não apenas manteve, em matéria de prescrição, certas inconsistências da codificação anterior, mas acrescentou outras, inteiramente novas. Além disso, perdeu a oportunidade de sistematizar o tratamento do tema, ignorando solenemente a existência de leis especiais que se propõem a regular a prescrição de modo peculiar no tocante a vastos setores do ordenamento jurídico, como nas relações com a Fazenda Pública ou nas relações de consumo. O resultado é um tecido normativo que desafia uma leitura coerente, suscitando dificuldades significativas para quem tenha que verificar – tarefa primeira de qualquer advogado procurado para propor ação judicial – a ocorrência ou não da prescrição em determinado caso concreto.

Para completar o quadro, já aflitivo, o efeito inexorável da prescrição tem sido cada vez mais contestado na experiência jurídica contemporânea. A abertura do ordenamento jurídico a uma participação mais ativa do intérprete tem estimulado o surgimento de propostas de "flexibilização" da tradicional rigidez do instituto. Tais propostas começam a ser aplicadas, no Brasil, sem a necessária fundamentação e de um modo ainda desordenado. Algumas decisões judiciais simplesmente ignoram a fluência de certo prazo prescricional, enquanto outras contornam abertamente a prescrição com alusões vagas à "razoabilidade", à "equidade" ou à "justiça". Tais decisões acabam por contribuir para um clima generalizado de desconfiança em relação ao instituto e aos seus efeitos.

Crise? Decadência? Não é preciso chegar a tanto. Parece certo, contudo, que a guilhotina, imagem sempre usada para aludir ao efeito extintivo da prescrição, começa a dar sinais de desgaste. E os juristas vêm perdendo a cabeça para definir se uma abordagem da prescrição, desprovida da rigidez de outrora, ainda conservaria alguma utilidade. A resposta só pode ser alcançada após uma análise detida da disciplina legal do instituto e dos seus renovados fundamentos em uma perspectiva civil-constitucional.

2 A prescrição no Código Civil de 2002 e a teoria da pretensão

O Código Civil de 2002 limitou-se a tentar organizar o tema da prescrição de modo técnico e formal. Nessa tarefa, restrita por definição, alternou acertos e desacertos. Sua primeira e mais significativa contribuição foi no tocante ao próprio conceito de prescrição. A nova codificação adotou, nesse particular, a chamada teoria da pretensão, ao afirmar em seu art. 189:

> "Art. 189. Violado o direito, nasce para o titular a pretensão, a qual se extingue, pela prescrição, nos prazos a que aludem os arts. 205 e 206."

A prescrição extingue, portanto, a pretensão, ou seja, aquilo a que a doutrina alemã denomina *Anspruch* e que corresponde à exigibilidade (pela via judicial ou extrajudicial)

---

fondamento, dall'oggetto al contenuto, dagli effetti alla operatività di essi" (*La prescrizione come procedimento*, Camerino: E.S.I., 1980, p. 12-13).

da realização de certo direito. Significa dizer, em primeiro lugar, que a prescrição não extingue o direito em si, como sustentavam autores de renome.[2] O direito permanece vivo. Prova disso tem-se no fato de que, se efetuo o pagamento de uma dívida prescrita, não posso obter a restituição do que paguei, como registra expressamente o art. 882 do Código Civil.[3] Ora, se a prescrição extinguisse o direito, o pagamento nesse caso implicaria em enriquecimento sem causa, dando ensejo à restituição. Não é o que acontece: a dívida prescrita subsiste como dívida, apenas que desprovida de exigibilidade. Seu pagamento não pode mais ser cobrado pelo credor, mas nada impede que o devedor cumpra espontaneamente a sua obrigação. O direito permanece vivo.

Tal circunstância levou inúmeros autores a sustentarem que a prescrição extinguia não o direito, mas a ação. Foi a orientação adotada por doutrinadores de peso, como Câmara Leal e Clovis Bevilaqua.[4] Por influência deste último, a teoria da ação restou expressamente consagrada no Código Civil brasileiro de 1916, que, em seus arts. 177 e 178, afirmava que "as ações prescrevem" nos prazos ali estabelecidos. A processualística contemporânea viria, contudo, a consagrar o caráter autônomo e abstrato do direito de ação, que passou a ser entendido como um direito exercido contra o Estado, com vistas à obtenção de um provimento jurisdicional, independentemente do direito substancial em jogo. Nessa ótica, a ação não se extingue pela prescrição, já que o credor de uma dívida prescrita continua podendo exercer seu direito de ação, propondo uma demanda judicial, ainda que fadada ao insucesso.[5]

Nem o direito, nem a ação, portanto, extinguem-se com o transcurso do prazo prescricional. O que se extingue é a pretensão. Essa foi a conclusão que resultou do fracasso das teorias anteriores: a prescrição não atinge a ação, nem tampouco o direito em si, mas tão somente a exigibilidade do direito, em uma palavra, a pretensão. A noção de pretensão foi amplamente desenvolvida pela doutrina alemã, que, com sua peculiar capacidade de abstração, identificou no interior do direito subjetivo duas facetas bem distintas: (i) um direito à prestação; e (ii) um direito de exigir essa mesma prestação (*facultas exigendi*), que é projeção do direito à prestação, mas que com ele não se confunde.[6] Essa *facultas*

---

[2] Era, por exemplo, o entendimento de Caio Mário da Silva Pereira, *Instituições de Direito Civil*, Rio de Janeiro: Forense, 1995, p. 435: "Perda do direito, dissemos, e assim nos alinhamos entre os que consideram que a prescrição implica em algo mais do que o perecimento da ação."

[3] "Art. 882. Não se pode repetir o que se pagou para solver dívida prescrita, ou cumprir obrigação judicialmente inexigível."

[4] Na lição do autor do anteprojeto do Código Civil de 1916, "prescrição é a perda da ação atribuída a um direito, e de toda a sua capacidade defensiva, em consequência do não uso delas, durante um determinado espaço de tempo" (Clovis Bevilaqua, *Teoria Geral do Direito Civil*, Serviço de Documentação do Ministério da Justiça, 1972, p. 308).

[5] Na mesma linha, o Código de Processo Civil brasileiro insere o reconhecimento da prescrição ou decadência como hipótese de extinção do processo com julgamento do mérito (art. 269, IV).

[6] Como conclui Fabio Konder Comparato, "a razão do êxito do direito alemão na interpretação do instituto da prescrição reside no fato de que a doutrina, desde o período da pandectística, soube

exigendi, essa faculdade de exigir o atendimento de um direito subjetivo não respeitado espontaneamente, é o que se denomina pretensão, noção que Pontes de Miranda definia como "a posição subjetiva de poder exigir de outrem alguma prestação positiva ou negativa". É isso que o decurso do prazo prescricional extingue.

Além de permitir a desvinculação entre o fenômeno da prescrição e o exercício do direito de ação, a teoria da pretensão permite compreender, com especial clareza, a distinção entre a prescrição e a decadência.

3 Distinção entre prescrição e decadência

A prescrição extingue a pretensão, que nasce a partir da violação a um direito subjetivo. Há direitos, contudo, que são desprovidos de pretensão, direitos onde a *facultas exigendi* não chega a surgir. São os direitos potestativos, que exprimem o poder do seu titular de interferir na esfera jurídica alheia por iniciativa própria. O exercício do direito potestativo depende exclusivamente da vontade do seu titular. Independe de qualquer prestação ou atitude alheia. Não há resistência capaz de deter o exercício do direito potestativo. Assim, por definição, os direitos potestativos não podem ser violados e, portanto, não despertam o surgimento de qualquer pretensão (*Anspruch*).

Exemplos de direito potestativo são o direito de anular um negócio jurídico por vício do consentimento, o direito de revogar procuração ou, ainda, o direito de exigir a divisão do condomínio. Seu exercício depende tão somente da iniciativa do titular, que produz, por si só, efeitos sobre a esfera jurídica alheia. Atento ao intenso poder que os direitos potestativos atribuem ao seu titular, o legislador estabelece, de pronto, um prazo fatal para o seu exercício. São os prazos de decadência.[7]

Assim, a decadência pode ser definida como a perda de um direito potestativo pelo transcurso do prazo previsto em lei. Ao contrário da prescrição, a decadência não extingue a pretensão, que inexiste, mas sim o próprio direito potestativo, que, dependendo exclusivamente do seu titular, já não pode mais ser atendido. Por exemplo, o direito de anular um negócio jurídico por erro extingue-se em quatro anos contados da data em que se realizou o negócio (art. 178, II). Se, nesse prazo, não for exercido pelo seu titu-

---

decompor as *facultas agendi* do sujeito de direito de forma clara e exata" (*parecer sobre prescrição* – sem responsabilidade de cátedra).

[7] Aqui, é imprescindível a referência ao texto de Agnello Amorim Filho, *Critério Científico para Distinguir a Prescrição da Decadência e Identificar as Ações Imprescritíveis*, RT 744/725, São Paulo, 1997. Embora o Professor da Universidade da Paraíba apresente, como conclusão do seu estudo, uma classificação fundada nas espécies de ações propostas, a base do seu trabalho encontra-se na distinção entre o modo de exercer o direito potestativo e o modo de exercer os direitos subjetivos. A ampla difusão desse trabalho na jurisprudência brasileira contribuiu, por isso mesmo, para uma visão mais científica da distinção entre decadência e prescrição.

lar, o direito potestativo de anular o negócio extingue-se, não podendo ser atendido por um ato alheio.

Os prazos de decadência, já se disse, são fatais. Vale dizer: não se sujeitam às causas de impedimento, suspensão ou interrupção que o legislador prevê para a prescrição. Tais causas correspondem, em apertada síntese, a situações em que o legislador ordena a paralisação ou o reinício da contagem do prazo prescricional por entender que o titular da pretensão não podia agir ou já agiu de modo suficiente para obter a realização da prestação pelo devedor. Por exemplo, o prazo prescricional não corre "entre os cônjuges, na constância de sociedade conjugal" (art. 197, I) e é interrompido na hipótese de realização de "protesto cambial" pelo credor (art. 202, III). Nenhuma dessas situações se aplica aos prazos decadenciais.[8] Isso porque, em se tratando de direito potestativo, de duas uma: ou (i) o titular não age e o prazo decadencial segue seu curso; ou (ii) o titular age e seu direito é automaticamente atendido, não havendo que se falar em reinício ou retomada do prazo decadencial. Em outras palavras: não há qualquer razão para se impedir, suspender ou interromper a fluência do prazo decadencial à espera de um comportamento do devedor, porque não se está diante de um direito a uma prestação, mas sim de um direito de interferência unilateral na esfera jurídica alheia.[9]

4 De volta à disciplina legal da prescrição

Como se vê, a teoria da pretensão permite não apenas aperfeiçoar o conceito de prescrição, mas também estabelecer uma base mais segura para sua distinção em relação à decadência. Positiva, portanto, a atitude do legislador de 2002 que, distanciando-se do entendimento consagrado no Código Civil de 1916, acolheu expressamente a teoria da pretensão em seu art. 189. A mudança, contudo, é profunda e merecia ter sido acompanhada de outras alterações, destinadas a adequar a disciplina da prescrição ao seu novo conceito. Não foi o que ocorreu. Por exemplo, no art. 200, o legislador continuou a se referir à "ação" originada "de fato que deva ser apurado juízo criminal", quando deveria claramente ter empregado o termo "pretensão". Outro exemplo: na seção que dedica às causas de impedimento e suspensão da prescrição, o Código Civil atual manteve, em seu art. 199, a norma correspondente ao art. 170 da codificação anterior, que afirma que "não corre" a prescrição "pendendo condição suspensiva" e em outras hipóteses semelhantes.

---

[8] "Art. 207. Salvo disposição legal em contrário, não se aplicam à decadência as normas que impedem, suspendem ou interrompem a prescrição."
[9] Registre-se que o Código Civil prevê, em seu art. 208, uma exceção: o prazo decadencial não corre contra o absolutamente incapaz. Trata-se, contudo, de exceção que confirma a regra, já que aí o titular do direito potestativo não tem qualquer possibilidade de exercê-lo por iniciativa própria. O Código de Defesa do Consumidor, em seu art. 26, § 2º, admite expressamente que seja obstado o prazo decadencial, tratando-se ali, todavia, de prazo decadencial atípico e consistindo o dispositivo em já célebre exemplo de norma que desafia a sistematização da matéria.

A afirmação é totalmente desnecessária diante da acolhida da teoria da pretensão, pois é evidente que, na pendência de condição suspensiva, não há ainda exigibilidade (*facultas exigendi*) do direito subjetivo, cuja eficácia permanece em suspenso. A manutenção da norma do art. 199 é uma porta aberta à confusão dos conceitos.

Outro dispositivo que merece revisão é o art. 191, que trata da "renúncia da prescrição". A simples possibilidade de que as partes renunciem à prescrição já colide com o caráter imperativo que o próprio Código Civil parece atribuir ao instituto em outros dispositivos, como no art. 192, que impede que os prazos prescricionais sejam alterados "por acordo das partes." Se não podem as partes estender o prazo prescricional por alguns anos, também não deveriam poder as partes renunciar à prescrição. O art. 191 acrescenta, ainda, que a tal "renúncia" só valerá se "feita, sem prejuízo de terceiro, depois que a prescrição se consumar". Ora, por definição, ninguém renuncia a algo que já se consumou. O que o legislador pretendeu provavelmente esclarecer foi que, mesmo após o decurso do prazo prescricional, o devedor pode satisfazer espontaneamente o direito do credor. Não se tem aí qualquer "renúncia", mas simples efeito da prescrição, que, como declara o próprio Código Civil, não atinge o direito, mas tão-somente a pretensão.

Em suma, o Código Civil de 2002 caminhou bem ao acolher a teoria da pretensão, mas acabou repetindo acriticamente dispositivos da codificação de 1916 que não se filiavam àquela teoria. As incoerências e omissões não param, contudo, por aí.

5 Prazos prescricionais e a indiferença do Código Civil à legislação especial

Um dos objetivos claramente perseguidos pelo Código Civil de 2002 no campo da prescrição foi a ordenação dos seus prazos. Na codificação de 1916, os prazos prescricionais eram listados conjuntamente com prazos de decadência, o que dificultava a distinção entre uns e outros. O Código Civil atual procurou distinguir melhor os dois campos. Os prazos decadenciais continuaram, é verdade, espalhados pela codificação, mas os prazos prescricionais foram reunidos nos seus arts. 205 e 206.

Em seu art. 205, o Código Civil declarou que "a prescrição ocorre em dez anos, quando a lei não lhe haja fixado prazo menor". Com isso, unificou o prazo subsidiário de prescrição, suprimindo, em boa hora, a polêmica distinção entre ações pessoais e reais, a que fazia referência a codificação anterior. Quanto aos prazos específicos de prescrição, listados nos múltiplos parágrafos e incisos do art. 206, o legislador de 2002 reduziu significativamente os lapsos prescricionais da codificação anterior, atento à maior celeridade dos meios de comunicação e transporte, que facilitam cada vez mais o pronto exercício dos direitos. Assim, entre outros tantos exemplos, o prazo prescricional da pretensão de alimentos foi reduzido de cinco para dois anos (art. 206, § 2º); o prazo da pretensão de cobranças de dívidas líquidas constantes de instrumento público ou particular foi reduzido de vinte para cinco anos (art. 206, § 5º, I); e o prazo da pretensão de ressarcimento pelo enriquecimento sem causa foi reduzido de vinte para três anos (art. 205, § 3º, IV).

Prazo prescricional de que o Código Civil de 2002 poderia ter se ocupado com mais cautela é aquele relativo à "pretensão de reparação civil", que o legislador reduziu de vinte para três anos (art. 205, § 3º, V), sem maiores considerações. A expressão "reparação civil" abrange, contudo, um universo amplíssimo de pretensões, que envolve situações específicas às quais a doutrina, a jurisprudência e a própria legislação já vinham reservando tratamento diferenciado. Exemplo emblemático é o da pretensão de reparação civil por danos decorrentes de fato do produto ou do serviço. O art. 27 do Código de Proteção e Defesa do Consumidor determina expressamente:

> "Art. 27. Prescreve em cinco anos a pretensão à reparação pelos danos causados por fato do produto ou do serviço prevista na Seção II deste Capítulo, iniciando-se a contagem do prazo a partir do conhecimento do dano e de sua autoria."

Diante do dispositivo, a pergunta que se coloca é a seguinte: a fixação do prazo trienal pelo Código Civil para a "reparação civil" em geral implica em revogação do prazo quinquenal do art. 27? A resposta há de ser, aqui, negativa, porque o prazo do art. 27 consta de lei especial e é mais benéfico ao consumidor. Não há dúvida, contudo, de que, à falta de expressa manifestação do legislador, podem surgir teses em contrário, especialmente no âmbito do processos judiciais. Ao Código Civil competia, no mínimo, ter ressalvado a existência de prazo específico na legislação especial, como fez em outros incisos.[10] A codificação civil mostrou, aqui, imperdoável desatenção ao diploma consumerista, que ostenta posição proeminente no direito privado brasileiro.

Veja-se outro exemplo, desta vez a partir da leitura do art. 1º do Decreto 20.910, de 1932, que cuida da prescrição em relação à Fazenda Pública:

> "Art. 1º As dívidas passivas da União, dos Estados e dos Municípios, bem assim todo e qualquer direito ou ação contra a fazenda federal, estadual ou municipal, seja qual for a sua natureza, prescrevem em cinco anos contados da data do ato ou fato do qual se originarem."

Impõe-se ao intérprete, mais uma vez, a indagação: nas hipóteses de dano causado pelo Estado, o prazo trienal fixado pelo Código Civil para a "reparação civil" em geral prevalece sobre o prazo quinquenal estipulado no Decreto 20.910/1932? Ora, o Decreto 20.910/1932 é norma especial inspirada no claro propósito de privilegiar a Fazenda Pública diante do prazo vintenário fixado na codificação anterior. Se a norma do Código Civil tornou-se mais benéfica ao Estado, não deve prevalecer sobre a norma especial? Tudo indica que sim, mas a pergunta foi deixada ao intérprete, quando poderia ter sido

---

[10] Tome-se como exemplo o art. 206, § 3º, VIII, em que afirma "a pretensão para haver o pagamento de título de crédito, a contar do vencimento, ressalvadas as disposições de lei especial".

respondida de modo cristalino pelo próprio legislador de 2002, evitando-se o surgimento de diferentes correntes interpretativas. Note-se que o desafio lançado ao intérprete não se limita à definição do prazo aplicável, mas abrange também outros pontos de divergência entre a disciplina do Código Civil e aquela traçada no Decreto 20.910/1932, como, por exemplo, a questão da interrupção da prescrição, que, nos termos do art. 9º da norma especial volta a correr "pela metade do prazo", disposição que trouxe conhecidas dificuldades práticas[11] e que não encontrou paralelo no Código Civil de 2002 (art. 202, parágrafo único).

A indiferença do Código Civil à legislação especial, fruto da própria desatualidade do projeto original, elaborado na década de 1970, marca todos os setores da codificação de 2002, mas produz efeitos especialmente nocivos no campo da prescrição e da decadência, que deveria primar justamente pela segurança e pela certeza. A grave omissão lança sobre o intérprete o ônus de sistematizar a miríade de prazos estabelecidos nas leis especiais com aqueles previstos no Código Civil, quase sempre mais reduzidos. A coisa se complica ainda mais quando se tem em conta a "solução" adotada pelo legislador de 2002 para lidar com a chamada prescrição intertemporal.

6 Prescrição intertemporal: o ápice da confusão normativa

Em momento de infelicidade ímpar, incluiu-se, dentre as disposições finais e transitórias do Código Civil de 2002, o art. 2.028, destinado a regular a chamada prescrição intertemporal. Confira-se a redação do dispositivo:

> "Art. 2.028. Serão os da lei anterior os prazos, quando reduzidos por este Código, e se, na data de sua entrada em vigor, já houver transcorrido mais da metade do tempo estabelecido na lei revogada."

A norma cuida, como se vê, de pretensões nascidas sob a vigência do Código Civil de 1916 e cujo prazo prescricional ainda não havia se esgotado em 11 de janeiro de 2003, quando entrou em vigor o Código Civil atual, publicado um ano antes. A pergunta que o legislador procurou responder foi a seguinte: essas pretensões que testemunharam a transição para o novo Código Civil sujeitam-se aos prazos previstos na nova codificação ou continua valendo o prazo previsto na codificação anterior? Segundo o art. 2.028, aplicam-se os prazos do Código Civil de 1916 se forem preenchidos dois requisitos cumulativos: (i) primeiro, se o prazo em questão tiver sido reduzido pelo Código Civil de 2002; e (ii) se, além disso, mais da metade do prazo do Código Civil anterior já tiver transcorrido na data da entrada em vigor da nova codificação.

---

[11] STF, Súmula 383: "A prescrição em favor da Fazenda Pública recomeça a correr, por dois anos e meio, a partir do ato interruptivo, mas não fica reduzida aquém de cinco anos, embora o titular do direito a interrompa durante a primeira metade do prazo."

A solução não é apenas complicada. Conduz também a resultados verdadeiramente absurdos. Suponha-se, por exemplo, que alguém tenha sofrido um dano patrimonial em virtude de um acidente de trânsito ocorrido em 1º de janeiro de 1992 e que tenha ingressado com ação judicial de reparação em 1º de janeiro de 2011. Terá ocorrido prescrição? A resposta é negativa. Isso porque (i) o prazo da reparação civil foi reduzido de vinte para três anos na nova codificação e (ii) mais de metade do prazo de 20 anos já havia transcorrido em 11 de janeiro de 2003. Preenchidos ambos os requisitos do art. 2.028, o prazo prescricional aplicável à hipótese é o da codificação anterior: 20 anos. A ação judicial, proposta em 2011, não esbarraria na prescrição. Suponha-se, agora, que o mesmo acidente automobilístico tivesse ocorrido um pouco mais tarde, em 1996. Nessa hipótese, a mesma ação judicial, proposta em 2011, estaria fadada ao insucesso. É que, embora preenchido o primeiro requisito do art. 2.028 (redução do prazo prescricional), faltaria o segundo (transcurso de mais da metade do prazo prescricional). De fato, em 11 de janeiro de 2003, data da entrada em vigor do novo Código Civil, teriam transcorrido apenas sete anos do acidente, lapso que representa menos e não "mais da metade do tempo estabelecido na lei revogada", como quer o art. 2.028. Assim, a partir do novo Código Civil, aplicar-se-ia o prazo novo, que é de três anos. A prescrição se completaria em 11 de janeiro de 2006. A ação judicial de 2011 seria julgada, nesse segundo caso, improcedente.

A situação é, para dizer o mínimo, curiosa: a pretensão de reparação de um dano sofrido em 1996 prescreve antes daquela relativa a um dano ocorrido em 1992. Repara-se o dano velho, mas não o novo. O art. 2.028 representa um equívoco flagrante do legislador no campo da prescrição, talvez o ápice da confusão normativa nessa matéria. Não são poucas as injustiças que a aplicação do art. 2.028 tem gerado na prática e sua reforma só não se faz mais necessária e urgente por conta da progressiva redução do seu campo de incidência. À medida que a codificação de 1916 vai ficando para trás, vai decrescendo o número de casos que exigem sua aplicação. Como norma transitória, o art. 2.028 tem essa única virtude: seu estrago diminui com o tempo.

7 A prescrição sob a ótica civil-constitucional

A leitura dos tópicos anteriores já terá levado o leitor a concluir que o Código Civil de 2002 não primou pela técnica e pela consistência ao disciplinar o tema da prescrição. Ao contrário: o excessivo apego ao texto da codificação anterior acabou não apenas preservando antigas dúvidas da doutrina e dos tribunais, como fez surgir novas angústias, a partir de inovações questionáveis como aquela do art. 2.028 ou de omissões flagrantes como aquelas atinentes à compatibilização das normas do Código Civil com a legislação especial. Em outros setores do Código Civil, onde equívocos semelhantes foram cometidos, o intérprete tem sido chamado a corrigir os desvios e as omissões do legislador, por meio de uma hermenêutica construtiva, ancorada na Constituição. Será isso possível também no campo da prescrição?

O direito civil brasileiro tem passado por profundas transformações nas últimas décadas. Institutos fundamentais de direito privado, como a propriedade, a família, a empresa e o contrato, têm sido reformulados à luz dos valores constitucionais, com resultados verdadeiramente extraordinários, quer na correção de desvios existentes na sua aplicação prática, quer na concretização da sua genuína função no ordenamento jurídico contemporâneo. O direito de propriedade, por exemplo, tem sido continuamente reexaminado à luz da sua função social. No âmbito do direito dos contratos, é cada vez maior a preocupação com o equilíbrio das prestações e com o valor social da livre iniciativa. A responsabilidade civil sofre verdadeira inversão de rota, com base no princípio da reparação integral, manifestação da solidariedade constitucional. E o que se tem dito em sentido semelhante sobre a prescrição?

Pouco, muito pouco. A prescrição parece um tema imune às construções interpretativas mais avançadas. Fora uma ou outra proposta extensiva em matéria de interrupção ou suspensão dos prazos prescricionais, o tema da prescrição tem sido raramente abordado pela doutrina mais recente.[12] A frieza numérica das suas normas e a exatidão matemática dos seus prazos parecem desencorajar a intervenção do intérprete e a direta aplicação dos valores constitucionais. Mesmo nos meios acadêmicos, a prescrição tem sido considerada "um assunto velho", já contemplado de modo absoluto e definitivo pelo legislador. Afinal, que espaço restaria para a interpretação diante de uma norma tão hermética e categórica, como aquela do art. 206, § 1º, II, segundo o qual "prescreve em um ano a pretensão do segurado contra o segurador"?

A resposta deve ser buscada não no artigo de lei em si, mas nos fundamentos constitucionais do instituto da prescrição. Já no seu preâmbulo, a Constituição brasileira exprime seu compromisso com a "segurança", compromisso que enfatiza ao repetir o termo entre os direitos e garantias fundamentais (art. 5º, *caput*). No extremo, a insegurança converte-se em injustiça, como já revelava San Tiago Dantas, ao cuidar dos fundamentos da prescrição:

> "Como se passou muito tempo sem se modificar o atual estado de coisas, não é justo que continuemos a expor as pessoas à insegurança que o nosso direito de reclamar mantém sobre todos, como uma espada de Dâmocles. Então, a prescrição vem e diz: daqui em diante o inseguro é seguro, quem podia reclamar não o pode mais."[13]

---

[12] Louvável exceção é o trabalho de Gustavo Kloh Müller Neves, *Prescrição e Decadência no Direito Civil*, Rio de Janeiro: Lumen Juris, 2008. Confira-se, do mesmo autor, *Prescrição e Decadência no Novo Código Civil*, in Gustavo Tepedino (Coord.), *A Parte Geral do Código Civil*, Rio de Janeiro: Renovar, 2002, p. 417-428, em que o autor já registrava certa "inércia dogmático-jurisprudencial sobre o tema".

[13] San Tiago Dantas, *Programa de Direito Civil – Teoria Geral*, edição revista e atualizada por Gustavo Tepedino et al., Rio de Janeiro: Forense, 2001, p. 343.

A prescrição desempenha, assim, um papel apaziguador, vinculado às mais nobres aspirações constitucionais. Por isso mesmo, o instituto é tido como "de ordem pública" e considerado essencial ao Estado Democrático de Direito, já que serve para extinguir e prevenir conflitos sociais, impedindo o prolongamento das pretensões no tempo. Além desse fundamento apaziguador, a doutrina identifica um segundo fundamento para a prescrição, de caráter sancionatório: "Com a prescrição pune-se também a negligência do titular do direito subjetivo lesado."[14] É a ideia que se transmite em brocardos latinos amplamente difundidos como *dormientibus non succurrit jus* (o direito não socorre a quem dorme) e *iura scripta vigilantibus* (as leis são escritas para os vigilantes). Esse fundamento punitivo explica-se por razões históricas, em especial pela necessidade de se identificar uma justificativa fundada na culpa do sujeito de direito antes de lhe impor uma perda tão significativa quanto aquela decorrente da prescrição. Trata-se de uma necessidade muito sentida em períodos históricos anteriores, marcados pelo liberal-individualismo jurídico e por uma verdadeira aversão à intervenção do Estado na regulação dos interesses privados. Hoje, todavia, não encontra mais respaldo no ordenamento jurídico brasileiro.

É a conclusão que decorre não apenas do desenho constitucional, mas do próprio tecido normativo do Código Civil de 2002, que, em seu art. 202, determinou expressamente que a interrupção da prescrição "somente poderá ocorrer uma vez". Assim, ainda que o titular do direito seja diligente a mais não poder, atuando diariamente para resguardar sua posição jurídica, corre o risco de perder sua pretensão pelo decurso do tempo, porque o Código Civil limita a uma única vez a possibilidade de interrupção. E, muito embora também essa restrição deva ser vista *cum grano salis*,[15] parece claro que o art. 202 introduz inovação incompatível com um suposto caráter punitivo da prescrição, empurrando-a em definitivo para o campo (mais objetivo) da segurança jurídica e da paz social.

Nada disso significa que se trate de instituto absoluto, imune a temperanças e balanceamentos. A segurança jurídica não é interesse que a ordem constitucional resguarde em grau mais elevado que outros tantos, como a dignidade humana e a solidariedade social. Colidindo a segurança jurídica com outros interesses de igual hierarquia constitucional, impõe-se o emprego da técnica da ponderação, como método apto a identificar o interesse prevalente à luz das circunstâncias concretas. É certo que o estabelecimento de um prazo prescricional pelo legislador já consiste, ele próprio, no fruto de uma ponderação levada a cabo em sede legislativa, como ocorre, de resto, com qualquer outro

---

[14] Francisco Amaral, *Direito Civil – Introdução*, Rio de Janeiro: Renovar, 2000, 3. ed., p. 562, entre tantos outros.

[15] É o que ocorre especialmente em relação ao despacho judicial que ordena a citação do réu (art. 202, I). Na interpretação literal do art. 202, o prazo prescricional continuaria a correr ao longo do processo judicial, desde que o autor tivesse procedido à interrupção da prescrição por algum ato anterior (ex. protesto). A conclusão é inadmissível e resultaria em forte descrédito das instituições. Sobre o tema, ver Gustavo Tepedino, Heloisa Helena Barboza e Maria Celina Bodin de Moraes, *Código Civil Interpretado Conforme a Constituição da República*, v. I, Rio de Janeiro: Renovar, 2007, 2. ed., p. 383-384.

instituto veiculado por leis ordinárias na concretização dos valores constitucionais. Tal ponderação prévia não exime, contudo, o intérprete de reavaliar, à luz das circunstâncias do caso concreto, a constitucionalidade da atuação legislativa. É evidente que, em se tratando de instituto como a prescrição, cuja utilidade radica fortemente na sua estabilidade, uma abertura exagerada e irresponsável à ponderação em sede judicial poderia acabar minando seu papel na realidade jurídica, mas a situação não chega a ser, nesse sentido, muito diversa daquela que se verifica com outros institutos inspirados na segurança jurídica, como se pode ver da atual discussão em torno da relativização da coisa julgada no processo civil e no processo tributário.

Além disso, a proposta tampouco chega a ser nova no âmbito do direito civil. Desde tempos imemoriais, a doutrina civilista reconhece direitos imprescritíveis, isto é, direitos aos quais não se aplica a prescrição. Mesmo sem qualquer amparo em textos legais, nossos tribunais invocam, há muito, a imprescritibilidade de certas pretensões vinculadas, por exemplo, a algumas "ações de estado". A Súmula 149 do Supremo Tribunal Federal, datada de 1963, já declarava, nesse sentido, que "é imprescritível a ação de investigação de paternidade" (1963). O mesmo entendimento é aplicado às pretensões de ressarcimento ao erário, de reivindicação de bens públicos, de declaração de nulidade,[16] de reconhecimento de inexistência de relação jurídica e assim por diante.[17]

Como se vê, não é estranha à nossa tradição jurídica a ideia de que a prescrição pode não atingir certas pretensões. Sempre foram reconhecidos, entre nós, "direitos imprescritíveis". Por que alguns direitos (*rectius*: pretensões) escapam à prescrição é, todavia, pergunta à qual se deu, por muito tempo, resposta meramente intuitiva. Câmara Leal já registrava, com algum pesar:

"Todo o estudo relativo à imprescritibilidade se ressente de um certo empirismo. Não se encontra nos autores a fixação de uma doutrina, com princípios juridicamente estabelecidos. Tudo se reduz à casuística."[18]

Aos autores da época parecia que, em determinadas situações, seria simplesmente "injusto" ver perecer o "direito" pelo decurso do tempo. Aludiam algumas vezes a "interesses superiores" ou "preocupações de ordem pública" que evitariam, em certas hipóteses, o efeito extintivo da prescrição. Ora, mas também a prescrição atende, como visto, a preceitos de ordem pública (segurança jurídica), de modo que a questão é, como hoje se pode ver com mais clareza, de colisão entre interesses públicos contrapostos. É aí que a leitura civil-constitucional pode se mostrar mais útil, desvendando a real colisão que se

---

[16] Aqui, com certo aval do legislador, já que o Código Civil afirma expressamente que os negócios nulos não convalescem pelo decurso do tempo (art. 169).

[17] Ver, entre tantos outros precedentes, STJ, Recurso Especial 1.227.965/SC, Rel. Min. Herman Benjamin, 2.6.2011.

[18] Antônio Luís da Câmara Leal, *Da Prescrição e da Decadência*, Rio de Janeiro: Forense, 1959, 2. ed., p. 51.

esconde por trás das fórmulas de praxe e expondo, com isso, outras situações em que o mesmo efeito se impõe.

Em outras palavras: a imprescritibilidade não é um dogma atrelado a certas situações jurídicas, mas o efeito da prevalência específica de outro interesse público que, naquelas circunstâncias, é tutelado pela Constituição da República de modo ainda mais intenso que a segurança jurídica. Pode ocorrer que tal prevalência conste expressamente do texto constitucional, como se vê do art. 5º, inciso XLII, que declara a imprescritibilidade da pretensão punitiva do crime de racismo. Tutela-se, de modo expresso, um interesse que o Constituinte considerou mais relevante que a segurança consubstanciada na prescrição: a repressão aos atos de racismo que, até pouco tempo, eram tratados com conivência pelas autoridades públicas e pela sociedade civil. Outras vezes, contudo, a prevalência não vem estabelecida de modo expresso pelo Constituinte, mas é desvendada pelo intérprete e pela jurisprudência, a partir do processo dialético da interpretação e aplicação das normas jurídicas.[19]

É o que se verifica não apenas nas hipóteses tradicionalmente reconhecidas pela jurisprudência brasileira (investigação de paternidade etc.), mas também em outras situações que, mais recentemente, vêm atraindo a atenção dos juristas pátrios, como a imprescritibilidade da pretensão de reparação de dano moral decorrente de perseguição política e tortura praticadas no Brasil durante a ditadura militar. O Código Civil, note-se, declara com todas as letras que a pretensão de reparação civil prescreve em três anos (art. 206, § 3º, V). Antes dele, o já citado Decreto 20.910, de 1932, declarava que as pretensões contra a Fazenda Pública, "seja qual for a sua natureza, prescrevem em cinco anos contados da data do ato ou fato do qual se originarem" (art. 1º). Ainda assim, e em boa hora, o Superior Tribunal de Justiça passou a afastar a incidência desses prazos para afirmar a "imprescritibilidade da pretensão indenizatória decorrente da violação de direitos humanos fundamentais durante o período de exceção".[20] Confira-se, a propósito, trecho do voto do Ministro Luiz Fux, hoje Ministro do Supremo Tribunal Federal:

> "À luz das cláusulas pétreas constitucionais, é juridicamente sustentável assentar que a proteção da dignidade da pessoa humana perdura enquanto subsiste a República Federativa, posto seu fundamento. Consectariamente, não há falar em prescrição da pretensão de se implementar um dos pilares da República, máxime porque a Constituição não estipulou lapso prescricional ao direito de agir, correspondente ao direito inalienável à dignidade" (STJ, REsp 959.904/PR, julgado em 23.4.2009).

O exame das decisões do Superior Tribunal de Justiça sobre o tema revela um delicado exercício de ponderação entre o princípio constitucional da segurança jurídica, concretizado por meio do instituto da prescrição, e o princípio constitucional da proteção e

---

[19] Sobre o tema, ver Pietro Perlingieri, Manuale di Diritto Civile, Napoli: ESI, 2003, p. 99-101.
[20] STJ, AgRg REsp 1.160.643/RN, Rel. Min. Benedito Gonçalves, 23.11.2010.

promoção da dignidade humana. Em se tratando de atos de tortura e perseguição política, praticados durante regime de exceção, o Superior Tribunal de Justiça vem entendendo pela prevalência deste último, constituindo judicialmente uma nova hipótese de imprescritibilidade.

Reconhecer tal espaço de ponderação às cortes judiciais não significa arruinar o instituto da prescrição, nem lançá-lo em um processo progressivo de "decadência". Muito ao contrário: a segurança dos prazos fixos será meramente ilusória se sua aplicação for desacompanhada de qualquer preocupação com a realização dos princípios fundamentais do ordenamento jurídico brasileiro. Decisões judiciais que, amparadas em um exercício genuíno de ponderação, detalhadamente motivado, afastam, em dadas hipóteses, os efeitos drásticos da prescrição não representam aberrações, nem arbitrariedades,[21] podendo ser debatidas (e reformadas) por meio dos recursos próprios, como já ocorre em tantos campos onde a aplicação direta dos princípios constitucionais impõe um controle judicial da ponderação efetuada em sede legislativa. O ordenamento jurídico brasileiro passa por um momento de valorização dos princípios e do método ponderativo, com escolas de pensamento as mais diversas enfatizando uma contínua "oxigenação" do sistema legal. O instituto da prescrição não escapa e não deve mesmo escapar a essas transformações, impondo-se à doutrina e à jurisprudência a definição de hipóteses e critérios que permitam que a aplicação das normas constitucionais se dê com previsibilidade e isonomia, pois são esses fatores (e não a subsunção matemática da hipótese concreta à frieza numérica da norma) que caracterizam a segurança jurídica na era contemporânea.

8 Provocação final

Se a aplicação dos princípios constitucionais pelas cortes judiciais pode, por um lado, impedir a incidência da prescrição, criando hipóteses de imprescritibilidade, também pode, por outro lado, fulminar certa pretensão antes de se completar o prazo previsto na lei. Em outras palavras: se é verdade que, no direito contemporâneo, uma concreta pretensão pode sobreviver ao prazo prescricional abstratamente previsto na legislação (a exemplo da reparação do dano moral decorrente de tortura durante a ditadura militar), também pode uma certa pretensão ser extinta *antes* do prazo legalmente previsto. Trata-se daquilo que, em texto precursor, Francisco José Ferreira Muniz denominou de uma "prescrição de fato".[22]

Tome-se como exemplo caso que se tornou célebre na Alemanha, envolvendo um empreiteiro que, à época da superdesvalorização do marco alemão, levou cerca de dois

---

[21] Diferentemente das decisões judiciais que, sem qualquer amparo normativo, ignoram a incidência de um prazo prescricional, alegam que se trata de efeito "injusto" ou, ainda, deixam de aplicar a prescrição por entenderem que o prazo é "curto demais", como ocorreu em sentença recente do Tribunal de Justiça do Estado do Rio de Janeiro.

[22] Francisco José Ferreira Muniz, *Textos de Direito Civil*, Curitiba: Juruá, 1998, p. 45-46.

meses para exigir do devedor que pagasse certa dívida corrigida monetariamente. Como naquele contexto altamente inflacionário o atraso de alguns dias podia levar à multiplicação do valor do débito, o Tribunal alemão decidiu que o empreiteiro não podia mais exigir o pagamento da dívida, porque "perdera" sua pretensão diante do retardamento desleal no seu exercício, ainda que dentro do prazo legal de prescrição. Essa extinção da pretensão pelo seu exercício tardio, conhecida no direito alemão como *Verwirkung* e também referida nos países latinos sob a égide do instituto da *suppressio* (ou caducidade), vem fazendo estrada no direito brasileiro, com base na cláusula geral de boa-fé objetiva e no princípio constitucional da solidariedade social.

Admite-se, portanto, que princípios constitucionais imponham, em certas circunstâncias, a extinção de uma pretensão pela omissão no seu exercício mesmo que não se tenha esgotado ainda o prazo legalmente previsto. Não há aí, a rigor, uma atenuação da segurança jurídica, mas, ao contrário, sua realização por outro instrumento que não o decurso do prazo prescricional ou decadencial: a análise do comportamento concretamente empregado pelo titular da pretensão, capaz de despertar, no meio social, a legítima expectativa de não exercício daquela pretensão. O tema é dos mais palpitantes e demandaria uma análise mais prolongada. Não faltam, contudo, decisões judiciais e obras doutrinárias às quais será necessário remeter os interessados.[23] É que, nas palestras, como na vida, o tempo é implacável.

---

[23] Dentre os lançamentos mais recentes, merece destaque a obra de Marcelo Dickstein, *A Boa-fé Objetiva na Modificação Tácita da Relação Jurídica*, Rio de Janeiro: Lumen Juris, 2010, que traz, além de reflexões doutrinárias, uma acurada seleção de acórdãos relevantes sobre o tema.

Obrigações e Contratos

A Tríplice Transformação do Adimplemento (Adimplemento Substancial, Inadimplemento Antecipado e Outras Figuras)*

> Sumário: 1. O direito das obrigações e a boa-fé objetiva. 2. A tríplice transformação do adimplemento: temporal, conceitual e consequencial. 3. O adimplemento como processo prolongado no tempo. Inadimplemento antecipado (*anticipatory breach of contract*). Adimplemento retardado e a mora nas obrigações negativas. 4. A releitura funcional do conceito de adimplemento. O adimplemento como atendimento da função concreta do negócio jurídico. A chamada violação positiva do contrato. 5. O adimplemento substancial. A posição da jurisprudência brasileira. Parâmetros de substancialidade e o atual papel do adimplemento substancial. 6. As consequências do adimplemento e do inadimplemento. Responsabilidade pós-contratual. A resolução do vínculo como medida extrema. Execução específica e perdas e danos. Responsabilidade pelo inadimplemento das obrigações de meio e de resultado.

1 O direito das obrigações e a boa-fé objetiva

Em comparação com outros ramos do direito privado, já se afirmou que o direito das obrigações é de "mais lenta evolução no tempo".[1] Caminha a passos vagarosos porque

---

* Publicado originalmente na *Revista Trimestral de Direito Civil*, v. 32, p. 3-27.
[1] Na íntegra: "O facto de no domínio das obrigações prevalecer desde há muito o princípio da autonomia privada, de serem relativamente constantes ao longo dos séculos os interesses e as conveniências das partes, e de as relações creditórias, pela sua natureza intrínseca, sofrerem muito menos que as relações familiares ou sucessórias e do que a organização da propriedade, a influência de factores políticos, morais, sociais e religiosos que marcam cada época da história da humanidade, aliado ao aperfeiçoamento notável que os jurisconsultos romanos clássicos imprimiram ao direito das obrigações, deram como resultado que este, além da sua vastidão e intensa projecção prática, acusa ainda agora duas notas particulares, que cumpre realçar: a sua relativa uniformidade nas

atado a uma sólida tradição romanista, que se revelou aí particularmente engenhosa no desenvolvimento de categorias e preceitos tão abstratos e intuitivos que são tratados como "princípios imutáveis da equidade natural", sobre os quais repousam, "mais inabaláveis que sobre colunas de bronze, os fundamentos das obrigações".[2] Ainda hoje visto como "a parte do direito onde, com maior liberdade, têm lugar os princípios da razão pura",[3] o direito obrigacional vem, não raro, elevado a um conjunto de "verdades eternas, como certos postulados da geometria e da aritmética".[4] Nada disso, entretanto, tem impedido que, para além da secular perenidade da disciplina jurídica das obrigações, a atividade privada e a prática contratual se modifiquem profundamente.

O advento do modo industrial de produção e a massificação das relações contratuais acentuaram, como se sabe, injustiças flagrantes que o asceticismo lógico e a pretensa neutralidade do direito das obrigações escondiam. A indiferença do direito obrigacional com o conteúdo das relações contratuais – exigindo apenas, em fórmula que ainda hoje se repete nas codificações, que o objeto do contrato seja *lícito* e *possível*, não que seja justo ou equilibrado[5] – associou-se aos princípios da liberdade de contratar e da obrigatoriedade dos pactos (*pacta sunt servanda*) para legitimar, sob o ponto de vista jurídico, a imposição de condições verdadeiramente perversas à parte economicamente mais desfavorecida,[6]

---

diferentes áreas do globo e a sua notória estabilidade ou a sua mais lenta evolução no tempo" (João de Mattos Antunes Varela, *Das Obrigações em Geral*, v. I, Coimbra: Almedina, 2000, p. 25).

[2] Giorgio Giorgi, *Teoria delle obbligazioni nel diritto moderno italiano*, Florença: Fratelli Cammelli, 1924, p. 28.

[3] É a opinião de Toulier, registrada por Miguel Maria de Serpa Lopes, *Curso de Direito Civil – Obrigações em Geral*, v. II, Rio de Janeiro: Freitas Bastos, 1995, p. 7.

[4] A tal postura alude, criticamente, Orosimbo Nonato, *Curso de Obrigações*, v. I, Rio de Janeiro: Forense, 1959, p. 55, afirmando: "O conceito de obrigação varia no tempo e no espaço para atender às peculiaridades do consórcio civil em que se expanda: não foge, não pode fugir à lei da evolução universal."

[5] A fórmula vem repetida inclusive no recente Código Civil brasileiro, de 2002, cujo art. 104 declara: "A validade do negócio jurídico requer: I – agente capaz; II – objeto lícito, possível, determinado ou determinável; III – forma prescrita ou não defesa em lei." A nova codificação ocupa-se, contudo, do equilíbrio das prestações em dois momentos: o desequilíbrio originário vem coibido pelas figuras da lesão (art. 157) e do estado de perigo (art. 158); e o desequilíbrio superveniente encontra remédio nos arts. 478-480 e, por via interpretativa, também no art. 317, permitindo-se, mediante a configuração dos requisitos necessários, tanto a resolução quanto a revisão do contrato.

[6] "A disparidade de condições económico-sociais existente, para além do esquema formal da igualdade jurídica abstracta dos contraentes, determina, por outras palavras, disparidade de 'poder contratual' entre partes fortes e partes débeis, as primeiras em condições de conformar o contrato segundo os seus interesses, as segundas constrangidas a suportar a sua vontade, em termos de dar vida a contratos substancialmente injustos: é isto que a doutrina baseada nos princípios da liberdade contratual e da igualdade dos contraentes, face à lei, procura dissimular, e é precisamente nisto que se manifesta a sua função ideológica" (Enzo Roppo, *O Contrato*, Coimbra: Almedina, 1988, p. 38).

como revelam de modo emblemático os contratos de trabalho estabelecidos no século XIX. "Que miserável aborto dos princípios revolucionários da burguesia!" – foi a enfática afirmação de Paul Lafargue, ao constatar que

> "os forçados das prisões trabalhavam apenas dez horas; os escravos das Antilhas, nove horas em média, enquanto na França – que havia feito a revolução de 89, que havia proclamado os pomposos Direitos do Homem – havia manufaturas onde a jornada de trabalho era de dezesseis horas".[7]

Em reação a tais abusos, os juristas contemporâneos não apenas se empenharam na edificação de normas protetivas que acabaram se convertendo em novos ramos do direito público e privado (direito do trabalho, direito do consumidor etc.), mas também passaram a incutir, gradativamente, no direito obrigacional preocupações valorativas que, irradiadas dos textos constitucionais, vieram impor maior solidarismo e eticidade nas relações privadas.[8] Assim, a liberdade de contratar, a relatividade dos contratos e outros "princípios tradicionais e pacíficos, cuja imutabilidade parece havia passado em julgado"[9] vêm sofrendo, mais recentemente, a contraposição de novos princípios, substancialmente opostos, como a função social do contrato e o equilíbrio das prestações.[10]

Estas genuínas batalhas ideológicas têm sido travadas quase sempre em sede doutrinária e jurisprudencial, suscitando repercussões apenas pontuais no direito positivo das obrigações. Na maior parte dos ordenamentos romano-germânicos, o tecido normativo das obrigações tem se mantido imune a qualquer projeto de reforma, não merecendo mais que alterações tímidas da parte do legislador.[11] Exemplo emblemático tem-se no nosso Código Civil de 2002, onde a imutabilidade da tradição obrigacional veio reforçada

---

[7] Paul Lafargue, *O Direito à Preguiça*, São Paulo: Hucitec – Unesp, 1999, p. 77.

[8] Tem, então, início um processo de contestação à abordagem liberal e individualista que informava o direito dos contratos, a que Patrick Atiyah denominou *"the fall of freedom of contract"* e que o autor descreve nos seguintes termos: *"During the past hundred years there has been a continuous weakening of belief in the values involved in individual freedom of choice, and this weakening has been reflected in the law. The legislation of the past century has carried to great lengths the circumstances in which the individual's freedom of decision is overridden, either in the direct interests of a majority, or to give effect to values which a majority believe to be of overriding importance"* (*The Rise and Fall of the Freedom of Contract*, Oxford: Clarendon Press, 1979, p. 726).

[9] Lacerda de Almeida, *Obrigações*, Rio de Janeiro: Revista dos Tribunais, 1916, p. XXIV.

[10] Para a análise destes novos princípios e de sua repercussão na prática contratual, ver Gustavo Tepedino, *Novos princípios contratuais e teoria da confiança: a exegese da cláusula to the best knowledge of the sellers*, in *Temas de Direito Civil*, t. II, Rio de Janeiro: Renovar, 2006, p. 241-273.

[11] A reforma da parte dedicada ao direito das obrigações no Código Civil alemão (BGB) em 2002 veio romper esse estado generalizado de imobilismo, produzindo ecos em outras experiências europeias e latino-americanas. Na imensa maioria dos ordenamentos de *civil law*, contudo, a disciplina normativa das obrigações permanece ainda muito próxima do desenho romanístico.

pela expressa premissa de "não dar guarida no Código senão aos institutos e soluções normativas já dotados de certa sedimentação e estabilidade".[12]

Em um cenário como esse, todas as esperanças recaem sobre o intérprete. Compete-lhe empreender a releitura da disciplina do direito obrigacional, especialmente a partir do recurso às normas constitucionais e às cláusulas gerais instituídas, ainda que de forma acanhada, pelo legislador de 2002. E, nesse particular, não resta dúvida de que os mais significativos avanços têm sido promovidos por meio da boa-fé objetiva, verdadeira tábua de salvação contra as injustiças albergadas pela dogmática tradicional das obrigações. A melhor doutrina brasileira já identificou o fundamento constitucional da boa-fé objetiva,[13] consagrou a fórmula útil da sua tríplice função,[14] enfatizou o seu papel de oxigenação do sistema obrigacional,[15] construindo-lhe, em síntese, um arcabouço

---

[12] Miguel Reale, *O Projeto de Código Civil – Situação Atual e seus Problemas Fundamentais*, São Paulo: Saraiva, 1986, p. 76. Sobre o tema, confira-se a análise de Gustavo Tepedino: "Daí o desajuste maior do projeto: ele é retrógrado e demagógico. Não tanto por deixar de regular os novos direitos, as relações de consumo, as questões da bioética, da engenharia genética e da cibernética que estão na ordem do dia e que dizem respeito ao direito privado. E não apenas por ter como paradigma os códigos civis do passado (da Alemanha, de 1896, da Itália, de 1942, de Portugal, de 1966), ao invés de buscar apoio em recentes e bem-sucedidas experiências (como, por exemplo, os Códigos Civis do Quebec e da Holanda, promulgados nos anos noventa). O novo Código nascerá velho principalmente por não levar em conta a história constitucional brasileira e a corajosa experiência jurisprudencial, que protegem a personalidade humana mais que a propriedade, o ser mais do que o ter, os valores existenciais mais do que os patrimoniais." (*O Novo Código Civil: duro golpe na recente experiência constitucional brasileira*, Revista Trimestral de Direito Civil, ano 2, v. 7, Rio de Janeiro: Padma, 2001, editorial).

[13] Teresa Negreiros, *Fundamentos para uma Interpretação Constitucional do Princípio da Boa-fé*, Rio de Janeiro: Renovar, 1998.

[14] A referida tripartição funcional, inspirada nas funções do direito pretoriano romano, foi modernamente sugerida por Boehmer, *Grundlagen der bürgerlichen Rechtsordnung*, apud Franz Wieacker, *El principio general de la buena fe*, Madrid: Civitas, 1986, p. 50: "el parágrafo 242 BGB actúa también *iuris civilis iuvandi, supplendi o corrigendi gatia*". No Brasil essa classificação foi adotada e difundida por Antonio Junqueira de Azevedo, *Insuficiências, deficiências e desatualização do projeto de Código Civil na questão da boa-fé objetiva nos contratos*, Revista Trimestral de Direito Civil, v. 1, p. 7: "Essa mesma tríplice função existe para a cláusula geral de boa-fé no campo contratual, porque justamente a ideia é ajudar na interpretação do contrato, *adjuvandi*, suprir algumas das falhas do contrato, isto é, acrescentar o que nele não está incluído, *supplendi*, e eventualmente corrigir alguma coisa que não é de direito no sentido de justo, *corrigendi*." No mesmo sentido, Ruy Rosado de Aguiar Jr., *A boa-fé na relação de consumo*, Revista de Direito do Consumidor, v. 14, p. 25, ao tratar especialmente das relações de consumo: "Na relação contratual de consumo, a boa-fé exerce três funções principais: a) fornece os critérios para a interpretação do que foi avençado pelas partes, para a definição do que se deve entender por cumprimento pontual das prestações; b) cria deveres secundários ou anexos; e c) limita o exercício de direitos."

[15] Judith Martins-Costa, *A Boa-fé no Direito Privado – Sistema e tópica no processo obrigacional*, São Paulo: Revista dos Tribunais, 2000, especialmente p. 381-515.

teórico dos mais respeitáveis. O Poder Judiciário agarrou-se ao instrumento e passou a aplicá-lo a uma infinitude de hipóteses fáticas, chegando a resultados mais justos na solução dos casos concretos.[16]

Sem embargo disso, como já se havia verificado em outros países, a autêntica paixão pelo seu potencial transformador vem ensejando invocações por vezes excessivas, que ora empregam a boa-fé objetiva de forma meramente decorativa, ora lhe atribuem papéis próprios de outros instrumentos jurídicos, suscitando o risco de esvaziamento do conceito.[17] Por essa razão, o momento atual parece não ser tanto o de defender o já cristalizado reconhecimento da boa-fé objetiva, mas o de identificar, sem embargo do seu caráter de cláusula geral, suas manifestações mais concretas, a fim de fornecer diretrizes relativamente seguras para a solução das controvérsias judiciais. O esforço é imprescindível na medida em que institutos os mais diversos, derivados muitas vezes de bases dogmáticas e experiências jurídicas totalmente diferenciadas, têm encontrado na boa-fé objetiva o fundamento normativo único a permitir seu acolhimento no direito brasileiro. E, nesse sentido, especial relevância assumem aquelas figuras que se relacionam ao adimplemento das obrigações, noção que tem sofrido significativa transformação no processo de releitura do direito obrigacional.

2 A tríplice transformação do adimplemento: temporal, conceitual e consequencial

Dito "o mais natural"[18] dentre os meios extintivos da obrigação, o adimplemento recebe, desde sempre, atenção redobrada do direito obrigacional. Na perspectiva tradicional, o adimplemento vem definido como "o efetivo cumprimento da prestação",[19] ou o ato pelo qual "recebe o credor o que lhe é devido".[20] *A contrario sensu*, o inadimplemento é usualmente conceituado como a inexecução da prestação debitória, a "significar pura e

---

[16] Ver, entre outras aplicações da boa-fé objetiva, Superior Tribunal de Justiça, Recurso Especial 32.890/SP, j. 14.11.1994; Recurso Especial 184.573/SP, j. 19.11.1998; Recurso Especial 370.598/RS, j. 26.2.2002; Recurso Especial 554.622/RS, j. 17.11.2005; e Agravo Regimental na Medida Cautelar 10.015/DF, j. 2.8.2005.

[17] Sobre a superutilização da boa-fé objetiva, seja consentido remeter a Anderson Schreiber, *A Proibição de Comportamento Contraditório – Tutela da confiança e venire contra factum proprium*, Rio de Janeiro: Renovar, 2007, 2. ed., p. 120-125.

[18] Clovis Bevilaqua, *Direito das Obrigações*, Campinas: Red, 2000, p. 137. Trata-se, na sua lição, do modo extintivo "que foi visado no momento de atar-se o vínculo, e o que melhor corresponde à teleologia social, que evocou, do caos originário, a prodigiosa força ético-jurídica emanada dos contratos e de todas as obrigações".

[19] Orlando Gomes, *Obrigações*, Rio de Janeiro: Forense, 2000, p. 88.

[20] Antonio Chaves, *Tratado de Direito Civil*, v. 2, t. 1, São Paulo: Revista dos Tribunais, 1982, p. 157.

simplesmente que a prestação não é realizada tal como era devida".[21] Como se vê, ambas as noções vêm geralmente limitadas à análise do cumprimento ou descumprimento da *prestação principal*, "nos precisos termos em que ela está constituída".[22]

Atualmente, contudo, reconhece-se que a obrigação transcende, em muito, o dever consubstanciado na prestação principal. A própria noção de *obrigação*, identificada com um vínculo de submissão do devedor ao credor,[23] vem sendo, gradativamente, abandonada em favor do conceito mais equilibrado de *relação obrigacional*, composta por direitos e deveres recíprocos, dirigidos a um escopo comum. Avultam, nesse sentido, em importância os chamados deveres anexos ou tutelares, que se embutem na regulamentação contratual, na ausência ou mesmo em contrariedade à vontade das partes, impondo comportamentos que vão muito além da literal execução da prestação principal.[24]

O próprio cumprimento ou descumprimento da prestação ajustada deve ser examinado à luz do propósito efetivamente perseguido pelas partes com a constituição da específica relação obrigacional. Impõe-se, na lição de Perlingieri, "uma investigação em chave funcional, isto é, que tenha em conta a valoração dos interesses considerados não genericamente", mas que os examine "singularmente e concretamente".[25] Rejeita-se, assim, a visão meramente estrutural das obrigações que identifica a satisfação dos interesses envolvidos com a realização da prestação principal, a guiar mesmo a tipologia das obrigações, que reduz a complexidade da concreta regulação de interesses das partes à fórmula simplista do *dar, fazer* ou *não fazer*.

A estreiteza da leitura tradicional, limitada ao dever de prestar, não se coaduna com a rica multiplicidade de interesses subjacente aos mecanismos obrigacionais da atualidade, que, com cada vez maior frequência, superam a singularidade de um único instrumento contratual, para abarcar "grupos de contratos", "contratos conexos", "contratos coligados", "contratos-quadro", "redes contratuais".[26] Tampouco atenta ao caráter dinâmico

---

[21] Inocêncio Galvão Telles, *Direito das Obrigações*, Coimbra: Coimbra Editora, 1983, p. 260.

[22] Manuel A. Domingues de Andrade, *Teoria Geral das Obrigações*, Coimbra: Almedina, 1966, p. 277.

[23] Como explica Hans Hattenhauer, a ideia do vínculo obrigacional, já associada desde os romanos a um poder do credor, ganhou, sob a influência da filosofia kantiana, a conotação de verdadeiro apossamento de parte da liberdade do devedor: "*La obligación se producía porque alguien conseguía poseer una determinada cantidad de la libertad de otra persona, y, en armonía con las leyes generales de la libertad, podía forzar a cumplir lo prometido y actuar sobre la voluntad del otro, cuya libertad se convertía – en una parte exactamente determinada – en su propia libertad*" (Conceptos Fundamentales del Derecho Civil, Barcelona: Ariel, 1987, p. 82).

[24] Os deveres anexos abrangem, em conhecida classificação, deveres de proteção, de esclarecimento e de lealdade. Sobre o tema, ver António Manuel da Rocha e Menezes Cordeiro, *Da Boa fé no Direito Civil*, Coimbra: Almedina, 1997, p. 605 ss.

[25] Pietro Perlingieri, *Il fenomeno dell'estinzione nelle obbligazioni*, Camerino-Napoli: E.S.I., 1980, p. 21.

[26] Sobre todas essas noções, é imprescindível a leitura de Carlos Nelson Konder, *Contratos Conexos – Grupos de Contratos, Redes Contratuais e Contratos Coligados*, Rio de Janeiro: Renovar, 2006, especialmente p. 148-187.

da relação obrigacional – cunhado com a célebre expressão de Clovis do Couto e Silva, "obrigação como processo" –, que se exprime em um conjunto de atos interdependentes cujo gradual desenvolvimento repercute contínua e mutuamente sobre os interesses envolvidos,[27] de forma também exacerbada na prática contemporânea por relações contratuais continuadas, de longa duração, ou pelos chamados *contratos relacionais*.[28]

Examinando sob essas novas lentes a noção de adimplemento (e, por conseguinte, de inadimplemento), identifica-se uma genuína transformação, que se pode, por razões didáticas, examinar sob três aspectos distintos: (i) temporal; (ii) conceitual; e (iii) consequencial. Em outras palavras, alteram-se o momento de verificação do adimplemento (tempo), as condições para sua configuração (conceito em sentido estrito)[29] e os efeitos que dele decorrem (consequências). Em cada um desses aspectos, pode-se constatar a presença de novas figuras e construções que vêm sendo vinculadas, direta ou indiretamente, à boa-fé objetiva, como o inadimplemento antecipado, a violação positiva do contrato, o adimplemento substancial e a responsabilidade pós-contratual.

3 O adimplemento como processo prolongado no tempo. Inadimplemento antecipado (*anticipatory breach of contract*). Adimplemento retardado e a mora nas obrigações negativas

Identificado, na abordagem tradicional, como cumprimento exato da prestação ajustada, o adimplemento resumia-se a um ato pontual do devedor: a entrega da coisa, a restituição do objeto, a realização do ato devido. Ao que se passava antes ou depois desse ato pontual era indiferente o direito obrigacional. Ainda hoje, repete-se a lição enfática, segundo a qual "o sujeito passivo da obrigação só tem de cumpri-la na época do venci-

---

[27] "Com a expressão 'obrigação como processo' tenciona-se sublinhar o ser dinâmico da obrigação, as várias fases que surgem no desenvolvimento da relação obrigacional e que entre si se ligam com interdependência" (Clovis V. do Couto e Silva, *A Obrigação como Processo*, São Paulo: José Bushatsky, 1976, p. 10).

[28] A expressão, derivada dos *relational contracts* do *common law*, foi adotada pioneiramente no Brasil por Ronaldo Porto Macedo Jr., *Contratos Relacionais e Defesa do Consumidor*, São Paulo: Max Limonad, 1998. Claudia Lima Marques refere-se, em sentido semelhante, aos "contratos cativos de longa duração" (*Contratos no Código de Defesa do Consumidor*, São Paulo: Revista dos Tribunais, 2002, p. 82-83).

[29] Diz-se "em sentido estrito" porque, a rigor, as transformações verificadas no momento de aferição do adimplemento e em seus efeitos traduzem também alterações conceituais, relacionadas à maneira de enxergar e compreender o adimplemento. Entretanto, para os fins da tripartição adotada desde o título deste estudo, será denominada conceitual tão somente a transformação relacionada às condições necessárias à configuração do adimplemento, restando as demais inovações alocadas no plano temporal e consequencial.

mento", de tal modo que "ao credor não é lícito antecipar-se, pedindo a satisfação da dívida antes do vencimento".[30] Compete-lhe aguardar impassível o tempo do pagamento.

Em direção oposta, a releitura funcional e dinâmica da obrigação, como relação que se desdobra no tempo, impõe reconhecer "o encadeamento, em forma processual, dos atos que tendem ao adimplemento do dever".[31] Sob o império da boa-fé objetiva, o comportamento das partes antes e depois do cumprimento da prestação principal passa a produzir efeitos jurídicos diferenciados, que podem mesmo ultrapassar, em importância, aqueles que resultam do cumprimento em si. Em um cenário marcado por relações contratuais duradouras, torna-se não apenas um direito, mas um efetivo dever de ambas as partes diligenciar pela utilidade da prestação antes, durante e depois do seu vencimento, para muito além do momento pontual de sua execução.

Nesse sentido, já se reconhece ao credor o direito de agir diante de situações que vêm sendo denominadas de *inadimplemento antecipado*, na esteira da doutrina anglo-saxã do *anticipatory breach of contract*.[32] Assim, mesmo antes do vencimento da obrigação, a recusa do devedor em cumprir a prestação no futuro já se equipararia ao inadimplemento, autorizando ao credor o ingresso em juízo para pleitear o cumprimento da prestação, ou mesmo a resolução do vínculo obrigacional com a condenação do devedor às perdas e danos.[33] E parte da doutrina tem sustentado até que o credor tem não o direito, mas o *dever* de agir contra a recusa antecipada do devedor, mitigando os danos.[34]

A figura do inadimplemento antecipado – a rigor, antecipada recusa ao adimplemento – assume importância elevada na medida em que sua configuração pode se dar de forma

---

[30] Clovis Bevilaqua, *Direito das Obrigações*, cit., p. 149-150 e 151.

[31] Clovis do Couto e Silva, *A Obrigação como Processo*, cit., p. 13.

[32] O caso pioneiro, sempre referido, é o de Hochster v. De la Tour, julgado em 1853. Hochster, contratado para prestar serviço de mensageiro para o demandado, durante uma viagem que deveria ter início em 1º de junho, recebeu de De la Tour, em meados de maio, a comunicação de que seus serviços não mais seriam necessários. O juiz decidiu que não seria necessário aguardar o termo inicial da prestação dos serviços para que o demandante reclamasse seus direitos. Sobre o caso, confira-se Fortunato Azulay, *Do Inadimplemento Antecipado do Contrato*, Rio de Janeiro: Ed. Brasília/Rio, 1977, p. 101-102.

[33] Como observa Jorge Cesa Ferreira da Silva, *A Boa-fé e a Violação Positiva do Contrato*, Rio de Janeiro: Renovar, 2002, p. 257, "em que pese a ausência de uma unitária conformação da hipótese, pode-se afirmar que, hoje, é em grande medida aceito na família Romano-Germânica e sobretudo fora dela, o entendimento de que a manifestação antecipada no sentido do inadimplemento provoca-o ou é capaz de provocá-lo".

[34] Nesse sentido, sustenta Anelise Becker que "não é permitido ao credor manter o contrato com o propósito de, cumprindo a sua parte, em oposição direta à recusa do devedor, exigir-lhe o pagamento do preço total do contrato. Trata-se de uma hipótese peculiar de abuso de direito, pois ao credor lesado pela recusa em adimplir da contraparte não é legítimo considerar firme o contrato. Está ele obrigado, nesta hipótese, a considerar o contrato antecipadamente rompido, para mitigar os danos da parte inadimplente" (*Inadimplemento Antecipado do Contrato*, Revista de Direito do Consumidor, v. 12, out./dez. 1994, p. 74).

implícita, a partir de condições fáticas que demonstrem o desinteresse do devedor, de modo a comprometer o cumprimento da obrigação. Em caso emblemático, o Tribunal de Justiça do Rio Grande do Sul examinou pedido de rescisão de contrato de participação em empreendimento hospitalar, promovido por contratante que, mediante o pagamento de preço em parcelas mensais, adquirira quotas que lhe asseguravam participação nos lucros e direito a atendimento médico gratuito na unidade de saúde a ser construída. Constatando que não foi tomada "a mínima providência para construir o prometido hospital, e as promessas ficaram no plano das miragens", concluiu o tribunal que "ofende todos os princípios de comutatividade contratual pretender que os subscritores de quotas estejam adstritos à integralização de tais quotas, sob pena de protesto dos títulos", dando como procedente, por fim, a ação de rescisão do contrato.[35]

À implícita recusa do devedor ao adimplemento futuro pode-se equiparar qualquer situação em que se verifique risco efetivo de descumprimento da prestação. Melhor, todavia, que igualar tais hipóteses ao inadimplemento, como sugere a simples importação acrítica da figura do *anticipatory breach of contract*, seria lhes reservar a aplicação analógica do art. 477 do Código Civil, que dispõe:

> "Art. 477. Se, depois de concluído o contrato, sobrevier a uma das partes contratantes diminuição em seu patrimônio capaz de comprometer ou tornar duvidosa a prestação pela qual se obrigou, pode a outra recusar-se à prestação que lhe incumbe, até que aquela satisfaça a que lhe compete ou dê garantia bastante de satisfazê-la."

Não há dúvida de que o pressuposto expresso da norma, repetida de forma particular na disciplina de diversos contratos específicos (*e. g.*, arts. 495 e 590), consiste na diminuição superveniente no patrimônio de uma das partes. Cumpre, todavia, assegurar, por analogia, idêntico efeito também a outras situações de elevada probabilidade de inadimplemento. Tal construção parece oferecer, diferentemente da usual assimilação com o inadimplemento – denunciada já na terminologia *anticipatory breach of contract*, ou seja, inadimplemento antecipado, e, portanto, espécie de inadimplemento –, a genuína vantagem de substituir o exercício do direito de resolução (consequência do inadimplemento) por um remédio menos drástico, e mais compatível com a situação de incerteza que ainda pende sobre o cumprimento da prestação no termo futuro, autorizando ao contratante tão somente "recusar-se à prestação que lhe incumbe, até que aquela satisfaça a que lhe compete ou dê garantia bastante de satisfazê-la". A resolução ficaria, deste modo, reservada àqueles casos em que o cumprimento da obrigação no vencimento futuro se afigurasse, desde já, impossível (*e. g.*, construção do hospital em 15 dias); enquanto que, na mera improbabilidade do cumprimento (construção do hospital em seis meses), o efeito seria não a resolução, mas a aplicação, por analogia, do disposto no art. 477 do Código Civil.

---

[35] TJRS, Apelação Cível 582000378, 8.2.1983, Rel. Athos Gusmão Carneiro, *Revista de Jurisprudência do Tribunal de Justiça do Rio Grande do Sul*, v. 97, 1983, p. 397.

Independentemente da tese que ora se propõe, o certo é que, seja na hipótese de impossibilidade, seja na de improbabilidade do cumprimento, parece injustificável conservar o credor em estado de absoluta paralisia até o vencimento da obrigação, preservando um verdadeiro vácuo na relação obrigacional, que, embora regularmente constituída, nenhum efeito produz até que se verifique a sua já anunciada frustração.

Cumpre reconhecer que, por mais que se afigure cientificamente útil uma análise segmentada das fases da obrigação – Schuld (débito) e Haftung (responsabilidade) –, as partes vivem a experiência obrigacional como um processo constante, com efeitos econômicos e psicológicos que se prolongam desde antes da constituição até depois do adimplemento. Nesse contexto, ao devedor compete não apenas efetuar a prestação no momento justo, mas também preparar-se para efetuá-la a tempo e de modo a alcançar da forma mais plena o propósito comum que deu ensejo à constituição do negócio jurídico. Também ao credor compete a persecução do escopo comum, eximindo-se de atentar contra a relação que o conecta ao devedor, enquanto o resultado esperado puder ainda ser alcançado. É sob essa perspectiva que se deve examinar outra questão: a do adimplemento retardado ou impontual.

Da mesmíssima forma que se veda ao devedor frustrar a obrigação antes de seu vencimento, deve-se impedir o credor de frustrá-la posteriormente. Assim, cumpre acolher o adimplemento retardado sempre que possível, preferindo-se a mora ao inadimplemento absoluto, desde que conservada a função socioeconômica da relação obrigacional em cada caso concreto. Em sentido diverso caminhou o legislador de 2002, ao eliminar a referência à mora no art. 390, sugerindo o acolhimento da posição tradicional pela qual o inadimplemento nas obrigações negativas é sempre absoluto.[36]

A alteração normativa atende à lição doutrinária segundo a qual "a obrigação negativa não comporta variante. Ou o devedor não pratica o ato proibido e está cumprindo a obrigação; ou pratica, e dá-se a inexecução".[37] Ignora, contudo, que, se a máxima vale para obrigações de cumprimento imediato, pode não se afigurar imperativa em relações obrigacionais de caráter continuado, nas quais a abstenção em retardo pode mostrar-se útil ao credor e ao atendimento da função concretamente desempenhada pela relação obrigacional. Assim, se o devedor se obriga a não concorrer com o credor, e eventualmente o faz, nada impede que, purgando a mora (com as eventuais perdas e danos), volte a se abster.[38]

---

[36] "Art. 390. Nas obrigações negativas o devedor é havido por inadimplente desde o dia em que executou o ato de que se devia abster." O Código Civil anterior determinava em seu art. 961: "Nas obrigações negativas, o devedor fica constituído em mora, desde o dia em que executar o ato de que se devia abster."

[37] Agostinho Alvim, Da Inexecução das Obrigações e Suas Consequências, São Paulo: Saraiva, 1955, p. 148.

[38] Era já a lição de Pontes de Miranda, para quem, existindo "possibilidade de ser elidido o efeito da inexecução, o devedor pode ser admitido a purgar a mora e continuar abstendo-se" (Tratado de Direito Privado, tomo XXII, Rio de Janeiro: Borsoi, 1958, p. 199).

Com efeito, seja nas obrigações negativas, seja nas positivas, o adimplemento não se limita ao instante singular do seu cumprimento, mas se espraia pela continuidade da relação obrigacional, para atrair em seu favor a conduta das partes antes e depois do vencimento da obrigação. Assim, à luz da boa-fé objetiva, o adimplemento passa a ser compreendido como um processo que se estende temporalmente, abrangendo o comportamento das partes antes e após o momento pontual do vencimento.

4 A releitura funcional do conceito de adimplemento. O adimplemento como atendimento da função concreta do negócio jurídico. A chamada violação positiva do contrato

A compreensão do adimplemento como um processo continuado, prolongado no tempo, conecta-se, indissociavelmente, a uma alteração mais profunda, de caráter mais estritamente conceitual. Longe de se restringir à prática do ato prometido pelo devedor, o adimplemento se reveste, no direito contemporâneo, de caráter funcional, vinculado ao atendimento dos efeitos essenciais do negócio jurídico concretamente celebrado pelas partes.

Urge, desse modo, revisitar o critério distintivo entre o inadimplemento absoluto e o inadimplemento relativo para compreender de forma mais equitativa a usual fórmula do *interesse do credor*. A doutrina tradicional afirma que, nessa matéria, "o interesse do devedor acha-se subordinado ao do credor".[39] Todavia, cumpre reconhecer que o adimplemento dirige-se não à satisfação arbitrária do credor, mas ao atendimento da função socioeconômica, identificada com a própria causa do ajuste estabelecido entre ambas as partes.

Em outras palavras, o que o adimplemento exige não é tanto a satisfação do interesse unilateral do credor, mas o atendimento à causa do contrato, que

> "se constitui, efetivamente, do encontro do concreto interesse das partes com os efeitos essenciais abstratamente previstos no tipo (ou, no caso dos contratos atípicos, da essencialidade que lhe é atribuída pela própria autonomia negocial)".[40]

Se o comportamento do devedor alcança aqueles efeitos essenciais que, pretendidos concretamente pelas partes com a celebração do negócio, mostram-se merecedores de tutela jurídica, tem-se o adimplemento da obrigação, independentemente da satisfação psicológica ou não do credor.

Note-se, porém, que não basta a verificação da causa em abstrato, normalmente identificada, no direito das obrigações, com a realização das prestações principais integrantes

---

[39] Inocêncio Galvão Telles, *Direito das Obrigações*, cit., p. 10.
[40] Maria Celina Bodin de Moraes, *A Causa dos Contratos*, Revista Trimestral de Direito Civil, v. 21, p. 109.

do tipo negocial em sua previsão normativa. Impõe-se o exame da chamada "causa em concreto", isto é, do atendimento dos interesses efetivamente perseguidos pelas partes com a regulamentação contratual. Transcende-se, em síntese, a estrutura do negócio – forma e conteúdo (o *como* e *o quê*) – para se perquirir a sua função (o seu *porquê*).[41] É o atendimento a esta função concreta do negócio, e não mais o cumprimento meramente estrutural da prestação principal contratada, que define o adimplemento, em sua visão contemporânea.

Aqui, há de se examinar, em particular, a chamada *violação positiva do contrato*. Desenvolvida pelo jurista alemão Herman Staub, no início do século XX,[42] a violação positiva do contrato nasce não como um instituto rigidamente definido, mas como uma noção ampla e flexível destinada a absorver hipóteses de descumprimento não contempladas pelo BGB, em especial aquelas relacionadas ao mau cumprimento da prestação.[43] As críticas formuladas contra a teoria de Staub, que vão desde a negativa da pretendida lacuna no Código Civil alemão[44] a objeções terminológicas variadas,[45] não lograram inutilizar a sua construção.

No Brasil, a amplitude da definição legal de mora – a qual, transcendendo a mera questão temporal, abrange a não realização ou não recebimento do pagamento "no tempo, lugar e forma que a lei ou a convenção estabelecer" (art. 394) – e a regulação do cumprimento inexato em setores específicos do nosso Código Civil – ora, em termos mais gerais, como nos vícios redibitórios (arts. 441-445), ora em tipos contratuais determinados, como nos contratos de empreitada e de transporte (arts. 618, 754 etc.) – não têm

---

[41] Emilio Betti, *Causa del Negozio Giuridico*, in *Novissimo Digesto Italiano*, v. III, Torino: UTET, 1959, p. 32: *"Solo così, esaminata la struttura – forma e contenuto (il come e il che cosa) del negozio, può riuscire fruttuoso indagarne la funzione (il perché)."*

[42] Hermann Staub, *Die positiven Vertragsverletzungen und ihre Rechtsfolgen*, in *Festschrift für den XXVI. Deutschen Juristentag*, Berlim: J. Guttentag, 1902. A obra foi publicada também em italiano: Hermann Staub, *Le violazioni positive del contratto*, Napoli: Edizioni Scientifiche Italiane, 2001.

[43] Como esclarecem Zweigert e Kötz, *"l'infelice frammentazione dei tipi di inadempimento, propria del BGB – che viene a distinguere tra impossibilità soggettiva ed oggettiva e tra entrambe e la mora – configura un vero e proprio errore di impostazione. Ed è proprio l'istituto della violazione positiva del credito che sta a testimoniare chiaramente la lacunosità di questa disciplina"* (Introduzione al diritto comparato, v. II, Milano: Giuffrè, 1995).

[44] Sobre o tema, registra Rocco Favale: *"È opportuno precisare che studi successivi hanno sollevato dubbi sull'utilità della scoperta di Staub, in quanto hanno sottolineato che il legislatore aveva previsto, e quindi anche indirettamente regolata, la Schleschterfüllung, mascherata come ipotesi di impossibilità parziale della prestazione"* (prefácio a Hermann Staub, *Le violazioni positive del contratto*, cit., p. 15).

[45] Nesse particular, tem-se criticado a expressão "violação positiva do contrato" ao argumento de que o adjetivo "positiva" negaria relevância à conduta omissiva do devedor. Afirma-se, além disso, que a violação positiva, consoante a própria fórmula de Staub, poderia ser aplicada também a outras relações obrigacionais fundadas em negócios jurídicos unilaterais, e não contratos, daí decorrendo tentativas variadas de oferecer expressões alternativas, dentre as quais tem merecido destaque a "violação positiva do crédito" (*positive Forderungsverletzung*).

sido consideradas suficientes a excluir a utilidade, ao menos residual, da violação positiva do contrato, conceito que, se nunca foi recorrente na prática jurisprudencial brasileira, veio mais recentemente ganhar novo fôlego mediante sua associação ao "descumprimento culposo de dever lateral" imposto pela boa-fé objetiva.[46]

Sem embargo das suas diversas acepções, a noção de violação positiva do contrato, em seus contornos fluidos, vem sendo aplicada pelas cortes brasileiras exatamente naquelas hipóteses em que, embora se verificando um comportamento do devedor correspondente à realização da prestação contratada, não se alcança, por alguma razão, a função concretamente atribuída pelas partes à regulamentação contratual.[47] Com efeito, a jurisprudência brasileira reconhece a configuração de violação positiva do contrato em situações como a de "instalação de piso laminado" com defeito caracterizado pelo "afundamento de miolo",[48] ou ainda a má execução de contrato de seguro por "demora excepcional na realização do conserto de veículo sinistrado".[49]

Na perspectiva tradicional, em que o adimplemento consiste simplesmente no cumprimento da prestação principal, a tutela do crédito em tais hipóteses exige mesmo o recurso a alguma figura ou norma externa à disciplina do adimplemento, como a violação positiva do contrato ou o (mais direto) recurso à cláusula geral de boa-fé objetiva (art. 422). Não é, todavia, o que ocorre em uma perspectiva funcional, na qual o cumprimento da prestação principal não basta à configuração do adimplemento, exigindo-se o efetivo atendimento da função concretamente perseguida pelas partes com o negócio celebrado, sem o qual todo comportamento (positivo ou negativo) do devedor mostra-se insuficiente. Vale dizer: revisitado o conceito de adimplemento, de modo a corroborar a necessidade de um exame que abarque o cumprimento da prestação contratada também sob o seu prisma funcional, as hipóteses hoje solucionadas com o uso da violação positiva do contrato tendem a recair no âmago interno da própria noção de adimplemento.

Vale notar que, nesse campo, também a recíproca se revela verdadeira. Da mesma forma que o cumprimento meramente estrutural da prestação principal não configura adimplemento, exigindo uma análise mais atenta à função concreta do negócio celebrado, a inadequação formal do comportamento do devedor ao débito, tal como estruturalmente definido pelas partes, não ensejará inadimplemento, desde que atendido o escopo espe-

---

[46] Jorge Cesa Ferreira da Silva, *A Boa-fé e a Violação Positiva do Contrato*, Rio de Janeiro: Renovar, 2002, p. 268. Na definição integral apresentada pelo autor: "No direito brasileiro, portanto, pode-se definir a violação positiva do contrato como inadimplemento decorrente do descumprimento culposo de dever lateral, quando este dever não tenha uma vinculação direta com os interesses do credor na prestação."

[47] "Exemplo clássico é o do criador que adquire ração para alimentação dos seus animais, a qual, porém, muito embora tenha sido entregue no prazo, se encontrava imprópria para o uso e, por conta disso, acarreta a morte de diversas reses" (Gustavo Tepedino et al., *Código Civil Interpretado*, v. I, Rio de Janeiro: Renovar, 2005, p. 693).

[48] TJRS, Turma Recursal, Recurso Cível 71000626697, j. 29.3.2005.

[49] TJRS, Turma Recursal, Recurso Cível 71000818146, j. 21.12.2005.

cificamente perseguido pelas partes com a constituição do vínculo obrigacional. Aqui se chega à questão do adimplemento substancial.

5 O adimplemento substancial. A posição da jurisprudência brasileira. Parâmetros de substancialidade e o atual papel do adimplemento substancial

Ao tratar do adimplemento, afirma a doutrina tradicional que "o princípio fundamental nesta matéria é o da *pontualidade*. O cumprimento deve ser pontual em todos os sentidos (não apenas no sentido temporal); deve coincidir *ponto por ponto* com a prestação a que o devedor está obrigado; deve ajustar-se-lhe inteiramente".[50] Desse dogma se distancia a teoria do adimplemento substancial, que permite, em síntese, rejeitar a resolução do vínculo obrigacional sempre que a desconformidade entre a conduta do devedor e a prestação estabelecida seja de pouca relevância.

Inspirada na *substantial performance* do direito anglo-saxônico,[51] tal construção surge com o propósito de autorizar a avaliação de gravidade do inadimplemento antes de deflagrar a consequência drástica consubstanciada na resolução da relação obrigacional.[52] "Assim, sucede quando alguém se obriga a construir um prédio e a construção chega praticamente ao seu término (adimplemento substancial); não se faculta sempre, neste caso, a perda da retribuição contratada, ou a resolução do contrato por inadimplemento."[53] Trata-se, como se vê, de um exame de suficiência pelo qual deve o magistrado "*aplicarse*

---

[50] Manuel A. Domingues de Andrade, *Teoria Geral das Obrigações*, cit., p. 277.

[51] Sobre o tema, ver E. Allan Farnsworth, William F. Young e Carol Sanger, *Contracts – Cases and Materials*, New York: Foundation Press, 2001, p. 700-707, especialmente os esclarecedores comentários às decisões proferidas em *Jacob & Youngs v. Kent* (*Court of Appeals of New York*, 1921); e *Plante v. Jacobs* (*Supreme Court of Winscunsin*, 1960).

[52] A teoria surge vinculada à distinção entre *condition* e *warranty*, limitando-se o direito de resolução à primeira hipótese, em que a prestação descumprida configura condição ou pressuposto do negócio jurídico celebrado, e não mero elemento acessório. Caso paradigmático no direito inglês é *Bonee v. Eyre*, de 1779, em que "o demandante havia transmitido ao demandado uma plantação nas Índias Ocidentais pelo valor de quinhentas libras e uma renda vitalícia de cento e sessenta libras anuais, assegurando ser proprietário e legítimo possuidor dos escravos lá existentes. Eyre atrasou o pagamento da renda anual, o que fez com que Bonee ingressasse com ação exigindo tal pagamento. Em reconvenção, Eyre buscou a resolução do contrato, baseado no descumprimento do contrato pelo demandante, sob o fundamento de que não era ele o legítimo proprietário dos escravos. Lorde Mansfield decidiu pelo não-cabimento do pedido de resolução do contrato, pelo fato de que não poderia a obrigação descumprida por Bonee ser considerada uma *condition*" (Eduardo Luiz Bussatta, *Resolução dos Contratos e Teoria do Adimplemento Substancial*, São Paulo: Saraiva, 2007, p. 35-36).

[53] Clóvis do Couto e Silva, *O Princípio da Boa-fé no Direito Brasileiro e Português*, in *Estudos de Direito Civil Brasileiro e Português*, São Paulo: Revista dos Tribunais, 1980, p. 68.

a medir o apreciar en cuanto el incumplimiento es capaz de afectar el operamiento o los resultados de uma relación oblicatoria determinada y considerada en su totalidad".[54]

A teoria do adimplemento substancial encontra previsão expressa em numerosas codificações. A Convenção de Viena, acerca da compra e venda internacional de mercadorias, exige para a resolução do ajuste uma "violação fundamental do contrato" (arts. 49 e 64) e define como fundamental aquela violação que

> "causa à outra parte um prejuízo tal que prive substancialmente daquilo que lhe era legítimo esperar do contrato, salvo se a parte faltosa não previu este resultado e se uma pessoa razoável, com idêntica qualificação e colocada na mesma situação, não o tivesse igualmente previsto" (art. 25).

No Brasil, o silêncio do legislador de 2002 não tem impedido o acolhimento da noção, com base, mais uma vez, na boa-fé objetiva. De fato, afirma-se que, no âmbito da segunda função da boa-fé objetiva, consistente na vedação ao exercício abusivo de posição jurídica, "o exemplo mais significativo é o da proibição do exercício do direito de resolver o contrato por inadimplemento, ou de suscitar a exceção do contrato não cumprido, quando o incumprimento é insignificante em relação ao contrato total".[55]

O atual desafio da doutrina está em fixar parâmetros que permitam ao Poder Judiciário dizer, em cada caso, se o adimplemento afigura-se ou não significativo, substancial. À falta de suporte teórico, as cortes brasileiras têm se mostrado tímidas e invocado o adimplemento substancial apenas em abordagem quantitativa. A jurisprudência tem, assim, reconhecido a configuração de adimplemento substancial quando se verifica o cumprimento do contrato "com a falta apenas da última prestação",[56] ou o recebimento pelo credor de "16 das 18 parcelas do financiamento",[57] ou a "hipótese em que 94% do preço do negócio de promessa de compra e venda de imóvel encontrava-se satisfeito".[58] Em outros casos, a análise judicial tem descido mesmo a uma impressionante aferição percentual, declarando substancial o adimplemento nos casos "em que a parcela contratual inadimplida representa apenas 8,33% do valor total das prestações devidas",[59] ou de pagamento "que representa 62,43% do preço contratado".[60]

---

[54] Jorge Priore Estacaille, *Resolución de Contratos Civiles por Incumplimiento*, Montevideo, t. II, 1974, p. 54-55.

[55] Ruy Rosado de Aguiar Jr., *Extinção dos Contratos por Incumprimento do Devedor (Resolução)*, São Paulo: Aide, 1991, p. 248.

[56] STJ, Recurso Especial 272.739/MG, j. 1.3.2001.

[57] TJMG, 13ª Câmara Cível, Apelação Cível 1.0521.05.043572-1/001, j. 9.2.2006.

[58] TARS, 7ª Câmara Cível, Apelação Cível 194.194.866, j. 30.11.1994.

[59] TJDF, 4ª Câmara Cível, Apelação Cível 2004.01.1.025119-0, j. 9.5.2005.

[60] TJRS, 19ª Câmara Cível, Apelação Cível 70015436827, j. 8.8.2006.

Por outro lado, com base no mesmo critério percentual – e às vezes no mesmo percentual em si – as cortes brasileiras têm negado a aplicação da teoria ao argumento de que "o adimplemento de apenas 55% do total das prestações assumidas pelo promitente comprador não autoriza o reconhecimento da execução substancial do contrato",[61] ou que "o pagamento de cerca de 43% contra-indica a hipótese de adimplemento substancial,"[62] ou ainda que "a teoria do adimplemento substancial do contrato tem vez quando, como o próprio nome alude, a execução do contrato abrange quase a totalidade das parcelas ajustadas, o que, por certo, não é o caso do pagamento de apenas 70%".[63]

Pior que a incongruência entre decisões proferidas com base em situações fáticas semelhantes – notadamente, aquelas em que há cumprimento quantitativo de 60 a 70% do contrato[64] –, o que espanta é a ausência de uma análise qualitativa, imprescindível para se saber se o cumprimento não integral ou imperfeito alcançou ou não a função que seria desempenhada pelo negócio jurídico em concreto. Em outras palavras, urge reconhecer que não há um parâmetro numérico fixo que possa servir de divisor de águas entre o adimplemento substancial ou o inadimplemento *tout court*, passando a aferição de substancialidade por outros fatores que escapam ao mero cálculo percentual.

Do exame da doutrina e da jurisprudência comparada, podem-se extrair alguns parâmetros que, sem a pretensão de encerrar o debate, têm sido apontados como índices capazes de sugerir a configuração do adimplemento substancial, auxiliando o juiz em sua delicada tarefa. Para além da usual comparação entre o valor da parcela descumprida com o valor do bem ou do contrato, e de outros índices que possam sugerir "a manutenção do equilíbrio entre as prestações correspectivas, não chegando o descumprimento parcial a abalar o sinalagma",[65] a tendência tem sido, hoje, a de perquirir, em cada caso concreto, a existência de outros remédios capazes de atender ao interesse do credor (*e. g.*, perdas e danos), com efeitos menos gravosos ao devedor – e a eventuais terceiros afetados pela relação obrigacional – que a resolução do vínculo.[66]

---

[61] TJRS, 18ª Câmara Cível, Apelação Cível 70015215510, j. 8.6.2006.

[62] TJRS, 18ª Câmara Cível, Apelação Cível 70014803209, j. 8.6.2006.

[63] TJRS, 20ª Câmara Cível, Apelação Cível 70015167893, j. 16.8.2006.

[64] Verifique-se, por exemplo, entre as decisões já citadas, a situação do Tribunal de Justiça do Rio Grande do Sul, que, em 8 de agosto de 2006, considerou aplicável a teoria do adimplemento substancial diante de pagamento "que representa 62,43% do preço contratado" (TJRS, 19ª Câmara Cível, Apelação Cível 70015436827) e, apenas uma semana depois, emitiu decisão que considerava a mesma teoria inaplicável à hipótese de "pagamento de apenas 70%" das prestações ajustadas (TJRS, 20ª Câmara Cível, Apelação Cível 70015167893, j. 16.8.2006).

[65] Teresa Negreiros, *Teoria do Contrato: Novos Paradigmas*, Rio de Janeiro: Renovar, 2006, p. 145.

[66] Como afirmou Athos Gusmão Carneiro, em parecer sobre o assunto: "Sopesando as circunstâncias do caso concreto, impende ponderar se o alegado inadimplemento, ou melhor, o alegado adimplemento irregular, apresentaria gravidade suficiente a justificar o remédio extremo da resolução [...]" (*Ação de Rescisão Contratual – Doutrina da Gravidade Suficiente do Inadimplemento – Faculdade Discricionária do Juiz, Revista Forense*, v. 329, 1995, p. 177).

De fato, a teoria do adimplemento substancial veio inicialmente associada a um "descumprimento de parte mínima",[67] a um inadimplemento de *scarsa importanza*,[68] em abordagem historicamente importantíssima para frear o rigor do direito à extinção contratual e despertar a comunidade jurídica para o exercício quase malicioso do direito de resolução em situações que só formalmente não se qualificavam como adimplemento integral. Em uma leitura mais contemporânea, contudo, impõe-se reservar ao adimplemento substancial um papel mais abrangente, qual seja, o de impedir que a resolução – e outros efeitos igualmente drásticos que poderiam ser deflagrados pelo inadimplemento – não venham à tona sem uma ponderação judicial entre (i) a utilidade da extinção da relação obrigacional para o credor e (ii) o prejuízo que adviria para o devedor e para terceiros a partir da resolução.[69]

Veja-se, a título ilustrativo, o caso julgado pelo Tribunal de Justiça do Rio Grande do Sul, em que se pretendeu a resolução de certo instrumento de transação por se ter praticado valor menor que o ali estabelecido para a alienação de unidades residenciais. A sentença que julgara procedente a demanda foi objeto de severa crítica por Athos Gusmão Carneiro, que ressaltou:

> "Mesmo se verídica a assertiva – que a prova dos autos não autoriza –, de que os 10 apartamentos e 4 garagens (referidos na inicial) teriam sido alienados abaixo do preço de mercado [...], ainda assim a resolução judicial da transação configuraria indevida aplicação de remédio extremo, reservado aos casos de inadimplemento absoluto e quando impossível, de outra forma, facilmente remediar a lesão sofrida pelo contratante adimplente!"[70]

---

[67] Nas palavras de Araken de Assis: "Então, a hipótese estrita de adimplemento substancial – descumprimento de parte mínima – equivale, no direito brasileiro, grosso modo, ao adimplemento chamado de insatisfatório: ao invés de infração a deveres secundários, existe discrepância qualitativa e irrelevante na conduta do obrigado" (*Resolução do Contrato por inadimplemento*, São Paulo: Revista dos Tribunais, 2004, p. 134).

[68] A expressão vem da codificação italiana que, em seu art. 1.455, dispõe: *"Il contratto non si può risolvere se l'inadempimento di una delle parti ha scarsa importanza, avuto riguardo all'interesse dell'altra"*.

[69] Também favorável à ponderação de interesses no adimplemento substancial, embora em outros termos, é de se registrar o ensinamento de Judith Martins-Costa, *A boa-fé e o adimplemento das obrigações*, Revista Brasileira de Direito Comparado, Rio de Janeiro: Instituto de Direito Comparado Luso-Brasileiro, nº 25, p. 265: "O que se observa no exame dos casos concretos já julgados pela jurisprudência brasileira, é que a doutrina do adimplemento substancial sinaliza uma ponderação de bens, de interesses jurídicos: entre o interesse do credor em ver cumprida a prestação exatamente como pactuada, e o interesse do devedor em evitar o drástico remédio resolutivo, prevalece o segundo."

[70] Athos Gusmão Carneiro, *Ação de Rescisão Contratual – Doutrina da Gravidade Suficiente do Inadimplemento – Faculdade Discricionária do Juiz*, cit., p. 177.

Com efeito, a importância do adimplemento substancial não está hoje tanto em impedir o exercício do direito extintivo do credor com base em um cumprimento que apenas formalmente pode ser tido como imperfeito – como revelam os casos mais pitorescos de não pagamento da última prestação que povoam a jurisprudência do nosso Superior Tribunal de Justiça –, mas em permitir o controle judicial de legitimidade no remédio invocado para o inadimplemento,[71] especialmente por meio do balanceamento entre, de um lado, os efeitos do exercício da resolução (e outras medidas semelhantes) para o devedor e eventuais terceiros, e, de outro, os efeitos do seu não exercício para o credor, que pode dispor de outros remédios muitas vezes menos gravosos para obter a adequada tutela do seu interesse. Não quer isso significar a prevalência do interesse do devedor sobre o interesse do credor ao cumprimento exato do avençado. Mesmo na acepção mais restritiva e formal do adimplemento substancial, não se deixa de reconhecer o descumprimento parcial, concedendo ao credor outros mecanismos de tutela, como o ressarcimento das perdas e danos ou a exigência de cumprimento do acordado; veda-se, tão somente, a extinção do vínculo obrigacional, como remédio extremo contra o devedor.[72]

A questão remete ao último ponto da transformação aludida ao início, relacionado às consequências do adimplemento e do inadimplemento.

6 As consequências do adimplemento e do inadimplemento. Responsabilidade pós-contratual. A resolução do vínculo como medida extrema. Execução específica e perdas e danos. Responsabilidade pelo inadimplemento das obrigações de meio e de resultado

Na visão tradicional, o adimplemento, identificado com a realização da prestação principal, extingue o vínculo obrigacional, e, por conseguinte, a responsabilidade do devedor. Sob a perspectiva funcional, ao contrário, o adimplemento não apenas se inicia muito antes do efetivo cumprimento da prestação, mas também se prolonga para além desse ato, impondo a conservação dos seus efeitos e a concreta utilidade da sua realização. Hoje já se reconhece amplamente a existência de uma *responsabilidade pós-contratual* – a rigor, pós-negocial –, a alcançar as partes da relação obrigacional no período que se sucede ao cumprimento da prestação.

---

[71] A idêntica constatação chega J. A. Corry: *"Through the doctrine of substantial performance, the judges installed themselves as administrators of the execution and discharge of contracts. They freed themselves from rigid rules and adopted a broad standard under which they could apply a policy of making contract effective"* (*Law and Policy – The W. M. Martin Lectures*, Toronto: Clarke, Irwin & Company Limited 1959, p. 41-43).

[72] O mesmo método ponderativo deve ser aplicado, embora com cores menos intensas, a efeitos outros que poderiam decorrer do inadimplemento não significativo como a exceção do contrato não cumprido.

Explica, assim, a melhor doutrina que:

"é possível exigir-se das partes, para depois da prestação principal, uma certa conduta, desde que indispensável à fruição da posição jurídica adquirida pelo contrato. É o dever do modelista de não entregar ao concorrente os mesmos modelos com os quais cumprira a sua prestação".[73]

E a jurisprudência tem chancelado a existência deste "dever geral de colaboração que se encontra na fase pós-contratual", a exigir a responsabilização, por exemplo, da sociedade revendedora de automóvel que, diante do defeito invocado pelo adquirente posteriormente à alienação, "sequer examinou o veículo, para afastar a responsabilidade pelo defeito e suas consequências";[74] ou, ainda, da instituição financeira que, após receber o pagamento, não comprova ter adotado as "medidas necessárias para o recolhimento do título posto em cobrança bancária" e posteriormente protestado.[75]

Do mesmo modo que o cumprimento da prestação principal não encerra a responsabilidade do devedor, o descumprimento da prestação principal não autoriza, *ipso facto*, o pedido de resolução do vínculo obrigacional. Com efeito, "o exame de semelhante pedido traz consigo uma *causa petendi* e desce às causas e aos efeitos do inadimplemento", bem como à "*qualidade* do adimplemento", de tal modo que cumpre sempre avaliar se "o desfazimento importaria um sacrifício desproporcional, comparativamente à manutenção do contrato".[76] Em outras palavras, o direito resolutivo não vem atribuído ao credor como um instrumento de punição do devedor pela ausência de realização da prestação principal, mas lhe é assegurado sob a premissa de que o inadimplemento seja tal que

---

[73] Ruy Rosado de Aguiar Júnior, *Extinção dos Contratos por Incumprimento do Devedor (Resolução)*, cit., p. 248.

[74] TJRS, Apelação Cível 70014298624, j. 29.6.2002. Argumentou a sociedade que não podia ser responsabilizada por "eventuais problemas surgido meses depois da realização do negócio, até porque quem estava no uso exclusivo do veículo era o autor". Muito ao contrário, decidiu o tribunal que "a conduta desidiosa da apelada para com o apelante, deixando de cumprir com os deveres anexos e secundários da contratação, posto que sequer examinou o veículo, para afastar a responsabilidade pelo defeito e suas consequências, insere-se no dever geral de colaboração que se encontra na fase pós-contratual".

[75] TJRS, Apelação Cível 70001037597, j. 14.6.2000. Decidiu a corte: "o devedor ao efetuar o pagamento da dívida, mesmo que depois de vencida, esperava, como qualquer 'homem médio', que a cobrança fosse sustada, portanto, que não tivesse sido levado o título já pago a protesto. Destarte, tendo sido rompido esse dever pelo apelante, a responsabilidade na reparação dos danos daí decorrentes é imputável ao fornecedor".

[76] Araken de Assis, *Resolução do Contrato por Inadimplemento*, São Paulo: Revista dos Tribunais, 2004, p. 131 e 133.

possa comprometer o atendimento à função concretamente desempenhada pelo negócio jurídico em curso.[77]

Nesse contexto, o direito à resolução do contrato, laconicamente mencionado no art. 475 do Código Civil de 2002,[78] perde a feição (que lhe vem normalmente atribuída) de uma alternativa ao arbítrio do credor para se converter em *ratio extrema*, cujo exercício pode ser obstado sempre que remédios menos nocivos estiverem ao alcance do seu titular. O poder de extinguir a relação obrigacional deve mesmo ser reservado ao inadimplemento que afete a função concreta do negócio celebrado, não bastando a simples irrealização da prestação principal, tomada em abstrato e sob o aspecto puramente estrutural.

A preferência por remédios que não promovam o rompimento do vínculo negocial foi expressamente manifestada pelo legislador brasileiro, que registrou, em diversas passagens do Código Civil de 2002, sua simpatia pela execução específica das obrigações (*v. g.*, arts. 249, 251, 464). Bem mais que um instrumento a cargo das *preferências* do credor, como sugere a literalidade do o art. 475, a execução específica deve ser vista como medida prioritária, a ser afastada somente naquelas hipóteses em que já reste comprometida a função concretamente desempenhada pela relação contratual. Com isso, o *princípio da conservação dos contratos*, que vem sendo invocado no Brasil de modo algo aleatório e meramente pontual, poderia adquirir um papel efetivo e abrangente no ordenamento pátrio, a revelar uma atuação global e sistemática em prol da manutenção dos negócios jurídicos.

Cabe uma última palavra sobre as perdas e danos, asseguradas pelo direito brasileiro, seja na hipótese de resolução, seja naquela de execução específica. Como compensação financeira dos prejuízos sofridos pelo credor em decorrência do descumprimento da prestação principal, as perdas e danos têm lugar mesmo naquelas hipóteses em que haja adimplemento substancial e outras formas de inexecução que, embora não sejam aptas a deflagrar a extinção do vínculo, prejudiquem de alguma forma o titular do crédito. O dever de ressarcir as perdas e danos depende, contudo, da verificação de prejuízo e de culpa por parte do devedor. E também aqui a análise deve ser funcional e dinâmica, não se restringindo a um exame estrutural e abstrato das causas e efeitos do descumprimento.

Paradigmático nesse particular é o emprego que se faz da conhecida distinção entre obrigações de meio e de resultado. Nestas últimas, como se sabe, o devedor obriga-se a alcançar certo resultado, enquanto naquelas assume apenas o compromisso de envidar

---

[77] Em sentido semelhante, Luigi Mosco, *La risoluzione del contratto per inadempimento*, Napoli: Jovene, 1950, p. 14: "*L'aspetto specifico di questa azione sta in ciò ch'essa viene concessa al debitore sul presupposto che l'inadempimento dell'obbligazione gravante sull'altra parte sia di tale importanza da far venir meno il suo interesse alla conservazione del rapporto contrattuale.*"

[78] "Art. 475. A parte lesada pelo inadimplemento pode pedir a resolução do contrato, se não preferir exigir-lhe o cumprimento, cabendo, em qualquer dos casos, indenização por perdas e danos."

seus melhores esforços na perseguição do objetivo final, sem obrigar-se a obtê-lo.[79] Nas obrigações de resultado, a não obtenção do resultado configura já o inadimplemento, a atrair a responsabilização do devedor. Nas obrigações de meio, ao contrário, a não obtenção do resultado não configura inadimplemento, que depende da falta de diligência e empenho do devedor nos esforços empreendidos. A demonstração de que houve falta de diligência do devedor, por seu caráter subjetivo, afigura-se bem mais árdua do que a prova de irrealização de certo resultado. Tem-se, por isso mesmo, uma responsabilização, de regra, mais fácil nas hipóteses em que a obrigação é de resultado, pois a prova se limita ao dado objetivo da sua não obtenção.[80]

A doutrina brasileira apressa-se em classificar em abstrato e de modo absoluto as obrigações, separando-as entre as de meio e as de resultado. Diz-se, nesse sentido, que "o clínico não pode assegurar que livrará o cliente de todos os males de que padece; jamais poderá garantir resultado feliz [...] e sim que empenhar-se-á com zelo, carinho e dedicação. O mesmo fará o advogado para que os seus serviços profissionais apresentem resultados positivos. Mas, se o paciente morrer ou se a causa malograr, nem o médico, nem o advogado perderão o direito aos honorários contratados".[81] E idêntica postura adota a jurisprudência ao afirmar: "nos casos de cirurgia estética ou plástica, o cirurgião assume obrigação de resultado".[82]

O equívoco dessa classificação *in abstracto* é evidente. Se, por exemplo, se atribui à obrigação do médico o caráter de obrigação de meio em plano teórico, beneficia-se, com isso, o charlatão, que embora prometa em concreto o resultado que não obtém, tem seu vínculo com o paciente considerado limitado aos seus melhores esforços, contrariamente ao que restou pactuado ou prometido no caso concreto. Da mesma forma, se a obrigação do cirurgião plástico vem tida como de resultado, em abstrato, desestimula-se a conduta do bom profissional que informa o paciente dos riscos e da imprevisibilidade do

---

[79] Orlando Gomes, *Obrigações*, Rio de Janeiro: Forense, 2000, p. 16-17.

[80] A distinção entre as obrigações de meio e de resultado assume, na visão tradicional, particular relevância para fins de distribuição do ônus probatório nas ações de responsabilidade obrigacional. A doutrina mais recente critica, contudo, tal expediente, fundada especialmente na teoria da carga dinâmica da prova, a reservar a quem tem mais condições de efetuar a demonstração de certo fato o ônus de fazê-lo, independentemente de sua posição na relação obrigacional, da natureza da obrigação ou de outros fatores externos à prova em si. De qualquer modo, é inegável que, pela sua interferência na própria configuração do adimplemento – e, portanto, do inadimplemento –, a qualificação de certa obrigação como de resultado facilita em muito a situação do credor que persegue a responsabilização do devedor. Sobre a questão, ver Miguel Kfouri Neto, *Culpa Médica e Ônus da Prova*, São Paulo: Revista dos Tribunais, 2002, p. 237 ss.

[81] Antonio Chaves, *Tratado de Direito Civil*, v. II, t. I, São Paulo: Revista dos Tribunais, 1984, 3. ed., p. 48-49.

[82] TJRJ, Apelação Cível 2007.001.08531, j. 21.3.2007.

procedimento, mas acaba, nada obstante, respondendo pela não obtenção de um resultado que nunca prometeu.[83]

Uma classificação considerada tão relevante para fins de configuração do inadimplemento não pode prescindir do exame da função concretamente atribuída pelas partes ao negócio jurídico, perquirindo-se efetivamente os interesses dos envolvidos e o modo particular de desenvolvimento do programa contratual, com ênfase sobre o atendimento do dever de informação – tudo em franca oposição à abordagem abstrata e puramente estrutural que tem imperado nessa matéria e em outras tantas searas do direito obrigacional.

De temas como estes advêm, à falta de conclusão, duas animadoras constatações: a de que o direito das obrigações, ao qual se atribui lentidão e até imobilismo, tem avançado a passos largos; e a de que, sem embargo dessas conquistas, ainda tem muito a avançar. O momento que vivemos não é o de alterar radicalmente os seus rumos, mas o de acompanhá-lo com um olhar mais livre, despido de antigos dogmas e velhas concepções. Vale, nesta estrada, o verso claro do poeta amazonense Thiago de Mello: "Não, não tenho caminho novo. O que tenho de novo é o jeito de caminhar."[84]

---

[83] Registre-se, ainda, a crítica de Gisela Sampaio da Cruz: "Contra a dicotomia obrigações de meio e de resultado, objetou-se que toda prestação comporta, de certa forma, um resultado mais ou menos determinado e que a chamada obrigação de meio pode ser mais ou menos precisa quanto ao seu conteúdo, dependendo da previsão contratual que a estipule [...] Não se pode perder de vista que toda obrigação comporta, evidentemente, um resultado que corresponde à sua utilidade econômico-social para o credor" (*Obrigações alternativas e com faculdade alternativa. Obrigações de meio e de resultado*, in Gustavo Tepedino, *Obrigações – Estudos na Perspectiva Civil-Constitucional*, Rio de Janeiro: Renovar, 2005, p. 170 e 174).

[84] Thiago de Mello, *A Vida Verdadeira*, in *Vento Geral*, Rio de Janeiro: Civilização Brasileira, 1984, p. 213.

O Princípio do Equilíbrio das Prestações e o Instituto da Lesão[*]

> Sumário: 1. O equilíbrio das prestações como princípio. 2. O instituto da lesão: apogeu e crise. 3. Ressurgimento da lesão: influência da fonte penal. 4. A lesão no Código Civil de 2002 e seu equívoco fundamental. 5. Ampliando os estreitos limites da lesão. 6. Para além da lesão: a revisão judicial do negócio jurídico originariamente desequilibrado. 7. Aplicação analógica do art. 413 do Código Civil, enriquecimento sem "justa" causa e definição de contrato comutativo. 8. Conclusão.

1 O equilíbrio das prestações como princípio

Com a edição do Código Civil de 2002, ganhou força na doutrina brasileira a alusão a "novos princípios contratuais", que, mitigando o caráter liberal e individualista da dogmática tradicional, permitiriam uma reformulação profunda do direito dos contratos. Para a maior parte dos autores, esses novos princípios contratuais são essencialmente três: a boa-fé objetiva, a função social dos contratos e o equilíbrio das prestações.[1]

No aniversário de dez anos do Código Civil, um balanço dos resultados alcançados pela aplicação desses novos princípios revela realidades muito distintas. Enquanto a boa-fé objetiva difundiu-se amplamente, impondo novos parâmetros de conduta aos contratantes e servindo de fundamento normativo a numerosos institutos que têm promovido verdadeira oxigenação do nosso direito dos contratos (adimplemento substan-

---

[*] Publicado originalmente em Silvio Venosa et al. (Coord.), *10 Anos do Código Civil*: desafios e perspectivas, São Paulo: Atlas, 2012, p. 138-160.

[1] Ver, entre outros, Paulo Lôbo, *Direito Civil – Contratos*, São Paulo: Saraiva, 2011, p. 66-77, que os denomina "princípios sociais dos contratos".

cial, inadimplemento antecipado etc.), os outros dois princípios têm tido aplicação bem mais reduzida.

A função social do contrato, que, no plano puramente teórico, prometia revolução até superior àquela representada pelo advento da boa-fé objetiva, alterando o próprio fundamento axiológico da liberdade contratual, não encontrou, ainda, uma aplicação prática digna das suas potencialidades. A imensa maioria dos manuais ainda mantém a função social do contrato em um plano abstrato, quase filosofal, e a jurisprudência tem encontrado dificuldade em empregá-la sem o verniz demagógico e oportunista que, muitas vezes, se lhe imprime no cotidiano dos foros, onde a função social tem sido invocada ora como argumento para a defesa dos interesses patrimoniais de concorrentes dos contratantes, ora como fundamento para a absoluta desconsideração do contrato, resultado que representa a verdadeira antítese de um princípio "contratual". A melhor doutrina, contudo, tem dado passos importantes para que a função social encontre efetiva realização, como instrumento dinâmico de reformulação do contrato, de modo a adequá-lo concretamente a interesses sociais relevantes afetados pela sua execução.[2]

Muito mais tímida, contudo, tem sido a produção doutrinária e jurisprudencial em torno do princípio do equilíbrio das prestações. Sua invocação pelos tribunais parece limitada a uma função decorativa, sendo empregado tão somente para "justificar" a aplicação dos institutos da lesão (art. 157), do estado de perigo (art. 156) e da resolução por onerosidade excessiva (arts. 478-480), institutos que são detalhadamente regulados pelo Código Civil e que dispensariam, por isso mesmo, uma "justificativa" principiológica, cuja necessidade de apresentação só se explica por um excesso de apego dos magistrados à lógica contratual do passado, com a qual tais institutos eram incompatíveis. Em outras palavras: é dificílimo encontrar na nossa jurisprudência um acórdão em que o princípio do equilíbrio das prestações tenha alguma utilidade real, que não a de simplesmente "confirmar" aquilo que já foi dito pelo legislador em normas mais específicas, confirmação que, de resto, seria inteiramente dispensável.

Na doutrina, a situação não é diferente: com raríssimas exceções, os autores festejam o princípio do equilíbrio das prestações, mas passam logo e muito apressadamente ao funcionamento dos institutos específicos (lesão, estado de perigo etc.), como se o tal princípio se esgotasse nisso. Ora, ou o princípio do equilíbrio das prestações tem aplicações que ultrapassam esses institutos regulados pelo legislador ou não é efetivamente um princípio e deve, nesse caso, deixar de ser apresentado como tal. Não há aqui caminho intermediário. De duas, uma: ou é princípio ou não o é.[3]

---

[2] Gustavo Tepedino, *Notas sobre a Função Social dos Contratos*, in *Temas de Direito Civil*, t. III, Rio de Janeiro: Renovar, 2009, p. 145-156. Sobre o tema, ver também Flávio Tartuce, *Função Social dos Contratos – Do Código de Defesa do Consumidor ao Código Civil de 2002*, São Paulo: Método, 2007.

[3] Sobre a distinção entre princípios e regras, ver Ronald Dworkin, *Taking Rights Seriously*, Cambridge: Harvard University Press, 1999, 17. ed., p. 24-26.

O Código Civil de 2002 tem larga parcela de responsabilidade pela confusão. Ao contrário do que fez com a função social do contrato e com a boa-fé objetiva, noções disciplinadas por meio de enunciados normativos abertos (arts. 421 e 422), a codificação civil não trouxe uma cláusula geral sobre o equilíbrio das prestações. A ideia de equilíbrio ou, ao menos, de vedação ao desequilíbrio exagerado aparece tão somente em normas de cunho regulamentar (regras, não princípios), em especial aquelas que tratam, na Parte Geral, dos novos defeitos do negócio jurídico – lesão e estado de perigo (arts. 156 e 157) – e aquelas que contemplam, já no livro dedicado ao Direito das Obrigações, a resolução e a revisão contratual por onerosidade excessiva (arts. 317 e 478-480).

Nesses seis dispositivos, o legislador reprimiu o desequilíbrio excessivo entre as prestações e, por isso mesmo, tornou-se hábito identificar em tais dispositivos a fonte de uma orientação geral da codificação em prol de relações contratuais equilibradas. É, nesse sentido, que se alude normalmente a um princípio do equilíbrio das prestações, princípio que o Código Civil de 2002 não estampou às claras, como fez com a função social do contrato e a boa-fé objetiva, mas que teria abraçado de modo implícito naquele conjunto de dispositivos específicos que reprimem o desequilíbrio originário ou superveniente das prestações.[4]

O problema é que, em nenhum daqueles seis dispositivos, a repressão ao desequilíbrio das prestações ocorre com base exclusivamente na desproporção objetiva entre as prestações. Em todos aqueles artigos, a codificação cedeu, em alguma medida, à ideologia do passado, acostando ao desequilíbrio contratual outros requisitos, de caráter voluntarista, ou seja, ligados à vontade dos contratantes. Em nenhum daqueles artigos, o legislador dignou-se a rechaçar o desequilíbrio contratual por si só. Sempre tentou justificar sua atuação com base em vícios da vontade, aludindo ora à "inexperiência" ou "necessidade" de um dos contratantes, ora a circunstâncias "extraordinárias" que não podiam ser previstas pelas partes no momento do ajuste negocial. Em outras palavras: os seis dispositivos do Código Civil brasileiro habitualmente citados como fonte do princípio do equilíbrio das prestações não reprimem o desequilíbrio objetivamente, reprimem-no apenas enquanto resultado de uma "falha" na manifestação de vontade dos contratantes.

Caminhou mal o Código Civil, nesse particular. A beleza de um princípio do equilíbrio das prestações está justamente em se desprender da gênese voluntarista do negócio jurídico, para buscar a justiça do contrato não no acordo de vontades que lhe dá origem, mas no seu conteúdo objetivo. Não foi por outra razão que o princípio do equilíbrio das prestações, também chamado princípio da equivalência material, chegou a ser apontado como uma das mais importantes contribuições do século XX para a evolução do direito das obrigações:

---

[4] O termo "princípio" vem empregado, já aí, em uma acepção mais tradicional, vinculada aos princípios gerais do direito, assim entendidas as orientações gerais implicitamente consagradas pelo sistema jurídico vigente.

"O acontecimento mais importante quanto a aspectos fundamentais foi talvez o regresso da jurisprudência ao princípio da 'equivalência material'. O posivitismo, desprezando a antiga tradição – que vinha da ética social de Aristóteles, passando pela escolástica, até o jusracionalismo –, tinha deixado de atribuir qualquer influência à equivalência material das prestações nos contratos bilaterais."[5]

Limitar a repressão ao desequilíbrio das prestações às situações em que haja um vício de vontade é frustrar o seu propósito central. É deixar de lado toda a sua objetividade para mergulhar, de volta, no subjetivismo das partes (com indagações que dificultam imensamente sua aplicação, tais como "havia inexperiência ou necessidade no momento da manifestação de vontade?" ou "as partes previram ou não previram a circunstância extraordinária?"). Com isso, condiciona-se a justiça contratual a uma frágil reconstrução dos desejos dos contratantes. Converte-se o equilíbrio das prestações em mero efeito de uma velha e revelha remissão à vontade originária das partes. Significa, em poucas palavras, destituí-lo da qualidade de (novo) princípio contratual.

Tal caminho não é, seguramente, o mais consentâneo com a tradição brasileira e nem aquele que apresenta maior conformidade com os valores fundamentais consagrados na Constituição da República. Uma análise mais detida do próprio Código Civil brasileiro mostra que, mesmo no âmbito da sua sistemática interna, uma aplicação objetiva e abrangente do equilíbrio das prestações, a partir de uma interpretação construtiva, afigura-se não apenas possível, mas também recomendável. Para compreender essa conclusão, é preciso ir além daqueles seis dispositivos em que o desequilíbrio das prestações aparece de modo mais evidente na codificação. É preciso compreender a evolução histórica do tema, a partir das raízes da repressão ao desequilíbrio das prestações, mais especificamente do instituto da lesão.

2 O instituto da lesão: apogeu e crise

As origens do instituto da lesão repousam na *laesio enormis*, do Direito Romano, que assentava exclusivamente na desproporção objetiva entre as prestações. É sempre lembrada a passagem do Código de Justiniano que autorizava a rescisão do contrato de compra e venda sempre que o vendedor alienasse o bem por preço "menor que a metade do seu valor".[6] A lesão romana não era encarada como um vício do consentimento ou como um defeito qualquer da vontade do contratante. Consistia, isso sim, no resultado

---

[5] Franz Wieacker, *História do Direito Privado Moderno*, trad. A. M. Botelho Hespanha, Lisboa: Calouste Gulbenkian, 1993, p. 599.

[6] Trata-se da conhecida Lei Segunda do Livro IV, Título XLIV, do Código de Justiniano, sobre a qual tanta tinta verteram os romanistas europeus. No Brasil, ver José Carlos Moreira Alves, *Direito Romano*, v. II, Rio de Janeiro: Forense, 2000, p. 159-160.

de uma análise puramente objetiva, calcada na disparidade entre as prestações contratadas. Sobre o tema, afirmou, em obra célebre, Caio Mário da Silva Pereira:

> "A justiça imperial vai buscar numa desproporção entre o valor do objeto e o preço pago um novo motivo de invalidade do contrato. E, quando o faz, não indaga se o comprador usou de manobras dolosas, ou se o vendedor laborou em erro quanto ao preço da coisa. O que pretendeu foi estabelecer um relativo equilíbrio entre o valor real e o preço da venda. Foi, assim, instituído um critério objetivo de apuração, que se refletia na validade do contrato. Foi conceituada a lesão como um vício de apuração objetiva do próprio contrato, inconfundível com os defeitos subjetivos, preexistentes no direito comum [...]. O que se observa com a *laesio enormis* no Direito Romano é isto: foi criada como um vício objetivo do próprio contrato, e como tal aplicada."[7]

A conotação objetiva da lesão foi mantida no antigo Direito Português, quer por seu apego à tradição romanista, quer pela forte influência do direito canônico, que reprimia abertamente a usura. Assim, as Ordenações Filipinas reproduziam expressamente o critério da "metade do justo preço" para fins de caracterização da lesão.[8] Das Ordenações Filipinas a lesão passaria ao ordenamento jurídico brasileiro, preservando, desde os primeiros passos do nosso direito civil, seu caráter objetivo. A Consolidação das Leis Civis, de Teixeira de Freitas, por exemplo, tratava da lesão nos seguintes termos:

> "Art. 359. Todos os contractos, em que se dá, ou deixa, uma cousa por outra, podem ser rescindidos por acção da parte lesada, se a lesão fôr enorme: isto é, se exceder metade do justo valor da cousa."[9]

O Código Civil de 1916 representaria uma abrupta interrupção nesta trajetória. O instituto da lesão era visto com antipatia por Clovis Bevilaqua, autor do anteprojeto, e por outros juristas influenciados pelo liberalismo jurídico que chegava, não sem certo atraso, ao Brasil do início do século XX. O próprio Bevilaqua sustentaria, durante os trabalhos da Comissão Especial da Câmara dos Deputados, que a lesão é instituto útil "nas épocas em que o Estado necessita de exercer uma tutela mais direta e contínua sobre a vida privada dos indivíduos, porque esses não se sentem assaz fortes contra a

---

[7] Caio Mário da Silva Pereira, *Lesão nos Contratos*, Rio de Janeiro: Forense, 2001, 6ª ed., p. 34-35.

[8] Ordenações Filipinas, Livro IV, Título XIII. Registre-se que as Ordenações Filipinas faziam referência ao fato de o vendedor ter sido "enganado além da metade do justo preço", mas reservavam ao termo "enganado" uma definição objetiva: "E entende-se o vendedor ser enganado além da metade do justo preço, se a cousa vendida valia por verdadeira e commum estimação ao tempo do contracto dez cruzados, e foi vendida por menos de cinco." Daí a maior parte da doutrina portuguesa da época atribuir à lesão caráter objetivo, na esteira da tradição romana e da repressão à usura, característica do direito canônico.

[9] Augusto Teixeira de Freitas, *Consolidação das Leis Civis*, 1896, 3. ed., p. 242.

prepotência e contra a cobiça, e porque entre as classes sociais há um verdadeiro contraste". Muito ao contrário, num Estado onde a igualdade civil encontrava-se assegurada, entendia o autor do projeto que as transações econômicas "devem ser entregues à lei da oferta e da procura".[10]

A Comissão Revisora do Projeto de Código Civil ainda procurou salvar o instituto, aditando o anteprojeto original para incluir dispositivos que disciplinavam a lesão em termos semelhantes aos da Consolidação de Teixeira de Freitas. Os dispositivos acabaram, contudo, suprimidos na votação do texto final do Código Civil de 1916. A lesão havia sido abolida do nosso ordenamento jurídico. Seu renascimento somente se daria algumas décadas depois, de modo oblíquo e em campo bem diverso do Direito Civil.

3 Ressurgimento da lesão: influência da fonte penal

Em 18 de novembro de 1938, foi publicado o Decreto-lei 869, que, ao tipificar os crimes contra a economia popular, definiu o delito de usura real ou pecuniária, nos seguintes termos:

"Art. 4º Constitui crime da mesma natureza a usura pecuniária ou real, assim se considerando:

a) cobrar juros superiores à taxa permitida por lei, ou comissão ou comissão ou desconto, fixo ou percentual, sobre a quantia mutuada, além daquela taxa;

b) obter ou estipular, em qualquer contrato, abusando da premente necessidade, inexperiência ou leviandade de outra parte, lucro patrimonial que exceda o quinto do valor corrente ou justo da prestação feita ou prometida."[11]

A repressão ao delito da usura real fez ressurgir no espírito dos civilistas da época toda a tradição da *laesio enormis*. O art. 4º, alínea *b*, do Decreto-lei 869 foi apontado como fonte normativa para a restauração do instituto da lesão no direito privado. Se era reprimido até no campo penal, o lucro patrimonial excessivo precisava gerar também alguma

---

[10] *Projeto de Código Civil Brasileiro – Trabalhos da Comissão Especial da Câmara dos Deputados*, VI, p. 8.

[11] A usura real foi mantida no art. 4º da Lei 1.521, de 26 de dezembro de 1951, que permanece ainda hoje em vigor: "Art. 4º Constitui crime da mesma natureza a usura pecuniária ou real, assim se considerando: a) cobrar juros, comissões ou descontos percentuais, sobre dívidas em dinheiro superiores à taxa permitida por lei; cobrar ágio superior à taxa oficial de câmbio, sobre quantia permutada por moeda estrangeira; ou, ainda, emprestar sob penhor que seja privativo de instituição oficial de crédito; b) obter, ou estipular, em qualquer contrato, abusando da premente necessidade, inexperiência ou leviandade de outra parte, lucro patrimonial que exceda o quinto do valor corrente ou justo da prestação feita ou prometida. Pena: detenção, de 6 (seis) meses a 2 (dois) anos, e multa, de cinco mil a vinte mil cruzeiros."

consequência civil! O renascimento da lesão no direito civil brasileiro sofreu, contudo, duas importantes influências da natureza penal daquela norma.

Em primeiro lugar, ao contrário da "rescisão" a que aludiam o Direito Romano e as Ordenações portuguesas, a consequência reservada à lesão, pelos defensores da sua restauração no direito civil brasileiro, passou a ser a nulidade, consequência inevitável do caráter penal do ilícito cometido. Ora, se a estipulação do contrato implica em delito, o seu objeto havia de ser ilícito e a ilicitude do objeto implicava, como ainda hoje implica, em nulidade do negócio jurídico.[12]

A segunda influência da natureza penal do Decreto-lei 869 foi a perda do caráter exclusivamente objetivo da lesão. O instituto, antes vinculado puramente ao desequilíbrio das prestações, passou a gravitar em torno da conduta do contratante que "abusa" da premente necessidade, inexperiência ou leviandade da contraparte, na exata linguagem do art. 4º do Decreto-lei 869. Ao apreender a lesão sob o prisma penal, o legislador precisou "subjetivar" o instituto, convertendo-a em uma conduta individual reprovável. De situação objetivamente injusta, como era tratada no direito romano e nas Ordenações portuguesas, a lesão passou a ser, no direito penal brasileiro, um abuso do contratante e, com essa conotação, se deu a sua retomada no campo civil. A lesão aproximou-se, assim, do dolo e da coação, não tardando para que passasse a ser defendida sua inclusão entre os vícios do consentimento.

A primeira influência da fonte penal – a nulidade – seria, mais tarde, amenizada, defendendo-se a maior adequação do instituto à anulabilidade, justamente em atenção à possibilidade de correção posterior do desequilíbrio das prestações, com a conservação útil do negócio jurídico celebrado (consequência esta que era incompatível com a qualificação de ato nulo, o qual, na orientação tradicional, não convalesce jamais, nem pode ser confirmado pelas partes).[13] Entretanto, a segunda influência da fonte penal – a coloração subjetivista da lesão – foi preservada e até intensificada pelas gerações seguintes.

Ao tratar da lesão como vício do consentimento, os civilistas passaram a situá-la decididamente no campo da vontade. A exploração da "necessidade" ou "inexperiência" do contratante lesado acabou ganhando contornos de preponderância em relação ao próprio desequilíbrio das prestações. A doutrina passou mesmo a tratar com desdém a definição puramente objetiva de outrora. Não faltam na nossa literatura jurídica passagens ressaltando a dificuldade de se fixar um parâmetro objetivo comum (um quinto, um terço, um meio etc.) para a aferição do lucro excessivo em todos os gêneros de negócios. A alternativa seria transferir a matéria à discricionariedade judicial, mas deixar um

---

[12] "Esse é o delito de usura real, isto é, o instituto penal da lesão. Sua projeção juscivilística é manifesta. Delito, ilícito penal. E, como é nulo o ato jurídico quando for ilícito o seu objeto, aí teríamos a nulidade dos contratos em que uma das partes, abusando da premente necessidade, inexperiência ou leviandade da outra, obtém lucro patrimonial excedente de um quinto do valor corrente ou justo" (Caio Mário da Silva Pereira, *Lesão nos Contratos*, cit., p. 167).

[13] Orientação que se tornou norma expressa no Código Civil de 2002, art. 169.

remédio tão extremo quanto a invalidação do negócio ao sabor da mera aferição pelo juiz de um desequilíbrio entre as prestações parecia, aos olhos da época, reservar poder excessivo ao magistrado. Acrescente-se a isso a influência de alguns códigos estrangeiros que também haviam dado à lesão um tratamento subjetivista e o temor, muito nacional, dos efeitos do instituto em uma economia marcada pelo fenômeno inflacionário, que, ao depreciar o valor da moeda, dificultava, já em poucos anos, a avaliação da relação de equilíbrio fixada originariamente entre as prestações. O resultado ficaria bem estampado no Projeto de Lei 635, de 1975, que insere a lesão entre os defeitos do negócio jurídico e limita sua aplicação às hipóteses de "premente necessidade" ou "inexperiência" do contratante lesado.

Depois de quase 30 anos de profundas transformações na ordem jurídica brasileira, incluindo a promulgação de uma nova Constituição democrática e de um Código de Proteção e Defesa do Consumidor, o Projeto de Lei 635 daria origem ao Código Civil brasileiro de 2002. A lesão voltaria, enfim, ao nosso direito civil codificado, mas traria consigo uma longa defasagem histórica e um equívoco fundamental.

4 A lesão no Código Civil de 2002 e seu equívoco fundamental

Inserida no capítulo que se ocupa dos defeitos do negócio jurídico, a lesão é assim conceituada pelo art. 157 do Código Civil de 2002:

> "Art. 157. Ocorre a lesão quando uma pessoa, sob premente necessidade, ou por inexperiência, se obriga a prestação manifestamente desproporcional ao valor da prestação oposta."

A codificação de 2002 consagrou a roupagem subjetivista da lesão, distanciando-se da tradição romana e portuguesa. Além da desproporção manifesta entre as prestações – que de núcleo conceitual passou a ser mero "requisito objetivo da lesão" –, o Código Civil exige também um requisito subjetivo: a "premente necessidade" ou "inexperiência" do contratante prejudicado, expressões que revelam a nítida influência da legislação penal antiusurária e dos códigos estrangeiros mais afetos ao liberalismo jurídico.

Tal orientação foi durante criticada, ainda ao tempo do projeto de codificação, por juristas de prestígio. Para Orlando Gomes, por exemplo, quando se atribui ao instituto roupagem de vício do consentimento, "esvazia-se o conceito de lesão, conservando-se apenas o nome".[14] Acrescentou, ainda, o mestre baiano, após examinar algumas codificações estrangeiras que seguiam a mesma linha do atual Código Civil brasileiro:

---

[14] Orlando Gomes, *Transformações Gerais do Direito das Obrigações*, São Paulo: Revista dos Tribunais, 1980, p. 33.

"A fidelidade dessas legislações à tese individual retira-lhes, ademais, a significação prática que poderia ter a transformação em direito positivo de um princípio de justiça contratual."[15]

A conclusão é dotada de impressionante atualidade. Mais de dez anos após a edição do Código Civil de 2002, a aplicação jurisprudencial do instituto da lesão tem sido, entre nós, extremamente diminuta. A alegação da lesão em sede judicial é inibida pelas dificuldades inerentes à demonstração de um estado de "inexperiência" ou "necessidade" do contratante lesado – tese vista já de antemão com antipatia pelo Poder Judiciário por seu caráter vitimista, em um campo onde as relações são presumidamente paritárias. Ainda que decida enveredar por tal caminho, superando o esforço probatório, o autor logrará como resultado a anulação do negócio jurídico, efeito que, no mais das vezes, nem lhe interessa, nem é simples nas suas consequências relacionadas à restituição ao estado anterior.

Ocorre, assim, que têm se tornado cada vez mais raras, entre nós, decisões judiciais aplicando o instituto da lesão. Todo o entusiasmo que cercava o instituto-matriz da justiça contratual parece perdido no passado. Todo o esforço dos civilistas para fazer renascer a lesão periga frustrar-se em uma aplicação restrita a meia dúzia de casos extremos, se a doutrina não ousar, por meio de uma interpretação extensiva, ampliar os limites estreitos do tratamento reservado à matéria pelo Código Civil de 2002.

5 Ampliando os estreitos limites da lesão

A influência da doutrina subjetivista da lesão é tamanha que, ainda hoje, ao elencar os requisitos da lesão, a maior parte da doutrina civilista alude (i) à "malícia" ou "abuso" por parte do contratante beneficiado; ou (ii) ao "dolo de aproveitamento", assim entendido o aproveitamento consciente da situação anormal da outra parte para fins lucrativos, ainda que não haja a intenção específica de explorar tal circunstância; ou, ao menos, (iii) ao "conhecimento da situação de inferioridade" por parte de quem se beneficia do desequilíbrio. Nenhum destes requisitos encontra respaldo no Código Civil. O art. 157 não lhes faz referência. Limita-se a aludir ao estado de inexperiência ou necessidade de um dos contratantes, sem exigir qualquer prova de exploração, aproveitamento ou mesmo consciência deste estado por parte do outro contratante.[16]

Já é tempo de abandonar a orientação dominante que vê na lesão um abuso, uma artimanha ou uma conduta reprovável qualquer do contratante que se beneficia do dese-

---

[15] Orlando Gomes, *Transformações Gerais do Direito das Obrigações*, cit., p. 38.

[16] Ao contrário do que fez o legislador ao tratar do estado de perigo, quando exigiu expressamente a consciência da contraparte: "Art. 156. Configura-se o estado de perigo quando alguém, premido da necessidade de salvar-se, ou a pessoa de sua família, de grave dano *conhecido pela outra parte*, assume obrigação excessivamente onerosa."

quilíbrio originário das prestações. O art. 157 contenta-se com a prova do estado de inexperiência ou necessidade do contratante prejudicado, sem necessidade de se perquirir na conduta da contraparte qualquer indício de malícia ou esperteza. Como sustenta corajosamente Vladimir Cardoso em obra específica sobre o tema:

> "Entendemos, ao revés, que tendo em vista o texto normativo, não há que se perquirir aproveitamento ou abuso; a lesão estará configurada a partir da desproporção manifesta e da premente necessidade ou inexperiência do prejudicado. [...] se o código não exigiu explícita ou implicitamente tal requisito, exigi-lo seria contrariar a lei, verdadeira interpretação *contra legem*, em conflito com o intuito que exsurge do novo diploma civilístico de conferir à lesão o mais amplo campo de incidência possível – por isso não a restringiu a searas específicas, como os códigos francês e espanhol, nem previu um número excessivo de circunstâncias difíceis de reunir, como fez o código italiano."[17]

A anulação do negócio jurídico independe, de fato, do abuso, dolo, malícia ou aproveitamento do outro contratante: vem, na letra do Código, em socorro do inexperiente ou necessitado, independentemente das intenções ou propósitos do contratante beneficiado pelo desequilíbrio. Até aqui, note-se, não se está a defender qualquer interpretação extensiva do art. 157, mas mero respeito à sua literalidade, que não exige, para a anulação, o tal dolo de aproveitamento, nem qualquer outra demonstração acerca do estado anímico da contraparte. Basta a "inexperiência" ou "necessidade" do contratante prejudicado pelo desequilíbrio das prestações. É apenas ao lesado que se volta o Código Civil.

A essa correção de rumo deve-se acrescentar, contudo, um sopro de interpretação construtiva. As expressões "inexperiência" e "necessidade" não merecem ser interpretadas de modo restritivo, como poderia sugerir a literalidade do art. 157 e como vem ocorrendo na nossa jurisprudência. Não se deve incorrer no equívoco de encarar a lesão como um instrumento restrito à proteção do contratante débil. A necessidade exigida para a configuração da lesão, já advertia Caio Mário da Silva Pereira,

> "não é a miséria, a insuficiência habitual de meios para prover à subsistência própria ou dos seus. Não é a alternativa entre a fome e o negócio. Deve ser a *necessidade contratual*. Ainda que o lesado disponha de fortuna, a necessidade se configura na impossibilidade de evitar o contrato. Um indivíduo pode ser milionário. Mas, se num momento dado ele precisa de dinheiro contado, urgente e insubstituível, e para isto dispõe de um imóvel a baixo preço, a necessidade que o leva a aliená-lo compõe a figura da lesão".[18]

---

[17] Vladimir Mucury Cardoso, *Revisão Contratual e Lesão à luz do Código Civil de 2002 e da Constituição da República*, Rio de Janeiro: Renovar, 2008, p. 235.
[18] Caio Mário da Silva Pereira, *Lesão nos Contratos*, cit., p. 165.

Uma interpretação restritiva dos termos "necessidade" ou "inexperiência" acabaria por resultar na absoluta inutilidade da lesão em nosso ordenamento jurídico. Isso porque o direito brasileiro já conta com instrumentos até mais eficazes para a tutela do equilíbrio contratual em relação ao chamado contratante vulnerável. O Código de Defesa do Consumidor, por exemplo, já assegura ao consumidor "a modificação das cláusulas contratuais que estabeleçam prestações desproporcionais" (art. 6º, V), independentemente de qualquer requisito subjetivo. O art. 51 do mesmo diploma torna nulas (não já anuláveis) as cláusulas contratuais que "estabeleçam obrigações consideradas iníquas, abusivas, que coloquem o consumidor em desvantagem exagerada, ou sejam incompatíveis com a boa-fé ou a equidade". E, para muito além do campo consumerista, a Medida Provisória 2.172-31, de 23 de agosto de 2001, estabeleceu a nulidade de "estipulações usurárias", retirando validade, por exemplo, aos

> "lucros ou vantagens patrimoniais excessivos, estipulados em situação de vulnerabilidade da parte, caso em que deverá o juiz, se requerido, restabelecer o equilíbrio da relação contratual, ajustando-os ao valor corrente, ou, na hipótese de cumprimento da obrigação, ordenar a restituição, em dobro, da quantia recebida em excesso, com juros legais a contar da data do pagamento indevido".[19]

Como se vê, o chamado contratante vulnerável já conta com remédios muito mais fortes que a lesão para a tutela do equilíbrio contratual. Restringir o instituto da lesão à proteção do contratante débil significaria o mesmo que reservar o remédio a quem já dispõe da cura. A lesão é um instituto incorporado ao Código Civil e que, como tal, não deve ter uma relação de desigualdade entre as partes como condição da sua incidência. A "necessidade" e a "inexperiência" de que trata o art. 157 devem ser interpretadas de modo objetivo, sem demagogia, a partir do estado possivelmente momentâneo dos contratantes.

Uma necessidade pontual pode ser suficiente, desde que vinculada geneticamente ao desequilíbrio das prestações. Uma pessoa jurídica, de vasto capital, pode se encontrar em ocasional "necessidade" ou se apresentar, para certos tipos de contrato, em situação

---

[19] Confira-se, na íntegra, o dispositivo: "Art. 1º São nulas de pleno direito as estipulações usurárias, assim consideradas as que estabeleçam: I – nos contratos civis de mútuo, taxas de juros superiores às legalmente permitidas, caso em que deverá o juiz, se requerido, ajustá-las à medida legal ou, na hipótese de já terem sido cumpridas, ordenar a restituição, em dobro, da quantia paga em excesso, com juros legais a contar da data do pagamento indevido; II – nos negócios jurídicos não disciplinados pelas legislações comercial e de defesa do consumidor, lucros ou vantagens patrimoniais excessivos, estipulados em situação de vulnerabilidade da parte, caso em que deverá o juiz, se requerido, restabelecer o equilíbrio da relação contratual, ajustando-os ao valor corrente, ou, na hipótese de cumprimento da obrigação, ordenar a restituição, em dobro, da quantia recebida em excesso, com juros legais a contar da data do pagamento indevido. Parágrafo único. Para a configuração do lucro ou vantagem excessivos, considerar-se-ão a vontade das partes, as circunstâncias da celebração do contrato, o seu conteúdo e natureza, a origem das correspondentes obrigações, as práticas de mercado e as taxas de juros legalmente permitidas."

de "inexperiência". Parte da doutrina vem sustentando mesmo que, na leitura do art. 157, o intérprete não deveria excluir outras situações pontuais de inferioridade, ainda que não enquadradas no significado literal mais restrito dos termos "necessidade" e "inexperiência". A legislação penal que reprime a usura alude, recorde-se, a um terceiro termo: a "leviandade". E o exame do direito comparado revela a utilidade de um rol não exaustivo das situações de inferioridade, como destaca Teresa Negreiros:

> "Além da noção-chave de necessidade, a situação de inferioridade como elemento da lesão é caracterizada pelos ordenamentos jurídicos que acolhem o instituto através da descrição de outros estados referentes à pessoa do declarante. Assim, fala-se em inexperiência, leviandade, dependência e outras situações típicas de inferioridade, constituindo-se desta forma uma lista que, não devendo ser considerada exaustiva, é contudo um subsídio útil para o juiz, a cujo arbítrio, em última análise, cabe definir, casuisticamente, o que se deve entender por inferioridade."[20]

A rigor, o desequilíbrio manifesto das prestações deveria assumir preponderância na análise da lesão, servindo já de indício do especial estado subjetivo exigido pelo art. 157. De fato, por que alguém ingressaria em um contrato flagrantemente desequilibrado? Ao contrário do que ocorre nos vícios tradicionais do consentimento (erro, dolo e coação), o negócio lesivo assenta em uma relação objetivamente defeituosa, manifestamente desequilibrada, na qual nenhuma pessoa ingressaria, em regra. Quanto maior o desequilíbrio, mais intensa a presunção de que a parte lesada celebrou o negócio jurídico sem a plena compreensão dos seus efeitos.[21]

Ao Poder Judiciário não compete aferir mecanicamente se houve "necessidade" ou "inexperiência" do autor da demanda, mas avaliar, de modo mais abrangente, se a contratação manifestamente desequilibrada resultou de circunstâncias que retiravam do contratante lesado a consciência do desequilíbrio (inexperiência *lato sensu*) ou lhe impunham, mesmo diante de tal consciência, a contratação (necessidade *lato sensu*). Em qualquer dessas hipóteses, o contratante prejudicado deve ser considerado apto a invocar o art. 157 do Código Civil.

E se esse componente subjetivo (inexperiência ou necessidade) é indispensável, à luz do texto codificado, para que se alcance o efeito da anulabilidade do negócio lesivo, o

---

[20] Teresa Negreiros, *Teoria do Contrato – Novos Paradigmas*, Rio de Janeiro: Renovar, 2003, p. 196.

[21] "*Why should a sane and rational person knowingly pay more than the market price for something? Unless he wants to make a present to the other party to the transaction there must be a strong presumption that if there is a serious unfairness in the value of two parties' performance it is because one, at least, of the parties did not enter into the transaction fully appreciating the circumstances.*" A provocação é de Patrick Atyah, em sua obra fundamental, *The Rise and Fall of the Freedom of Contracts* (Oxford: Clarendon Press, 1979), em que o autor demonstra que a noção de contrato como "acordo de vontades" é construída a partir dos séculos XVIII e XIX, sendo, antes disso, compreendida a partir de noções objetivas como o recebimento de contrapartida.

mesmo entendimento não se aplica, por derivação lógica, à revisão judicial do contrato. É o que se passa a demonstrar.

6 Para além da lesão: a revisão judicial do negócio jurídico originariamente desequilibrado

O Código Civil admite expressamente a revisão do negócio lesivo no § 2º do art. 157:

> "Art. 157. [...]
> § 2º Não se decretará a anulação do negócio, se for oferecido suplemento suficiente, ou se a parte favorecida concordar com a redução do proveito."

Note-se que, mais uma vez temeroso da intervenção judicial nos contratos, o Código Civil previu a revisão apenas mediante a iniciativa ou concordância da parte favorecida pelo desequilíbrio contratual. A melhor doutrina vem, contudo, sustentando a possibilidade de revisão judicial, mesmo contra a vontade da parte beneficiada pela desproporção:

> "É necessário, pois, ampliar a norma legal por meio da interpretação, para se autorizar ao juiz realizar a justiça no caso concreto, modificando equitativamente o contrato, com vista a privilegiar o equilíbrio entre as prestações e a satisfação dos legítimos interesses das partes. A solução proposta, vale destacar, vem sendo acolhida pelos ordenamentos jurídicos que contam com códigos modernos."[22]

A possibilidade ampla de revisão judicial dos contratos lesivos justifica-se, primeiramente, à luz do próprio Código Civil, que, noutros momentos, admite a revisão judicial dos contratos atingidos pelo desequilíbrio das prestações independentemente da vontade das partes, especialmente no art. 317, em que se lê:

> "Art. 317. Quando, por motivos imprevisíveis, sobrevier desproporção manifesta entre o valor da prestação devida e o do momento de sua execução, poderá o juiz corrigi-lo, a pedido da parte, de modo que assegure, quanto possível, o valor real da prestação."

Também em outros campos mais tradicionais, o Código Civil consagra a possibilidade do reajuste judicial do equilíbrio contratual, a pedido de apenas uma das partes. São exemplos o art. 442, que atribui à parte prejudicada o direito de "reclamar o abatimento do preço" da coisa recebida com vício redibitório; o art. 455, que garante ao evicto, no caso de evicção parcial, mas considerável, o direito de exigir "a restituição da parte do preço correspondente ao desfalque sofrido"; e o art. 500, que dá ao comprador, na hipó-

---

[22] Mais uma vez, Vladimir Mucury Cardoso, *Revisão Contratual e Lesão*, cit., p. 408-409.

tese de compra e venda *ad mensuram* de bem imóvel cuja área efetiva não corresponde àquela ajustada no contrato, o direito de exigir o "abatimento proporcional do preço".

A análise sistemática do Código Civil revela que não há, de fato, qualquer razão para se negar a possibilidade de revisão judicial do negócio lesivo, mesmo contra a vontade do contratante beneficiado. A indagação que se coloca, contudo, é a seguinte: seria possível pleitear a revisão judicial mesmo sem a demonstração de um estado de "inexperiência" ou "necessidade"? Ainda que não se chame a isso de lesão, um contrato originariamente desequilibrado pode ser alvo de reequilíbrio judicial das suas prestações, a pedido da parte prejudicada? A resposta há de ser afirmativa.

A possibilidade de revisão judicial do negócio manifestamente desequilibrado não deriva tão somente da aplicação das normas do Código Civil, mas decorre, antes disso, das normas fundamentais do ordenamento jurídico brasileiro. O reequilíbrio de um contrato flagrantemente injusto é, mais que um remédio civilístico, um imperativo constitucional, decorrente da solidariedade social (art. 3º, I), do valor social da livre iniciativa (art. 1º, IV) e da igualdade substancial (art. 3º, III e IV), na sua direta incidência sobre o direito contratual.[23]

Permita-se retomar, aqui, o ponto que deu início a estas reflexões: se há, como afirma a doutrina contemporânea, um princípio do equilíbrio das prestações, e se tal princípio é um princípio na correta acepção da palavra, sua aplicação às relações privadas não pode se limitar àquelas hipóteses em que um contratante tenha abusado da inferioridade do outro ou mesmo àquelas hipóteses em que um deles se encontre em situação de necessidade ou inexperiência ou em qualquer outro estado de especial fragilidade. A incidência do princípio deve ser mais ampla, não podendo ficar sujeita à demonstração de vícios subjetivos que maculem a vontade dos contratantes. O princípio do equilíbrio das prestações é um mandamento de justiça contratual, não uma tardia concessão à vontade das partes. Não há aqui, repita-se, caminho intermediário: ou bem o ordenamento jurídico brasileiro contemporâneo rejeita a manifesta desproporção entre as prestações, ou o reequilíbrio contratual não é um princípio, mas mera consequência do velho e revelho tributo à vontade dos contratantes.

Em prol de uma visão mais abrangente do equilíbrio das prestações, muito tem se produzido no Brasil em relação ao desequilíbrio superveniente. Nesse campo, não são poucos os doutrinadores e magistrados que, afastando-se dos fundamentos voluntaristas da teoria da imprevisão, têm sustentado a possibilidade de revisão judicial dos con-

---

[23] Nesse sentido, Teresa Negreiros, *Teoria do Contrato*, cit., p. 156: "A vedação a que as prestações contratuais expressem um desequilíbrio real e injustificável entre as vantagens obtidas por um e por outro dos contratantes, ou, em outras palavras, a vedação a que se desconsidere o sinalagma contratual em seu perfil funcional, constitui expressão do princípio consagrado no art. 3º, III, da Constituição: o princípio da igualdade substancial. Com efeito, à luz do princípio da igualdade substancial, pressuposto – como é notório – da justiça social, o contrato não deve servir de instrumento para que, sob a capa de um equilíbrio meramente formal, as prestações em favor de um contratante lhe acarretem um lucro exagerado em detrimento do outro contratante."

tratos independentemente de fatos "imprevisíveis".[24] Invocando ora a teoria da base do negócio, ora a simples preservação do caráter sinalagmático dos contratos comutativos, tais autores têm conferido caráter mais objetivo ao mecanismo revisional na hipótese de desequilíbrio superveniente. Mas muito pouco tem se produzido em relação ao desequilíbrio originário das prestações, ou seja, aos contratos que já nascem manifestamente desequilibrados, contratos aos quais a doutrina do *common law* denomina simplesmente *"unfair contracts"* e que poderiam, entre nós, ser denominados, sem meias palavras, de "contratos injustos".[25]

Se é inegável que o legislador inseriu no âmago da lesão requisitos de ordem subjetiva ("necessidade" e "inexperiência"), também é certo que o fez tendo em vista o efeito principal que atribuiu ao instituto: a invalidação do negócio jurídico, medida drástica que impede a continuidade da relação entre as partes e impõe sua recolocação em uma situação algo pretérita. O reequilíbrio das prestações, contudo, é medida que se volta para o futuro e que, para além de decorrer diretamente dos valores constitucionais, exprime um imperativo de justiça comutativa, que evita a asfixia de um contratante por outro e contribui para a formação de um ambiente contratual digno e produtivo.[26]

Se há, objetivamente, uma "desproporção manifesta" entre as prestações, não se deve exigir, para a correção do desequilíbrio, que a parte prejudicada prove que adentrou o contrato iníquo por "necessidade" ou "inexperiência". Muito ao contrário, a presunção deveria ser sempre a de que as partes pretenderam ingressar em um contrato equilibrado. Não é a correção do desequilíbrio, mas a sua preservação que deveria exigir a prova de um especial estado subjetivo das partes (deliberada assunção de risco, graciosidade etc.). O desequilíbrio é, objetivamente, anormal. Onde quer que as partes não tenham assumido deliberada e justificadamente o risco de um desequilíbrio manifesto, tal desequilíbrio deve ser corrigido.

Acrescente-se que o reequilíbrio das prestações não causa nenhum "prejuízo" à contraparte. Apenas normaliza a relação contratual, restaurando a equivalência material entre as obrigações recíprocas. Compatibiliza-se, ademais, com outro princípio claramente acolhido pelo Código Civil de 2002: o princípio da conservação dos negócios jurídicos, que impõe a sua preservação sempre que ainda guarde utilidade para os contratantes (arts. 170 e 184). Como se vê, o reequilíbrio contratual não é consequência excepcional, restrita a hipóteses taxativas, mas remédio preferencial do sistema jurídico brasileiro,

---

[24] É o caso de Rodrigo Toscano de Brito, que, após examinar as relações entre as noções de justiça comutativa e sinalagma contratual, conclui que "independentemente da existência de fato imprevisível, deve-se prestigiar o equilíbrio objetivo da contratação" (*Equivalência Material dos Contratos Civis, Empresarias e de Consumo*, São Paulo: Saraiva, 2007, p. 99).

[25] Ver, na experiência inglesa, as intensas discussões travadas em torno do *Unfair Contract Terms Act*, de 1977, que, entre outras providências, tratou de reprimir certas cláusulas contratuais consideradas objetivamente injustas.

[26] Renato José de Moraes, *Cláusula rebus sic stantibus*, São Paulo: Saraiva, 2001, p. 270.

à disposição do Poder Judiciário sempre que se encontre diante de uma desproporção manifesta entre as prestações.[27]

7 Aplicação analógica do art. 413 do Código Civil, enriquecimento sem "justa" causa e definição de contrato comutativo

O Código Civil de 2002 não é avesso à interferência do Poder Judiciário para corrigir os exageros da autonomia negocial no momento de formação do contrato. Em ao menos uma ocasião, a codificação atribui expressamente ao juiz o *dever* de corrigir o excesso manifesto de disposição contratual ajustada livre e conscientemente entre as partes, sem exigir qualquer vício de vontade para tanto. Confira-se o disposto no art. 413:

> "Art. 413. A penalidade deve ser reduzida equitativamente pelo juiz se a obrigação principal tiver sido cumprida em parte, ou se o montante da penalidade for manifestamente excessivo, tendo-se em vista a natureza e a finalidade do negócio."

Ora, se pode o juiz reduzir a cláusula penal manifestamente excessiva, por que não pode reduzir outros elementos contratuais (*e. g.*, juros ou arras) manifestamente excessivos? Se lhe é dado interferir no contrato para reduzir a multa livremente estabelecida pelas partes, por que não lhe é dado interferir para reduzir outras obrigações acessórias ou mesmo as obrigações principais do negócio? Qual noção de sistema salvaria o legislador de uma flagrante incoerência se tivesse permitido ao juiz a correção do desequilíbrio no tocante à multa contratual, mas proibido idêntica atuação para corrigir o desequilíbrio (muito mais grave, diga-se) do próprio objeto do contrato?

Note-se que o citado art. 413 não alude a qualquer requisito subjetivo. O dispositivo também não faz qualquer menção ao estado psicológico ou anímico do contratante. Não alude a qualquer situação de inferioridade, necessidade, inexperiência ou leviandade. Nem se dirige a um contratante vulnerável. Ali, o excesso manifesto da cláusula penal é avaliado à luz de critérios puramente objetivos: "a natureza e a finalidade do negócio".

A alusão à finalidade do negócio é especialmente feliz. Remete, na novel doutrina, à função do contrato ou, para alguns autores mais tradicionais, à sua causa.[28] É antiga, entre nós, a orientação doutrinária que enxergava na lesão um problema causal. Sus-

---

[27] Nesse contexto, a revisão judicial do contrato assume caráter preferencial em relação à sua ruptura, como já sugeria Othon Sidou: "Não há cogitar de uma sub-rogação e muito menos de uma subordinação de vontades, porém apenas de um caminho preferencial, ou prioritário, com isto significando não se deixa às partes um concurso eletivo, *ad libitum* – querer a revisão ou proferir a rescisão; porque há um *iter* a percorrer" (J. M. Othon Sidou, *A Revisão Judicial dos Contratos*, Rio de Janeiro: Forense, 2. ed., s./d., p. 120-121).

[28] Sobre o tema, ver Maria Celina Bodin de Moraes, *A Causa dos Contratos*, in *Na Medida da Pessoa Humana – Estudos de Direito Civil-Constitucional*, Rio de Janeiro: Renovar, 2010, p. 289-316.

tentava, nesse sentido, Coelho da Rocha verificar-se a "lesão nos contratos comutativos todas as vezes que uma das partes não recebe o equivalente daquilo que dá", de modo que, se um dos contratantes dá um valor de 20, recebendo apenas 10, os outros 10 traduziriam uma "obrigação sem causa".[29] Nem seria exagero invocar aqui a vedação ao enriquecimento sem causa, não em sua roupagem tradicional e meramente estrutural (como título jurídico para a transferência, o qual estaria atendido pelo próprio contrato celebrado), mas em uma visão mais abrangente, dinâmica e valorativa, que os tribunais brasileiros têm empregado de modo recorrente,[30] e que o Código Civil não deixa de referendar ao aludir a um enriquecimento sem "justa" causa (art. 884).

Não é preciso, contudo, ir tão longe. A tese defendida neste breve ensaio não exige que se escape aos conceitos tradicionais do direito dos contratos. A própria definição de contrato comutativo já pressupõe a equivalência entre as prestações.[31] Nesses contratos, a prestação de uma das partes não é apenas a "razão de ser" da prestação da outra, mas entre as prestações recíprocas estabelece-se uma relação de equivalência, que, em uma economia de mercado, só pode ter como parâmetro os preços habitualmente praticados. Se assim é, a prestação que supera manifestamente o valor da prestação contraposta escapa à comutatividade e, salvo no caso de alguma circunstância autorizadora do desequilíbrio (assunção de risco, liberalidade etc.), o direito de exigir seu cumprimento perde, em uma análise funcional e na exata medida do excesso, o seu merecimento de tutela. Nesse contexto, a revisão judicial do negócio originariamente desequilibrado não pode estar restrita às situações em que a parte logra demonstrar um vício subjetivo da vontade ("necessidade" ou "inexperiência"). Se não assumiu deliberadamente o risco do desequilíbrio, nem pretendeu praticar uma liberalidade, todo contratante tem direito a ser protegido, por meio do reequilíbrio contratual, de uma relação que tenha nascido ou se tornado chocantemente desequilibrada.

8 Conclusão

A disciplina das obrigações e dos contratos no Código Civil de 2002 consiste em uma substancial repetição da codificação anterior. Nem nessa afirmação há mais novidade. Alguns novos princípios foram inseridos pontualmente e a tais princípios a doutrina e

---

[29] Manuel António Coelho da Rocha, *Instituições de Direito Civil Português*, Rio de Janeiro: Garnier, 1907, v. II, p. 428.

[30] Ver, sobre o tema, Carlos Nelson Konder, *Enriquecimento sem causa e pagamento indevido*, in Gustavo Tepedino (Coord.), *Obrigações – Estudos na Perspectiva Civil-Constitucional*, Rio de Janeiro: Renovar, 2005, p. 372-373, em que o autor aponta uma "tendência a informar o princípio (de proibição do enriquecimento sem causa) de grande generalidade e abrangência".

[31] "Comutativos são aqueles contratos em que não só as prestações apresentam uma relativa equivalência, como também as partes podem avaliar, desde logo, o montante das mesmas" (Silvio Rodrigues, *Direito Civil*, v. 3, São Paulo: Saraiva, 1997, 25. ed., p. 122).

a jurisprudência compreensivelmente têm se agarrado no afã de salvar a codificação. A defesa apaixonada dos novos princípios contratuais, contudo, de pouco valerá se os institutos contratuais não forem revistos para refletir sua efetiva incidência. Isso se faz necessário não apenas em relação àqueles institutos cuja disciplina normativa foi transportada praticamente intacta da codificação anterior (formação do contrato, evicção etc.), mas também em relação aos institutos pretensamente novos, como a lesão e o estado de perigo, cuja disciplina foi formulada sob o olhar da década de 1970, época em que o projeto foi concluído e em que os efeitos concretos dos novos princípios contratuais ainda eram pouco discutidos.

Nesse sentido, o princípio do equilíbrio das prestações merece especial atenção. Sua inspiração objetiva, radicada na justiça contratual, diverge inteiramente dos princípios liberais que formam a matriz do direito contratual brasileiro. Por incrível que pareça, os princípios da boa-fé objetiva e da função social do contrato representam concessões mais fáceis ao pensamento liberal-individualista. É que a boa-fé objetiva vem, não raro, encarada como um "mínimo ético" do *laissez faire* e a função social permanece mais presente na justificativa abstrata que na vida concreta das relações contratuais. Já o princípio do equilíbrio das prestações não admite composição ou meio-termo; é zona de conflito, verdadeira praça de guerra entre a ideologia liberal e o solidarismo constitucional aplicado às relações privadas. Por isso mesmo, esse "novo" direito dos contratos – ainda hoje, mais anunciado que vivido, mais aguardado que em construção – deveria ter o princípio do equilíbrio das prestações como seu ponto de partida, seu pilar fundamental.

A proposta nem chega a ser nova, como revela a experiência da *laesio enormis* entre os romanos. O desvirtuamento do instituto da lesão pelo liberalismo, convertendo o problema objetivo do desequilíbrio em vício subjetivo da vontade, não tem mais razão de ser, no momento histórico atual, e afronta inegavelmente os valores fundamentais do ordenamento jurídico brasileiro. Daí algumas conclusões alcançadas ao longo do texto:

(i) A anulação do negócio jurídico por lesão depende, por expressa disposição do Código Civil, da "necessidade" ou "inexperiência" do contratante lesado, mas compete ao Poder Judiciário avaliar tais requisitos de modo abrangente, entendendo-os presentes sempre que a contratação, que já é objetivamente indesejável (porque manifestamente desequilibrada), tenha resultado de uma particular situação do contratante lesado, que ou lhe retirava a consciência do desequilíbrio (inexperiência *lato sensu*) ou lhe impunha, mesmo diante de tal desequilíbrio, a contratação (necessidade *lato sensu*). Milita em favor do lesado uma presunção de que se encontrava em um destes dois estados ao ingressar em um contrato manifestamente desequilibrado, salvo nas hipóteses de assunção de risco ou de disposição graciosa.

(ii) O contratante lesado faz jus à anulação ou à revisão judicial do negócio jurídico, com o reequilíbrio das prestações recíprocas, mesmo que a isso se oponha o contratante beneficiado pela manifesta desproporção. A revisão judicial do contrato, na hipótese de lesão, deve assumir caráter preferencial em relação à sua anulação.

(iii) A revisão judicial do contrato, em caso de desequilíbrio originário das prestações, não está limitada ao instituto da lesão, prescindindo da demonstração de "necessidade" ou "inexperiência" do contratante lesado. Trata-se de aplicação do princípio do equilíbrio das prestações ou da equivalência material, manifestação no campo contratual dos princípios constitucionais da igualdade substancial (art. 3º, III e IV), da solidariedade social (art. 3º, I) e do valor social da livre iniciativa (art. 1º, IV). No próprio sistema do Código Civil, a aplicação analógica do art. 413, a vedação ao enriquecimento sem "justa" causa (art. 884) e a noção de contrato comutativo já autorizariam idêntica conclusão.

Com tais ajustes, que podem ser efetuados *de lege lata*, por mera interpretação, é possível dar impulso a uma aplicação efetiva do princípio do equilíbrio das prestações no direito contratual brasileiro. O equilíbrio das prestações deve ser visto como diretriz fundamental, e não como remédio excepcionalíssimo, de aplicação autorizada apenas diante de vícios da vontade. É de se evitar aqui o risco para o qual já alertava Orlando Gomes ao tratar da lesão, qual seja, o risco de que a invocação de belos princípios acabe por resultar em mera "obra de fachada, no conjunto de medidas que se estão a adotar para imprimir significação social, mais humana e justa, ao Direito das Obrigações".[32] O que um novo direito dos contratos exige não é apenas a enumeração de novos princípios contratuais, aplicáveis à margem dos seus conceitos fundamentais, mas a reconstrução destes conceitos de modo comprometido com aqueles princípios, especialmente no tocante à justiça contratual.

---

[32] Orlando Gomes, *Transformações Gerais do Direito das Obrigações*, cit., p. 39

8

O Contrato-Fato*

Ao alcançar este posfácio, o leitor já terá compreendido, em toda a sua amplitude, o projeto auspicioso de Juliana Pedreira da Silva. *Contratos sem negócio jurídico fundante* não consiste apenas na investigação séria e rigorosa de um dos temas mais palpitantes do direito contemporâneo, mas configura também proposta corajosa, voltada a uma reformulação conceitual profunda do instituto jurídico do contrato.

Reduzido, pela pandectística alemã, à versão bilateral do negócio jurídico, o contrato passou a ser compreendido como um acordo de vontades destinado a criar, modificar ou extinguir obrigações. Por obra do voluntarismo, que marcou as codificações europeias do século XIX e (não sem algum atraso) o Código Civil brasileiro de 1916, a tutela dos contratantes passou a depender de um constante reenvio àquela comunhão inicial de vontades, a tal ponto que vícios sutis detectados no consentimento originário, como o erro, poderiam derrubar todos os pilares do edifício contratual. Nesse cenário, o contrato, valendo mais como produto de vontades particulares que como realidade social, converteu-se em símbolo máximo do individualismo jurídico, alvo constante de críticas e desconstruções.

O século XX representa, em larga medida, uma reação a essa excessiva subserviência à vontade individual. Os valores solidaristas, consagrados nas Constituições do pós-Guerra, exigiram a releitura de todo o direito privado. A propriedade privada deixou de ser vista como mero instrumento do arbítrio proprietário, para se confrontar com novo fundamento de legitimidade, identificado em sua função social. O direito de família rejeitou sua tradição patriarcal, que submetia a mulher e os filhos aos desmandos do marido, para se centrar sobre uma convivência familiar igualitária e democrática. A responsabili-

---

* Publicado originariamente como posfácio do livro de Juliana Pedreira da Silva, *Contratos sem Negócio Jurídico: Crítica das Relações Contratuais de Fato*, São Paulo: Atlas, 2011.

dade civil desprendeu-se do império da culpa e de antiga obsessão de imputabilidade para buscar na (re)distribuição de riscos o seu renovado papel na vida contemporânea. E também o direito das obrigações e dos contratos conheceu alterações que exprimem o arrefecimento da concepção voluntarista. São exemplos, no Código Civil brasileiro de 2002, a expressa consagração da função social do contrato (art. 421), da boa-fé objetiva (art. 422) e da resolução e revisão contratuais por onerosidade excessiva (arts. 317, 478-480).

Paradoxalmente, o conceito de contrato sobreviveu intacto a todas essas transformações. A definição que se repete, ainda hoje, nas salas de aula é a do contrato como acordo de vontades. Vale dizer: o contrato continua sendo apreendido e apresentado pela sua gênese voluntarista, não pela sua repercussão na vida prática e social. Como esclarece Juliana, a expressão "contrato" comporta dois sentidos, designando não apenas o "ato jurídico formal (que dá forma) à relação contratual, isto é, como negócio jurídico fundante", mas também "a atividade que lhe dá conteúdo (atividade contratual)".

Em sua acepção dominante, a teoria geral do contrato se limita à primeira acepção do termo, acabando por expor a constrangedora dificuldade dos juristas em lidar com as chamadas "relações contratuais de fato", ou seja, relações que se estabelecem na vida prática a despeito da ausência de um negócio jurídico válido ou existente que lhes sirva de fundamento. É admirável, por exemplo, que uma situação tão corriqueira quanto a do menor que ingressa em um ônibus, paga sua passagem, desce no seu ponto, seja até hoje tratada como uma situação excepcional, porque nascida, desenvolvida e concluída sob a sombra escura da invalidade do seu negócio jurídico fundante.

É ainda mais admirável que, ainda hoje, se procure explicar tais situações com o recurso a ficções, como a autorização presumida dos pais, ou com artifícios repressivos, como a vedação ao enriquecimento sem causa. Com efeito, a imensa maioria dos autores se refere às relações de fato como uma construção marginal, que escapa e se opõe à regra límpida da teoria geral do contrato. Tudo como se uma teoria digna dessa denominação não pudesse absorver e conviver com uma compreensão mais ampla do fenômeno contratual, que, sem negar a utilidade do negócio jurídico, transcendesse a exclusividade da matriz negocial, de modo a reconhecer proteção àquelas atividades contratuais estabelecidas na realidade social, a despeito de um negócio jurídico fundante.

Nesse particular, a obra de Juliana Pedreira da Silva assume posicionamento claro, audacioso e preciso. Retomando fina linhagem de estudos pioneiros, que vão de Günter Haupt a Tullio Ascarelli, a autora rejeita o rótulo fácil das novidades e afirma, sem rodeios: "O reconhecimento e tutela dos contratos sem negócio jurídico fundante não significa o surgimento de um novo instituto de direito privado. Significa na verdade a necessidade de releitura do conceito de contrato de acordo com as exigências do tráfego jurídico."

Em uma realidade social marcada pela massificação e mecanização das relações econômicas, não se pode deixar de reconhecer que o negócio jurídico não é mais (se é que terá sido um dia) a fonte exclusiva da proteção dos contratantes. Um direito civil comprometido com os valores solidários da Constituição de 1988 não pode viver constantemente à cata de um artificioso reenvio às declarações originárias de vontade das partes.

A intenção dos particulares não se exprime exclusivamente em declarações negociais, mas se renova, continuamente, por seu agir cotidiano. O contrato é, antes de tudo, uma relação concreta, um processo prolongado, caracterizado pela coordenação de múltiplos atos e atitudes, que antecedem o negócio jurídico, que o sucedem e que, algumas vezes, o dispensam. A atuação efetiva dos contratantes revela, frequentemente com mais precisão e clareza que qualquer negócio jurídico, a sua vontade e o seu propósito.

A reflexão proposta por Juliana é, como se vê, muito mais ampla do que sugere o título deste livro. Sua atenção crítica não se limita a revelar, ao leitor atento, uma zona cinzenta da teoria contratual, mas se propõe a explicar, a partir do problema que examina, o equívoco mais profundo de se manter artificialmente intocada uma teoria geral do contrato construída a partir de um excessivo apego ao voluntarismo jurídico. Seu estudo se volta à construção de um direito obrigacional mais comprometido com a realização dos valores solidários, ambição que é fruto direto da experiência profissional da autora, como advogada, professora e gerente do Procom de Vitória. O leitor, que a esta altura a conhece bem, terá acompanhado sua imersão em temas atualíssimos, como a função social do contrato, a boa-fé objetiva, a tutela das expectativas e a revitalização da causa, sempre em busca dos fundamentos de uma autêntica renovação da teoria contratual. Nesse sentido, a obra de Juliana é também produto da sua escola de pensamento, a escola do direito civil-constitucional, que, sensível ao seu talento, a acolheu para vê-la encantar a todos, primeiro com sua alegria e leveza, depois com sua força e valentia.

Testemunhei, quase por acidente, o impacto doloroso que a notícia da perda precoce de uma aluna brilhante pode gerar em um orientador dedicado. Emocionei-me com a imediata decisão do Professor Gustavo Tepedino de levar adiante o projeto que sua orientanda não teve tempo de concluir. Acompanhei o esforço diário de muitas mãos amigas, unidas em torno da conclusão do texto que Juliana deixou quase pronto, mas ainda inacabado. E percebi que a solidariedade não consistia apenas na linha-mestra de um projeto científico, mas no sentimento que a autora semeou por toda a vida.

Nada disso poderia ser dito em um prefácio. Nem se correria o risco de atrair o público por razões sentimentais. Agora, contudo, que a leitura chega ao fim, e que o leitor já conhece a profundidade do estudo que percorreu, não parece justo deixar de revelar que o que tem nas mãos é um livro especial. Longe de uma homenagem, que já seria merecida, a obra é fruto da firme e rigorosa convicção de toda uma escola de que a investigação inovadora de Juliana não poderia ser interrompida. O leitor que chega até aqui não será um mero expectador passivo. Sua missão é a nossa: pensar, repensar, debater, com a certeza de que o fim sempre se engana. Tudo é recomeço.

9

A Proibição de Comportamento Contraditório[*]

A proibição de comportamento contraditório, expressa pela máxima segundo a qual *nemo potest venire contra factum proprium* (ninguém pode vir contra os próprios atos), impede que uma pessoa contrarie sua conduta anterior causando prejuízo a quem confiara na atitude inicial. Também referida como teoria dos atos próprios, a proibição de comportamento contraditório é reconhecida em diversos ordenamentos jurídicos como uma das muitas manifestações da cláusula geral de boa-fé objetiva.

No Brasil, os tribunais têm aplicado crescentemente a noção, para coibir variadas hipóteses de *venire contra factum proprium*, como (i) a alegação de absoluta impossibilidade de capitalização de juros por quem, em outros casos, a pratica;[1] (ii) a pretensão de anulação de negócio jurídico por falta de outorga uxória por quem conviveu com os frutos do negócio por longo período de tempo;[2] (iii) a conduta do contratante que cede ponto comercial para, logo em seguida, inaugurar, nas proximidades, loja de concorrência específica;[3] (iv) a imotivada ruptura de negociações preliminares por quem incute na outra parte a fundada confiança na celebração do contrato;[4] (v) a pretensão de reconhecimento de regime de comunhão universal de bens por parte de cônjuge que se declara titular de patrimônio autônomo em negócios celebrados na vigência do matrimônio;[5] (v) a impugnação por quotista de medidas adotadas pela sociedade após deliberação própria

---

[*] Publicado originariamente no jornal *Carta Forense*, edição de 16 de abril de 2007.
[1] STJ, REsp 762.031-MG, Rel. Min. Nancy Andrighi, 28.6.2006.
[2] STJ, REsp 95.539-SP, Rel. Min. Ruy Rosado de Aguiar, 3.9.1996.
[3] 1º TACivSP, *RT* 829/207.
[4] TJRS, Ap. Cível 70016838955, Rel. Tasso Delabary, 29.11.2006.
[5] STF, RE 86.787-RS, Rel. Min. Leitão de Abreu, 20.10.1978.

na qual se mantém silente;[6] (vi) a conduta do Fisco que, após sustentar a aplicabilidade do tributo ao tempo do aproveitamento dos créditos pelo contribuinte, efetua lançamento ao argumento de que o tributo não era aplicável; e em outras tantas situações que compõem um rico espectro de aplicação jurisprudencial.

A proibição ao comportamento contraditório não se confunde com institutos tradicionais, e muito conhecidos entre nós, como a renúncia tácita ou a ideia de que ninguém pode alegar a sua própria torpeza. Ao contrário dessas figuras, que têm como elemento indispensável um certo estado subjetivo do agente que pratica a conduta (a sua intenção de renunciar ou a sua torpeza), a proibição de comportamento contraditório assume caráter puramente objetivo: não se volta para a análise das razões de quem praticou o ato, mas para a proteção daquele que acreditou na conservação da atitude inicial. Trata-se de tutelar a confiança, e não de sancionar a incoerência.

Nem poderia ser diferente. O indivíduo contemporâneo caracteriza-se mesmo por uma certa flexibilidade e pela mutabilidade de ideias, opiniões e atitudes. Na passagem emblemática de Fernando Pessoa:

"é uma falta de cortesia com os outros ser sempre o mesmo à vista deles; é maçá-los, apoquentá-los com a nossa falta de variedade. Uma criatura de nervos modernos, de inteligência sem cortinas, de sensibilidade acordada, tem a obrigação cerebral de mudar de opinião e de certeza várias vezes no mesmo dia".[7]

Nesse sentido, mudar de comportamento é um direito de todos nós. Como todo direito, contudo, seu exercício se sujeita ao controle de legitimidade em face do direito alheio. O *venire contra factum proprium* insere-se justamente no âmbito de aplicação do art. 187 do Código Civil brasileiro, que impede o exercício de um direito que "excede manifestamente os limites impostos" pela boa-fé objetiva, da qual deriva o respeito à confiança despertada em outrem por uma conduta inicial.

A proibição de comportamento contraditório expressa, assim, uma nova concepção de autonomia privada, que não se identifica mais com uma esfera de liberdade protegida contra as imposições do direito, mas concedida e tutelada pelo ordenamento jurídico apenas na medida em que exercida para fins compatíveis com os valores consagrados na Constituição. A solidariedade social espraia-se pelo tráfego negocial, confirmando a lição de Gustavo Tepedino, para quem "não há espaços de liberdade absoluta, ou territórios, por menor que sejam, invulneráveis ao projeto constitucional".[8]

Nessa esteira, novas hipóteses de comportamento contraditório vêm sendo identificadas e reprimidas pela doutrina e jurisprudência, como a conduta de empresas públi-

---

[6] TJRS, Ag. Inst. 70001175330, Rel. Des. Antônio Carlos Stangler, 21.9.2000.
[7] *Do Contraditório como Terapêutica de Libertação*, in *Obras em Prosa*, 1986, p. 581.
[8] *Premissas Metodológicas para a Constitucionalização do Direito Civil*, in *Temas de Direito Civil*, 2004, 3. ed., p. 21.

cas que, após firmarem cláusula compromissória, invocam a impossibilidade de sujeição à arbitragem por sua especial natureza; ou o comportamento do contratante que, assumindo obrigação em dólar, alega posteriormente a nulidade do ajuste por violação ao curso forçado da moeda nacional. Em situações como essas, o interesse público que informa a nulidade deve, por vezes, ceder ao interesse também público no respeito à boa-fé objetiva e à confiança despertada no ambiente negocial, vedando-se a contradição ao próprio comportamento.

Não há dúvida de que vivemos o tempo da incoerência. O ritmo acelerado das transformações alcança o próprio conhecimento científico, que se desprende de seu tradicional papel de fator de segurança, para se converter em causa de ainda maior incerteza. *Consider red wine* – diz Anthony Giddens, em seu *Runaway World* – "Como outras bebidas alcoólicas, o vinho tinto era tido como prejudicial à saúde. Pesquisas, então, indicaram que beber vinho tinto em quantidade moderada diminuía o risco de doenças cardíacas. Em seguida, descobriu-se que qualquer forma de álcool serve, mas que o efeito apenas se verifica em pessoas de idade superior a 40 anos. Quem sabe o que as próximas pesquisas irão revelar?"[9]

Ninguém o sabe. Compete ao direito, contudo, evitar que, em cada caso concreto, a acelerada alteração de posições e certezas se verifique sem a necessária proteção à confiança despertada em cada um de nós.

---

[9] Anthony Giddens, *Runaway world – How globalization is reshaping our lives*, 2000, p. 49-50.

10

Revisão Judicial dos Contratos[*]

O Código Civil de 2002 representou um voto de confiança no Poder Judiciário. Embora padeça de um apego excessivo ao texto de 1916, inovando bem menos do que seria de se esperar,[1] a nova codificação traz preciosas cláusulas gerais, que autorizam o intérprete a perseguir, na aplicação do diploma, o avanço que a sua literalidade não garantiu. Quando, por exemplo, faz incidir a responsabilidade objetiva sobre atividades de risco (art. 927, p. u.), o Código atribui ao magistrado uma margem de atuação que, antes, vinha reservada com exclusividade ao legislador.[2] Essa transferência da discricionariedade legislativa para a discricionariedade judicial reflete o amadurecimento do próprio Poder Legislativo, convencido, enfim, da sua incapacidade para dar conta de todos os problemas gerados pelas aceleradas transformações na tecnologia e nos costumes. Assumindo, no cenário contemporâneo, um papel mais centrado sobre a fiscalização do Executivo que sobre a regulação de condutas, o Legislativo, especialmente no âmbito das relações privadas, vem conferir ao Poder Judiciário, por meio das cláusulas gerais, uma esfera mais ampla de ação, fundada sempre na lei, porém mais flexível que a decorrente da técnica legislativa regulamentar. Há, contudo, quem assista à transformação com desconfiança, exprimindo o temor de que a intervenção judicial no domínio econômico resulte em intolerável insegurança, já que construída caso a caso, sem parâmetros previamente conhecidos por todos.

---

[*] Publicado originariamente no jornal *Carta Forense*, edição de 18 de julho de 2008.
[1] Sobre a falta de ousadia do legislador de 2002 e seu descompasso com a Constituição de 1988, confira-se Gustavo Tepedino, *O Novo Código Civil: duro golpe na recente experiência constitucional brasileira*, in *RTDC – Revista Trimestral de Direito Civil*, ano 2, v. 7, Rio de Janeiro: Padma, 2001.
[2] Seja consentido remeter a Anderson Schreiber, *Novos Paradigmas da Responsabilidade Civil*, São Paulo: Atlas, 2007, p. 21-26.

É no centro deste debate que repousa o problema da revisão judicial dos contratos. Não se pode conceber maior interferência na autonomia privada que a alteração das cláusulas de um contrato por força de ordem judicial. Nem mesmo a extinção do vínculo se mostra tão drástica, já que apenas faz as partes retornarem ao estado anterior à contratação, sem submetê-las a condições que não pactuaram livremente. Por configurar intensa intromissão no ajuste entre particulares, a revisão judicial foi evitada pelas codificações europeias dos séculos XVIII e XIX, inspiradas no liberalismo jurídico. Não faltam, todavia, exemplos históricos de sua adoção, sendo certo que já o Código de Hammurabi autorizava o devedor a "modificar sua tábua de contrato", deixando de pagar juros ao seu credor quando fosse a colheita frustrada por tempestades ou escassez de água.

No Brasil, o Código Civil de 1916 não tratou da revisão judicial dos contratos. A doutrina tradicional, fiel ao liberalismo, opunha-se à sua aplicação. A jurisprudência passou, todavia, a admiti-la, especialmente a partir dos anos 50, sob o influxo de teorias revisionistas europeias, aludindo ora ao fato imprevisível, ora à alteração da base do negócio.[3] Os tribunais passaram a invocar, com crescente desenvoltura, a cláusula *rebus sic stantibus*, capaz de temperar, desde tempos imemoriais, o rigor da obrigatoriedade dos pactos (*pacta sunt servanda*).[4] A consagração normativa da revisão judicial só veio, entretanto, em 1990, com o Código de Defesa do Consumidor, cujo art. 6º, inciso V, instituiu como direito do consumidor "a modificação das cláusulas contratuais que estabeleçam prestações desproporcionais ou sua revisão em razão de fatos supervenientes que as tornem excessivamente onerosas".

O Código Civil de 2002, mais comedido que o CDC, ocupou-se do desequilíbrio contratual em dois momentos diversos. O desequilíbrio originário (contemporâneo à formação do contrato) foi contemplado entre os defeitos dos negócios jurídicos, por meio da lesão (art. 157) e do estado de perigo (art. 156). O resultado aí não consiste na revisão do ajuste, mas na sua anulação, com o retorno das partes ao estado anterior. Do desequilíbrio superveniente das prestações tratou o Código em seus arts. 478 a 480, sob o título "Da resolução por onerosidade excessiva". Ao contrário do que sugere o rótulo, encontra-se aí uma hipótese, ao menos, de revisão judicial, insculpida no art. 480 que autoriza o contratante a "pleitear que a sua prestação seja reduzida, ou alterado o modo de executá-la, a fim de evitar a onerosidade excessiva". A norma, contudo, só tem aplicação aos contratos unilaterais.

Aos contratos bilaterais – que correspondem à imensa maioria dos ajustes celebrados na prática comercial e civil – o Código reservou, no art. 478, o remédio da resolução contratual, ou seja, da extinção do vínculo. A resolução, todavia, se afigura muitas vezes indesejável. Tome-se o exemplo do transportador que se vê compelido, por um fato superveniente e imprevisível, como a interdição de uma rodovia ou o desabamento de uma ponte, a percorrer caminho mais longo para entregar certo bem à contraparte

---

[3] J. M. Othon Sidou, *A Revisão Judicial dos Contratos*, Rio de Janeiro: Forense, 2. ed., p. 26-43.
[4] Ver, entre outros, STF, Recurso Extraordinário 19.848/SP, 1951, Rel. Min. Lafayette de Andrada.

do contrato de transporte. O cumprimento do pacto não se terá tornado impossível – hipótese que implicaria no desfazimento do vínculo por caso fortuito ou força maior –, mas não há dúvida de que se caracteriza aí a onerosidade excessiva. Tem, entretanto, o transportador interesse em pleitear a resolução? Não. De um lado, já terá efetuado os investimentos necessários àquele contrato, alocando tempo e pessoal para o seu cumprimento. De outro, sabe-se que, no difícil cotidiano dos negócios, o transportador não tem a intenção de perder seu cliente, mas, antes, de cativá-lo. Seu propósito seria, em tais circunstâncias, o reequilíbrio da avença, jamais sua extinção.

Atenta a tais dificuldades e ao princípio da conservação dos negócios, a melhor doutrina tem se esforçado por encontrar, no tecido normativo do Código Civil, autorização para a aplicação da revisão judicial dos contratos. Com alguma criatividade, tem-se pretendido identificá-la no art. 479, segundo o qual "a resolução pode ser evitada oferecendo-se o réu a modificar equitativamente as condições do contrato".[5] Difícil, porém, enxergar no dispositivo algo mais que uma faculdade atribuída ao réu, não já ao autor, que permaneceria privado da possibilidade de pleitear, diretamente, a revisão. Melhor saída encontra-se no art. 317, que, ao tratar do pagamento, afirma: "Quando por motivos imprevisíveis, sobrevier desproporção manifesta entre o valor da prestação devida e o montante de sua execução, poderá o juiz corrigi-lo, a pedido da parte, de modo que assegure, quanto possível, o valor real da prestação." Embora à época da elaboração do projeto de Código Civil a norma tivesse como alvo prioritário o efeito deletério da inflação que aplacava a economia brasileira, sua redação permite interpretação extensiva a atribuir ao magistrado autêntico poder de "corrigir" (rever) as prestações, de modo a assegurar, "quanto possível", o seu "valor real".

Na análise comparativa entre a resolução contratual do art. 478 e a revisão judicial do art. 317, dois aspectos vêm exigir redobrada atenção. Primeiro, a menção ao "valor da prestação" no art. 317 não pode servir de pretexto para que a revisão judicial se limite à dimensão quantitativa (preço ou remuneração). Se é verdade que, em inúmeros contratos, o reequilíbrio das prestações se alcança mais facilmente pela modificação do seu valor monetário ou – como no conhecido exemplo dos contratos de *leasing* indexados ao dólar – do seu índice de atualização, também é certo que, em outras espécies contratuais, como a empreitada ou o transporte, a alteração de prazos e meios de execução permite a restauração do equilíbrio com menor agressão à vontade originária das partes. E não se pode negar que tal expediente se encontra abarcado pela ideia de correção do *valor* das prestações, o qual resulta, em última análise, da conjunção de fatores diversos (tempo, modo, qualidade da prestação) que vão além do mero aspecto quantitativo.

A segunda observação diz respeito ao requisito da "extrema vantagem" para o outro contratante, previsto no art. 478. O art. 317 não faz semelhante exigência, e nem

---

[5] Nesse sentido, o Enunciado 367 da IV Jornada de Direito Civil: "Art. 479. Em observância ao princípio da conservação do contrato, nas ações que tenham por objeto a resolução do pacto por excessiva onerosidade, pode o juiz modificá-lo equitativamente, desde que ouvida a parte autora, respeitada a sua vontade e observado o contraditório."

poderia: situa-se na parte do Código Civil que disciplina as obrigações isoladamente, ao contrário do que ocorre, a partir do Título V (Contratos), onde a correlação entre as prestações passa a ser relevante aos olhos da lei. Em que pesem as dificuldades em torno da "extrema vantagem", parece inegável que exigir sua presença para a resolução e dispensá-la para a revisão judicial seria incoerente, já que é justamente na revisão que o benefício alheio assume maior relevância para se alcançar o reequilíbrio. Sem embargo de sua importância sistemática, a questão vem sendo contornada por uma deliberada desatenção ao requisito da "extrema vantagem",[6] orientação ainda carecedora, contudo, de fundamentação mais sólida.

De qualquer modo, não resta dúvida de que a revisão judicial dos contratos encontra, com alguma boa vontade, base normativa no Código Civil, permitindo que o magistrado acolha a preservação dos contratos sempre que as circunstâncias o autorizarem. Respeitados os parâmetros aportados pela lei e pela doutrina, a revisão judicial promete trazer imenso benefício no campo contratual, seja ao contratante que suporta ônus excessivo por fato imprevisível, seja à prática negocial brasileira, que seguramente se favorecerá de um ambiente mais cooperativo e menos afeto a soluções drásticas como a resolução do vínculo contratual.

---

[6] Confira-se o Enunciado 365 da IV Jornada de Direito Civil: "A extrema vantagem do art. 478 deve ser interpretada como elemento acidental da alteração de circunstâncias, que comporta a incidência da resolução ou revisão do negócio por onerosidade excessiva, independentemente de sua demonstração plena."

Responsabilidade Civil

Novas Tendências da Responsabilidade Civil Brasileira*

Haja hoje para tanto ontem.
Paulo Leminski

Sumário: *1. Introdução. 2. A erosão dos filtros tradicionais da responsabilidade civil: o ocaso da culpa e a flexibilização do nexo causal. 3. A coletivização das ações de responsabilidade civil. 4. A expansão do dano ressarcível e a necessidade de seleção dos interesses merecedores de tutela: os novos danos e seus "limites". 5. A despatrimonialização não já do dano, mas da reparação. 6. A perda de exclusividade da responsabilidade civil como remédio à produção de danos.*

1 Introdução

Falar em tendências é, em qualquer campo de conhecimento, tarefa duplamente arriscada. De um lado, há o risco de se tomar como tendência uma expectativa puramente subjetiva, convertendo o discurso em um mero exercício de adivinhação, imprestável a qualquer abordagem científica. De outro, tem-se o risco oposto: o de se basear em fatos objetivos e seguros, retratando uma tendência já consolidada, e, portanto, já não mais uma tendência – quase como aquele personagem de Campos de Carvalho que dizia: "não sou eu que ando fora de época, é a época".[1]

---

* Publicado originariamente na *Revista Trimestral de Direito Civil*, v. 22, p. 45-69, e, em idioma italiano, em *Responsabilità Civile e Previdenza*, anno LXXI, n. 3, Milão: Dott A. Giuffrè, 2006, p. 586-600.
[1] Campos de Carvalho, *O Púcaro Búlgaro*, in *Obra Reunida*, Rio de Janeiro: José Olympio, 2002, p. 326. Para uma análise literária da obra completa do autor, ver Juva Batella, *Quem tem medo de Campos de Carvalho?*, Rio de Janeiro: 7Letras, 2004.

No direito, o tema não é apenas arriscado, mas verdadeiramente inóspito. Até muito recentemente, a ciência jurídica não se interessava por tendências. As reminiscências do pensamento positivista faziam com que as alterações no direito fossem compreendidas não como uma evolução progressiva da experiência social, mas como o efeito de atos normativos pontuais e abruptos, cujas motivações permaneciam confinadas à sociologia ou à política. Impedia-se a reflexão sobre qualquer evolução da ciência jurídica que escapasse aos mecanismos institucionais de reforma legislativa.[2] O direito permanecia, assim, constantemente à espera da lei.[3] E não por acaso um conhecido jurista português viria, tempos depois, a declarar que "o século XX representa, na ciência do direito, um espaço de letargia relativa".[4]

As últimas duas décadas, todavia, representaram uma reviravolta nesse cenário. O amplo reconhecimento da efetividade dos valores constitucionais veio exigir, por toda parte, a releitura crítica dos institutos jurídicos tradicionais, mesmo à margem de atos legislativos.[5] No âmbito da responsabilidade civil em particular, a valorização do papel interpretativo das cortes e a inserção no debate jurídico de aspectos sociais, econômicos e éticos, antes marginalizados, parecem, enfim, preparar o caminho para transformações há muito esperadas. O novo Código Civil brasileiro, tão tímido em outros campos, trouxe, nessa matéria, inovações consideráveis, abrindo discussões em torno de novos problemas, e novas soluções, a dependerem mais da atuação do intérprete que do legislador.

Diante disso, parece possível, sem deixar de incorrer nos riscos já mencionados, ceder à tarefa que o título propõe, enumerando algumas tendências da responsabilidade civil brasileira, a partir da observação da atividade jurisprudencial e dos estudos doutrinários mais recentes. Podem-se indicar, nesse sentido, cinco tendências principais, que seriam: (i) a erosão dos filtros tradicionais da responsabilidade civil; (ii) a coletivização das ações de responsabilização; (iii) a expansão dos danos ressarcíveis e a necessidade de

---

[2] Na conhecida lição kelseniana: "os atos de produção e de aplicação (que, como veremos, também é ela própria produção) do Direito, que representam o processo jurídico, somente interessam ao conhecimento jurídico enquanto formam o conteúdo de normas jurídicas, enquanto são determinados por normas jurídicas" (Hans Kelsen, *Teoria Pura do Direito*, São Paulo: Martins Fontes, 1998, p. 80).

[3] A expressão foi empregada, em outro contexto, por Caio Tácito, *O direito à espera da lei*, in *Revista de Direito Administrativo*, v. 181-182, p. 38-45.

[4] A referência é a Menezes Cordeiro, em introdução à edição portuguesa de Claus-Wilhelm Canaris, *Pensamento Sistemático e Conceito de Sistema na Ciência do Direito*, Lisboa: Fundação Calouste Gulbenkian, 1996, p. IX.

[5] Fundamental nesse sentido a obra de Gustavo Tepedino, em especial o seu *Premissas Metodológicas para a Constitucionalização do Direito Civil*, in *Temas de Direito Civil*, Rio de Janeiro: Renovar, 2004, p. 1-22. Imprescindível também a leitura de Maria Celina Bodin de Moraes, *A Caminho de um Direito Civil Constitucional*, in *Revista de Direito Civil*, v. 65, p. 21 ss. Na doutrina estrangeira, confira-se, sobretudo, Pietro Perlingieri, *Norme costituzionali e rapporti di diritto civile*, Napoli: Edizioni Scientifiche Italiane, 1989, e, do mesmo autor, *Perfis de Direito Civil* (trad. Maria Cristina De Cicco), Rio de Janeiro: Renovar, 1997.

sua seleção; (iv) a despatrimonialização não já do dano, mas da reparação; e (v) a perda de exclusividade da responsabilidade civil como remédio à produção de danos.

Cumpre examinar cada uma dessas tendências em separado.

2 A erosão dos filtros tradicionais da responsabilidade civil: o ocaso da culpa e a flexibilização do nexo causal

O sistema de responsabilidade civil consagrado pelas grandes codificações ancorava-se, como se sabe, em três pilares: culpa, dano e nexo causal.[6] Na prática judicial, tal sistema implicava que a vítima de um dano, dirigindo-se aos tribunais, precisava superar duas sólidas barreiras para obter indenização: (i) a demonstração do caráter culposo *lato sensu* da conduta do ofensor, e (ii) a demonstração do nexo de causalidade entre a conduta do ofensor e o dano. A essas duas barreiras – a prova da culpa e a prova do nexo causal – já se chamou *filtros da responsabilidade civil*, por funcionarem como meio de seleção das demandas de indenização que deveriam merecer acolhimento jurisdicional.[7] Parecia evidente, nessa construção, que se, por qualquer catástrofe, esses filtros se rompessem, o Poder Judiciário seria inundado por um volume incalculável de pedidos de reparação os mais banais.

Em alusão a essa imagem, a primeira tendência é justamente aquela que se pode chamar com o nome, algo hidráulico, de *erosão dos filtros tradicionais da responsabilidade civil*.[8] Quer a expressão significar a relativa perda de importância da prova da culpa e da prova do nexo causal na dinâmica contemporânea das ações de responsabilização.

Tome-se, de início, a prova da culpa. Já denominada *prova diabólica* diante das dificuldades que trazia, no século XIX, às vítimas de danos derivados do maquinismo industrial, a prova da culpa veio gradativamente perdendo relevância em todos os ordenamentos de *civil law*.[9] Assistiu-se, embora não necessariamente em uma evolução linear, (i) à mul-

---

[6] Ver, por todos, Agostinho Alvim, *Da Inexecução das Obrigações e suas Consequências*, São Paulo: Saraiva, 1955, p. 194: "Os requisitos ou pressupostos da obrigação de indenizar são três: o prejuízo, a culpa e o nexo causal."

[7] A construção apenas altera o ponto de vista sobre a responsabilidade civil, ressaltando menos o seu escopo de assegurar a reparação dos danos sofridos, e mais o propósito implícito de limitar esta reparação aos casos que superem certos pressupostos dogmáticos. Em tal perspectiva, ver, entre outros, Teucro Brasiello, *I limiti della responsabilità per danni*, Milano: Dott. A. Giuffrè, 1959.

[8] Seja permitido remeter a Anderson Schreiber, *Novos Paradigmas da Responsabilidade Civil – Da Erosão dos Filtros da Reparação à Diluição dos Danos*, São Paulo: Atlas, 2007, p. 9-75.

[9] O fenômeno é explicado por José Fernando de Castro Farias, *A Origem do Direito de Solidariedade*, Rio de Janeiro: Renovar, 1998, p. 135: "A teoria tradicional condicionava a responsabilidade civil à existência da falta, exigindo-se do operário, para obtenção da reparação do dano, provar que o acidente fora resultado de uma imprudência cometida pelo empregador. Essa abordagem obedecia a uma lógica individualista e tornava-se incompatível com a complexidade das práticas industriais,

tiplicação das presunções de culpa; (ii) ao avanço da responsabilidade fundada no risco; e (iii) à alteração da própria noção de culpa e do modo de sua aferição.

Vinculada originariamente à ideia de pecado, a culpa era compreendida, antes do mais, como uma falta moral, indissociavelmente ligada aos impulsos anímicos do sujeito.[10] Nessa acepção, a prova da culpa mostrava-se, como se sabe, extremamente árdua, impondo juízos de previsibilidade do dano e análises psicológicas incompatíveis com os limites naturais da atividade judiciária. Na significativa indagação de Philippe le Tourneau: *"Quel juge pourrait sonder les reins et les coeurs? Serait-ce vraiment justice?"*[11]

A fim de evitar tais dificuldades, presunções de culpa foram, em toda parte, esculpidas pela doutrina e pela jurisprudência com base no próprio texto das codificações. Ideologicamente, tais presunções representavam uma solução intermediária, que impedia as injustiças perpetradas pela severa exigência da prova da culpa, ao mesmo tempo em que negava acolhida a novos fundamentos de responsabilidade.[12] Na prática, todavia, as presunções de culpa foram passando, na experiência jurisprudencial e na abordagem doutrinária, de presunções relativas para presunções absolutas, de tal modo que o juiz, ao final, já presumia de forma tão definitiva a culpa do ofensor que isso equivalia a dispensar a culpa para a responsabilização.

É emblemático, no Brasil, o caso da responsabilidade do preponente pelos atos do preposto. A doutrina já havia, contra a expressa exigência de prova constante do art. 1.525 do Código Civil de 1916, autorizado a presunção de culpa do preponente e, logo, a jurisprudência dominante, consagrada na Súmula 341 do Supremo Tribunal Federal,

---

em que o risco de acidente era cada vez maior, de forma que a visão tradicional passa a ser considerada completamente injusta em relação aos operários, a quem se impunha a necessidade de uma prova impossível."

[10] Por todos, Paul Esmein, *La faute et sa place dans la responsabilité civile*, in Revue trimestrielle de droit civil, 1949, p. 482: *"Dans son acception chargée du sens le plus lourd, la faute éveille les sentiments qui pour un Français sont depuis des siècles liés au mot péché. [...] e péché peut être constitué par des actes ou pensées très divers, et, envisagé dans ses conditions d'existence, il ne peut être défini que comme la faute l'a été plus haut: violation d'un devoir."*

[11] Philippe le Tourneau e Loïc Cadiet, *Droit de la responsabilité*, Paris: Dalloz, 1998, p. 754. Em tradução livre: "Qual juiz poderia sondar os rins e os corações? Seria isto realmente justiça?" A referência tem origem na Bíblia, onde Deus é invocado como o "justo Juiz, que sonda os rins e o coração" (Jeremias XI; 20).

[12] Sobre as presunções de culpa, afirmou Caio Mário da Silva Pereira: "Trata-se de uma espécie de solução transacional ou escala intermediária, em que se considera não perder a culpa a condição de suporte da responsabilidade civil, embora aí já se deparem indícios de sua degradação como elemento etiológico fundamental da reparação, e aflorem fatores de consideração da vítima como centro da estrutura ressarcitória, para atentar diretamente para as condições do lesado e a necessidade de ser indenizado" (*Responsabilidade Civil*, Rio de Janeiro: Forense, 1999, p. 263).

veio declarar tal hipótese como de presunção *iuris et de iure* – com resultados, se não idênticos, muito próximos aos da responsabilidade objetiva.[13]

O fenômeno, por óbvio, não é privativo da experiência brasileira. Por toda parte, as presunções de culpa foram ou vêm sendo empregadas de forma cada vez mais abrangente. Basta mencionar o que tem ocorrido na França com relação à teoria da guarda. Em caso sintomático, a *Cour d'appel* de Paris, examinando a situação de um alpinista atingido por uma pedra deslocada por um colega que seguia acima dele na escalada, aplicou a teoria da guarda, presumindo a culpa deste último por ter se tornado, no entendimento da corte, "guardião da pedra", e, consequentemente, responsável pelos danos derivados do seu deslocamento. A decisão foi reformada pela *Cour de Cassation*, que recordou somente ser possível a aplicação da teoria da guarda sobre bens ou animais sobre os quais o responsável tenha comando ou governabilidade, o que, por óbvio, não se aplica à relação entre alpinistas e pedras.[14] A decisão ilustra, contudo, como o conceito tradicional da teoria da guarda tem sido alargado, a fim de reduzir ou até eliminar, em muitos casos, o peso que a prova da culpa desempenharia na dinâmica tradicional da responsabilidade civil.

Além das presunções, que, muitas vezes, dispensavam sua prova, a própria culpa, como fundamento de responsabilização, foi posta em xeque, já em fins do século XIX. A partir de então, difundiu-se por todo o mundo a teoria do risco, fundamento da hoje consagrada responsabilidade objetiva.[15] No Brasil, embora não estranha ao Código Civil de 1916,[16] a responsabilidade objetiva ingressou efetivamente no ordenamento positivo por meio de leis especiais, como a Lei de Estradas de Ferro (Decreto 2.681/2012), o Código Brasileiro de Aeronáutica (Lei 7.565/1986) e a Lei 6.453/1977, relativa às ativi-

---

[13] Ver Luiz Roldão de Freitas Gomes, *Elementos de Responsabilidade Civil*, in *Curso de Direito Civil* (coord. Ricardo Pereira Lira), Rio de Janeiro: Renovar, p. 119-120.

[14] No original: *"Ne donne pas de base légale à sa décision au regard de l'art. 1384, al. 1er, c.civ., la cour d'appel qui, pour condamner in solidum le demandeur, sa compagnie d'assurances et sa mutuelle, à payer diverses sommes au défendeur et à la Caisse primaire d'assurance maladie en réparation du préjudice corporel résultant de la chute d'une pierre provoquée, au cours de l'escalade d'une falaise, par le demandeur, retient que ce dernier a précisé que la victime avait été frappée par une pierre qui s'était détachée alors qu'elle lui servait de prise et que celui-ci, en utilisant une pierre déterminée comme prise, en est devenue gardien, sans préciser en quoi, en prenant appui sur cette pierre déterminée, il avait acquis sur cette chose un pouvoir d'usage, de contrôle et de direction effectif et indépendant caractérisant la garde"* (Cour de Cassation, 2e civ., 24.4.2003 – 00-16.732).

[15] Sobre a teoria do risco, ver, por todos, José de Aguiar Dias, *Da Responsabilidade Civil*, v. I, Rio de Janeiro: Forense, 1979, p. 41-90.

[16] O Código Civil de 1916 tinha a culpa como elemento central da responsabilidade civil, mas admitia, ao menos, uma hipótese de responsabilidade sem culpa, em seu artigo 1.529, relativo à responsabilidade por queda ou lançamento de objetos. O certo, porém, é que só com a consagração doutrinária da teoria do risco e com a crescente simpatia do legislador especial pela responsabilidade objetiva, veio a ser plenamente aceita a leitura objetivista daquele e de outros dispositivos da codificação de 1916.

dades nucleares.[17] A Constituição de 1988 abriu novos caminhos, ao prever novas hipóteses específicas (art. 7º, XXVIII; art. 21, XXIII, c; art. 37, § 6º), e, principalmente, ao inaugurar uma nova tábua axiológica, mais sensível à adoção do risco como fundamento de responsabilidade.[18]

Ao contrário do que ocorreu em outros campos, a orientação constitucional foi, nesse particular, concretizada de forma corajosa pelo novo Código Civil brasileiro, o qual instituiu, no parágrafo único de seu art. 927, uma cláusula geral de reponsabilidade objetiva para atividades de risco.[19] Ao exigir a participação da discricionariedade jurisdicional na ampla tarefa de definir as atividades sujeitas à sua incidência, a aludida norma retirou, a um só tempo, a condição excepcional e o caráter *ex lege*, ainda então atribuídos à responsabilidade objetiva na cultura jurídica brasileira.[20]

Além dessa substancial inovação, o Código Civil de 2002 também converteu expressamente em hipóteses de responsabilidade objetiva inúmeras situações antes tidas como de responsabilidade subjetiva com culpa presumida. É o que se vê, por exemplo, do art. 933, que declarou independer de culpa a responsabilidade por fato de terceiro,[21] e do

---

[17] Para a evolução legislativa da responsabilidade objetiva no direito brasileiro, ver Guilherme Couto de Castro, *A Responsabilidade Civil Objetiva no Direito Brasileiro*, Rio de Janeiro: Forense, 2000.

[18] Como ensina Gustavo Tepedino, *A Evolução da Responsabilidade Civil no Direito Brasileiro e suas Controvérsias na Atividade Estatal*, in *Temas de Direito Civil*, Rio de Janeiro: Renovar, 2004, p. 191-216: "Com efeito, os princípios da solidariedade social e da justiça distributiva, capitulados no art. 3º, incisos I e III, da Constituição, segundo os quais se constituem em objetivos fundamentais da República a construção de uma sociedade livre, justa e solidária, bem como a erradicação da pobreza e da marginalização e a redução das desigualdades sociais e regionais, não podem deixar de moldar os novos contornos da responsabilidade civil. Do ponto de vista legislativo e interpretativo, retiram da esfera meramente individual e subjetiva o dever de repartição dos riscos da atividade econômica e da autonomia privada, cada vez mais exarcebados na era da tecnologia. Impõem, como linha de tendência, o caminho da intensificação dos critérios objetivos de reparação [...]."

[19] "Art. 927 [...] Parágrafo único. Haverá obrigação de reparar o dano, independentemente de culpa, nos casos especificados em lei, ou quando a atividade normalmente desenvolvida pelo autor do dano implicar, por sua natureza, risco para os direitos de outrem."

[20] Entre outros, Sergio Cavalieri Filho, *Programa de Responsabilidade Civil*, São Paulo: Malheiros, 1998, p. 28: "É importante que se tenha em mente, todavia, que a responsabilidade objetiva não afastou a subjetiva. Essa subsiste como regra, sem prejuízo da adoção da responsabilidade objetiva, nos casos e limites previstos em leis especiais."

[21] "Art. 933. As pessoas indicadas nos incisos I a V do artigo antecedente, ainda que não haja culpa de sua parte, responderão pelos atos praticados pelos terceiros ali referidos." O art. 932, por sua vez, determina que são "também responsáveis pela reparação civil: I – os pais, pelos filhos menores que estiverem sob sua autoridade e em sua companhia; II – o tutor e o curador, pelos pupilos e curatelados, que se acharem nas mesmas condições; III – o empregador ou comitente, por seus empregados, serviçais e prepostos, no exercício do trabalho que lhes competir, ou em razão dele; IV – os donos de hotéis, hospedarias, casas ou estabelecimentos onde se albergue por dinheiro, mesmo para fins de educação, pelos seus hóspedes, moradores e educandos; V – os que gratuitamente houverem participado nos produtos do crime, até a concorrente quantia".

art. 936, que deu caráter objetivo à responsabilidade por fato de animais, ao eliminar a excludente fundada no "cuidado preciso", a que se referia o dispositivo correspondente da codificação de 1916.[22]

Mesmo no amplo campo ainda reservado à responsabilidade subjetiva, houve alterações sensíveis ao longo do século XX. A noção psicológica da culpa foi definitivamente abandonada em favor de outra, que designa a culpa como a desconformidade em relação a um modelo abstrato de conduta. A consequência mais óbvia dessa mudança de orientação foi o distanciamento do conceito jurídico de culpa do campo da moral e a indiferença a fatores psicológicos na sua aferição. Assim, não apenas facilitou-se a prova da culpa – *rectius*: a sua constatação, porque o que se prova é tão somente a conduta concreta do sujeito –, mas também permitiu-se uma gradação do desvio.[23] Nesse sentido, o dogma segundo o qual o grau de culpa é desimportante para o direito civil vem, pouco a pouco, merecendo revisão, inclusive por parte do legislador, como revela o art. 944, parágrafo único, do Código Civil, em que se lê: "Se houver excessiva desproporção entre a gravidade da culpa e o dano, poderá o juiz reduzir, equitativamente, a indenização."

A acepção normativa da culpa trouxe, todavia, dificuldades outras, inerentes à construção de um modelo abstrato de comportamento. Vive-se, hoje, um momento de crítica crescente a tal mecanismo. Nos ordenamentos de tradição romano-germânica, o *bonus pater familias* vem perdendo legitimidade, diante da constatação de que, na sua elevada generalização, o modelo acaba por refletir, na prática, tão somente a formação sociocultural do julgador, quase sempre muito diversa daquela do sujeito cujo comportamento se avalia.[24] Nos ordenamentos de *common law*, a mesma espécie de crítica foi dirigida ao *reasonable man*, tendo-se, inclusive, destacado que o próprio termo *man* invoca parâmetros típicos de comportamento masculino, inaplicáveis às mulheres, crítica de que também o *pater familias*, por óbvio, não escaparia.[25]

---

[22] "Art. 1.527. O dono, ou detentor, do animal ressarcirá o dano por este causado se não provar: I – Que o guardava e vigiava com o cuidado preciso."

[23] Como ensina Maria Celina Bodin de Moraes: "Diversamente da anterior, esta noção não só permite como impõe que se verifique em que medida, no caso concreto, se conduziu mal o agente ofensor, dando ocasião, assim, à elaboração de um juízo de proporcionalidade entre a conduta e o dano e, portanto, à individualização da sanção" (*Danos à Pessoa Humana – Uma Leitura Civil--Constitucional dos Danos Morais*, Rio de Janeiro: Renovar, 2003, p. 211-212).

[24] Aplica-se aqui a crítica de Luiz Edson Fachin: "Inicialmente se faz necessário compreender como o sistema clássico trata do sujeito, ou seja, das pessoas. O sujeito de direito e as pessoas são captados por uma abstração do mais elevado grau. O sujeito *in concreto*, o homem comum da vida, não integra esta concepção, e o Direito imagina um sujeito *in abstrato* e cria aquilo que a doutrina clássica designou de 'biografia do sujeito jurídico'" (*Teoria Crítica do Direito Civil*, Rio de Janeiro: Renovar, 2000, p. 55).

[25] Naomi Cahn, *The Looseness of Legal Language. The Reasonable Woman Standard in Theory and in Practice*, in *77 Cornell Law Review* 1398 (1992).

Daí verificar-se, por toda parte, um fenômeno que se poderia designar como *fragmentação do modelo de conduta*, ou seja, a utilização de parâmetros de conduta específicos e diferenciados para as diversas situações. Ao invés de se recorrer a um genérico e irreal *bonus pater familias* na avaliação da conduta, quer de um médico acusado de erro profissional, quer de uma companhia acusada de divulgar balanços adulterados, o que se tende a adotar são parâmetros específicos (*standards*) de conduta, para cada qual dessas situações, levando-se em conta, no primeiro caso, os procedimentos médicos habituais, a especialidade do profissional, o Código de Ética Médica e as condições do paciente no momento do tratamento, e, no segundo, as normas gerais de contabilidade, as práticas habituais na elaboração de demonstrações financeiras, o grau de controle da auditoria externa e assim por diante. Com isso, a prova da culpa deixa, cada vez mais, de pertencer ao juízo abstrato do magistrado, contando com parâmetros mais específicos e objetivos de aferição.

Nesse novo contexto, resta claro que a prova da culpa perdeu muito de seus tormentos originais, não apenas por força da marcha da responsabilidade objetiva, mas também em virtude das transformações vividas no âmbito da própria responsabilidade por ato ilícito. Facilitada a prova da culpa, verifica-se o considerável aumento do fluxo de ações de indenização a exigir provimento jurisdicional favorável por parte dos tribunais. Corrói-se, por assim dizer, um dos filtros tradicionais da responsabilidade civil, sendo natural que as atenções se voltem – como, efetivamente, têm-se voltado – para o segundo filtro, qual seja, a demonstração do nexo causal.[26]

Reabre-se, de fato, por toda parte, o debate doutrinário em torno das teorias da causalidade, envolvendo a teoria da causalidade direta e imediata, a teoria da equivalência das condições, e tantas outras de evolução mais recente.[27] Em que pese a inegável importância desse debate, a jurisprudência brasileira tem se recusado a dar à prova do nexo causal o mesmo tratamento rigoroso e dogmático que, no passado, havia atribuído à prova da culpa. O que se vê, em muitos casos, é que os tribunais, muito pelo contrário, se valem da miríade de teorias exatamente para justificar uma escolha subjetiva, e muitas vezes a técnica, da causa do dano. Com efeito, expressões como "causalidade adequada" e "causalidade eficiente" têm sido empregadas, frequentemente, em procedimentos racionais que refletem o uso de outras teorias, como a subteoria da necessariedade.[28] Em outros

---

[26] Ao ponto de se ter declarado em acórdão que "o nexo causal é a primeira questão a ser enfrentada na solução de demandas envolvendo responsabilidade civil e sua comprovação exige absoluta segurança quanto ao vínculo entre determinado comportamento e o evento danoso" (Tribunal de Justiça do Rio de Janeiro, Apelação Cível 2004.001.10228, Rel. Des. Sergio Cavalieri Filho, 4.8.2004).

[27] Para a revisão crítica das diversas teorias de causalidade no direito brasileiro, veja-se Gustavo Tepedino, *Notas sobre o Nexo de Causalidade*, in *Revista Trimestral de Direito Civil*, v. 6, p. 3-19. É de se conferir, também, Fernando Noronha, *Direito das Obrigações*, São Paulo: Saraiva, v. 1, 2003, p. 586-611.

[28] "Repita-se, pois, ainda uma vez: a despeito das teorias nominalmente adotadas pelos Tribunais brasileiros, prevalece amplamente a investigação do nexo causal necessário para a definição do dever

casos, tais expressões têm sido usadas mesmo sem refletir qualquer construção teórica, mas tão somente a eleição, com ampla discricionariedade, da causa que, no entendimento do magistrado, melhor assegura proteção à vítima.

Tome-se, a título de ilustração, o já conhecido caso do escorrega, decidido pelo Superior Tribunal de Justiça em 2001.[29] A controvérsia envolvia um jovem que viajou para Serra Negra, em São Paulo, hospedando-se em um hotel fazenda. Durante a madrugada, após confraternizar com amigos, dirigiu-se à área da piscina, subiu em um escorrega e mergulhou do topo do aparato para dentro da piscina. A piscina, não obstante a presença do escorrega, não era suficientemente profunda para acolher um mergulho daquela altura, tendo o rapaz, por força do salto, chocado a cabeça contra o fundo em um acidente que lhe provocou sérios danos à saude. Sem prejuízo da consternação que o episódio desperta, um caso assim seria tradicionalmente resolvido com a constatação de que a causa – ao menos a causa direta – dos danos sofridos pela vítima fora a sua própria conduta. O Tribunal de Justiça de São Paulo entendeu, ao contrário, que a responsabilidade pelos danos pertencia integralmente ao hotel e à agência de turismo que o indicara.[30] E o Superior Tribunal de Justiça manteve a decisão, reduzindo apenas parcialmente a responsabilidade dessas sociedades com base na concorrência dos atos da vítima para o resultado danoso.[31]

Observando casos semelhantes na jurisprudência francesa, Camille Potier usou a expressão "presunções clandestinas de causalidade", justamente para ressaltar que, também lá, os tribunais chegam a presumir o nexo de causalidade à margem de qualquer

---

de reparar. Em termos práticos, chegam a resultados substancialmente idênticos, na jurisprudência brasileira, os fautores da teoria da causalidade adequada e da teoria da interrupção do nexo causal, empenhados em identificar o liame de causalidade necessária entre uma causa remota ou imediata – desde que se trate de causa relativamente independente – e o resultado danoso" (Gustavo Tepedino, *Notas sobre o Nexo de Causalidade*, in *Revista Trimestral de Direito Civil*, v. 6, p. 10).

[29] Superior Tribunal de Justiça, Recurso Especial 287.849/SP, 17.4.2001, Rel. Min. Ruy Rosado de Aguiar Jr.

[30] Declarou o Tribunal de Justiça de São Paulo no acórdão recorrido: "Aliás, mesmo que fosse o caso, nem de culpa concorrente poder-se-ia cogitar diante da ausência total de comunicação sobre a profundidade da piscina, que tinha seu acesso livre e apresentava iluminação precária. Tanto há responsabilidade do hotel, que uma criança, brincando pelo local e não sabendo ler, podendo penetrar livremente nas dependências da piscina, não sabendo nadar, caindo dentro d'água, morreria afogada e não se pode olvidar que o infausto acontecimento ocorreu às vésperas do Natal, quando os hotéis ficam lotados."

[31] Reconheceu o Superior Tribunal de Justiça: "Ocorre que o autor usou do escorregador e 'deu um salto em direção à piscina', conforme narrou na inicial, batendo com a cabeça no piso e sofrendo as lesões descritas no laudo. Esse mau uso do equipamento – instalação que em si é perigosa, mas com periculosidade que não excede ao que decorre da sua natureza, legitimamente esperada pelo usuário – concorreu causalmente para o resultado danoso" (Recurso Especial 287.849/SP, voto do Min. Ruy Rosado de Aguiar, p. 2).

previsão legislativa que a sustente.[32] Comuníssimo tal expediente nos dramáticos casos de "causalidade anônima", isto é, situações em que, embora seja possível identificar o grupo de cuja atuação adveio o dano, mostra-se impraticável a determinação precisa do seu causador. Exemplo clássico é o do acidente de caça, em que se pode constatar que a vítima foi atingida por disparo provindo de um grupo de caçadores, mas não se consegue determinar exatamente de que arma partiu o projétil.

Em casos assim, para não deixar a vítima sem reparação, recorre-se, muitas vezes, à "teoria da causalidade alternativa", que atribui à conduta de todos os envolvidos, em conjunto, a relação de causalidade com o dano gerado. Mencione-se, a título ilustrativo, decisão do Tribunal de Alçada do Rio Grande do Sul, que, diante de acidente automobilístico do qual participaram vários veículos sem que dos autos se pudesse extrair qual fora efetivamente o causador do evento, considerou existente a relação de causalidade entre a conduta de *todos* os motoristas e o dano sofrido pela vítima.[33] Como se vê, o que ocorre, em verdade, é uma presunção de causalidade de todos os envolvidos, no propósito de, mesmo diante da incerteza causal, assegurar à vítima indenização.

Semelhante orientação já vinha sendo adotada em outro gênero de casos de responsabilidade anônima, qual seja, o conhecido *effusum et deiectum*, consistente nos acidentes derivados de queda de objetos, sobretudo de condomínios de apartamentos. Muitos autores sustentavam que, nessas hipóteses, tornava-se necessário que a vítima demonstrasse de qual unidade autônoma proveio a coisa. Entretanto, a jurisprudência, atenta ao fato de que esta prova do nexo causal tornava, na prática, impossível a reparação, orientou-se no sentido de, nestes casos, atribuir a causa ao condomínio como um todo.[34] Esse

---

[32] "D'une façon plus générale les présomptions de causalité, envisagées comme une double exception à la fois au droit commun de la preuve et au mécanisme plus global de la responsabilité civile, ainsi que leur développement plus ou moins clandestin, posent la question de leur insertion dans le domaine de la responsabilité individuelle et des incidences qu'elles peuvent avoir sur des mécanismes traditionnels" (Camille Potier, Les présomptions de causalité, Paris: Université de Paris I – Pantheon Sorbonne, 1995-1996, p. 7).

[33] "Causalidade alternativa. Mesmo que não se saiba quem foi o autor do dano, se há vários indivíduos que poderiam ser, todos estão obrigados a indenizar solidariamente. Culpa. À vítima, a quem não se pode atribuir qualquer culpa pelo acidente, não se pode exigir que descreva e prove minunciosamente a culpa de cada um dos motoristas. Teoria da causalidade alternativa" (Tribunal de Alçada do Rio Grande do Sul, Apelação cível nº 195116827, Rel. Rui Portanova, 23.11.1995).

[34] Assim decidiu o Superior Tribunal de Justiça, no âmbito do Recurso Especial 64.682/RJ, 10.11.1998: "A impossibilidade de identificação do exato ponto de onde parte a conduta lesiva, impõe ao condomínio arcar com a responsabilidade reparatória por danos causados a terceiros" (trecho da ementa). A limitação do ônus da condenação aos ocupantes de unidades que contam com janelas ou sacadas para o local onde ocorre o acidente é matéria que, conforme a decisão, deve ser atribuída à administração do condomínio, não podendo ser oposta à vítima. Confira-se trecho do acórdão recorrido, em que se lê: "Nos grandes edifícios de apartamentos, o morador da ala oposta a de que se deu a queda ou lançamento não pode, decerto, presumir-se responsável pelo dano, mas, data venia, a oneração apenas das unidades da coluna e vista sobre o local do acidente é tarefa interna da Administração Condominial." A decisão do Superior Tribunal de Justiça manteve inalterada a decisão recorrida também nesse particular.

entendimento jurisprudencial permanece válido diante do art. 938 do novo Código Civil, que se limitou a afirmar: "Aquele que habitar prédio, ou parte dele, responde pelo dano proveniente das coisas que dele caírem ou forem lançadas em lugar indevido."

A flexibilidade dos tribunais na exigência da prova do nexo causal tem dado margem, na doutrina, a inúmeras novas teorias sobre causalidade flexível, causalidade virtual, causalidade moral e outras teses que vão interferindo na atual concepção do nexo de causalidade.[35] Embora essas teorias certamente não se confundam, corroboram sempre a expansão da margem de discricionariedade do juiz na apreciação da relação de causalidade. Desse modo, à semelhança do que ocorreu com a prova da culpa, a prova do nexo causal parece tendente a sofrer, no seu papel de filtro da responsabilidade civil, uma erosão cada vez mais visível.

Longe de representar uma subversão acéfala da dogmática tradicional, a erosão dos filtros da responsabilidade civil explica-se, em larga medida, por uma sensibilidade crescente dos tribunais à necessidade de assegurar alguma reparação às vítimas de um dano. A transferência ou eliminação do peso da prova da culpa e a relativa desimportância da prova do nexo causal diante da sua flexibilização vêm acolhidas na prática jurisprudencial justamente com a finalidade, ideologicamente legítima, de garantir ao ofendido alguma indenização. É evidente que, com isso, não se cancela a importância da culpa e do nexo causal na estrutura elementar da responsabilidade civil, mas tem-se, no âmbito dessa mesma estrutura, um gradual deslocamento de foco – que deixa a culpa e o nexo causal em direção ao dano. É sobre este último elemento que as atenções dos tribunais vêm se concentrando, podendo se afirmar que, hoje, o objetivo das cortes, na aplicação da responsabilidade civil, tem sido menos o de identificar um responsável que se vincule (pela sua culpa ou pela sua atividade) ao dano, e mais o de assegurar, por qualquer meio disponível, a integral reparação dos prejuízos sofridos pela vítima.[36]

3   A coletivização das ações de responsabilidade civil

Essa mesma preocupação guia a segunda tendência que pode ser identificada na responsabilidade civil: *a coletivização das ações de reparação*. O legislador brasileiro tem reconhecidos méritos na matéria: já a Lei 4.717, de 29 de junho de 1965, instituira a ação popular, instrumento capaz de assegurar a tutela de interesses supraindividuais, mas cujas potencialidades nunca vieram a ser inteiramente exploradas.[37] A Lei 7.347, de 24 de julho de 1985, trouxe, por sua vez, a disciplina da ação civil pública, aprimorada

---

[35]   Nesse sentido, confira-se, entre outros, Andrea Violante, *Responsabilità oggettiva e causalità flessibile*, Napoli: Edizioni Scientifiche Italiane, 1999, e Francisco Manuel Pereira Coelho, *Problema da causa virtual na responsabilidade civil*, Coimbra: Almedina, 1998.

[36]   Como, de resto, já o previra Stefano Rodotà em seu *Il problema della Responsabilità Civile*, Milano: Dott. A. Giuffrè, 1967.

[37]   Nesse sentido, José Carlos Barbosa Moreira, *O processo civil brasileiro entre dois mundos*, in *Revista Forense*, v. 359, p. 126, e, do mesmo autor, *A ação popular do direito brasileiro como instrumento de tutela*

por dispositivos do Código de Defesa do Consumidor (Lei 8.078, de 11 de setembro de 1990), especificamente voltados à tutela coletiva dos interesses dos consumidores, ainda quando tais interesses sejam essencialmente individuais – os conhecidos interesses individuais homogêneos.[38]

A doutrina, há muito, constata que as ações coletivas não apenas permitem superar a dificuldade de acesso individual à Justiça, mas asseguram a plena compreensão da demanda e uma decisão coerente (porque unitária) para todas as vítimas, poupando esforços e custos desnecessários às partes e ao Poder Público. Tais benefícios são, por óbvio, muito bem-vindos em sociedades em que a afluência ao Judiciário ainda consiste em atitude incomum para a mais elevada parcela da população.[39] Não são dispensáveis, todavia, nem mesmo naquelas sociedades marcadas por uma cultura da ampla defesa judicial dos direitos, como ocorre nos Estados Unidos, cujo modelo bem-sucedido das *class actions* serviu, em larga medida, de inspiração ao legislador brasileiro. A eficiência do instrumento é, aliás, demonstrada pelos seus próprios opositores. É significativo que a atual batalha travada pelo Governo Bush contra o alto custo empresarial representado pelo sistema de *torts* norte-americano tenha tido como alvo da primeira investida justamente as *class actions*.[40]

No Brasil, embora as ações supraindividuais tenham sido disciplinadas há muito, sua utilização efetiva é relativamente recente. Nada obstante, já se colhem, na jurisprudência, orientações de relevo a demonstrar uma tendência crescente à coletivização das ações de reparação. Tome-se como exemplo a decisão do Superior Tribunal de Justiça que considerou legítima a propositura, por procuradoria de assistência judiciária, de ação civil pública visando a indenização por danos materiais e morais às diversas vítimas da

---

jurisdicional dos chamados interesses difusos, in *Studi in onore di Enrico Tullio Liebman*, Milano: Giuffré, 1979, v. IV, p. 2.673 ss.

[38] Interesses individuais homogêneos são, na expressa definição do art. 81, III, do Código de Defesa do Consumidor, "os decorrentes de origem comum". Esclarece Kazuo Watanabe que "origem comum não significa, necessariamente, uma unidade factual e temporal. As vítimas de uma publicidade enganosa veiculada por vários órgãos de imprensa e em repetidos dias ou de um produto nocivo à saúde adquirido por vários consumidores num largo espaço de tempo e em várias regiões têm, como causa de seus danos, fatos com homogeneidade tal que os tornam a origem comum de todos eles" (*Código Brasileiro de Defesa do Consumidor Comentado pelos Autores do Anteprojeto*, Rio de Janeiro: Forense Universitária, 1999, p. 724). Sobre o tema, é de se conferir, também, Luiz Paulo da Silva Araújo Filho, *Ações Coletivas: A Tutela Jurisdicional dos Direitos Individuais Homogêneos*, Rio de Janeiro: Forense, 2000.

[39] Sobre acesso à justiça no Brasil, ver, por todos, Paulo Cezar Pinheiro Carneiro, *Acesso à Justiça: juizados especiais cíveis e ação civil pública*, Rio de Janeiro: Forense, 1999.

[40] Em 2005, medida legislativa limitou a competência das cortes estaduais americanas para a apreciação de *class actions*, o que pode, de acordo com o Prof. Arthur R. Miller, da Universidade de Harvard, levar à "balkanization of class-action litigation by encouraging plaintiffs' lawyers to file smaller suits in different courts, rather than a single large nationwide action" (in *New York Times*, 11.2.2005, *Senate approves measure to curb big class actions*).

explosão de um estabelecimento, que explorava o comércio de fogos de artifício. Reconheceu, na oportunidade, a corte que

> "no que se refere à defesa dos interesses do consumidor por meio de ações coletivas, a intenção do legislador pátrio foi ampliar o campo da legitimação ativa, conforme se depreende do artigo 82 e incisos do CDC, bem assim do artigo 5º, inciso XXXII, da Constituição Federal, ao dispor expressamente que incumbe ao Estado promover, na forma da lei, a defesa do consumidor".[41]

Em decisões como essa, nota-se uma política judiciária favorável ao emprego de instrumentos processuais coletivos. O uso eficiente desses instrumentos, e, em certa medida, o próprio reconhecimento da sua instrumentalidade, resultam, sob o aspecto eminentemente processual, no mesmo efeito que o fenômeno antes aludido – a erosão dos filtros tradicionais da responsabilidade civil – produz sob o prisma substancial, qual seja, a eliminação de barreiras ao ressarcimento dos danos. A consequência inevitável dessa eliminação (e, em certa medida, o seu propósito) consiste na realização do pior temor dos arautos da responsabilidade civil da Modernidade: a extraordinária ampliação dos danos ressarcíveis.

4 A expansão do dano ressarcível e a necessidade de seleção dos interesses merecedores de tutela: os novos danos e seus "limites"

A *expansão do dano ressarcível*, terceira tendência que pode ser indicada, é, a rigor, a consequência necessária das anteriores. Evidente que, como resultado direto da erosão dos filtros tradicionais da responsabilidade civil e da queda de barreiras processuais, um número maior de pretensões indenizatórias vem acolhido pelo Poder Judiciário. À parte essa expansão quantitativa, pode-se identificar, também, uma expansão qualitativa, na medida em que novos interesses, sobretudo de natureza existencial, passam a ser considerados pelas cortes como merecedores de tutela, consubstanciando-se a sua violação em um novo dano ressarcível.

Basta pensar, a título de ilustração, no dano à privacidade. Em 1980, ainda era inconcebível que uma pessoa recorresse aos tribunais brasileiros alegando ter sofrido dano à privacidade, como modalidade autônoma e específica de prejuízo indenizável.[42] Hoje, ao contrário, a privacidade é amplamente reconhecida como um interesse merecedor de tutela, e as cortes têm se mostrado prontas para remediar qualquer lesão que se lhe

---
[41] STJ, Recurso Especial 181.580-SP, Rel. Min. Castro Filho, 9.12.2003.
[42] Para a evolução do tratamento da privacidade no direito brasileiro, ver Danilo Doneda, *Do direito à privacidade à proteção de dados pessoais*, Rio de Janeiro: Renovar (no prelo).

apresente, como evidenciam, por exemplo, os casos de responsabilidade civil por revista ou videovigilância não autorizada em ambiente de trabalho.[43]

A privacidade é apenas um exemplo. A Constituição de 1988, ao erigir a dignidade da pessoa humana como valor fundamental, assegurou proteção a todos os interesses existenciais que componham tal noção.[44] Em consonância com esse entendimento, doutrina e tribunais já consideravam, mesmo à margem de previsão normativa específica, como dano juridicamente relevante lesões a interesses vários que, não há muito, eram situados no terreno das fatalidades, dos azares ou dos ônus normais da vida em sociedade. De fato, além do dano à privacidade, já são plenamente reconhecidos, no Brasil, o dano à imagem, o dano estético e o dano à integridade psico-física.[45]

A essas figuras mais comuns vêm se somando outras, de surgimento mais recente e de classificação ainda um tanto assistemática, mas que já vão ganhando espaço nas cortes pátrias, sob maior ou menor influência estrangeira. Fala-se hoje em dano à vida sexual, dano por nascimento indesejado, dano à identidade pessoal, dano hedonístico, dano de *mobbing*, dano de *mass media*, dano de férias arruinadas, dano de brincadeiras cruéis e assim por diante.

Essa avalanche de novas espécies de dano, se, por um lado, revela a maior sensibilidade dos tribunais à tutela de aspectos existenciais da personalidade, por outro, faz nascer, em toda parte, um certo temor, antecipado por Stefano Rodotà, de que "a multiplicação de novas figuras de dano venha a ter como únicos limites a fantasia do intérprete e a flexibilidade da jurisprudência".[46] Tal temor é relevante, sobretudo diante de casos em que se tem lesão a um interesse cujo merecimento de tutela revela-se discutível, mesmo sob a ótica da dignidade humana. Vejam-se, a título de ilustração, algumas decisões polêmicas proferidas ao redor do mundo.

Na Itália, em 27 de novembro de 2000, dois sujeitos que haviam sido presos em flagrante ao tentar furtar uma moto foram condenados pelo Tribunal de Milão, em âmbito cível, não apenas à reparação dos danos patrimoniais causados, mas também à reparação do "dano moral afetivo", decorrente, nos termos do julgado, do fato de existir um intenso vínculo afetivo entre a vítima e o objeto, já que a moto era nova e havia sido adquirida

---

[43] Sobre o tema, imprescindível a leitura de Bruno Lewicki, *A Privacidade da Pessoa Humana no Ambiente de Trabalho*, Rio de Janeiro: Renovar, 2003.

[44] Renunciando a uma proteção casuística, como revela o Prof. Gustavo Tepedino, *A Tutela da Personalidade no Ordenamento Civil-Constitucional*, in *Temas de Direito Civil*, cit., p. 37: "A rigor, as previsões constitucionais e legislativas, dispersas e casuísticas, não logram assegurar à pessoa proteção exaustiva, capaz de tutelar as irradiações da personalidade em todas as suas possíveis manifestações. Com a evolução cada vez mais dinâmica dos fatos sociais, torna-se assaz difícil estabelecer disciplina legislativa para todas as possíveis situações jurídicas de que seja a pessoa humana titular."

[45] Ver, entre outras, as decisões do Superior Tribunal de Justiça no âmbito dos Recursos Especiais 182.977/PR, 207.165/SP, 595.338/RJ, 327.210/MG, 401.124/BA e 449.000/PE.

[46] Stefano Rodotà, *Il problema della responsabilità civile*, cit., p. 23.

com o primeiro salário do seu proprietário.[47] Criticamente batizada de "dano de moto nova", a nova espécie de dano converteu-se, na ótica comparatista, em advertência aos limites da ressarcibilidade do dano no sistema italiano.

Na França, ganhou ampla repercussão o chamado *Affaire Perruche*, no âmbito do qual a *Cour de Cassation* reconheceu o direito de um adolsecente ser indenizado pelos danos decorrentes de seu nascimento, já que gravemente deficiente em razão de rubéola não detectada durante a gravidez, quando sua genitora havia expressamente declarado, em contratos celebrados com seu médico e com o laboratório responsável, o desejo de interromper a gestação caso o diagnóstico de rubéola fosse confirmado.[48] A suspeita de que, no entendimento da referida corte, o nascimento de uma criança excepcional pudesse ser considerado como dano ressarcível gerou infindáveis polêmicas, que culminaram com a adoção de medida legislativa específica no ordenamento francês.[49]

Na Alemanha, tornou-se célebre o antigo caso de um professor de direito eclesiástico, que obteve reparação por "dano à sua identidade pessoal", após ter visto se lhe atribuir, no curso de uma série de artigos jornalísticos, uma posição científica que jamais adotara: a de convencido entusiasmo em relação à eficácia afrodisíaca da raiz de ginseng.[50] Polêmica mais atual resultou do julgamento que considerou como dano à integridade física a negligente destruição de líquido seminal em um banco de sêmen, ressaltando a corte a possibilidade de extensão do conceito de corpo para abranger também partes dele destacadas.[51]

---

[47] Tribunal de Milão, 27.11.2000. A decisão foi trazida a debate por Tommaso Arrigo no 4º volume de célebre publicação italiana de direito comparado, coordenada por Maurizio Lupoi, *L'Alambicco del Comparatista – Dalla disgrazia al danno*, Milano: Giuffrè, 2002, p. 11-13.

[48] *Cour de Cassation*, 17.11.2000. Para discussões adicionais, veja-se Janine Chanteur, *Condamnés à mort ou condamnés à vivre? Autour de l'arrêt Perruche*, Paris: Editions Factuel, 2002. O *Affaire Perrouche* é enfrentado, em seus mais tormentosos aspectos, pela Professora Maria Celina Bodin de Moraes, *Danos à Pessoa Humana – Uma Leitura Civil-Constitucional dos Danos Morais*, cit., p. 134.

[49] A Lei 2002-303, de 4.3.2002, determinou, em seu art. 1º: "*Nul ne peut se prévaloir d'un préjudice du seul fait de sa naissance. La personne née avec un handicap dû à une faute médicale peut obtenir la réparation de son préjudice lorsque l'acte fautif a provoqué directement le handicap ou l'a aggravé, ou n'a pas permis de prendre les mesures susceptibles de l'atténuer. Lorsque la responsabilité d'un professionnel ou d'un établissement de santé est engagée vis-à-vis des parents d'un enfant né avec un handicap non décélé pendant la grossesse à la suite d'une faute caractérisée, les parents peuvent demander une indemnité au titre de leur seul préjudice. Ce préjudice ne saurait inclure les charges particulières découlant, tout au long de la vie de l'enfant, de ce handicap. La compensation de ce dernier relève de la solidarité nationale.*"

[50] BGH, 19.9.1961, NJW, 1961, 2059. A decisão é comentada por Paolo Cendon, *Trattato Breve dei Nuovi Danni*, v. I, Milão: Cedam, 2001, p. 53-54.

[51] BGH 9.11.1993, NJW, 1994, 128. Ver, também aqui, as anotações de Paolo Cendon, *Trattato Breve dei Nuovi Danni*, v. I, Milão: Cedam, 2001, p. 53-54.

Nos Estados Unidos, uma cadeia de restaurantes foi condenada por uma corte da Georgia a indenizar os 1.321 destinatários pelo dano derivado do recebimento de fax publicitário não solicitado, em um total de US$ 11.889,000.[52] Também nos Estados Unidos, em Ohio, o treinador de um time juvenil de *baseball*, após perder todas as partidas da temporada, foi processado pelo pai de um dos jogadores, por "danos emocionais decorrentes do fracasso esportivo". O pai alegava que o seu filho e toda a família haviam sofrido grave trauma com as derrotas.[53]

No Brasil, acentuada controvérsia recai sobre as inúmeras decisões que impõem indenização por danos decorrentes de rompimento de noivado, muitas vezes invocando, em perigosa associação com a lógica contratual, a ruptura de uma promessa unilateral como fonte do dever de indenizar.[54] Mais recentemente, também ganhou alguma repercussão o pedido de indenização formulado por adolescente barrada na entrada de um baile de gala, por estar vestindo traje inadequado à ocasião. A demanda foi severamente rejeitada pelo juiz, que mostrou estupefação com o fato de que, diante de uma realidade social tão castigada, alguém viesse exigir a manifestação do Poder Judiciário para "um conflito surgido em decorrência de um vestido".[55]

Independentemente do acerto ou desacerto das diversas decisões mencionadas, resta evidente a proliferação do que se tem chamado de *novos danos*. Verdade que, em alguns destes novos danos, o que se tem é simplesmente uma nova situação lesiva; em grande parte, contudo, o que se vê são realmente novos interesses cujo merecimento de tutela vem submetido ao Poder Judiciário. A abertura dos tribunais a esses novos interesses, se, de um lado, traz efetivamente a possibilidade de demandas pouco sérias, fundadas em meros aborrecimentos ou frustrações, de outro, tem acionado mecanismos de reação não

---

[52] Nicholson vs. Hooters of Augusta Inc., Superior Court of Richmond County, State of Augusta, Civil Action File No. 95-RCCV-616, 25.4.2001.

[53] Confira-se apanhado de decisões semelhantes em curiosa matéria jornalística intitulada *Sue the coach*, in *Sports Illustrated*, 6.11.2002, disponível em <www.cnnsi.com>.

[54] Tribunal de Justiça de São Paulo, Apelação Cível 81.499-4/3-00, 24.9.1998. No acórdão, registrou-se: "Evidenciada a condição, a promessa do casamento, a indenização é devida, isso porque a promessa se revestiu de atos idôneos para o fim prometido. [...] a ruptura imotivada da promessa de casamento pode autorizar uma indenização, isso pela suspeita que pesará sobre a pessoa abandonada, sendo cabível, assim sendo, a indenização pelo dano moral."

[55] Na íntegra: "No Brasil, morre por subnutrição uma criança a cada dois minutos, mais ou menos. A população de nosso planeta já ultrapassou seis bilhões de pessoas e um terço deste contingente passa fome, diariamente. A miséria se alastra, os problemas sociais são gigantescos e causam a criminalidade e a violência generalizada. Vivemos em um mundo de exclusão, no qual a brutalidade supera com larga margem os valores humanos. O Poder Judiciário é incapaz de proporcionar um mínimo de justiça social e de paz à sociedade. E agora tenho de julgar um conflito surgido em decorrência de um vestido! Que valor humano importante é este, capaz de gerar uma demanda jurídica?" (Comarca de Tubarão, Ação Ordinária 075.99.009820-0, 11.7.2002, publicada no *site Consultor Jurídico*, <www.conjur.com.br>).

raro equivocados, como o inconstitucionalíssimo Projeto de Lei 150/1999, cujo propósito expresso era impor limites quantitativos às indenizações por dano não patrimonial.[56]

Na mesma esteira, o recorrente argumento da "indústria do dano moral", embora acene a um futuro possível na ausência de reflexão sobre a ampliação da ressarcibilidade, adquire, no Brasil, verdadeira conotação *ad terrorem*, uma vez que o *quantum* das indenizações por dano não patrimonial, em nossa prática judicial, ainda é relativamente reduzido em face da quantidade e gravidade dos abusos perpetrados, sobretudo em relações caracterizadas pela vulnerabilidade de uma das partes (consumidor, aderente etc.) e pelo caráter repetitivo da conduta lesiva.[57]

A discussão, portanto, não deve ser de limites, mas de função. O que parece essencial, em outras palavras, não é refletir sobre tetos indenizatórios ou áreas imunes à responsabilidade civil, mas sobre critérios que permitam a seleção dos interesses tutelados pela responsabilidade civil à luz dos valores constitucionais. A tarefa de selecionar os interesses dignos de tutela, embora relevantíssima, permanece, hoje, exclusivamente a cargo do magistrado, que opera, à falta de subsídios da doutrina, uma seleção *in concreto*, muitas vezes sem referência a qualquer dado normativo, solução essa que, além de desconfortável em sistemas romano-germânicos, implica em inevitável incoerência e insegurança no tratamento dos jurisdicionados, trazendo o risco, mais grave e cruel, de soluções que impliquem a restrição ou negação de tutela à pessoa humana.

Urge, em vista disso, a elaboração de critérios de seleção dos interesses merecedores de tutela reparatória, em consonância com os valores fundamentais do ordenamento jurídico brasileiro. Tal seleção mostra-se imprescindível para evitar que interesses não patrimoniais, mesmo os mais insignificantes, venham a ser associados à dignidade da pessoa humana com intuitos exclusivamente indenizatórios e, portanto, patrimoniais, o que representaria a verdadeira inversão da axiologia constitucional e traria, em última análise, o risco de sua negação.

5 A despatrimonialização não já do dano, mas da reparação

O temor de que a imensa amplitude dos interesses não patrimoniais seja utilizada de maneira frívola para obter indenizações pelos acontecimentos mais banais da vida social

---

[56] Em um absurdo retorno ao tabelamento das indenizações, o Projeto 150/1999, aprovado na Comissão de Constituição e Justiça do Senado Federal, dividia o dano moral em leve, médio e grave, estipulando tetos máximos de indenização em 20 mil, 90 mil e 180 mil reais, respectivamente. Para maiores detalhes, confira-se a matéria *Senado quer tabelar valor do dano moral*, in *Folha de S. Paulo*, 16.6.2002.

[57] Sobre a quantificação do dano moral, ver Carlos Edison do Rêgo Monteiro Filho, *Elementos de Responsabilidade Civil por Dano Moral*, Rio de Janeiro: Renovar, 2000. Seja concedido remeter, também, a Anderson Schreiber, *Arbitramento do Dano Moral no Novo Código Civil*, in *Revista Trimestral de Direito Civil*, n. 12, Rio de Janeiro: Padma, p. 3-24.

– como, de fato, já se vislumbra em certos ordenamentos estrangeiros – deriva do fato evidente de que estendemos a função de um instituto historicamente patrimonial, como é a responsabilidade civil, para abranger também a tutela de interesses não patrimoniais. E o fizemos sem qualquer modificação substancial na estrutura desse instituto. Assim, a consequência de uma lesão a interesse não patrimonial resulta da parte do ordenamento jurídico em uma resposta estritamente patrimonial: o dever de indenizar, dando margem aos perigos da inversão axiológica antes mencionada.

Em atenção a essa dificuldade, vem se consubstanciando uma quarta tendência na responsabilidade civil brasileira: a *despatrimonialização, não já do dano, mas da reparação*.

As infindáveis dificuldades em torno da quantificação da indenização por dano moral revelam a flagrante contradição de que a cultura jurídica brasileira, como ocorre na maior parte do mundo, reconhece a natureza extrapatrimonial do dano, mas insiste em repará--lo de forma exclusivamente patrimonial, por meio de indenizações em dinheiro. Diante dos tormentos da quantificação e da inevitável insuficiência do valor monetário como meio de pacificação dos conflitos decorrentes de lesões a interesses extrapatrimoniais, a doutrina e os tribunais vêm despertando para a necessidade de buscar meios não pecuniários que, sem substituir a compensação em dinheiro, associem-se a ela no sentido de efetivamente reparar ou aplacar o prejuízo moral.

Nesse sentido, as cortes brasileiras já têm se valido amplamente do instrumento da retratação pública, contemplado pela Lei de Imprensa (Lei 5.250, de 9.2.1967).[58] Além de escapar ao contraditório binômio lesão existencial-reparação pecuniária, a retratação pública pode ser extremamente eficaz em seus efeitos de desestímulo à conduta praticada (a festejada *deterrence*), sem a necessidade de se atribuir à vítima somas pecuniárias para cujo recebimento ela não possui qualquer título lógico ou jurídico.[59] A maior parte das cortes, todavia, se recusa a aplicar a retratação pública fora do âmbito de relações regidas pela Lei de Imprensa.[60] Afiguram-se, por isso mesmo, corajosas as decisões que rompem o dogma da patrimonialidade da reparação, aplicando o remédio também a relações que não envolvam entidade jornalística, como fez o Tribunal de Justiça do Rio de Janeiro, ao

---

[58] Confira-se, entre outros dispositivos da Lei 5.250/67 (Lei de Imprensa), o art. 75, em que se lê: "A publicação da sentença cível ou criminal, transitada em julgado, na íntegra, será decretada pela autoridade competente, a pedido da parte prejudicada, em jornal, periódico ou através de órgão de radiodifusão de real circulação, ou expressão, às expensas da parte vencida ou condenada." Para a aplicação do remédio, confira-se, entre outros, TJRJ, Apelação Cível 1998.001.00315, Rel. Des. Jeanecy T. de Souza, 17.5.1998.

[59] Ao contrário do que ocorre nos chamados *punitive damages*. Sobre tal tema, imprescindível a leitura de Maria Celina Bodin de Moraes, *Danos à Pessoa Humana – Uma Leitura Civil-Constitucional dos Danos Morais*, Rio de Janeiro: Renovar, 2003.

[60] Confira-se, entre outras decisões, TJRS, Apelação Cível 70001877323, Rel. Des. Luiz Lúcio Merg, 4.10.2001, em cuja ementa se registrou: "Descabimento do pedido de retratação pública, prevista na Lei de Imprensa, não sendo a ação movida contra jornalista ou órgão de imprensa."

impor o dever de retratação pública para decidir litígio referente à interceptação e revista violenta da bolsa de uma cliente em saída de estabelecimento comercial.[61]

Mesmo em matéria de dano patrimonial, a análise da jurisprudência brasileira mais avançada revela uma tendencial preferência dos tribunais por soluções – embora patrimoniais – não pecuniárias. Assim é que, inspiradas pela consagração expressa da execução específica das obrigações em inúmeros dispositivos do novo Código Civil (*e. g.*, arts. 249, 251 e 463), as cortes pátrias têm privilegiado, sempre que possível, a solução *in natura*, em desfavor da conversão da obrigação em perdas e danos.

Cumpre notar, aqui, que se é verdade que o Código Civil reserva ao credor, em caso de inadimplemento, duas vias – a da execução específica da obrigação, de um lado, e, de outro, a da indenização por perdas e danos –, certo é que não se autoriza ao credor escolher arbitrariamente entre elas. Necessário se faz submeter tal escolha a um exame de merecimento de tutela à luz dos valores do ordenamento civil-constitucional, verificando se, objetivamente, a escolha conforma-se ao critério da utilidade da prestação, consagrado no art. 395, parágrafo único, do Código Civil.[62] Em caso negativo, a conversão em perdas e danos pode ser rejeitada, por representar mesmo exercício abusivo de um direito, em contrariedade à sua finalidade social e econômica (art. 187 do Código Civil).[63]

Vê-se, de tudo isso, um certo ocaso da antiga convicção segundo a qual a responsabilidade civil resulta sempre em uma indenização em dinheiro. A gradual abertura das cortes a outros remédios que se somem à indenização pecuniária do dano não patrimonial, como a retratação pública, vai caracterizando o interesse da responsabilidade civil por meios despatrimonializados de reparação. E mesmo no campo necessariamente patrimonial, outros meios de tutela, como a execução específica das obrigações, vão sendo privilegia-

---

[61] TJRJ, Apelação Cível 2004.001.08323, Rel. Des. Gilberto Dutra Moreira, 18.5.2004. A ementa do acórdão registrou expressamente: "Apelação Cível. Ação ordinária de indenização por danos morais, movida pela autora, em decorrência de sua interceptação e revista de sua bolsa após a saída da loja, que agiu de forma violenta, postulando indenização por danos morais equivalente a 300 salários mínimos, além de retratação pública e dos ônus sucumbenciais. Contestação impugnando a violência, mas reconhecendo o fato. Sentença que julgou procedente, em parte, o pedido e condenou a ré a pagar à autora R$ 7.000,00 (sete mil reais) e a publicar em jornal de circulação, nota de reconhecimento da abordagem injusta, rateando as custas e compensando os honorários advocatícios, em face da sucumbência recíproca, observada a gratuidade de justiça concedida à autora. Apelação da ré buscando a improcedência do pedido, ressaltando aspectos dos depoimentos das testemunhas. Abordagem das autoras por segurança da ré. Fato confessado. Danos morais caracterizados. Verba indenizatória adequadamente arbitrada. Desprovimento dos recursos."
[62] "Art. 395 [...] Parágrafo único. Se a prestação, devido à mora, se tornar inútil ao credor, este poderá enjeitá-la, e exigir a satisfação das perdas e danos."
[63] "Art. 187. Também comete ato ilícito o titular de um direito que, ao exercê-lo, excede manifestamente os limites impostos pelo seu fim econômico ou social, pela boa-fé ou pelos bons costumes."

dos, podendo-se falar, de forma geral, se não de *despatrimonialização*, de uma *despecuniarização* ou *desmonetarização* da reparação dos danos.

6 A perda de exclusividade da responsabilidade civil como remédio à produção de danos

A revisão crítica da estrutura e da função da responsabilidade civil, provocada pela expansão do dano ressarcível e pelos outros fenômenos antes aludidos, não trouxe para a ordem do dia apenas questionamentos acerca da melhor forma de reparar o dano (indenização pecuniária ou outros meios), mas também o dilema sobre se repará-lo é efetivamente a melhor solução.

Não se trata de tomar em consideração propostas que, fundadas exclusivamente em critérios de eficiência econômica, seduziam, até pouco tempo, parte da comunidade jurídica internacional com a simplicidade da fórmula de "se deixar o dano onde caiu" (*the loss lies where it falls*).[64] Tais propostas, que, desvinculadas de qualquer concepção de justiça social, chegavam a adquirir, na realidade social brasileira, feição verdadeiramente selvagem, foram rejeitadas pela própria análise econômica do direito, a qual, hoje reconhece que, sob o discurso do custo social da reparação, esconde-se o menos evidente, mas igualmente impactante, custo social da não reparação.[65]

O que se pretende aqui ressaltar é, na verdade, o crescente reconhecimento pela ordem jurídica de outros instrumentos, diversos da responsabilidade civil, que podem ser opostos aos danos injustos. Nesse sentido, fala-se hoje, por exemplo, em *prevenção* e *precaução* de danos, ressaltando-se a importância da eliminação prévia dos riscos de lesão, por meio de normas específicas, de natureza administrativa e regulatória, que imponham tal dever aos agentes econômicos de maior potencial lesivo, sob uma fiscalização eficiente por parte do Poder Público.[66] Inserem-se, nessa linha, a atuação disciplinar das agências reguladoras e dos órgãos fiscalizadores, como o CADE e o Banco Central.

---

[64] Confira-se sobre o referido princípio, Patrick Atiyah, *Accidents, Compensation and the Law*, London: Weidenfeld and Nicholson, 1975, p. 51 ss. Ver, também, Andreas Heldrich, *Compensating Non-Economic losses in the Affluent Society*, em *American Journal of Comparative Law*, 18, 1970, p. 25 ss.

[65] Sobre o tema, Antonino Procida Mirabelli di Lauro, *La responsabilità civile – Strutture e funzioni*, Torino: G. Giappichelli Editore, 2004, p. 107-151. Confira-se, também, Thomas C. Galligan, *The Tragedy in Torts*, 5 Cornell J. L. & Pub. 139.

[66] Cumpre notar que parte da doutrina distingue a precaução da prevenção com base no caráter atual ou potencial do risco: "En el caso de la prevención, la peligrosidad de la cosa o actividad ya es bien conocida, y lo único que se ignora es si el daño va a producirse en un caso concreto. Un ejemplo típico de prevención está dado por las medidas dirigidas a evitar o reducir los prejuicios causados por automotores. En cambio, el caso de la precaución, la incertidumbre recae sobre la peligrosidad misma de la cosa, porque los conocimientos científicos son todavía insuficientes para dar una respuesta acabada al respecto. Dicho de otro modo, la prevención nos coloca ante un riesgo actual, mientras que en el supuesto de la precaución estamos

De outro lado, discute-se, sobretudo na esteira de influências estrangeiras, a instituição de mecanismos mais intensos de *seguridade social*, e de *seguros privados obrigatórios*, capazes de garantir às vítimas de determinados danos reparação pelos seus prejuízos sem a necessidade e as vicissitudes do recurso à responsabilidade civil.[67] Embora em alguns países – de realidade social claramente diversa da nossa –, como a Nova Zelândia e a Suécia, se tenha chegado mesmo a substituir amplamente a responsabilidade civil por um sistema de seguridade social, a ideia restringe-se, na maior parte do mundo, a mecanismos que poderiam funcionar paralelamente (e não substitutivamente) às ações de reparação. Hoje, tem-se como certo que tais mecanismos devem centrar-se menos sobre o Poder Público, e mais sobre a sociedade civil, onerando em particular os agentes econômicos potencialmente causadores do dano.[68] Nessa acepção, a experiência não é estranha ao ordenamento jurídico brasileiro, tendo alcançado algum grau de sucesso no que tange ao seguro relativo a acidentes de trabalho.

A elaboração de soluções que, como o seguro privado obrigatório, se centrem sobre a capacidade contributiva dos agentes econômicos potencialmente responsáveis pelos danos, seria extremamente útil na conjuntura brasileira, em que, como já ressaltado, a face mais dramática da responsabilidade civil consiste não nos pedidos de reparação indeferidos, mas na imensidade de danos que permanecem sem reparação por falta de acesso ao Poder Judiciário. Antes: a medida vem vivamente recomendada pelo princípio constitucional da solidariedade social, como forma mais global e, portanto, mais justa para a distribuição dos riscos sociais, podendo assumir, aí sim, perfil mais eficiente sob o ponto de vista estritamente econômico.[69]

Embora não se possa desprezar os obstáculos à implementação de instrumentos estranhos à nossa cultura, tampouco se pode deixar de reconhecer que a maior parte dos problemas vividos hoje na responsabilidade civil deriva justamente do fato de que o instituto vem sendo utilizado para desempenhar funções que lhe são, conceitualmente, estranhas.[70] Sobretudo em países como o Brasil, a insuficiência do Estado em seu papel – reiteradamente ignorado – de distribuição de riquezas e assistência social interfere, sub-repticiamente, no deslinde das ações de responsabilização, tendendo o magistrado

---

ante un riesgo potencial" (Roberto Andorno, *El principio de precaución: un nuevo standard jurídico para la era tecnológica*, *Diario La Ley*, Buenos Aires, jul. 2002, p. 1 ss.).

[67] A referência obrigatória, aqui, é a Patrick Atiyah, *The Damages Lottery*, Oxford: Hart, 1997, em que o autor aponta as falhas da responsabilidade civil como sistema e sugere sua substituição por instrumentos securitários.

[68] Para uma visão crítica da instigante experiência sueca, ver Alessandro Simoni, *Una macchina risarcitoria – Regole, attori, problemi nel modello svedese di riparazione del danno alla persona*, Torino: G. Giappichelli, 2001.

[69] Por todos, Guido Calabresi, *Costo degli incidenti e responsabilità civile. Analisi economico-giuridica*, Milano: Giuffrè, 1975, p. 401 ss.

[70] A afirmação é de Stefano Rodotà em conferência realizada em 2003, no auditório da Procuradoria do Município do Rio de Janeiro.

a identificar ou eleger, ainda que por caminhos pouco técnicos, um sujeito responsável, capaz de assegurar reparação ao dano sofrido, mesmo que casualmente, pela vítima. Tal atitude jurisprudencial, legítima em seus fins, acaba ameaçada pelo emprego de um instrumental dogmático que a tais objetivos tradicionalmente não se destina, embora o direito positivo não ofereça outro.

Cumpre, por essas razões, não apenas promover, no âmago da responsabilidade civil, as alterações estruturais necessárias ao adequado desempenho de suas novas funções – como a tutela de interesses não patrimoniais –, mas, igualmente, cogitar de outros instrumentos que possam somar-se ao instituto com o propósito de promover a mais ampla e justa proteção contra os danos, desempenhando aquelas tarefas que, de forma procustiana, lhe vêm, hoje, atribuídas. Vale aqui a singela proposta de Hannah Arendt: "trata-se apenas de refletir sobre o que estamos fazendo".[71]

---

[71] Hannah Arendt, *A condição humana*, Rio de Janeiro: Forense Universitária, 2001, p. 13.

12

Arbitramento do Dano Moral no Código Civil*

> Sumário: 1. A nova codificação e a responsabilidade civil. 2. O dano moral e sua quantificação. O arbitramento no Código Civil de 1916 e a liquidação por arbitramento do Código de Processo Civil. 3. Critérios para o arbitramento do dano moral. O princípio de proibição ao enriquecimento sem causa e a questão do caráter punitivo da reparação. 4. Inconsistências do caráter punitivo no direito brasileiro. 5. Os *punitive damages* na experiência norte-americana. A atual tendência de restrição do instituto e a nítida distinção entre o compensatório e o punitivo. 6. Ampla compensação e sanções administrativas: alternativas ao caráter punitivo da reparaçao do dano moral. 7. À guisa de conclusão: tabelamento do dano moral – o avesso do avesso.

1 A nova codificação e a responsabilidade civil

A história das codificações mostra que um código consiste menos nas suas palavras, e mais no que sobre elas se constrói. De fato, o conteúdo de um código é sempre dinâmico, no sentido de que suas normas não são nunca dadas, mas construídas e reconstruídas dia a dia pelos seus intérpretes. Com o novo Código Civil brasileiro não é diferente. Cabe à doutrina e aos tribunais interpretar o novo Código Civil de modo a superar o descompasso existente entre o projeto original, de 1975, e os valores consagrados pela Constituição de 1988.[1] Em seu texto é preciso colher soluções adequadas para os problemas do direito civil contemporâneo que não foram expressamente contemplados.

---

* Publicado originalmente em *Direito, Estado e Sociedade*, n. 20, jan./jul. 2002, Rio de Janeiro: PUC, p. 16-38.

[1] Ver Luiz Edson Fachin e Carlos Eduardo Pianovski Ruzyk, *Um projeto de Código Civil na contramão da Constituição*, publicado na *Revista Trimestral de Direito Civil*, ano 1, v. 4, Rio de Janeiro: Padma, 2000, p. 243 ss. Confira-se também o editorial de Gustavo Tepedino intitulado *O Novo Código Civil: duro golpe na recente experiência constitucional brasileira*, publicado na mesma *Revista Trimestral de Direito Civil*, ano 2, v. 7, Rio de Janeiro: Padma, 2001.

Urge, igualmente, reconhecer os avanços e as inovações do novo Código e deles extrair preceitos que auxiliem na superação das suas próprias omissões.

A tudo isso é propício o título IX do livro I da parte especial do novo Código, que regula a responsabilidade civil. Entre as inovações, que vão da limitação humanitária da indenização (art. 928, parágrafo único)[2] à expressa previsão da culpa concorrente (art. 945), merece especial destaque a ampla consagração da responsabilidade civil objetiva, fundada na teoria do risco. Entre os inúmeros dispositivos que a consagram, há, por exemplo, o art. 933, que tornou objetiva a responsabilidade por fato de terceiro, dando um passo além da orientação jurisprudencial que enxergava na hipótese uma presunção de culpa.[3] No mesmo sentido, o art. 936, ao tratar da responsabilidade por danos causados por animais, suprimiu a excludente que se referia à prova do "cuidado preciso", dando caráter essencialmente objetivo a essa espécie de responsabilidade. Igual orientação se nota, ainda, no art. 931 que declarou a responsabilidade objetiva dos empresários pelos danos resultantes de produtos por eles "postos em circulação", norma que deve ser entendida como aplicável não apenas ao consumidor, destinatário final do produto, já protegido pela responsabilidade objetiva do Código de Defesa do Consumidor, mas a quaisquer vítimas dos danos derivados do produto, ainda que participantes da própria cadeia de fornecimento, como o transportador, o armazenador, o comerciante etc.[4]

Essa marcante tendência à objetivação da responsabilidade chega ao seu ápice no parágrafo único do art. 927, do novo Código Civil, que determina a responsabilidade objetiva por danos derivados de atividades de risco.[5] Trata-se de cláusula geral de res-

---

[2] Apesar de o dispositivo referir-se expressamente apenas ao "incapaz ou as pessoas de dele dependem", a vocação da norma é tornar-se preceito diretor de toda a responsabilidade civil, na esteira do princípio constitucional da dignidade da pessoa humana e da consequente necessidade de se garantir os meios razoáveis para que essa dignidade seja mantida.

[3] Note-se que a referida orientação jurisprudencial já representava avanço com relação ao Código Civil de 1916 que, ainda mais subjetivista, exigia expressamente, em seu art. 1.523, a prova de culpa do responsável.

[4] "Art. 931. Ressalvados outros casos previstos em lei especial, os empresários individuais e as empresas respondem independentemente de culpa pelos danos causados pelos produtos postos em circulação." Não obstante a inovação, houve descuidos do legislador na redação desse dispositivo: (i) primeiro, referiu-se a empresas, que são o objeto, quando deveria tratar de sociedades empresárias ou empresários coletivos, que são os sujeitos; (ii) depois, por razões que não ficam claras, limitou-se aos produtos, não estendendo a proteção às vítimas de danos causados por serviços prestados pelos empresários; e, por fim, (iii) utilizou a expressão "postos em circulação" que não esclarece se a intenção foi proteger o destinatário final (consumidor) do produto ou qualquer pessoa, seja destinatário final ou não. Quanto a este último aspecto, é de se optar pela interpretação defendida no texto, pela simples razão de que a interpretação oposta retiraria do dispositivo a sua utilidade e o transformaria em mera repetição incompleta do art. 12 do Código de Defesa do Consumidor (Lei 8.078/90).

[5] "Art. 927. [...] Parágrafo único. Haverá obrigação de reparar o dano, independentemente de culpa, nos casos especificados em lei, ou quando a atividade normalmente desenvolvida pelo autor

ponsabilidade civil objetiva, que atribui aos magistrados uma discricionariedade que antes pertencia exclusivamente ao legislador. É evidente que, como toda atividade, de certa forma, implica risco a terceiros, os tribunais e a doutrina precisarão desenvolver critérios para identificar aquelas atividades que, por resultarem em risco superior ao ordinário, mereçam atrair a responsabilidade objetiva; mas já se trata, sem dúvida, de extraordinário avanço.

A ampliação das hipóteses de responsabilidade objetiva, de uma forma geral, contribui para a formação de um sistema de responsabilização mais solidário, porque adequado às relações de massa e comprometido com a equitativa distribuição dos riscos da vida contemporânea.[6] Mais que isso: revela a incorporação pelo direito brasileiro da tendência universal de abandono da técnica de valoração da conduta do ofensor. Implicitamente, o novo Código Civil reconhece a impossibilidade e a inconveniência social de se ter constantemente a avaliação e o juízo de reprovabilidade pendendo sobre a conduta dos membros da sociedade.

Importante consequência disso é o abandono da culpa, em sua concepção clássica. Isso não significa a extinção da responsabilidade subjetiva, que, não obstante o avanço da responsabilidade objetiva, se mantém como fonte paralela de responsabilização, aplicável sobretudo às relações interindividuais, em que ambas as partes, a princípio, contribuem igualmente (ou igualmente deixam de contribuir) para a criação dos riscos de dano.[7] Mas mesmo nessas relações a culpa perde seu caráter tradicional de negligência, imprudência ou imperícia, de falta pessoal e subjetiva que autoriza e exige um castigo representado pela responsabilização, passando a ter uma feição mais normativa, menos relacionada ao elemento anímico do ofensor e mais afeta à violação objetiva de padrões de comportamento (*standards*) atinentes a cada situação específica. Assim, também a responsabilidade subjetiva vai se afastando do seu intuito moralizador.[8] É essa a leitura

---

do dano implicar, por sua natureza, risco para os direitos de outrem."

[6] Antes do novo Código Civil, o Código de Defesa do Consumidor (Lei 8.078/90) já havia expandido largamente a incidência da responsabilidade objetiva. Sobre a responsabilidade no diploma consumerista, confira-se, por todos, Gustavo Tepedino, *A Responsabilidade Civil por Acidentes de Consumo na Ótica Civil-Constitucional*, in *Temas de Direito Civil*, Rio de Janeiro: Renovar, 1999, p. 237 ss.

[7] Já era esta, *a contrario sensu*, a lição de G. Alpa e M. Bessone: "*Alla teorizzazioni dei criteri oggettivi di responsabilità non sfugge tuttavia che il principio del rischio non può sostituirsi completamente a quello della colpa, ma deve esser circoscritto, piuttosto, alle attività svolte in forma imprenditoriale e a quelle attività non imprenditoriali, ma biologiche che presentano un alto potenziale di danno*" (*La Responsabilità Civile*, Milano: Dott. A. Giuffrè, 1976, p. 270).

[8] "A adoção da lógica do risco, ao colocar em evidência o caráter ocasional do fato independente da falta pessoal, representa a decadência das concepções do individualismo jurídico para regular os problemas sociais. Não se podia mais pensar a responsabilidade civil a partir da lógica contratual de relação de vontade de dois sujeitos; não se podia mais encarar a responsabilidade civil em termos de princípio de imputabilidade moral na forma de uma responsabilidade penal do sujeito, em que se procurava a falta ou a negligência do autor do fato do prejuízo. Doravante, descarta-se

que se deve fazer da objetivação promovida pelo Código Civil de 2002, corajosa inovação cujos reflexos se farão sentir em todos os campos da responsabilidade civil.

Todavia, não é simples a tarefa de redigir uma nova codificação e, por conta disso, aos significativos avanços do Código Civil opõem-se flagrantes omissões. De fato, a desatualidade do projeto original gerou oportunidades perdidas que estão, sem estar, por toda parte. Entre elas, avulta em importância a questão do dano moral, cujas controvérsias na doutrina e na jurisprudência mereciam do legislador de 2002 um tratamento menos lacônico. Não obstante, também neste tema em particular, é possível colher em outros dispositivos do novo Código Civil e nos princípios constitucionais pertinentes uma interpretação capaz de sugerir soluções para os problemas contemporâneos.

2 O dano moral e sua quantificação. O arbitramento no Código Civil de 1916 e a liquidação por arbitramento do Código de Processo Civil

No art. 186 do novo Código Civil, que trata do ato ilícito, inseriu-se a garantia de reparação do dano "ainda que exclusivamente moral". A verdade, contudo, é que essa pontual inovação chega com atraso. No atual estágio da jurisprudência brasileira não mais se contesta a reparabilidade do dano moral.[9] Pelo contrário, os tribunais têm reconhecido a existência de dano moral não apenas nas efetivas ofensas à personalidade humana, mas também em formas mais e menos graves de dor, sofrimento e angústia.[10] Chega-se mesmo a situações em que a frustração, o incômodo ou o mero aborrecimento é invocado como causa suficiente para o dever de indenizar.[11] Por conta disso, o debate

---

toda pesquisa de intenção, pois as transformações sociais exigem uma abordagem objetiva que consistem em saber quem deve suportar o dano de um acidente" (José Fernando de Castro Farias, *A Origem do Direito de Solidariedade*, Rio de Janeiro: Renovar, 1998, p. 135-136).

[9] O Supremo Tribunal Federal admitiu, pela primeira vez, a reparação do dano moral em 1966 (*RTJ* 39/38-44). A jurisprudência, contudo, continuou hesitante até 1988, quando, por força de previsão expressa no texto constitucional, a reparabilidade do dano moral tornou-se incontestável. Também a cumulabilidade dos danos patrimoniais e morais já se encontra, há muito, consolidada nas cortes brasileiras (ver STF, Recurso Extraordinário 112.720, *DJ* 15.5.1987, p. 8.890).

[10] Confira-se a decisão do Tribunal de Justiça de São Paulo, segundo a qual a abertura e aceitação de inscrição em vestibular para curso superior que ainda não dispõe da devida aprovação pelo Ministério da Educação e Cultura gera dano moral (TJSP, 20.8.1996, *ADVCOAD* 76251, 48/96, p. 726). O mesmo tribunal já decidiu que há dano moral na ruptura de noivado, após a emissão e distribuição de convites e outros preparativos (*TJSP*, 25.2.1997, *RT* 741/255).

[11] Entre os casos extremos, veja-se o da ação de indenização por danos morais proposta por adolescente barrada na entrada de um baile de gala, por estar vestindo traje inadequado à ocasião. A descrição dos fatos provocou a indignação do juiz, que registrou na sentença: "No Brasil, morre por subnutrição uma criança a cada dois minutos, mais ou menos. A população de nosso planeta já ultrapassou seis bilhões de pessoas e um terço deste contingente passa fome, diariamente. A miséria se alastra, os problemas sociais são gigantescos e causam a criminalidade e a violência

sobre o dano moral centra-se, hoje, menos na sua reparabilidade e mais na sua quantificação. As disparidades entre indenizações concedidas em casos ditos semelhantes, a ausência de critérios legais para o arbitramento do dano moral, a falta de fundamentação das decisões judiciais nesta matéria, as controvérsias em torno dos *punitive damages* e de sua aplicabilidade ao direito brasileiro – todas estas questões, que dizem respeito à quantificação do dano moral, parecem ter passado despercebidas pelo novo Código Civil.[12]

Elaborado em uma época muito anterior, o Código Civil de 1916 não contemplava expressamente a indenização por dano moral.[13] Entretanto, determinava, em seu art. 1.553, como regra residual na liquidação de obrigações resultantes de atos ilícitos o arbitramento judicial.[14] Doutrina e jurisprudência utilizaram-se intensamente do dispositivo para o cálculo da indenização por dano moral. De fato, não havia e não há, ainda, outro caminho para a quantificação da indenização por dano moral que não o arbitramento pelo magistrado de um valor que lhe pareça suficiente a compensar o prejuízo sofrido. Isso não significa que a estipulação da quantia deva ficar ao livre arbítrio do juiz. É pacífico que o magistrado deve seguir determinados critérios no arbitramento do dano moral, e é também necessário que tais critérios e toda a motivação que embasa o arbitramento constem expressamente da sentença, sob pena de se tornar inviável o direito à ampla defesa e a própria garantia do contraditório em sede recursal.[15]

O novo Código Civil perdeu a chance de estabelecer critérios legais para o arbitramento do dano moral. Pior: suprimiu o antigo art. 1.553 e introduziu um confuso art.

---

generalizada. Vivemos em um mundo de exclusão, no qual a brutalidade supera com larga margem os valores humanos. O Poder Judiciário é incapaz de proporcionar um mínimo de justiça social e de paz à sociedade. E agora tenho de julgar um conflito surgido em decorrência de um vestido! Que valor humano importante é este, capaz de gerar uma demanda jurídica?" (Comarca de Tubarão, Ação Ordinária n. 075.99.009820-0, 11.7.2002, publicada no *site Consultor Jurídico*, <www.conjur.com.br>, acesso em: 22.7.2002).

[12] Mas não pela doutrina mais moderna. Cf., por todos, Maria Celina Bodin de Moraes, *Danos à Pessoa Humana – Uma Leitura Civil-Constitucional dos Danos Morais*, Rio de Janeiro: Renovar, 2003 (no prelo), cuja profundidade torna a leitura do presente trabalho, se não desnecessária, meramente complementar.

[13] Clóvis Beviláqua, todavia, defendia sua previsão implícita: "O Código Civil toma em consideração o dano moral quando, no art. 76, autoriza a ação fundada no interesse moral, e quando destaca alguns casos de satisfação do dano por ofensa à honra (arts. 1.547 e 1.551), sem exclusão de outros análogos, e muito menos daqueles em que o interesse econômico anda envolvido no moral" (*Código Civil dos Estados Unidos do Brasil*, v. V, Rio de Janeiro: Francisco Alves, 1926, p. 295).

[14] "Art. 1.553. Nos casos não previstos neste Capítulo, se fixará por arbitramento a indenização" (Código Civil de 1916).

[15] E, mais, só a detalhada motivação da sentença permitirá que se verifique o grau de proteção à vítima do dano. A lição é de Maria Celina Bodin de Moraes, ob. cit., p. 173: "Se a fundamentação, feita pelo juízo do fato, não for cuidadosa e rigorosa, jamais se aproximará da avaliação discricionária que leve em conta as peculiaridades existenciais da pessoa. Consistirá, no melhor dos casos, em uma simples operação matemática, e no pior deles, em uma operação arbitrária, como as que nos habituamos a conhecer."

946, estabelecendo que, sendo as obrigações indeterminadas (a significar provavelmente ilíquidas), "apurar-se-á o valor das perdas e danos na forma que a lei processual determinar".[16] Ocorre que a lei processual nada determina no tocante à apuração do dano moral. O Código de Processo Civil menciona, sim, o arbitramento, ao tratar da liquidação de sentença, mas o significado aí é inteiramente diverso daquele que era empregado pelo art. 1.553 do Código Civil de 1916.

A liquidação por arbitramento a que se refere o Código de Processo Civil é um procedimento que se segue à emissão de uma sentença judicial ilíquida e que envolve a presença de um perito,[17] cuja tarefa é determinar o valor da condenação ou individuar seu objeto.[18] A figura não se confunde com o arbitramento do art. 1.553 do diploma civil de 1916, o qual significava a estipulação do valor da indenização pelo próprio juiz, sem a necessidade de peritos ou auxiliares, e preferencialmente por ocasião da prolação da sentença de mérito, que seria, então, líquida.[19] A supressão do referido dispositivo no novo Código Civil e sua substituição pelo art. 946, a rigor, deixa órfão o dano moral, a

---

[16] Na íntegra: "Art. 946. Se a obrigação for indeterminada, e não houver na lei ou no contrato disposição fixando a indenização devida pelo inadimplente, apurar-se-á o valor das perdas e danos na forma que a lei processual determinar" (Código Civil de 2002).

[17] "Logo que se requer a liquidação por arbitramento, tem o juiz de nomear o arbitrador, e fixar o prazo para a entrega do laudo. O arbitrador é o auxiliar do juízo, espécie de perito, que determina o valor líquido da condenação ilíquida" (PONTES DE MIRANDA, *Comentários ao Código de Processo Civil*, t. IX, Rio de Janeiro: Forense, 2002, p. 403).

[18] "A liquidação por arbitramento realiza-se sob a forma de perícia e faz-se mister quando o exige a natureza do objeto da liquidação ou quando a sentença ou convenção das partes assim o determina (art. 606 do CPC). Assim, *v. g.*, condenado o réu a realizar as obras necessárias a evitar inundações na propriedade vizinha, a liquidação por arbitramento torna-se mister antes de se iniciar a execução da condenação de fazer para especificar quais os serviços necessários, à notificação da condenação. A mesma forma de liquidação observa-se se o vencido for condenado a indenizar o valor de bem móvel emprestado e destruído, sobre cujo *quantum* incide a execução" (Luiz Fux, *Curso de Direito Processual Civil*, Rio de Janeiro: Forense, 2001, p. 997).

[19] A distinção fica clara em Carlos Edison do Rêgo Monteiro Filho, *Elementos de Responsabilidade Civil por Dano Moral*, Rio de Janeiro: Renovar, 2000, p. 128-129: "Importa destacar, por fim, que a dicção do artigo 1.553 do Código Civil, quando estabelece genericamente que se fixará por arbitramento a indenização do dano moral, não quer significar que o cálculo da mesma far-se-á mediante procedimento de liquidação de sentença. Não cuida o dispositivo em análise do arbitramento como espécie do gênero liquidação, instituto de direito processual civil, cuja natureza de procedimento complementar ao processo de conhecimento extrai-se do CPC, artigos 603 a 611. A palavra arbitramento, aqui, não foi utilizada neste sentido técnico processual, aplicável às decisões chamadas ilíquidas. O legislador, segundo o melhor entendimento, pretendeu apenas deixar ao juiz a tarefa de formular os critérios a determinar o valor da indenização, nos casos em que assim não o fez, ou seja, nos casos não previstos no referido capítulo." No mesmo sentido, Guilherme Couto de Castro, *A Responsabilidade Civil Objetiva no Direito Brasileiro*, Rio de Janeiro: Forense, 2000, p. 25: "Certo é que a verba deve ser fixada na própria sentença do processo de conhecimento, nada autorizando a remessa para futura liquidação."

ser apurado "na forma que a lei processual determinar", quando a lei processual, a respeito, não determina coisa alguma.

Apesar da falha, o arbitramento judicial do dano moral deve continuar a ser o método empregado pelos tribunais já que não há razão para que o juiz da ação de conhecimento não estipule, ele próprio, em sua sentença o valor da indenização. De fato, recorrer a um procedimento adicional para liquidação de sentença seria inconveniente, uma vez que o juiz, por ser maior conhecedor dos fatos trazidos aos autos, encontra-se, em regra, mais habilitado a estipular o valor da indenização que um eventual perito. Mais ainda: os honorários devidos ao perito encareceriam o processo e a própria instauração de um procedimento de liquidação de sentença retardaria significativamente o acesso à justiça. Em um país em que a maior parte da população sequer conhece os seus direitos, esses obstáculos certamente representariam um desestímulo adicional à procura do Poder Judiciário.

Daí a importância de se manter a regra geral de arbitramento do dano moral, nos termos da tradição jurisprudencial brasileira e do antigo art. 1553, ainda que o novo Código Civil o tenha equivocadamente suprimido. A base legal para isso pode-se encontrar na aplicação analógica dos dispositivos do novo Código Civil que, tratando de hipóteses específicas de ofensa a valores morais como a honra e a liberdade, autorizam o juiz a "fixar, equitativamente, o valor da indenização, na conformidade das circunstâncias do caso" (arts. 953 e 954, entre outros).[20] Embora as hipóteses contempladas nesses dispositivos sejam específicas, parece possível extrair deles uma regra geral de fixação do valor da indenização por dano moral pelo juiz no curso da ação de conhecimento.

3 Critérios para o arbitramento do dano moral. O princípio de proibição ao enriquecimento sem causa e a questão do caráter punitivo da reparação

À falta de critérios definidos no Código de 1916 e no novo Código Civil, a doutrina e a jurisprudência brasileiras, na esteira de antigas leis especiais como o Código Brasileiro de Telecomunicações (Lei 4.117/1962) e a Lei de Imprensa (Lei 5.250/1967), vêm empregando, no arbitramento do dano moral, quatro critérios principais, quais sejam: (i) a gravidade do dano; (ii) o grau de culpa do ofensor; (iii) a capacidade econômica da vítima; e (iv) a capacidade econômica do ofensor.

---

[20] Note-se, aliás, que a própria previsão expressa destas situações só fazia sentido no Código Civil de 1916 em que não havia garantia expressa de reparação do dano moral. No sistema do novo Código Civil, dispositivos que contemplam ofensas a valores como a honra e a liberdade e autorizam o juiz a fixar equitativamente uma indenização nada acrescentam e seriam, a rigor, desnecessários, porque a reparabilidade do dano moral é a regra.

O novo Código Civil não fez menção expressa a esses critérios, mas nesse sentido parece que a omissão foi positiva. Isso porque, dos quatros critérios acima mencionados, apenas a gravidade do dano se justifica como parâmetro para o arbitramento do dano moral.[21] Todos os demais critérios são discutíveis e parecem revelar, em última análise, que a doutrina e a jurisprudência brasileira têm caminhado, em matéria de dano moral, no sentido oposto à tendência evolutiva da responsabilidade civil. Enquanto a responsabilidade parece dirigir-se à libertação do propósito inculpador – e a ampliação da responsabilidade objetiva no novo Código Civil é claro reflexo disso –, as cortes brasileiras permanecem, em tema de reparação do dano moral, atreladas a parâmetros de nítido teor punitivo, relacionados à conduta e à pessoa do causador do dano, e antagônicos, sob muitos aspectos, à evolução do direito civil e à própria tradição brasileira.

Mesmo quando essa construção dominante se propõe a observar a vítima do dano, concentra-se não em sua projeção pessoal, mas econômica, em insuperável contradição com a tábua axiológica da Constituição de 1988 que privilegia os valores extrapatrimoniais.[22] Além disso, o critério da situação econômica da vítima vem sendo utilizado pelas cortes brasileiras como título de redução da indenização por dano moral, a fim de evitar o enriquecimento sem causa do ofendido. Todavia, a preocupação com o enriquecimento sem causa é inadequada à compensação propriamente dita do dano moral. Isso porque se o valor da indenização corresponde e se limita ao dano sofrido não há enriquecimento sem causa; causa da indenização é o próprio dano. O arbitramento do dano moral, a princípio, consiste exclusivamente em estipular o valor (*rectius*: a dimensão) do dano, ao qual deve corresponder o valor da indenização.[23] Não há que se trazer à discussão o princípio do enriquecimento sem causa, a não ser que, por algum motivo, a indenização fique além (ou aquém) da extensão do prejuízo.[24]

---

[21] Para uma análise crítica dos principais critérios adotados na reparação do dano moral, ver Maria Celina Bodin de Moraes, ob. cit., p. 157-163.

[22] A constatação e o reiterado alerta acerca da necessidade de se reinterpretar o direito civil à luz dos novos valores constitucionais vêm da doutrina de Gustavo Tepedino. Cf., entre outras obras de sua autoria, *Premissas Metodológicas para a Constitucionalização do Direito Civil*, in *Temas de Direito Civil*, Rio de Janeiro: Renovar, 1999, p. 22: "Trata-se, em uma palavra, de estabelecer novos parâmetros para a definição da ordem pública, relendo o direito civil à luz da Constituição, de maneira a privilegiar, insista-se ainda uma vez, os valores não patrimoniais e, em particular, a dignidade da pessoa humana, o desenvolvimento da sua personalidade, os direitos sociais e a justiça distributiva, para cujo atendimento deve se voltar a iniciativa econômica privada e as situações jurídicas patrimoniais."

[23] Claro que, em matéria de dano moral, é impossível determinar com precisão o valor do prejuízo, mas aí só se tem mais uma razão para manter afastados argumentos relacionados ao princípio de proibição ao enriquecimento sem causa.

[24] É isto o que ocorre quando se insere um caráter punitivo na indenização – aí sim, tem-se violação ao princípio de proibição do enriquecimento sem causa, já que o ofendido recebe, a título de punição, quantia que não lhe pertence. Isto, por si só, já bastaria a excluir a possibilidade de arbitramento de indenizações com base em critérios punitivos, mas, retornando ao texto, se encontrará outras razões.

A imprópria invocação do princípio do enriquecimento sem causa na fase de cálculo do dano tem levado os tribunais a estipular, em lesões semelhantes, indenizações menores para pessoas economicamente menos favorecidas. É grave a violação que daí resulta ao princípio da isonomia, consagrado no art. 5º, *caput*, da Constituição de 1988. A repercussão de uma certa lesão à personalidade de uma pessoa não pode ser considerada menor, por ser mais reduzida a sua capacidade econômica. O arbitramento do dano moral deve corresponder, sim, às suas condições pessoais e às reais consequências do dano sobre a sua personalidade, mas nunca às suas condições patrimoniais.[25]

O argumento vale também no sentido oposto. A utilização do critério da situação econômica da vítima ao inverso – para conceder maior indenização aos menos favorecidos economicamente – pode parecer, à primeira vista, uma ideia sedutora, mas cria a intolerável injustiça de lançar sobre o indivíduo responsável pela indenização o ônus de uma justiça distributiva ainda não alcançada pelo poder público ou pela sociedade civil como um todo. Além disso, fazendo a indenização superar a extensão efetiva do dano, estar-se-ia aí sim dando margem ao enriquecimento sem causa e convertendo a responsabilidade em punição.

É também um intuito punitivo que se encontra ínsito nos critérios da situação econômica e do grau de culpa do ofensor.[26] Com efeito, o dano moral sofrido pela vítima permanece idêntico, independentemente de ter sido causado com culpa leve, culpa grave ou dolo, por ofensor humilde ou abastado. Ao invocar a situação econômica ou o grau de culpa do ofensor como parâmetros para o arbitramento do dano moral, o magistrado desvia o seu olhar do dano sofrido pela vítima e, em contradição com a tendência da responsabilidade civil contemporânea, passa a valorar a conduta do ofensor. Com isso, insere-se um conteúdo de punição em uma atividade que deveria pretender apenas calcular o valor do dano, a fim de compensá-lo.

Ao se deixar que o intuito punitivo ingresse no arbitramento do dano moral, aí sim se está criando base sólida para os argumentos relativos ao enriquecimento sem causa (sem fonte). Do ato ilícito deriva a obrigação de reparar o dano, mas, no sistema brasileiro, não há na lei ou em qualquer outra fonte das obrigações nada que autorize indenização superior ao prejuízo causado. O novo Código Civil vai, inclusive, no sentido contrário ao declarar, em boa hora, que "a indenização mede-se pela extensão do dano"

---

[25] Cf. Pietro Perlingieri, *Perfis do Direito Civil – Introdução ao Direito Civil Constitucional*, Rio de Janeiro: Renovar, 1999, p. 174: "A avaliação equitativa prescinde do rendimento individual ou *pro capite* e concentra-se nas consequências que o dano produz nas manifestações da pessoa como mundo de costumes de vida, de equilíbrios e de realizações interiores."

[26] "relativamente ao tema da quantificação do dano moral, não se pode deixar de ao menos, segundo a concepção adotada neste trabalho, situar o caráter punitivo dentro do segundo plano de investigação sucessiva, como uma espécie de sobrecritério, a ser aplicado conjuntamente com os critérios de reparação do dano moral atinentes ao ofensor, especialmente grau de culpa e posição econômica do mesmo" (Carlos Edison do Rêgo Monteiro Filho, ob. cit., p. 152).

(art. 944).[27] É de se reconhecer, portanto, que haverá enriquecimento sem causa em qualquer quantia superior ao valor do dano atribuída à vítima que, embora tenha direito à reparação integral dos prejuízos sofridos, não tem qualquer razão, jurídica ou moral, para locupletar-se com a eventual punição do ofensor.

Nada obstante, ampla jurisprudência vem fazendo uso não apenas de critérios punitivos para o cálculo do prejuízo moral, mas também elevando, vez por outra, as indenizações a título de um suposto *caráter punitivo* ou *pedagógico* da reparação do dano moral. A tendência acabou sendo incorporada no Projeto de Lei 6.960/2002, que, entre outras alterações, propõe-se a inserir no art. 944 um parágrafo com a seguinte redação: "§ 2º A reparação do dano moral deve constituir-se em compensação ao lesado e adequado desestímulo ao lesante."

A alteração representaria a definitiva consagração da tendência punitiva, em contradição com a própria evolução da responsabilidade civil, que vem se distanciando cada vez mais da técnica de valoração das condutas e do intuito inculpador. Pior que isso: o proposto dispositivo incorpora o caráter punitivo da reparação do dano moral sem distingui-lo do caráter compensatório, tratando ambos como partes indiferenciáveis do gênero "reparação", com graves danos à segurança jurídica. Como consequência necessária deste equívoco inicial, o dispositivo também deixa de prever requisitos específicos para a aplicação do caráter punitivo, critérios que controlem a sua particular quantificação e soluções para as inconsistências que a incorporação do caráter punitivo apresenta no direito brasileiro.

4 Inconsistências do caráter punitivo no direito brasileiro

É ampla, no Brasil, a doutrina que sustenta uma dupla finalidade da reparação do dano moral: (i) compensar o sofrimento da vítima; e (ii) desestimular condutas semelhantes.[28] O desestímulo vem por meio da punição do agente, que se vê obrigado a indenizar a vítima em quantia superior ao dano moral efetivamente sofrido. Mas mesmo a

---

[27] A única exceção ao art. 944 está em seu parágrafo único e vai no sentido da redução equitativa da indenização, quando houver "excessiva desproporção entre a gravidade da culpa e o dano" Ora, se previu expressamente a possibilidade de redução, e não de aumento, é de se concluir que o novo Código Civil repeliu a ideia da indenização punitiva.

[28] Nas palavras de Caio Mário da Silva Pereira, *Responsabilidade Civil*, Rio de Janeiro: Forense, 1999, p. 55: "Quando se cuida do dano moral, o fulcro do conceito ressarcitório acha-se deslocado para a convergência de duas forças: caráter punitivo para que o causador do dano, pelo fato da condenação se veja castigado pela ofensa que praticou; e o caráter compensatório para a vítima, que receberá uma soma que lhe proporcione prazeres como contrapartida do mal sofrido." No mesmo sentido, ver, entre outros, Sergio Cavalieri Filho, *Programa de Responsabilidade Civil*, São Paulo: Malheiros, 1998, p. 82, e Guilherme Couto de Castro, *A Responsabilidade Civil Objetiva no Direito Brasileiro*, ob. cit., p. 25.

parcela da doutrina e dos tribunais que não reconhece a função punitiva da reparação do dano moral e limita a indenização ao prejuízo utiliza, no cálculo do dano moral, os quatro critérios mencionados acima e, assim, acaba por indiretamente impor também punição sobre o agente, cuja capacidade econômica e grau de culpa são levados em conta na determinação do dano.

A invocação do caráter punitivo, seja como título autônomo para a elevação do *quantum* indenizatório, seja como critério para o seu cálculo, contraria a tradição do ordenamento brasileiro, que, na esteira de outros países do sistema romano-germânico, sempre atribuiu à responsabilidade civil caráter meramente compensatório, deixando ao direito penal a punição das condutas que a sociedade entendesse mais graves. O caráter punitivo do dano moral viola essa dicotomia e vai de encontro às diretrizes estruturais do ordenamento pátrio. Não se trata de simples violação nominal ao princípio do *nulla poena sine praevia lege*, mas de uma completa inversão de papéis nos ramos do direito. Na atual situação do direito brasileiro, as indenizações punitivas (ou a utilização de critérios punitivos em indenizações que se supõe exclusivamente compensatórias) não sofrem qualquer limitação legal, podendo o juízo cível estipular os valores que lhe pareçam convenientes, com uma maior esfera de discricionariedade que o juízo criminal, cujo poder punitivo encontra-se limitado ao valor das multas e à duração das penas, conforme estritamente fixados em lei.

Não bastasse isso, há ainda no caráter punitivo diversas outras inconsistências. Primeiramente, se sua finalidade é desestimular as condutas antijurídicas, é de se perguntar por que não se fala em caráter punitivo em casos de danos meramente patrimoniais. Não há razão para que o causador de um dano moral seja obrigado a compensar o dano e, adicionalmente, a sofrer uma punição, enquanto o causador de um dano patrimonial, cuja conduta pode ter sido até mais repreensível (talvez dolosa), tem apenas o dever de compensar o prejuízo. Não há motivo que justifique a diversidade de tratamento. Embora a Constituição de 1988 eleve os valores extrapatrimoniais ao ápice do ordenamento, protegendo a personalidade humana com maior intensidade que o patrimônio, tal fato não serve a justificar punições civis no âmbito dos danos morais, e a tais danos restritas, principalmente no cenário brasileiro em que tais indenizações têm sido concedidas mesmo em casos de mero aborrecimento ou incômodo.

Também há problemas no que diz respeito às relações entre o dano moral e a responsabilidade objetiva. Se o cálculo do dano moral obedecer a critérios punitivos como a situação econômica e o grau de culpa do ofensor, não faltará quem sustente a impossibilidade de se pleitear a reparação de dano moral em casos de responsabilidade objetiva, onde a conduta e as características pessoais do ofensor não são, a princípio, objeto de valoração. A conclusão, equivocada, é fruto do tratamento unitário que a jurisprudência brasileira atribui à compensação do dano moral e à pretendida punição do seu causador. O intuito punitivo não integra a reparação do dano moral, não pertence à sua essência. O dano moral deve ser compensado em todas as hipóteses, inclusive nas de responsabilidade objetiva. É a eventual punição que, se aceita pelo ordenamento brasileiro, ficará a depender de uma valoração da conduta e da pessoa do ofensor.

Aí se revela, a propósito, a face mais retrógrada do caráter punitivo: a necessidade de vinculação à culpa, quando a responsabilidade civil move-se claramente no sentido oposto. A tendência, nítida no novo Código Civil, de expandir as hipóteses de responsabilidade objetiva corre o risco de se tornar inócua, porque a passagem definitiva a um sistema menos inculpador de responsabilização permanecerá presa à âncora das indenizações punitivas, em que o elemento intencional é imprescindível.

É importante notar, ainda, que a própria aplicação do caráter punitivo é muitas vezes ilusória. A indenização punitiva muitas vezes não recai sobre aquele que efetivamente causou o dano moral.[29] Basta pensar nas inúmeras hipóteses de responsabilidade por fato de outrem, em que um terceiro sofrerá o encargo da indenização punitiva, permanecendo isento o efetivo causador do dano.[30] Há ainda os casos de danos causados por agente público, em que o Estado e, em última análise, a coletividade sofrerá a punição. Também os casos de morte do autor da ofensa, em que se atingirá indevidamente os herdeiros. E, por fim, há as hipóteses em que o autor da ofensa dispõe de seguro contra eventuais indenizações. A propósito, é de se atentar ao estímulo que as indenizações punitivas geram à supervalorização da indústria de seguros, recaindo a tentativa de punição sobre toda a classe de segurados.

Em oposição a essas e outras tantas incongruências que se apresentam no tocante ao caráter punitivo do dano moral e ao tratamento confuso que a jurisprudência brasileira lhe vem atribuindo, inúmeros autores recorrem ao exemplo dos *punitive damages* norte-americanos, como a justificar a aplicação do caráter punitivo no Brasil. A referência é não apenas imprópria, porque inadequada aos problemas e à tradição do direito brasileiro, mas também temerária, já que desconhecedora da dogmática e do presente estado dos *punitive damages* no seu país de origem.

5 Os *punitive damages* na experiência norte-americana. A atual tendência de restrição do instituto e a nítida distinção entre o compensatório e o punitivo

Quando a teoria dinâmica de Copérnico, segundo a qual a Terra gira em torno do Sol, substituiu a concepção estática de Ptolomeu, que considera a Terra como um ponto imóvel de um universo estático, operou-se uma autêntica revolução no pensamento humano. Para o mestre comparatista Léontin-Jean Constantinesco, ao contrário da maior parte

---

[29] Maria Celina Bodin de Moraes, ob. cit., p. 141: "Outro importante argumento ao qual se faz referência frequentemente quando se trata de apontar os problemas dessa situação é que, na responsabilidade civil, nem sempre o responsável é o culpado e nem sem sempre o culpado será punido (porque ele pode ter feito um seguro)."

[30] Mesmo a pretensão de ressarcimento por meio de uma ação de regresso pode encontrar impedimentos como nos casos em que o efetivo causador do dano é descendente incapaz do responsável (art. 934 do Código Civil de 2002).

das ciências, o direito permaneceu alheio a essa radical mudança de perspectiva.[31] De fato, enquanto os demais saberes tomaram consciência de seu papel universal, a ciência jurídica permaneceu voltada para os ordenamentos nacionais, como se cada um deles fosse o centro de um universo próprio. As ocasionais referências ao direito estrangeiro vêm, quase sempre, desacompanhadas de um real estudo, que, mais que semelhanças e diferenças, aponte as razões, os fundamentos, os princípios e os valores que governam os diferentes ordenamentos. O resultado disso é, por vezes, uma importação acrítica e deficiente de institutos utilizados no exterior, sem a correta compreensão da função que desempenham e dos fenômenos sociais que os justificam. Todas essas considerações são aplicáveis aos chamados *punitive damages*, importados do sistema norte-americano sem atenção às peculiaridades da realidade social brasileira e sem a necessária inteligência do instituto em seu próprio país de origem.

Historicamente, os *punitive damages* norte-americanos derivam de uma antiga orientação jurisprudencial inglesa, surgida com a finalidade de substituir a vingança privada por uma sanção institucional que fosse menos gravosa ao convívio pacífico da sociedade. Data de 1784 o primeiro caso de indenização punitiva nos Estados Unidos: *Genay v. Norris*, que resultou na condenação de um médico que, após haver aceitado um desafio para um duelo de pistolas, inseriu secretamente na taça de vinho do seu adversário uma dose considerável de cantaridina[32] e propôs um drinque de reconciliação. A Suprema Corte da Carolina do Sul entendeu que as dores extremas provocadas à vítima pela malícia do médico mereciam, naquelas circunstâncias, uma "punição exemplar".[33]

De uma aplicação restrita a casos mais pitorescos no século XVIII, os *punitive damages* passaram a ter, nos séculos XIX e XX, ampla utilização, sobretudo com o desenvolvimento das relações de massa e do setor empresarial norte-americano. Somente no início da década de 1990 atingiu-se o ápice dos *punitive damages*, empregados sobretudo como forma de desestímulo às práticas abusivas de grandes corporações em face dos consumidores. As altas indenizações, todavia, atraíram críticas e provocaram significativas restrições ao instituto.[34]

---

[31] Léontin-Jean Constantinesco, *Introduzione al Diritto Comparato*, edição italiana de Antonio Procida Mirabelli e Rocco Favale, Torino: G. Giappichelli, 1996, p. 7.

[32] Cantaridina é o irritante ativo das cantáridas, também conhecidas como moscas espanholas ou moscas russas. Trata-se de substância de ação irritante e vesicante empregada apenas localmente na remoção de crescimentos epiteliais benignos (verrugas). A alta dosagem desta droga provoca bolhas intradérmicas, mas que se curam rapidamente sem deixar cicatriz. Apesar da crença, não é afrodisíaca (Goodman & Gilman, *As Bases Farmacológicas da Terapêutica*, Rio de Janeiro: Guanabara, p. 622).

[33] Cf. *Genay v. Norris*, 1 S.C.L. (1 Bay) 6 (1784).

[34] Para maiores detalhes acerca da evolução histórica dos *punitive damages*, ver Michael Rustad e Thomas Koenig, *The Historical Continuity of Punitive Damages Awards: Reforming the Tort Reformers*, in The American University Law Review, Summer, 1993, 42, 1269.

Sob o ponto de vista técnico, é importante notar que, diferentemente do que vem ocorrendo no Brasil, o caráter punitivo não se encontra no sistema norte-americano vinculado à reparação do dano moral. Ao contrário: os *punitive damages* aparecem geralmente em casos de danos meramente materiais. Isso porque as hipóteses de compensação de dano exclusivamente moral (*rectius*: sem lesão patrimonial ou física) são muito reduzidas no direito norte-americano como um todo. Exige-se, na maior parte dos Estados, a ocorrência da chamada *intentional infliction of emotional distress*, categoria de requisitos rigorosos.[35] E, ao contrário do que tem ocorrido no Brasil, o mero incômodo, mágoa ou aborrecimento não são considerados suficientes para dar origem ao dever de indenizar.

De qualquer forma, os *punitive damages* aparecem sempre como uma categoria claramente diversa dos *compensatory damages*, sob os quais se incluem as reparações de danos materiais (*material damages*) e morais (*emotional damages*). Nas decisões das cortes norte-americanas, os valores e os fundamentos das indenizações compensatória e punitiva jamais se misturam, mesmo porque esta última só é autorizada em hipóteses excepcionais, de acordo com a legislação de cada Estado norte-americano, sendo certo que tais hipóteses atualmente vêm sendo cada vez mais restringidas.

Tome-se, a título de exemplo, o Estado da Califórnia, em que os *punitive damages* são restritos a casos em que há inequívoca demonstração de intenção dolosa ou maliciosa do ofensor.[36] O Código Civil da Califórnia expressamente limita a possibilidade de *punitive damages* aos casos de violação de uma obrigação extracontratual "em que se demonstre, por

---

[35] Sobre o tema, confira-se *Womack v. Eldridge*, 215 Va. 338, 210 S.E.2d 145: "*We adopt the view that a cause of action will lie for emotional distress, unaccompanied by physical injury, provided four elements are shown: One, the wrongdoer's conduct was intentional or reckless. This element is satisfied where the wrongdoer had the specific purpose of inflicting emotional distress or where he intended his specific conduct and knew or should have known that emotional distress would likely result. Two, the conduct was outrageous and intolerable in that it offends against the generally accepted standards of decency and morality. This requirement is aimed at limiting frivolous suits and avoiding litigation in situations where only bad manners and mere hurt feelings are involved. Three, there was a causal connection between the wrongdoer's conduct and the emotional distress. Four, the emotional distress was severe.*"

[36] Embora admita-se também *punitive damages* em casos de "malícia implícita" (*implied malice*), conceito que se assemelha ao dolo eventual utilizado pelo direito penal brasileiro. Cf., na jurisprudência norte-americana, decisão da Suprema Corte da Califórnia no caso *Taylor v. Stille*, 24 Cal. 3d 890, em que se buscava indenização compensatória e punitiva por danos causados em acidente automobilístico provocado por um alcoólatra, que dirigia embriagado. O autor sustentou que o réu, mesmo ciente da gravidade de seu vício e dos riscos de dirigir sob efeito de álcool, aceitara um emprego de motorista de veículo transportador de bebidas alcoólicas, que lhe exigia dirigir por toda a cidade, fazendo paradas ocasionais em lojas de bebidas e sujeitando-se, dessa forma, a tentações que não podia controlar. O tribunal considerou que houve consciente desconsideração da segurança de terceiros e malícia implícita (*implied malice*) por parte do réu, razão pela qual afastou a tese da defesa baseada em inimputabilidade por alcoolismo e ainda deu provimento ao pedido de *punitive damages*.

prova clara e convincente, que o réu foi responsável por opressão, fraude ou malícia".[37] A exemplo do que ocorre na Califórnia, onze Estados americanos já editaram leis limitando expressamente a incidência das indenizações punitivas, e mesmo nos Estados que não o fazem os *punitive damages* têm sido estritamente controlados pelos tribunais.[38]

Por toda parte nos Estados Unidos têm surgido críticas aos *punitive damages* e tentativas de restrição e até de supressão do instituto.[39] A principal dessas tentativas foi representada pelo *Model State Punitive Damages Act*, redigido em 1991 pelo extinto Conselho Presidencial de Competitividade (*President's Council on Competitiveness*), e cuja finalidade era restringir substancialmente as hipóteses de aplicação dos *punitive damages* por meio de uma série de propostas que iam desde a extinção da competência do júri para a matéria até a limitação do valor dos *punitive damages* ao valor total da indenização compensatória. O *Model State Punitive Damages Act* jamais chegou a ser adotado na íntegra por qualquer Estado norte-americano, mas muitos deles incorporaram parcialmente suas limitações à incidência dos *punitive damages*. E, com efeito, a redução foi significativa. As notícias de indenizações milionárias que percorreram o mundo no início da década de 90 já não mais correspondem à realidade diária das cortes norte-americanas.[40] As indenizações

---

[37] Na íntegra original: *"In an action for the breach of an obligation not arising from a contract, where it is proven by clear and convincing evidence that the defendant has been guilty of oppression, fraud, or malice, the plaintiff, in addition to the actual damages, may recover damages for the sake of example and by way of punishing the defendant"* (Civil Code of California, section 3.294).

[38] Não apenas quanto à sua incidência, mas também no que diz respeito à sua quantificação. A própria Suprema Corte dos Estados Unidos, no intuito de reduzir valores excessivos atribuídos às vítimas a título de *punitive damages*, estabeleceu critérios para a sua quantificação, a saber: (i) o grau de repreensibilidade da conduta do ofensor (*degree of reprehensibility*); (ii) a relação com o dano sofrido pela vítima (*ratio to the actual harm inflicted to on the plaintiff*); e (iii) as sanções eventualmente previstas na lei ou em regulamentos por condutas semelhantes àquela praticada pelo ofensor (*sanctions for comparable misconduct*). Cf. BMW of North America, Inc. v. Ira Gore, Jr., 116 S. Ct. 1589 (1996), e Pacific Mut. Life Ins. Co. v. Haslip, 111 S. Ct. 1032 (1991). Especificamente sobre o critério da relação entre os *punitive damages* e o dano sofrido, ver TXO Production Corp. v. Alliance Resources Corp., 113 S. Ct. 594 (1992), em que a Suprema Corte apreciou recurso da TXO para reduzir *punitive damages* arbitrados em uma quantia que chegava a 526 vezes o valor do dano efetivamente sofrido.

[39] Para críticas aos *punitive damages* na doutrina norte-americana, ver, entre outros, Dan Quayle, *Civil Justice Reform*, 41 AM. U. Law Review 559, 559 (1992). Confira-se, também, Malcolm Wheeler, *A Proposal for Further Common Law Development of the Use of Punitive Damages in Modern Product Liability Litigation*, 40 ALA. Law Review 919, 919 (1989). Na jurisprudência, ver o voto vencido no caso Bowning-Ferris Industries v. Kelco Disposal, Inc., 492 U.S. 257 (1989), em que a juíza da Suprema Corte norte-americana, Sandra Day O'Connor, tecia críticas às indenizações milionárias e alertava: *"punitive damages are skyrocketing"*.

[40] Tornou-se notória a decisão proferida por um júri popular de Albuquerque, New Mexico, que condenou a McDonald's Corp. a pagar uma indenização de 2,9 milhões de dólares a uma senhora de 81 anos que se queimou ao derramar acidentalmente sobre si um copo de café, cuja temperatura foi considerada alta demais (cf. *A Matter of Degree: How a Jury decided that one coffee spill is worth $2.9 million*, in The Wall Street Journal, edição de 2.9.1994).

permanecem, sim, relativamente elevadas, mas restritas, em sua imensa maioria, ao âmbito da compensação.

Todavia, inúmeros autores brasileiros permanecem invocando como argumento de autoridade o exemplo norte-americano, alheios talvez às discussões que se colocam, hoje, naquele país. Da comparação, até hoje, não se extraiu sequer a constatação de que a doutrina das indenizações punitivas apresenta, no Brasil, grave deficiência técnica representada pelo seu tratamento unitário com a compensação do dano. Com efeito, os tribunais brasileiros, repetindo erros do Código Brasileiro de Telecomunicações e da Lei de Imprensa, utilizam critérios punitivos para a quantificação de uma indenização que deveria ser, ao menos a princípio, meramente compensatória. O resultado é que as decisões judiciais tratam de forma unitária quantias atribuídas a títulos inteiramente diversos, fundados em fatos e argumentos distintos. Torna-se impossível, no cenário brasileiro, separar no valor da condenação a parcela concedida a título de compensação do dano e aquela que se pretende atribuir à vítima a título de punição do ofensor. Há, nisso, violação flagrante ao direito de ampla defesa do causador do dano e limitação ao contraditório em sede de recurso, já que se inviabiliza a discussão acerca da legalidade e conveniência da punição, cuja extensão nem chega a ficar clara.

6 Ampla compensação e sanções administrativas: alternativas ao caráter punitivo da reparação do dano moral

O exemplo norte-americano, menos que corroborar as teses entusiastas da indenização punitiva, vem evidenciar grave equívoco no tratamento que o caráter punitivo tem recebido no Brasil: compensa-se o prejuízo e pune-se o ofensor, tudo com uma única quantia, sem distinção de valores, sem a aferição de requisitos específicos e sem a devida atenção aos prejuízos efetivamente sofridos pela vítima. É, a propósito, na desatenção aos prejuízos sofridos pela vítima que reside talvez o pecado original da jurisprudência brasileira nesta matéria. A defesa do caráter punitivo no Brasil tem como intuito subjacente a majoração das indenizações por danos morais, cujo montante é, em casos mais graves, quase sempre insuficiente para amenizar o sofrimento da vítima. As baixas indenizações derivam justamente do fato de que as cortes brasileiras costumam ser desatentas à efetiva repercussão da lesão sobre a vítima, não como classe econômica ou como gênero, mas como pessoa humana, cujas particulares características precisam ser levadas em conta no momento de quantificação do dano.[41]

A ampla tutela a esses aspectos existenciais já traria substancial aumento ao valor das indenizações, afastando a necessidade de se recorrer aos *punitive damages*, que trazem mais problemas que soluções. Atinge-se igual efeito por meio da concessão de indeni-

---

[41] "(...) Assim, especial será o dano ao ouvido de um esportista ainda que não profissional que ama nadar ou para quem se dileta a ouvir música; assim como será especial o dano na perna de quem mora em um dos últimos andares de um edifício sem elevador" (Pietro Perlingieri, ob. cit., p. 174).

zações dignas como resultado de uma ampla e correta utilização da função compensatória, cujo escopo deve ser sempre a integral proteção da vítima, em todos e cada um dos aspectos que compõem a sua personalidade.[42]

Uma reflexão imparcial mostra que isso já solucionaria grande parte dos problemas. Todavia, pode-se argumentar que o caráter punitivo continuaria necessário naquelas hipóteses em que danos não tão graves são causados por uma conduta sistemática e maliciosa do ofensor, que a repete justamente porque a soma de todas as possíveis indenizações não supera o custo de uma mudança de postura. Assim, por exemplo, nos casos de determinadas instituições financeiras que enviam aos serviços de proteção ao crédito (SPC, SERASA etc.) nomes de todos os devedores indiscriminadamente, optando de forma voluntária por não proceder a um exame individual da situação de cada um destes devedores, muitos deles pontuais em suas obrigações. O custo operacional de uma análise assim detalhada supera o montante global das baixas indenizações usualmente concedidas às vítimas de tais erros. É também o que ocorre com certos veículos jornalísticos que, com frequência, divulgam informações duvidosas acerca de pessoas notórias, assumindo deliberadamente o ônus de agir sem a devida cautela na investigação da veracidade da notícia, pelo simples fato de que as vendas e a publicidade obtidas com aquelas bombásticas tiragens superam, em muito, eventuais indenizações.

Em casos assim, em que há a má-fé do ofensor e a repetição sistemática da conduta lesiva, a aplicação de uma indenização punitiva, com prévia estipulação legal que lhe fixasse os limites e os parâmetros, poderia, sim, servir de solução. Todavia, também aqui uma correta e ampla aplicação de indenização compensatória já serviria a superar os valores ínfimos que a jurisprudência brasileira vem aplicando a essa espécie de conflitos. A majoração da indenização, com base em critérios ainda puramente compensatórios como as condições pessoais da vítima, talvez já fosse suficiente para desequilibrar a equação matemática e desestimular a prática de condutas maliciosas.

Mas ainda que assim não fosse, seria possível aplicar a tais condutas punições administrativas, paralelamente à indenização civil. Assim, no citado exemplo das instituições financeiras que remetem indevidamente numerosos devedores aos serviços de proteção ao crédito, a previsão de multas e outras sanções pelo Banco Central do Brasil, órgão regulador do sistema financeiro nacional, teria força para coibir a prática de tais condutas, inclusive com maior eficiência que a indenização civil, em virtude da celeridade da sanção e dos efeitos políticos que a punição por uma conduta desta espécie poderia gerar no relacionamento entre a instituição financeira e o Banco Central. Ademais, a punição na esfera administrativa, e não civil, além de passar ao largo de todas as discussões referentes à ausência de previsão legal da sanção imposta, evitaria a tormentosa questão do enriquecimento sem causa do ofendido, porque o valor da multa seria destinado ao

---

[42] "[...] as condições pessoais da vítima, desde que se revelem aspectos de seu patrimônio moral, deverão ser cuidadosamente sopesadas para que a reparação possa alcançar a singularidade de quem as sofreu, sob a égide do princípio da isonomia substancial" (Maria Celina Bodin de Moraes, ob. cit., p. 173).

Poder Público, titular do direito de punir, e não à vítima, que, se tem razões para ver punido o ofensor, não tem, certamente, qualquer legítima justificativa para enriquecer-se com esta punição.

7 À guisa de conclusão: tabelamento do dano moral – o avesso do avesso

É curioso que, apesar de todas essas constatações, as poucas vozes que se levantem contra o caráter punitivo no Brasil fixem-se quase sempre no argumento da "indústria do dano moral". De fato, a notícia das milionárias indenizações norte-americanas gera, no espírito de qualquer pessoa de bom-senso, o temor de uma frenética corrida ao Judiciário, com maliciosas simulações de dor e sofrimento diante de qualquer incidente cotidiano. Aliás, tal temor tem sido influente nos Estados Unidos na redução dos *punitive damages*, sobretudo diante da preocupação no sentido de se estar criando incentivos jurídicos à vitimização e à mercantilização das relações humanas.

Claro que a tudo isso deve estar atento o jurista brasileiro, mas a verdade é que, no Brasil, o argumento da "indústria do dano moral" é ainda prematuro. A situação na prática jurisprudencial brasileira parece oposta. Apesar da vitoriosa exceção representada pelos Juizados Especiais, o pleno acesso ao Judiciário ainda se encontra, em regra, restrito a camadas economicamente elevadas da população.[43] Embora as condutas abusivas ocorram com frequência no mercado, as indenizações por danos morais são cada vez mais baixas e não estimulam a busca maliciosa de um provimento jurisdicional, de obstáculos numerosos não apenas sob o aspecto econômico, mas também social. Estamos anos atrás e, em se abandonando as indenizações punitivas, imunes à situação crítica atingida nos Estados Unidos em fins da década de 80. A realidade social brasileira recomenda outros temores, não este, típico de uma sociedade em que o acesso ao Judiciário é amplo e os efetivos abusos à coletividade, raros. O caráter punitivo não se sustenta no Brasil por diversas outras razões. A referência à "indústria do dano moral" somente adentra a discussão como perspectiva futura; não pode e não deve ocupar papel central no debate.

Nada obstante, o temor das altas indenizações parece fortemente presente no imaginário jurídico brasileiro. Prova disto é o Projeto de Lei 150/1999, que fixa limites quantitativos à indenização por dano moral. Em um absurdo retorno ao tabelamento das indenizações, o projeto, aprovado na Comissão de Constituição e Justiça do Senado Federal, divide o dano moral em leve, médio e grave, estipulando tetos máximos de 20 mil, 90 mil e 180 mil reais, respectivamente.[44] A proposta não é apenas o oposto da

---

[43] Sobre o acesso à Justiça na realidade brasileira, ver Paulo Cezar Pinheiro Carneiro, *Acesso à Justiça: Juizados Especiais Cíveis e Ação Civil Pública*, Rio de Janeiro: Forense, 1999, *passim*.

[44] Para maiores detalhes, confira-se a matéria *Senado quer tabelar valor do dano moral*, in *Folha de S. Paulo*, edição de 16.6.2002.

tendência de proteção integral à pessoa, que recomenda que cada dano e cada vítima sejam tratados em sua particularidade; é também inconstitucional, visto que a Constituição de 1988 assegura a compensação dos danos morais, sem estabelecer limitações de qualquer espécie.[45]

A iniciativa do Projeto de Lei 150/1999 parece pretender aplacar justamente o temor e a insegurança que a doutrina do caráter punitivo atraiu para a responsabilidade civil por dano moral no direito brasileiro.[46] Ao se transformar a indenização dos danos morais em espécie de punição, surge naturalmente a tendência de tarifar-lhe o valor, de modo a evitar a aplicação de pena sem previsão legal. Todavia, por conta do tratamento unitário que se vem dando aos aspectos punitivo e compensatório no Brasil, o tabelamento acabará atingindo e limitando a própria compensação do dano moral, o que é inadmissível em uma ordem jurídica que deve tutelar de forma irrestrita todos os aspectos da personalidade humana. Como no avesso do avesso, vem um erro a fim de corrigir outro. Solução muito melhor que o tabelamento é aplicar em sua plenitude o art. 944, *caput*, do novo Código Civil, adequando a indenização à compensação integral dos prejuízos sofridos pela vítima, e afastando do arbitramento do dano moral qualquer consideração de ordem punitiva.

---

[45] Aliás, a inconstitucionalidade do tabelamento do dano moral já foi reconhecida pelo Superior Tribunal de Justiça, ao analisar o art. 51 da Lei de Imprensa (Lei 5.250/1967). Cf. Recurso Especial 52.842/RJ, Rel. Min. Carlos Alberto Menezes Direito, j. 16.9.1997, in *RSTJ* 99/179. Mas parece que nem o novo Código Civil teve a necessária atenção a esse fato. Veja-se a impropriedade do art. 952, parágrafo único, que, em caso de usurpação, com perda da coisa, limita o preço de afeição do objeto ao seu preço ordinário, o que parece configurar inconstitucional restrição ao valor da indenização pelo dano moral sofrido com a perda de bens de significativo valor sentimental.

[46] Segundo matéria jornalística, "o objetivo é impedir indenizações não condizentes com a realidade brasileira" (cf. *CCJ aprova limites para dano moral*, publicada no jornal *Valor*, edição de 31.5.2002).

A Perda da Chance na Jurisprudência do Superior Tribunal de Justiça*

> Sumário: 1. A pergunta do milhão. 2. A chamada certeza do dano e a perda da chance. 3. A perda da chance em dois planos de análise: existência e quantificação. 4. A existência da perda da chance. 4.1. Orientação do Superior Tribunal de Justiça e Recurso Especial 1.079.185/MG. 4.2. Perda da chance de sobrevivência do paciente e o Recurso Especial 1.104.665/RS. 4.3. Ainda sobre a perda da chance de sobrevivência: o Recurso Especial 1.184.128/MS. 4.4. Chances recuperadas: de volta ao Recurso Especial 1.079.185/MG. 5. Quantificação da perda da chance. 5.1. O critério da probabilidade matemática e o Recurso Especial 965.758/RS. 5.2. Condições específicas da vítima e o arbitramento da perda sofrida. 6. O futuro da perda da chance e o papel do Superior Tribunal de Justiça.

1 A pergunta do milhão

Sempre vista com alguma hesitação pela doutrina brasileira, a teoria da perda de uma chance ganhou renovado impulso em 2005, quando o Superior Tribunal de Justiça julgou o Recurso Especial 788.459/BA. O caso é conhecido. Envolvia uma ex-participante do "Show do Milhão", programa televisivo que oferece R$ 1.000.000,00 em barras de ouro a quem responda corretamente a um determinado número de perguntas. Após sucessivos acertos, ela havia conquistado a chance de responder à indagação derradeira, conhecida como "pergunta do milhão". A pergunta formulada foi a seguinte:

"A Constituição reconhece direitos aos índios de quanto do território brasileiro? Resposta: (a) 22%; (b) 2%; (c) 4%; (d) 10%."

---

* Publicado originalmente em Ana Frazão e Gustavo Tepedino (Coord.), *O Superior Tribunal de Justiça e a Reconstrução do Direito Privado*, São Paulo: RT, 2011, p. 81-102.

Segundo a organização do programa, a alternativa correta seria a última: dez por cento. A verdade, contudo, é que a própria pergunta apresentava um equívoco. A Constituição brasileira não reserva qualquer percentual do território nacional aos povos indígenas, limitando-se a reconhecer os direitos originários dos índios sobre "as terras que tradicionalmente ocupam" (art. 231). Diante da estranha indagação, a participante desistiu de oferecer resposta, deixando o programa com a premiação que já havia acumulado, equivalente a meio milhão. Propôs, todavia, ação indenizatória, com o objetivo de obter o meio milhão restante.

A ação foi julgada procedente pelo juízo de primeiro grau, que condenou a sociedade organizadora do programa a pagar à autora meio milhão, decisão mantida pelo Tribunal de Justiça da Bahia. O Superior Tribunal de Justiça, contudo, acolheu, por decisão unânime da sua 4ª Turma, o recurso interposto pela sociedade ré, reduzindo o valor da indenização, ao argumento de que o prejuízo sofrido pela autora da demanda não se qualificava como lucro cessante, mas como perda de uma chance. Isso porque não era possível "afirmar categoricamente" que a autora acertaria a resposta de uma pergunta formulada de modo regular pela organização do programa.[1] A indenização foi reduzida a R$ 125.000,00, valor "equivalente a um quarto do valor em comento, por ser uma 'probabilidade matemática' de acerto de uma questão de múltipla escolha com quatro itens."

Não era a primeira vez que o Superior Tribunal de Justiça aplicava a teoria da perda da chance, mas a imensa maioria dos casos anteriores se limitava à hipótese de extinção de demandas judiciais por erro advocatício.[2] Por conta disso, o acórdão do Show do Milhão acabou recebido com renovado entusiasmo por advogados e juristas. Desde então, a teoria da perda da chance tem se difundido cada vez mais nos tribunais e nos meios acadêmicos. O próprio Superior Tribunal de Justiça já teve mais de uma oportunidade de revisitar o tema. Seus acórdãos têm servido de parâmetro para a atuação de cortes e magistrados em todo o país, de tal maneira que a matéria não poderia mesmo deixar de constar do presente volume.

O que talvez possa parecer surpreendente ao leitor é que, dentre tantos julgados, o acórdão escolhido para introduzir um comentário sobre o tema tenha sido aquele proferido no julgamento do Recurso Especial 1.104.665/RS, que negou aplicação à teoria da perda da chance em um caso envolvendo alegação de erro médico. A escolha, contudo, reflete a singular argúcia dos organizadores da obra. No campo da perda da chance, o Superior Tribunal de Justiça tem se destacado justamente por evitar os excessos na aplicação da teoria, evitando abrir as portas do Judiciário à indenização de sonhos remotos ou esperanças longínquas. A corte superior tem atuado de forma extremamente criteriosa,

---

[1] Destacou, a propósito, o relator Min. Fernando Gonçalves que o desempenho brilhante da autora até o momento da indagação derradeira não era garantia de sucesso, já que "há uma série de outros fatores em jogo, dentre os quais merecem destaque a dificuldade progressiva do programa [...] e a enorme carga emocional que inevitavelmente pesa ante as circunstâncias da indagação final".

[2] Ver, por exemplo, STJ, Ag. 272.635/SP, Rel. Min. Eduardo Ribeiro, 1.2.2000.

procurando aferir, com rigorosa precisão, a perda de uma chance séria e real de obter vantagem ou evitar prejuízo. E não tem hesitado em negar aplicação à teoria diante da falta de identificação dos seus pressupostos no caso concreto.

Tal postura não enfraquece, antes consolida, a teoria da perda da chance no cenário brasileiro. A histórica hesitação da doutrina em torno da figura assentou sempre no temor de que, ao indenizar oportunidades perdidas, os tribunais acabassem por ceder a argumentações apaixonadas, estimulando um cenário de litigância excessiva, em que ações judiciais seriam propostas para compensar frustrações de projetos irrealizáveis ou futuros imaginários. Nesse contexto, os acórdãos do Superior Tribunal de Justiça, mesmo sem refletir uma visão unitária da teoria da perda da chance, têm logrado estabelecer diretrizes importantes para separar o joio do trigo.

Além disso, a corte não tem deixado de enfrentar aspectos tormentosos do tema, como (i) o traço distintivo entre a perda da chance e os lucros cessantes; (ii) os efeitos da perda da chance no campo extrapatrimonial; e (iii) a aplicação da teoria em cenários de características marcadamente aleatórias como a recuperação clínica de pacientes. Tampouco tem se esquivado do problema que, na opinião de dez entre dez especialistas, consiste no ponto mais dramático da perda da chance: a quantificação do dano sofrido. Eis, com o perdão do trocadilho, a "pergunta do milhão", para a qual ainda se busca, na doutrina pátria e estrangeira, uma resposta.

2 A chamada certeza do dano e a perda da chance

Os manuais de responsabilidade civil repetem, à exaustão, que somente se indeniza o dano "certo e atual".[3] Diz-se atual o dano que já existe "no momento da ação de responsabilidade", e certo aquele que é "fundado sobre fato preciso e não sobre hipótese".[4] Assim, não seriam indenizáveis os danos futuros e hipotéticos. Com isso, a responsabilidade civil escaparia do domínio das elucubrações mirabolantes para se converter em ramo científico do direito, comprometido com a aspiração de segurança do individualismo jurídico.[5]

Tal segurança, a rigor, nunca existiu. A reparação do dano é, por definição, o fruto de um exercício de imaginação. Como já advertia a melhor doutrina alemã, "o acontecimento danoso interrompe a sucessão normal dos fatos", de modo que se torna dever

---

[3] Ver, entre tantos outros, Carlos Roberto Gonçalves, *Responsabilidade Civil*, São Paulo: Saraiva, 2003, p. 530: "Também nenhuma indenização será devida se o dano não for atual e certo."
[4] É a lição de Caio Mário da Silva Pereira, *Responsabilidade Civil*, Rio de Janeiro: Forense, 1989, p. 45, inspirado no tratado célebre de Henri Lalou.
[5] Sobre o tema, é imprescindível a leitura de Gustavo Tepedino, *Premissas Metodológicas para a Constitucionalização do Direito Civil*, in *Temas de Direito Civil*, Rio de Janeiro: Renovar, 2004, 3. ed., p. 1-22.

do responsável "provocar um novo estado de coisas que se aproxime o mais possível da situação frustrada", isto é, daquela situação que "segundo os cálculos da experiência humana e as leis da probabilidade, seria a existente (e que é, portanto, irreal)".[6] Todo o esforço da responsabilidade civil consiste em tentar recolocar a vítima numa situação em que ela não mais se encontra, mas na qual presumidamente se encontraria não fosse o evento danoso. Daí ensinar José de Aguiar Dias que o problema da reparação do dano "se considera satisfatoriamente resolvido quando se consegue adaptar a nova realidade àquela situação imaginária".[7] De certo modo, portanto, o juízo de responsabilização é sempre centrado sobre um juízo hipotético futuro. A certeza que se persegue na responsabilidade civil não é certeza de fato, pois "a certeza não é deste mundo. Geralmente, o chamado dano certo é aquele que é muito provável, tão provável que merece ser tomado em consideração".[8]

No Brasil, o Código Civil de 1916 não exigia que o dano fosse certo e atual. Tampouco o Código Civil de 2002 o exige. Muito ao contrário, ambas as codificações reconheceram que a responsabilidade civil abrange não apenas o dano emergente, consubstanciado naquilo que a vítima "efetivamente perdeu", mas também os lucros cessantes, ou seja, aquilo que a vítima "razoavelmente deixou de lucrar" (art. 402). Sobre o tema, já advertia Agostinho Alvim que, se com relação ao dano emergente, "é possível estabelecer, com precisão, o desfalque do nosso patrimônio, sem que as indagações se perturbem por penetrar no terreno hipotético", com relação ao lucro cessante, "o mesmo já não se dá".[9]

A própria codificação admite, portanto, a intromissão de um juízo hipotético na delimitação dos prejuízos sofridos pela vítima. Em exemplo corriqueiro, o motorista de táxi que tem seu veículo danificado em uma colisão provocada culposamente por outro motorista faz jus à indenização não apenas pelo custo do reparo (dano emergente), mas também pelo que "razoavelmente deixou de lucrar" durante a semana que o carro ficou na oficina. A experiência pregressa permite demonstrar qual a média semanal de ganhos com a circulação do táxi, de onde se extrai o valor da indenização pelos lucros cessantes. Trata-se de prejuízo certo? De modo algum. O taxista poderia se adoentar, o veículo poderia apresentar falha mecânica, o movimento de passageiros poderia naquela semana ser bem inferior à média. Aquele grau de probabilidade, contudo, é considerado suficiente para que o dano seja indenizado.

Se os lucros cessantes já escapavam ao paradigma da certeza do dano, gerando dificuldades para aqueles que aspiram por uma responsabilidade civil de precisão matemática, a teoria da perda da chance vem abrir uma nova e importante clareira de "incerteza".

---

[6] É a lição de Fischer, difundida, entre nós, pela obra célebre de José de Aguiar Dias, *Da Responsabilidade Civil*, Rio de Janeiro: Renovar, 11. ed. atualizada e expandida por Rui Berford Dias, 2006, p. 982.

[7] José de Aguiar Dias, *Da Responsabilidade Civil*, cit., p. 982.

[8] Philippe Le Tourneau, *La Responsabilité Civile*, Paris: Dalloz, 1982, 3. ed., p. 167.

[9] Agostinho Alvim, *Da Inexecução das Obrigações*, São Paulo: Saraiva, 1955, p. 203.

Nascida e desenvolvida no solo francês, a teoria da *perte d'une chance* propõe que a vítima seja ressarcida sempre que configurada a perda de uma oportunidade de obter certa vantagem ou evitar certo prejuízo. Introduz-se a "chance" no terreno do reparável, com o propósito de assegurar à vítima o ressarcimento integral das perdas sofridas. A teoria da perda da chance difundiu-se mundo afora, não tanto pela sua base técnica – ainda hoje recheada de controvérsias –, mas sobretudo pela influência de fatores sociais e econômicos, que vão da multiplicação de estudos estatísticos à crescente intangibilidade das riquezas (créditos, opções, informações etc.), tudo a contribuir para uma expansão do próprio significado de dano no sentimento coletivo.[10]

Não faltam, contudo, escritos e julgados que negam validade à teoria, ao argumento de que a chance perdida não representa um dano certo e atual, não sendo, portanto, indenizável. Frequentemente, hipóteses de perda da chance acabam sendo tratadas como dano hipotético. Em outras ocasiões, a perda da chance é confundida com os lucros cessantes. No primeiro caso, nega-se indenização ao autor da demanda. No segundo, atribui-se a ele indenização maior que a devida. Para se equilibrar entre os dois extremos, é preciso compreender bem os contornos técnicos do instituto.

3 A perda da chance em dois planos de análise: existência e quantificação

Imagine-se a situação de um artista plástico que é impedido de participar de certa exposição comercial, na qual já está inscrito, porque o transportador não entregou suas telas a tempo. Nada garante que o artista venderia algum quadro. Tal resultado é hipotético, aleatório, dependeria de outros fatores. Não há dúvida, contudo, de que o artista perdeu a oportunidade de vendê-los. A teoria da perda da chance atribui relevância jurídica a essa oportunidade perdida, independentemente do resultado que se produziria ou não. Como se vê, a perda da chance não configura dano hipotético. Hipotético é o prejuízo consubstanciado na perda do resultado da oportunidade (no caso, a venda), não a perda da oportunidade em si.

Para se compreender bem a perda da chance, é preciso examiná-la em dois planos distintos: (i) existência da perda; e (ii) quantificação da perda. No plano da existência, verifica-se se houve a perda efetiva de uma oportunidade séria e real. Em seguida, passa-se ao plano da quantificação da perda, onde se investiga qual seria a probabilidade de obtenção do resultado final, atribuindo-se um valor proporcional à perda da chance de obtê-lo.

A divisão em dois planos (existência e quantificação) é importantíssima para se entender que a perda da chance pode ocorrer mesmo que o resultado final não seja extremamente provável. No caso do Show do Milhão, por exemplo, o Superior Tribunal de

---

[10] Sobre o tema, ver a apresentação de Judith Martins-Costa à obra de Rafael Peteffi da Silva, *Responsabilidade Civil pela Perda de uma Chance*, São Paulo: Atlas, 2007, especialmente p. xv-xvi.

Justiça reconheceu como indenizável a perda de uma chance de sucesso que correspondia a apenas 25%. Vale dizer: para que tenha aplicação a teoria da perda da chance, não é necessário que haja uma alta probabilidade de ganho, superior a 50% ou a qualquer outro patamar.[11] Mesmo chances reduzidas de sucesso (25%, por exemplo) podem dar ensejo à indenização.

Tecnicamente, a relação probabilística entre a chance e o resultado final só ganha importância no momento da quantificação da perda, isto é, no momento da "aferição do valor do dano".[12] A análise da existência da perda da chance independe de ser a chance alta ou não. Mesmo que o resultado final não seja provável, mas tão somente um resultado possível, a perda da chance é indenizável. O que dizer, contudo, daqueles casos em que a chance de sucesso é absolutamente irrisória?

É o caso do jogador que perdeu, por ato ilícito alheio, a sua chance de ganhar o prêmio máximo da Mega Sena. A perda da sua chance de sucesso, que correspondia a uma chance em 50 milhões, pode ser indenizada? Embora, em situações assim, a perda da chance continue tecnicamente *existindo*, a melhor doutrina tem advertido que a probabilidade de sucesso poderá ser "tão desprezível que nem possa ser tida como correspondendo a um interesse digno de tutela jurídica".[13] Não se trata, a rigor, de negar existência à perda da chance, mas simplesmente de rejeitar o exercício concreto da pretensão indenizatória, em atenção a outras regras e princípios do ordenamento jurídico (princípio da insignificância etc.). Não raro, contudo, a jurisprudência vislumbra aqui dano hipotético, desconsiderando a oportunidade ínfima de sucesso.

4 A existência da perda da chance

Para que se configure a perda de uma chance, é preciso verificar, em primeiro lugar, se a oportunidade realmente existiria não fosse a intervenção do responsável. Para se falar em perda da chance, é preciso demonstrar que "está em curso um processo que propicia a uma pessoa a oportunidade de vir a obter no futuro algo benéfico", sendo de se provar, ainda, que "esse processo foi interrompido por um determinado fato antijurídico e, por isso, a oportunidade ficou irremediavelmente destruída".[14] A chance perdida integraria a esfera jurídica da vítima, não fosse o fato gerador da responsabilidade. Em

---

[11] Em sentido contrário, é de se conferir a valorosa obra de Sérgio Savi, *Responsabilidade Civil por Perda de uma Chance*, São Paulo: Atlas, 2006, em que o autor, enfrentando o tema com pioneirismo no campo das monografias especializadas, sustenta que "as chances, para serem consideradas sérias, reais e, portanto, passíveis de indenização, precisarão ser superior a 50% (cinquenta por cento)" (p. 80).

[12] Fernando Noronha, *Direito das Obrigações*, v. 1, São Paulo: Saraiva, 2003, p. 665.

[13] Fernando Noronha, *Direito das Obrigações*, cit., p. 675.

[14] Fernando Noronha, *Direito das Obrigações*, cit., p. 665.

outras palavras: o normal desenrolar dos fatos conduziria ao gozo da oportunidade, que não dependia de outras condições que não as que já estavam presentes no caso concreto.

O pecuarista que vê morrer seu melhor bezerro por erro veterinário faz jus à indenização por perda da chance de vencer um concurso de novilhos no qual seu animal já estava inscrito e para o qual o vinha comprovadamente preparando. Não tem direito, contudo, à indenização pela perda da chance de obter um rebanho de elevada qualidade a partir da prole do novilho. O que diferencia as duas hipóteses? Na primeira, a chance perdida era decorrência normal de um processo que já estava em curso. A inscrição e preparação do animal indicavam que, fosse mantido o trajeto normal dos acontecimentos, a oportunidade se apresentaria. Na segunda hipótese, ao contrário, não se pode afirmar que a oportunidade de obter um rebanho de qualidade fosse o simples fruto do curso normal dos acontecimentos: dependeria ainda de diversos fatores, como a sobrevivência do animal, a sua capacidade para procriar, a genética das fêmeas e assim por diante. Na primeira hipótese, pode-se afirmar que a chance existiria, embora o resultado final (vitória no concurso) fosse aleatório. Na segunda hipótese, a chance em si é considerada hipotética, aleatória.

4.1 Orientação do Superior Tribunal de Justiça e Recurso Especial 1.079.185/MG

Como se vê, para que se possa falar em perda da chance, é preciso que a oportunidade alegadamente perdida seja o resultado natural de um processo em curso, e não uma mera esperança da vítima. Necessário se faz que a chance não dependa, ela própria, de outros fatores cuja presença no caso concreto não se possa, de acordo com o normal acontecimento dos fatos, garantir. Nesse particular, o Superior Tribunal de Justiça tem sido extremamente criterioso, enfatizando a importância de rejeitar acolhida a pedidos de indenização fundados em frustrações fantasiosas. Paradigmático nesse sentido foi o julgamento do Recurso Especial 1.079.185/MG, no qual a Relatora Ministra Nancy Andrighi enfatizou a necessidade de distinção entre as meras esperanças subjetivas e "as chances, sérias e reais, de sucesso às quais a vítima fazia jus".

Para a configuração de "chances sérias e reais", não basta a simples alusão a projetos futuros ou a sonhos remotos. O Superior Tribunal de Justiça tem exigido a demonstração de que a oportunidade perdida era já palpável, em termos objetivos. Embora a corte não seja expressa a respeito, é possível extrair das diversas decisões proferidas nessa matéria uma metodologia semelhante àquela defendida pela doutrina, no sentido de negar indenização no caso de chances eventuais, incertas, hipotéticas, isto é, chances que dependeriam para sua própria existência de outros fatores que não o simples desenrolar dos fatos.

Registre-se que, embora conceitualmente a distinção possa parecer simples, na prática, surgem zonas cinzentas onde a insuficiência de provas ou o próprio caráter aleatório da matéria discutida conduzem a dúvidas e hesitações. É o caso da responsabilidade médica.

4.2 Perda da chance de sobrevivência do paciente e o Recurso Especial 1.104.665/RS

O inteiro teor do acórdão antecede este comentário, de modo que não há necessidade de repisar todos os fatos. Basta recordar que a ação indenizatória foi proposta por homem viúvo contra o médico que teria, segundo alega, deixado de adotar medidas que poderiam ter evitado a morte de sua mulher. O Tribunal de Justiça do Rio Grande do Sul julgou procedente o pedido. Entendeu que, embora "não sendo possível imputar, de modo direto, o evento morte à sua conduta", o médico seria responsável pela perda da chance de sobrevivência da paciente.

O caso chegou ao Superior Tribunal de Justiça por meio do Recurso Especial 1.104.665/RS, julgado pela 3ª Turma. Por unanimidade, deu-se provimento ao recurso, para se julgar improcedente a ação indenizatória. Em seu voto, o relator do acórdão, Ministro Massami Uyeda, destacou que "o dano potencial ou incerto, no âmbito da responsabilidade civil, em regra, não é indenizável". No caso concreto, entendeu que os elementos colhidos pelo tribunal de origem não eram suficientes a caracterizar uma perda efetiva sequer da oportunidade de sobrevivência. Sublinhou, a respeito, trecho do acórdão recorrido:

> "O resultado morte poderia ter sido evitado caso tivesse havido acompanhamento prévio e contínuo de cardiologista, caso tivesse havido acompanhamento médico mais próximo, no período pós-operatório? *Não há como fazer qualquer afirmação. Mas é possível que sim*" (grifou-se no voto do relator).

Ora, se "não há como fazer qualquer afirmação" de que "o resultado morte poderia ter sido evitado", não há certeza quanto à existência da chance em si mesma. A mera hipótese de que o paciente tivesse uma chance de sobrevida não basta à responsabilização do médico. É preciso que haja, ao menos, a certeza de que, suprimido o erro médico, a chance de sobrevivência existiria. Vale dizer: o erro médico deve ter privado o paciente de uma chance séria e real de permanecer vivo. A matéria é de prova, cumprindo aos advogados atentar para os termos da Súmula 7 do Superior Tribunal de Justiça, que impede o reexame de matéria fática.

4.3 Ainda sobre a perda da chance de sobrevivência: o Recurso Especial 1.184.128/MS

Não faltam na doutrina críticas à aplicação da teoria da perda da chance no campo da responsabilidade médica. Argumenta-se que, em um terreno onde é quase impossível determinar se a morte do paciente adveio de efeitos da terapia empregada pelo médico (corretamente ou não) ou do simples desenvolvimento da doença, a responsabilização do profissional pela perda da chance de sobrevivência acabaria funcionando como uma solução salomônica, em que o juiz condenaria o médico, mas não pelo valor integral do dano. Nesse sentido, já Savatier advertia para o risco de que "o juiz acabe confundindo o grau da pretensa chance perdida com o grau da sua própria dúvida sobre a causalidade".[15]

O risco, de fato, existe, mas não justifica que se negue indenização por perda da chance na seara médica. O Superior Tribunal de Justiça parece compartilhar desse entendimento. No julgamento do Recurso Especial 1.184.128/MS, a 3ª Turma, mais uma vez reunida para examinar a responsabilidade de médico pela perda da chance de sobrevivência de um paciente, manteve acórdão do Tribunal de Justiça do Mato Grosso do Sul que concluíra pela responsabilidade de médico-plantonista que, com sua negligência, havia suprimido "uma chance" de sobrevivência do paciente. Dessa vez, contudo, o acórdão do tribunal de origem era explícito quanto à existência da chance de sobrevivência não fosse a omissão médica.[16] O Superior Tribunal de Justiça ressalvou sua impossibilidade de reexaminar os fatos, com base na Súmula 7 da corte, mas não revisou tampouco sua qualificação jurídica, como fizera no Recurso Especial 1.184.128/MS. Tudo indica, portanto, que a corte superior não tenha qualquer objeção à aplicação da teoria no campo médico, desde que configurada a existência de uma chance séria e real de sobrevivência do paciente.

4.4 Chances recuperadas: de volta ao Recurso Especial 1.079.185/MG

Para a configuração da perda da chance, não basta a existência de uma chance séria e real. Necessário se faz, ainda, que tal chance tenha sido irremediavelmente perdida. Se um jogador é privado do bilhete de aposta, mas a casa emite uma segunda via antes do sorteio, não há, obviamente, a perda da chance de vencer o prêmio.

O ponto já foi examinado pelo Superior Tribunal de Justiça no âmbito do já mencionado Recurso Especial 1.079.185/MG. Concluiu, ali, a 3ª Turma que a perda da chance não resta configurada quando o resultado esperado ainda puder ser obtido por outro caminho. Em seu voto, a relatora, Ministra Nancy Andrighi, destacou que a perda da chance de obter indenização em decorrência de erro do advogado não se configura se a própria cliente "reconhece que não perdeu a chance de se ver ressarcida pelas benfeitorias introduzidas no imóvel do qual foi desapossada. Ao contrário, a chance ainda foi exercida com sucesso em momento posterior, em uma ação indenizatória". De fato, não há que se falar aí em perda da chance, pela simples razão de que a chance não restou perdida.

---

[15] A afirmação é examinada por Geneviève Viney, *La responsabilité: conditions*, Paris: LGDJ, 1982, p. 438.

[16] Afirmou, nesse sentido, o acórdão recorrido: "Realmente, se Cristiano tivesse sido internado e se recebesse o tratamento adequado não lhe garantiria que iria sobreviver, mas concederia uma chance, razão pela qual deve ser aplicada ao caso a teoria da perda da chance."

5 Quantificação da perda da chance

Configurada a perda da chance, a vítima fará jus, desde que presentes os demais pressupostos da responsabilidade civil, à indenização pela perda sofrida. A indenização não pode corresponder senão à exata extensão do dano (art. 944). Passa-se, então, ao segundo plano de análise: a quantificação da perda sofrida. E quanto vale a perda de uma oportunidade? A pergunta não tem uma resposta rigorosa e definitiva. Há atualmente certo consenso de que "a reparação da chance perdida sempre deverá ser inferior ao valor da vantagem esperada e definitivamente perdida pela vítima".[17] Assim, a perda da chance de ganhar um prêmio de um milhão de reais deve valer menos que um milhão de reais. Quanto menos? Eis a pergunta que ainda se fazem professores, juízes e advogados que se veem às voltas com a perda de uma chance.

5.1 O critério da probabilidade matemática e o Recurso Especial 965.758/RS

A resposta mais frequente tem sido a de que o valor da chance perdida deve ser calculado a partir de um critério de probabilidade matemática: aplica-se sobre o resultado do aproveitamento da chance (digamos, o prêmio de um milhão) um percentual que corresponde à probabilidade que a vítima teria de sucesso caso a chance não tivesse sido frustrada. Assim, se o jogador tem uma chance em quatro de ganhar o prêmio, sua probabilidade de sucesso é de 25%, como entendeu o Superior Tribunal de Justiça no julgamento do Recurso Especial 788.459/BA.

Desse modo, a relação probabilística entre a chance e o sucesso acaba determinando o valor da oportunidade perdida. Uma alta probabilidade de sucesso conduz a uma indenização por perda da chance que será próxima ao valor do resultado final. Uma possibilidade reduzida de acerto conduzirá a uma indenização diminuta e uma chance ínfima pode mesmo deixar de ser indenizada, em atenção à ausência de relevância jurídica da perda, conforme já destacado. Foi nesse sentido que, no julgamento do Recurso Especial 965.758/RS, afirmou a Ministra Nancy Andrighi: "No mundo das probabilidades, há um oceano de diferenças entre uma única aposta em concurso nacional de prognósticos, em que há milhões de possibilidades, e um simples jogo de dados, onde só há seis alternativas possíveis."

Há, claro, situações em que não se pode identificar, de pronto, quais as chances de sucesso. Nesses casos, como esclarece Glenda Gondim, "a probabilidade pode ser analisada por dados estatísticos preexistentes, com fundamento em questões científicas".[18]

---

[17] Rafael Peteffi da Silva, *A Responsabilidade Civil pela Perda de uma Chance*, cit., p. 137, ancorado em farta bibliografia.

[18] Glenda Gondim, *A Reparação Civil na Teoria da Perda de uma Chance*, dissertação de mestrado defendida e aprovada com grau máximo junto à Universidade Federal do Paraná, orientador Prof. Eroulths Cortiano Júnior, Curitiba, 2010, p. 80.

É possível, por exemplo, determinar qual o percentual de pacientes que, tratado com certa terapia, recupera sua saúde ou, ainda, qual o percentual de apelações que, ancoradas em certa tese, são acolhidas por dado tribunal. Tais dados estatísticos oferecem um parâmetro ao magistrado para que defina quanto vale, proporcionalmente, a chance perdida. Cumpre, contudo, não perder de vista que o papel do magistrado é solucionar o caso concreto, com base nas suas particulares circunstâncias, oferecendo à vítima a reparação integral da sua própria perda. A medida da indenização é o dano (art. 944) e todo dano é dano sofrido pela vítima em concreto.

5.2 Condições específicas da vítima e o arbitramento da perda sofrida

Embora ofereçam ajuda valiosa, os percentuais estatísticos e matemáticos refletem sempre uma média (redutora, como toda média) extraída de um universo de situações consideradas semelhantes. Cada caso concreto é composto, todavia, de circunstâncias que o tornam peculiar em relação àquela generalidade de casos parecidos. Estatisticamente, cada concorrente de uma corrida disputada por dez cavalos tem dez por cento de chance de vencer o prêmio. Não há dúvida, contudo, de que o atraso no transporte dos animais gera uma perda mais intensa ao proprietário do corcel amplamente favorito do que gera ao dono do pangaré azarão.

A estatística estará sempre um passo atrás da realidade, permitindo a todo momento, pela própria complexidade da vida social, que se identifiquem aspectos ou fatores adicionais, deixados de fora do cálculo. Tais aspectos ou fatores não podem ser desconsiderados pelo juiz, sempre que assumam relevância no caso concreto. É por isso que, sem embargo da importância da estatística, o cálculo da probabilidade não pode partir senão da situação específica da vítima, não devendo o magistrado hesitar em se distanciar da média dos casos no momento de atribuir valor à chance perdida. Basta que o faça fundamentadamente, indicando os parâmetros utilizados de modo a assegurar à contraparte seu direito de impugná-los por meio dos recursos cabíveis.

Trata-se simplesmente de proceder ao arbitramento do dano, como já faz o Poder Judiciário em relação ao dano moral. Aliás, a própria perda da chance pode representar dano de natureza extrapatrimonial, como já reconheceu o Superior Tribunal de Justiça. Em julgamento já referido nas páginas anteriores, reconheceu a 3ª Turma que

> "a perda do prazo recursal retirou da recorrente a chance de continuar vivendo naquela residência que, durante longo período, foi sua casa. As consequências não-patrimoniais daí advindas são muito claras. O infortúnio de perder o lar familiar e a chance de lutar por ele não se reduz a uma expressão econômica".[19]

---

[19] STJ, Recurso Especial 1.079.185/MG, Rel. Min. Nancy Andrighi.

Em situações de natureza extrapatrimonial, o arbitramento é o único caminho.

Também no campo patrimonial, o arbitramento pode ser a única saída. Imagine-se a perda de uma chance única e singular de obter certo ganho econômico, sem qualquer precedente ou paralelo do qual se possa extrair a probabilidade de sucesso. Suponha-se, por exemplo, a ação de indenização movida pelo único fabricante de canecas decorativas da Copa do Mundo de 2010 que, por culpa comprovada do transportador, deixou de ter o produto disponível para venda na África do Sul durante o evento. Como estimar as chances de venda se o produto não estava disponível e não havia similares? E, na falta desses parâmetros, pode o juiz deixar a vítima sem indenização pela oportunidade perdida? Não. É bom que se diga: a ausência de estatísticas ou dados que permitam o cálculo da probabilidade de sucesso não torna hipotético o dano sofrido pela vítima. A perda de uma chance deve ser indenizada, arbitrando-se um valor para a oportunidade a partir de outros elementos que não necessariamente o magistrado logrará reduzir a uma equação matemática, como o poder de atração do produto, o sucesso do evento, o perfil do público e assim por diante. Mais uma vez, a fundamentação da decisão judicial desempenhará papel essencial.

6 O futuro da perda da chance e o papel do Superior Tribunal de Justiça

A perda da chance não é apenas mais uma teoria jurídica. Trata-se de um novo fenômeno social, derivado da própria ampliação do conceito coletivo de "perda" e da reformulação do papel da responsabilidade civil na sociedade contemporânea. A partir da consagração dos valores solidaristas, a responsabilidade civil passou a exercer novas funções, sem qualquer modificação substancial da sua velha estrutura.[20] Os manuais continuam, nesse campo, repetindo lições de quase dois séculos de idade e incluindo de modo meramente pontual inovações profundas que, como a perda da chance, não consistem em mero acréscimo às lições do passado. Revelam, ao contrário, uma ruptura com aquela dogmática pretérita. A perda da chance não representa, nessa perspectiva, um "novo" dano, mas um convite à revisão do próprio conceito de dano (e de causalidade) no direito atual.

Daí a dificuldade sentida por diversos juristas no enquadramento da perda da chance entre as espécies de dano, havendo os que a identificam como dano moral, os que a qualificam como dano patrimonial emergente, os que veem nela uma nova hipótese lesiva e assim por diante.[21] Esforça-se, em particular, a doutrina para distinguir a perda da chance

---

[20] Sobre o tema, seja consentido remeter a Anderson Schreiber, *Novos Paradigmas da Responsabilidade Civil*, São Paulo: Atlas, 2009, 2. ed., especialmente p. 3-8 e 211-250.

[21] Para uma análise minuciosa dos diversos posicionamentos na doutrina e na jurisprudência, ver Sérgio Savi, *Responsabilidade Civil por Perda de uma Chance*, cit., especialmente p. 35-56.

dos lucros cessantes. Afirma-se, em síntese, que, nos lucros cessantes, o que se indeniza é o resultado final que o sujeito tinha elevada probabilidade de ganhar não fosse a intervenção do fato gerador da responsabilidade. Na perda da chance, ao contrário, o que se indeniza é a perda da oportunidade em si, e não do seu resultado final.

Ora, quem perde um resultado final extremamente provável (lucro cessante) perde, antes disso, a oportunidade de obtê-lo (perda da chance). Trata-se de uma necessidade lógica. O taxista que deixa de ganhar determinada quantia pela privação do veículo durante uma semana (quantia "razoavelmente" esperada e, portanto, lucro cessante) perde, antes da quantia em si, a chance de obtê-la. A verdade é que a diferença conceitual não é tão clara quanto faz parecer a maior parte dos autores: a distinção é, antes, de grau. Em algumas hipóteses, o resultado final é tão provável que o direito desconsidera a chance mínima de insucesso e concede a indenização pelo seu valor integral (lucro cessante). Em outras situações, o resultado final não é tão provável, de modo que o direito concede indenização apenas pela perda da chance em si, à qual se atribui um valor necessariamente menor que o do resultado final. Há, ainda, aquelas situações em que a chance de sucesso é tão desprezível que fica privada de tutela jurídica: a jurisprudência desconsidera a chance ínfima de sucesso e qualifica a perda como dano hipotético. Em nenhuma das três situações examinadas, é possível afirmar, com certeza, que o resultado final aconteceria, ou deixaria de acontecer.

Como se vê, a distinção entre lucro cessante, perda da chance e dano hipotético acaba por assentar mais no grau de probabilidade do resultado final que propriamente em uma diferença ontológica ou conceitual.[22] E esse grau de probabilidade oscila conforme fatores variados, alguns extremamente peculiares e individuais, próprios, como se viu, da situação concreta vivida pela vítima. Tal constatação evidencia a importância da atuação do Poder Judiciário na adequada qualificação das perdas sofridas, especialmente por meio de fundamentações aprofundadas que permitam o estabelecimento de parâmetros para o julgamento de casos futuros, em um continuado aprimoramento da prática judicial em torno da perda da chance. Ao Superior Tribunal de Justiça cabe liderar essa importante formulação de critérios, a partir do constante diálogo com a doutrina, em esforço conjunto do qual este livro é já um belo exemplo. Ao menos aqui, não houve perda da chance.

---

[22] Nesse sentido, Glenda Gondim, *A Reparação Civil na Teoria da Perda de uma Chance*, cit., p. 77, para quem "dependendo do resultado dessa probabilidade, poder-se-á estar diante: a) de um resultado final reparável; b) uma chance; e c) uma situação totalmente hipotética que carece de reparação".

14

Reparação Não Pecuniária dos Danos Morais*

Não quero dinheiro.
Tim Maia

Sumário: 1. Lições da Copa do Mundo. 2. Insuficiências e deficiências da reparação exclusivamente pecuniária. 3. Reparação não pecuniária dos danos morais: o exemplo da retratação pública ou privada. 4. Para além da retratação: outros meios não pecuniários de reparação dos danos morais e a ausência de caráter punitivo. 5. Aspectos processuais da reparação não pecuniária. 6. À guisa de conclusão: uma decisão emblemática.

1 Lições da Copa do Mundo

Milhares de turistas brasileiros visitaram a África do Sul em 2010, por ocasião da Copa do Mundo de futebol. Se a seleção brasileira não esteve à altura das expectativas, o mesmo não se pode dizer do país-sede, cujos avanços sociais e econômicos saltavam aos olhos de cada visitante. A imensa maioria dos sul-africanos encontra-se comprometida com a construção de uma verdadeira democracia plural, que, para além da igualdade formal, assegure iguais oportunidades para todos os seus cidadãos. A convivência pacífica entre brancos e negros esteve, porém, ameaçada por diversas vezes durante o delicado processo de transição do odioso regime do *apartheid* para um sistema político não discriminatório.

Papel relevante na conservação da paz foi desempenhado pela Comissão da Verdade e Reconciliação (*Truth and Reconciliation Commission*), que promoveu uma série de audiências

---
* Publicado originalmente em *Temas de Responsabilidade Civil*, Guilherme Martins (Coord.), Rio de Janeiro: Lumen Juris, 2012, p. 1-20.

públicas para ouvir o depoimento de vítimas e autores de violações aos direitos humanos praticadas durante o *apartheid*.[1] A atuação da Comissão inspirava-se no célebre lema de Desmond Tutu: "Não há futuro sem perdão, mas não há perdão sem confissão." Aos que confessavam seus erros, fornecendo plena informação sobre os abusos cometidos, a Comissão tinha o poder de outorgar anistia. Acompanhadas por milhares de expectadores, as audiências públicas promovidas pela Comissão tiveram um efeito profundo no esclarecimento da verdade e no desenvolvimento de um espírito reconciliatório em todo o povo sul-africano.[2]

A essa altura, o leitor estará se perguntando o que tudo isso tem a ver com a Responsabilidade Civil? Mais do que se imagina. A continuada multiplicação dos danos na vida social tem evidenciado, a cada dia, a insuficiência da dogmática tradicional da Responsabilidade Civil para assegurar efetiva reparação às vítimas. No afã de atenuar o sofrimento alheio, o Poder Judiciário tem, muitas vezes, deixado de exigir demonstração dos pressupostos necessários à responsabilização.[3] Verdadeiras acrobacias argumentativas são realizadas pelos magistrados para escapar ao rompimento da causalidade ou à ausência de configuração da culpa nos casos em que a lei ainda a exige. Algumas vezes, assegura-se indenização à vítima sem qualquer fundamento técnico, como no já célebre caso do escorrega.[4] Nada disso, contudo, tem diminuído o número de danos causados ou garantido maior satisfação às vítimas de acidentes em geral.

Erra-se o alvo, como já afirmado em outra sede: ao flexibilizar os pressupostos tradicionais da responsabilização, os tribunais atacam as premissas, deixando intacta a consequência. Revolucionam as perguntas, mas continuam a oferecer sempre a mesma resposta: a indenização pecuniária pelo dano sofrido naquele caso individual. A real diminuição dos danos produzidos em sociedade somente poderia ser alcançada por um mecanismo mais amplo, que atuasse sobre a própria atividade lesiva, prevenindo a ocorrência dos danos por meio de políticas públicas voltadas à redução e administração dos riscos, com a diluição dos danos eventualmente produzidos, por meio de seguros privados obrigatórios e outros instrumentos. E, no próprio campo das ações judiciais de reparação, é preciso um comprometimento maior do Poder Judiciário com a efetiva reparação do dano sofrido, por meio de novos remédios voltados à restauração da vítima ao seu estado anterior à lesão. Eis o ponto que cumpre explorar.

---

[1] Para mais detalhes sobre a comissão, ver Claire Moon, *Narrating Political Reconciliation – South Africa's Truth and Reconciliation Commission*, Lanham: Lexington Books, 2009.

[2] O que não significa que sua atuação estivesse imune a críticas. Para algumas delas, ver Rebecca Saunders, *Sobre o intraduzível: sofrimento humano, a linguagem de direitos humanos e a Comissão de Verdade e Reconciliação da África do Sul*, in *SUR – Revista Internacional de Direitos Humanos*, v. 5, n. 9, São Paulo, dezembro de 2008.

[3] Sobre o tema, seja consentido remeter a Anderson Schreiber, *Novos Paradigmas da Responsabilidade Civil*, São Paulo: Atlas, 2013, 5. ed., especialmente p. 3-77, onde se examina o fenômeno da erosão dos filtros da reparação.

[4] STJ, Recurso Especial 287.849/SP, j. 17.4.2001, Rel. Min. Ruy Rosado de Aguiar Jr.

2 Insuficiências e deficiências da reparação exclusivamente pecuniária

Se é verdade que, no campo dos danos patrimoniais, a entrega de uma indenização em dinheiro restitui a vítima à situação anterior, por meio da recomposição do seu patrimônio, o mesmo não ocorre, evidentemente, em relação aos danos morais. Quem sofre dano à honra, à privacidade, à integridade física nunca será plenamente reparado com uma quantia monetária. São bens diversos por natureza e incomparáveis na sua importância. O dinheiro se mostrará sempre insuficiente. Os juristas, entretanto, acostumaram-se com essa insuficiência, repetindo, a todo tempo, que o dano moral não é "reparado", mas apenas "compensado" pela indenização atribuída à vítima. Contra esse muro erguido artificialmente entre a "reparação" e a "compensação", chocam-se todas as tentativas de avanço.

Advogados, defensores públicos e, especialmente, juízes não deveriam contentar-se com essa construção. Se é certo que o dano à personalidade da vítima não pode ser inteiramente reparado, isso não isenta o jurista de buscar todos os meios para chegar o mais perto possível de uma reparação integral. Nada justifica o imobilismo que tem imperado nesse campo. Ninguém nega que a indenização em pecúnia é resposta insuficiente. Ninguém se empenha, contudo, em buscar novos meios de reparação. A postura revela-se ainda mais grave a partir da constatação de que oferecer à vítima unicamente uma indenização pecuniária não significa apenas atribuir-lhe um remédio insuficiente para reparar o dano moral sofrido, mas também dar margem a uma série de efeitos negativos que decorrem da exclusividade da resposta monetária.

Em primeiro lugar, a manutenção de um remédio exclusivamente pecuniário para a reparação dos danos extrapatrimoniais induz à conclusão de que a lesão a interesses existenciais é a todos autorizada, desde que se esteja disposto a arcar com o "preço" correspondente. Assim, em uma construção mesquinha, mas rigorosamente lógica, concluir-se-ia que, se a consequência do dano moral é apenas uma indenização em dinheiro, quem tem patrimônio suficiente a arcar com a indenização pode causar dano moral à vontade. Tal construção, embora não admitida, floresce necessariamente no mercado, onde decisões empresariais são muitas vezes tomadas com base em relações de custo e benefício. Há mais de um precedente evidenciando como certos agentes econômicos acabam optando por manter, conscientemente, uma prática lesiva quando a soma das indenizações pagas revela-se menor que o investimento necessário a evitar os prejuízos dali decorrentes. E como condenar tal escolha se os próprios tribunais insistem em atribuir apenas dinheiro às vítimas dos danos morais?

A exclusividade da reparação em pecúnia acaba por corroborar a tese daqueles que sustentam que a responsabilidade civil por dano moral atua como instrumento de mercantilização, quantificando o inquantificável.[5] Sem alarde, tal filosofia vem prosperando

---

[5] Ver Maria Rosaria Marella, *La riparazione del danno in forma specifica*, Pádua: Cedam, 2000, p. 290: *"ogni affermazione della risarcibilità di un interesse, modifica il significato condiviso di incommensurabile, ne riduce l'ambito"*.

em toda parte, alcançando até mesmo as salas de audiência dos juizados especiais, onde a vítima deveria se sentir mais protegida. Não raro, na celeridade do cotidiano, os magistrados acabam lidando com os abusos sofridos pela vítima com excessivo pragmatismo. O preposto do réu oferece uma quantia, o autor é estimulado a aceitá-la para encerrar o litígio, melhorando as estatísticas do cartório, e tudo acaba se passando como um novo ato de comércio, em que o ofensor, sem expressar qualquer arrependimento, "paga" pelo dano causado ao autor da demanda. Tal metodologia só faz crescer na vítima o sentimento de desamparo e de descrença no Poder Judiciário. De fato, a vítima deixa o tribunal mais humilhada do que entrou: além de ter sofrido o dano, rendeu-se ao aceitar uma quantia menor do que a pleiteada, oferecida sem constrangimento ou desagravo, renovando-se, agora com o aval da Justiça, a superioridade econômica e social do causador do dano. Mercantiliza-se o humano.

O espírito de mercado captura o dano moral também nas mais elevadas instâncias do nosso sistema judiciário. O Superior Tribunal de Justiça, por exemplo, tem imprimido verdadeiro "tabelamento" às indenizações por danos morais, construindo, pouco a pouco, um cenário que é, além de extremamente preocupante, em larga medida paradoxal. Todos os esforços empreendidos para tutelar a pessoa humana e seus interesses existenciais, por meio de ações judiciais de reparação de danos morais, vêm resultando em uma crescente precificação dos atributos humanos, ilustrada de modo emblemático na seguinte tabela, publicada no *site* oficial do Superior Tribunal de Justiça em setembro de 2009:

Evento	2º grau	STJ	Processo
Recusa em cobrir tratamento médico-hospitalar (sem dano à saúde)	R$ 5 mil	R$ 20 mil	Resp 986947
Recusa em fornecer medicamento (sem dano à saúde)	R$ 100 mil	10 SM	Resp 801181
Cancelamento injustificado de voo	100 SM	R$ 8 mil	Resp 740968
Compra de veículo com defeito de fabricação; problema resolvido dentro da garantia	R$ 15 mil	não há dano	Resp 750735
Inscrição indevida em cadastro de inadimplente	500 SM	R$ 10 mil	Resp 1105974
Revista íntima abusiva	não há dano	50 SM	Resp 856360
Omissão da esposa ao marido sobre a verdadeira paternidade biológica das filhas	R$ 200 mil	mantida	Resp 742137
Morte após cirurgia de amígdalas	R$ 400 mil	R$ 200 mil	Resp 1074251
Paciente em estado vegetativo por erro médico	R$ 360 mil	mantida	Resp 853854
Estupro em prédio público	R$ 52 mil	mantida	Resp 1060856
Publicação de notícia inverídica	R$ 90 mil	R$ 22.500	Resp 401358
Preso erroneamente	não há dano	R$ 100 mil	Resp 872630

O Superior Tribunal de Justiça apressou-se em esclarecer que a tabela consistia em "material exclusivamente jornalístico, de caráter ilustrativo, com o objetivo de facilitar o acesso dos leitores à ampla jurisprudência da Corte".[6] O problema não está, por óbvio, na tabela em si, mas no tabelamento jurisdicional dos danos morais, que estimula uma perigosa "precificação" dos atributos humanos e das tragédias que os afetam.[7] Viola, além disso, a essência da figura, já que o dano moral é pessoal e singular, por definição. No exemplo de Pietro Perlingieri, "especial será o dano ao ouvido de um esportista ainda que não profissional que ama nadar ou para quem se dileta a ouvir música; assim como será especial o dano na perna de quem mora em um dos últimos andares de um edifício sem elevador".[8]

Assim, ao contrário do que sugere a tabela acima, não se pode entender que toda indenização por "revista íntima abusiva" equivale a 50 salários-mínimos. A intensidade do dano moral sofrido varia conforme as condições e a intensidade da revista. A consumidora que é compelida por uma funcionária a abrir sua bolsa em uma loja de cosméticos sofre dano moral, mas não há dúvida de que maior indenização é devida à empregada de uma fábrica de joias que é revistada de alto a baixo por um segurança do sexo masculino. São situações muito distintas entre si, que deveriam dar ensejo a indenizações de valores diversos. A reparação exclusivamente em dinheiro acaba, contudo, por produzir o efeito que é próprio da pecúnia: a redução a um denominador comum, com a desconsideração das circunstâncias que tornam cada caso peculiar. Tem-se nisso mais uma razão para que a reparação dos danos morais não se dê exclusivamente por meio de indenização pecuniária. O exclusivo pagamento de dinheiro estimula solução igual e uniforme para casos que são singularíssimos e que merecem tratamento diferenciado, conforme a pessoal repercussão sobre a vítima.

Há ainda o problema que se convencionou chamar de "indústria do dano moral". A cena é recorrente: o advogado, o professor ou o juiz lembra um caso inusitado em que

---

[6] *STJ busca parâmetros para uniformizar valores de danos morais*, matéria publicada no site oficial do Superior Tribunal de Justiça em 13.9.2009.

[7] O próprio dano moral passa, assim, a ser visto como fator interno ao mercado. Nesse sentido, confira-se a célebre lição de Messinetti: *"La conversione della produzione e del mercato da soddisfacimento dei bisogni materiali al sodisfacimento dei bisogni immateriali comporta, con molto più di una semplice approssimazione, la trasposizione del danno alla persona dalla perdita della capacità di soddisfare quelli che erano per tradizione i bisogni materiali, e cioè la perdita della vecchia capacità di reddito, alla perdita della capacità di soddisfare quelli che erano per tradizione i bisogni immateriali, e cioè appunto la perdita dell'essere in salute come condizione per partecipare al grande circuito della società opulenta"* (Recenti Orientamenti sulla Tutela della Persona. La Moltiplicazione dei Diritti e dei Danni, in Rivista Critica di Diritto Privato, 1992, p. 192).

[8] Pietro Perlingieri, *Perfis do Direito Civil*, Rio de Janeiro: Renovar, 1999, trad. Maria Cristina De Cicco, p. 174. Na mesma direção, ensina Maria Celina Bodin de Moraes que o dano sofrido por uma vítima "é diferente do dano sofrido por qualquer outra vítima, por mais que os eventos danosos sejam iguais, porque as condições pessoais de cada vítima diferem e, justamente porque diferem, devem ser levadas em conta" (*Danos à Pessoa Humana*, Rio de Janeiro: Renovar, 2003, p. 159-161).

alguém obteve indenização por dano moral por ter usado seu micro-ondas para secar um gato ou deixado que um ladrão escorregasse no chão molhado ao tentar invadir sua casa. Diante do espanto do interlocutor, suspira: "É a indústria do dano moral." Em que pese a frequência da cena, o Brasil está muito longe de ter uma "indústria do dano moral". O que é produzido em escala industrial não são ainda os pedidos indenizatórios infundados, mas os abusos a consumidores e outras classes economicamente vulneráveis, abusos dos quais apenas uma pequena, embora crescente, parcela chega às cortes judiciais.

Apesar disso, não há dúvida de que ações judiciais infundadas são propostas em número cada vez maior, às vezes por razões puramente mercenárias. Mesmo que tal número não seja nem de longe suficiente para autorizar a invocação alarmante de uma "indústria do dano moral", isso não torna descabida a preocupação em evitar um aumento de demandas indenizatórias frívolas, baseadas em aborrecimentos e inconvenientes cotidianos. Nesse sentido, os juristas têm procurado identificar as causas deste fenômeno, quase sempre fora do direito (vitimização social etc.). A maior causa, contudo, está no próprio direito: na maneira como tem sido aplicada a responsabilidade civil. Lamentamos que algumas pessoas recorram aos tribunais para enriquecer, mas continuamos a responder às ações judiciais de reparação unicamente com dinheiro.

A exclusividade da indenização pecuniária estimula uma associação entre a responsabilidade civil e a entrega de dinheiro ao autor da demanda. No imaginário popular, os danos morais vão sendo cada vez mais confundidos com o valor monetário da indenização. Em uma realidade de carência e desigualdade econômica, é difícil evitar essa associação. Some-se a isso a artimanha de advogados inventivos, formados em uma perspectiva liberal-individualista, sem a necessária preocupação com a função a ser desempenhada pelos institutos jurídicos na vida social. O resultado é a propositura de ações indenizatórias infundadas, algumas das quais, registre-se, acabam até acolhidas por magistrados acostumados a alargar continuamente os meandros técnicos da responsabilidade civil. O ciclo só pode ser rompido com a desconstrução da visão monetária da responsabilidade civil, por meio do fim do primado exclusivo da indenização pecuniária. Outros remédios devem ser oferecidos, para evidenciar que a função da responsabilidade civil não é o "pagamento", mas a reparação do dano sofrido.

Como se viu, reparar danos morais exclusivamente com a entrega de dinheiro, para além da evidente insuficiência do remédio, provoca diversos efeitos nocivos, como (i) a propagação da lógica de que os danos morais podem ser causados desde que seja possível pagar por eles; (ii) o estímulo ao "tabelamento" judicial das indenizações; (iii) a crescente "precificação" dos atributos humanos; (iv) o incentivo a demandas frívolas, propostas de modo aventureiro, por pessoas que pretendem se valer de cada inconveniente ou aborrecimento social para conseguir uma indenização. A fim de evitar todos esses inconvenientes, necessário se faz desenvolver meios não pecuniários de reparação.

3 Reparação não pecuniária dos danos morais: o exemplo da retratação pública ou privada

O direito brasileiro já despatrimonializou o dano, mas ainda não despatrimonializou a sua reparação. A abertura do direito brasileiro ao ressarcimento do dano moral deu-se, como em outros países, mediante forte resistência e sem qualquer modificação significativa na estrutura tradicional da responsabilidade civil, cujas bases dogmáticas permaneceram rigorosamente inalteradas. Por conta disso, a lesão a um interesse extrapatrimonial continua recebendo, ainda hoje, uma única resposta: a indenização em dinheiro, remédio típico de uma visão patrimonialista do fenômeno reparatório. Para além das infindáveis dificuldades que enfrentam na quantificação das indenizações por dano moral, as cortes judiciais têm constatado com clareza cada vez maior que o valor monetário tem pouca efetividade na pacificação deste gênero de conflitos. Frequentemente, as vítimas dos danos morais não se sentem reparadas pelo valor das indenizações, cuja discussão prolonga-se demasiadamente nas diversas instâncias, acabando por resultar, pelas razões já examinadas acima, em um montante padronizado, genérico e quase sempre baixo, além de muito inferior ao pretendido.[9]

Com o objetivo de enfrentar essas dificuldades, começa a surgir, ainda que de forma tímida, um movimento de despatrimonialização, não do dano, mas da sua reparação.[10] Doutrina e jurisprudência associam-se na criação e desenvolvimento de meios não pecuniários de reparação do dano moral, como a retratação pública, a retratação privada, a veiculação de notícia da decisão judicial e assim por diante. Tais meios, esclareça-se, não vêm substituir ou eliminar a indenização em dinheiro, mas se somam a ela no sentido de reparar tanto quanto possível o dano moral sofrido pela vítima. E, por menos importantes que pareçam à primeira vista, os meios não pecuniários assumem muitas vezes maior efetividade na satisfação da vítima e na pacificação do conflito.

Tome-se como exemplo a retratação pública. Além de escapar às contradições do binômio lesão existencial-reparação pecuniária, a condenação à retratação pública tem se mostrado extremamente eficaz em seus efeitos de desestímulo à conduta praticada (a festejada *deterrence* do direito anglo-saxônico). O instrumento pode (e deve) ser aplicado também fora das relações jornalísticas. Foi o que fez o Tribunal de Justiça do Rio de Janeiro, ao solucionar litígio referente à revista da bolsa de certa cliente, interceptada de forma violenta por um segurança na saída de determinado estabelecimento comercial. Além da indenização de R$ 7.000,00 (sete mil reais), a sociedade ré foi condenada, a

---

[9] Realidade que não é diversa, registre-se, daquela vivida em outros países. Na Itália, por exemplo, registra Giulio Ponzanelli que *"i dottori, da una parte, e la giurisprudenza, dall'altra, sono stati portati a quantificare poco e in modo non autonomo i pregiudizi non patrimoniali delle vittime"* (*Non c'è Bisogno del Danno Esistenziale*, in *Danno e Responsabilità*, nº 5, 2003, p. 551).

[10] Sobre o tema, seja permitido remeter a Anderson Schreiber, *Novas Tendências da Responsabilidade Civil Brasileira*, cit., p. 45-69.

pedido da consumidora, a publicar em jornal de grande circulação "nota de reconhecimento da abordagem injusta".[11]

A retratação pública, por meio do reconhecimento aberto do ato lesivo praticado contra a vítima, não é aspiração nova. O próprio mecanismo indenizatório já foi usado com esse fim, em ações voltadas a obter um pagamento simbólico à vítima, como registra Giselda Hironaka, Professora Titular de Direito Civil da Faculdade de Direito da USP:

> "Lembro-me sempre, quando o tema em discussão é este (o da monetarização das ações de indenização) daquele famoso caso que se deu lá pelos idos dos anos 60, com a famosa atriz Brigitte Bardot. Tendo ela sofrido danos de natureza moral, requereu, na ação de indenização própria, que fosse, o lesante, condenado a pagar um franco, à guisa de reparação. Vencendo a demanda, a atriz recebeu aquele único franco em sessão à qual estiveram presentes os meios de comunicação de todo o mundo, dando ampla divulgação ao fato. O desiderato almejado certamente foi melhor alcançado, desta forma."[12]

A retratação perante a sociedade tem especial relevância na reparação do dano à honra, configurando instrumento eficaz para a reconstrução da reputação do indivíduo no meio social em que se insere. O mecanismo tem sido empregado também, com sucesso, na reparação do dano decorrente de assédio moral no ambiente de trabalho (o chamado *mobbing*).[13] Em tais casos, a condenação do empregador a afixar um pedido de desculpas ao empregado no próprio ambiente de trabalho pode reparar o dano moral sofrido pela vítima de modo mais eficiente que uma quantia de dinheiro entregue friamente por um preposto do réu no ambiente quase secreto de uma sala de audiências. Em outros casos, como nas relações de consumo de caráter continuado (prestação de serviços públicos essenciais, por exemplo), o ofensor pode ser condenado a formular pedido de desculpas na própria fatura enviada ao consumidor, quiçá por repetidos meses, em duração compatível com a gravidade da lesão. Para além das vantagens jurídicas já apontadas, o efeito psicológico dessas medidas sobre a vítima do dano moral é evidente e inegável.

A retratação pública não é, contudo, compatível com todas as espécies de lesão existencial. Sua efetividade é elevada na reparação de lesões à honra, mas o mesmo não se pode dizer de lesões à intimidade, quando a vítima prefere, no mais das vezes, manter o conflito em sigilo, de modo a evitar chamar ainda maior atenção para o fato integrante da sua vida privada. Nesses casos, a retratação pode ser privada, registrada nos próprios autos ou em correspondência dirigida à vítima. A aplicação da medida exige, em tais hipóteses, redobrada sensibilidade e permanente atenção aos anseios do autor da demanda

---

[11] TJRJ, Apelação Cível 2004.001.08323, j. 18.5.2004.
[12] Giselda Hironaka, *Direito ao Pai: Dano Decorrente de Abandono Afetivo na Relação Paterno-Filial*, disponível em: <www.intelligentiajuridica.com>, acesso em: 28.9.2005.
[13] Para mais detalhes, ver Anderson Schreiber, *Novos Paradigmas da Responsabilidade Civil*, cit., p. 191-196.

reparatória. A modalidade (pública ou privada), a extensão e a própria forma da retratação devem ser controladas intensamente pelo Poder Judiciário, que deve estabelecer seus termos de modo minucioso na própria decisão, a fim de evitar a burla à condenação imposta. Nada disso compromete o instrumento; apenas ressalta a necessidade de se buscar remédios específicos para danos específicos, dando nova utilidade às distinções entre as várias "espécies" de dano moral no direito brasileiro.

4 Para além da retratação: outros meios não pecuniários de reparação dos danos morais e a ausência de caráter punitivo

Além da retratação pública ou privada, há outras condutas que se pode impor ao réu, como meios de se alcançar a mais ampla reparação do dano moral. A publicação da decisão judicial, por exemplo, é instrumento que já encontrava previsão na antiga Lei de Imprensa (Lei 5.250, de 9.2.1967).[14] A bem da verdade, deve-se preferir a publicação de um extrato da decisão ou simplesmente de seu dispositivo, contendo a essência do julgado. É que a publicação integral pode reduzir o efeito reparatório da medida, já que dos leitores de jornal não se pode esperar a leitura do inteiro teor de uma sentença ou acórdão, com todos os seus aspectos técnicos, como a discussão de questões preliminares ao julgamento do mérito. A publicação da decisão é caminho útil naqueles casos em que a retratação em si não pode ser obtida ou em que o julgado lança luz sobre fatos divulgados de maneira deturpada.

Outros deveres podem ser impostos ao réu a título de reparação do dano sofrido pela vítima. Se, por exemplo, alguém sofre dano moral decorrente de férias frustradas (*vacanze rovinate*), por falha no serviço da agência de turismo ou da companhia aérea, pode o juiz impor à sociedade ré, além do dever de indenizar, o dever de organizar nova viagem para o autor da demanda, a título de reparação não pecuniária do dano sofrido. Se, por outro lado, o autor da demanda sofreu dano moral pela interrupção do serviço de transmissão por TV a cabo no exato momento em que seu time de futebol disputava importante partida, a sociedade ré pode ser condenada a entregar, além da eventual indenização em dinheiro, um ingresso para que a vítima assista, no melhor lugar do estádio, a próxima partida da equipe. Se a companhia fabricante de aparelhos de ar-condicionado não dispõe de peça necessária à manutenção do produto vendido, forçando o consumidor a aguardar a chegada da peça em pleno verão carioca, pode o juiz impor à fabricante, a título de reparação do dano causado e sem prejuízo da indenização cabível, o dever de providenciar a hospedagem do consumidor em hotel provido de ar-condicionado, próximo à sua casa, pelo tempo necessário ao conserto do seu próprio aparelho. São medidas

---

[14] Em seu art. 75, lia-se: "A publicação da sentença cível ou criminal, transitada em julgado, na íntegra, será decretada pela autoridade competente, a pedido da parte prejudicada, em jornal, periódico ou através de órgão de radiodifusão de real circulação, ou expressão, às expensas da parte vencida ou condenada."

não pecuniárias que podem ser adotadas pelo Poder Judiciário para assegurar reparação mais efetiva aos danos morais sofridos pelas vítimas.

Setores mais tradicionais da doutrina brasileira hesitam em recomendar esse caminho. Argumentam que seria atribuir demasiado poder ao juiz na reparação do dano moral. Melhor seria resolver tudo com dinheiro. O argumento não deixa de ser intrigante, já que, no campo do direito das obrigações, a unanimidade dos autores reconhece a preferência pela solução *in natura*, privilegiando-se a chamada execução específica das obrigações em detrimento da conversão em perdas e danos. O novo Código Civil e as reformas do Código de Processo Civil trilharam claramente esta via, consagrando como solução prioritária a entrega ao credor do exato bem da vida que pretendia obter ao constituir o vínculo obrigacional. A indenização em dinheiro assume papel subsidiário, como se vê expressamente do art. 461 do diploma processual:

> "Art. 461. Na ação que tenha por objeto o cumprimento de obrigação de fazer ou não fazer, o juiz concederá a tutela específica da obrigação ou, se procedente o pedido, determinará providências que assegurem o resultado prático equivalente ao do adimplemento.
>
> § 1º A obrigação somente se converterá em perdas e danos se o autor o requerer ou se impossível a tutela específica ou a obtenção do resultado prático correspondente."[15]

E o Código Civil adota especificamente tal orientação ao autorizar que o credor de obrigação de fazer providencie o seu cumprimento por terceiro, à custa do devedor, sem prejuízo da indenização cabível.

> "Art. 249. Se o fato puder ser executado por terceiro, será livre ao credor mandá-lo executar à custa do devedor, havendo recusa ou mora deste, sem prejuízo da indenização cabível.
>
> Parágrafo único. Em caso de urgência, pode o credor, independentemente de autorização judicial, executar ou mandar executar o fato, sendo depois ressarcido."

Ora, se o dinheiro assume papel subsidiário no campo das obrigações, de caráter patrimonial, maior papel não lhe pode ser atribuído no campo dos direitos da personalidade. A tutela específica da personalidade deve ser a via prioritária. Claro que, como tal tutela específica nunca será inteiramente possível, a indenização pecuniária desempenhará um papel importante, somando-se às medidas de tutela específica para assegurar a reparação mais ampla possível do dano moral sofrido. O primeiro caminho, todavia, deve ser sempre a reparação *in natura* e, se é verdade que não é fácil estabelecer medidas que a assegurem, a dificuldade não isenta o magistrado do esforço. Trata-se de impera-

---

[15] O mesmo vale para as obrigações de dar, como resulta da expressa dicção do art. 461-A, § 3º, do Código de Processo Civil.

tivo decorrente da própria cláusula geral de tutela da dignidade humana (Constituição, art. 1º, III).

Nem se argumente que a ausência de patrimonialidade torna impossível a tutela específica. É justamente o oposto. A ausência de patrimonialidade reforça a necessidade de se buscar outros meios de ressarcimento, de modo a garantir a integral reparação do dano sofrido. Veja-se a lição exemplar que fez escola na reparação do dano ambiental:

> "A consideração conclusiva é que, em matéria ambiental, a reparação em forma específica passou de alternativa eventual a modelo prioritário de reparação, com isto assinalando uma evolução do ordenamento, o qual, ao contrário, assegura geralmente posição privilegiada ao ressarcimento por equivalente."[16]

Como os danos morais, os danos causados ao meio ambiente (interesse difuso) evidenciam o ocaso da antiga convicção segundo a qual a responsabilidade civil resulta sempre, ou principalmente, em uma indenização em dinheiro. Na agenda internacional, vai ganhando espaço cada vez mais significativo a discussão acerca dos meios não pecuniários de reparação. Por toda parte, afirma-se a necessidade de uma revisão dos remédios oferecidos pela responsabilidade civil, especialmente para a tutela daqueles interesses (não patrimoniais) aos quais o ordenamento jurídico reserva primazia.[17] Seria absurdo que a tutela dos interesses mais relevantes da ordem jurídica se concretizasse por instrumento de menor amplitude e efetividade.

Em outras palavras, seria inconcebível admitir a reparação *in natura* do dano patrimonial derivado do descumprimento obrigacional e não admiti-la na reparação do dano moral, decorrente da lesão à personalidade, confinando esta última ao remédio pecuniário. Se, no campo obrigacional, a lei afirma que o juiz "determinará providências que assegurem o resultado prático equivalente ao do adimplemento" (art. 461), também no campo dos direitos da personalidade providências podem ser adotadas para restituir a vítima a uma situação que seja a mais próxima possível daquela em que se encontrava antes da lesão.

Certo é que o réu poderá deixar de cumprir a medida judicial imposta. Por exemplo, poderá deixará de providenciar a publicação da retratação em um jornal de grande circu-

---

[16] No original: "*La considerazione conclusiva è che in materia ambientale il risarcimento in forma specifica da alternativa eventuale è diventato modello prioritario di risarcimento, con questo segnando una evoluzione dell'ordinamento, il quale invece in generale attribuisce posizione poziore al risarcimento per equivalente*" (Carlo Castronovo, *La nuova responsabilità civile*, Milão: Dott. A. Giuffré, 1997, p. 525).

[17] Nesse sentido, Pietro Perlingieri, *Riflessioni Finali sul Danno Risarcibile*, in Giovanni di Giandomenico (Coord.), *Il Danno Risarcibile per Lesione di Interessi Legittimi*, Nápoles: ESI, coleção da UNIMOL – Università degli studi del Molise, n. 20, p. 288: "*sarebbe un'assurdità, una discrasia, riconoscere nell'ordinamento diritti fondamentali della persona o altri diritti di estrema importanza e poi negare ad essi tutela. La problematica va allora rivista in chiave di rimedi. Occorre riconoscere quei rimedi necessari per la tutela degli interessi che sono appunto degni di essere protetti*".

lação, como estabelecido na sentença. Nesse caso, não se pode, conforme entendimento jurisprudencial consolidado, forçá-lo "debaixo de vara" a providenciar a publicação. Caberá ao autor solicitar ao juiz autorização para publicá-la ele próprio, às expensas do réu, exatamente como já prevê o legislador no campo das obrigações (arts. 249 e 251 do Código Civil). Vale dizer: se a conduta imposta ao réu puder ser praticada por terceiro ou pelo próprio autor, o réu arcará com o custo da conduta que lhe foi imposta e que preferiu não adotar. Se, por outro lado, a conduta for personalíssima e o réu insistir em não adotá-la, a questão se resolve com os mecanismos próprios do direito processual: imposição de multa diária (*astreintes*) como instrumento de estímulo à adoção da conduta imposta pela decisão judicial. Também aqui, nada de novo. Trata-se de mera aplicação à reparação do dano moral de mecanismo já consagrado nos processos voltados à tutela do crédito. Inusitado seria acreditar que tais instrumentos não podem ser invocados na reparação do dano moral, restringindo-se sem qualquer razão a proteção daquilo que é justamente o mais importante.

Um último esclarecimento se faz necessário: nada do exposto até aqui tem qualquer relação com o chamado caráter punitivo (*punitive damages*). A abertura à reparação não pecuniária não significa que o juiz tenha o poder de impor punições ao réu pela conduta lesiva. O propósito das medidas deve ser sempre o de reparar o dano sofrido pela vítima. O caráter punitivo é próprio do direito penal e sua transposição ao direito civil traz mais inconvenientes que vantagens.[18] Nada há de punitivo na reparação não pecuniária. Trata-se, por definição, de reparar o dano, e não de punir. Admite-se tão somente que o juiz, sempre a título de reparação, imponha ao réu a adoção de certa conduta (*facere*), em vez da exclusiva entrega de um bem (dinheiro). Tal conduta pode consistir na retratação pública, na publicação da decisão judicial, na abstenção de exibir certa imagem, na entrega de um bilhete aéreo, e assim por diante. Seja qual for a solução encontrada, sua finalidade única há de ser sempre e exclusivamente a reparação do dano.

5 Aspectos processuais da reparação não pecuniária

Cumpre enfrentar, por fim, alguns aspectos aspectos processuais da reparação não pecuniária. Seu cabimento é inegável quando o autor da demanda formula expressamente o pedido de retratação ou outra medida equivalente. O que dizer, todavia, daqueles casos em que o autor da demanda se limita a pleitear a indenização pecuniária? Poderia o juiz, nesses casos, acrescentar na condenação, por sua própria conta, uma medida não pecuniária de reparação do dano? A doutrina tradicional do direito processual responde negativamente. Oprimido pelo princípio da congruência, o magistrado estaria adstrito

---

[18] Por todos, Maria Celina Bodin de Moraes, *Danos à Pessoa Humana*, cit., p. 173 ss. Sobre as divergências entre o modelo norte-americano e a incorporação do caráter punitivo no Brasil, ver Anderson Schreiber, *Arbitramento do Dano Moral no Novo Código Civil*, in *Revista Trimestral de Direito Civil – RTDC*, v. 12, p. 3-24.

à resposta monetária, condenando o réu à indenização ou deixando de condená-lo. Em outras palavras, para a maior parte dos processualistas, o juiz, nessas circunstâncias, ou dá dinheiro ou não dá nada.

Felizmente, também o direito processual vem experimentando inovações. As já mencionadas reformas do Código de Processo Civil têm atribuído amplo poder ao juiz para alcançar a chamada "tutela específica" (arts. 461 e 461-A). Nesse sentido, a parcela mais avançada da doutrina processual começa a flexibilizar os limites impostos pelo princípio da congruência, admitindo que o juiz adote medidas diversas das pleiteadas, desde que com o escopo de tutelar o direito material do autor da demanda. Confira-se o ensinamento de Luiz Guilherme Marinoni e Sérgio Cruz Arenhart:

> "Admite-se expressamente, assim, que, além de a sentença poder impor a multa de ofício, o juiz deixe de atender ao pedido formulado pelo autor para determinar providência diversa, desde que voltada à efetiva tutela do direito material."[19]

A afirmação aplica-se inteiramente ao campo das ações de responsabilidade civil. Nesses casos, o direito material do autor da demanda consiste na reparação do dano sofrido. A partir do momento em que se compreende que a indenização é apenas um dos meios de se alcançar tal reparação, resta claro que o juiz tem ampla liberdade para combinar o remédio pecuniário com outros que, sem exprimir valor monetário, permitem o atendimento do seu direito material, qual seja, a integral reparação do dano. Tal poder se mostra ainda mais relevante na reparação do dano moral:

> "no caso do dano não patrimonial, o ressarcimento na forma específica é o único remédio que permite que o dano não seja monetizado e que o direito, assim, encontre uma forma efetiva de reparação. Na realidade, o direito à tutela jurisdicional efetiva tem como corolário a regra de que, quando possível, a tutela deve ser prestada na forma específica. Isso porque o direito do credor à obtenção de uma utilidade específica sempre prevalece sobre a eventualidade da conversão do direito em um equivalente".[20]

A preferência pela reparação específica dos danos, independentemente do pedido do autor, foi expressamente incorporada no Projeto de Lei 5.139/2009, que trata do chamado Código Brasileiro de Processo Coletivo. Confira-se a interessante redação do art. 25 do Projeto de Lei:

---

[19] Luiz Guilherme Marinoni e Sérgio Cruz Arenhart, *Curso de Processo Civil, v. 2: Processo de Conhecimento*, São Paulo: Revista dos Tribunais, 2007, p. 439.

[20] Luiz Guilherme Marinoni e Sérgio Cruz Arenhart, *Curso de Processo Civil, v. 2: Processo de Conhecimento*, cit., p. 434.

"Art. 25. Na ação reparatória dos danos provocados ao bem indivisivelmente considerado, sempre que possível e independentemente de pedido do autor, a condenação consistirá na prestação de obrigações específicas, destinadas à reconstituição do bem, mitigação e compensação do dano sofrido.

Parágrafo único. Dependendo das características dos bens jurídicos afetados, da extensão territorial abrangida e de outras circunstâncias, o juiz poderá determinar, em decisão fundamentada e independentemente do pedido do autor, as providências a serem tomadas para a reconstituição dos bens lesados, podendo indicar, entre outras, a realização de atividades tendentes a minimizar a lesão ou a evitar que se repita."[21]

O dispositivo proposto é auspicioso. Coaduna-se, em primeiro lugar, com a necessidade de desenvolver meios não pecuniários de reparação, evidenciando uma crescente ampliação dos poderes do magistrado na adoção de medidas voltadas à obtenção de um aplacamento efetivo dos danos sofridos. Mas vai além: atribui primazia à reparação específica "independentemente do pedido do autor", exatamente na linha do que sustenta a melhor doutrina processualista. Como se vê, longe de representar um obstáculo à evolução da responsabilidade civil, o direito processual brasileiro, encarado sob o olhar mais moderno, parece caminhar no mesmíssimo sentido do direito material.

6 À guisa de conclusão: uma decisão emblemática

A busca de novos métodos de reparação não pecuniária começa a ganhar corpo na jurisprudência brasileira. Mais que a afirmação, vale um bom exemplo. É de se conferir, nesse sentido, a decisão emblemática que foi proferida, em 2009, pela 1ª Câmara Cível do Tribunal de Justiça do Rio de Janeiro, envolvendo a reparação de danos morais decorrentes da interrupção do fornecimento de energia elétrica sem prévia comunicação ao consumidor. O tribunal reformou sentença de primeiro grau para acolher, sem prejuízo da condenação do fornecedor em indenização pecuniária, o pedido de retratação pública pela indevida interrupção do fornecimento de energia elétrica que perdurara por um ano inteiro, expondo a consumidora a situações inusitadas e humilhantes.

Transcreva-se esclarecedora passagem do acórdão, da lavra do Relator Desembargador José Carlos Maldonado de Carvalho:

"A retratação pública, como desestímulo à conduta praticada, às expensas da parte vencida ou condenada, por certo, torna mais efetiva a reparação civil, despatrimonializando a condenação, que, no mais das vezes, quando aplicada isolada-

---

[21] Para mais detalhes sobre o processo coletivo, recomenda-se a leitura dos capítulos iniciais de Diogo Campos Medina Maia, *Ação Coletiva Passiva*, Rio de Janeiro: Lumen Juris, 2009, p. 1-45, em que o autor traça, de modo bastante didático, um panorama histórico da proteção à coletividade.

mente a resposta pecuniária, não satisfaz plenamente os anseios da vítima, não compensando, integralmente, o desvalor moral. Daí ser cabível, ainda que não se encontre expressamente previsto, a veiculação de pedido de desculpa pela falha do serviço prestado e pela consequente interrupção do fornecimento de energia elétrica é também meio válido para a composição judicial da lide. Consequentemente, a simples majoração do *quantum* a ser arbitrado para o dano moral, não inviabiliza, ou justifica, o descarte da retratação pública, nos exatos termos do que foi na inicial pleiteado. Plausível e justo, pois, que a retratação se dê de modo a trazer a parte ofendida a reparação integral do dano moral, através de declaração a ser emitida pelo ofensor onde conste, além do reconhecimento público e formal da falha do serviço, o pedido de desculpas pelo dano que a consumidora autora foi injustamente causado."[22]

A condenação à emissão de pedido formal de desculpas é medida que contribui decisivamente, no caso concreto, para uma efetiva reparação do dano moral sofrido pela vítima. O julgado institui novo paradigma para a atuação dos tribunais na reparação de danos morais decorrentes de falhas na prestação de serviços essenciais ao consumidor. Distancia-se a decisão de uma abordagem demasiadamente restrita da responsabilidade civil, que a vê como mero instrumento de transferência de valores, sem atentar para sua essencial vocação que é a efetiva reparação do dano sofrido.

Tal reparação exige a participação ativa do Poder Judiciário. Do magistrado passa-se a esperar mais que o simples cálculo do montante monetário devido. Juízes e desembargadores são convocados a participar de modo mais determinante da reparação do dano sofrido, refletindo sobre as medidas mais adequadas para a satisfação da vítima no caso concreto. Rompem-se velhas amarras, valendo aqui a conclusão categórica de Pietro Perlingieri: *"acabou-se a época da taxatividade dos remédios"*.[23] Novos instrumentos se oferecem para a reparação dos danos. Durante os últimos dois séculos, a responsabilidade civil foi aprimorada e remodelada sempre a partir das suas causas (culpa e risco). É hora de repensar as suas consequências.

---

[22] TJRJ, 1ª CC, Apelação Cível 2009.001.22993, Rel. Des. Maldonado de Carvalho, j. 9.6.2009.

[23] Na íntegra: *"Di particolare interesse, ad esempio, è stato un convegno, tenutosi alcuni anni fa, a Palermo, dove processualisti civili hanno sostenuto che le norme sull'esecuzione – e non c'è, certamente, norma più patrimonialista della norma sull'esecuzione mobiliare ed immobiliare – possono essere utilizzate per la tutela dei diritti fondamentali. Questo dovrebbe far comprendere che è finita l'epoca della tassatività dei rimedi. Quando un interesse va tutelato occorre individuare nell'ambito dell'ordinamento – anche processuale – gli strumenti che lo possono realizzare"* (Pietro Perlingieri, *Riflessioni finali sul danno risarcibile*, in Giovanni di Giandomenico (Coord.), *Il danno risarcibile per lesione di interessi legittimi*, cit., p. 288).

15

Twitter, Orkut e Facebook – Considerações sobre a Responsabilidade Civil por Danos Decorrentes de Perfis Falsos nas Redes Sociais*

> Tweeto, ergo sum.
> Frase veiculada na Internet sob
> a imagem de René Descartes

Sumário: 1. Introdução. 2. Direito à identidade pessoal. 3. Responsabilidade do gestor da rede social. 4. A doutrina do *notice and take down*. 5. O Marco Civil da Internet. 6. Um convite à reflexão: redes sociais e direito comparado.

1 Introdução

Renato Portaluppi foi a grande estrela da final do Campeonato Carioca de 1995. Faltando quatro minutos para o fim da partida, marcou um extraordinário "gol de barriga", que entrou para a história do futebol brasileiro. Consagrado como jogador, ídolo em tantos times, Renato atua hoje como técnico de futebol. Acostumado a se livrar da marcação firme dos zagueiros dentro de campo, acabou driblado na internet. Um perfil falso do ex-craque foi criado no *Twitter* e já conta com mais de 59.000 seguidores. Ali, um falso Renato Gaúcho, que se apresenta como "ex-campeão de tudo", envia mensagens do tipo:

"Eu como técnico do Brasil vou colocar uma pista de dança dentro da concentração [...]. Aguardo a CBF reconhecer meus títulos no futevôlei como campeonatos

---

* Publicado originalmente em *Diálogos sobre Direito Civil*, Gustavo Tepedino e Luiz Edson Fachin (Coord.), Rio de Janeiro: Renovar, 2012, p. 155-167.

brasileiros [...]. Chegar aos mil seguidores no Twitter foi mais fácil do que ajudar o Romário a marcar o milésimo gol. Aquilo sim torrou meu saco."[1]

Os perfis falsos de celebridades, também conhecidos como *fakes*, viraram uma febre nas redes sociais, como *Twitter, Facebook* e *Orkut*.[2] Quando declaradamente jocosos, não apresentam tanto risco para vítima porque são logo identificados pelos internautas como gozação. O verdadeiro Renato Gaúcho, por exemplo, já declarou que se diverte lendo as mensagens do seu falso perfil. O problema se torna sério, contudo, naqueles perfis que se aproximam muito da realidade.

A atriz Alinne Moraes tem mais de 120.000 seguidores no *Twitter*. Seu perfil dá detalhes das gravações de novelas, relata seus afazeres diários e contém até comentários sobre restaurantes e casas noturnas. Tudo falso. "A Alinne não tem nenhum perfil na internet. Ela não tem *Orkut, Facebook* ou *Twitter*", esclarece sua assessoria de imprensa.[3] A criação de perfis falsos de celebridades vem se propagando de tal maneira que já há mesmo um troféu para premiar os melhores de cada ano.

Trata-se do "Troféu Victor Fasano do Twitter", batizado em homenagem ao ator Victor Fasano, vítima de um dos *fakes* mais difundidos do universo virtual. Incomodado com seu falso perfil, Fasano declarou: "Se houvesse uma legislação apropriada no Brasil para coibir este tipo de invasão, certamente em respeito a mim e às pessoas que são enganadas por este tipo de manifestação, evidentemente, tomaria providências."[4]

2 Direito à identidade pessoal

Não há dúvida de que ações judiciais podem ser promovidas contra o criador de um falso perfil, por lesão à identidade pessoal, atributo integrante da dignidade humana (Constituição, art. 1º, III). Pouco explorado pela jurisprudência brasileira, o direito à identidade pessoal possui vasto campo de aplicação na realidade contemporânea. Seu desenvolvimento deve-se, em larga medida, à doutrina italiana que, a partir da década de 1970, tratou de ampliar a tradicional concepção do direito ao nome para abranger os diferentes traços pelos quais a pessoa humana vem representada no meio social (não apenas sua imagem, voz e outros atributos já protegidos pelo direito à imagem, mas sobretudo suas opções políticas, religiosas, ideológicas etc.). O direito à identidade pessoal veio

---

[1] Extraído de twitter.com/renato_gaucho, em 1º.8.2011.

[2] Os perfis falsos atingiram ninguém menos que Deus, que tem mais de 700.000 seguidores no *Twitter*. A popularidade levou o Criador a declarar: "Jesus, coitado, tinha apenas 12 seguidores. E um ainda deu *unfollow*" (http://twitter.com/#!/OCriador).

[3] *Perfil falso no Twitter dá dor de cabeça a celebridades*, reportagem publicada no *site* da *Revista Veja* em 26.11.2009.

[4] *Victor Fasano fala sobre perfil falso no Twitter*, entrevista publicada em 17.7.2008 no *site* Globo.com.

proteger a pessoa humana contra aqueles atos que a colocam, na eloquente expressão italiana, *sotto falsa luce* (sob falsa luz), apresentando-a de modo errôneo no meio social.[5]

Trata-se, em outras palavras, de um

> "direito de 'ser si mesmo' (*diritto ad essere se stesso*), entendido este como o respeito à imagem da pessoa participante da vida em sociedade, com a aquisição de ideias e experiências pessoais, com as convicções ideológicas, religiosas, morais e sociais que diferenciam a pessoa e, ao mesmo tempo, a qualificam".[6]

O professor que, por exemplo, tem repetidamente associada a si uma tese científica que jamais defendeu sofre uma lesão na sua personalidade. Não se trata de violação à sua honra (a tese, note-se, pode ser mesmo admirável, mas não é sua), nem tampouco de violação à sua privacidade ou à sua imagem. Trata-se de violação ao seu nome em um sentido bem mais amplo, que corresponde à sua identidade pessoal. É também o que ocorre com o sujeito que vem associado, em certa reportagem, a uma orientação política, religiosa ou sexual da qual não partilha.

O direito à identidade pessoal, como se vê, tem amplo espectro. Abrange traços distintivos da mais variada ordem, como seu estado civil, sua etnia, sua orientação sexual, sua ideologia política, sua crença religiosa e assim por diante. Não há aqui, a rigor, sobreposição com aspectos já abrangidos por outros direitos da personalidade, como o direito à imagem, o direito ao nome e o direito à privacidade. Isso porque o direito à identidade pessoal não se confunde com a tutela isolada e estática de cada um desses aspectos. A identidade pessoal deve ser vista em perspectiva funcional e dinâmica, voltada a promover e garantir uma fidedigna apresentação da pessoa humana, em sua inimitável singularidade. Nas palavras de Raul Choeri, em obra pioneira sobre o tema no Brasil, o direito à identidade pessoal consiste no

> "direito de toda pessoa expressar sua verdade pessoal, 'quem de fato é', em suas realidades física, moral e intelectual. A tutela da identidade impede que se falseie a 'verdade' da pessoa, de forma a permanecerem intactos os elementos que revelam sua singularidade como unidade existencial no todo social".[7]

É exatamente o que ocorre com os perfis falsos produzidos nas redes sociais, como *Twitter*, *Orkut* e *Facebook*. Mesmo que não atinjam a honra da vítima, os perfis falsos a apresentam sob falsas luzes. Ninguém pode apropriar-se da identidade alheia, ainda que

---

[5] Giuseppe Cassano, *I diritti della personalità e le aporie logico dogmatiche di dottrina e giurisprudenza – Brevissimi cenni*, disponível no site Diritto & Diritti (www.diritto.it).
[6] Maria Celina Bodin de Moraes, *Sobre o Nome da Pessoa Humana*, in Revista da EMERJ, v. 3, n. 12, 2000, p. 71.
[7] Raul Cleber da Silva Choeri, *O Direito à Identidade na Perspectiva Civil-Constitucional*, Rio de Janeiro: Renovar, 2010, p. 244.

a título de mera brincadeira. Ao contrário do que acreditam celebridades como Victor Fasano, não falta no direito brasileiro base normativa para uma ação judicial nesses casos, calcada na tutela da identidade pessoal, como aspecto importantíssimo da dignidade humana (Constituição, art. 1º, III). O problema é que, na imensa maioria das situações concretas, o criador do perfil falso é desconhecido. Mesmo a identificação do IP do computador mostra-se quase sempre insuficiente para determinar quem foi o responsável pela veiculação das falsas informações (não raro, os computadores usados para tanto situam-se em *lan houses* ou outros ambientes de acesso generalizado). E a indagação que se impõe nesses casos é a seguinte: responde a companhia gestora da rede social pelos danos decorrentes da criação de perfil falso? A resposta é controvertida em nossos tribunais.

3 Responsabilidade do gestor da rede social

No Brasil, o cenário jurisprudencial em relação à responsabilidade civil por criação de perfil falso nas redes sociais é, ao mesmo tempo, rico e caótico. A novidade do tema explica, em parte, a pluralidade de orientações que vem se formando e a dificuldade de se traçar um panorama didático do trabalho das cortes judiciais nesse campo. Ainda assim, pode-se sintetizar a vasta multiplicidade de julgados em três correntes principais.

A primeira corrente, majoritária, sustenta que as chamadas redes sociais consistem em um "serviço" prestado aos usuários da internet. Ainda que seu uso seja gratuito, vislumbra-se uma "remuneração indireta" auferida pelas companhias gestoras desta espécie de *site*, com base em anúncios publicitários e outros ganhos, o que seria suficiente para caracterizar a relação de consumo e atrair, consequentemente, o regime da responsabilidade objetiva por defeito na prestação do serviço.[8] O defeito, por sua vez, resultaria da mera veiculação das informações falsas, danosas à honra ou à identidade pessoal da vítima, ou decorreriam do próprio fato de o gestor da rede social não ter logrado indicar o terceiro responsável pelo dano causado.

Acórdão que bem exprime essa corrente de pensamento foi proferido pela 2ª Câmara Cível do Tribunal de Justiça do Rio de Janeiro, em ação judicial promovida por mulher que teve um perfil falso criado no *Orkut*. O perfil apresentava diversas informações verdadeiras da autora, incluindo referência ao seu local de trabalho, mas lhe atribuía qualidades e comportamentos de cunho pornográfico, com fotos de sexo explícito. Registrou-se no processo que a vítima soube do ocorrido "através de uma sobrinha de quinze anos, que recebeu um convite para adicioná-la". Após examinar o caso, o Desembargador Alexandre Câmara concluiu, em voto que foi acompanhado por seus pares:

"Ainda que se considere a dificuldade de se fiscalizar os conteúdos de tudo o que é lançado nas páginas do Orkut, como sustenta a empresa ré, é possível verificar

---

[8] Ver, entre tantos outros, TJRJ, Apelação Cível 0012222-17.2008.8.19.0001, Rel. Des. Célia Meliga Pessoa, j. 7.6.2011.

a procedência das informações, conforme, inclusive, foi feito após a apresentação desta apelação [...] logo, se a ré possui meios, como comprovou tardiamente, de identificar o autor da ofensa, e não o fez, responderá pelo anonimato deste, restando claro o dever de compensar o dano sofrido."[9]

Uma segunda corrente, ainda bastante minoritária, pode ser identificada em acórdãos que, escapando às delicadas questões atinentes à configuração da relação de consumo e do defeito na prestação do serviço, invocam a cláusula geral de atividade de risco, contida no art. 927, parágrafo único, do Código Civil, para concluir que se o réu deflagra, com a sua atividade (rede social), o risco da criação de perfis falsos, responde objetivamente pelos danos daí derivados.[10] Como se vê, esta corrente diferencia-se da primeira por seu fundamento normativo (Código Civil, em vez de Código de Defesa do Consumidor), mas, no extremo, alcançam ambas o mesmo resultado: a responsabilização da companhia gestora da rede social pelos danos derivados da sua utilização. Essa foi também a tônica de importante precedente do Superior Tribunal de Justiça sobre a matéria:

"Quem viabiliza tecnicamente, quem se beneficia economicamente e, ativamente, estimula a criação de comunidades e páginas de relacionamento na internet é tão responsável pelo controle de eventuais abusos e pela garantia dos direitos da personalidade de internautas e terceiros como os próprios internautas que geram e disseminam informações ofensivas aos valores mais comezinhos da vida em comunidade, seja ela real, seja virtual."[11]

A terceira corrente opõe-se às duas primeiras, sustentando que o gestor das redes sociais "não está obrigado a fiscalizar, nem realizar qualquer censura prévia ou genérica (o que avilta, ademais, os princípios democráticos insculpidos na Constituição vigente), sobre o conteúdo inserido pelos usuários".[12] Afirma-se nesse sentido que não é fisicamente possível proceder a uma varredura de todas as informações veiculadas nas redes sociais, "afigurando-se inviável manter permanentemente um técnico para analisar tudo o que entra e discernir o que ultrapassaria o simples direito de crítica e opinião".[13] Daí concluírem pela inexistência de defeito no serviço diante da mera criação de um perfil falso, fato/risco imputável exclusivamente ao terceiro que o criou.

Além dessas três correntes principais, uma quarta orientação vem ganhando espaço por representar supostamente uma solução intermediária entre aqueles que defendem a responsabilização do gestor da rede social e aqueles que consideram injusto lhe atribuir

---

[9] TJRJ, Apelação Cível 2009.001.14165, Rel. Des. Alexandre Câmara, j. 8.4.2009.
[10] Ver, a título ilustrativo, TJRJ, Apelação Cível 0006047-50.2009.8.19.0040, Rel. Des. Benedicto Abicair, j. 1.12.2009.
[11] STJ, Recurso Especial 1.117.633/RO, Rel. Min. Herman Benjamin, j. 9.3.2010.
[12] TJRJ, Apelação Cível 2009.001.69800, Rel. Des. Mario Assis Gonçalves, j. 22.6.2010.
[13] TJSP, Agravo de Instrumento 990.10.188054-7, Rel. Des. Luiz Ambra, j. 30.6.2010.

o ônus de vigiar a atividade dos usuários. Trata-se de solução calcada na importação da doutrina norte-americana do *notice and take down*.

4 A doutrina do *notice and take down*

Consagrada no *Digital Millennium Copyright Act*, a doutrina norte-americana do *notice and take down* foi concebida para lidar especificamente com conflitos de natureza autoral.[14] Em linhas gerais, a doutrina do *notice and take down* cria uma exceção à responsabilidade por violação de direitos autorais na internet, assegurando imunidade aos provedores de serviço (*service providers*) que atenderem prontamente à notificação do ofendido para a retirada do material impróprio. Com a notificação, o controvertido dever geral de monitoramento permanente da rede transforma-se em uma obrigação específica de agir, que, se atendida, isenta o provedor de responsabilidade.[15]

A saída é engenhosa e começa a conquistar adeptos na jurisprudência brasileira, mesmo à falta de previsão legal. De fato, alguns magistrados têm adotado tal solução para conflitos envolvendo a criação de perfis falsos em redes sociais, estatuindo que os gestores de tais *sites* só respondem se, uma vez notificados, deixarem de agir para retirar o conteúdo falso do ar. Confira-se nessa direção o seguinte acórdão proferido pela 4ª Câmara Cível do Tribunal de Justiça do Rio de Janeiro em outro caso versando sobre perfil falso no *Orkut*:

> "No caso vertente e numa primeira análise, comungo do entendimento da douta magistrada no sentido da impossibilidade de o provedor hospedeiro proceder à devida verificação prévia das 40 milhões de páginas existentes no Orkut. Isto numa primeira análise. No entanto, se assim é, não há dúvida de que, sendo solicitada a exclusão do perfil, aí então tem o provedor a obrigação de excluí-lo se falso e ofensivo à honra do retratado."[16]

---

[14] O *Digital Millenium Copyright Act* é uma lei americana editada em 1998 para implementar dois tratados internacionais aprovados, em 1996, pela *WIPO – World Intellectual Property Organization*, com o declarado propósito de fortalecer a proteção dos direitos autorais especialmente diante das novas mídias digitais. A íntegra da lei pode ser consultada em <www.copyright.gov/legislation/hr2281.pdf> (acesso em: 1º.8.2011).

[15] O *Digital Millenium Copyright Act* regulamenta minuciosamente, em seu Título II (denominado ele próprio como *Online Copyright Infringement Liability Limitation*), o procedimento de notificação e contra-notificação, além de providências que devem ser seguidas pelos provedores para fazerem jus à limitação de responsabilidade. Ver especialmente a *section 202*, que traz substanciosa modificação ao §512 do Capítulo 5 do Título 17 do *United States Code*, compilação das normas federais de caráter geral e permanente.

[16] TJRJ, Apelação Cível 2008.001.04540, Rel. Des. Horácio dos Santos Ribeiro Neto, j. 25.3.2008.

Note-se que, de acordo com a doutrina do *notice and take down*, o dano eventualmente sofrido durante o período anterior à notificação permanece sem ressarcimento (mesmo que parentes, amigos ou conhecidos da vítima o tenham acessado). Essa tem sido, no Brasil, a principal crítica à doutrina do *notice and take down*, que, ao estabelecer uma espécie de "imunidade" do gestor do *site* até o momento da notificação, deixa sem reparação parte do dano sofrido pela vítima.

Nessa direção, voto vencedor em acórdão alcançado por maioria chegou a afirmar que a doutrina do *notice and take down* desvia-se da tradição jurídica brasileira, para a qual "o dano acontece no momento da publicação, não valendo a tese do douto voto vencido de que a parte autora deveria primeiro pedir a retirada da página, pois essa simples providência não ilide o prejuízo já sofrido, inexistindo em nosso Direito fato ilícito não indenizável".[17] A rigor, a reparação pelo "prejuízo já sofrido" ainda pode ser buscada contra o criador do perfil falso, mas, como visto anteriormente, tal sujeito é quase sempre anônimo e nem mesmo a revelação do computador (IP) de onde partiu o ato pode ser suficiente para identificá-lo. Assim, embora não se possa afirmar em tese que a doutrina do *notice and take down* afronta a noção de reparação integral do dano (já que preserva o dever de indenizar do criador do perfil falso, isentando tão somente o gestor da rede social), na prática o resultado é inegavelmente uma reparação inferior ao dano sofrido.

Pior: o *notice and take down* é essencialmente procedimental. Aplicá-lo sem uma disciplina legal previamente estabelecida implica não apenas em criar uma fissão considerável no sistema brasileiro de responsabilidade civil,[18] mas também em atrair riscos graves para o exercício da liberdade de expressão na internet. Com efeito, estabelecer uma limitação de responsabilidade para o gestor do *site* que atende prontamente à notificação para retirada do material significa estimular uma solução imediata em sede extrajudicial, o que se afigura muito positivo quando o conteúdo veiculado é claramente ilegítimo, mas pode se converter em instrumento de abuso diante de manifestações legítimas da liberdade de expressão e pensamento. Daí por que uma das principais garantias que acompanham o *notice and take down* nos Estados Unidos é a possibilidade de contranotificação por parte do autor do conteúdo cuja retirada se solicita e, mesmo lá, com todas as cautelas estabelecidas na legislação, o sistema tem atraído críticas e despertado reações contra a sua má utilização.[19]

---

[17] TJRJ, Apelação Cível 2008.001.56760, Rel. Des. Otávio Rodrigues, j. 3.12.2008.

[18] Setor que, aliás, tem sofrido com a importação acrítica de figuras estrangeiras, antagônicas em larga medida aos seus preceitos fundamentais e à própria função que a responsabilidade civil assume no ordenamento brasileiro. Sobre o tema, seja permitido remeter a Anderson Schreiber, *Novos Paradigmas da Responsabilidade Civil*, São Paulo: Atlas, 2011, 3. ed., p. 209-215 e 231-243.

[19] Ver, entre outros, www.chillingeffects.org, página oficial do Projeto *Chilling Effects*, iniciativa desenvolvida conjuntamente pela *Electronic Frontier Foundation* e prestigiosas universidades americanas (Harvard, Stanford, Berkeley etc.) com o declarado objetivo de esclarecer o público e evitar que a legislação dos Estados Unidos (especialmente, o sistema do *notice and take down*) seja utilizada de modo abusivo para "esfriar" (*chill*) o exercício da liberdade de expressão na internet.

No Brasil, o vácuo legislativo promete ser preenchido pelo Marco Regulatório Civil da Internet, de iniciativa do Ministério da Justiça. Trata-se de anteprojeto de lei que se encontra em fase de discussão com a sociedade civil por meio de *site* específico.[20] A discussão é rica e a iniciativa merece todos os aplausos. Todavia, não se pode deixar de registrar que, a prevalecer a proposta ali estampada, a controvérsia em torno do *notice and take down* acabará por se acirrar ainda mais.

5 O Marco Civil da Internet

O art. 20 do anteprojeto de lei conhecido como Marco Civil da Internet importa o sistema do *notice and take down*, dando-lhe novas feições:

"Art. 20. O provedor de serviço de internet somente poderá ser responsabilizado por danos decorrentes do conteúdo gerado por terceiros se, após intimado para cumprir ordem judicial a respeito, não tomar as providências para, no âmbito do seu serviço e dentro do prazo assinalado, tornar indisponível o conteúdo apontado como infringente."

A inovação, contudo, afigura-se contrária à própria inspiração do instituto no sistema jurídico onde foi gestado. O *notice and take down* nasceu, como já esclarecido, com o propósito de oferecer a titulares de direitos autorais resposta rápida para a violação dos seus direitos na internet.[21] A versão projetada pelo art. 20 não apenas transcende o ambiente autoral para abranger qualquer tipo de conteúdo "apontado como infringente" – o que intensifica os riscos já indicados em relação ao "resfriamento" da liberdade de expressão –, mas também judicializa a solicitação (*rectius*: ordem) de retirada, afastando-se do escopo de celeridade que consiste na verdadeira razão de ser do instituto.

O dispositivo parece, ainda, confundir a responsabilidade pela veiculação do conteúdo ilegítimo com o descumprimento de ordem judicial, circunstância que, em nosso sistema, atrai por si só a responsabilidade daquele que desrespeita o comando emitido pelo Poder Judiciário. Por fim, o anteprojeto de lei do Marco Civil não institui garantias em benefício do autor do conteúdo impugnado (contranotificação), nem cria qualquer procedimento específico a ser seguido, limitando-se a estabelecer em seu art. 21 "requisitos" para a ordem judicial (indicação "clara" do conteúdo etc.), sob pena de uma inu-

---

20 O endereço eletrônico do *site*, cuja visita se recomenda vivamente, é *http://culturadigital.br/marcocivil*.

21 Tal preocupação era tão acentuada que, durante as discussões em torno do *Digital Millenium Copyright Act*, cogitou-se mesmo da criação de uma corte específica que pudesse solucionar rapidamente essas questões vinculadas ao universo digital e que sites especializados passaram a denominar de *"cyber magistrates"*. A ideia, contudo, foi abandonada ao longo dos debates em favor do sistema extrajudicial do *notice and take down* (ver *digital-law-online.info/lpdi1.0/treatise34.html*).

sitada "invalidade" do ato do juiz. Tal qual traçada, a solução promete trazer mais dúvidas que respostas.[22]

6 Um convite à reflexão: redes sociais e direito comparado

A discussão pública do Marco Civil da Internet promete oferecer singular oportunidade para refletir sobre as interações entre a responsabilidade civil e as novas tecnologias. O *notice and take down*, em particular, se não é proposta das mais simpáticas à luz da crescente preocupação com a vítima no direito brasileiro, traz, desde que bem compreendido seu funcionamento no ordenamento de origem, importante contribuição para a revisão dos remédios oferecidos pela responsabilidade civil em face da crescente demanda por celeridade na solução dos conflitos digitais.

Abre-se importante espaço para o emprego da metodologia comparatista, que, longe de referências meramente ilustrativas, propugna investigação científica rigorosa em torno dos instrumentos desenvolvidos em experiências jurídicas estrangeiras e dos efeitos concretamente alcançados naquelas realidades sociais. A partir daí é possível colocar em debate a tradicional formulação do ato ilícito no Brasil e, especialmente, sua estreita vinculação com a tutela reparatória, cogitando-se mesmo, sem preconceito ou receio, de "limitações" ou "atenuações" do dever de indenizar diante de especiais circunstâncias. A análise de outras experiências jurídicas, filiadas inclusive à tradição romano-germânica (*civil law*), mostra não ser inimaginável a instituição legal de prazos de cura (*cure periods*) ou outros mecanismos semelhantes.

Mesmo o exame de tema tão trivial como a criação de perfis falsos nas redes sociais parece ter algo a oferecer nesse sentido, evidenciando possíveis distinções e parâmetros para uma solução legislativa adequada. *Twitter*, *Orkut*, *Facebook* e outros *sites* do gênero podem se converter em genuínos laboratórios para o jurista que consiga se despir da suspeição que usualmente os envolve. Fenômeno de avassaladora popularidade, as redes sociais não podem continuar a ser encaradas pelo direito como espaço patológico de lesão à privacidade e outros direitos da personalidade. Em vez de virar-se de costas para a realidade contemporânea, é preciso refletir sobre os melhores modos de adequá-la aos valores fundamentais do ordenamento jurídico brasileiro.

---

[22] Não à toa os dispositivos mencionados foram objeto de numerosos comentários e sugestões na página dedicada ao projeto de lei.

16

A Responsabilidade Civil como Política Pública*

> Sumário: 1. Ricardo Lira e o direito civil como instrumento de transformação social. 2. A erosão dos filtros tradicionais da reparação. Ocaso da culpa e a flexibilização do nexo causal. A revolução jurisprudencial da responsabilidade civil e o risco da solidariedade pela metade. 3. O resultado individualista da responsabilidade civil. A diluição dos danos como imperativo da solidariedade social. Prevenção e *risk management*. 4. O seguro privado obrigatório. 5. Por uma conclusão que sirva de homenagem.

1 Ricardo Lira e o direito civil como instrumento de transformação social

Já passavam das três da tarde quando deixamos o apartamento da Rua Sá Ferreira, em Copacabana. Carregávamos, todos, a convicção de termos participado de um momento privilegiado de recuperação da cultura jurídica nacional. Durante mais de cinco horas, o nosso entrevistado havia se disposto a responder às mais variadas indagações em torno do ensino do direito, da renovação dos modelos universitários, da trajetória do movimento estudantil brasileiro, do papel do direito civil no cenário nacional, das insuficiências e potencialidades do Código Civil, tudo com o rigor e a clareza de quem sempre viveu pautado pelo diálogo franco e sincero, diretriz primeira de um espírito democrático. Mais uma vez, sua paixão combativa e sua visão crítica do direito haviam incendiado nossos corações juvenis, e, quando o carro, enfim, partiu rumo ao histórico Alcazar, me percebi agarrado às fitas do gravador com aquela responsabilidade atormentada de quem, por puro acaso, leva consigo uma preciosidade inestimável.

---

* Publicado originalmente em *O Direito e o Tempo*: Embates Jurídicos e Utopias Contemporâneas – Estudos em homenagem ao Professor Ricardo Pereira Lira Gustavo Tepedino e Luiz Edson Fachin (Coord.), Rio de Janeiro: Renovar, 2008, p. 743-755.

Qualquer aluno ou ex-aluno da Faculdade de Direito da UERJ não precisaria ouvir por mais de um segundo as gravações para reconhecer, prontamente e com carinho filial, a voz trovejante do entrevistado. Visceralmente ligado à história da nossa Faculdade, o Professor Ricardo Cesar Pereira Lira constitui para todos referência mais sólida que os pilares do pavilhão onde se instalou, em 1976, a escola originária do Catete. Sua energia incansável e seu amor incondicional à UERJ têm sido responsáveis por tantas vitórias no campo acadêmico, e pela inauguração de um processo de renovação crítica do direito civil no Rio de Janeiro.[1] Sua obra espraia-se por um amplo leque de temas – função social da propriedade, relações entre direito e justiça, direito urbanístico, direito de superfície, planejamento urbano –, unidos todos pela forte conotação social e pela perspectiva transformadora, repetidamente reafirmada em tantos momentos da sua trajetória e também naquela extraordinária entrevista:

> – O que digo a vocês é sobretudo isso: ao lado de ser um mecanismo de solução dos conflitos individuais, o direito civil tem que ser um instrumento de transformação social.[2]

As palavras vieram pronunciadas não com o tom afetuoso que o Professor Ricardo Lira reserva usualmente a seus ex-alunos, mas como afirmação grave, a exprimir o apelo obstinado em prol do compromisso severo e constante com a leitura crítica do direito civil, disciplina que, por seu especial contato com as relações privadas, vem, tradicionalmente, apresentada de forma a minimizar as profundas questões sociais, de inegável interesse público, sobre as quais repousam seus institutos.

Exemplo emblemático dessa artificial indiferença se tem no instituto da Responsabilidade Civil, até hoje descrita como técnica de solução de conflitos ocasionais, patológicos e de natureza puramente interindividual, mesmo que os tribunais, há muito, decidam tais litígios em atenção a preocupações sociais bem mais abrangentes. Cria-se, então, este assustador descompasso: enquanto a imensa maioria dos manuais de direito civil continua a descrever uma Responsabilidade Civil fundada nas bases individualistas do pensamento liberal, as cortes judiciais esticam-lhe os conceitos, deturpam as noções clássicas, transformam cotidianamente o instituto a fim de obter resultados mais justos nos conflitos que lhe são submetidos. Diante da indiferença da doutrina e do legislador, este *diritto vivente* da Responsabilidade Civil segue se desenvolvendo de modo clandestino, pontual e verdadeiramente aleatório, não logrando, por limites intrínsecos aos meios judiciais, oferecer solução efetiva à crescente produção de danos na vida social, questão

---

[1] Tradição crítica prolongada continuamente, em especial pela escola de Direito Civil--Constitucional instituída e liderada pelo Professor Gustavo Tepedino, que compõe, juntamente com o Prof. Ricardo Lira e o Prof. Antonio Celso Alves Pereira, uma vitoriosa tríade de diretores que promoveu a elevação da Faculdade de Direito da UERJ a paradigma de ensino e estrutura educacional.

[2] Após edição e revisão, a entrevista foi publicada no volume 27 da *RTDC – Revista Trimestral de Direito Civil*, p. 283-299.

do mais profundo interesse coletivo, que não pode ser encarada senão como o objeto urgente de uma tão necessária quanto adiada política pública.

2 A erosão dos filtros tradicionais da reparação. Ocaso da culpa e a flexibilização do nexo causal. A revolução jurisprudencial da responsabilidade civil e o risco da solidariedade pela metade

Os danos são reflexos inevitáveis da vida em sociedade. A cada sistema jurídico compete decidir o que fazer com os diversos danos produzidos, implicando a ausência de decisão, neste caso, em uma decisão em si, que corresponde a "deixar o dano onde cair" (*the loss lies where it falls*).[3] Os juristas da Modernidade adotaram, muito claramente, a posição de lhes reservar um remédio individualista (que contrapõe um autor a um réu, desconsiderando qualquer dimensão coletiva do dano), restritivo (onde o ônus probatório dos pressupostos necessários recai pesadamente sobre o acionador do remédio), *a posteriori* (que só pode ser acionado após a ocorrência do dano) e pecuniário (que se conclui com a entrega de soma em dinheiro). Trata-se da responsabilidade civil.

Embora destacada do intuito punitivo – reservado ao direito penal –, a responsabilidade civil nasceu conceitualmente atrelada ao modelo subjetivo de responsabilização, segundo o qual a consequência negativa (representada, no campo civil, pelo dever de indenizar) somente poderia ser atribuída a quem tivesse, em alguma medida, adotado um comportamento reprovável. O pensamento liberal impunha, portanto, que a responsabilidade civil apenas emergisse diante da voluntária (embora não necessariamente intencional) violação a um dever de conduta anteriormente estabelecido.

A própria estruturação tradicional das codificações, que apresentam a responsabilidade civil como o sucedâneo episódico do direito obrigacional, na esteira da conhecida construção germânica que associa a responsabilidade (*Haftung*) ao débito (*Schuld*), reflete claramente a tentativa de excluir qualquer possibilidade de responsabilização que não se fundasse na violação do agente a um dever prévio, originário. A responsabilidade civil apresenta-se, assim, na concepção liberal, como um mecanismo destinado a impor o dever de reparar a alguém que causasse dano a outrem com o mal uso da sua liberdade.[4] Não se trata, como se vê, de um instrumento preocupado essencialmente com o dano sofrido pela vítima, mas especialmente centrado sobre a *culpa* do causador do dano, elemento que, bem mais que um pressuposto do dever de indenizar, consistia na própria justificativa moral do instituto da responsabilidade civil. E a forte conotação moral da

---

[3] Confira-se sobre o referido princípio, Patrick Atiyah, *Accidents, Compensation and the Law*, Londres: Weidenfeld and Nicholson, 1975, p. 51 ss. Ver, também, Andreas Heldrich, *Compensating Non-Economic Losses in the Affluent Society*, em American Journal of Comparative Law, 18, 1970, p. 25 ss.

[4] Na lição de Jean-Jacques Wunenburger: "*Toute faute résulte donc, à des degrés divers, d'un usage coupable de sa liberté qui mérite moralement une sanction*" (*Le procès de la responsabilité*, in Droits – Revue Française de Théorie Juridique, n. 5, 1985, Paris: PUF, p. 95).

noção de culpa – chamada, por Paul Esmein, de o "pecado jurídico" – acabava por exigir verdadeira imersão no universo anímico do agente, tornando tormentosa a produção da prova, que, sem deixar o campo das metáforas religiosas, viria a ser considerada verdadeira *probatio diabolica*.

As dificuldades de demonstração da culpa atendiam, plenamente, ao propósito liberal de ampliar ao máximo o espaço da autonomia privada, sem criar desnecessários desestímulos ao exercício da vontade individual. O intuito era mesmo o de se restringir a deflagração do dever de reparar àquelas hipóteses em que o dano fosse consequência (jurídica) da conduta culposa do agente. Tem-se aí a lição até hoje repetida nas faculdades de direito, segundo a qual a responsabilidade civil funda-se em três pressupostos: a culpa, o nexo causal e o dano. Significava isso dizer que a vítima de um dano, dirigindo-se aos tribunais, precisava, além de evidenciar seu prejuízo, superar duas sólidas barreiras para obter indenização: (i) a demonstração da culpa do ofensor, e (ii) a demonstração do nexo de causalidade entre a conduta culposa do ofensor e o dano. Essas duas barreiras – prova da culpa e prova do nexo causal – chegaram a ser chamadas *filtros da reparação*, por funcionarem exatamente como óbices capazes de promover a seleção das demandas de ressarcimento que deveriam merecer acolhida jurisdicional. Aos olhos da época, parecia evidente que se, por qualquer catástrofe, esses *filtros* se rompessem, o Poder Judiciário seria inundado com um volume incalculável de pedidos de reparação.[5]

A multiplicação dos danos experimentada a partir do desenvolvimento do capitalismo industrial alterou, sensivelmente, a maneira de encarar a responsabilidade civil, conclamando os tribunais a retirarem dos ombros das vítimas a histórica carga probatória que lhes havia legado o direito da Modernidade. A ampliação dos danos acidentais, anônimos, como produtos inevitáveis de atividades socialmente úteis, como o transporte coletivo ou a operação de maquinário industrial, chamaram a atenção para a necessidade de se enxergar a responsabilidade civil não apenas como um mecanismo de atribuição do ônus indenizatório a quem *deve* reparar um dano, mas a quem *pode* repará-lo. Vive-se um momento de *erosão dos filtros da reparação*, no qual a prova da culpa e a prova do nexo causal vêm perdendo, gradativamente, seu papel de contenção do ressarcimento.

No caso (ou ocaso) da culpa, essa tendência se mostra por demais evidente. O papel da culpa no direito contemporâneo tem sido progressivamente reduzido pelo avanço da responsabilidade objetiva – iniciado, na experiência brasileira, por leis setoriais específicas (ferrovias, atividade nuclear), ampliado de modo significativo pelo Código de Defesa do Consumidor (responsabilidade do fornecedor), e agora definitivamente consagrado pelo Código Civil de 2002, com sua cláusula geral aplicável às chamadas atividades de risco (art. 927, parágrafo único). Diante do mencionado dispositivo, note-se, a responsabilidade objetiva não pode mais ser dita responsabilidade *ex lege*, já que sua aplicação

---

[5] Seja permitido remeter a Anderson Schreiber, *Novos Paradigmas da Responsabilidade Civil – Da Erosão dos Filtros da Reparação à Diluição dos Danos*, São Paulo: Atlas, 2007.

passa a depender do magistrado na análise de cada caso concreto, a reduzir ainda mais a importância da culpa.

Com isso, reabriu-se, por toda parte, o debate doutrinário em torno das teorias da causalidade, envolvendo a teoria da causalidade direta e imediata, a teoria da equivalência das condições, e tantas outras de evolução mais recente.[6] Em que pese a inegável importância desse debate, a jurisprudência brasileira – e não só ela, como se verá adiante – tem se recusado a dar à prova do nexo causal o mesmo tratamento rigoroso e dogmático que, no passado, havia atribuído à prova da culpa. O que se vê, em muitos casos, é que os tribunais, muito pelo contrário, se valem da miríade de teorias exatamente para justificar uma escolha subjetiva, e muitas vezes atécnica, da causa do dano. Com efeito, expressões como "causalidade adequada" e "causalidade eficiente" têm sido empregadas, frequentemente, em procedimentos racionais que refletem o uso de outras teorias, como a subteoria da necessariedade.[7] Em outros casos, tais expressões têm sido usadas mesmo sem refletir qualquer construção teórica, mas tão somente a eleição, com ampla discricionariedade, da causa que, no entendimento do magistrado, melhor assegura proteção à vítima.

Tome-se, a título de ilustração, o já conhecido caso do escorrega, decidido pelo Superior Tribunal de Justiça em 2001.[8] A controvérsia envolvia um jovem que viajou para Serra Negra, em São Paulo, hospedando-se em um hotel-fazenda. Durante a madrugada, após confraternizar com amigos, dirigiu-se à área da piscina, subiu em um escorrega e mergulhou do topo do aparato para dentro da piscina. A piscina, não obstante a presença do escorrega, não era suficientemente profunda para acolher um mergulho daquela altura, tendo o rapaz, por força do salto, chocado a cabeça contra o fundo em um acidente que lhe provocou sérios danos à saude. Sem prejuízo da consternação que o episódio desperta, um caso assim seria tradicionalmente resolvido com a constatação de que a causa – ao menos a causa direta – dos danos sofridos pela vítima fora a sua própria conduta. O Tribunal de Justiça de São Paulo entendeu, ao contrário, que a responsabilidade pelos danos pertencia integralmente ao hotel e à agência de turismo que

---

[6] Para a revisão crítica das diversas teorias de causalidade no direito brasileiro, veja-se Gisela Sampaio da Cruz, *O Problema do Nexo Causal na Responsabilidade Civil*, Rio de Janeiro: Renovar, 2005; e Fernando Noronha, *Direito das Obrigações*, São Paulo: Saraiva, v. 1, 2003, p. 586-611.

[7] "Repita-se, pois, ainda uma vez: a despeito das teorias nominalmente adotadas pelos Tribunais brasileiros, prevalece amplamente a investigação do nexo causal necessário para a definição do dever de reparar. Em termos práticos, chegam a resultados substancialmente idênticos, na jurisprudência brasileira, os fautores da teoria da causalidade adequada e da teoria da interrupção do nexo causal, empenhados em identificar o liame de causalidade necessária entre uma causa remota ou imediata – desde que se trate de causa relativamente independente – e o resultado danoso" (Gustavo Tepedino, *Notas sobre o Nexo de Causalidade*, in *Revista Trimestral de Direito Civil*, v. 6, p. 10).

[8] Superior Tribunal de Justiça, Recurso Especial 287.849/SP, 17.4.2001, Rel. Min. Ruy Rosado de Aguiar Jr.

o indicara.[9] E o Superior Tribunal de Justiça manteve a decisão, reduzindo apenas parcialmente a responsabilidade dessas sociedades com base na concorrência dos atos da vítima para o resultado danoso.[10]

Observando casos semelhantes na jurisprudência francesa, Camille Potier usou a expressão "presunções clandestinas de causalidade", justamente para ressaltar que, também lá, os tribunais chegam a presumir o nexo de causalidade à margem de qualquer previsão legislativa que a sustente.[11] Fala-se, na Itália, em causalidade flexível, ou flexibilização do nexo causal, e, em outras partes, a doutrina tem aludido à formação de uma causalidade moral ou política.[12] Embora essas ideias certamente não se confundam, corroboram sempre a expansão da margem de discricionariedade do juiz na apreciação da relação de causalidade. Desse modo, à semelhança do que ocorreu com a prova da culpa, a prova do nexo causal parece tendente a sofrer, no seu papel de filtro da responsabilidade civil, uma erosão cada vez mais visível.

Longe de representar uma subversão acéfala da dogmática tradicional, a erosão dos filtros da responsabilidade civil explica-se, em larga medida, por uma sensibilidade crescente dos tribunais à necessidade de assegurar alguma reparação às vítimas de um dano. A transferência ou eliminação do peso da prova da culpa e a relativa desimportância da prova do nexo causal diante da sua flexibilização vêm acolhidas na prática jurisprudencial justamente com a finalidade, ideologicamente legítima, de garantir ao ofendido alguma indenização. É evidente que, com isso, não se cancela a importância da culpa e do nexo causal na estrutura elementar da responsabilidade civil, mas tem-se, no âmbito dessa mesma estrutura, um gradual deslocamento de foco – que abandona a culpa e o nexo causal em direção ao dano. É sobre este último elemento que as atenções dos tribunais vêm se concentrando, podendo se afirmar que, hoje, o objetivo das cortes, na aplicação

---

[9] Declarou o Tribunal de Justiça de São Paulo no acórdão recorrido: "Aliás, mesmo que fosse o caso, nem de culpa concorrente poder-se-ia cogitar diante da ausência total de comunicação sobre a profundidade da piscina, que tinha seu acesso livre e apresentava iluminação precária. Tanto há responsabilidade do hotel, que uma criança, brincando pelo local e não sabendo ler, podendo penetrar livremente nas dependências da piscina, não sabendo nadar, caindo dentro d'água, morreria afogada e não se pode olvidar que o infausto acontecimento ocorreu às vésperas do Natal, quando os hotéis ficam lotados."

[10] Reconheceu o Superior Tribunal de Justiça: "Ocorre que o autor usou do escorregador e 'deu um salto em direção à piscina', conforme narrou na inicial, batendo com a cabeça no piso e sofrendo as lesões descritas no laudo. Esse mau uso do equipamento – instalação que em si é perigosa, mas com periculosidade que não excede ao que decorre da sua natureza, legitimamente esperada pelo usuário – concorreu causalmente para o resultado danoso" (Recurso Especial 287.849/SP, voto do Min. Ruy Rosado de Aguiar, p. 2).

[11] Camille Potier, *Les présomptions de causalité*, Paris: Université de Paris I – Pantheon Sorbonne, 1995-1996, p. 7.

[12] Nesse sentido, confira-se, entre outros, Andrea Violante, *Responsabilità oggettiva e causalità flessibile*, Nápoles: Edizioni Scientifiche Italiane, 1999, e Francisco Manuel Pereira Coelho, *Problema da causa virtual na responsabilidade civil*, Coimbra: Almedina, 1998.

da responsabilidade civil, tem sido menos o de identificar um responsável que se vincule (pela sua culpa ou pela sua atividade) ao dano, e mais o de assegurar, por qualquer meio disponível, a integral reparação dos prejuízos sofridos pela vítima.[13] Nas palavras de Maria Celina Bodin de Moraes: "Ressarcíveis não são os danos *causados*, mas sim os danos *sofridos*, e o olhar do Direito volta-se totalmente para a proteção da vítima."[14]

Essa autêntica revolução jurisprudencial, que tende a adequar o instituto originariamente individualista da responsabilidade civil à axiologia constitucional, perseguindo a nobre finalidade de alcançar um resultado mais justo no caso concreto, traz, por características inerentes à estrutura individualista das ações de reparação, o risco de se concluir com outra injustiça: a atribuição de todo o ônus reparatório do dano a um único réu, que tem com o incidente uma relação não *causal*, mas meramente *casual*, gerando séria crise de legitimidade para todo o sistema da responsabilidade civil. Em outras palavras: aplica-se a solidariedade social aos pressupostos do dever de indenizar, a fim de assegurar o necessário amparo à vítima; mas, de outro lado, mantém-se como consequência desse processo a atribuição do dever de reparar a um único réu, que responde sozinho por um ônus que lhe compete tanto quanto compete a qualquer pessoa que integre aquele setor econômico ou, em alguns casos, a própria sociedade como um todo.

3 O resultado individualista da responsabilidade civil. A diluição dos danos como imperativo da solidariedade social. Prevenção e *risk management*

É inteiramente legítimo – e um imperativo constitucional – que a preocupação do direito passe a ser com os danos sofridos, e não mais com os danos causados. A questão que cumpre decidir é a quem compete esse ônus reparatório. Faz-se necessário repensar a responsabilidade civil como instituto que transcenda os limites asfixiantes da ação de reparação, historicamente individualista e polarizada entre o autor e o réu. Mais que os mecanismos recentes de ampliação do polo ativo (ações coletivas de reparação) e do polo passivo (expansão das hipóteses de responsabilidade solidária), urge refletir sobre outros instrumentos que assegurem a necessária diluição do ônus reparatório entre os múltiplos agentes lesivos que contribuem, tanto quanto ou, muitas vezes, mais que o réu, para a produção do dano.

A solidariedade social não impõe apenas o desprendimento do tradicional rigor individualista e liberal com que se exige a demonstração dos pressupostos do dever de indenizar (especialmente, a culpa e o nexo de causalidade). Não se limita tampouco à

---

[13] Como, de resto, já o previra Stefano Rodotà em seu *Il problema della Responsabilità Civile*, Milão: Dott. A. Giuffrè, 1967.

[14] Maria Celina Bodin de Moraes, *Deveres Parentais e Responsabilidade Civil*, in Revista Brasileira de Direito de Família, v. 31, 2005, p. 55.

consagração da responsabilidade objetiva (sem culpa), que facilita a condenação do réu. A nova axiologia solidarista exige, para muito além disso, que se implementem instrumentos aptos a distribuir entre o maior número possível de agentes envolvidos na atividade lesiva o ônus das reparações derivadas dos danos puramente acidentais. E, ainda, que se distribua entre todos estes agentes o custo da implementação de medidas que possam mesmo evitar ou diminuir a quantidade de danos produzidos.

É nesse sentido que se fala, hoje, por exemplo, em um *princípio de precaução*, voltado à eliminação prévia (anterior à produção do dano) dos riscos de lesão, por meio de normas específicas, de natureza administrativa e regulatória, que imponham tal dever aos agentes econômicos de maior potencial lesivo, sob uma fiscalização eficiente por parte do Poder Público.[15] Insere-se, nessa linha, a atuação disciplinar dos órgãos fiscalizadores, como o CADE e o Banco Central, e cresce em importância o papel normativo das agências reguladoras, que, sem a lentidão habitual do processo legislativo e com o conhecimento técnico especializado, se mostra apto à emissão de regras de conduta capazes de efetivamente reduzir os riscos de cada atividade. Em setores os mais diversos, e mesmo à falta de dever legal, os administradores têm se preocupado crescentemente com o chamado *risk management*, a revelar uma saudável alteração de foco: dos danos para os riscos.

Nessa mesma direção, a autonomia privada começa a recorrer, com cada vez maior frequência, a seguros de responsabilidade civil, contemplados pelo Código Civil de 2002 (art. 787). Trata-se de espécie contratual em que o segurador garante o pagamento das perdas e danos devidos pelo segurado a terceiro. Protege-se o segurado do risco indenizatório, não do prejuízo que *sofre*, mas do prejuízo que *causa*, ou pelo qual pode, de qualquer modo, ser responsabilizado. É significativo que, por sua própria conta, sem qualquer exigência legal, a iniciativa privada já se encaminhe, em alguns setores, à solução securitária, optando voluntariamente por um mecanismo de diluição do dano, pelo qual todos os segurados passam a responder em alguma proporção.

O princípio constitucional da solidariedade social impõe, todavia, que tal solução não permaneça meramente ao arbítrio dos indivíduos, especialmente em campos onde a produção de danos alcança índices elevados e peculiar caráter acidental, como ocorre, por exemplo, na circulação de veículos automotores. Aqui, cumpre cogitar dos chamados segurados privados obrigatórios.

4 O seguro privado obrigatório

Por algum tempo, a responsabilidade civil foi vista como a antítese do seguro, especialmente do seguro público ou social (conhecido, no Brasil, pelo espanholismo seguridade social). Sob o influxo liberal, a responsabilidade civil passou a ser o instrumento

---

[15] Ver Roberto Andorno, *El principio de precaución: un nuevo standard jurídico para la era tecnológica*, in *Diario La Ley*, Buenos Aires, jul. 2002.

aplicável justamente naquelas relações de que o seguro público não se ocupava e que constituíam a grande maioria das hipóteses danosas. Não por outra razão, a expansão da responsabilidade civil, ao longo do século XX, corresponde em larga medida à redução ou falência da seguridade pública, como demonstra de modo emblemático a análise da jurisprudência brasileira no setor de saúde. A insuficiência do Estado explica, em grande parte, o afã dos magistrados em identificar "responsáveis" que possam, independentemente de culpa ou causalidade, arcar com o custo do tratamento do dano, custo que o Poder Público tem se mostrado incapaz de suportar adequadamente.

Mostram-se por isso algo raras entre nós propostas que vingaram em países de realidade social muito diversa da brasileira, como a Nova Zelândia e a Suécia, onde a responsabilidade civil vem substituída integral ou substancialmente por um sistema de seguridade social.[16] Isso não impede, contudo, que se implementem, no Brasil, como tem ocorrido na União Europeia, mecanismos securitários que funcionem paralelamente (e não substitutivamente) às ações de reparação, e que sejam financiados pela iniciativa privada, onerando em particular os agentes econômicos potencialmente causadores do dano, reservado ao Estado um papel puramente fiscalizador. É o que se verifica no seguro privado obrigatório, já previsto inclusive pelo Código Civil de 2002 sob a denominação de "seguros de responsabilidade legalmente obrigatórios" (art. 788).

Trata-se simplesmente de impor por lei, a cada agente envolvido em certa atividade econômica lesiva, a contratação, como condição do exercício daquela atividade, de seguro de responsabilidade civil, nos termos já mencionados. Assim, todos os proprietários de veículos automotores poderiam ser compelidos por lei a contratarem um seguro de responsabilidade efetivo – e não de eficiência e valor irrisórios como o DPVAT – com companhias seguradoras privadas, previamente autorizadas pelo Poder Público a atuar, sob sua fiscalização, nesse setor. O valor do seguro poderia variar conforme a capacidade contributiva do segurado e o seu histórico lesivo, estimulando, com valores mais atrativos, o emprego da máxima prudência no trânsito.

O sistema do seguro privado obrigatório apresenta inúmeras vantagens sobre o sistema de responsabilidade objetiva: (i) assegura reparação mesmo a quem não tenha acesso, por razões variadas, ao Poder Judiciário; (ii) assegura reparação mesmo em caso de insolvência do causador do dano; (iii) permite o pronto pagamento da indenização, evitando o longo e tormentoso processo de responsabilidade civil, marcado, mesmo quando teoricamente imune à discussão da culpa, pelo antagonismo entre autor e réu, em sucessão interminável de recursos e expedientes processuais variados; (iv) permite que o pagamento da indenização se dê, em certas hipóteses, de modo progressivo, com acompanhamento da recuperação da vítima, ao contrário da ação de responsabilidade civil em que a condenação ao dever de indenizar se verifica em um único ato; (v) afasta,

---

[16] Para uma visão crítica da instigante experiência sueca, ver Alessandro Simoni, *Una macchina risarcitoria – Regole, attori, problemi nel modello svedese di riparazione del danno alla persona*, Turim: G. Giappichelli, 2001.

ao transferir do causador do dano para a seguradora, instintos punitivos que tendem a elevar imensamente o valor das indenizações; e, por fim, com especial importância, (vi) possibilita a diluição do dano por todo o universo de segurados, sem onerar exclusivamente um único réu que, muitas vezes, só é condenado para que não se deixe a vítima sem reparação.

5 Por uma conclusão que sirva de homenagem

Esses são apenas alguns dos pontos que devem compor o itinerário de construção de uma efetiva política pública em torno dos danos, a permitir que a Responsabilidade Civil deixe de ser apenas um mecanismo de *loss shifting* (alteração interindividual das perdas) para abarcar também o chamado *loss spreading* (diluição dos danos), que atende de forma mais eficiente e justa aos anseios das vítimas e também dos responsáveis.[17] É preciso, em uma palavra, transcender a velha estrutura – o instrumento único e apequenado das ações civis de reparação – para realizar a nova função da Responsabilidade Civil, que, em uma ordem constitucional marcada pela solidariedade social, não se pode agarrar à ideológica taxatividade dos remédios ou à timidez imaginativa de certos intérpretes, furtando-se à congregação dos inúmeros instrumentos que se dirigem, potencialmente, à administração e aplacamento dos danos. Cumpre reconhecer o problema dos danos como questão verdadeiramente social, de modo a transformar, não na nomenclatura, mas na essência, a Responsabilidade Civil, fazendo nascer um autêntico *"Derecho de Daños"*, como sugere a simbólica expressão que já se vem firmando em outros países da América Latina.

Nem se invoque aqui, como se vem fazendo quase que por instinto na prática brasileira, uma inesperada e insuportável elevação de gastos para os cofres públicos. Seguros privados obrigatórios, técnicas de prevenção, *risk management* e outras tantas medidas que se oferecem para a ampliação do papel da Responsabilidade Civil contemporânea não exigem do Poder Público mais que disposição política. Os mais recentes passos do direito administrativo têm demonstrado a possibilidade de se implementar diretrizes de interesse público com recursos inteiramente privados, por meio de soluções criativas

---

[17] Sobre a maior eficiência de uma responsabilidade civil fundada na diluição dos danos, ver, por todos, Guido Calabresi, *Costo degli incidenti e responsabilità civile. Analisi economico-giuridica*, Milão: Giuffrè, 1975, p. 401 ss. Anote-se que a eficiência (especialmente, a eficiência econômica) não pode ser elevada a paradigma para a remodelação da Responsabilidade Civil, que deve atender sempre e prioritariamente à noção de justiça predominante em cada sociedade. Sem embargo disto, os custos do sistema reparatório e, sobretudo, o grau de satisfação das vítimas devem ser levadas em consideração em qualquer análise que se proponha a traçar, em prol de maior justiça, novos contornos para o instituto.

que não oneram em nada os cofres estatais.[18] Desfazer a canhestra equiparação entre insuficiência do erário e imobilismo dos agentes públicos já basta para abrir caminho à construção de uma nova Responsabilidade Civil, que possa ser, *ao lado de um mecanismo de solução dos conflitos individuais, um instrumento de transformação social.*

Eis o que, com voz trovejante, se gostaria de ouvir anunciar. Eis o que, com o olhar acordado, seria emocionante de se ver. Eis o que serviria, bem mais que este pequeno texto, para se oferecer em uma homenagem imensamente merecida.

---

[18] Ver Diogo de Figueiredo Moreira Neto, *Mutações do Direito Administrativo*, Rio de Janeiro: Renovar, 2006; e Gustavo Binenbojm, *Uma Teoria do Direito Administrativo*, Rio de Janeiro: Renovar, 2006.

Direitos Reais

Função Social da Propriedade na Prática Jurisprudencial Brasileira*

> Sumário: 1 Introdução. 2. Considerações preliminares sobre a função social da propriedade. Estrutura e função. Concepção pluralista da propriedade. 3. Interesses sociais relevantes. Tratamento constitucional da função social da propriedade. Análise de decisões judiciais. 4. Princípios e regras. A função social como princípio e como regra. Novo *standard* jurídico das relações patrimoniais. 5. Parâmetros objetivos para aplicação do princípio da função social da propriedade. Conflitos entre valores. Técnica de ponderação. 6. Efetivação da função social. A emblemática questão do IPTU progressivo. 7. Conclusões.

1 Introdução

"É mais raro que baste uma resposta para eliminar uma questão do mundo que um ato" – o verso de Bertold Brecht[1] serve de aviso a todos aqueles que têm a tendência de se apaixonar por complexas teorias e descuidar da prática. A história do pensamento científico está repleta de construções lógicas que desmoronaram diante da simples constatação de que a vida funciona mesmo de maneira diferente. É de se ter sempre à memória o exemplo do padre Caspar, engenhoso personagem de Umberto Eco, que acabou submerso sob o peso de suas rigorosas noções de física hidrostática.[2] Tudo por

---

* Publicado originariamente na *Revista Trimestral de Direito Civil*, v. 6, 2003, p. 159-182.
[1] Bertold Brecht, *O Nó Górdio*, in *Poemas 1913-1956*, São Paulo: Ed. 34, 5. ed., 2000, p. 29.
[2] O episódio é retratado em Umberto Eco, *A Ilha do Dia Anterior*, Rio de Janeiro: Record, 1995, 5. ed.

lhe ter faltado a preocupação com a aplicabilidade concreta, sem a qual toda teoria se converte em frustrante desperdício ou mera abstração.

Melhor sorte é seguramente reservada aos estudos jurídicos que vêm sendo desenvolvidos em torno da função social da propriedade, matéria cujo fascínio transcende o âmbito do direito civil para colher adeptos também no direito administrativo e constitucional. A profusão de estudos e ensaios acerca da função social,[3] se não encerra todas as controvérsias em torno do tema, certamente contribui para uma "re-visão" do instituto da propriedade diante dos novos valores consagrados na Constituição de 1988. É nesse sentido que se nota, cada vez mais, uma tendência a repensar as características essenciais do domínio[4] e a redimensionar a proteção que lhe é dispensada pelo ordenamento jurídico.

Mas a que ponto essa nova tendência tem interferido no tratamento jurisprudencial do direito de propriedade? Que papel tem sido atribuído pelos tribunais brasileiros ao princípio da função social? De que maneira vem se garantindo ou buscando garantir a efetiva funcionalização do domínio? Essas são questões de ordem prática que o título, pouco sedutor, já sugeria e que apenas a análise das decisões judiciais permite responder. O que se pretende aqui é tão somente confrontar o pensamento doutrinário e o tratamento jurisprudencial, a teoria e a prática da função social da propriedade, a fim de se alcançar uma percepção mais realista dessa matéria no direito brasileiro.

2 Considerações preliminares sobre a função social da propriedade. Estrutura e função. Concepção pluralista da propriedade

O estudo das decisões dos tribunais brasileiros revela determinadas questões polêmicas em que se tem centrado a discussão sobre a função social da propriedade. Essas questões não necessariamente coincidem com aquelas de que se ocupa a doutrina, mas quase sempre podem ser interpretadas como efeitos específicos de debates teóricos mais genéricos. De fato, o que a prática jurisprudencial expõe, em última análise, são os reflexos do conflito entre a ultrapassada concepção individualista da propriedade e a sua atual

---

[3] Inclusive por parte de autores consagrados. Cf. Gustavo Tepedino, *Contornos Constitucionais da Propriedade Privada*, in *Temas de Direito Civil*, Rio de Janeiro: Renovar, 1999, p. 267-291; Luiz Edson Fachin, *Da Propriedade como Conceito Jurídico*, in *Revista dos Tribunais* nº 621, p. 16-39; Fabio Konder Comparato, *Função Social da Propriedade dos Bens de Produção*, in *Revista de Direito Mercantil* nº 63, p. 71-79; Celso Ribeiro Bastos, *A Função Social como Limite Constitucional ao Direito de Propriedade*, in *Revista de Direito Constitucional e Ciência Política*, v. 4, n. 6, p. 101-113; José Diniz de Moraes, *A Função Social da Propriedade e a Constituição Federal de 1988*, São Paulo: Malheiros, 1999; e Luís Roberto Gomes, *O Princípio da Função Social da Propriedade e a Exigência Constitucional de Proteção Ambiental*, in *Revista de Direito Ambiental*, n. 17, p. 160-178, entre outros.

[4] Os termos *propriedade* e *domínio* são aqui utilizados como sinônimos, embora alguns autores sustentem a sua diferenciação. Cf., por exemplo, Ricardo Aronne, *Propriedade e Domínio – Reexame Sistemático das Noções Nucleares de Direitos Reais*, Rio de Janeiro: Renovar, Biblioteca de Teses, 1999.

funcionalização a interesses sociais, como fruto de uma ótica mais solidária e menos excludente. A transição do modelo anterior para o novo provoca naturalmente alguma instabilidade. Diante disso, os juristas têm avidamente buscado apoio em conceitos sólidos e instrumentos técnicos consagrados, dos quais ainda anda à cata a nova concepção.

Quanto ao próprio conceito de função social da propriedade permanece ainda alguma incerteza. O conteúdo ideológico sugerido pela expressão faz com que nela se vislumbre, vez por outra, uma ameaça de negação à propriedade privada e ao próprio sistema capitalista. Exemplo disso se tem na seguinte ementa:

> "Ninguém nega ao Poder Público o direito de instituir parques nacionais, estaduais ou municipais, contanto que o faça respeitando o *sagrado* direito de propriedade assegurado pela Constituição Federal anterior (artigo 153, §22) e pela vigente (artigo 5º, inciso XXII). [...] O fato de o legislador constitucional garantir o direito de propriedade, mas exigir que ele atenda a sua função social (XXIII) não chegou ao ponto de transformar a propriedade em mera função e em pesado ônus e injustificável dever para o proprietário" (original sem grifo).[5]

O temor explica-se, em parte, diante da própria evolução histórica do conceito de função social, que surge, na obra do constitucionalista francês Leon Duguit, como contraposição ao direito subjetivo de propriedade.[6] É só por meio de árduos esforços da doutrina italiana que a função social vem se consolidar como elemento interno do domínio, capaz de alterar a estrutura desse instituto jurídico.[7]

Os institutos jurídicos, em consagrada classificação, decompõem-se em dois elementos: o elemento estrutural e o elemento teleológico ou funcional; em outras palavras, a estrutura e a função. Na lição de Pietro Perlingieri, "estrutura e função respondem a duas indagações que se põem em torno do fato. O *como é?* evidencia a estrutura, o *para que serve?* evidencia a função".[8] A função corresponde aos interesses que um certo instituto pretende tutelar, e é, na verdade, o seu elemento de maior importância, já que determina,

---

[5] Trecho do voto proferido pelo Min. Garcia Vieira, do Superior Tribunal de Justiça, no Recurso Especial 32.222-8/PR, julgado em 17 de maio de 1993. A ementa do acórdão já sugeria a investida contra a ideologia socialista: "Da queda do muro de Berlim e do desmantelamento do império comunista russo sopram ventos liberais em todo o mundo. O Estado todo poderoso e proprietário de todos os bens e que preserva apenas o interesse coletivo, em detrimento dos direitos e interesses individuais, perde a sobrevivência."

[6] Leon Duguit, *Les Transformations du Droit Privé Depuis le Code Napoléon*, Paris: Armand Colin, 1. ed., 1913, sobretudo p. 152 ss. Para detalhada análise da lógica funcional de Duguit e de sua crítica ao direito subjetivo, ver, entre nós, José Fernando de Castro Farias, *A Origem do Direito de Solidariedade*, Rio de Janeiro: Renovar, 1998, p. 222-236.

[7] Cf. Gustavo Tepedino, *Contornos Constitucionais da Propriedade Privada*, cit., sobretudo p. 277-283.

[8] Pietro Perlingieri, *Perfis do Direito Civil – Introdução ao Direito Civil Constitucional*, Rio de Janeiro: Renovar, 1999, p. 94.

em última análise, os traços fundamentais da estrutura. Para Salvatore Pugliatti, a função é a "razão genética do instituto" e, por isso mesmo, seu elemento caracterizador.[9] Das lições do Professor de Messina se extrai, em síntese, que: (i) a função corresponde ao interesse que o ordenamento visa tutelar por meio de um determinado instituto jurídico; e (ii) a função de um instituto jurídico predetermina a sua estrutura.

Na concepção individualista do direito de propriedade, definido como o direito de usar e dispor das coisas *"de la manière plus absolute"*, parece evidente que a função do domínio correspondia unicamente à proteção dos interesses do proprietário. O titular do direito de propriedade era dotado de um direito quase absoluto, cuja amplitude esbarrava apenas em limitações de caráter negativo, obrigações de não fazer que lhe eram impostas pelo Poder Público. E mesmo essas obrigações negativas eram consideradas excepcionais e estranhas ao instituto da propriedade.

A tudo isso veio se opor a ideia de função social. A crise de legitimação da propriedade privada e o movimento solidarista evidenciaram a necessidade de se tutelar, com o instituto da propriedade, não apenas os interesses individuais e patrimoniais do proprietário, mas também interesses supraindividuais, de caráter existencial, que poderiam ser prejudicados pelo irresponsável exercício do domínio (*e. g.*, preservação do meio ambiente e bem-estar dos trabalhadores). Altera-se, assim, drasticamente a função da propriedade, que passa a abarcar também a tutela de interesses sociais relevantes.

Como se vê, a modificação é essencialmente de função, mas a inserção de interesses sociais no elemento funcional gera, por via reflexa, uma remodelação da estrutura do direito de propriedade. A propriedade passa a ser vista não mais como direito absoluto ou "poder inviolável e sagrado" do proprietário, mas como situação jurídica subjetiva complexa em que se inserem direitos, deveres, ônus, obrigações.[10] Esses deveres não equivalem àqueles de caráter negativo, considerados externos ao domínio e impostos ao proprietário em nome do interesse público ou do poder administrativo de polícia. São

---

[9] Salvatore Pugliatti, *La Proprietà nel Nuovo Diritto*, Milano: Dott. A. Giuffrè, 1964, p. 300: *"Non soltanto la struttura per sè conduce inevitabilmente al tipo che si può descrivere, ma non individuare, bensì inoltre la funzione esclusivamente è idonea a fungere da criterio d'individuazione: essa, infatti, dà la ragione genetica dello strumento, e la ragione permanente del suo impiego, cioè la ragione d'essere (oltre a quella di essere stato). La base verso cui gravita e alla quale si collegano le linee strutturali di un dato istituto, è costituita dall'interesse al quale è consacrata la tutela. L'interesse tutelato è il centro di unificazione rispetto al quale si compongono gli elementi strutturali dell'istituto".*

[10] "A construção, fundamental para a compreensão das inúmeras modalidades contemporâneas de propriedade, serve de moldura para uma posterior elaboração doutrinária, que entrevê na propriedade não mais uma situação de poder, por si só e abstratamente considerada, o direito subjetivo por excelência, mas *una situazione giuridica soggetiva típica e complessa*, necessariamente em conflito ou coligada com outras, que encontra a sua legitimidade na concreta relação jurídica na qual se insere" (Gustavo Tepedino, *Contornos Constitucionais da Propriedade Privada*, cit., p. 279).

deveres de caráter também positivo[11] atribuídos ao titular do domínio como consequência do próprio direito de propriedade; sua origem não se situa em um fator externo qualquer que justifique a limitação do exercício do direito, mas, ao contrário, encontra sua gênese no interior do próprio instituto, mais precisamente em seu elemento funcional.

Esclareça-se que funcionalizar a propriedade ao atendimento de interesses sociais não significa, de modo algum, propor o aniquilamento dos direitos individuais ou pregar a negação da propriedade privada. Muito pelo contrário. A função social, impondo ao proprietário a observância de determinados valores sociais, legitima a propriedade capitalista e a compatibiliza com a democracia social que caracteriza os sistemas políticos contemporâneos.[12] O proprietário permanece como beneficiário imediato, e quase sempre predominante, do domínio; apenas se impõe a ele que exerça o seu direito atendendo também aos interesses sociais. A propriedade se mantém privada, mas se afasta da definição individualista de "poder absoluto do proprietário" para buscar na conformação ao interesse social a sua legitimação, a razão e o fundamento de sua proteção jurídica.[13] Nessa nova concepção, a propriedade passa a ser tutelada apenas na medida em que observe os interesses sociais relevantes. A conduta do proprietário e a tutela dos seus interesses passam a estar condicionadas ao atendimento da função social da propriedade.[14] Não se

---

[11] "Em um sistema inspirado na solidariedade política, econômica e social e no pleno desenvolvimento da pessoa [...] o conteúdo da função social assume um papel do tipo promocional, no sentido de que a disciplina das formas de propriedade e as suas interpretações deveriam ser atuadas para garantir e para promover os valores sobre os quais se funda o ordenamento. E isso não se realiza somente finalizando a disciplina dos limites à função social" (Pietro Perlingieri, *Perfis do Direito Civil – Introdução ao Direito Civil Constitucional*, cit., p. 226). Nada obstante, não é incomum que autores identifiquem também nas limitações administrativas à propriedade uma manifestação de sua função social. A verdade é que os fundamentos das limitações administrativas, embora historicamente diversos da função social, repousavam, em última análise, sobre os interesses supraindividuais que a função social veio a atrair para o interior da relação jurídica de propriedade.

[12] Daí a observação crítica de Orlando Gomes: "Se não chega a ser uma mentira convencional, é um conceito ancilar do regime capitalista; por isso que, para os socialistas autênticos, a fórmula função social, sobre ser uma concepção sociológica e não um conceito técnico-jurídico, revela profunda hipocrisia pois 'mais não serve do que para embelezar e esconder a substância da propriedade capitalística'. É que legitima o lucro ao configurar a atividade do produtor de riqueza, do empresário, do capitalista, como exercício de uma profissão no interesse geral. Seu conteúdo essencial permanece intangível, assim como seus componentes estruturais. A propriedade continua privada, isto é, exclusiva e transmissível livremente. Do fato de poder ser desapropriada com maior facilidade e de poder ser nacionalizada com maior desenvoltura não resulta que a sua substância se estaria deteriorando" (Orlando Gomes, *Direitos Reais*, Rio de Janeiro: Forense, 2001, 18. ed., p. 109).

[13] A necessidade de buscar a legitimação da propriedade não em seu conteúdo, mas em seus fins, remonta a P. J. Proudhon, *Théorie de la Proprieté. Suivie d'un Nouveau Plan d'Exposition Perpétuelle*, Paris: Librarie Internationalle, 1871, p. 128.

[14] Note-se, entretanto, que a perda dessa tutela e a supressão do direito de propriedade não são consequências instantâneas; estão submetidas aos requisitos e procedimentos previstos em cada ordenamento jurídico.

oprime o indivíduo, mas se exige dele alguma atenção aos anseios mais graves do organismo social em que se insere.[15]

A perspectiva funcional acima analisada permite compreender construção doutrinária de grande importância, referente à multiplicidade do domínio. A doutrina civilística já demonstrou que não há um único instituto jurídico de propriedade, mas vários institutos, regulados por estatutos jurídicos próprios de acordo com a função a que visem atender. O direito de propriedade é múltiplo, é plural, porque, dependendo do interesse tutelado pelo ordenamento, poderá atrair disciplinas normativas inteiramente diversas. As diferentes funções a serem exercidas pela propriedade, conforme as características de seu sujeito ou objeto, fazem incidir sobre ela regras particulares. Assim, por exemplo, o proprietário tem, em regra, o direito de alterar a coisa sobre a qual recai o seu domínio, mas nega-se igual direito ao proprietário de coisa em condomínio, salvo se houver permissão de todos os condôminos. Muito embora o coproprietário seja por si só proprietário, o direito de alteração da coisa lhe é restrito. Outro exemplo se apresenta na chamada propriedade literária, científica e artística, em que a perpetuidade tendencial típica do domínio desaparece em face do prazo de tutela dos direitos patrimoniais do autor, e o consequente ingresso da obra em domínio público.[16] Nessas e em outras

---

[15] "A despeito, portanto, da disputa em torno do significado e da extensão da noção de função social, poder-se-ia assinalar, como patamar de relativo consenso, a capacidade do elemento funcional em alterar a estrutura do domínio, inserindo-se em seu *profilo interno* e atuando como critério de valoração do exercício do direito, o qual deverá ser direcionado para um *massimo sociale*" (Gustavo Tepedino, *Contornos Constitucionais da Propriedade Privada*, cit., p. 281-282).

[16] Lei 9.610, de 19 de fevereiro de 1998, arts. 41 a 44. Ressalve-se que é controversa a própria inserção dos direitos autorais na dogmática do direito de propriedade. Para um histórico das críticas a essa concepção, cf. Pierre Recht, *Le droit d'auteur: une nouvelle forme de proprieté*, Gembloux: J. Duculot, 1969, p. 229-233, e, entre os juristas brasileiros, Darcy Bessone, *Direitos Reais*, São Paulo: Saraiva, 1996, 2. ed., p. 114-118. Em síntese, julgando inadequado o paradigma da propriedade, há autores que optam por considerar o direito do autor como um monopólio; é o caso de Planiol e José de Oliveira Ascensão, para quem "o direito de autor [...] não é nem uma propriedade e nem um direito real. A obra intelectual, uma vez divulgada, não pode estar sujeita ao domínio exclusivo dum só. Todos desfrutam diretamente deste bem, mas só o titular pode beneficiar economicamente com ele. Tem pois um exclusivo de exploração econômica da obra [...] os direitos sobre bens intelectuais se inserem na categoria dos direitos de exclusivo ou de monopólio" (*Direitos Reais*, Coimbra: Almedina, 1978, p. 106). Outra corrente advoga a sua inclusão numa categoria à parte, a dos "direitos intelectuais"; esta foi a proposição de Picard, seguida, entre nós, por Carlos Alberto Bittar, para quem os direitos do autor seriam um "direito *sui generis*, especial ou autônomo, diante de sua natureza desfruta de teoria própria, que o separa dos demais direitos privados" (*Contornos atuais do direito de autor*, São Paulo: Revista dos Tribunais, 1992, p. 21). No julgamento do Recurso Especial 89.171-MS, o Min. Fontes de Alencar, relembrando o magistério de Tobias Barreto, criador da expressão "direito autoral", considerou "não mais apropriado falar-se em propriedade literária, científica e artística. Não mais a propriedade intelectual. O nosso tempo retomou a denominação tobiana, e às vezes na forma plural, reacendeu a ideia de que o direito autoral insere-se no campo dos direitos pessoais". O referido acórdão foi um dos precedentes invocados quando da

situações,[17] as disciplinas normativas particulares produzem diferenças tão significativas entre os direitos que, a rigor técnico, talvez não seja possível atribuir a todos a denominação comum de *propriedade*.

A função é o elemento responsável pelo surgimento dos estatutos legais diferenciados e pela consequente "repartição" da propriedade em institutos jurídicos distintos.[18] Nem por isso se deixará de atribuir à função da propriedade uma noção essencial, genérica e flexível, apta a assumir feições distintas em cada "espécie" normativa de propriedade. Basta, para tanto, determinar-lhe o conteúdo fundamental, e aqui será preciso retornar, agora em definitivo, à ideia de inserção de interesses sociais no âmbito da tutela do domínio. No ordenamento jurídico brasileiro, essa inserção se dá mesmo por força dos princípios constitucionais da solidariedade social e da dignidade da pessoa humana

---

aprovação do verbete nº 228 da Súmula de Jurisprudência do Superior Tribunal de Justiça, em 1999: "É inadmissível o interdito proibitório para a proteção do direito autoral." Diante dessas instabilidades conceituais, certeza somente se tem na afirmação de Marie-Angèle Hermitte: "la proprieté intellectuelle peut se lire comme l'histoire d'une categorie juridique brisée" ("Le rôle des concepts mous dans les techniques de déjuridicisation: l'exemple des droits intellectuels", *Archives de Philosophie du Droit*, n. 30, 1985, p. 331).

[17] A análise do ordenamento brasileiro revela uma série de estatutos jurídicos diferenciados, conforme variem, qualitativa e quantitativamente, o objeto ou o sujeito do domínio. Assim, primeiramente sob o perfil subjetivo, podemos identificar estatutos jurídicos diversos de acordo com o fato de o titular ser ente público ou particular (cf. Código Civil, art. 65, e Constituição da República, artigo 183, § 3º), ou singular ou plural (cf. Código Civil, arts. 623 a 646). Sob o perfil objetivo, o estatuto jurídico será distinto conforme se trate de coisa material ou imaterial (cf. Lei 9.610/1998), móvel ou imóvel (cf. Código Civil, arts. 592 a 622 e 530 a 591), imóvel rural ou urbano (cf. Constituição da República, arts. 183 e 182, §§ 4º e 2º, e, por outro lado, arts. 191, 184 e 196), pequeno imóvel rural ou não (cf. Constituição da República, art. 191 e Lei 4.504/1964, art. 21), e, por fim, pequena propriedade urbana ou não (cf. Constituição da República, art. 183). Embora em muitos casos se esteja diante de modos de aquisição, modos de extinção, faculdades jurídicas, instrumentos de proteção e até qualidades essenciais totalmente distintas, todos esses estatutos jurídicos são objeto de uma só designação: propriedade.

[18] A demonstração de que não há verdadeira unidade no instituto jurídico da propriedade encontra-se em Salvatore Pugliatti, *La Proprietà nel Nuovo Diritto*, cit., p. 309. O autor assim encerra sua análise dos estatutos jurídicos proprietários existentes no direito italiano: "*Non ci occorre altro per concludere (e ben altro si potrebbe aggiungere). La risposta al quesito che ci siamo proposti all'inizio sta nell'analisi che abbiamo condotta e potrebbe trovare specifica conferma in quella che altri vorrà condurre. Qui in sintesi e a suggello del lungo discorso, possiamo dichiarare che la parola proprietà non ha oggi, se mai ha avuto, un significato univoco. Anzi troppe cose essa designa, perchè possa essere adoperata con la pretesa di essere facilmente intesi. In ogni caso l'uso di essa, con le cautele e i chiarimenti necessari, anche se si protrarrà ancora nel prossimo futuro, non può ormai mantenere l'illusione che all'unicità del termine corrisponda la reale unità di un saldo e compatto istituto*").

(Constituição, arts. 1º, III, e 3º, I e III).[19] O núcleo do conceito de função (social) da propriedade situa-se, hoje, no condicionamento da tutela do direito do proprietário à realização dos valores constitucionais, e ao atendimento de interesses não proprietários considerados socialmente relevantes.

3 Interesses sociais relevantes. Tratamento constitucional da função social da propriedade. Análise de decisões judiciais

A expressão "interesses sociais relevantes" é dotada de certa indefinição, e bem se sabe que ao espírito dos juristas a indefinição aparece quase sempre como uma porta aberta à arbitrariedade. Daí a tendência a se estabelecerem parâmetros objetivos para a especificação do conteúdo das cláusulas gerais e dos conceitos jurídicos abertos ou indeterminados.[20]

À busca de definição mais precisa para esses interesses sociais relevantes deve-se percorrer, como primeiro passo, o direito positivo. No que tange à função social da propriedade, encontram-se previsões constitucionais expressas primeiramente no art. 5º, XXIII, em que o Constituinte, logo após garantir o direito à propriedade, declara que "a propriedade atenderá a sua função social".[21] A função social aparece também no art. 170, III, entre os princípios da ordem econômica. Até aqui, não há, todavia, qualquer indicação que aconselhe ou auxilie a determinação dos interesses sociais que a propriedade funcionalizada deve reverenciar. Essa pretensão encontrará abrigo apenas mais à frente,

---

[19] Sobre o papel dos princípios da solidariedade social e da dignidade da pessoa humana como condicionantes da autonomia privada, v. Maria Celina Bodin de Moraes, *Constituição e Direito Civil: Tendências*, in *Revista Estado, Direito e Sociedade*, n. 15, Rio de Janeiro: Pontifícia Universidade Católica (Departamento de Ciências Jurídicas), p. 104: "No Estado Democrático de Direito, o poder do Estado está limitado pelo Direito; mas não só: o poder da vontade do particular, em suas relações com outros particulares, também o está. Limita-o não apenas a eventual norma imperativa, contida nas leis ordinárias, mas, sobretudo, os princípios constitucionais da solidariedade social e dignidade humana que se espraiam por todo o ordenamento civil, infra-constitucional. Evidentemente, permanecem espaços abertos de liberdade mas esta liberdade (autonomia) é consentida e já não serve mais a definir o sistema de direito privado."

[20] Antonio Junqueira de Azevedo, *Insuficiências, deficiências e desatualização do Projeto de Código Civil na questão da boa-fé objetiva nos contratos*, in *Revista Trimestral de Direito Civil*, ano 1, v. 1, Rio de Janeiro: Padma, 2000, p. 11: "Os conceitos jurídicos indeterminados – especialmente o bando dos quatro, a que me referi – continuam a ser usados, mas, agora, no paradigma de hoje, o pós-moderno, com diretrizes materiais."

[21] Benefício imediato que decorre desse dispositivo é a inserção da função social entre as cláusulas pétreas, o que, em boa hora, a põe a salvo do nosso obstinado Poder Constituinte Derivado. Cf. Constituição da República, artigo 60, § 4º, IV: "Não será objeto de deliberação a proposta de emenda tendente a abolir: (...) IV – os direitos e garantias individuais."

no art. 186 do texto constitucional, em que se enumerou expressamente os requisitos para atendimento da função social da propriedade rural.

> "Art 186. A função social é cumprida quando a propriedade rural atende, simultaneamente, segundo critérios e graus de exigência estabelecidos em lei, aos seguintes requisitos:
>
> I – aproveitamento racional e adequado;
>
> II – utilização adequada dos recursos naturais disponíveis e preservação do meio ambiente;
>
> III – observância das disposições que regulam as relações de trabalho;
>
> IV – exploração que favoreça o bem-estar dos proprietários e dos trabalhadores."

O mesmo se poderá dizer com relação à função social da propriedade urbana, já que a Constituição especifica, em seu art. 182, § 2º, que "a propriedade urbana cumpre sua função social quando atende às exigências fundamentais de ordenação da cidade expressas no plano diretor".

Pode-se concluir que ao menos no que diz respeito à propriedade imobiliária, urbana e rural, o Constituinte indica expressamente, nos arts. 182 e 186, interesses sociais relevantes que entende devem ser atendidos pelo titular do direito de propriedade. Entretanto, não é apenas a esses interesses sociais que se deve submeter o proprietário. Os dispositivos constitucionais mencionados acima não podem ser interpretados isoladamente, mas precisam ser lidos à luz dos princípios fundamentais da Constituição. A própria opção axiológica do constituinte, privilegiando valores existenciais sobre valores meramente patrimoniais, deve ser levada em consideração na definição do conteúdo concreto do princípio da função social da propriedade.[22] Dessa forma, a noção de função social deve ser informada por valores existenciais e interesses sociais relevantes, ainda que estranhos à literalidade dos arts. 182 e 186 da lei fundamental.

A análise das decisões judiciais confirma esse entendimento. O Supremo Tribunal Federal, por exemplo, já decidiu que a propriedade imobiliária urbana não cumpre sua função social quando desrespeita normas municipais de caráter urbanístico, ainda que não se trate de exigências formuladas no plano diretor.

> "No que concerne ao artigo 5º, XXII – alegação de ofensa ao direito de propriedade – o acórdão deu resposta correta. O que deve ser considerado é que a pro-

---

[22] Gustavo Tepedino, *O Código Civil, os chamados Microssistemas e a Constituição: Premissas para uma Reforma Legislativa*, in *Problemas de Direito Civil-Constitucional*, Rio de Janeiro: Renovar, 2000, p. 10: "Percebe-se aí a diferença fundamental entre a cláusula geral admitida pela Escola da Exegese [...] e a técnica das cláusulas gerais imposta pela contemporaneidade, que reclama, necessariamente, uma definição normativa (narrativa) de critérios interpretativos coerentes com a *ratio* do sistema, voltada para valores não patrimoniais, como quer, no caso brasileiro, o texto constitucional."

priedade atenderá a sua função social: Constituição Federal, artigo 5º, XXIII. Ora, 'o Município, ao editar a lei que se lê às fls. 40 e seguintes teve por finalidade exatamente atender a esse preceito.' [...] É dizer, fundado em conveniências administrativas, razoáveis, é facultado ao Município limitar, no seu território, o direito de construir certo que essas limitações não são exclusivas do plano diretor."[23]

A decisão do Supremo Tribunal Federal ainda poderia ser vista como mera interpretação ampliativa do art. 182, § 2º, mas outras há que transcendem inteiramente o dispositivo. O Superior Tribunal de Justiça, no acórdão em epígrafe, entendeu que hospitais particulares devem atender à função social representada pelo interesse geral à saúde e ao trabalho, e, portanto, estão compelidos a aceitar o ingresso de médicos e a internação dos respectivos pacientes em suas instalações, ainda que esses médicos sejam estranhos ao seu corpo clínico.

"Daí que a sentença, baseando-se na função social da propriedade, e se louvando igualmente, no particular, em prestigiosa doutrina, deu à espécie, a meu sentir, correta solução. Com efeito, no caso de internamento de pacientes, existe interesse maior (do próprio paciente, ou de seu médico), e olhem que a saúde é direito de todos embora seja dever do Estado!, interesse que nem sempre há de coincidir com o do proprietário do hospital privado. [...] o direito aqui nestes autos proclamado não se choca com o direito de propriedade, pois este, em sendo um direito, é um direito sujeito a limitações, ou, noutras palavras, a propriedade é privada, mas a sua função é social."[24]

Outro exemplo encontra-se em polêmica decisão do Tribunal de Justiça do Rio Grande do Sul, que considerou não cumprir sua função social propriedade rural que, não

---

[23] Recurso Extraordinário n. 178.836-4/SP, julgado em 8 de junho de 1999, trecho extraído do voto do Ministro Carlos Velloso. Votou vencido o Min. Marco Aurélio de F. Mello, sob o argumento de que, conforme o disposto no artigo 174 da Constituição da República, o planejamento urbano é meramente indicativo, e não vinculante, para a iniciativa privada. Parece, contudo, que o artigo 174 quer se referir ao planejamento econômico em geral, e não ao planejamento urbano, contemplado especificamente no capítulo intitulado "Da Política Urbana", de cujo art. 182, notadamente §§ 2º e 4º, se extrai a obrigatoriedade de observância do plano diretor pela iniciativa privada.

[24] Recurso Especial n. 27.039-3/SP, julgado em 8.11.1993, trecho extraído do voto do Min. Nilson Naves. O pedido autoral encontrou amparo, ainda, na Resolução n. 1.231/86, do Conselho Federal de Medicina, que, em seu art. 1º, assegura a todo médico o direito de utilizar-se das instalações de qualquer hospital público ou privado, ainda que não faça parte do seu corpo clínico. O recorrente invocou, também, os arts. 20 e 25 do Código de Ética Médica, que tipificam o cerceamento de atividade profissional. O proprietário do hospital, por outro lado, sustentou que as aludidas normas administrativas violavam o seu direito de propriedade, consubstanciado no art. 524 do Código Civil, que na condição de norma hierarquicamente superior deveria prevalecer. A decisão invocou a função social da propriedade (art. 5º, XXIII, da Constituição da República), a fim de afastar a pretendida violação ao dispositivo do Código Civil.

obstante produtiva, apresentava débitos fiscais de natureza federal, mantendo assentadas, por essa razão, as 600 famílias carentes que haviam ocupado a área. A supremacia dos valores existenciais também foi invocada como fundamento da decisão.

> "Prevalência dos direitos fundamentais das 600 famílias acampadas em detrimento do direito puramente patrimonial de uma empresa. Propriedade: garantia de agasalho, casa e refúgio do cidadão. Inobstante ser produtiva a área, não cumpre ela sua função social, circunstância esta demonstrada pelos débitos fiscais que a empresa proprietária tem perante a união."[25]

Decisão interessante colhe-se também no Tribunal de Justiça do Rio de Janeiro, que invocou a função social para julgar necessária a conformação do direito de propriedade de condômino ao interesse na segurança coletiva, por meio da retirada de fechadura instalada em porta de elevador que conduzia ao seu pavimento.

> "O direito de propriedade deve se harmonizar com a respectiva função social (artigo 5º, XXIII, da Constituição Federal) e não pode constituir obstáculo ao bem-estar coletivo. Considerando também esse aspecto, a intimação para que se retire fechadura da porta de pavimento, conforme determina o ordenamento positivo que regula a matéria, configura ato administrativo de polícia válido e eficaz, porque editado com o intuito de assegurar a proteção aos usuários dos elevadores e, como consequência, de preservar o interesse coletivo em harmonia com a função social da propriedade."[26]

Confira-se ainda decisão do Tribunal de Justiça do Paraná, que encontrou na função social da propriedade o legítimo fundamento para exigência de instalação, em bancos comerciais, de bebedouros e sanitários acessíveis aos seus clientes.

> "Cabe ao município a política de desenvolvimento urbano e a propriedade urbana exerce função social em obediência às exigências fundamentais do plano diretor da cidade. A imposição de sanitários abertos à clientela dos bancos atende ao fim social da propriedade."[27]

---

[25] Agravo de Instrumento n. 598.360.402 – São Luiz Gonzaga, julgado em 6 de outubro de 1998, Rel. Des. Elba Aparecida Nicolli Bastos, trecho extraído da ementa oficial. Para o exame dos aspectos mais polêmicos dessa decisão, seja permitido remeter a Gustavo Tepedino e Anderson Schreiber, *Função Social da Propriedade e Legalidade Constitucional*, in *A Luta pela Reforma Agrária nos Tribunais*, Porto Alegre: Companhia Rio-Grandense de Artes Gráficas, no prelo.

[26] Apelação Cível 2000.001.09199, registrada em 26.3.2001, Rel. Des. Milton Fernandes de Souza, ementa oficial.

[27] Apelação Cível 79.573-5 – Londrina, julgada em 28.9.1999, trecho do voto do Rel. Des. Fleury Fernandes.

Por fim, veja-se a sentença proferida pelo Juízo da 8ª Vara da Justiça Federal de Minas Gerais, em que a solidariedade social e outros princípios constitucionais serviram de fundamento contra a retirada de diversas famílias alojadas às margens da rodovia BR 116.

"[...] enquanto não construir – ou pelo menos esboçar – uma sociedade livre, justa e solidária (CF, art. 3º, I), erradicando a pobreza e a marginalização (art. 3º, III), promovendo a dignidade da pessoa humana (art. 1º, III), assegurando a todos existência digna, conforme os ditames da justiça social (art. 170), emprestando à propriedade sua função social (art. 5º, XXIII, e 170, III) [...], enquanto não fizer isso, elevando os marginalizados à condição de cidadãos comuns, pessoas normais, aptas a exercerem sua cidadania, o Estado não tem autoridade para dele exigir – diretamente ou pelo braço da Justiça – o reto cumprimento da lei".

Em cada uma dessas decisões, e em outras que não foram citadas, o que se nota é que os tribunais brasileiros têm buscado tutelar, por meio da função social da propriedade, interesses sociais que transcendem a interpretação literal dos arts. 182, § 2º, e 186 da Constituição. Nos casos mencionados, interesses sociais em saúde, segurança, trabalho e bem-estar coletivo, embora não contemplados expressamente nos dispositivos constitucionais específicos, encontraram no princípio da função social da propriedade um caminho para sua efetivação.

Mas pergunta-se: terá sido um caminho válido? O condicionamento da tutela jurídica da propriedade ao atendimento de interesses sociais distintos daqueles mencionados nos arts. 182 e 186 não consistirá em violação da legalidade constitucional? Pode o juiz, à margem de previsão legislativa específica, eleger os interesses sociais que lhe pareçam relevantes?

4 Princípios e regras. A função social como princípio e como regra. Novo *standard* jurídico das relações patrimoniais

A resposta a essas indagações só se pode encontrar, a nosso ver, na clara distinção entre as regras e os princípios jurídicos. O reconhecimento do caráter normativo dos princípios, conquista da doutrina contemporânea, vem a inseri-los definitivamente no gênero das normas jurídicas, de que também são espécie as regras. Princípio, em conhecida definição, é "mandamento nuclear de um sistema, verdadeiro alicerce dele, disposição fundamental que se irradia sobre diferentes normas compondo-lhes o espírito e servindo de critério para sua exata compreensão e inteligência, exatamente por definir a lógica e a racionalidade do sistema normativo, no que lhe confere a tônica e lhe dá sentido harmônico".[28]

---

[28] Celso Antonio Bandeira de Mello, *Curso de Direito Administrativo*, São Paulo: Malheiros, 1994, 5. ed., p. 450.

A distinção entre princípios e regras pode se basear em uma série de critérios, que vão desde o grau de indeterminabilidade até a finalidade desempenhada no ordenamento jurídico. Pode-se dizer, por exemplo, que (i) os princípios encontram-se imediatamente relacionados com os valores sociais; (ii) os princípios possuem maior grau de generalidade aplicando-se a uma mais ampla variedade de situações;[29] (iii) os princípios são enunciados de forma vaga, enquanto as regras possuem linguagem mais específica; (iv) os princípios consistem na *ratio* das regras; (v) princípios antagônicos podem ser ponderados e aplicados a um mesmo caso, enquanto as regras, em caso de antinomia, se excluem; (vi) princípios exercem função fundamentadora e estruturante do ordenamento jurídico, e regras destinam-se a regulação específica; enfim, há, nesta matéria, muitos caminhos a seguir.[30]

Sob qualquer dos critérios se chegará à mesma conclusão: a função social da propriedade é, por sua natureza, um princípio constitucional. A própria Constituição assim o confirma em seus arts. 5º, XXIII, e 170. Na qualidade de princípio, a função social se espraia por todo o ordenamento jurídico, moldando as relações patrimoniais, de forma a submetê-las ao atendimento dos valores existenciais. Além disso, o princípio da função social da propriedade inspira, fundamenta, serve de *ratio* para algumas regras jurídicas, entre as quais se incluem aquelas dos arts. 182 e 186 da lei fundamental. A função social fundamenta esses dispositivos, mas neles não se esgota; permanece incidindo como princípio independentemente da aplicação das regras que inspira.

---

[29] As regras podem ser gerais no sentido de serem aplicáveis a um número indeterminado de atos ou fatos que podem se enquadrar na situação predeterminada. A generalidade dos princípios, contudo, é mais ampla porque são eles aplicáveis a uma série indefinida de situações. A lição é de Jean Boulanger, *Principes Généraux du Droit et Droit Positif*, apud Paulo Bonavides, *Curso de Direito Constitucional*, São Paulo: Malheiros, 2001, 11. ed., p. 239.

[30] Para uma distinção mais completa, ver J. J. Gomes Canotilho, *Direito Constitucional e Teoria da Constituição*, Coimbra: Livraria Almedina, 4. ed., p. 1125: "Os princípios interessar-nos-ão, aqui, sobretudo na sua qualidade de verdadeiras normas, qualitativamente distintas das outras categorias de normas, ou seja, das regras jurídicas. As diferenças qualitativas traduzir-se-ão, fundamentalmente, nos seguintes aspectos. Em primeiro lugar, os princípios são normas jurídicas impositivas de uma optimização, compatíveis com vários graus de concretização, consoante os condicionalismos fácticos e jurídicos; as regras são normas que prescrevem imperativamente uma exigência (impõem, permitem ou proíbem) que é ou não é cumprida [...]; a convivência dos princípios é conflitual (Zagrebelsky), a convivência de regras é antinómica; os princípios coexistem, as regras antinómicas excluem-se. Consequentemente, os princípios, ao constituírem exigências de optimização, permitem o balanceamento de valores e interesses (não obedecem, como as regras, à 'lógica do tudo ou nada'), consoante o seu peso e a ponderação de outros princípios eventualmente conflituantes; as regras não deixam espaço para qualquer outra solução, pois se uma regra vale (tem validade) deve cumprir-se na exacta medida das suas prescrições, nem mais nem menos."

A análise das decisões judiciais revela justamente que os tribunais brasileiros vêm abandonando uma postura inicialmente tímida[31] para se preocupar cada vez mais com a efetividade e a aplicação do princípio da função social da propriedade e dos valores constitucionais que, por via dela, se inserem nas relações de caráter patrimonial. Quando as cortes brasileiras utilizam a função social da propriedade em relação a interesses sociais como saúde, trabalho, segurança ou bem-estar coletivo, transcendendo a dicção expressa dos arts. 182 e 186, estão, na verdade, se valendo da aplicação direta de um princípio constitucional. Não se pode evidentemente limitar a incidência do princípio à análise literal dos arts. 182 e 186, sob pena de se esvaziar o princípio e se passar a aplicar somente as regras.[32]

A valoração da conduta do proprietário a fim de verificar o atendimento aos interesses sociais relevantes ficará a cargo do julgador, que dela se desincumbirá com atenção aos valores constitucionais e às circunstâncias do caso concreto. Aliás, a ampla invocação do princípio da função social da propriedade nas cortes de todo o país legitima-se, de plano, como meio de realização do projeto constitucional, ainda adormecido em larga extensão.

As decisões judiciais revelam mesmo que a função social, com seu conteúdo relativamente indeterminado, vai assumindo o papel de *standard* jurídico nas relações patrimoniais,[33] comparando-se à boa-fé nas relações contratuais e ao melhor interesse

---

[31] Exemplo dessa letargia inicial se extrai do acórdão proferido pelo Superior Tribunal de Justiça, no âmbito dos Embargos de Declaração em Intervenção Federal 15/PR, julgados em 17.12.1993: "Não resta dúvida de que a propriedade deve ter função social. Mas descabe ao Judiciário embrenhar por tais searas. Solucionar tais conflitos se acha unicamente nas mãos dos Executivos federal e estadual." Veja-se, ainda, o seguinte trecho do acórdão proferido pelo Tribunal de Alçada Civil do Estado de São Paulo, no Agravo Regimental 914.906-4/01, julgado em 1.3.2000: "A ordem jurídica nacional não pode compactuar com tais invasões: a reforma agrária deve ser promovida pela União, segundo as normas constitucionais, sem violência e ilegalidades, não sendo permitido às pessoas escolherem, a seu bel prazer, qual a área que deverá ser ocupada ou não."

[32] O risco de inversão semelhante se apresenta nas relações entre as normas constitucionais e o Código Civil. Cf., a respeito, Gustavo Tepedino, *Premissas Metodológicas para a Constitucionalização do Direito Civil*, in *Temas de Direito Civil*, Rio de Janeiro: Renovar, 1999, p. 1-22.

[33] O termo transcende deliberadamente as relações de propriedade. Acerca, por exemplo, da função social da posse, v. Luiz Edson Fachin, *A função social da posse e a propriedade*, in *Revista da Associação Brasileira de Reforma Agrária*, v. 18, n. 1, p. 77-82. Sobre esse tema, cf. ainda Antonio Hernández Gil, *La Funcion Social de la Posesion*, Madrid: Alianza Editorial, 1969. No que tange às relações patrimoniais em geral, seja permitido remeter, mais uma vez, a Gustavo Tepedino e Anderson Schreiber, *Função Social da Propriedade e Legalidade Constitucional*, in *A Luta pela Reforma Agrária nos Tribunais*, cit.: "toda atividade econômica privada, tanto na titularidade dominical, quanto no exercício de quaisquer direitos patrimoniais, encontra-se vinculada aos princípios fundamentais da República, inscritos no Título I da Constituição Federal, que têm como fundamentos, dentre outros, na dicção do art. 1º, a cidadania, a dignidade da pessoa humana e o valor social do trabalho e da livre iniciativa".

da criança nas relações familiares.³⁴ A comparação, entretanto, deve ser feita *cum granu salis*, porque o *standard* da função social não encontra a mesma receptividade que a boa--fé ou o melhor interesse da criança. Enquanto a estes últimos *standards* opõem-se situações jurídicas cuja supressão não esbarra em fortes obstáculos culturais (má-fé e desconsideração do interesse do menor), a plena realização da função social sofre histórica resistência oriunda da força cultural do individualismo proprietário.³⁵

5 Parâmetros objetivos para aplicação do princípio da função social da propriedade. Conflitos entre valores. Técnica de ponderação

Impor parâmetros objetivos à aplicação dos princípios constitucionais é necessário e conveniente. Isso por inúmeras razões que vão desde a possibilidade de abuso por parte do Poder Judiciário até os riscos de que a invocação repetitiva e impertinente do princípio acabe por convertê-lo em fórmula vazia, abandonada à incredibilidade e ao esquecimento. Consoante a melhor doutrina, servem de parâmetros para a aplicação dos princípios e cláusulas gerais os próprios valores consagrados na Constituição.³⁶

O conflito entre regras antagônicas, já se observou acima, resolve-se pela exclusão de uma das regras e aplicação da outra, seja porque uma delas foi declarada inválida seja porque recorreu-se a uma das cláusulas de exceção previstas no próprio ordenamento.³⁷

---

[34] O *standard* jurídico da função social deve ser entendido como elemento interno das relações patrimoniais, verdadeiro critério de valoração do exercício dos direitos envolvidos. Alguns autores, todavia, parecem considerar a função social como elemento externo, excepcional e meramente programático. Cf., por exemplo, Francisco Amaral, *Direito Civil: Introdução*, Rio de Janeiro: Renovar, 2000, 3. ed., p. 357-358: "a função social se configura como princípio ordenador da disciplina da propriedade e do contrato, legitimando a intervenção do Estado por meio de normas *excepcionais*, operando ainda como critério de interpretação jurídica. A função social é, por tudo isso, um princípio geral, um verdadeiro *standard* jurídico, uma diretiva mais ou menos flexível, uma indicação *programática, que não colide nem torna ineficazes os direitos subjetivos*, orientando-lhes o respectivo exercício na direção mais consentânea com o bem comum e a justiça social" (grifou-se).

[35] Cf. Pietro Barcellona, *L'individualismo proprietario*, Torino: Boringhieri, 1987, sobretudo o capítulo intitulado *La metamorfosi del soggetto e il principio proprietario*, p. 78-113.

[36] "O legislador contemporâneo, instado a compor, de maneira harmônica, o complexo de fontes normativas, formais e informais, nacionais e supranacionais, codificadas e extracodificadas, deve valer-se de prescrições narrativas e analíticas, em que consagra expressamente critérios interpretativos, valores a serem preservados, princípios fundamentais como enquadramentos axiológicos com teor normativo e eficácia imediata, de tal modo que todas as demais regras do sistema, respeitados os diversos patamares hierárquicos, sejam interpretadas e aplicadas de maneira homogênea e segundo conteúdo objetivamente definido" (Gustavo Tepedino, *O Código Civil, os chamados Microssistemas e a Constituição: Premissas para uma Reforma Legislativa*, cit., p. 11).

[37] *Lex posterior derogat priori, lex superior derogat inferiori* e *lex specialis derogat generali*. Os brocardos correspondem aos critérios cronológico, hierárquico e da especialidade. Alguns autores ressalvam,

As regras são aplicadas de acordo com a lógica do "tudo ou nada" e, em caso de antinomia, apenas uma delas será autorizada a influenciar a decisão.[38]

A colisão de princípios, por sua vez, se resolve não com a exclusão ou invalidade de um dos princípios, mas por meio da ponderação dos valores envolvidos. Princípios conflitantes coexistem, porque a sua própria natureza permite o balanceamento de valores[39] e interesses, podendo ambos informar a decisão, cada um em certo grau.[40]

A ponderação de valores não é uma técnica guiada por uma metodologia precisa, mas a doutrina contemporânea tem se esforçado por estabelecer critérios mínimos a serem seguidos nesse processo. É, por exemplo, amplamente aceita, entre os autores que se ocuparam do tema, a ideia de que a técnica de ponderação não pode resultar na absoluta supressão de um valor em favor de outro.

> "Como não existe um critério abstrato que imponha a supremacia de um (valor constitucional) sobre o outro, deve-se, à vista do caso concreto, fazer concessões recíprocas, de modo a produzir um resultado socialmente desejável, sacrificando o mínimo de cada um dos princípios ou direitos fundamentais em oposição."[41]

---

todavia, que esses critérios não são inteiramente suficientes para a solução de antinomias. Cf., por todos, Norberto Bobbio, *Teoria do Ordenamento Jurídico*, Brasília: Universidade de Brasília (UnB), 1999, 10. ed., p. 91-114.

[38] Nesse sentido, Ronald Dworkin, *Taking Rights Seriously*, Cambridge: Harvard University Press, 1999, 17. ed., p. 24: "*The difference between legal principles and legal rules is a logical distinction. Both sets of standards point to a particular decision about legal obligation in particular circumstances, but they differ in the character of the direction they give. Rules are applicable in all-or-nothing fashion. If the facts a rule stipulates are given, then either the rule is valid, in which case the answer it supplies must be accepted, or it is not, in which case it contributes nothing to the decision.*"

[39] Analisando a doutrina de Robert Alexy, conclui Paulo Bonavides, *Curso de Direito Constitucional*, cit., p. 251: "Da posição de Alexy se infere uma suposta contigüidade da teoria dos princípios com a teoria dos valores. Aquela se acha subjacente a esta. Se as regras têm que ver com a validade, os princípios têm muito que ver com os valores."

[40] Ainda Ronald Dworkin, *Taking Rights Seriously*, cit., p. 26: "*This first difference between rules and principles entails another. Principles have a dimension that rules do not – the dimension of weight or importance. When principles intersect (the policy of protecting automobile consumers intersecting with principles of freedom of contract, for example), one who must resolve the conflict has to take into account the relative weight of each. This cannot be, of course, an exact measurement, and the judgment that a particular principle or policy is more important than another will often be a controversial one. Nevertheless, it is an integral part of the concept of a principle that it has this dimension, that it makes sense to ask how important or how weighty it is.*"

[41] Luís Roberto Barroso, *Liberdade de expressão, direito à informação e banimento da publicidade de cigarro*, in *Temas de Direito Constitucional*, Rio de Janeiro: Renovar, 2001, p. 265.

Da análise de inúmeras decisões do Tribunal Constitucional Federal alemão, Karl Larenz extraiu alguns parâmetros metodológicos para a ponderação de valores:

"trata-se, em primeiro lugar, de saber se, segundo a ordem de valores contida na Lei Fundamental, se pode estabelecer uma clara prevalência valorativa de um dos bens aqui em questão face ao outro. Haverá que dizer, sem vacilar, que à vida humana e, do mesmo modo, à dignidade humana corresponde um escalão superior ao de outros bens, em especial os bens materiais. [...] Mas, na maioria dos casos, tratar-se-á ou de direitos de igual escalão, por exemplo, de iguais direitos de personalidade, ou de bens cuja disparidade exclui uma comparação abstracta. [...] Então, trata-se, em primeiro lugar, da medida em que o bem jurídico protegido é realmente afectado [...] e, além disso, do grau de prejuízo que haveria de sofrer um ou outro bem, no caso em que tivesse de ceder face ao outro. Finalmente, têm validade os princípios da proporcionalidade, do meio mais idôneo ou da menor restrição possível".[42]

O princípio da função social consubstancia valores existenciais que, privilegiados pelo próprio ordenamento constitucional, devem prevalecer quando em conflito com valores meramente patrimoniais. Não obstante, a ponderação entre esses valores há de ser feita sempre com a intenção de garantir a menor restrição possível a todos eles, e de evitar ao máximo a supressão de um em favor de outro.

Exemplo de decisão em que se procedeu à ponderação de valores, por meio de concessões recíprocas, foi a decisão do Tribunal de Justiça de São Paulo que denegou ação reivindicatória de terreno urbano sobre o qual já se consolidara determinada comunidade social. Utilizou-se o tribunal dos seguintes argumentos: (i) a retirada física de 30 famílias, integradas à comunidade, é inviável; (ii) os loteamentos e lotes urbanos perderam suas qualidades essenciais, de modo que deve ser considerado perecido o objeto do direito de propriedade; (iii) os reivindicantes e os proprietários anteriores exerceram o direito de propriedade de forma antissocial, relegando o imóvel ao abandono. O direito à indenização foi, todavia, garantido, a fim de não se suprimir inteiramente o valor da iniciativa privada em favor da realização dos valores existenciais consubstanciados na permanência daquela comunidade. Houve, portanto, razoável ponderação dos valores em jogo.

"No caso dos autos, o direito de propriedade foi exercitado, pelos autores e por seus antecessores, de forma anti-social. O loteamento – pelo menos no que diz

---

[42] Karl Larenz, *Metodologia da Ciência do Direito*, Lisboa: Fundação Calouste Gulbenkian, 1997, 3. ed., p. 585-586. Cf., entre nós, Daniel Sarmento, *A Ponderação de Interesses na Constituição Federal*, Rio de Janeiro: Lumen Juris, 2000, p. 96: "Com efeito, na ponderação, a restrição imposta a cada interesse em jogo, num caso de conflito entre princípios constitucionais, só se justificará na medida em que: (a) mostrar-se apta a garantir a sobrevivência do interesse contraposto, (b) não houver solução menos gravosa, e (c) o benefício logrado com a restrição a um interesse compensar o grau de sacrifício imposto ao interesse antagônico."

respeito aos nove lotes reivindicados e suas imediações – ficou praticamente abandonado por mais de 20 (vinte) anos [...] O *jus reivindicandi* fica neutralizado pelo princípio constitucional da função social da propriedade. Permanece a eventual pretensão indenizatória em favor dos proprietários contra quem de direito."[43]

6 Efetivação da função social. A emblemática questão do IPTU progressivo

A indicação pelo Constituinte de parâmetros objetivos para aferição do cumprimento da função social da propriedade rural e urbana deu-se no sentido de garantir sua efetividade e evitar frustrações semelhantes àquelas outrora experimentadas pelo legislador ordinário.[44]

Também com vistas a garantir a efetividade do princípio da função social, a Constituição colocou a serviço do Poder Público uma série de instrumentos destinados à coerção do proprietário que não atende aos interesses sociais relevantes. Se alguns desses instrumentos, como a desapropriação,[45] já eram conhecidos no direito brasileiro, outros são inteiramente inovadores. É o caso, por exemplo, do parcelamento e da edificação compulsórios, institutos de amplo potencial transformador,[46] cuja plena aplicação per-

---

[43] Apelação Cível 212.726-1/8, julgado em 16 de dezembro de 1994, Rel. José Osório, publicado na *RT* 723, 1996, p. 204 ss.

[44] A falta de objetividade normativa já condenara à inefetividade a função social da empresa, mencionada, sem a fixação de parâmetros objetivos ou sanções específicas, nos arts. 116 e 154 da Lei das Sociedades por Ações (Lei 6.404, de 15 de dezembro de 1976).

[45] Registre-se aqui, por pertinente, a crítica de Fábio Konder Comparato, *Função Social da Propriedade dos Bens de Produção*, in *Revista de Direito Mercantil*, n. 63, São Paulo: Revista dos Tribunais, p. 77: "A sanção clássica contra o abuso da propriedade particular é a expropriação pela autoridade pública. Mas o regime desse instituto, no Direito brasileiro e ocidental, de modo geral, padece de grave defeito. É, na verdade, logicamente insustentável que a desapropriação, como sanção do abuso particular, tenha, legalmente, o mesmo tratamento que a expropriação por utilidade pública sem abuso do proprietário. No entanto, a garantia constitucional da propriedade, arrancada a constituintes timoratos ou cúmplices, pela pressão dos interesses dos proprietários, iguala ambas as expropriações na exigência de prévia e justa indenização em dinheiro; ou, em se tratando de imóveis rurais incluídos nas áreas prioritárias de reforma agrária, na exigência de justa indenização (art. 161) que o STF acabou interpretando como correspondente ao valor venal dos imóveis (RE 100.045-7/PE). Em termos práticos, a sanção do abuso, em tais hipóteses, pode redundar em manifesto benefício econômico do expropriado."

[46] Por meio do parcelamento e edificação compulsórios impõe-se ao proprietário do solo urbano mal aproveitado uma prestação de conteúdo positivo (evidenciando-se a diferenciação entre a função social e aquelas limitações administrativas, externas ao domínio e de caráter eminentemente negativo). Sobre parcelamento e edificação compulsórios, a lição de Ricardo Pereira Lira, *Elementos de Direito Urbanístico*, Rio de Janeiro: Renovar, 1997, p. 167: "Já se viu que, no ordenamento atual

manecia ainda à espera de regulação específica,[47] omissão parcialmente sanada com a recente edição do Estatuto da Cidade.[48]

Instrumento também mencionado pelo Constituinte e que tem gerado infindáveis controvérsias nas cortes brasileiras é o IPTU progressivo, situado no art. 182, § 4º, inciso II. A progressividade aparece também no art. 156, § 1º, do texto constitucional, nos seguintes termos: "O imposto previsto no inciso I (imposto predial e territorial urbano – IPTU) poderá ser progressivo, nos termos de lei municipal, de forma a assegurar o cumprimento da função social da propriedade."

Ambos os dispositivos tratam do IPTU progressivo como instrumento de efetivação da função social da propriedade urbana. Todavia, enquanto o art. 182, § 2º, em sua literalidade, parece vincular a noção de função social ao atendimento das exigências do plano diretor, o art. 156 não traz qualquer especificação nesse sentido, referindo-se apenas genericamente ao "cumprimento da função social da propriedade".

Diante disso, tornou-se necessário definir se a aplicação do IPTU progressivo era possível fora da hipótese de violação ao plano diretor. A doutrina dividiu-se entre os que sustentavam que a progressividade apenas poderia ser fixada com base no critério do art. 182, § 2º, (terrenos baldios etc.),[49] e aqueles que, ao contrário, defendiam a ampla incidência do IPTU progressivo com base em quaisquer critérios que, no entendimento do Poder Público, configurassem meio de efetivação da função social da propriedade (*e. g.*, área e localização dos imóveis).[50]

---

brasileiro, o não uso é uma faculdade do *dominus soli*, constituindo esse fato um dos fatores que ensejam a prática especulativa nos grandes centros urbanos. Em áreas previamente definidas em lei municipal, baseada em plano de uso do solo, o não uso pode deixar de ser uma faculdade desse *dominus*. [...] Trata-se da possibilidade da criação da propriedade urbanística acompanhada de uma obrigação *propter rem*, consistente na obrigação de fazer (parcelar, edificar ou utilizar) sobre o solo, nos termos da lei municipal, baseada em plano de uso do solo."

[47] Art. 182, § 4º, da Constituição. A exigência de regulação específica é corroborada pela jurisprudência: "A matéria relativa ao uso, parcelamento e ocupação do solo urbano deve ser regulada através de lei, na forma dos artigos 30, I e 182 da Constituição Federal" (Tribunal de Justiça do Rio de Janeiro, Mandado de Segurança 2000.009.00048, julgado em 2.5.2000).

[48] Lei 10.257, de 10 de julho de 2001, que regulamenta os arts. 182 e 183 da Constituição Federal, estabelece diretrizes gerais da política urbana e dá outras providências. O parcelamento, edificação ou utilização compulsórios são regulados nos arts. 5º e 6º do Estatuto.

[49] Nesse sentido, Ricardo Lobo Torres, *Os Direitos Humanos e a Tributação*, Rio de Janeiro: Renovar, 1999, p. 436-437: "Tanto a progressividade do art. 156, § 1º, quanto a do art. 182, § 4º, repita-se, têm a finalidade extrafiscal de assegurar o cumprimento da função social da propriedade. O imposto poderá variar para atingir asperamente os terrenos baldios, os imóveis abandonados etc. Mas não poderá ser progressivo em razão de características intrínsecas do imóvel ou de aspectos subjetivos, porque implicaria discriminação proibida."

[50] Toshio Mukai, *O Imposto Predial e Territorial Progressivo – A Função Social da Propriedade e a Constituição de 1988*, in *Cadernos de Direito Municipal, Revista de Direito Público* n. 93, p. 243-244: "Para nós, nada autoriza ou obriga à interpretação conjugada que se pretende dar aos arts. 156,

O Supremo Tribunal Federal optou pela orientação mais restritiva ao considerar o IPTU como imposto de natureza real, não sujeito a progressividade com base em qualquer aspecto da capacidade econômica do contribuinte. Segundo a suprema corte, o IPTU progressivo é admitido pelo ordenamento constitucional excepcionalmente, e apenas na hipótese de descumprimento do plano diretor, conforme consignado no art. 182, § 2º da lei fundamental.

"No sistema tributário nacional é o IPTU inequivocamente um imposto real. Sob o império da atual Constituição, não é admitida a progressividade fiscal do IPTU, quer com base exclusivamente no seu artigo 145, § 1º, porque esse imposto tem caráter real que é incompatível com a progressividade decorrente da capacidade econômica do contribuinte, quer com arrimo na conjugação desse dispositivo constitucional (genérico) com o artigo 156, § 1º (específico). A interpretação sistemática da Constituição conduz inequivocamente à conclusão de que o IPTU com finalidade extrafiscal a que alude o inciso II do § 4º do artigo 182 é a explicitação especificada, inclusive com limitação temporal, do IPTU com finalidade extrafiscal aludido no artigo 156, I, § 1º. Portanto, é inconstitucional qualquer progressividade, em se tratando de IPTU, que não atenda exclusivamente ao disposto no artigo 156, § 1º, *aplicado com as limitações expressamente constantes dos §§ 2º e 4º do artigo 182, ambos da Constituição Federal*" (grifou-se).[51]

A orientação é excessivamente restritiva e não se coaduna com a concepção da função social como princípio constitucional e *standard* jurídico das relações patrimoniais. De fato, a violação ao plano diretor é apenas uma das possíveis manifestações contrárias aos interesses sociais que integram e condicionam o direito de propriedade. O art. 182, § 2º, representa apenas um parâmetro objetivo indicado pelo constituinte a fim de garantir a efetividade da função social, mas não pode, de maneira alguma, ser considerado como definição taxativa de seu conteúdo, mesmo porque a função social é princípio constitucional informado por valores existenciais da mais variada ordem, e sua aplicação direta não pode ser limitada pela incidência das eventuais regras que inspire.

É certo que o IPTU progressivo deve ser instrumento de caráter excepcional e que sua incidência deve ficar limitada àquelas hipóteses em que se configura a finalidade de

---

§ 1º, e 182, §§2º e 4º da Constituição. Ao contrário, por se tratarem de situações e figuras jurídico-tributárias distintas, exigem interpretações isoladas. [...] A progressividade disposta no § 1º do art. 156 da CF sempre existiu, sendo apenas o reconhecimento constitucional desse fato, isto é, da utilização normal do tributo com finalidades extrafiscais, função de há muito reconhecida aos tributos, no mundo civilizado. Já a progressividade no tempo, do inc. II do § 4º do art. 182 da CF é novidade no texto constitucional, sendo penalidade aplicável a situações anormais apenas; e por essa razão, mereceu do constituinte cuidados especiais, tanto que fez depender sua aplicação de lei federal e de lei específica para que a área onde for utilizada seja prevista no plano diretor."
[51] Recurso Extraordinário n. 153.771-0, julgado pelo tribunal pleno em 20.11.1996, Rel. Min. Moreira Alves, ementa oficial.

garantir o cumprimento da função social. Daí não se infere, entretanto, que deva ficar limitado aos casos de violação ao plano diretor. A observância das exigências de ordenação urbanística é critério objetivo dirigido à efetividade da função social, mas não *é* a função social. Conclusão diversa somente se atinge por meio de uma interpretação isolada e literal do art. 182, § 2º, em total desatenção aos demais dispositivos constitucionais, notadamente aos arts. 5º, XXIII, e 170, III, que se tornariam inúteis (com relação à propriedade urbana) se o conteúdo do princípio se esgotasse na violação às normas do plano diretor.

Se a doutrina tem se preocupado com a fixação de parâmetros objetivos para a efetivação dos princípios e cláusulas gerais, é certo que não pode igualmente descuidar do risco de que esses parâmetros acabem, em uma grave inversão metodológica, sendo tomados como taxativa especificação do conteúdo dessas normas que têm, entre suas principais características, justamente o alto grau de generalidade de seus enunciados.

No caso específico do IPTU, diversas leis municipais, editadas em sua maioria antes de 1988, autorizavam os Municípios a empregar a progressividade com base na área e na localização dos imóveis tributados.[52] Há aqui, na verdade, aspectos bastante distintos a demandarem tratamento e solução diferenciados: se a localização do imóvel não parece, a princípio, critério justificado para a cobrança do tributo progressivo, a sua área é, por outro lado, critério que se legitima em face mesmo das dificuldades de acomodação do contingente humano que se amontoa nos grandes centros urbanos. A concentração excessiva gera não raro a marginalização de comunidades inteiras, relegadas às encostas de morros e a terrenos de geografia pouco hospitaleira, mas próximos dos principais núcleos de desenvolvimento. A cobrança do IPTU progressivo com base na área do imóvel guarda, portanto, íntima relação com a função social da propriedade urbana, não representando instrumento de punição dos grandes proprietários, mas tão somente forma razoável de repartição dos custos sociais. Com o tributo progressivo, assegura-se a propriedade privada sob extensas áreas urbanas, ao mesmo tempo em que se financia o atendimento aos valores existenciais das populações marginalizadas, tudo em plena consonância com os princípios da solidariedade social e da realização da dignidade humana.

Atento a essas razões, o Tribunal de Justiça do Rio Grande do Sul, mesmo após a manifestação do Supremo Tribunal Federal, considerou constitucional lei que instituía a progressividade de acordo com o valor venal do imóvel, em decisão de cuja ementa se extrai o seguinte trecho: "A adoção de alíquotas diferenciadas e progressivas para cálculo de IPTU, tendo por base o valor venal do imóvel e na forma estabelecida em lei, não é inconstitucional e cumpre a função social da propriedade."[53]

---

[52] Ver, por exemplo, Lei 914/1984 do Município do Rio de Janeiro.

[53] Apelação Cível 598321107, julgada em 21.10.1999. Nada obstante, os tribunais estaduais têm, de uma forma geral, seguido o entendimento do Supremo Tribunal Federal. Cf. decisão do Tribunal de Justiça do Rio de Janeiro, na Apelação Cível 2000.001.07385, registrada em 13.9.2000: "O plenário do Egrégio Supremo Tribunal Federal firmou entendimento no sentido de que o IPTU, como imposto de natureza real que é, não pode variar segundo a presumível capacidade contributiva

A incidência do IPTU progressivo com base na área do imóvel, no seu valor venal, ou em outros critérios capazes de garantir o cumprimento da função social da propriedad urbana, evidentemente não exclui a sua aplicação aos casos de descumprimento das exi gências de ordenação urbanística, nos termos do art. 182. Nesse particular, o President da República sancionou recentemente (10 de julho de 2001) o Estatuto da Cidade,[54] que entre outras medidas, regula a aplicação do IPTU progressivo aos terrenos não construí dos, objeto de especulação imobiliária. Com o Estatuto da Cidade, os proprietários d imóveis urbanos não construídos e situados em área afastada passam a estar sujeitos ano a ano, à cobrança de alíquotas crescentes de IPTU.[55] A inovação representa inegáve conquista no campo da efetividade da função social da propriedade urbana.

7 Conclusões

(i) Os institutos jurídicos se decompõem em dois elementos: estrutura e função. A função, consistindo no interesse tutelado pelo ordenamento, se erige em elemento carac terizador do instituto jurídico, sendo capaz de moldar-lhe a estrutura.

(ii) A necessidade do ordenamento de tutelar interesses distintos por meio das dife rentes manifestações do domínio acaba gerando a elaboração de estatutos jurídicos tã diferenciados que resultam em uma verdadeira "fragmentação" do instituto jurídico d propriedade. Não obstante essa multiplicidade de funções (e a consequente multiplic dade de *propriedades*), é possível identificar um núcleo essencial ao conceito de funçã da propriedade, que, hoje, pode ser situado no condicionamento da tutela do domínio verificação de atendimento aos interesses sociais relevantes e, de forma mais ampla, ao valores consagrados no texto constitucional.

(iii) O termo *função social* corresponde, portanto, a essa inserção de interesses sociai no âmbito da tutela da propriedade, que, com isso, deixa de ser encarada como direit tendencialmente absoluto, para se constituir em situação jurídica subjetiva complexa composta de direitos, ônus, deveres, obrigações. A função social serve, mais, de funda mento, de verdadeira causa legitimadora da propriedade privada, a qual se legitima po meio do atendimento aos interesses sociais.

---

do sujeito passivo, sendo a única progressividade admitida pela Constituição Federal de 1988 extrafiscal (art. 182, § 4º, II), destinada a assegurar o cumprimento da função social da propriedade A segunda Turma do Egrégio Supremo Tribunal Federal, em recente acórdão, proclamou que artigo 67 da Lei nº 914/84, do Município do Rio de Janeiro, que instituiu a progressividade do IPT levando em conta a área e a localização dos imóveis – fatos que revelam a capacidade contributiv – não foi recepcionado pela Carta Federal de 1988."
54 Lei 10.257, de 10.7.2001, sobretudo art. 7º.
55 Cf. arts. 7º e 8º, *caput*, do Estatuto.

(iv) Esses interesses sociais não são apenas os mencionados nos arts. 182 e 186 da Constituição, mas incluem também quaisquer interesses voltados à realização dos valores constitucionais, notadamente os de natureza existencial, que no ordenamento brasileiro gozam de inegável primazia em relação aos valores patrimoniais. Os arts. 182 e 186 contêm tão somente parâmetros objetivos para a verificação do cumprimento do princípio da função social, parâmetros esses previstos pelo Constituinte como meio de garantir a efetividade da funcionalização do domínio, e não no intuito de determinar taxativamente o seu conteúdo, o que seria incompatível com a própria noção de princípio.

(v) Os tribunais brasileiros têm procedido a uma ampla aplicação do princípio da função social como critério qualificativo da conduta do proprietário em face dos interesses sociais e dos valores constitucionais envolvidos, utilizando-o como verdadeiro *standard* jurídico das relações patrimoniais, equiparável à boa-fé nos contratos e ao melhor interesse da criança nas relações familiares.

(vi) Como princípio, a função social se irradia pelo sistema, informando outras normas e servindo de critério para sua interpretação e integração, sem embargo da sua aplicabilidade direta. Os valores existenciais tutelados pelo princípio da função social esbarram ocasionalmente com outros valores, que lhes são contrapostos. A técnica de ponderação de valores antagônicos deve evitar a supressão de um valor em favor de outro. É, todavia, de se reconhecer que os valores existenciais devem prevalecer sobre os valores patrimoniais, conforme se extrai da própria tábua axiológica consubstanciada na Constituição.

(vii) Algumas decisões judiciais já vêm, inclusive, revelando a aptidão do Poder Judiciário brasileiro para a ponderação dos valores envolvidos nos conflitos relativos à propriedade. Ao mesmo tempo em que asseguram o atendimento aos valores existenciais, inequivocamente superiores, alguns tribunais garantem aos proprietários direito a indenização pela limitação ou supressão do domínio.

(viii) Ainda no intuito de atribuir efetividade à função social, a Constituição coloca à disposição do Poder Público determinados instrumentos de coerção (parcelamento e edificação compulsórios, desapropriação etc.), dentre os quais se destaca o IPTU progressivo, cuja incidência não deve ser limitada à hipótese de violação ao plano diretor (art. 182, § 2º). O IPTU progressivo é instrumento de efetivação da função social e deve, como tal, ser aplicado a qualquer situação em que a realização dos valores existenciais esteja sofrendo injustificada restrição em virtude da atuação de interesses de natureza meramente patrimonial.

Em matéria de função social da propriedade, é preciso concluir que, de uma forma geral, a atuação dos tribunais brasileiros tem estado em sincronia com a recente evolução doutrinária. Embora a fé nos juízes seja, na lição de Calamandrei, o primeiro requisito de um advogado,[56] não é a crença imotivada na atuação do Poder Judiciário o susten-

---

Piero Calamandrei, *Eles, os Juízes, vistos por um Advogado*, São Paulo: Martins Fontes, 1997, p. 1.

táculo dessa conclusão. Os tribunais brasileiros encontram-se, de fato, atentos à nova imagem do direito de propriedade que vai se desenhando no espaço entre um capitalismo autofágico e um socialismo radical: um novo direito de propriedade, um direito de propriedade legitimado porque cumpridor dos interesses sociais e dos valores existenciais consagrados pelo ordenamento jurídico.

Esse novo paradigma, essa nova forma de pensar a propriedade pode ser extraída das decisões judiciais mencionadas acima ou das lições doutrinárias mais recentes. A verdade, contudo, é que, nem nestas nem naquelas, se encontrará a ideia com a força e a clareza que acompanharam as palavras simples do sociólogo Herbert de Sousa:

> "A terra era grande e a vida pequena. Inicial. A vida foi crescendo e a terra ficando menor, não pequena. Cercada, a terra virou sorte de alguns e desgraça de tantos. [...] A terra e a cerca [...]. A democracia esbarrou na cerca e se feriu nos seus arames farpados. [...] Mas é tanta (a terra), é tão grande, tão produtiva, que a cerca treme, os limites se rompem, a história muda e ao longo do tempo, o momento chega para pensar diferente."[57]

---

[57] Herbert de Sousa, *Carta da Terra*.

18

O Ornitorrinco Jurídico: Por uma Aplicação Prática dos §§ 4º e 5º do art. 1.228 do Código Civil

Sumário: 1. Introdução. 2. Análise dos §§ 4º e 5º do art. 1.228. Teses sobre sua natureza jurídica. Necessidade de inversão de rota. 3. Quem paga a conta? A "justa indenização" prevista no § 5º do art. 1.228 e a inadmissível atribuição do dever de indenizar aos realizadores da função social. 4. Emenda pior que o soneto: atribuição do ônus indenizatório à Administração Pública. 5. Desatendimento prolongado e significativo da função social da propriedade. A inconstitucionalidade do § 5º do art. 1.228 do Código Civil. 6. O destino do ornitorrinco.

Introdução

Passados mais de dez anos da publicação do Código Civil de 2002, a comunidade jurídica brasileira ainda não chegou a consenso em relação ao instituto contemplado nos §§ 4º e 5º do art. 1.228. Já o chamaram de "usucapião onerosa", de "desapropriação judicial", de "expropriação privada", de "nova espécie de acessão invertida", de "direito potestativo à alienação compulsória", de "simples contradireito processual", entre outras tantas denominações. Combinando características típicas de diferentes institutos jurídicos, os §§ 4º e 5º do art. 1.228 parecem ter criado um verdadeiro ornitorrinco jurídico, uma figura *sui generis* que desafia a taxonomia tradicional.[1] Milhares de páginas já foram consumidas no Brasil em discussões sobre a sua natureza jurídica, mas todo esse sofisticado arsenal doutrinário não parece ter qualquer repercussão na vida real. Os §§ 4º e 5º do art. 1.228 praticamente não têm sido aplicados pelos tribunais.

Para uma análise detalhada das diversas propostas de classificação do instituto, ver Marcio Hammer de Lima, *Usucapião Coletivo e Desapropriação Judicial*, Rio de Janeiro: GZ, 2009, p. 76-99.

Há razões muito claras para isso. Tais razões deveriam estar sendo analisadas e debatidas pela doutrina nacional, com mais entusiasmo do que aquele dedicado ao problema da classificação taxonômica do instituto. O direito é uma ciência prática e os juristas parecem estar aqui particularmente distanciados da realidade. Seduzidos por um quebra-cabeças acadêmico, deixaram de lado em suas propostas a preocupação que lhes deveria ser essencial: a de assegurar utilidade prática ao novo instrumento. Sem isso, todo o debate que tem sido travado perde inteiramente o sentido. É como discutir a classificação de um animal insólito, que ninguém nunca viu em ação.

O presente ensaio propõe, neste sentido, uma inversão de rota. Cumpre reexaminar o instituto dos §§ 4º e 5º do art. 1.228 em perspectiva funcional, assegurando ao novo instrumento uma utilidade concreta, que restabeleça sua vocação para a realização dos valores constitucionais. Esse reexame passa pela análise dos elementos essenciais ao instituto, bem como pela sua interpretação sistemática à luz de outras figuras que desempenham papel semelhante no ordenamento jurídico brasileiro.

2 Análise dos §§ 4º e 5º do art. 1.228. Teses sobre sua natureza jurídica. Necessidade de inversão de rota

A mera leitura dos §§ 4º e 5º do art. 1.228 já revela os aspectos que têm despertado a discórdia na doutrina:

> "Art. 1.228 [...]
>
> § 4º O proprietário também pode ser privado da coisa se o imóvel reivindicado consistir em extensa área, na posse ininterrupta e de boa-fé, por mais de cinco anos, de considerável número de pessoas, e estas nela houverem realizado, em conjunto ou separadamente, obras e serviços considerados pelo juiz de interesse social e econômico relevante.
>
> § 5º No caso do parágrafo antecedente, o juiz fixará a justa indenização devida ao proprietário; pago o preço, valerá a sentença como título para o registro do imóvel em nome dos possuidores."

A interpretação literal dos §§ 4º e 5º do art. 1.228 resulta em um instituto complexo, de múltiplas facetas. Por um lado, assemelha-se inegavelmente à usucapião: funda-se, segundo o § 4º, na "posse ininterrupta e de boa-fé por mais de 5 anos" de "extensa área coletivamente utilizada por número considerável de pessoas". Usucapião coletiva, potanto.[2] O § 5º rompe, contudo, com essa linha de aproximação, ao revelar que o instituto não é gratuito; exige "justa indenização", a ser paga ao proprietário.[3]

Daí parcela relevante da doutrina associar o instituto do art. 1.228 à desapropriação, campo onde o ordenamento brasileiro emprega tradicionalmente a expressão "justa indenização".[4] A associação também é reforçada pelo fato do imóvel em disputa encontrar-se afetado, nos termos do § 4º, à realização de um "interesse social e econômico relevante". As semelhanças, contudo, param por aí. A desapropriação, como se sabe, consiste em meio de aquisição forçada empregado pelo Poder Público.[5] No caso dos §§ 4º e 5º do art. 1.228, não há expressa participação do Poder Público, a não ser pela atuação do juiz, que avalia as "obras e serviços" realizados pela coletividade. Daí uma terceira corrente ter passado a aludir à "desapropriação judicial" ou "expropriação judicial".[6] Não é, contudo, o Poder Judiciário quem arca com o custo da indenização, mas os próprios possuidores, fato que conduziu a nova alcunha: "desapropriação privada", expressão que contraria o próprio *ius imperium* que caracteriza a desapropriação, ou "desapropriação judicial privada".[7]

Há, ainda, quem afirme tratar-se de uma hipótese de "acessão invertida", similar àquela prevista no parágrafo único do art. 1.255 do Código Civil.[8] Afinal, também aqui verificam-se esforço e dispêndio sobre imóvel alheio, que resulta, por fim, na aquisição da propriedade imobiliária.[9] Há semelhanças evidentes entre os institutos, mas também importantes diferenças. A principal delas é que o art. 1.255 funda-se em uma lógica puramente econômica ("se a construção ou a plantação exceder consideravelmente o valor do terreno"), enquanto o instituto do art. 1.228, §§ 4º e 5º, não se inspira na despro-

---

Nessa direção, Eduardo Cambi, *Propriedade no novo Código Civil: Aspectos Inovadores*, in Revista Síntese de Direito Civil e Processual Civil, n. 25, p. 129.

Outro aspecto que pode ser citado é a natureza da sentença judicial: declaratória na usucapião, sentença parece ser constitutiva na hipótese do art. 1.228, por força da linguagem empregada o § 5º do dispositivo.

Nessa direção, Nelson Rosenwald e Cristiano Chaves de Farias, *Direitos Reais*, Rio de Janeiro: Lumen Juris, 2008, p. 43.

Maria Sylvia Zanella di Pietro, *Direito Administrativo Brasileiro*, São Paulo: Atlas, 1999, p. 151.

Recurso que, de resto, poderia ser empregado para se aludir a uma "usucapião onerosa" e que equivale, a rigor, a sustentar uma natureza *sui generis* para o instituto, corrente que também não conta com poucos adeptos.

É a terminologia empregada por Flavio Tartuce e José Fernando Simão, *Direito das Coisas*, São Paulo: GEN-Método, 2011, p. 140-143.

"Art. 1.255 [...] Parágrafo único. Se a construção ou a plantação exceder consideravelmente valor do terreno, aquele que, de boa-fé, plantou ou edificou, adquirirá a propriedade do solo, mediante pagamento da indenização fixada judicialmente, se não houver acordo."

Nessa direção, Pablo Rentería, *A Aquisição da Propriedade Imobiliária pela Acessão Invertida Social: análise sistemática dos parágrafos 4º e 5º do art. 1.228 do Código Civil*, in RTDC – Revista Trimestral de Direito Civil, v. 34, p. 71-91.

porcionalidade de valores ou na prevenção do enriquecimento sem causa, encontrando expresso fundamento no relevante "interesse social". Novamente, adjetiva-se a categoria tradicional e surge a "acessão invertida social".[10]

Preferindo escapar às adaptações exigidas para o enquadramento em categorias tradicionais, há, enfim, autores que apresentam o instituto do art. 1.228, §§ 4º e 5º, como "direito potestativo de aquisição da propriedade imobiliária".[11] O direito potestativo – que, por definição, autoriza a interferência na esfera jurídica alheia – não deixaria aí de ser sui generis, porque condicionado à propositura da ação reivindicatória pelo proprietário. Justamente por isso, alguns autores têm se referido ao instituto simplesmente como "exceção substancial" ou "contradireito processual",[12] expressões que representam, sob a ótica do direito civil, solução apenas parcial, porque nem definem sua natureza jurídica nem situam o instituto em qualquer das categorias legalmente previstas para aquisição da propriedade imobiliária.

Se nenhuma teoria parece indefectível, a verdade é que não faltam, como se vê teses valorosas e criativas sobre a natureza jurídica do instituto. Mais importante, contudo, que enquadrá-lo em alguma estrutura preconcebida é compreender o seu papel no ordenamento jurídico brasileiro. Inseridos sob o art. 1.228, que define o direito de propriedade, os §§ 4º e 5º parecem decorrer do mesmo propósito que animou o legislador na redação dos parágrafos anteriores, qual seja, a especificação da função social da propriedade, consagrada em diversas passagens do texto constitucional (arts. 5º, XXII 170, III; 182, § 2º; 184 etc.). Essa finalidade de especificação da noção constitucional deve ser determinante na interpretação dos §§ 4º e 5º do art. 1.228, já que caracteriz todo o percurso traçado no dispositivo. É o que se passa a demonstrar.

O § 1º do art. 1.228 determina que "o direito de propriedade deve ser exercido em consonância com as suas finalidades econômicas e sociais". O § 2º veda a prática de ato emulativos pelo proprietário, modalidade mais extrema do abuso do direito, hoje vist por diversos autores como categoria centrada sobre o exercício de um direito em disso nância com a sua função. O § 3º, por sua vez, trata da possibilidade de desapropriação requisição de bens no interesse público, temas que, embora sejam historicamente ante riores à construção conceitual da função social da propriedade e venham usualment tratados como intervenções externas ao domínio, não deixam de exprimir a importânci da adequação da propriedade a fins sociais. Não se pode, assim, deixar de identificar, n leitura dos parágrafos do art. 1.228, um certo sequenciamento, que, embora não deix de apresentar deficiências e insuficiências, atende a um propósito legislativo unitário

---

[10] Maria Helena Diniz, *Curso de Direito Civil Brasileiro*, São Paulo: Saraiva, p. 178.

[11] Marcio Kammer de Lima, *Usucapião Coletivo e Desapropriação Judicial*, cit., p. 91.

[12] Teori Albino Zavascki, *A Tutela da Posse na Constituição e no Projeto do Código Civil*, in Judi Martins-Costa (Org.), *A Reconstrução do Direito Privado*, São Paulo: Revista dos Tribunais, 200 p. 853-854.

coordenado: a especificação de algum conteúdo mais concreto para a função social da propriedade.

Nunca é demais lembrar que, ao tempo da elaboração do anteprojeto do Código Civil, veiculado no ano de 1970, a função social da propriedade consistia em expressão ainda vaga e imprecisa, de poucos efeitos práticos. Embora já mencionada no texto constitucional de então, a cultura jurídica dominante ainda enxergava com suspeita e desconfiança qualquer tentativa do legislador infraconstitucional de esmiuçar seu conteúdo ou seu funcionamento. Basta ver o que escreveu Caio Mário da Silva Pereira sobre a inovação do anteprojeto que viria a dar ensejo, muitas décadas depois, aos §§ 4º e 5º do art. 1.228:

> "a primeira observação que se deve dirigir ao inciso é a sua flagrante inconstitucionalidade. Somente a Constituição pode definir os casos de 'privação' da propriedade, uma vez que é ela que assegura o 'direito de propriedade'. A lei que 'priva' o proprietário do seu direito, fora dos termos constitucionais, está ofendendo o cânon que assegura aquele direito."[13]

Mesmo hoje, há quem vislumbre inconstitucionalidade nos §§ 4º e 5º do art. 1.228, afirmando que aquelas normas "abalam o direito de propriedade, incentivando a invasão de glebas urbanas e rurais".[14] A imensa maioria da doutrina, contudo, já se convenceu da constitucionalidade do instituto, que visa a realizar a função social da propriedade, tutelada no texto constitucional. O Enunciado 82 da I Jornada de Direito Civil, organizada pelo Conselho da Justiça Federal, reconheceu, neste sentido, que "é constitucional a modalidade aquisitiva da propriedade imóvel prevista nos §§ 4º e 5º do art. 1.228 do novo Código Civil".

Todavia, o debate quanto à constitucionalidade do instituto não se deve encerrar nisso. Se é evidente que o instituto não atenta contra a garantia constitucional do direito de propriedade, não parece tão evidente que realize – ou que realize da melhor forma – a função social da propriedade imobiliária. Vale dizer: superada a crítica da inconstitucionalidade por atentado ao direito de propriedade, é de se verificar se não há uma inconstitucionalidade em sentido oposto. A pergunta que se deve fazer hoje é, em certo sentido, o reflexo (invertido) daquela que foi feita ao tempo da elaboração do anteprojeto: será que o instituto realiza da melhor forma possível a função social da propriedade? Será que efetivamente a realiza?

A resposta a essas indagações passa pelo exame de um aspecto nuclear na redação dos dispositivos analisados: o pagamento da "justa indenização" previsto no 5º do art. 1.228.

---

3   Caio Mário da Silva Pereira, *Crítica ao Anteprojeto de Código Civil*, in *Revista Forense*, v. 242, abr./jun. 1973, p. 21.

4   Carlos Alberto Dabus Maluf, *O Direito de Propriedade e o Instituto do Usucapião no Código Civil de 2002 – Questões Controvertidas*, v. I, São Paulo: Método, 2003, p. 287.

3 Quem paga a conta? A "justa indenização" prevista no § 5º do art. 1.228 e a inadmissível atribuição do dever de indenizar aos realizadores da função social

Nosso ornitorrinco jurídico contém um defeito genético que limita a sua evolução: a imposição de justa indenização no § 5º do art. 1.228 torna irreal a aplicação prática do instituto. Confira-se, mais uma vez, a redação da norma:

"Art. 1.228 [...]

§ 5º No caso do parágrafo antecedente, o juiz fixará a justa indenização devida ao proprietário; pago o preço, valerá a sentença como título para o registro do imóvel em nome dos possuidores."

Embora o § 5º não seja expresso quanto a quem arca com a indenização, sua leitura em conjunto com o parágrafo anterior, a vinculação entre o pagamento e a validade da sentença como título para registro do imóvel em nome dos possuidores, bem como a ausência de outros personagens no processo reivindicatório levam à mesma conclusão: quem arca com a indenização, ao menos na interpretação mais evidente dos dispositivos, são os possuidores.[15]

Ora, é evidente que a atribuição do ônus indenizatório sobre os possuidores retira muito da utilidade social do instituto. Com efeito, a alusão à "extensa área" ocupada ininterruptamente por "considerável número de pessoas" remete prontamente à situação das comunidades formadas em favelas. "Favela" é, com toda sua força semântica, a palavra omitida no dispositivo, a realidade dura que o Código Civil não menciona, mas que seguramente serviu de inspiração à elaboração dos §§ 4º e 5º do art. 1.228. A assertiva pode ser comprovada pelo célebre precedente da *Favela do Pullman*, que, embora decidido antes da vigência da nova codificação e em sentido bem diverso do que restou ali preconizado, vem sendo até hoje invocado como principal exemplo de situação concreta que atrairia a incidência dos dispositivos em questão.[16]

---

[15] Foi o que restou expresso no Enunciado 84 da I Jornada de Direito Civil do Conselho da Justiça Federal, realizada em 2002: "A defesa fundada na aquisição com base no interesse social (art. 1.228, §§ 4º e 5º, do novo Código Civil) deve ser arguida pelos réus da ação reivindicatória eles próprios responsáveis pelo pagamento da indenização."

[16] Naquele caso, o Tribunal de Justiça de São Paulo, reformando sentença do juiz de primeiro grau, considerou improcedente ação reivindicatória proposta pelo proprietário para reaver imóvel localizado no bairro de Santo Amaro na cidade de São Paulo, onde já se havia instalado, há algum tempo, a comunidade da chamada *Favela do Pullman* (TJSP, 8ª Câmara Cível, Rel. Des. José Osório votação unânime, acórdão publicado na *RT* 723/204). A decisão foi confirmada pelo Superior Tribunal de Justiça, em sede de Recurso Especial (STJ, REsp 75.659/SP, Rel. Min. Aldir Passarinho 21.6.2005).

Esta nobre ambição secreta do § 4º do art. 1.228 – dar alguma solução oficial aos conflitos decorrentes da pretensão de retomada de imóveis em que se instalaram comunidades carentes – resta, contudo, fundamentalmente comprometida pelo contragolpe imposto pelo § 5º do mesmo artigo. Em verdadeiro arroubo de conservadorismo, em autêntica recaída pela visão individualista do direito de propriedade, o legislador civil acrescenta à previsão revolucionária do § 4º um dever pecuniário irrealizável: o pagamento de um preço por possuidores que, ao menos nos casos mais relevantes socialmente, não dispõem, à toda evidência, dos recursos para tanto. O § 5º mutila, em poucas palavras, a esperança que o § 4º despertava.

Mesmo na rara hipótese de disporem os possuidores dos recursos necessários ao pagamento da indenização (imagine-se, por exemplo, a praça de lazer construída sobre imóvel privado contíguo a um condomínio de casas), o § 5º não traz qualquer benefício para os envolvidos, já que acaba por conduzir a ação reivindicatória ao mesmíssimo resultado que as partes poderiam obter extrajudicialmente, com menor custo e maior celeridade: a aquisição do imóvel pelo seu justo valor. Tal resultado, registre-se, funciona não em favor dos possuidores, mas em favor do proprietário, o qual teria, em normais condições de mercado, extrema dificuldade em alienar "extensa área" ocupada por "considerável número de pessoas" que lá já realizaram "obras e serviços" de relevante "interesse social", pelo próprio risco (social, econômico e jurídico) envolvido em tais operações.

O § 5º é, portanto, um desfecho lastimável para a promessa que o § 4º vinha delineando. Há, por certo, vias hermenêuticas que permitem reduzir um pouco o seu estrago. A expressão "justa indenização" é suficientemente aberta para comportar algumas propostas deliberadamente dirigidas a favorecer os possuidores, ampliando a utilidade concreta dos dispositivos. Muitos autores aventam, nessa direção, um cálculo reduzido da indenização, por meio, por exemplo, da aplicação analógica do art. 8º, § 2º, do Estatuto da Cidade, que manda empregar "o valor da base do cálculo do IPTU" e veda o cômputo de "ganhos, lucros cessantes e juros compensatórios".[17] Outra proposta frequente é o desconto do valor das obras e serviços realizados, a exemplo do que ocorre na acessão invertida.[18] Não se pode deixar de levar em consideração, ainda, as reduzidas chances de aquisição, no mercado, de um imóvel ocupado por "considerável número de pessoas", ali já atuando de modo duradouro, fator que, em dadas circunstâncias, pode justificar severo deságio no valor a ser recebido pelo proprietário do terreno.

Também não se deve descartar, como meio de solução adequada de eventuais casos concretos, o prolongado parcelamento da indenização. Se, por um lado, o parcelamento retarda a transferência registral do imóvel (resultado inevitável da redação do dispositivo que só atribui valor de título à sentença quando "pago o preço"), por outro, suspende o *ius reivindicandi* do proprietário, conservando o imóvel no exato estado em que se encontrava antes do ajuizamento da reivindicatória: na posse da coletividade.

---

7   Maurício Mota e Marcos Alcino Torres, *A Função Social da Posse no Código Civil*, in *Transformações do Direito de Propriedade Privada*, Rio de Janeiro: Elsevier, 2009, p. 51-52.

8   Pablo Rentería, *A Aquisição da Propriedade Imobiliária pela Acessão Invertida Social*, cit., p. 89-90.

Neste particular, não custa lembrar que a Constituição autoriza expressamente, no art. 182, § 4º, a desapropriação do imóvel urbano quando o proprietário o mantém "não edificado, subutilizado ou não utilizado", estipulando que o pagamento da indenização se dará, nesta hipótese, "mediante títulos da dívida pública de emissão previamente aprovada pelo Senado Federal, com prazo de resgate de até dez anos". Ora, se o proprietário que deixa o imóvel inutilizado se sujeita à desapropriação com pagamento em títulos da dívida pública resgatáveis em até dez anos, seria contraditório premiá-lo com um pagamento à vista na hipótese do art. 1.228, §§ 4º e 5º, a recair justamente sobre os possuidores que imprimiram ao solo a utilização social que a ordem constitucional exige. O parcelamento da indenização por longo período impõe-se aqui, com razão ainda maior que na hipótese do art. 182, § 4º, do texto constitucional.

Essas e outras alternativas hermenêuticas existem. No extremo, contudo, o problema está sendo apenas atenuado. O ônus indenizatório continua a recair, em maior ou menor medida, sobre os possuidores que realizaram no imóvel obras e serviços de relevante interesse social e econômico. Vale dizer: como prêmio por seu descaso com o imóvel ocupado "ininterruptamente", por "mais de cinco anos", por "considerável número de pessoas", o proprietário recebe indenização por terreno que teria extrema dificuldade de alienar no mercado. O Poder Judiciário converte-se em milagrosa imobiliária que oferece ao proprietário a garantia de alienação que o mercado, com todo o seu engenho, seria incapaz de lhe proporcionar. E quem paga a conta dessa solução fantasiosa é justamente a coletividade de pessoas que se empenhou em atribuir ao imóvel a utilidade social que a Constituição impunha sobre o proprietário.

Para solucionar esse descalabro, há quem proponha outro: a transferência do ônus indenizatório à Administração Pública.

4 Emenda pior que o soneto: atribuição do ônus indenizatório à Administração Pública

Para solucionar o problema da imposição do ônus indenizatório sobre os possuidores, tem se argumentado, com frequência cada vez maior, que tal ônus deveria ser transferido à Administração Pública, especialmente naquelas hipóteses em que o imóvel contenha, para além das "obras ou serviços" realizados pelos possuidores, equipamentos urbanos, como rede de energia elétrica, rede básica de saneamento, iluminação pública e assim por diante. Afirma-se que, ao instalar tais equipamentos, o Poder Público estaria atribuindo legitimidade à "ocupação" e, por isso mesmo, atraindo para si o dever de indenizar o proprietário privado do imóvel.[19]

---

[19] A difusão desse entendimento resultou na edição de novo enunciado do Conselho da Justiça Federal, que limita, mas admite, a possibilidade de transferência do ônus indenizatório à Administração Pública: "A justa indenização devida ao proprietário em caso de desapropriação judicial (art. 1.228, § 5°) somente deverá ser suportada pela Administração Pública no contexto

À primeira vista, a proposta impressiona por livrar os possuidores de um dever indenizatório que não têm como cumprir. Bem vistas as coisas, contudo, a emenda acabaria se revelando pior que o soneto. Levar energia elétrica, saneamento básico e outras melhorias a uma área ocupada por "considerável número de pessoas" é dever da Administração Pública, que advém da simples presença humana no imóvel e que, em tese, prescinde (e, na prática, deveria prescindir) de qualquer discussão acerca da titularidade do domínio. Impor à Administração Pública o ônus de indenizar o proprietário naquelas situações em que cumpre seu dever representaria não apenas uma contradição lógica, mas um forte fator de desestímulo à universalização dos serviços públicos.

A prevalecer, de fato, tal entendimento, não seria surpresa ver administradores públicos deixando de implementar melhorias nas referidas áreas pelo temor de onerar demasiadamente os cofres públicos, que suportariam, para além do custo dos equipamentos urbanos em si, o ônus das indenizações devidas aos proprietários. No extremo, os agentes públicos que o fizessem poderiam mesmo ser questionados à luz do regime de responsabilidade fiscal, que a ordem jurídica brasileira em boa hora instituiu.[20]

A proposta de transferir à Administração Pública o ônus indenizatório é, portanto, insatisfatória. Continua, ademais, maculada de um equívoco fundamental, na medida em que segue assegurando compensação pecuniária ao proprietário que desatendeu, de modo prolongado e significativo, um dever que lhe foi imposto pela Constituição da República: dar função social à propriedade.

5 Desatendimento prolongado e significativo da função social da propriedade. A inconstitucionalidade do § 5º do art. 1.228 do Código Civil

O Constituinte impôs o atendimento à função social da propriedade, reservando especial atenção à propriedade imobiliária rural e urbana. Como se sabe, a função social não se confunde com limitações externas ao direito de propriedade. Integra o próprio núcleo da situação jurídica proprietária. O direito de propriedade só é tutelado *enquanto e na medida em que* atender à sua função social.[21]

Se assim é, errou clamorosamente o Código Civil ao impor o ônus de pagamento do preço sobre os possuidores que dão ao imóvel o uso social que dele se espera, à luz da Constituição, e que o proprietário não foi, por período superior a 5 (cinco) anos, capaz

---

das políticas públicas de reforma urbana ou agrária, em se tratando de possuidores de baixa renda e desde que tenha havido intervenção daquela nos termos da lei processual" (Enunciado 308).
[20] Ver Lei Complementar 101.
[21] Gustavo Tepedino, *Contornos Constitucionais da Propriedade Privada*, in *Temas de Direito Civil*, Rio de Janeiro: Renovar, 1999, p. 267-291. Ver também Anderson Schreiber, *A Função Social da Propriedade na Prática Jurisprudencial Brasileira*, in *RTDC*, v. 6, p. 159-182.

de imprimir ao seu domínio. Em outras palavras: o que se tem, no caso dos §§ 4º e 5º do art. 1.228, é um descumprimento prolongado e significativo da função social da propriedade, que se torna ainda mais grave na medida em que se opõe a uma posse que realiza precisamente esta função social.

Não se pretende aqui esmiuçar as discussões em torno da função social da posse: se é autônoma em relação à função social da propriedade ou se consiste, ao contrário, em mero reflexo ou sucedâneo dessa noção. Pouco importa para os fins do presente ensaio. O inegável é que, na situação de que tratam os §§ 4º e 5º do art. 1.228, há, de um lado, um proprietário que não deu ao domínio qualquer utilização que atendesse minimamente aos comandos constitucionais e, de outro lado, um considerável número de possuidores que o fez, trabalhando sobre terra alheia, depositando ali o seu suor e o seu tempo, com toda a incerteza e a insegurança que caracterizam tais situações na realidade brasileira. O resultado aqui não pode ser obviamente o de uma aquisição compulsória, em que o proprietário deixa a cena com um preço que não conseguiria obter no mercado. Os possuidores, a toda evidência, não podem ser compelidos a pagar qualquer quantia: sua ocupação corrigiu o descumprimento da norma constitucional que vinha sendo perpetrado pelo proprietário.

Por razões de coerência do sistema jurídico, a solução apresentada pelo art. 1.228 não poderia ser tão radicalmente diversa daquela que guia a usucapião coletiva, instrumento já consagrado no art. 10 do Estatuto da Cidade (Lei nº 10.257/2001) e que opera a transferência do domínio sem qualquer ônus para os possuidores em situações muito semelhantes àquela descrita no Código Civil. Confira-se a redação da norma:

> "Art. 10. As áreas urbanas com mais de duzentos e cinquenta metros quadrados ocupadas por população de baixa renda para sua moradia, por cinco anos, ininterruptamente e sem oposição, onde não for possível identificar os terrenos ocupados por cada possuidor, são susceptíveis de serem usucapidas coletivamente, desde que os possuidores não sejam proprietários de outro imóvel urbano ou rural."

A leitura do dispositivo evidencia o flagrante anacronismo do § 5º do art. 1.228 do Código Civil. Se o ordenamento jurídico brasileiro já assegurava a aquisição gratuita do domínio por usucapião coletiva na hipótese prevista no art. 10 do Estatuto da Cidade de 2001, a codificação civil promulgada em 2002 não poderia ter atribuído solução mais favorável ao proprietário naquelas situações em que os possuidores, para além da ocupação da área, realizaram no imóvel obras ou serviços de "interesse social e econômico relevante". A "rachadura" sistemática somente se explica diante da trajetória histórica do próprio Código Civil, cujo texto-base foi preparado mais de três décadas antes da sua edição e veio à luz sem um processo sério de revisão, capaz de adequá-lo ao sistema jurídico brasileiro em vigor, quer verticalmente (em relação à Constituição), que horizontalmente (em relação aos diversos estatutos legislativos que a codificação civil ignora por completo, como o Código de Proteção e Defesa do Consumidor, o Estatuto da Criança e do Adolescente e o mencionado Estatuto da Cidade).[22]

A previsão de pagamento da justa indenização, contida no § 5º do art. 1.228, pertence, de fato, a um outro tempo. A imposição do ônus indenizatório aos possuidores, que, nos termos do § 4º, atribuem utilidade social a um imóvel que ocupam ininterruptamente por mais de cinco anos e de boa-fé, não se justifica no âmbito de uma ordem jurídica em que a função social da propriedade é consagrada como garantia constitucional e princípio fundamental da ordem econômica.

Daí o grave equívoco hermenêutico a que podem conduzir as tentativas de aproximação entre o instituto previsto nos §§ 4º e 5º do art. 1.228 e a desapropriação. As correntes interpretativas que falam em "desapropriação judicial" ou "expropriação privada" acabam por distanciar o instituto da usucapião, aproximando-o de modo mais ou menos deliberado da desapropriação. Na desapropriação, o Poder Público atua para privar o proprietário do domínio com a finalidade de lhe atribuir a necessária função social ou de o transferir a quem possa realizá-la. A desapropriação é um instrumento prospectivo; dirige-se para o futuro. O conflito expropriatório dá-se entre o proprietário que não realiza a função social e o Poder Público, que também não a realiza, mas que tem a intenção de realizá-la.

Na hipótese do art. 1.228, a situação é inteiramente diversa: o imóvel já cumpre a sua função social, mas a cumpre por obra e esforço de um "considerável número" de possuidores que lá permanecem de boa-fé e ininterruptamente, por período superior a cinco anos. Não se trata de uma promessa para o futuro; mas de uma realidade concreta que já existe e já se consolidou. A situação aproxima-se muito mais da usucapião que da desapropriação.

Com efeito, na situação descrita no § 4º do art. 1.228, como na usucapião coletiva, o conflito se estabelece entre o proprietário que não realiza a função social e a coletividade de possuidores que já a realizam, em seu lugar. A tutela constitucional da função social impõe-se imediatamente e em favor dos possuidores. Tal tutela não pode ser condicionada pelo legislador civil a requisitos pecuniários não estabelecidos pelo Constituinte. Os parágrafos do art. 1.228 não tratam de uma compra e venda compulsória, nem se ocupam das espécies de acessão. Tais parágrafos não contemplam institutos típicos do direito liberal, construídos sob a lógica econômica, mas se propõem, muito ao contrário, a atribuir conotação "social" ao domínio: dirigem-se explicitamente, como já se viu, ao atendimento da função social da propriedade.

Assim, o § 4º não pode ser interpretado senão como uma modalidade de perda do domínio por não realização da função social da propriedade pelo seu titular, em contrapartida à atuação de uma coletividade que já realizou no imóvel obras e serviços "de interesse social e econômico relevante", já destinou o solo ao atendimento da sua

---

[2] Sobre o tema, seja permitido remeter a Anderson Schreiber, *Direito Civil e Constituição*, in *RTDC*, v. 48, p. 3-26.

função social. Em tais circunstâncias, a tutela constitucional da função social da propriedade impõe-se. E não pode o legislador ordinário condicionar a tutela constitucional da função social da propriedade – que já se verifica naquela realidade concreta e já demanda, portanto, proteção da ordem jurídica – ao pagamento de uma indenização pecuniária ao titular do domínio. O § 5º do art. 1.228 é, em uma palavra, inconstitucional.

6 O destino do ornitorrinco

O dever de indenizar o proprietário, previsto no § 5º, é um resquício de uma era pré--Constituição de 1988. No atual sistema, tal dever revela-se absolutamente incoerente com o tratamento dispensado a situações similares (notadamente, usucapião coletiva do Estatuto da Cidade) e flagrantemente contrário aos valores constitucionais, que privilegiam a função social da propriedade e impõem sua proteção direta em situações concretas como aquela descrita no § 4º do art. 1.228, em que os possuidores já atribuem utilidade social ao imóvel. Poder-se-ia afirmar, para além das conclusões técnicas, que a "justa indenização" seria aí inteiramente injusta, tomando-se de empréstimo o argumento já empregado por Caio Prado Jr. em outro campo:

> "Resultaria daí, além disso, uma situação evidentemente 'injusta' para a grande maioria do País, contrariando com isso a exigência constitucional de uma indenização 'justa'. A 'justiça' aí preconizada deve ser nos dois sentidos, e não seria 'justa' para uma das partes interessadas, a coletividade e a Nação, o enriquecimento considerável de uma pequena minoria – os antigos proprietários rurais – em prejuízo e à custa das demais classes e categorias da população."[23]

Privado do indesejável apêndice do § 5º, o instituto do § 4º do art. 1.228 retoma sua vocação como modalidade de perda do merecimento de tutela do domínio. Reconecta-se, em certa medida, com o célebre acórdão proferido no já mencionado caso da *Favela do Pullman*. Ali, ao contrário do que têm sustentado certas leituras deformantes da decisão, o Tribunal de Justiça de São Paulo não condicionou a transferência do domínio aos possuidores ao pagamento de indenização (como fez o Código Civil, em sua literalidade).[2] Concluiu, isto sim, pelo "perecimento do domínio", afirmando:

> "Os lotes de terreno reivindicados e o próprio loteamento não passam, há muito, de mera abstração jurídica. A realidade urbana é outra. A favela já tem vida própria, está, repita-se, dotada de equipamentos urbanos. Lá vivem muitas centenas, ou milhares de pessoas... O *jus reivindicandi* fica neutralizado pelo princípio

---

[23] Caio Prado Júnior, *A Questão Agrária no Brasil*, São Paulo: Brasiliense, 2000, 5. ed., p. 115.
[24] As diferenças entre a solução do caso da Favela Pullman e a solução constante do art. 1.228 do Código Civil foram, em boa hora, evidenciadas por Flavio Tartuce e José Fernando Simão, *Direito das Coisas*, cit., p. 155-158.

constitucional da função social da propriedade. Permanece a eventual pretensão indenizatória contra quem de direito."[25]

A referência a "eventual pretensão indenizatória" está longe de representar condicionamento. A ação reivindicatória, naquele caso, foi julgada *improcedente* e os possuidores mantidos no imóvel, independentemente de qualquer pagamento. Em outras palavras, a tutela da função social da propriedade verificou-se sem qualquer requisito adicional, de natureza pecuniária. É exatamente essa a solução que deve constar do Código Civil, libertando-o do aposto inconstitucional do § 5º do art. 1.228.

Em seu novo formato, o ornitorrinco deixa de ser tão insólito. A discussão em torno da sua natureza jurídica, embora ainda guarde importância, perde grande parte da sua dificuldade e do seu poder de sedução aos olhos dos taxonomistas. Ganha-se, sobretudo, em utilidade prática. O instituto deixa de ser absolutamente inútil para se associar à usucapião coletiva do Estatuto da Cidade no âmbito dos instrumentos realmente efetivos para a tutela da função social da propriedade imobiliária.

Os campos de incidência dos dois institutos não são, registre-se, coincidentes. Há marcantes diferenças e, por isso mesmo, os institutos podem e devem ser combinados para alcançar resultados mais amplos. Enquanto o art. 10 do Estatuto da Cidade limita-se a áreas urbanas ocupadas para fins de moradia, o art. 1.228 do Código Civil volta-se para áreas que foram objeto de "obras e serviços" de relevante interesse social e econômico. Comunidades formadas em favelas compõem-se não apenas de áreas de moradia, mas também de áreas comerciais e de áreas destinadas ao convívio comunitário que se estabelecem espontaneamente, mesmo diante do habitual descaso dos governantes. A combinação do art. 10 do Estatuto da Cidade e do art. 1.228 do Código Civil, redimensionado a partir da extirpação do seu § 5º, pode se revelar utilíssima na tutela das mencionadas realidades urbanas.

Já é tempo, portanto, dos juristas abandonarem os debates taxonômicos e se concentrarem na aplicação prática do instituto. O art. 1.228 precisa sair dos livros para entrar nas ruas, nos morros, na vida das comunidades instaladas sobre imóveis que, abandonados por seus proprietários, foram utilizados por quem deles mais necessita. A realidade urbana brasileira mostra que, contra a tendência habitual dos juristas, há, neste tema em particular, muito mais a fazer do que a discutir.

---

[25] TJSP, 8ª Câmara Cível, Rel. Des. José Osório, votação unânime, acórdão publicado na *RT* 723/204.

Direito à Moradia como Fundamento para a Impenhorabilidade do Imóvel Residencial do Devedor Solteiro[*]

> *A casa já não está mais lá,*
> *Está dentro de mim.*
>
> Geraldo Azevedo, Casa Brasileira

Sumário: 1. Introdução à questão habitacional no Brasil. 2. Ser e habitar – a moradia como elemento essencial à personalidade humana. 3. Bem de família: da proteção da família à proteção da pessoa. A questão do devedor solteiro. 4. Evolução da matéria na jurisprudência do Superior Tribunal de Justiça. 5. Ampliação do conceito de entidade familiar: a falsa solução. 6. À guisa de conclusão – velhas estruturas, novas funções.

1 Introdução à questão habitacional no Brasil

O problema habitacional é quase tão antigo quanto a formação das primeiras grandes cidades, mas seu drástico agravamento remonta, no Brasil, ao início da década de 1940, quando o progressivo avanço do processo de urbanização somou-se ao congelamento de aluguéis e consequente desestímulo à construção de novas moradias.[1] A estagnação do mercado imobiliário e a desordenada ocupação do solo urbano perduraram por mais de

---

[*] Publicado originalmente em *Diálogos sobre Direito Civil*, Carmen Lucia Silveira Ramos et al. (Coord.), Rio de Janeiro: Renovar, 2002, p. 77-98. Seis anos após a publicação deste artigo, o Superior Tribunal de Justiça aprovou a Súmula 364, segundo a qual "o conceito de impenhorabilidade do bem de família abrange também o imóvel pertencente a pessoas solteiras, separadas e viúvas" (15.10.2008).

[1] "É que a política de congelamento de aluguéis não se estendia a outros preços e, assim, enquanto o custo de vida subia, as rendas de aluguéis representavam perdas para os proprietários, que foram deixando de aplicar poupança na construção de novas casas para aluguel" (*BNH – Solução Brasileira de Problemas Brasileiros*, material impresso pelo Banco Nacional de Habitação, sem data, p. 3).

20 anos. A reação veio apenas nos anos 60, com a criação de um sistema financeiro de habitação, cujo objetivo era, de uma só vez, impedir o avanço do déficit habitacional urbano e gerar empregos na construção civil, freando a recessão econômica que ameaçava a estabilidade do recém-iniciado regime militar.

Os anos 70 trouxeram novos progressos com relação à questão da moradia. Com recursos vinculados ao FGTS – Fundo de Garantia por Tempo de Serviço, o sistema financeiro de habitação voltou-se para o financiamento de casas próprias populares, por meio de novos mecanismos como as cooperativas habitacionais. Todavia, a ausência de fiscalização sobre as entidades independentes que integravam o sistema de habitação acabou por comprometer a efetividade do financiamento imobiliário.[2] Esses e outros fatores, somados à instabilidade econômica gerada pelo segundo choque do petróleo, reduziram investimentos no setor de construção civil e lançaram o país em uma nova crise habitacional, que se estendeu por toda a década de 1980.

Mais recentemente, o país tem experimentado a instituição, em todos os níveis de governo, de políticas públicas destinadas a fomentar o mercado de imóveis e a reduzir os alarmantes efeitos da problemática habitacional. As respostas não serão, contudo, imediatas: as estratégias governamentais de financiamento imobiliário, nascidas como instrumento do populismo,[3] sujeitaram-se, ao longo dos anos, a toda ordem de reorganizações, resultando em estruturas burocráticas quase impenetráveis. As recentes reformas do sistema financeiro de habitação, embora benéficas, não surtiram ainda o efeito dese-

---

[2] Luiz Fernando Rudge e Leslie Amendolara, *Desvendando a Rede dos Financiamentos Imobiliários*, São Paulo: Pini, 1997, p. 21: "As SCIs (sociedades de crédito imobiliário) independentes acabaram por dirigir os recursos captados para empreendimentos próprios. Aconteceram casos de muita ingenuidade e alto risco empresarial, falta de controles financeiros e especulação. [...] Os bancos não se preocupavam seriamente com o financiamento imobiliário. Mas gostavam do dinheiro barato que vinha das cadernetas e da ingenuidade do BNH, que remunerava depósitos dos bancos através do FAL (Fundo de Assistência à Liquidez), um verdadeiro golpe de mão na economia oficial e que foi provavelmente uma causa menor da falência do SFH."

[3] "As Caixas Econômicas mantinham procedimentos de financiamento imobiliário de caráter protecionista; o interessado adquiria em papelaria alguns impressos, selava ou estampilhava um lote de documentos, reconhecia firma de tudo, fotocopiava alguns dados, e ficava à espreita, aguardando um figurão da política que passasse por perto. Vereador nem pensar, alguns prefeitos tinham algum poder, deputados só os de maior influência, governador era ponta firme. Mas bom mesmo era quando o presidente visitava a cidade: os candidatos a financiamento aguardavam o presidente no aeroporto, com o processo na mão, e pediam sem a menor cerimônia um 'autorizo': *– Presidente, dá um visto no meu processo; o diretor da Caixa não libera sem sua autorização...*. Charuto aceso, um sorriso inimitável no rosto redondo, Getúlio Vargas rabiscava um jamegão e pronto. Juscelino também vistava os documentos sorridente. Jânio e Jango eram mais sisudos, mas nunca deixavam de atender os candidatos a financiamento. Era o quanto bastava para o feliz mutuário ver-se financiado em 10 a 20 anos, a juros de 12% ao ano, sem correção monetária. Boa parte do bairro de Copacabana foi erguida assim – com o financiamento do jeitinho carioca" (Luiz Fernando Rudge e Leslie Amendolara, ob. cit., p. 13-14).

jado. Isso porque o problema é mais complexo do que a simples defasagem no número de construções habitáveis. A caótica ocupação dos centros urbanos está intimamente relacionada à deficiente malha de transportes, às longas distâncias entre o centro e a periferia, à falta de investimentos efetivos na atividade rural,[4] entre outros tantos fatores.

Da ausência de uma eficiente política habitacional resulta um efeito ainda mais perverso que a habitação precária: a não habitação. Proliferam, por todos os Estados brasileiros, as chamadas populações de rua, drama cuja evidência dispensa digressões. Pesquisa realizada por professores da Universidade do Estado do Rio de Janeiro (UERJ) identificou 3.535 moradores de rua na região metropolitana da capital carioca.[5] Ao contrário da ocupação irregular de morros, terrenos baldios e favelas, cujas causas parecem ser facilmente identificáveis (embora nem por isso facilmente combatíveis), as razões que forçam pessoas a viver nas ruas são altamente diversificadas e de difícil precisão, não obstante o comportamento das populações de rua tenha sido objeto de estudos e análises profundamente detalhadas.[6]

---

[4] As péssimas condições de vida da população rural tornam quase sempre atraentes a migração para os grandes centros urbanos, ainda que para viver de forma precária. Como já ilustrava Menezes Côrtes: "No campo, o trabalhador habitava uma choça, por ele próprio construída, com recursos locais: madeira, barro, sapê ou folhas secas de palmáceas. Habituou-se a viver numa casa rudimentar, com luz de candeeiro, sem água encanada e sem esgoto. [...] Não encontrando onde morar na cidade, seu novo habitante utiliza naturalmente o primeiro terreno vago que encontra e levanta um casebre semelhante àqueles que antes já construía, utilizando os mesmos ou novos recursos locais, pedaços de madeiras e folhas de zinco, não raro de caixotes desmanchados ou de latas desdobradas [...]. O barraco é tão miserável, quanto os casebres que antes habitaram na roça. Não tem água encanada, mas a bica onde enche as latas d'água, mesmo quando distante, chega a ser mais cômoda e melhor que o poço, o rio, ou o riacho, onde antes buscava o precioso líquido. Não dispõe de esgoto, nem de instalações sanitárias, mas por acaso possuía isto em sua choupana rural?" (Geraldo de Menezes Côrtes, *Favelas*, Rio de Janeiro: Departamento de Imprensa Nacional, 1959, p. 8)

[5] A pesquisa contou com o apoio da FAPERJ – Fundação de Amparo à Pesquisa do Estado do Rio de Janeiro, e os seus resultados podem ser conferidos em J. A. Rodrigues e D. Silva Filho, *Uma TV sob a rampa do metrô e outras formas de inclusão da pobreza nas ruas*, in *Drama Social: Anais do Seminário*, Rio de Janeiro: FAPERJ, Núcleo de Difusão Científica, 1999, p. 67-95.

[6] A título de exemplo, confira-se o precioso trabalho de Sarah Escorel sobre as populações de rua do Rio de Janeiro: "os elementos que favorecem a itinerância são as condições climáticas, a realização de eventos (numa noite de jogo de futebol, a população de rua de Botafogo diminuiu sensivelmente, devido ao deslocamento das pessoas para as proximidades do Maracanã, onde podiam encontrar fartura de latas), o aumento da visibilidade do local (a conclusão de obras públicas e a retirada do entulho), os dias de semana e o horário (exemplos típicos são as igrejas nos domingos e as agências bancárias em dias de semana). A itinerância é condicionada pelos horários estabelecidos para distribuição de comida e outras doações pelas instituições assistenciais, assim como por fatores relacionados com as possibilidades de trabalho e rendimentos por meio da coleta do lixo, no caso, as relações estabelecidas com porteiros e vigias para acesso às 'fontes', o horário de passagem do caminhão da limpeza urbana e o horário de funcionamento dos depósitos de

2 Ser e habitar: a moradia como elemento essencial à personalidade humana

A não habitação, ou habitação das ruas, representa a negativa da própria condição de pessoa. De fato, verifica-se como tendência natural do indivíduo a tentativa de ocupação de um espaço determinado que lhe possa servir como referência da sua própria identidade. Analisando o comportamento de pacientes de um determinado hospital psiquiátrico do Rio de Janeiro, pesquisadores constataram como práticas frequentes o apego físico a bens pessoais, a construção de habitações precárias nos espaços de convívio comum e a criação de cantos delimitados, individualizados e ornamentados pelos internos dentro dos pavilhões.[7] Assim concluíram seu relato:

> "Poderíamos mesmo entender a ida dos pacientes para o hospital psiquiátrico como uma passagem quase sempre sem retorno da condição de pessoa – representada pelo mundo da casa, onde ocorre uma maior intimidade e menor distância social – para a condição de indivíduo – representada pelo dado impessoal e indiferenciado do mundo da rua, em que não há lugar para a pessoa e em que ninguém possui um nome próprio [...]."[8]

---

ferro-velho que compram os materiais coletados. A fixação depende de que não haja reclamações (porteiros, moradores, comerciantes) e, por vezes, ocorrem mudanças de locais por outros interesses (amizades ou comida mais próxima). Foi possível observar locais típicos de pedido de esmola perto dos bancos (agências ou caixas 24 horas), ou de supermercados. Esses pontos eram ocupados sempre pelas mesmas pessoas, em geral idosos ou deficientes físicos, cujas marcas de infortúnio eram visíveis e, portanto, garantiam a legitimidade do pedido" (Sarah Escorel, *Vivendo de teimosos – Moradores de rua da cidade do Rio de Janeiro*, in *No Meio da Rua – Nômades, Excluídos e Viradores*, Marcel Bursztyn (Org.), Rio de Janeiro: Garamond, 2000, p. 152).

[7] "Torna-se possível comparar o apego de Sofia aos seus sapatos com a procura disseminada, entre pacientes da Colônia Juliano Moreira, de obtenção e guarda de bens pessoais em seu poder. Havendo sido afastados do convívio familiar e mesmo de outros grupos de relacionamento extra-muros do manicômio por longo período de tempo, alguns internos sentem mesmo a necessidade de se transformar em verdadeiros 'corpos-casas', armazenando no interior de suas roupas e em trouxas que carregam continuamente todos os objetos de uso cotidiano sobre os quais conseguem colocar as mãos. [...] como por exemplo o caso de um paciente que carrega em seu corpo canecas com formas, cores e materiais diferentes, enquanto se locomove pelo terreno do manicômio [...]. A criação de cantos delimitados e ornamentados dentro dos pavilhões, ao lado de habitações construídas fora do espaço dos núcleos psiquiátricos e de locais individualizados pelos internos no interior dos hospitais psiquiátricos – como é o caso do 'apartamento' de Bispo, artista da Colônia enfocado no filme 'O Prisioneiro da Passagem' de Hugo Denizart – parece-nos representar uma real busca de aproximação com o dado pessoal inerente ao espaço familiar, perdido de maneira irrecuperável pelos internados desse manicômio" (Dinah Guimaraens e Lauro Cavalcanti, *Morar – A Casa Brasileira*, Rio de Janeiro: Avenir, 1984, p. 82).

[8] Dinah Guimaraens e Lauro Cavalcanti, ob. cit., p. 83.

Também nas populações de rua verifica-se a tendência à guarda de bens pessoais, à construção de abrigos temporários e à delimitação, senão de um espaço individual, de um território coletivo de ocupação.[9]

A antítese do tema – o viver nas ruas – comprova, por si só, a necessidade da moradia para o desenvolvimento e a manutenção da condição humana. A delimitação de um espaço físico de uso pessoal é pressuposto inafastável da personalidade. A filosofia existencialista tem demonstrado que ser é necessariamente ser-no-mundo,[10] ser em algum lugar. A própria condição humana depende de uma referência espacial particular, de uma esfera de ocupação determinada, segura e inviolável, em que a personalidade possa desenvolver-se plenamente, dignamente.

A proteção jurídica à dignidade da pessoa humana, valor fundamental do ordenamento brasileiro, abrange, como se sabe, a tutela dos múltiplos aspectos existenciais da pessoa: nome, imagem, privacidade etc.[11] Inclui também a garantia dos meios materiais razoavelmente necessários – e não apenas mínimos – para o pleno desenvolvimento da personalidade humana.[12] Tal garantia decorre logicamente da própria tutela da dignidade

---

[9] "Nesses grupos (meninos de rua), uma das regras básicas é a observância da territorialidade, o controle do espaço, a delimitação do percurso, a chegada de estranhos (estrangeiros) comentada como *tem alemão no pedaço*. Algumas vezes, se apossam de um espaço, como aconteceu, por exemplo, com a Candelária." (Sarah Escorel, ob. cit., p. 151).

[10] A expressão é de Martin Heidegger, e a ideia anterior a ele. Cf. Martin Heidegger, *Ser e Tempo*, Parte I, Petrópolis: Vozes, 1993, 4. ed., p. 54 ss.

[11] Na lição do Prof. Gustavo Tepedino: "não se trataria de enunciar um único direito subjetivo ou classificar múltiplos direitos da personalidade, senão, mais tecnicamente, de salvaguardar a pessoa humana em qualquer momento da atividade econômica, quer mediante os específicos direitos subjetivos (previstos pela Constituição e pelo legislador especial – saúde, imagem, nome, etc.), quer como inibidor de tutela jurídica de qualquer ato jurídico patrimonial ou extrapatrimonial que não atenda à realização da personalidade" (Gustavo Tepedino, *A Tutela da Personalidade no Ordenamento Civil-constitucional Brasileiro*, in *Temas de Direito Civil*, Rio de Janeiro: Renovar, 1999, p. 47).

[12] Algumas Constituições contemplaram expressamente a garantia aos meios materiais necessários à conservação da dignidade humana. Foi o caso, por exemplo, da Constituição belga, cujo art. 23 estabelece que "cada um tem o direito de levar uma vida de acordo com a dignidade humana". Comentando o dispositivo, Francis Delpérée, embora em visão minimalista, ressaltou: "Não é despiciendo frisar, desde logo, que diferentemente da Lei Fundamental da República Federativa da Alemanha, a Constituição belga não consagra de maneira absoluta o direito ao respeito e à proteção da dignidade do ser humano – apresentado, na hipótese, como um direito intangível (art. 1.1). Ela estabelece – de maneira menos defensiva e talvez de modo mais concreto – o direito de cada um conduzir sua vida dentro de condições que estejam de acordo com as exigências da dignidade humana. Para que serve o direito à vida, se esta for desprovida da mais elementar dignidade? [...] O indivíduo tem o direito à vida e a um mínimo de meios de subsistência" (Francis Delpérée, *O Direito à Dignidade Humana*, in Sérgio Resende de Barros e Fernando Aurelio Zilveti (Org.), *Estudos em Homenagem a Manoel Gonçalves Ferreira Filho*, São Paulo: Dialética, 1999, p. 151 ss). A ausência de previsão específica neste sentido na Constituição brasileira, não impediu que a doutrina defendesse posição idêntica, visando atribuir máxima efetividade aos valores fundamentais da República; cf. Luiz Edson Fachin, *Estatuto Jurídico do Patrimônio Mínimo*, Rio de Janeiro: Renovar, 2001.

humana, que se converteria em fórmula vazia não fosse dever do Estado, das instituições e da sociedade civil, assegurar os meios necessários ao pleno exercício desta dignidade.

Entre esses meios, avulta em importância a habitação, que, como sustentado acima, é requisito inerente à formação e ao desenvolvimento da personalidade humana. Não bastasse a ideia já implícita na lei fundamental, a Emenda Constitucional 26, de 14 de fevereiro de 2000, veio inserir expressamente, entre os direitos sociais (art. 6º), o direito à moradia, com aplicabilidade direta e imediata.

A abissal distância entre as situações de desamparo referidas inicialmente e a letra constitucional cobre-se dos mais variados obstáculos, que vão desde a tese de inexigibilidade de prestações positivas do Estado até o problema óbvio, e muito anterior, da absoluta impossibilidade de acesso à justiça por parte das vítimas da questão habitacional.[13] Some-se a isso a frequente indiferença da sociedade civil, sob o argumento de que a moradia consiste em dever legal do Estado, discurso que se revela quase maligno diante da notória ineficácia das políticas públicas voltadas para o setor. A discussão do problema perde-se, muitas vezes, em debates preliminares acerca da elevada carga tributária, da corrupção institucional e da má gestão de recursos públicos.

Por essas e outras razões, fazem-se necessários novos instrumentos jurídicos destinados a garantir a efetiva tutela do direito à moradia. Não apenas isso: antigos institutos do direito civil tradicional devem ser funcionalizados à proteção do direito à moradia, como aspecto fundamental da dignidade humana.[14] É neste contexto que se deve inserir uma nova interpretação da disciplina do bem de família, tradicionalmente voltada à tutela da residência da entidade familiar, mas cada vez mais direcionada à proteção da pessoa, independentemente de laços familiares pretéritos ou futuros.

---

[13] De fato, as populações de rua encontram-se muito aquém daquelas "possibilidades das partes" a que aludiram Mauro Cappelletti e Bryant Garth, *Acesso à Justiça*, Porto Alegre: Sergio Antonio Fabris, 1988, p. 21-26. Sobre obstáculos ao acesso à justiça na realidade brasileira, ver Paulo César Pinheiro Carneiro, *Acesso à Justiça: Juizados Especiais Cíveis e Ação Civil Pública*, Rio de Janeiro: Forense, 1999.

[14] A necessidade de releitura das normas de direito privado à luz dos novos valores constitucionais é ideia marcante na obra do Prof. Gustavo Tepedino. Ver, por exemplo, *Premissas Metodológicas para a Constitucionalização do Direito Civil*, in Gustavo Tepedino, *Temas de Direito Civil*, cit, p. 1-22. Cf. igualmente Maria Celina Bodin de Moraes, *A Caminho de um Direito Civil Constitucional*, in *Direito, Estado e Sociedade, Revista do Departamento de Ciências Jurídicas da PUC-Rio*, n. 1, 2. ed., Rio de Janeiro, jul./dez. 1991, p. 59-73. Como marco teórico da escola do direito civil-constitucional, ver Pietro Perlingieri, *Perfis do Direito Civil – Introdução ao Direito Civil Constitucional*, Rio de Janeiro: Renovar, 1999.

3 Bem de família: da proteção da família à proteção da pessoa. A questão do devedor solteiro

A Lei 8.009, de 29 de março de 1990, assim define e tutela o chamado bem de família:

> "Art. 1º O imóvel residencial próprio do casal, ou da entidade familiar, é impenhorável e não responderá por qualquer tipo de dívida civil, comercial, fiscal, previdenciária ou de qualquer outra natureza, contraída pelos cônjuges ou pelos pais ou filhos que sejam proprietários e nele residam, salvo nas hipóteses previstas nesta Lei."

Inspirado no *homestead* norte-americano, o bem de família, como o próprio nome indica, sempre teve por objeto o imóvel residencial da entidade familiar. A inspiração liberal do Código Civil brasileiro de 1916, primeiro diploma a instituir o bem de família (arts. 70-73), não permitia que se afastasse a satisfação patrimonial do credor senão excepcionalmente, e em favor da estabilidade do matrimônio e da família. As leis que se seguiram tiveram sempre o mesmo intuito de proteger o imóvel familiar, embora atribuíssem ao bem de família estrutura jurídica diversa, a tal ponto de haver atualmente no direito positivo brasileiro dois regimes paralelos e diferenciados para a tutela do bem residencial.[15]

Sob a ótica do século XIX, fazia sentido limitar a proteção legal ao imóvel residencial da família e mais especificamente da família fundada no casamento. Entretanto, a gradual evolução do direito levou os tribunais a tutelarem situações familiares de fato, em que se verificava a presença de relações afetivas e de um projeto existencial comum independente de união formal. Essa orientação foi adotada pelo art. 226, §§ 3º e 4º, da Constituição Federal de 1988, e acabou por influenciar decisivamente a redação do art. 1º da Lei 8.009, que contemplou não somente o imóvel do "casal", mas também da "entidade familiar", aí incluídas as uniões estáveis e as famílias monoparentais.[16]

A extensão é, sem dúvida, benéfica, mas insuficiente. A proteção ao imóvel residencial, à moradia da pessoa humana, deve ser garantida mesmo nos casos de devedores solteiros, em que não há qualquer entidade familiar a ser tutelada. Habitar é fundamental para a dignidade de qualquer indivíduo, esteja ele integrado a uma família ou não. Sob o

---

[15] O Código Civil de 2002 não altera a duplicidade de regime. Nesse sentido, foi expresso o art. 1711, ao declarar "mantidas as regras sobre a impenhorabilidade do imóvel residencial estabelecida em lei especial". Feliz a ausência de menção ao imóvel residencial "da família", omissão que corrobora a tese, central neste trabalho, de que a impenhorabilidade deve ser assegurada também a indivíduos não integrados em qualquer entidade familiar.

[16] E também a união entre homossexuais. Sobre o tema, cf. Maria Celina Bodin de Moraes, *A união entre pessoas do mesmo sexo: uma análise sob a perspectiva civil-constitucional*, in *Revista Trimestral de Direito Civil*, v. 1, Rio de Janeiro: Padma, jan./mar. 2000, p. 89-112.

ponto de vista lógico, inclusive, maior proteção mereceria a moradia do solteiro, que, por encontrar-se frequentemente desprovido da convivência de familiares e entes próximos, necessita ainda mais da referência espacial pessoal para a definição e desenvolvimento da sua personalidade. Aquele que tem nos parentes e familiares um ponto de apoio está mais amparado, sob a perspectiva sociopsicológica, do que o indivíduo solitário, que, no extremo, tem como único patamar seguro o seu próprio lar, integrado pela estrutura física da habitação e pelos bens pessoais que o compõem.

A discussão acerca do devedor solteiro tem efeito prático significativo na realidade brasileira, em que "morar sozinho" representava, no ano 2000, 9% dos arranjos domésticos do país, com inegável tendência a ascensão.[17] Também não é menos relevante para o tema constatar que as populações de rua, ao menos no Rio de Janeiro, são formadas primordialmente por indivíduos solteiros, solitários, sem laços familiares conhecidos:

> "Os dados mostrados na pesquisa mostram o jovem solteiro desqualificado para o trabalho como o tipo social predominante na população de sem-teto do Rio de Janeiro. Vive desgarrado de sua família e passa a tentar encontrar vínculos novos ao léu, quase sempre fracassando."[18]

Por todas essas razões, a Lei 8.009/1990 deve ser reinterpretada à luz da alteração promovida pela Emenda Constitucional 26, a fim de se obter a aplicação da impenhorabilidade do imóvel residencial também em favor do devedor solteiro, com base em novo fundamento, qual seja, o direito à moradia, elemento necessário à dignidade humana. Oportuno para tanto o atual momento, em que a jurisprudência brasileira começa a consolidar-se no sentido da aplicação dos valores constitucionais como critérios interpretativos dos institutos tradicionais do direito privado. A análise das decisões do Superior Tribunal de Justiça revela esta tendência evolutiva, e, em particular relação com o tema, indica a orientação da corte superior de atribuir ampla proteção à moradia da pessoa humana.

---

[17] Dados oficiais do IBGE – Instituto Brasileiro de Geografia e Estatística. Para uma análise de dados anteriores a 2000, v. Elza Berquó, *Arranjos familiares no Brasil: uma visão demográfica*, in *História da Vida Privada no Brasil*, v. 4, Lilia Moritz Schwarcz (Org.), São Paulo: Companhia das Letras, 1998, p. 432-433: "Morar sozinho em um domicílio é uma situação que apresenta índices ascendentes no conjunto dos arranjos domésticos. De 5,8% em 1970, o número dessa configuração cresceu para 6,5% em 1980 e para 8,1% em 1995. Ao atingir uma taxa média da ordem de 5,4% ao ano entre 1980 e 1995, ultrapassando muito a do crescimento da população total no mesmo período, esse arranjo, que em 1995 envolveu 3.423.989 pessoas, ainda está longe de ter o peso relativo que tem em alguns países do chamado Primeiro Mundo, como a Grã-Bretanha, por exemplo, onde o percentual de sozinhos corresponde a 25% da população, mesmo levando-se em consideração os contextos culturais e políticos diferentes."

[18] Carlos Henrique Araújo, *Migrações e Vida nas Ruas*, in *No Meio da Rua*, cit., p. 95.

4 Evolução da matéria na jurisprudência do Superior Tribunal de Justiça

À vista da literal redação da Lei 8.009, prevaleceu durante anos no Superior Tribunal de Justiça, e nas cortes brasileiras de uma forma geral, o entendimento de que o bem de família destinava-se tão somente à proteção da família do devedor executado.[19]

> "A Lei 8.009/90 destina-se a proteger, não o devedor, mas a sua família. Assim, a impenhorabilidade nela prevista abrange o imóvel residencial do casal ou da entidade familiar, não alcançando o devedor solteiro, que reside solitário."[20]

Também nesse sentido, a manifestação do Ministro Ruy Rosado de Aguiar:

> "parece-me que o legislador quis proteger a pessoa que, não tendo constituído a dívida, compõe a entidade familiar e utiliza o imóvel como moradia. A proteção é para a família. Se a lei quisesse proteger o devedor que mora sozinho diria simplesmente que o prédio de moradia do devedor não é penhorável. Mas não foi isso o que ela disse, pois não veio para proteger propriamente a moradia e sim a moradia da família, isto é, das pessoas que não são as devedoras".[21]

A insuficiência desse entendimento tornou-se visível para os tribunais diante daqueles casos em que, embora não restasse configurada uma entidade familiar *stricto sensu*, a proteção ao bem de família era exigida por co-habitantes ligados por vínculos de parentesco ou afetividade. Assim, ainda em 1995, deparou-se o Superior Tribunal de Justiça com recurso interposto por irmãs solteiras, solicitando a proteção de seu imóvel residencial contra execução de dívida contraída por uma delas. A proteção foi concedida sob o argumento de que as irmãs vivendo em conjunto constituíam sim uma entidade familiar, cuja residência era digna da proteção legal.

---

[19] Para uma análise da jurisprudência do Superior Tribunal de Justiça com relação aos diversos aspectos do bem de família, cf. Pedro Oliveira da Costa, *O bem de família na jurisprudência do STJ*, in *Revista Trimestral de Direito Civil*, v. 3, Rio de Janeiro: Padma, jul./set. 2000, p. 163-194.

[20] Recurso Especial 67.112-4/RJ, Rel. Min. Barros Monteiro, j. 29.8.1995. No voto do Relator, ficou consignado: "A Lei 8.009/90 foi promulgada para proteger, não o devedor, mas a sua família. É o que deflui de modo claro e inequívoco do art. 1º do supra aludido diploma legal: impenhorável é o imóvel residencial próprio do casal ou da entidade familiar. [...] A situação ostentada pela recorrente não se acha, pois, albergada pela lei em foco, de vez que é pessoa solteira e que reside solitária. Conceder-se o benefício legal a ela nessas condições equivaleria a estendê-lo a todo e qualquer devedor, o que à evidência não se lobriga dentre os objetivos ditados pelo legislador."

[21] Voto proferido no Recurso Especial 67.112-4/RJ, cit. Em igual sentido, ver, entre outros, Recurso Especial 174.345/SP, Rel. Min. Barros Monteiro, j. 18.3.1999, e Recurso Especial 51.621-8/SP, Rel. Min. Ruy Rosado de Aguiar, j. 14.3.1995.

"não tenho como procedente o argumento de que a família, no sentido que lhe empresta a Lei 8.009/90, pressupõe a existência de um conjunto de pessoas, presas pelo vínculo da consanguinidade e sob o guante de uma chefia, representada pelos pais, porque isso seria restringir e, até mesmo, negar eficácia à norma legal, na medida em que impossível seria a impenhorabilidade, se tais pais viessem a falecer, deixando filhos todos solteiros. Pergunta-se: em tal caso, os filhos solteiros, sobreviventes aos pais, não constituem uma família?"[22]

Também a situação de ex-cônjuges separados judicialmente foi considerada merecedora de tutela em acórdão relatado pelo Min. Barros Monteiro:

"Com a separação judicial, cada ex-cônjuge constitui uma nova entidade familiar, passando a ser sujeito da proteção jurídica prevista na Lei 8.009, de 29.03.90. [...]"[23]

Pela extensão do conceito de família ao caso de pessoas viúvas, já se manifestara, antes disso, o Min. Fontes de Alencar:

"Se o cidadão fosse casado, ainda que mal casado, faria jus ao benefício; se fosse viúvo, sofrendo a dor da viuvez, não teria direito ao benefício. Rogo vênia a V. Exa. para não restringir esse conceito de família a tão pouco."[24]

---

[22] Argumentos do Juiz José Marrara, do Tribunal de Alçada de Minas Gerais, adotados como fundamento do voto do Rel. Min. Fontes de Alencar, no Recurso Especial 57.606-7/MG, j. 11.4.1995. Hipótese semelhante foi analisada no Recurso Especial 159.851/SP, j. 19.3.1998, em que o Rel. Min. Ruy Rosado de Aguiar assim decidiu: "Penso, no entanto, que a proteção estendida pela Lei 8009/90 à entidade familiar não se limita à união estável, assim como referido na Constituição para o fim do direito de família, nem à comunidade formada por qualquer dos pais e seus descendentes, como está no direito de família, mas se estende também aos filhos solteiros que continuam residindo no mesmo imóvel que antes ocupavam com os pais. Estes filhos são os remanescentes da família, esta entendida como o grupo formado pelos pais e filhos, e constituem eles mesmos uma entidade familiar, pois para eles não encontro outra designação mais adequada no nosso ordenamento jurídico."

[23] Recurso Especial 218.377/ES, Rel. Min. Barros Monteiro, j. 20.6.2000. No mesmo sentido, voto proferido pelo Min. Rel. Gilson Dipp, no Recurso Especial 205.170/SP, j. 7.12.1999: "no que pertine ao conceito de entidade familiar, note-se que a interpretação teleológica conduz ao inarredável entendimento de que a disposição dos arts. 1º da Lei 8.009/90 e 226, § 4º, inclui as diferentes modalidades de constituição familiar espelhadas pela sociedade, não se podendo olvidar a proteção legal ao núcleo familiar constituído pela pessoa solteira, separada, viúva, etc., ainda que, excepcionalmente, vivam estas sozinhas. Com efeito, não soa razoável o juízo de que, instantaneamente, por exemplo, em razão de óbito ou de separação do casal, ou do afastamento do filho que residia com um dos pais, o que antes constituía uma entidade familiar, passe a não mais suprir este conceito."

[24] Voto proferido no julgamento do Recurso Especial 67.112/RJ, cit.

A breve excursão demonstra que o Superior Tribunal de Justiça consolidou, pouco a pouco, o entendimento de que o termo "entidade familiar", constante do art. 1º da Lei 8.009/1990, deveria ser interpretado da forma mais ampla possível, a fim de se estender a impenhorabilidade ao imóvel residencial da viúva, que morasse ou não com os filhos, do ex-cônjuge separado judicialmente, e dos irmãos solteiros que vivessem juntos. Em todos esses casos, vislumbravam-se laços de consanguinidade ou afetividade que justificavam a inclusão no conceito ampliado de "entidade familiar".

O entendimento, contudo, revelava a opção jurisprudencial por não proteger individualmente a pessoa do devedor, mas a entidade familiar por ele integrada, ainda que excepcionalmente tal entidade pudesse não contar com qualquer outro integrante permanente (casos de viuvez, separação judicial etc.). O devedor solteiro permanecia à margem da garantia de impenhorabilidade do bem residencial, salvo quando pudesse, por circunstâncias extraordinárias, ser tratado como entidade familiar (como nos exemplos de coabitação entre irmãos solteiros).

5 Ampliação do conceito de entidade familiar: a falsa solução

Atenta à necessidade de expandir a tutela conferida pela Lei 8.009/1990, a doutrina não poupou esforços no intuito de incluir o solteiro no conceito de entidade familiar, independentemente de quaisquer circunstâncias adicionais. Surgiram, assim, diversos trabalhos doutrinários sustentando a classificação do devedor solteiro como entidade familiar potencial, ou entidade familiar por equiparação.

> "Dir-se-á que a inclusão da pessoa solitária no conceito de entidade familiar é relativa, ou seja, para os fins da lei de impenhorabilidade do bem de família, no que concordo, na medida em que tenho o princípio da afetividade como fundamental para essa qualificação; afetividade somente pode ser concebida em relação com outro. A situação do que vive só é de entidade familiar equiparada, para os fins legais, o que não transforma a sua natureza."[25]

> "É necessário, pois, que os nossos tribunais, especialmente o STJ, fixem com precisão a compreensão jurídica de entidade familiar, a qual abrange, para todos os efeitos legais, aqueles que, por qualquer motivo, vivem sozinhos, situação que, em nossa opinião, constitui uma entidade familiar, dentro da perspectiva de pos-

---

[25] Paulo Luiz Netto Lôbo, *Entidades Familiares Constitucionalizadas: Para Além do Numerus Clausus*, p. 15. Texto de palestra proferida no III Congresso Brasileiro de Direito de Família, *Família e Cidadania: O Novo CCB e a Vacatio Legis*, realizado em Ouro Preto/MG, nos dias 24 a 27 de outubro de 2001. Sem responsabilidade de cátedra.

sibilidade de manifestação de afeto, com atenção aos princípios do pluralismo e do respeito à dignidade humana."[26]

O esforço doutrinário é válido pelo seu intuito de ampliar a proteção conferida pela lei. Todavia, a questão da impenhorabilidade do imóvel residencial do devedor solteiro parece menos relacionada a uma extensão do conceito de entidade familiar, que à identificação de um novo fundamento de proteção, de uma nova função para o instituto.[27] Com efeito, o art. 1º da Lei 8.009/1990 deve ser reinterpretado sob a ótica do direito constitucional à moradia, expressão e requisito da dignidade humana. Não se trata mais de proteger a entidade familiar, mas a pessoa, integre ela ou não uma família. Se a proteção ao imóvel residencial tradicionalmente se dizia concedida à célula *mater* da sociedade (a família), hoje é necessário que esta proteção se atomize, e passe a incidir também sobre aqueles que residem sós.[28]

Este parece ter sido o entendimento vitorioso na Corte Especial do Superior Tribunal de Justiça, em julgamento de embargos de divergência interpostos contra decisão da sexta turma daquele tribunal que afastou a possibilidade de penhora de imóvel residencial de devedor solteiro, que residia só, não integrando qualquer espécie de entidade familiar.[29] Os primeiros votos proferidos no julgamento da Corte Especial indicavam a tendência a analisar a proteção ao solteiro sob a ótica da ampliação ou redução do conceito de família.

> "família é conceito de relação, que envolve laços psicológicos, de afeto e intimidade entre seus membros, a distingui-la das pessoas jurídicas e também dos indivíduos dela integrantes. [...] é de excluir-se da abrangência da família ou entidade familiar

---

[26] Carlos Cavalcanti de Albuquerque Filho, *A Situação Jurídica de Pessoas que Vivem Sozinhas*, in *Revista Brasileira de Direito de Família*, v. 11, Porto Alegre: Síntese, IBDFAM, out/dez 2001, p. 69.

[27] Sobre a chamada funcionalização dos institutos jurídicos tradicionais, cf. Pietro Perlingieri. *La personalità umana nell'ordinamento giuridico*, Napoli: Esi, 1972, p. 21: "Ci trova, dunque, di fronte al problema cha va sotto il nome di funzionalizzazione degli istituti giuridici, in particolare di quelli civilistici. Si parla di funzionalizzazione dell'impresa, della proprietà, della responsabilità: il nostro è un momento storico di trapasso e di utilizzazione di certe strutture, nate – come détto – per svolgere certe funzioni e chiamate oggi, in nuovo ordinamento costituzionale, a svolgerne altre, senz'altro diverse, se non tavolta addirittutura opposte."

[28] A própria família contemporânea deve ser entendida como uma família funcionalizada ao atendimento do projeto pessoal de cada um de seus integrantes, como ressalta Gustavo Tepedino, *A Disciplina Civil-constitucional das Relações Familiares*, in *Temas de Direito Civil*, cit., p. 347-366.

[29] No acórdão que deu origem à controvérsia, consignou o Rel. Min. Luiz Vicente Cernicchiaro: "*Data venia*, a Lei 8.009/90 não está dirigida a número de pessoas. Ao contrário – à pessoa. Solteira, casada, viúva, desquitada, divorciada, pouco importa. O sentido social da norma busca garantir um teto para cada pessoa. Só essa finalidade, *data venia*, põe sobre a mesa a exata extensão da lei" (Recurso Especial 182.223-SP, j. 19.8.1999).

o devedor, individualmente considerado, que, residindo, sozinho, no único imóvel de sua propriedade, não goza de proteção própria conferida ao bem de família".[30]

No entanto, a orientação da Corte reverteu-se com o voto do Min. Humberto Gomes de Barros, que, acolhendo a posição defendida pela sexta turma, ressaltou o importante papel do direito à moradia na tutela do imóvel residencial do devedor solteiro. Do voto, que se sagrou vencedor ao fim do julgamento, extrai-se o seguinte trecho:

> "a circunstância de alguém ser solitário não significa que essa pessoa tenha menos direito à moradia. [...] Muitas vezes, esta circunstância longe de lhe tirar o direito a um teto, recomenda tal providência".[31]

6 À guisa de conclusão – velhas estruturas, novas funções

A ficção do solteiro como entidade familiar lembra, de certa forma, a não tão antiga qualificação da união estável como sociedade de fato, a fim de, fugindo ao rigor matrimonialista que caracterizava o direito de família, resolver por meio de conceitos do direito obrigacional questão de natureza essencialmente familiar. Agora tenta-se trilhar o caminho às avessas, transportando o devedor solteiro para dentro do conceito de família. A construção é engenhosa, e se justificaria pelo seu caráter protetivo não houvesse um caminho mais curto, mais óbvio e mais eficaz para se resguardar o imóvel residencial da pessoa.

Como se pretendeu demonstrar, o fundamento para a impenhorabilidade do imóvel residencial do devedor solteiro não deve ser buscado no alargamento procustiano do conceito de entidade familiar, mas no direito constitucional à moradia, consagrado pela Emenda Constitucional 26. Consistindo a habitação em elemento indispensável ao desenvolvimento e conservação da dignidade humana, torna-se inconstitucional qualquer medida, norma ou interpretação que venha a pretender afastá-la ou restringi-la às pessoas integradas em uma entidade familiar ou qualquer outro corpo social. Aliás, como já se ressaltou, a moradia tem importância ainda maior para o solteiro, que, encontrando-se o mais das vezes desprovido de apoio familiar e suporte material, busca amparo em sua própria personalidade, no espaço e nos objetos por meio dos quais esta personalidade se faz representar.

---

[30] Voto do Rel. Min. Sálvio de Figueiredo nos Embargos de Divergência em Recurso Especial 182.223-SP, j. 6.2.2002. Acórdão ainda não publicado.

[31] O Min. Humberto Gomes de Barros ressaltou que reconhecer a impenhorabilidade do imóvel de devedor solteiro "significa ampliar a interpretação da lei face a um aspecto da maior importância: o direito à moradia". Adotou igual entendimento o Min. José Delgado, para quem a decisão tem por base a "proteção de valores humanos em sobreposição à tutela de valores econômicos" (Embargos de Divergência em Recurso Especial 182.223-SP, cit.).

Nesta ordem de ideias, o Superior Tribunal de Justiça vai consolidando, não sem tropeços,[32] uma interpretação ampliativa da proteção à habitação e aos bens pessoais do devedor, eximindo-os de qualquer ato constritivo por parte dos credores. A dívida, que nasce como produto da autonomia privada, da autorregulação dos interesses do devedor, não pode merecer do ordenamento uma proteção que transcenda os limites desta autonomia. Vale dizer: o núcleo existencial, formado pela dignidade humana e pelos meios materiais necessários ao alcance e manutenção desta dignidade, permanece evidentemente a salvo de qualquer obrigação assumida pelo devedor.

A impenhorabilidade do imóvel residencial, prevista no art. 1º da Lei 8.009/1990 vai ganhando, dessa forma, uma nova função: a de garantir o direito constitucional à moradia, elemento essencial à dignidade humana.[33] Assegurar a propriedade do imóvel residencial do devedor não é, certamente, a única maneira de atingir este objetivo. A realidade latino-americana requer políticas públicas eficientes que garantam moradia digna aos ocupantes de áreas precárias e às populações de rua, grupos tão excluídos que a tese da impenhorabilidade do imóvel residencial não chega a alcançá-los. Mas é também em atenção a eles que se deve avançar rumo à tutela da propriedade residencial, e, ainda, rumo a um novo conceito de propriedade, que não tenha mais por fim atribuir ao proprietário o direito de excluir terceiros do uso de seus bens, mas cuja finalidade seja, ao contrário, garantir ao proprietário o direito de não ser excluído da fruição daqueles bens considerados essenciais.[34]

---

[32] V. Recurso Especial 251.360/SP, Rel. Min. Eliana Calmon, j. 20.3.2002, em que se decidiu pela penhorabilidade de aparelho de ar-condicionado, sob o argumento de que tal equipamento não era essencial à sobrevivência do devedor. A proteção conferida pela Lei 8.009, entretanto, se estende a "todos os equipamentos ou móveis que guarneçam a casa" (art. 1º, parágrafo único), excluindo-se apenas os "adornos suntuosos" (art. 2º). Dizer que a impenhorabilidade deve abranger apenas aqueles bens essenciais à sobrevivência é reduzir injustificadamente a tutela legal, sobretudo em um país como o Brasil em que a maior parte das pessoas sobrevive com tão pouco. Por isso mesmo, a garantia da dignidade humana não pode ser dirigida a um núcleo mínimo, mas a um núcleo satisfatório de proteção.

[33] Também por esta razão, a impenhorabilidade aplica-se somente ao imóvel destinado à moradia, já tendo o Superior Tribunal de Justiça decidido ser penhorável a área comercial construída no mesmo terreno da residência do devedor (Recurso Especial 356.966/RS, j. 5.2.2002, Rel. Min. José Delgado). Em sentido semelhante, a mesma corte pronunciou-se recentemente pela possibilidade de desmembramento e penhora de parcela do terreno residencial em que se situavam construções acessórias e de caráter suntuoso, como estufa de plantas, casa de bonecas, quadra de tênis etc. Ressalte-se que a decisão não se coloca ao lado daquelas que sustentam que ao devedor só deve ser garantido o mínimo necessário à sobrevivência; no caso em questão, à devedora assegurou-se a propriedade de "área superior a 2.200 metros quadrados, onde estão edificados a residência com garagem, jardim interno, piscina, vestiários, churrasqueira e gramados" (Recurso Especial 139.010/SP, j. 21.2.2002, Rel. Min. Cesar Asfor Rocha).

[34] A ideia já se encontrava em C.B. MacPherson, "Liberal-Democracy and Property", in *Property. Mainstream and Critical Positions*, Oxford, 1978, p. 201: "*Property [...] need not to be confined, as liberal*

Somente assim se (re)legitima a extrema proteção atribuída pelo ordenamento jurídico ao direito de propriedade. Diante da despatrimonialização do direito civil, a permanência da tutela jurídica privilegiada do direito proprietário justifica-se apenas na medida em que sirva à garantia de acesso aos bens essenciais, como o trabalho, o lazer, a moradia.[35] É sob essa perspectiva que se deve compreender a inadmissibilidade de atos constritivos sobre os bens pessoais necessários ao desempenho do trabalho e ao lazer (computadores, televisões, automóveis etc.), e também a proteção ao imóvel residencial do devedor solteiro, passos ainda iniciais, mas significativos na busca por uma garantia universal de acesso a um núcleo – não mínimo, mas sim razoável – de bens essenciais à dignidade humana.

A tese da impenhorabilidade do imóvel residencial do devedor solteiro representa, assim, uma dupla alteração funcional no direito civil contemporâneo: a primeira, da tutela do bem de família, que passa a ser aplicável a situações extrafamiliares por conta do novo fundamento do instituto, calcado na imperatividade de se garantir o direito à moradia, elemento basilar para o digno desenvolvimento da personalidade humana; a segunda, da garantia à propriedade privada, que começa a ganhar os contornos que a pós-modernidade lhe precisa imprimir, não mais como poder de exclusão, mas como direito a não ser excluído do acesso a bens fundamentais, como a própria habitação.

---

theory has confined it, to a right to exclude others from the use or benefit of some thing, but may equally be an individual right not to be excluded by others from the use or benefit of some thing."

[35] Nesse sentido, a lição de Stefano Rodotà: *"siamo in presenza di una ricostruzione residuale o minima della nozione di proprietà intorno alla necessità di assicurare all'individuo il soddisfacimento di alcuni bisogni essenziali attraverso la garanzia del lavoro, della casa, di alcune prestazioni sociali. Questi beni primari costituirebbero il nuovo nucleo duro del diritto di proprietà e, attraverso il loro diretto legame con la persona, ridarebbero nuova legittimazione al nesso proprietà-libertà"* (Stefano Rodotà, La rinascita della questione proprietaria, in Il Terribile Diritto – Studi sulla Proprietà Privata, Bologna: Il Mulino, 1990, p. 40).

Famílias e Sucessões

Famílias Simultâneas e Redes Familiares[*]

> *Da manhã lavada de domingo, onde passeia dona Flor,*
> *feliz de sua vida, satisfeita de seus dois amores.*
>
> Jorge Amado

Sumário: 1. A redescoberta da família. Entidades familiares e a relatividade de seus requisitos. A família como complexo de relações, e não como ente abstrato. O fim da exclusividade como característica da família. 2. Uniões estáveis simultâneas. A união estável como figura autônoma do direito de família. Necessidade de seu desprendimento em relação ao suposto paradigma do casamento. Dever de *lealdade* dos companheiros e sua distinção do dever de *fidelidade* dos cônjuges. 3. O convívio entre a união estável e o casamento. A injustificada perda de proteção diante da relação matrimonial de um dos companheiros. Solução mínima: a proteção à boa-fé do companheiro exclusivo, em analogia ao casamento putativo. Exegese dos arts. 1.723, § 1º, e 1.727. A disciplina do concubinato e a tutela familiar do concubino. 4. Multiplicidade simultânea de relações familiares. Famílias monoparentais. Famílias reconstituídas. Uniões homoafetivas. Uniões livres. Comunidades afetivas. Redes familiares. Uma explosão de possibilidades.

---

[*] Publicado originalmente em *Direito de Família e das Sucessões* – Tema Atuais. Giselda Hironaka et al. (Coord.), São Paulo: GEN/Método, 2010, p. 237-254.

1 A redescoberta da família. Entidades familiares e a relatividade de seus requisitos. A família como complexo de relações, e não como ente abstrato. O fim da exclusividade como característica da família

A partir da década de 1960, o feminismo e os movimentos de liberação sexual, ganhando feição revolucionária, lideraram um ataque maciço contra a noção de *família*, então identificada com o modelo centrado no matrimônio e na submissão (também jurídica) da mulher e dos filhos ao poder patriarcal.[1] Ao contrário da prometida abolição da família, as décadas seguintes assistiram, não sem alguma perplexidade, ao que já foi denominado de um "familiarismo redescoberto",[2] em que as antigas vítimas do modelo dominante – mulheres, crianças, homossexuais etc. – passaram a perseguir não a ruptura com toda e qualquer noção de família, mas o reconhecimento de uma nova concepção, plural e igualitária, do fenômeno familiar.

Este cenário levou os juristas a empreenderem considerável esforço na elaboração de um novo conceito de família, que fosse capaz de abarcar as diferentes manifestações fáticas de convivência afetiva. A antiga concepção jurídica do instituto, exclusivamente calcada no matrimônio, foi progressivamente substituída pelas chamadas "entidades familiares", expressão plúrima que pretende conjugar situações tão distintas quanto variadas, incluindo, em listagem sempre crescente, as famílias monoparentais, as uniões homoafetivas, a família matrimonial, as uniões estáveis, as famílias recompostas, as famílias anaparentais, e assim por diante.[3]

Em boa hora, concluiu a melhor doutrina que o rol destas entidades familiares é, mesmo em sua menção constitucional, meramente exemplificativo, não encerrando qualquer espécie de *numerus clausus*.[4] A própria apreensão antropológica do fenômeno familiar

---

[1] Ver, em perspectiva histórica, Anthony Giddens, *Mundo em descontrole – O que a globalização está fazendo de nós*, Rio de Janeiro: Record, 4. ed., 2005, p. 64-65.

[2] Elisabeth Roudinesco, *A Família em Desordem*, Rio de Janeiro: Jorge Zahar, 2003, p. 9. Em outra passagem, alude a autora a um "desejo de família", perguntando-se, de modo emblemático: "O que aconteceu então nos últimos trinta anos na sociedade ocidental para que sujeitos qualificados alternadamente de sodomitas, invertidos, perversos ou doentes mentais tenham desejado não apenas serem reconhecidos como cidadãos integrais, mas adotarem a ordem familiar que tanto contribuiu para o seu infortúnio?" (ob. cit., p. 7).

[3] Para um amplo e detalhado rol de entidades familiares, ver Maria Berenice Dias, *Manual de Direito das Famílias*, São Paulo: Revista dos Tribunais, 2007, p. 38-53.

[4] A referência imprescindível nesta matéria é ao estudo de Paulo Lôbo, *Entidades Familiares Constitucionalizadas: Para além do numerus clausus*, in *Família e Cidadania – Anais do III Congresso Brasileiro de Direito de Família*, Rodrigo da Cunha Pereira (Coord.), Belo Horizonte: IBDFAM, 2002, p. 89-107, no qual conclui: "Os tipos de entidades familiares explicitamente referidos na Constituição brasileira não encerram *numerus clausus*. As entidades familiares, assim entendidas as que preencham os requisitos de afetividade, estabilidade e ostentabilidade, estão constitucionalmente protegidas,

parece desafiar enumerações tipificadas, diante da fluidez que vem caracterizando, na atualidade, "o modo de entender e o modo de viver o amor e a sexualidade, a fecundidade e a procriação, o vínculo familiar, a paternidade e a maternidade, o relacionamento entre homem e mulher".[5]

Embora reconhecendo o caráter aberto do fenômeno familiar, os juristas têm procurado apontar traços conceituais distintivos, que permitiram extremar as entidades familiares de outras formas de convívio que seriam estranhas à noção (ou às noções) de família. Assim, como requisitos imprescindíveis à configuração de uma entidade familiar, a doutrina tem mencionado: (i) a afetividade; (ii) a estabilidade; e (iii) a ostentabilidade.[6]

A afetividade é, para muitos autores, a pedra de toque na identificação das relações familiares. Nas palavras de Maria Berenice Dias, "é o envolvimento emocional que leva a subtrair um relacionamento do âmbito do direito obrigacional – cujo núcleo é a vontade – para inseri-lo no direito das famílias, que tem como elemento estruturante o sentimento do amor que funde as almas e confunde patrimônios, gera responsabilidades e comprometimentos mútuos".[7] Por sua vez, o requisito da estabilidade serviria a distinguir das entidades familiares os relacionamentos episódicos e ocasionais, onde, apesar da afetividade, faltaria a segura consolidação no tempo necessária à invocação do termo *família*. Já a ostentabilidade "pressupõe uma unidade familiar que se apresente assim publicamente".[8]

Embora os três requisitos estejam, de fato, presentes em grande parte dos núcleos familiares, o certo é que relações de família podem ser identificadas mesmo à falta de alguma destas características. Não há dúvida, por exemplo, de que o casal homoafetivo que não ostenta publicamente sua condição, preferindo escapar ao olhar discriminatório de setores conservadores da sociedade, não deixa por isso de configurar uma "entidade familiar", atraindo, mesmo à falta da chamada ostentabilidade, a proteção do direito de família. De modo semelhante, o pai que carece de qualquer afeto pelo filho, ou que sequer tem notícia da sua existência, não se despede da relação familiar de paternidade que os vincula a partir do liame biológico. Tampouco a eventual ausência de estabilidade em uma relação amorosa, com rompimentos e retomadas sucessivas, pode ser tida, em dado recorte temporal, como excludente definitiva de um vínculo de natureza familiar, sobretudo quando já centrado sobre outros atos formais de constituição, como é o caso do matrimônio.

---

como tipos próprios, tutelando-se os efeitos jurídicos pelo Direito de Família e jamais pelo Direito das Obrigações, cuja incidência degrada sua dignidade e das pessoas que a integram."

[5] João Carlos Petrini, *Notas para uma Antropologia da Família*, in *Temas Atuais de Direito e Processo de Família*, Cristiano Chaves de Farias (Coord.), Rio de Janeiro: Lumen Juris, 2004, p. 43.
[6] Ver, entre outros, Paulo Lôbo, *Direito Civil – Famílias*, São Paulo: Saraiva, 2008, p. 56.
[7] Maria Berenice Dias, *Manual de Direito das Famílias*, cit., p. 41.
[8] Paulo Luiz Netto Lôbo, *Entidades Familiares Constitucionalizadas*, cit., p. 91.

A evolução jurídica tem demonstrado a contínua flexibilização no próprio conteúdo desses requisitos para a configuração das entidades familiares. Veja-se o exemplo da união estável, para a qual a legislação exigia o decurso de prazo fixo (estabilidade), e parte da doutrina aludia, mesmo contra orientação jurisprudencial expressa,[9] à necessidade de coabitação entre os conviventes (ostentabilidade). Tais exigências foram, gradativamente, superadas, reconhecendo-se a dificuldade de congelar em requisitos fixos um fenômeno que é sociológico em sua essência e múltiplo em suas manifestações.

Com efeito, não se pode ceder à tentação de enxergar o direito de família como um conjunto de normas destinado à proteção de entidades familiares, quando seu objeto consiste, em verdade, nas relações de família ostentadas por cada pessoa humana, cuja dignidade merece a mais elevada proteção do ordenamento constitucional. A família não deve ser enxergada como valor em si, mas tão somente como comunidade funcionalizada à proteção e ao desenvolvimento da personalidade daqueles que a integram. Como ensina Gustavo Tepedino, "a dignidade da pessoa humana, alçada pelo art. 1º, III, da Constituição Federal, a fundamento da República, dá conteúdo à proteção da família atribuída ao Estado pelo art. 226 do mesmo texto maior".[10] Assim, a referência às entidades familiares, expressão cuja utilidade consiste em revelar a abertura da tutela jurídica a múltiplas formas de manifestação do fenômeno familiar, não pode resultar, de modo algum, na renúncia a "um olhar que conceba a família como relação de coexistência, e não como ente transpessoal".[11]

Nem a família pode ser confundida com um leque de entidades familiares. Família é, antes que qualquer corpo intermediário, um complexo de relações de natureza existencial, que vincula o seu titular a outras pessoas humanas, com base em fundamentos que podem ser muito distintos entre si, como o parentesco, a afinidade e a afetividade. Emblemática, neste sentido, a definição de família adotada pela Lei 11.304, de 7 de agosto de 2006, a chamada Lei Maria da Penha, que, ocupando-se da violência contra a mulher, definiu família como "a comunidade formada por indivíduos que são ou se consideram aparentados, unidos por laços naturais, por afinidade ou por vontade expressa." À parte eventuais imprecisões, preocupou-se o legislador em definir a família a partir do complexo de relações, de distinta natureza, que se estabelecem entre seus membros, reservando importância à comunidade familiar apenas na medida em que dirigida à proteção dos seus integrantes e das relações que mantêm entre si.

---

[9] Com efeito, a Súmula 382 do Supremo Tribunal Federal, editada em 1964, dispunha expressamente: "A vida em comum sob o mesmo teto, *more uxorio*, não é indispensável à caracterização do concubinato."

[10] Gustavo Tepedino, *Novas Formas de Entidades Familiares: Efeitos do casamento e da família não fundada no matrimônio*, in Temas de Direito Civil, Rio de Janeiro: Renovar, 3. ed., 2004, p. 372.

[11] Carlos Eduardo Pianovsky Ruzyk, *Famílias Simultâneas: da unidade codificada à pluralidade constitucional*, Rio de Janeiro: Renovar, 2005, p. 216.

Essa perspectiva inter-relacional do direito de família afigura-se imprescindível para compreender o fenômeno das famílias simultâneas. Como se sabe, toda a disciplina moderna do direito de família foi construída tendo "em vista, precipuamente, as relações oriundas do casamento, fonte única da família legítima".[12] Com a queda da unicidade do modelo familiar matrimonial, o direito de família passou a ampliar seu objeto para alcançar outras entidades familiares, iniciando pela união estável e famílias monoparentais (Constituição, art. 226, §§ 3º e 4º), e partindo, mais recentemente, em busca do reconhecimento de outros modos de convívio, há tanto marginalizados pelo direito positivo.

A agregação das novas entidades familiares foi, todavia, promovida de modo meramente cumulativo, adicionando-se à tradicional família formada pelo casamento novos entes abstratos – união estável, família monoparental, união homoafetiva etc. Essa incorporação meramente aditiva mascara questões de suma importância prática ligadas às intercessões e sobreposições entre os conjuntos de relações familiares que são ostentadas por cada pessoa humana. Reedita-se, assim, de modo não declarado (e, portanto, não debatido), uma das principais diretrizes do modelo matrimonial: a exclusividade do núcleo familiar.

Em outras palavras, a concentração das atenções sobre as entidades familiares transmite a ideia de que cada pessoa deve ser inserida em apenas um esquema pré-moldado de família (ainda que o rol dos esquemas não seja mais considerado taxativo), rejeitando-se, implicitamente, a construção e desenvolvimento de relações familiares concomitantes ou simultâneas, especialmente se fundadas em diferentes convivências afetivas mantidas pela mesma pessoa. Com isso, a proteção à pessoa humana fica em segundo plano, tutelando-se, de modo abstrato, a entidade familiar em si mesma (com a exclusão de outras que aquela pessoa pudesse integrar concomitantemente), enquanto o ordenamento constitucional exige justamente o oposto.

Tal atentado à Constituição revela-se ainda mais grave quando se observa que a simultaneidade familiar é fenômeno de frequência significativa na realidade brasileira, sendo certo que negar efeitos jurídicos a uma realidade tão evidente atenta contra toda a evolução mais recente do direito de família, marcada pelo reconhecimento de juridicidade a relações de convivência desenvolvidas na prática social. É o que se vê, com particular clareza, no exame das uniões estáveis, cuja disciplina em nada se opõe à sua ocorrência simultânea.

---

[12] Orlando Gomes, *Direito de Família*, Rio de Janeiro: Forense, 1968, p. 7.

2 Uniões estáveis simultâneas. A união estável como figura autônoma do direito de família. Necessidade de seu desprendimento em relação ao suposto paradigma do casamento. Dever de *lealdade* dos companheiros e sua distinção do dever de *fidelidade* dos cônjuges

Longe de representar uma criação laboratorial de juristas e parlamentares, a união estável foi mera roupagem concedida pelo direito a um fenômeno social que já alcançava, antes de seu reconhecimento jurídico, expressivas proporções na realidade brasileira. Sua configuração eminentemente fática representa fundamental traço distintivo em relação à família matrimonial, centrada no ato jurídico formal do casamento. A constituição da união estável é, quase sempre, progressiva, não podendo ser identificada em um momento singular, mas no crescente comprometimento dos envolvidos em torno de um projeto comum, nascido, não raro, de forma inconsciente e silenciosa, mais na intimidade dos espíritos que na solenidade das declarações. E se é certo que sua natureza empírica consiste na fonte de inesgotáveis angústias no plano jurídico – a começar pela identificação do termo inicial da união estável –, não é menos verdadeiro que reside também nisto a sua genuína razão de ser, de modo que qualquer tentativa de formalização representaria a própria negação do instituto e incontornável atentado à sua matriz constitucional.

Nesse sentido, já se superou, inclusive em sede legislativa, a exigência do transcurso de lapso temporal de cinco anos, mencionado no art. 1º da Lei 8.971/1994, para a configuração da união estável.[13] Outros requisitos, como a co-habitação, também foram progressivamente flexibilizados.[14] Tal experiência é utilíssima para o exame da questão relativa às uniões estáveis simultâneas.

A jurisprudência brasileira tem rejeitado a possibilidade de configuração de uniões estáveis simultâneas. O Superior Tribunal de Justiça, por exemplo, já decidiu que "mantendo o autor da herança união estável com uma mulher, o posterior relacionamento com outra, sem que se haja desvinculado da primeira, com quem continuou a viver como se fossem marido e mulher, não há como configurar união estável concomitante".[15] Mesmo a doutrina mais avançada tem negado a possibilidade de configuração de uniões estáveis simultâneas ao argumento de que "a união estável é relação jurídica *more uxorio*, derivada

---

[13] A Lei 9.278/1996, embora sem revogar expressamente o art. 1º da Lei 8.971/1994, deixou de fazer referência ao lapso temporal de cinco anos, limitando-se a conceituar a união estável como "convivência duradoura, pública e contínua". Antes disso, em sede doutrinária, já se criticava a exigência, como se vê em Gustavo Tepedino, *A Disciplina Civil-Constitucional das Relações Familiares*, in *Temas de Direito Civil*, cit., p. 411.

[14] A Lei 9.278/1996 também não aludiu à co-habitação como requisito da união estável, nem o fez o Código Civil de 2002.

[15] Superior Tribunal de Justiça, Recurso Especial 789.293/RJ, Rel. Min. Carlos Alberto Menezes Direito, j. 16.2.2006.

de convivência geradora do estado de casado, o qual, consequentemente, tem como referência o casamento, que no direito brasileiro é uno e monogâmico".[16]

A despeito das opiniões em contrário, a união estável constitui entidade familiar independente, diversa, em sua essência, da família formada pelo casamento. Não deve ser vista como mera situação de aparência, atrelada ao paradigma do matrimônio, ou equiparada a um suposto "casamento de fato". Sua tutela constitucional não deve ser perquirida na ostentação de um estado de casado, mas no reconhecimento jurídico de uma forma autônoma de convivência, que independe por completo do matrimônio e, não raro, lhe é antagônica.

Examine-se, com olhar imparcial, a disciplina normativa da união estável. A Constituição lhe atribui, em seu art. 226, § 3º, proteção jurídica como "entidade familiar" e, embora facilite sua "conversão em casamento", tem-se aí não atenuação, mas reforço de sua autonomia em relação ao matrimônio.[17] O Código Civil de 2002, de sua parte, assim regula a união estável:

> "Art. 1.723. É reconhecida como entidade familiar a união estável entre o homem e a mulher, configurada na convivência pública, contínua e duradoura e estabelecida com o objetivo de constituição de família."

O art. 1.723 estampa, às claras, os requisitos para a configuração da união estável: convivência pública, contínua, duradoura, voltada à constituição de família. Nada mais exige. Sobre exclusividade não há palavra. E, em que pese o eventual moralismo do intérprete, não resta qualquer dúvida de que convivências públicas, contínuas e duradouras podem ser – e, na prática, são – estabelecidas simultaneamente com diferentes pessoas em distintas ou até em uma mesma comunidade. O próprio caráter espontâneo da formação desta espécie de entidade familiar permite sua incidência múltipla, não sendo raros os casos, na geografia brasileira, de pessoas que, afligidas pela distância imensa entre a residência familiar original e o local de trabalho, constituem nova união, sem desatar os laços da família anterior. Se mantêm ou não sigilo acerca da sua outra família, essa é questão que pode gerar efeitos sobre a sua esfera individual. O que não se pode admitir é a negativa de proteção jurídica aos componentes da segunda união, que são, sob qualquer ângulo, e também à luz do art. 1.723, tão "família" quanto aquela primeira.

A propósito, o § 1º do art. 1.723 estabelece os "impedimentos" à configuração da união estável, aludindo expressamente às causas arroladas no art. 1.521.[18] Da leitura conjunta dos dispositivos, vê-se que há impedimento para a constituição de união está-

---

16   Paulo Lôbo, *Direito Civil – Famílias*, cit., p. 154.
17   "Art. 226 [...] § 3º – Para efeito da proteção do Estado, é reconhecida a união estável entre o homem e a mulher como entidade familiar, devendo a lei facilitar sua conversão em casamento."
18   "Art. 1.723. [...] § 1º A união estável não se constituirá se ocorrerem os impedimentos do art. 1.521; não se aplicando a incidência do inciso VI no caso de a pessoa casada se achar separada de fato ou judicialmente."

vel por pessoa casada, e, ainda assim, apenas se não estiver separada de fato ou judicialmente.[19] Não há, todavia, qualquer menção à prévia existência de união estável como impedimento para a constituição de uma nova. De fato, ao contrário do que ocorre com o casamento, a configuração de união estável não é afastada pelo legislador na hipótese de existência de outro vínculo idêntico.

Nem poderia ser diferente. O instituto da união estável surgiu como meio de proteção às famílias formadas espontaneamente, à margem do liame solene do matrimônio. Privadas do reconhecimento estatal, tais famílias restavam, quase sempre, desamparadas na ocasião de sua ruptura, fosse pela morte ou pelo abandono do seu provedor, que restava premiado, nesta última hipótese, pela clandestinidade da situação a que ele próprio dera causa. As relações de afeto e solidariedade, rompidas nesta célula estranha ao corpo jurídico, resolviam-se como problemas de não direito. Festejada a mudança que lhes outorgou reconhecimento constitucional como entidade familiar, contraditório seria negar proteção às relações familiares estabelecidas no seu seio ao argumento – sem qualquer base normativa – de que outras relações de idêntica natureza se configuraram no mesmo recorte temporal.

Nem se invoque, em tal tentativa, contrária à própria função da união estável, o art. 1.724, que estabelece o dever de lealdade entre os companheiros.[20] É significativo que o legislador tenha se referido, no dispositivo, à "lealdade", empregando expressão diversa daquela que utiliza na disciplina do matrimônio, onde alude ao dever de "fidelidade" conjugal (art. 1.566). A distinção, que tem passado despercebida pela doutrina brasileira, conclama o intérprete à construção hermenêutica de um novo conceito. Diversamente da fidelidade conjugal, atrelada aos princípios do matrimônio e à exclusividade que lhe é inerente, a lealdade se apresenta como noção mais flexível, que se exprime na transparência, coerência e consistência da pessoa em relação aos ideais comuns. Trata-se de um compromisso com a concepção de união mantida pelos próprios envolvidos. Não implica, necessariamente, a exclusividade que a fidelidade conjugal exige.

Não há que se enxergar nisto qualquer chancela ao mau-caratismo. Muito ao contrário, toda a trajetória de renovação do direito de família é fruto, em larga medida, da oposição ao modelo tradicional, patriarcal, autorizador da libertinagem do marido em detrimento da posição sacrossanta da mulher, inteiramente dedicada aos filhos e privada do desenvolvimento sadio da sua sexualidade. É justamente para aplacar tais vícios em definitivo que se faz necessário retomar a trilha da revolução comportamental, nascida nos anos 60, que acabou interrompida por fatores variados, entre os quais se destaca "o aparecimento da AIDS", que "inibiu, em larga medida, o que se apresentava como uma via reta de crescente liberação sexual: por aí se restaurou, sob pena de morte, uma

---

[19] Mesmo esse impedimento deve, em alguns casos, ser flexibilizado, como se pretende demonstrar no tópico seguinte.
[20] "Art. 1.724. As relações pessoais entre os companheiros obedecerão aos deveres de lealdade, respeito e assistência, e de guarda, sustento e educação dos filhos."

certa monogamia e um certo unissexualismo", onde as conquistas autênticas daquele período acabaram "se reduzindo a uma reciclagem do velho *pular a cerca*".[21] No cenário atual, em que os riscos da liberação sexual são compreendidos com mais maturidade e responsabilidade, não se pode permitir que o direito restrinja as possibilidades de realização no convívio afetivo, sobretudo à luz de um comando constitucional inteligentemente aberto (art. 226, § 3º).

É sob esse prisma que se deve compreender o desenvolvimento de um *dever de lealdade* entre companheiros, diverso no nome e no conteúdo da conhecida fidelidade conjugal. Trata-se de fruto do reconhecimento constitucional da união estável como entidade familiar, uma entidade que não seja simulacro do casamento, mas forma autônoma de organização familiar, como conjunto de relações afetivas estabelecidas em torno de ideais livremente acordados pelos envolvidos em prol da realização de suas personalidades – ideais que podem até ser iguais, mas que também podem ser bem diversos daqueles que guiam a instituição milenar do matrimônio.

A tutela jurídica, à luz da disposição abrangente do texto constitucional, não pode ser restringida a protótipos de entidades familiares construídos à imagem e semelhança do matrimônio, devendo-se proteger, com vigor e sem conservadorismos, o espaço de autodeterminação afetiva da pessoa humana.

3 O convívio entre a união estável e o casamento. A injustificada perda de proteção diante da relação matrimonial de um dos companheiros. Solução mínima: a proteção à boa-fé do companheiro exclusivo, em analogia ao casamento putativo. Exegese dos arts. 1.723, § 1º, e 1.727. A disciplina do concubinato e a tutela familiar do concubino

Como se viu, a união estável existe – e deve ser juridicamente reconhecida como existente – diante de outra união estável, sem que haja, quer na base constitucional, quer na disciplina infraconstitucional do instituto, qualquer obstáculo à simultaneidade. Questão bem mais complexa diz respeito à possibilidade de coexistência entre a união estável e o casamento. Embora a doutrina tradicional e a jurisprudência sejam unânimes em repelir a ideia, rejeitando qualquer efeito de ordem familiar ao chamado concubinato, uma resposta mais positiva pode ser alcançada.

---

[21] Renato Janine Ribeiro, *A Universidade e a Vida Atual – Fellini não via filmes*, Rio de Janeiro: Campus, 2003, p. 30-31, em que o autor acrescenta: "Em outras palavras, o arremate da liberação sexual esboçada nos anos 60 não se deu. Pior: quando ainda ocorre algo que lembra o que ele seria, deixa de ser uma experiência humana plena, com todos os seus desdobramentos culturais (por exemplo, a franqueza e sinceridade com o parceiro principal, a ampliação das possibilidades de vida), para se tornar uma simples descarga biológica de tensão reprimida."

Também aqui, não é demais começar pelos fatos, por não ser de outra coisa que se ocupa o direito. A realidade brasileira revela significativo número de situações em que a mesma pessoa, vinculada a uma pelo matrimônio, a outra se liga pela convivência fática.[22] O que se está a discutir não é, portanto, se a situação existe, mas se, a par de existir, deve ou não ser juridicamente reconhecida como existente.

Não há dúvida de que toda a disciplina do casamento é construída sobre a ideia de monogamia. Também é inegável que o Código Civil, em seu art. 1.566, inciso I, estabelece entre os cônjuges o dever de "fidelidade recíproca". O que nenhum autor consegue explicar, de modo satisfatório, é porque a violação deste dever de fidelidade implicaria em sanção para o companheiro. Em outras palavras: por que a companheira, muitas vezes inconsciente do vínculo matrimonial do seu parceiro, deve ser privada de proteção jurídica na relação inegavelmente familiar que estabelece?

Na prática, o resultado é odioso, pois negar reconhecimento jurídico à relação mantida com pessoa casada significa, quase sempre, deixar ao completo desamparo quem mais precisa de proteção. Como se sabe, não é raro, na realidade brasileira, que uma mulher constitua com seu companheiro uma família, confiando no seu trabalho em outra cidade, nas suas noites no quartel, na sua profissão de caminhoneiro ou comericante que o conduz ao longe, e, somente no momento da morte, descubra que, à parte o golpe emocional da revelação, não faz jus a um quinhão da herança, uma pensão previdenciária, um seguro de vida e a outros amparos em que a morte do convivente normalmente resultaria. Difícil negar que o direito vem, nas palavras de Maria Berenice Dias, "premiar os homens por sua infidelidade!".[23]

Se, sob o aspecto prático, a solução é lamentável, tampouco se afigura admirável sob o prisma jurídico. Em primeiro lugar, verifica-se que, também aqui, a doutrina brasileira adota uma abordagem que privilegia a entidade familiar como organismo abstrato, em detrimento da pessoa humana e das relações que essa pessoa efetivamente estabelece. Protege-se o casamento como "casca", desconsiderando-se a relação afetiva que o próprio cônjuge constitui com outra pessoa, despertando fundadas expectativas não apenas no convivente, mas em terceiros que acreditam na aparência de legitimidade daquele convívio familiar.

Não se pode ignorar, ainda no plano jurídico, o preenchimento pelo convivente de todos os requisitos tradicionalmente apontados para a constituição da entidade familiar.

---

[22] Embora ausentes, por razões óbvias, estatísticas oficiais a respeito do tema, é sintomático o elevado número de ações promovidas por companheiras com o propósito de obter participação em pensões previdenciárias pagas a viúvas. Veja-se, a título ilustrativo, decisão do Supremo Tribunal Federal, Recurso Extraordinário 590.779/ES, 10.2.2009.

[23] A autora, nada obstante, entende que, "em face do repúdio do legislador (CC 1.727) e da própria jurisprudência em reconhecer a existência das famílias paralelas, excluindo-as do âmbito do direito das famílias", a solução deve ser buscada, como providência mínima, no instrumento indenizatório (Maria Berenice Dias, *Manual de Direito das Famílias*, cit., p. 173).

Há, na esmagadora maioria dos casos, (i) afetividade; (ii) estabilidade; e (iii) ostentabilidade.[24] Tem-se um convívio que se funda no envolvimento emocional, afigura-se duradouro e apresenta-se publicamente. Ainda assim, a prévia constituição de um vínculo matrimonial por um dos conviventes, frequentemente desconhecida pelo outro, conduz à negação de proteção à entidade formada, que se não é familiar, ninguém sabe dizer que outra coisa seria.

Inusitadas, a propósito, as soluções que a jurisprudência tem reservado à matéria, invocando a Súmula 380 do Supremo Tribunal Federal, para assegurar à chamada concubina indenização com base na dissolução de sociedade de fato[25] ou na prestação de serviços ao companheiro casado. Sem embargo de sua utilidade prática, o artifício é não apenas tecnicamente equivocado – porque sociedade, no direito brasileiro, é comunhão com propósito de lucro –, mas sobretudo degradante, porque reduz uma relação indiscutivelmente afetiva à dimensão meramente patrimonial, equiparando o concubino a um simples prestador de serviços.[26] Afronta, a toda evidência, a dignidade da pessoa humana, e resulta na negativa de proteção de ordem familiar à relação que ostenta inegavelmente tal natureza.

Note-se que tal negativa de proteção, além de artificial, afigura-se incoerente com o que o próprio ordenamento jurídico determina, não apenas em seu vértice – a proteção da dignidade da pessoa humana acima de qualquer entidade intermediária –, mas em outras situações análogas. Confira-se, em primeiro lugar, o tratamento dispensado aos filhos desta "convivência negada". A Constituição de 1988, ao assegurar a igualdade entre os filhos, em seu art. 227, § 6º, determina que os "filhos, havidos ou não da relação do casamento, ou por adoção, terão os mesmos direitos e qualificações, proibidas quaisquer designações discriminatórias relativas à filiação".

Tem-se, assim, que o filho fará jus à herança e aos demais direitos que decorrem da sua relação familiar, mas seu genitor restará privado de proteção familiar. Trata-se de verdadeira *família pela metade*. Vale dizer: a comunidade afetiva formada pelo companheiro adúltero, se resultar em filhos, atrai proteção de ordem familiar em relação a estes, mas não em relação ao convivente, que permanece desamparado, podendo, no máximo, invocar um direito à indenização com base em fuga inteiramente artificial para o direito das obrigações. Nem se diga que a proteção ao filho decorre do fato biológico da procriação, porque doutrina e jurisprudência reconhecem, com frequência cada vez maior, os efeitos da paternidade socioafetiva.[27] O resultado é que, no âmbito daquela renegada união

---

[24] Sobre os três requisitos e uma crítica à sua exigência rígida, ver, sem prejuízo do argumento aqui formulado, o item 1 deste mesmo artigo.

[25] "Súmula 380. Comprovada a existência de sociedade de fato entre os concubinos, é cabível a sua disssolução judicial, com a partilha do patrimônio adquirido pelo esforço comum."

[26] É a crítica de Paulo Lôbo, *Direito Civil – Famílias*, cit., p. 166.

[27] Veja-se, por todos, o ensinamento de Luiz Edson Fachin: "Parece inequívoco que, contemporaneamente, o elemento socioafetivo se apresenta como o de maior relevância na análise das questões atinentes ao direito de família, pelo que sua repercussão nas relações atinentes à filiação

concubinária, o afeto pode gerar efeitos de ordem familiar em relação aos filhos do convivente, mas não em relação ao próprio.

Para além desta inicial incongruência, veja-se uma mais marcante. O art. 1.561 do Código Civil dispõe:

> "Art. 1.561. Embora anulável ou mesmo nulo, se contraído de boa-fé por ambos os cônjuges, o casamento, em relação a estes como aos filhos, produz todos os efeitos até o dia da sentença anulatória.
>
> § 1º Se um dos cônjuges estava de boa-fé ao celebrar o casamento, os seus efeitos civis só a ele e aos filhos aproveitarão."

Nos exatos termos do dispositivo, o casamento nulo – que, como ato nulo, não produziria, segundo a civilística tradicional, nenhum efeito – mantém-se plenamente eficaz em relação ao cônjuge "de boa-fé". Vale dizer: quem se casa, sem saber do prévio vínculo matrimonial do seu cônjuge, violando a regra da exclusividade do casamento e o imperativo monogâmico, não perde, se estiver de boa-fé, a proteção jurídica de ordem familiar. O casamento produz, em relação ao cônjuge de boa-fé, todos os seus efeitos.

Ora, se a violação à regra imperativa de exclusividade do casamento não implica perda de proteção jurídica ao cônjuge de boa-fé, a constituição de união estável – que deriva de circunstância fática e não exige, como visto, exclusividade – não poderia resultar na perda de proteção ao convivente de boa-fé. Trata-se de uma questão de isonomia (quem casa com pessoa casada não pode ter tratamento mais benéfico que quem passa a conviver com ela, faticamente), além de consequência lógica e necessária de um sistema jurídico que se queira, minimamente, coerente.

Contra todos estes argumentos, ergue-se a letra fria da lei. Os redatores do Código Civil de 2002 orientaram-se, ao tratar da união estável, pela impossibilidade de sua constituição quando um dos companheiros for pessoa casada. De início, o art. 1.723, § 1º, do Código Civil atrai para a convivência fática os impedimentos do art. 1.521, incluindo seu inciso VI, que faz expressa referência às "pessoas casadas", impedimento atenuado expressamente apenas na hipótese de "a pessoa casada se achar separada de fato ou judicialmente".[28]

é consequência natural, verdadeiro corolário lógico de uma nova racionalidade que coloca a dignidade da pessoa humana como centro das preocupações do direito civil" (*Questões de Direito Civil Contemporâneo*, Rio de Janeiro: Renovar, 2008, p. 155). Confira-se, ainda, em plena sintonia, a lição de Rosana Fachin: "Em determinados casos, a verdade biológica deve dar lugar à verdade do coração; na construção de uma nova família, deve-se procurar equilibrar estas duas vertentes: a relação biológica e a relação socioafetiva" (*Em Busca da Família do Novo Milênio*, in *Família e Cidadania*, cit., p. 63).

[28] Na íntegra: "§ 1º A união estável não se constituirá se ocorrerem os impedimentos do art. 1.521; não se aplicando a incidência do inciso VI no caso de a pessoa casada se achar separada de fato ou judicialmente."

De modo ainda mais definitivo, o art. 1.727 conclui:

> "Art. 1.727. As relações não eventuais entre o homem e a mulher, impedidos de casar, constituem concubinato."

Diante desses dispositivos, há duas posturas possíveis. A primeira consiste em reconhecer a sua cristalina inconstitucionalidade. Se o Constituinte reservou proteção à união estável como entidade familiar independente do casamento, é certo que o legislador ordinário não poderia ter imiscuído na sua disciplina o regime dos impedimentos matrimoniais. A gênese fática da união estável e a desnecessidade de chancela estatal para sua formação afastam, por definição, um rol de impedimentos a ser observado pelos companheiros. E se o Estado não se dispõe – nem poderia – a controlar o momento constitutivo da união estável, não é legítimo que venha, posteriormente, a negar proteção jurídica a quem, estabelecendo convivência pública, contínua e duradoura, esbarre em impedimento típico do matrimônio, entidade familiar diversa.

Nesse sentido, veja-se o entendimento manifestado pelo Ministro Carlos Ayres Britto, em corajoso voto vencido, no qual discorre sobre o tratamento constitucional das relações de companheirismo:

> "Sem essa palavra azeda, feia, discriminadora, preconceituosa, do concubinato. Estou a dizer: não há concubinos para a Lei Mais Alta do nosso País, porém casais em situação de companheirismo. [...] Com efeito, à luz do Direito Constitucional brasileiro o que importa é a formação em si de um novo e duradouro núcleo doméstico. A concreta disposição do casal para construir um lar com subjetivo ânimo de permanência que o tempo objetivamente confirma. Isto é família, pouco importando se um dos parceiros mantém uma concomitante relação sentimental *a-dois*. No que *andou bem* a nossa Lei Maior, ajuízo, pois ao Direito não é dado sentir ciúmes pela parte supostamente traída, sabido que esse órgão chamado coração 'é terra que ninguém nunca pisou'. Ele, coração humano, a se integrar num contexto empírico da mais entranhada privacidade, perante a qual o Ordenamento Jurídico somente pode atuar como instância protetiva. Não censora ou por qualquer modo embaraçante."[29]

Ainda, todavia, que não se reconheça a inconstitucionalidade dos dispositivos, é de se admitir, no mínimo, a necessidade de uma interpretação sistemática com o art. 1.561, § 1º, para que a união estável produza efeitos em relação à pessoa "de boa-fé", desconhecedora do impedimento matrimonial do seu companheiro. Trata-se tão somente de "invocar o mesmo princípio e reconhecer a existência de uma união estável putativa",[30] como *solução mínima* para o problema da coexistência entre o companheirismo e o matrimônio.

---

[29] Voto-vista proferido no âmbito do Recurso Extraordinário 397.762-8/BA, 3.6.2008.
[30] Maria Berenice Dias, *Manual de Direito das Famílias*, cit., p. 164.

Desse modo, também a inconsciência do estado matrimonial do companheiro funcionaria como exceção à incidência do inciso VI do art. 1.521, porque, embora não expressa no art. 1.723, § 1º, decorre, inevitavelmente, de uma interpretação sistemática com o art. 1.561, § 1º. Em outras palavras: se o casamento com pessoa já casada (e, portanto, impedida de casar) produz efeitos frente ao cônjuge de boa-fé, não há qualquer razão para que a união estável com pessoa casada não produza efeitos em favor do companheiro de boa-fé.

Nem se diga que tal interpretação geraria situação anômala em matéria sucessória, com a concorrência do cônjuge e do companheiro na herança, porque, a rigor, tal problema já se coloca no direito positivo brasileiro, seja na hipótese de casamento putativo,[31] seja na situação prevista no art. 1.830 do Código Civil, que, diante do aparente conflito com o art. 1.790, IV, tem sido entendida como hipótese de "concorrência entre cônjuge e companheiro".[32]

Tampouco o temido art. 1.727 se opõe a essa solução. Primeiro, porque se o dispositivo não tem o condão de converter em concubinato a união estável estabelecida entre pessoas que, embora impedidas em tese de casar, encontram-se separadas de fato ou judicialmente, nos termos da expressa exceção do art. 1.723, § 1º, também não pode desempenhar este papel em relação à exceção implícita, decorrente da aplicação de norma que integra a própria regulação dos efeitos do impedimento matrimonial (art. 1.561, § 1º). Segundo, porque ao definir como concubinato "as relações não eventuais entre o homem e a mulher, *impedidos* de casar", o art. 1.727 pode ser razoavelmente interpretado como norma a exigir efetiva consciência de ambos os envolvidos a respeito do impedimento de qualquer deles.

Registre-se, a este propósito, que a leitura do art. 1.727 tem sido poluída pelo significado histórico e forte conotação pejorativa do termo "concubinato". Enfrentando-se a norma, verifica-se que, se, por um lado, o concubinato corresponde a situação especial, francamente desestimulada pelo legislador, nem por isso pode ser visto como uma *não família*. Percorrendo-se com espírito aberto os esparsos dispositivos do Código Civil que se ocupam da situação do concubino, vê-se que o legislador teve como única preocupação impedir *transferências patrimoniais voluntárias* em prejuízo do cônjuge. Assim, a qualificação de certa convivência como concubinato implica (a) a impossibilidade de doação de bens ao concubino (art. 550); (b) a impossibilidade de o concubino ser indicado como beneficiário de seguro de vida (art. 793); (c) a impossibilidade de se deixar em testamento bens ao filho do concubino quando também não o for do testador (art. 1.803, *a contrario sensu*) e a outras pessoas relacionadas ao concubino (art. 1.802, parágrafo único); (d) a

---

[31] Sobre os efeitos do casamento putativo, ver Luiz Edson Fachin e Carlos Eduardo Pianovski Ruzyk, *Código Civil Comentado – Direito de Família. Casamento (arts. 1.511 a 1.590)*, Álvaro Villaça Azevedo (Coord.), São Paulo: Atlas, 2003, p. 189-193.

[32] José Luiz Galvão de Almeida, *Código Civil Comentado – Direito das Sucessões. Sucessão em Geral. Sucessão Legítima: Artigos 1.784 a 1.856*, vol. XVIII, São Paulo: Atlas, 2003, p. 217.

possibilidade de o cônjuge "reivindicar os bens comuns, móveis ou imóveis, doados ou transferidos pelo outro cônjuge ao concubino, desde que provado que os bens não foram adquiridos pelo esforço comum destes, se o casal estiver separado de fato por mais de cinco anos" (art. 1.642, V); e (e) a impossibilidade de nomeação do concubino como herdeiro ou legatário (art. 1.801, III). Mesmo esta última vedação se dirige, a rigor, à sucessão testamentária, não podendo se excluir, *a priori*, interpretação que reserve ao concubino direitos no âmbito de sucessão legítima, em termos semelhantes ao que já foi sustentado acima em relação ao companheiro.

Como se vê, a disciplina civil do concubinato limita-se a impedir alienações patrimoniais voluntárias que possam colocar o concubino em situação privilegiada frente ao cônjuge. Não se pode, porém, dizer afastada, em absoluto, uma interpretação que reserve ao concubino direitos de ordem sucessória, em grau idêntico ao do cônjuge, ou inferior já que este último pode ser contemplado com transmissões voluntárias. Ainda que assim não se entenda, o certo é que o Código Civil não impede a tutela da relação *familiar* inegavelmente estabelecida no âmbito do concubinato. A prole daí advinda, como já se registrou, conta com plena proteção jurídica. E não há qualquer razão para que também o concubino, em relação ao seu par, deixe de receber a tutela típica da solidariedade familiar, como a garantia a alimentos ou a proteção de ordem existencial.

Não se pode deixar de levar em consideração, ademais, a evolução legislativa recente que extirpou do Código Penal o crime de adultério (antigo art. 240), cuja criminalização, no dizer dos penalistas, permanecia "em nosso direito positivo como uma anomalia do passado, cuja utilidade não vai além de exemplo a ser citado aos principiantes".[33] A tipificação penal passou a ser restrita ao crime de bigamia, definido como "contrair alguém, sendo casado, novo casamento" (CP, art. 235). O atentado se verifica aí no desrespeito à exclusividade do próprio matrimônio, não já às convivências familiares paralelas, restando, mesmo na hipótese extrema do duplo casamento, consignado expressamente que "aquele que, não sendo casado, contrai casamento com pessoa casada" somente é punido em "conhecendo essa circunstância" (CP, art. 235, § 1º).

Embora atenda a finalidade muito diversa, a evolução da disciplina penal do concubinato não é de todo desinfluente na abordagem civil. Acima de tudo, deve prevalecer a diretriz constitucional de proteger a família "na pessoa de cada um dos que a integram" (art. 226, § 8º), e não como entidades abstratas tuteladas em si mesmas. A existência de matrimônio anterior pode, assim, retirar do sujeito casado certas prerrogativas, mas não deve resultar no abandono jurídico do seu companheiro (dito concubino) que, confiando na proteção estatal ao fenômeno fático da união estável, estabelece vínculo afetivo, público, contínuo e duradouro no meio social, especialmente quando ignora o impedimento matrimonial do seu par.

---

[33] Cezar Roberto Bittencourt, *Tratado de Direito Penal – Parte especial: volume 4,* São Paulo: Saraiva, 2004, p. 132.

Em obra célebre, Stendhal alude a um suposto Código do Amor do Século XII, cujo art. 1º determinava, em tom solene: "A alegação de casamento não é desculpa legítima contra o amor."[34] É certo que o Código Civil brasileiro não possui dispositivo semelhante. Nem por isso se pode negar a ocorrência na realidade social de situações de genuína convivência familiar à margem do matrimônio, cuja permanência secreta ou declarada não pode afastar o imperativo de solidariedade familiar e de proteção à pessoa humana, sob pena de se optar deliberadamente pelo descompasso entre a lei e a realidade, descompasso que tão nefastos efeitos produziu, historicamente, no direito de família. Aqui, como em qualquer outro tema, é de se privilegiar a norma constitucional, onde o "concubinato" não encontrou guarida, tutelando-se a união estável, sem alusão a impedimentos ou exceções.

4 Multiplicidade simultânea de relações familiares. Famílias monoparentais. Famílias reconstituídas. Uniões homoafetivas. Uniões livres. Comunidades afetivas. Redes familiares. Uma explosão de possibilidades

A difusão de uma certa consciência da sexualidade, marcada pelo domínio clínico e cultural dos fantasmas que marcaram a chamada revolução sexual, tem perpetrado uma mudança mais silenciosa e gradual dos hábitos afetivos, com o desenvolvimento de formas inovadoras de convivência familiar. Esboça-se, desse modo, uma retomada das propostas inovadoras dos anos 60 e 70, agora de modo menos radical, mas mais refletido, acompanhado de uma firme exigência de reconhecimento estatal dos agrupamentos afetivos resultantes, antes relegados à marginalidade do direito.

Estatísticas do IBGE revelam a progressiva transformação no perfil das famílias brasileiras, como o aumento marcante das dissoluções de uniões matrimoniais.[35] Há quem chegue a identificar, nos dados relativos à composição da população brasileira, uma crise inevitável da monogamia, como resultado necessário do número mais elevado de mulheres que de homens.[36] O certo é que a relação afetiva fundada no casamento vem perdendo a secular condição de aspiração exclusiva no campo da realização familiar.

---

34 Stendhal, *Do Amor*, São Paulo: Martins Fontes, 1999, p. 305.

35 "Em 2007, embora tenham sido realizados 916.006 casamentos no Brasil, 2,9% a mais do que em 2006 (889.828), o número de dissoluções (soma dos divórcios diretos sem recurso e separações) chegou a 231.329, ou seja, para cada quatro casamentos foi registrada uma dissolução. Exatamente 30 anos depois de instituído, o divórcio atingiu sua maior taxa na série mantida pelo IBGE desde 1984. Nesse período a taxa de divórcios teve crescimento superior a 200%, passando de 0,46‰, em 1984, para 1,49‰, em 2007" (Estatística do Registro Civil 2007, disponível no *site* do IBGE, <www.ibge.gov.br>).

36 É a posição sustentada por Carlos Cavalcanti de Albuquerque Filho, *Famílias Simultâneas e Concubinato Adulterino*, in *Família e Cidadania*, cit., p. 152-153.

No vácuo deixado pelo declínio das famílias matrimoniais, cresce a legitimidade social não apenas das uniões estáveis, mas das *famílias monoparentais, uniões homoafetivas, famílias reconstituídas* e todo um mosaico de novas formas de convivência afetiva que não se enquadram nas categorias prefixadas pelos institutos de estatística. Brasil afora, proliferam modos renovados de viver a sexualidade e o amor, com impressionante fluidez e variedade. *Uniões livres* se formam onde os parceiros, sem prejuízo de sua estável afetividade, admitem experiências com pessoas diversas, como modo de alcançar a máxima realização na sua vida sexual. *Comunidades afetivas* reúnem pessoas ligadas por laços os mais diferenciados, centrados sobre um sentimento genuíno de solidariedade familiar, onde se reconhece talvez o mais amplo significado do termo família: "um recíproco pertencer".[37]

Para muito além de uma expansão sempre inacabada de categorias familiares, urge reconhecer a existência de verdadeiras *redes familiares*, que se estendem sobre o tecido social como fruto da combinação de feixes de relações ostentados por cada pessoa humana, em sua feição familiar. Combinam-se, assim, *famílias* as mais diversas, que, vistas aos olhos de cada titular da relação familiar, estendem-se por sobre indivíduos diferentes, ampliando-se numa ou noutra direção conforme a pessoa humana que se tenha em foco. Intrincam-se, dessa forma, relações afetivas variadas, formando redes de relações familiares que não podem ser encerradas em uma ou outra categoria (entidade familiar), mas que, muito ao contrário, se revelam ora como uniões estáveis, ora como famílias reconstituídas, ora como famílias adotivas, ora como uniões homoafetivas, a depender da pessoa humana que esteja a requerer tutela.

A exemplo do que acontece no campo muito diverso das obrigações e dos contratos, as redes familiares são o resultado de relações familiares combinadas, que, sem excluir a individualidade de cada relação autônoma, se funcionalizam ora à criação e educação de uma criança, ora aos cuidados e à reverência a uma pessoa idosa, ora à ligação amorosa entre duas ou múltiplas pessoas. Longe de configurar novidade, as redes familiares não representam mais do que a visão interrelacional do fenômeno familiar, que, na prática brasileira, se reedita cotidianamente naquela que talvez seja a vocação nacional mais valiosa: a espontaneidade do afeto e da tolerância.

Sob o prisma jurídico, o que se impõe é a superação de um direito de família que tenha como objeto as entidades familiares como comunidades abstratas intermediárias, passando-se a observar cada pessoa na riqueza singular de suas próprias relações familiares. Tal visão inter-relacional permite o reconhecimento de que a afetividade familiar não é fenômeno do qual se possa exigir contenção em uma entidade abstrata única, mas que não raro se multiplica e se sobrepõe a relações de idêntica ou diversa natureza. Nesse contexto, a simultaneidade não se apresenta apenas como dado possível, mas como elemento indispensável ao pleno desenvolvimento da aspiração familiar da pessoa humana.

---

[37] A expressão é de João Carlos Petrini, *Notas para uma Antropologia da Família,* in *Temas Atuais de Direito e Processo de Família,* cit., p. 52.

O respeito à dignidade humana impõe reconhecer que cada pessoa pode pertencer, a um só tempo, a vários núcleos familiares, ostentando uma família que não é idêntica à de seus conviventes, mas própria e única em sua extensão, porque formada de feixes de relações familiares que se podem estender num ou noutro sentido de acordo com os elementos constitutivos de cada relação familiar. A superação da exclusividade da família é, assim, a consequência necessária de uma visão comprometida com a realização da dignidade humana, não como tutela de desejos egoístas, mas, ao contrário, como expressão daquilo que talvez, sem nenhum paradoxo, o ser humano possua de mais essencial: o outro.

Como bem explica a literatura de Milan Kundera, "todo o valor do homem está ligado a essa faculdade de se superar, de existir além de si mesmo, de existir no outro para o outro".[38] A autêntica realização desse princípio solidarista só pode ocorrer com a constatação de que o outro não é exclusivo, não é necessariamente um, mas são, em essência, *os outros*. Também sobre a família o pluralismo vem estender seu manto libertador, não apenas para autorizar famílias diversas entre si, mas sobretudo para reconhecer que o direito não deve proteger a família, como grupo de pessoas, mas a pessoa, de quem as famílias são expressão. Somente assim se pode assegurar, em homenagem a uma literatura bem mais nossa, que, nas manhãs lavadas de domingo, Dona Flor continuará a passear, "feliz de sua vida, satisfeita de seus dois amores".

---

[38] *Risíveis Amores*, Rio de Janeiro: Nova Fronteira, 1985, p. 154

O Princípio da Boa-Fé Objetiva no Direito de Família[*]

> *Te perdoo por te trair.*
> Chico Buarque, *Mil perdões*

Sumário: 1. Atuais fronteiras da boa-fé objetiva. Origem negocial do conceito e sua expansão a outras espécies de relação jurídica. 2. A banalização da boa-fé objetiva. Invocação decorativa e definição instrumental. 3. Esforço de utilização técnica e especificação da cláusula geral de boa-fé objetiva. O exemplo do *nemo potest venire contra factum proprium*. 4. A boa-fé objetiva no Brasil. Gênese consumerista e a equivocada invocação como veículo de atuação dos princípios constitucionais. 5. Boa-fé objetiva e relações de família. Frequente invocação da boa-fé em sentido subjetivo. Necessária distinção entre relações patrimoniais e relações existenciais de família. 6. Boa-fé objetiva em relações existenciais de família. A hipótese emblemática da ação negatória de paternidade. 7. Conclusão.

1 Atuais fronteiras da boa-fé objetiva. Origem negocial do conceito e sua expansão a outras espécies de relação jurídica

Embora não fosse de todo desconhecida dos povos da Antiguidade, a noção de boa-fé objetiva, como atualmente a concebemos, surge no início do século XX, sobretudo a

---

[*] Palestra proferida no *V Congresso Brasileiro de Direito de Família*, em 28 de outubro de 2005. O texto foi convertido para o formato de artigo, com acréscimo de notas bibliográficas, e publicado originalmente em *Família e Dignidade*, Rodrigo da Cunha Pereira (Coord.), Belo Horizonte: IOB Thompson, 2006, p. 125-143.

partir da interpretação atribuída pela doutrina e, especialmente, pela jurisprudência alemãs ao § 242 do BGB.[1] O conhecido dispositivo, segundo o qual "o devedor está adstrito a realizar a prestação tal como o exija a boa-fé", ganhou progressivamente, na atuação das cortes, a roupagem de cláusula geral apta a transformar o direito das obrigações, e assim difundiu-se por todo o mundo, alterando de modo significativo o sentido das soluções tradicionalmente reservadas aos conflitos contratuais.[2]

É inegável que a boa-fé objetiva nasce e se desenvolve em um contexto exclusivamente negocial.[3] Sua parcial inspiração na *bona fides* romanística e a própria conotação literal da expressão germânica *Treu und Glauben* jamais deixaram de vincular o conceito a ideias mais gerais de lealdade e respeito às expectativas alheias, mas a invocação concreta da boa-fé objetiva consolidou-se, essencialmente, como fórmula de interpretação contratual e fonte de deveres anexos às prestações principais voluntariamente estabelecidas entre contratantes.[4]

É justamente pela imposição de tais deveres, de matriz não voluntarista, aptos a frear certos comportamentos antes tidos como irresistíveis na esfera contratual, que a boa-fé objetiva deixa revelar, gradativamente, suas potencialidades como meio de controle do

---

[1] "Pouco depois da entrada em vigor do Código Civil alemão, em 1900, assistiu-se a um proliferar de aplicações judiciais da boa fé objectiva. Entre outras, surgiram figuras como a *exceptio doli*, a inalegabilidade de nulidades formais, a *suppressio*, a adaptação às circunstâncias e a interpretação contratual complementadora. Os tribunais, sem outro apoio aparente que não o das referências vagas e inconclusivas dedicadas, pela nova lei civil, à boa fé, colocaram-se, muitas vezes, em oposição à doutrina" (António Manuel da Rocha e Menezes Cordeiro, *Da Boa Fé no Direito Civil*, Coimbra: Almedina, 1997, p. 314).

[2] "A boa-fé objetiva conheceu, portanto, uma formidável expansão no século XX. Países como Itália, Portugal e Espanha fizeram uso dela na sua recodificação. A generalidade cada vez maior da boa-fé fez, inclusive, com que as Nações Unidas reconhecessem-na como parâmetro hermenêutico nos tratados que versam sobre o comércio internacional, como a Convenção de Viena (1980), sobre a compra e venda de mercadorias" (Bruno Lewicki, *Panorama da Boa-fé Objetiva*, in Gustavo Tepedino (Coord.), *Problemas de Direito Civil-Constitucional*, Rio de Janeiro: Renovar, 2000, p. 62).

[3] "Foi no domínio dos contratos (*rectius*, do cumprimento das obrigações contratuais) que a norma do comportamento de boa fé germinou e encontrou sua guarida mais segura. Acolhida aí como em seu domínio originário, expandiu-se depois por outros âmbitos e por diversas formas de interacção entre sujeitos, de que a relação pré-contratual é porventura o exemplo mais significativo." (Manuel António de Castro Portugal Carneiro da Frada, *Teoria da Confiança e Responsabilidade Civil*, Coimbra: Almedina, 2004, p. 431-432).

[4] Expressamente nesse sentido, Orlando Gomes, *Obrigações*, Rio de Janeiro: Forense, 2004, p. 108: "O princípio da boa-fé tem sua aplicação limitada às obrigações contratuais por ser corolário do postulado da fé jurada, segundo o qual todo homem deve honrar a palavra empenhada." A associação entre a boa-fé objetiva e o direito das obrigações também é originária da construção germânica. Conferir, sobre o tema, Dieter Medicus, *Tratado de las Relaciones Obligacionales*, v. I, Barcelona: Bosch, 1995, p. 74-78: "*El BGB ha instalado el principio de la buena fe en la cúspide del derecho de obligaciones; todas las relaciones obligacionales debían subordinarse a este principio; es decir, no debía darse ya más relación obligacional alguna de derecho estricto*".

exercício de posições jurídicas. O conceito assume, desse modo, um papel revolucionário: o de instrumento de resistência ao liberalismo jurídico que procurava, o quanto possível, subtrair a autonomia privada à análise estatal, de tipo administrativo ou judiciário.[5]

Inicialmente, porém, a incidência da boa-fé objetiva permanece estritamente limitada a relações contratuais, onde os abusos da autonomia privada se verificavam de forma intensa e desenfreada.[6] Uma tendencial expansão da boa-fé objetiva se verifica apenas no que tange a relações intimamente vinculadas com o campo obrigacional ou que passam a ser compreendidas sob a sua ótica. É desse modo, por exemplo, que a boa-fé objetiva elege-se em critério para a verificação de chamada responsabilidade pré-contratual, antes mantida sob o signo das relações meramente fáticas, não jurídicas, ou contemplada de forma excepcional à luz da chamada culpa *in contrahendo*.[7]

É somente em um segundo momento, diante do extraordinário desenvolvimento da boa-fé objetiva nessas situações de tipo negocial, que sua expansão vem se impor, progressivamente, sobre outras espécies de relações jurídicas como critério de controle de legitimidade do exercício da autonomia privada em geral. Passa-se mesmo a se admitir a incidência da boa-fé objetiva no direito público, onde a atuação dos órgãos administrativos vinha historicamente controlada por mecanismos próprios, como o princípio da moralidade administrativa ou a repressão ao desvio de finalidade.[8] Embora alguma resis-

---

[5] Na lição de Gustavo Tepedino: "De fato, cuidava-se da garantia legal mais elevada quanto à disciplina das relações patrimoniais, resguardando-as contra a ingerência do Poder Público ou de particulares que dificultassem a circulação de riquezas. O direito público, por sua vez, não interferiria na esfera privada, assumindo o Código Civil, portanto, o papel de estatuto único e monopolizador das relações privadas" (*Premissas Metodológicas para a Constitucionalização do Direito Civil*, in *Temas de Direito Civil*, Rio de Janeiro: Renovar, 2004, 3. ed., p. 2-3).

[6] Ver, por todos, Enzo Roppo, *O Contrato*, Coimbra: Almedina, 1988, p. 38: "A disparidade de condições económico-sociais existente, para além do esquema formal da igualdade jurídica abstracta dos contraentes, determina, por outras palavras, disparidade de 'poder contratual' entre partes fortes e partes débeis, as primeiras em condições de conformar o contrato segundo os seus interesses, as segundas constrangidas a suportar a sua vontade, em termos de dar vida a contratos substancialmente injustos: é isto que a doutrina baseada nos princípios da liberdade contratual e de igualdades dos contraentes, face à lei, procura dissimular, e é precisamente nisto que se manifesta a sua função ideológica."

[7] Sobre a responsabilidade pré-contratual, cf. Regis Fichtner Pereira, *A Responsabilidade Civil Pré--contratual*, Rio de Janeiro: Renovar, 2001.

[8] Não é irrelevante, porém, que mesmo no âmbito do direito público, os receptores iniciais da boa-fé objetiva tenham sido, em diversos ordenamentos, o direito processual civil e o direito tributário, ambos estreitamente vinculados ao direito privado, o primeiro por sua instrumentalidade ao direito civil, e o último, por sua base flagrantemente obrigacional. Para a posterior conquista de outros ramos do direito público, a boa-fé objetiva contou ainda com o desprestígio da própria dicotomia público-privado, relegada na atualidade ao âmbito puramente acadêmico. Sobre este último tema, ver, por todos, Michele Giorgianni, *O Direito Privado e as suas Atuais Fronteiras*, in *Revista dos Tribunais* 747/38.

tência a esta extensão ainda se verifique, e seja inegável uma parcial sobreposição entre a boa-fé objetiva e certos institutos limítrofes de direito administrativo, não há dúvida de que a jurisprudência vem, a despeito disso, corroborando a aplicabilidade daquela cláusula geral aos conflitos instaurados entre particulares e Administração Pública.[9]

Agora, a boa-fé objetiva parece direcionar-se, por toda parte, à superação da sua última fronteira: a das relações existenciais. De fato, a gênese obrigacional do conceito não tem impedido sua invocação em divergências inteiramente apartadas do campo patrimonial, como as que habitualmente surgem no âmbito do direito de família.[10]

A busca de uma justificativa técnica para tal ampliação parece, todavia, desfavorecida diante de uma contumaz associação da boa-fé objetiva com a ética, com a equidade, com o comportamento digno, e com os mais elevados valores sociais – associação que, embora sedutora, retira da cláusula geral da boa-fé objetiva sua utilidade técnica na solução dos conflitos concretos. Tem-se, assim, a construção de um cenário onde a aplicação da boa-fé objetiva vem sempre defendida, mas vai, gradativamente, adquirindo, na ausência de especificação de seu conteúdo, um papel puramente decorativo nas decisões judiciais.

2 A banalização da boa-fé objetiva. Invocação decorativa e definição instrumental

O componente ético da boa-fé objetiva é, para diversos autores, sua maior virtude.[11] Paradoxalmente, é também a origem da sua fragilidade sob o ponto de vista científico. A amplitude característica de uma cláusula geral, somada às dificuldades de sua especificação técnica e ao seu intenso poder de convencimento, vem dando ensejo a uma invoca-

---

[9] Confira-se, por emblemática, a decisão do Superior Tribunal de Justiça em que o Min. Ruy Rosado de Aguiar destacou: "Sabe-se que o princípio da boa-fé deve ser atendido também pela Administração Pública, e até com mais razão por ela" (Recurso Especial 141.879/SP, 17.3.1998).

[10] A rigor, a referência nominal à boa-fé neste campo já é antiga, mas se limitava quase sempre ao seu sentido subjetivo. Confira-se, entre outros, Marco Túlio de Carvalho Rocha, que, ao tratar da ação negatória de paternidade, afirma: "quando é o pai o interessado na impugnação, diferentemente, o bem jurídico tutelado é a boa-fé. Neste caso, a negatória de paternidade afigura-se proteção à boa-fé do marido a quem, por presunção *juris tantum*, é atribuída a paternidade, como reflexo do dever de fidelidade sexual que toca a ambos os cônjuges" (*Prazo para impugnar a paternidade*, in *Revista Jurídica*, v. 296, jun. 2002, p. 49). Também é comum a invocação da *fides* romana como base de específicos institutos do direito de família, como o dever de fidelidade conjugal. Nesse sentido, ver Regina Beatriz Tavares da Silva, *Débito Conjugal*, in Rodrigo da Cunha Pereira (Coord.), *Afeto, Ética, Família e o Novo Código Civil Brasileiro – Anais do IV Congresso Brasileiro de Direito de Família*, Belo Horizonte: Del Rey, 2004, p. 531-541.

[11] Daí a mais elevada doutrina definir a boa-fé "*como idea de conducta ética en el ejercicio de los derechos*" ou "*como criterio o estándar ético*" (Luis Diez-Picazo, *Fundamentos del Derecho Civil Patrimonial – Las Relaciones Obligatorias*, v. II, Madrid: Editorial Civitas, 1993, p. 109 e 119).

ção puramente *ética* da boa-fé objetiva, que é inversamente proporcional à sua utilização *técnica* pelas cortes judiciais.

Confira-se, entre tantos outros exemplos, a decisão proferida pelo Tribunal de Justiça do Rio de Janeiro em que se invocou a boa-fé objetiva como fundamento para reprimir o inadimplemento de obrigação de fazer:

> "Indenizatória. Inadimplemento contratual. Incorporação imobiliária. Empreitada. Atraso na conclusão das obras. Obrigação de fazer. [...] Fere a boa-fé objetiva que deve estar presente nos contratos, o incorporador que, pondo a venda as unidades a serem construídas, deixa atrasar a obra, não cumprindo a obrigação de fazer a que se obrigara."[12]

O justificar, neste caso concreto, a responsabilidade do contratante com base na boa-fé objetiva não é apenas desnecessário, mas equivocado, na medida em que se está ali diante de inadimplemento obrigacional, que, por si só, enseja a responsabilização. A decisão revela, todavia, que a alusão à boa-fé objetiva vem se tornando "cláusula de estilo" na fundamentação judicial, empregada, muitas vezes, como sinônimo de equidade, de moralidade, ou como uma espécie de conceito-síntese de todo o ordenamento jurídico.[13]

Invocada como receptáculo de todas as esperanças, a boa-fé objetiva acaba por correr o risco de se converter em um conceito vazio, inútil mesmo na consecução daqueles fins que cientificamente lhe são próprios. Na crítica precisa de Menezes Cordeiro, que passa quase sempre despercebida nas releituras de sua obra e nos estudos sobre a boa-fé objetiva, verifica-se uma "mitificação do conceito", caracterizada pelo seu "arvorar linguístico em princípio todo poderoso, em regra fundamental que tudo domina, em teor ético-social do Direito".[14] E assim conclui o professor português:

> "Esta linguagem grandiloquente pitoresca, que domina a literatura e os espíritos dos juristas quando da boa fé se trate é, quanto ao conteúdo, profundamente vazia. A sua própria ilimitação descaracteriza-o de tal modo que impossibilita o retirar de quaisquer soluções reais. As remissões para ordens ou sentimentos extra-jurídicos mais acentuam o mito, rematado pela ideia comum, de que, por

---

12   Tribunal de Justiça do Rio de Janeiro, Apelação Cível 2001.001.26377, 12.6.2002.

13   Sobre os riscos do esvaziamento de conteúdo da boa-fé objetiva, ver Gustavo Tepedino e Anderson Schreiber, *Os Efeitos da Constituição em relação à Cláusula da Boa-fé no Código de Defesa do Consumidor e no Código Civil*, in *Revista da EMERJ*, v. 6, n. 23, 2003, p. 139-151.

14   Na íntegra: "Mas porque a boa fé mantém-se, a nível juscientífico, como fonte efectiva de soluções novas, a impossibilidade científica de captar o fenómeno, num retrocesso gnoseológico surpreendente, ocorreu a mitificação do conceito. Na falta de um captar da noção, procedeu-se ao seu arvorar linguístico em princípio todo poderoso, em regra fundamental que tudo domina, em teor ético-social do Direito ou em cerne imanente de limitações internas de posições jurídicas" (António Manuel da Rocha e Menezes Cordeiro, *Da Boa fé no Direito Civil*, cit., p. 402-403).

inomeáveis implicações jusfilosóficas, a boa fé, de aplicações múltiplas e incomportáveis, se torna de estudo difícil ou impossível."[15]

Também a doutrina cede, vez por outra, à referida tentação, não apenas invocando a boa-fé objetiva em contextos impróprios, mas sobretudo renunciando à sua especificação técnica e científica. Não é incomum, por exemplo, que a boa-fé objetiva venha apresentada simplesmente como um princípio que "atende ao ideal de justiça e ao direito natural", impondo "a conduta normal e correta para as circunstâncias, seguindo o critério do razoável".[16] E mesmo a consagrada tríplice função da boa-fé objetiva – como (i) critério interpretativo; (ii) fonte de deveres anexos; e (iii) limite ao exercício de direitos[17] – vem, não raro, tomada por definição na prática advocatícia. A rigor, tais funções, consagradas também no direito positivo,[18] embora sejam úteis em esclarecer para *o que serve*, não dizem *o que é* a boa-fé objetiva, não precisam seu conceito, e não advogam em um sentido ou em outro na difícil decisão dos casos concretos.

3 Esforço de utilização técnica e especificação da cláusula geral de boa-fé objetiva. O exemplo do *nemo potest venire contra factum proprium*

De tudo isso decorre a necessidade de um esforço duplo. Em primeiro lugar, cumpre resistir a este uso ornamental, simbólico, quase mitológico da boa-fé objetiva, enfatizando o seu conceito técnico como cláusula geral que impõe deveres de lealdade e respeito à confiança recíproca entre as partes de uma relação jurídica, à margem da expressa cons-

---

[15] António Manuel da Rocha e Menezes Cordeiro, *Da Boa fé no Direito Civil*, cit., p. 402-403.
[16] Sílvio de Salvo Venosa, *Direito Civil – Parte Geral*, v. 1, São Paulo: Atlas, 2005, 5. ed., p. 417.
[17] A referida tripartição funcional, inspirada nas funções do direito pretoriano romano, foi modernamente sugerida por Boehmer, *Grundlagen der bürgerlichen Rechtsordnung*, apud Franz Wieacker, *El Principio General de la Buena Fe*, Madrid: Editorial Civitas, 1982, 2. ed., p. 50: "el parágrafo 242 BGB actúa también *iuris civilis iuvandi*, *supplendi* o *corrigendi gratia*". No Brasil, essa classificação foi amplamente adotada. Confira-se Antonio Junqueira de Azevedo, *Insuficiências, Deficiências e Desatualização do Projeto de Código Civil na Questão da Boa-fé Objetiva nos Contratos*, in Revista Trimestral de Direito Civil, v. 1, p. 7: "Essa mesma tríplice função existe para a cláusula geral de boa-fé no campo contratual, porque justamente a ideia é ajudar na interpretação do contrato, *adjuvandi*, suprir algumas das falhas do contrato, isto é, acrescentar o que nele não está incluído, *supplendi*, e eventualmente corrigir alguma coisa que não é de direito no sentido de justo, *corrigendi*." No mesmo sentido, Ruy Rosado de Aguiar, *A Boa-Fé na Relação de Consumo*, in Revista de Direito do Consumidor, n. 14, p. 25, ao tratar especificamente das relações de consumo: "Na relação contratual de consumo, a boa-fé exerce três funções principais: a) fornece os critérios para a interpretação do que foi avençado pelas partes, para a definição do que se deve entender por cumprimento pontual das prestações; b) cria deveres secundários ou anexos; e c) limita o exercício de direitos".
[18] Confira-se, no Código Civil brasileiro, os arts. 113, 187 e 422.

tituição de obrigações nesse sentido.[19] Em segundo lugar, faz-se imperativo o estabelecimento de critérios objetivos para a aplicação desta cláusula geral, com a construção de um acordo interpretativo mínimo em torno dos resultados da incidência da boa-fé objetiva em conflitos concretos.

E é justamente o que se vem começando a fazer por toda parte. Tome-se, a título ilustrativo, a proibição de comportamento contraditório, sintetizada no adágio segundo o qual *nemo potest venire contra factum proprium* (ninguém pode vir contra o próprio ato).[20] Significa isso dizer, em apertada síntese, que alguém que se comporte em certo sentido, não pode vir a contrariar, posteriormente, este comportamento inicial, lesando a legítima confiança despertada em outrem, sob pena de violação à boa-fé objetiva.[21]

Os tribunais brasileiros têm aplicado amplamente a vedação ao *venire contra factum proprium*, como expressão da cláusula geral de boa-fé objetiva. O Supremo Tribunal Federal já invocou o adágio para impedir a impugnação de regime matrimonial de bens que o impugnante admitira, por atos anteriores, ser-lhe aplicável.[22] O Superior Tribunal de Justiça, em ampla consagração da proibição de comportamento contraditório, já rejeitou, por exemplo, pedido de anulação de contrato por falta de outorga uxória proposto pela mulher do contratante, que, em ocasiões precedentes, comportara-se como se válido fosse o ajuste.[23] E também os tribunais estaduais têm invocado, repetidamente, a vedação ao *venire contra factum proprium*.[24]

---

[19] Como representativos desse esforço na doutrina brasileira, é de se conferir, entre outros, Judith Martins-Costa, *A Boa-Fé no Direito Privado – Sistema e Tópica no Processo Obrigacional*, São Paulo: Revista dos Tribunais, 2000; Teresa Negreiros, *Fundamentos para uma Interpretação Constitucional do Princípio da Boa-fé*, Rio de Janeiro: Renovar, 1998; e Bruno Lewicki, *Panorama da Boa-fé Objetiva*, cit.

[20] Sobre a proibição de comportamento contraditório, também denominada teoria dos atos próprios, é fundamental a referência a Erwin Riezler, *Venire contra factum proprium – Studien im Römischen, Englischen und Deutschen Civilrecht*, Leipzig: Verlag Von Duncker & Humblot, 1912; Luis Díez-Picazo, *La doctrina de los propios actos – Un estudio crítico sobre la jurisprudencia del Tribunal Supremo*, Barcelona: Bosch, 1963; João Baptista Machado, *Obra Dispersa*, v. I, Braga: Scientia Iurídica, 1991; e Alejandro Borda, *La Teoria de los Actos Propios*, Buenos Aires: Abeledo-Perrot, 1993.

[21] Sobre a releitura do *nemo potest venire contra factum proprium* como meio de tutela da confiança, seja permitido remeter a Anderson Schreiber, *A Proibição de Comportamento Contraditório – Tutela da confiança e venire contra factum proprium*, Rio de Janeiro: Renovar, 2005, p. 65-122.

[22] STF, Recurso Extraordinário 86.787/RS, Rel. Min. Leitão de Abreu, 20.10.1978.

[23] STJ, Recurso Especial 95539/SP, Rel. Min. Ruy Rosado de Aguiar, 3.9.1996.

[24] Veja-se, a título ilustrativo, a decisão do Tribunal de Justiça de São Paulo por meio da qual se impediu uma cooperativa médica de deixar de pagar auxílio funerário aos herdeiros de certo sócio falecido. Embora o estatuto da cooperativa apenas previsse o pagamento ao cônjuge supérstite ou a quem o *de cujus* houvesse indicado como beneficiário, e os herdeiros em questão não se encaixassem em nenhum desses casos, verificou-se que a cooperativa, em mais de uma ocasião, prestara o benefício a herdeiros de sócios falecidos nas mesmas condições, de tal forma que a negativa contrariaria o seu próprio comportamento anterior e a legítima confiança dos sucessores (TJSP, Apelação Cível 069.715-4/2-00, 16.3.1999).

No Brasil e no exterior, tem-se reconhecido a utilidade deste e de outros modelos de comportamento vedados pela boa-fé objetiva, que auxiliam o Poder Judiciário na sua tormentosa tarefa de especificar o amplo conteúdo da cláusula geral.[25] Evita-se, com isso, uma utilização atécnica, vaga e puramente simbólica da boa-fé objetiva, em um esforço que se faz ainda mais necessário no direito brasileiro.

4 A boa-fé objetiva no Brasil. Gênese consumerista e a equivocada invocação como veículo de atuação dos princípios constitucionais

A boa-fé objetiva não encontrava até 1990 expressa incorporação no direito positivo brasileiro.[26] Sua introdução deu-se por meio do Código de Defesa do Consumidor, que aludiu à boa-fé objetiva como princípio da política nacional de consumo, exigindo sua observância nas relações estabelecidas entre fornecedores e consumidores.[27]

Sendo aplicada inicialmente apenas em relações de consumo, a boa-fé objetiva acabou adquirindo um caráter reequilibrador, protetivo, pró-consumidor, que não era inerente ao seu conteúdo dogmático, mas que compunha a finalidade normativa do próprio Código de Defesa do Consumidor.[28] Mais: como o código consumerista traz um sem-número de

---

[25] Entre estes modelos de comportamento considerados inadmissíveis por força da boa-fé objetiva, avultam em importância o *tu quoque* e a *Verwirkung*. Cf. Anderson Schreiber, *A Proibição de Comportamento Contraditório*, cit., p. 174-185.

[26] Antes disso, apenas o Código Comercial brasileiro, de 1850, trazia, em seu art. 131, referência à boa-fé como critério interpretativo dos contratos comerciais, o que, embora deva ser tomado em sentido objetivo, não esgota as funções já mencionadas da cláusula geral de boa-fé objetiva, como atualmente a compreendemos. Não obstante a ausência de previsão legislativa, a doutrina já se referia à boa-fé objetiva na esteira da construção alemã. Confira-se, por todos, o ensinamento de Clóvis do Couto e Silva, *A Obrigação como Processo*, São Paulo: José Bushatsky, 1976, p. 30, segundo o qual "a inexistência, no Código Civil, de artigo semelhante ao § 242 do BGB não impede que o princípio tenha vigência em nosso direito das obrigações, pois se trata de proposição jurídica, com significado de regra de conduta." Sobre o papel desempenhado pela boa-fé no direito obrigacional brasileiro, ver a obra, também fundamental, de Judith Martins-Costa, *A Boa-Fé no Direito Privado – Sistema e Tópica no Processo Obrigacional*, cit., especialmente p. 381-515.

[27] Ver, em especial, o art. 4º, inciso III, do Código de Defesa do Consumidor, que, entre os princípios da política nacional de relações de consumo, arrolou a "harmonização dos interesses dos participantes das relações de consumo e compatibilização da proteção do consumidor com a necessidade de desenvolvimento econômico e tecnológico, de modo a viabilizar os princípios nos quais se funda a ordem econômica (art. 170, da Constituição Federal), sempre com base na boa-fé e equilíbrio nas relações entre consumidores e fornecedores". Também merece atenção o art. 51, inciso IV, que incluiu, entre as cláusulas abusivas, aquelas que "estabeleçam obrigações consideradas iníquas, abusivas, que coloquem o consumidor em desvantagem exagerada, ou sejam incompatíveis com a boa-fé ou a equidade".

[28] Gustavo Tepedino e Anderson Schreiber, *Os Efeitos da Constituição em relação à Cláusula da Boa-fé no Código de Defesa do Consumidor e no Código Civil*, cit., p. 142.

instrumentos específicos dirigidos a esta finalidade, a jurisprudência brasileira habituou-se a invocar a boa-fé objetiva ao lado ou adicionalmente a tais instrumentos, que, por si só, já determinavam o conteúdo da decisão judicial.

Assim, por exemplo, a decisão do Tribunal de Justiça do Rio de Janeiro que, após entender configurada publicidade enganosa, aplica os arts. 30 a 35 do Código de Defesa do Consumidor, a fim de determinar "a vinculação do fornecedor de produto às informações ou publicidade veiculada" e assegurar ao consumidor "a devolução do valor adiantado e ainda indenização por perdas e danos", declarando, adicionalmente e sem explicação adequada, restar, "assim, vulnerado o princípio da boa-fé".[29]

No contexto consumerista, os magistrados não viam necessidade de refletir e discorrer sobre o conteúdo da boa-fé objetiva, a forma de sua aplicação ao caso concreto, ou o peso daquela noção no seu convencimento, porque já as demais normas aplicáveis conduziam àquele resultado: a decisão mais favorável ao consumidor. A extensão da boa-fé objetiva às relações paritárias, por força da interpretação que já era dominante ou das normas expressas consagradas no Código Civil de 2002, veio revelar a face preocupante do problema. Nas relações desprovidas de um polo vulnerável, a invocação meramente confirmatória da boa-fé objetiva, sem especificação de seu conteúdo, não logra auxiliar o julgador em termos efetivos. A boa-fé objetiva se converte em fundamento estéril, em alusão vazia, a serviço da melhor retórica.

Pior: o que se nota, observando a produção mais recente dos tribunais brasileiros, é que a boa-fé objetiva vai assumindo, na sua aberta generalidade, a insólita função de veículo de aplicação dos princípios constitucionais nas relações privadas. Nesse sentido, a jurisprudência tem associado, de forma indevida, a violação à boa-fé objetiva e a lesão à dignidade humana.[30]

---

[29] TJRJ, Apelação Cível 2005.001.16395, 24.8.2005. A ementa sintetiza a decisão: "Código de Defesa do Consumidor. Título de capitalização. Propaganda enganosa. Promessa de aquisição de imóvel. Obrigação de devolver o valor pago e indenizar por danos morais. Consumidor levado a crer, mediante propaganda enganosa, que adquiria um imóvel, tem direito a ser restituído, pois as características desse contrato são pouco conhecidas entre nós, sendo de considerar-se no caso o exato teor de instrumento assinado pela consumidora, apresentando realidade desconforme com o prometido, resultando, assim, vulnerado o princípio da boa-fé. É de se aplicar, portanto, as regras estabelecidas nos arts. 30 e 35 do código de defesa do consumidor, que determinam a vinculação do fornecedor de produto às informações ou publicidade veiculada, por qualquer forma ou meio de comunicação, com relação a produtos oferecidos, integrando ainda o contrato que vier a ser celebrado, garantido ao consumidor, se desejar, a devolução do valor adiantado e ainda indenização por perdas e danos. Desprovimento do recurso."

[30] Ilustrativa é a linguagem empregada por decisão do Tribunal de Justiça do Rio de Janeiro em que se lê: "É cabível na hipótese, indenização por danos morais, tendo em vista que houve ferimento ao princípio da boa-fé objetiva, tendo a apelada agido com abuso de confiança, causando ao apelante constrangimento, angústia e estresse, principalmente perante sua família, devendo tal sofrimento ser imediatamente compensado, na tutela do princípio constitucional da dignidade da pessoa humana" (TJRJ, Apelação Cível 2004.001.26465, 14.12.2004).

Embora a construção possa ter tido sua utilidade em ambientes tradicionalmente hostis à normatividade dos princípios constitucionais, parece evidente que um tal procedimento hoje é inteiramente injustificável diante do amplo reconhecimento, entre nós – até pela doutrina constitucionalista[31] –, da aplicação direta dos princípios constitucionais às relações privadas. A referência à boa-fé objetiva como válvula ou instrumento de tal aplicação não é apenas prescindível, mas inaceitável diante do risco de reedição da velha mentalidade civilística segundo a qual as normas constitucionais devem ser interpretadas, enquadradas e lidas à luz dos conceitos de direito civil.[32]

Embora possa encontrar inspiração em certos princípios constitucionais, como o princípio da solidariedade social,[33] a boa-fé objetiva tem absoluta autonomia conceitual com relação a tais normas. Sua utilização como meio de incidência da principiologia constitucional traz graves riscos de uma inversão hermenêutica tão conhecida do passado recente do direito privado, e que tão significativos estragos pode trazer, sobretudo à solução dos conflitos entre interesses existenciais, como aqueles que se verificam frequentemente no campo do direito de família.

---

[31] A aplicação direta dos princípios constitucionais às relações privadas foi defendida inicialmente, no Brasil, apenas pela doutrina civilística. Marco inicial desta corrente de pensamento é o estudo de Gustavo Tepedino intitulado *Pelo Princípio de Isonomia Substancial na Nova Constituição – Notas sobre a Função Promocional do Direito*, in *Atualidades Forense* n. 112, ano 11 (1987), p. 30-35. Ver também Gustavo Tepedino, *Premissas Metodológicas para a Constitucionalização do Direito Civil*, cit.; e Maria Celina Bodin de Moraes, *A Caminho de um Direito Civil Constitucional*, in *Revista de Direito Civil*, v. 65, 1993, p. 21-32. Só mais recentemente, a melhor doutrina constitucionalista veio reconhecer a aplicabilidade direta dos princípios constitucionais, passando a se ocupar dos seus revolucionários efeitos nas relações privadas. Confira-se, por todos, Luis Roberto Barroso, *Neoconstitucionalismo e constitucionalização do direito (O triunfo tardio do direito constitucional no Brasil)*, in *Revista de Direito Administrativo*, v. 240, 2005, p. 1-42, com ampla análise dos efeitos da "constitucionalização" dos diversos ramos do direito, inclusive do direito civil.

[32] Como ensina Pietro Perlingieri, perde hoje sentido "a preferência ao recurso à 'precisa disposição', devendo-se sempre operar sobre ela um controle de valor por parte do ordenamento (*meritevolezza*); controle que exige necessariamente a individuação de uma *ratio iuris* em harmonia e em conformidade com o sistema. Se toda norma exprime sempre um princípio, este deve ser confrontado com os princípios fundamentais" (*Perfis do Direito Civil – Introdução ao Direito Civil Constitucional*, trad. Maria Cristina De Cicco, Rio de Janeiro: Renovar, 2002, p. 74-75).

[33] Nesse sentido, ver, por todos, Massimo Bianca: "*Sulla base dell'esperienza, confermata anche da scarsa ma indicativa giurisprudenza, può dirsi che la buona fede in senso oggettivo o correttezza si riporta all'idea di fondo della solidarietà. Ma con riferimento alle parti del rapporto contrattuale essa esprime una concreta esigenza di solidarietà che può indicarsi come solidarietà contrattuale*" (*La nozione di buona fede quale regola di comportamento contrattuale*, in *Rivista di diritto civile*, ano XXIX, 1983, 1ª parte, p. 209).

5 Boa-fé objetiva e relações de família. Frequente invocação da boa-fé em sentido subjetivo. Necessária distinção entre relações patrimoniais e relações existenciais de família

Têm se tornado cada vez mais frequentes as referências ao "princípio da boa-fé objetiva no direito de família", justificadas não raro com base na jurisprudência dos últimos anos. Cumpre, todavia, distinguir, no amplo conjunto de decisões invocadas nesse sentido, três espécies de situações fundamentalmente distintas.

A primeira diz respeito aos inúmeros conflitos de direito de família em que, mesmo diante de referência nominal à "boa-fé objetiva" ou de alusão simplesmente à "boa-fé", o conceito vem aplicado em sua acepção subjetiva ou psicológica. Assim, por exemplo, referem-se à boa-fé subjetiva as decisões que tratam da presunção de boa-fé da mãe com relação à motivação da viagem com o filho ao exterior,[34] ou ainda da boa-fé do cônjuge em casamento putativo.[35] Não há dúvida de que, em casos assim, a boa-fé tem aplicação, mas se está, claramente, diante de boa-fé subjetiva, também chamada boa-fé psicológica, consistente na ausência de malícia e no desconhecimento pelo sujeito dos vícios incidentes sobre o ato que se pratica.[36]

---

[34] "Merece credibilidade, até prova em contrário, a declaração de uma mãe no sentido de que uma viagem do filho ao exterior tem por finalidade visitar os parentes que lá residem e que o mesmo retornará ao Brasil ao término das férias. Essa presunção de boa-fé se torna ainda mais robusta em face dos elementos trazidos aos autos e que evidenciam os vínculos familiares, sociais e trabalhistas da agravada em nosso País: tem uma filha de 14 anos que, por deficiência auditiva, não teria condições de se adaptar em país de língua estrangeira; ocupa cargo de alto nível em empresa nacional de grande porte; reside no Brasil há muitos anos; a criança estuda no Rio, em colégio de boa qualidade, e informou não ter contato com o pai há muito tempo, sequer se lembrando da última vez que com ele falou; não há qualquer interesse do pai pela posse e guarda e do filho, tanto assim que não o procura desde 1995, estando no momento em lugar desconhecido" (TJRJ, Apelação Cível 1999.002.06828, 3.8.1999).

[35] "Casamento putativo. Boa-fé. Direito a alimentos. Reclamação da mulher. 1. Ao cônjuge de boa-fé aproveitam os efeitos civis do casamento, embora anulável ou mesmo nulo (Cód. Civil, art. 221, parágrafo único). 2. A mulher que reclama alimentos a eles tem direito mas até à data da sentença (Cód. Civil, art. 221, parte final). Anulado ou declarado nulo o casamento, desaparece a condição de cônjuges. 3. Direito a alimentos 'até ao dia da sentença anulatória'. 4. Recurso especial conhecido pelas alíneas *a* e *c* e provido" (STJ, Recurso Especial 69108/PR, 16.12.1999).

[36] A distinção entre boa-fé objetiva e boa-fé subjetiva é acolhida por toda parte: "*Sembra incontestabile l'esistenza di due concetti positivamente rilevanti, di buona fede. La dottrina si è, infatti, da tempo incaricata di sottolineare la netta differenza che si ravvisa tra le ipotesi in cui ad un soggetto è richiesto di comportarsi 'secondo buona fede' (come avviene con riferimento alla formazione, interpretazione, esecuzione del contratto: art. 1337, art. 1366, art. 1375), e quelle in cui viene in risalto un particolare stato piscologico dell'individuo che l'ordinamento definisce 'in buona fede'. È appena opportuno ricordare che si è distinta, in proposito, una buona fede 'oggettiva' da una buona fede 'soggettiva'. Brevemente, si può dire che, nel primo significato, la buona fede si pone come regola di condotta (e di valutazione di una condotta). Tale regola sembra, anzi, far rinvio, per una sua precisa determinazione, a criteri extragiuridici. In questo senso*

A segunda situação frequentemente inserida sob o signo da "boa-fé objetiva em relações de família" é aquela em que, embora aplicando-se efetivamente a boa-fé em seu sentido objetivo, não se está diante de uma relação de família propriamente dita, mas tão somente de uma relação negocial situada em um contexto de direito de família. Assim, por exemplo, as decisões que analisam o efeito vinculante dos chamados ajustes de divisão de bens celebrados "por fora" no momento da dissolução da união conjugal.[37] Em tais hipóteses, a relação que se examina tem natureza obrigacional, patrimonial, não restando dúvida quanto à aplicabilidade da boa-fé objetiva, como é natural a um conceito concebido e aperfeiçoado no direito das obrigações. O contexto do direito de família, embora possa interferir na decisão do conflito concreto, não afasta, certamente, a incidência da cláusula geral em virtude da própria natureza da controvérsia.

Desses casos se aproximam, em certa medida, as hipóteses em que se discutem prestações patrimoniais inerentes a uma relação de família, como na decisão do Tribunal de Justiça do Rio de Janeiro que impediu a extinção de execução de alimentos "a favor de quem sempre se conduziu sem boa fé objetiva",[38] ou ainda no polêmico acórdão do Tribunal de Justiça de Minas Gerais que, atestando "dúvida acerca da necessidade e importância dos estudos realizados pela alimentanda", decidiu que "viola a boa-fé objetiva a conduta da filha que utiliza os estudos como artifício para manter a pensão alimentícia dada pelo seu pai".[39] Certo é que, em tais situações, o aspecto patrimonial é intensamente funcionalizado a um componente existencial – a subsistência do alimentando –, mas a aplicação da boa-fé objetiva vem admitida com certa tranquilidade diante da própria estrutura prestacional do dever de alimentos.

---

può affermarsi che la buona fede si configura come comportamento onesto, corretto, leale; e perciò essa implica certamente una valutazione di natura etico-sociale, anche se non sarebbe esatto affermare che si risolve in essa. Nell'altro significato, la buona fede è intesa come convincimento di tenere un comportamento conforme a diritto" (Umberto Breccia, *Diligenza e buona fede nell'attuazione del rapporto obbligatorio*, Milano: Dott. A. Giuffrè, 1968, p. 3-6).

[37] "Direito de Família. [...] O transunto do acordado na separação judicial, sob o selo régio da homologação judicial, é o que juridicamente sobrevive válido. O que as partes, ainda que de boa fé, tenham ajustado verbalmente, na expressão usada pelas litigantes 'por fora', é dado como inexistente para o universo jurídico, em termos de revisionamento às obrigações assumidas. O acordo sacramentado faz lei entre as partes, e a revisão só se tem por pertinente daquilo que, concretamente, existe no mundo jurídico. Fora dela mera abstração. Decisão que, ante a incompossibilidade jurídica do pedido, emprestou correta solução ao litígio, credencia-se à confirmação de Instância de Revisão. Agravo retido prejudicado e apelo desprovido" (TJRJ, Apelação Cível 1995.001.03844, 27.2.1996).

[38] TJRJ, Apelação Cível 2004.001.13877, 27.1.2005.

[39] "Alimentos. Maioridade. Exoneração de pensão alimentar. Dúvida acerca da necessidade e importância dos estudos realizados pela alimentanda. Recurso conhecido e não provido. Viola a boa-fé objetiva a conduta da filha que utiliza os estudos como artifício para manter a pensão alimentícia dada pelo seu pai" (TJMG, Apelação Cível 1.0016.03.026488-7/001, 10.3.2005). Sobre o tema, ver, ainda, TJRJ, Apelação Cível 2001.001.16422, 11.12.2001.

A terceira espécie de situação – esta sim, a exigir análise cautelosa – é a única que, a rigor, corresponde efetivamente à aplicação da boa-fé objetiva às relações de família, e diz respeito às relações existenciais de direito de família.

6 Boa-fé objetiva em relações existenciais de família. A hipótese emblemática da ação negatória de paternidade

Nesse campo, a incidência da boa-fé objetiva deve ser vista com cuidado, não porque a cláusula geral não se aplique, mas porque o caráter existencial da relação atrai, de forma muito mais intensa, a incidência de princípios constitucionais que podem se chocar com a lógica negocial que subjaz, ao menos em perspectiva histórica, ao desenvolvimento da cláusula geral de boa-fé objetiva. De fato, toda a evolução recente do direito de família conduz à valorização do aspecto existencial – vez por outra, dito "afetivo" – das relações constituídas no seu âmbito.[40]

Não por outra razão, as decisões, aqui, são bem mais raras. Pode-se, contudo, tomar como emblemática a hipótese de proibição à ação negatória de paternidade por parte do pai presumido, que sempre se comportou perante o suposto filho menor como se fosse seu verdadeiro pai.[41] Na esteira da expansão da boa-fé objetiva, tem-se entendido que a cláusula geral vedaria esta ação negatória, por representar *venire contra factum proprium* da parte do pai presumido, que, rejeitando a condição que, de fato, exercera, violaria a legítima confiança do filho.[42] Tal comportamento afrontaria a boa-fé objetiva incidente sobre aquela relação familiar, ou um dever mais amplo de solidariedade no âmbito da família.

---

[40] "No decorrer dos anos que se passaram após a entrada em vigor do Código Civil de 1916, em virtude das inúmeras mutações sociais, diversas transformações marcaram a disciplina jurídica da família, destacando-se a admissão do reconhecimento dos filhos adulterinos, a emancipação da mulher casada e a dissolubilidade do vínculo matrimonial. Referidas transformações encontraram seu ápice na Constituição Federal de 1988. De fato, ao estabelecer como fundamento da República, a dignidade da pessoa humana, o constituinte opta por superar o individualismo, ou seja, a concepção abstrata do homem, que marcou o tecido normativo codificado, passando a eleger a pessoa, na sua dimensão humana, como centro da tutela do ordenamento jurídico" (Ana Luiza Maia Nevares, *A Tutela Sucessória do Cônjuge e do Companheiro na Legalidade Constitucional*, Rio de Janeiro: Renovar, 2004, p. 188-189).

[41] Sobre a presunção de paternidade e suas vicissitudes, ver Gabriela Tabet, *A inconstitucionalidade da presunção pater is est*, in RTDC – Revista Trimestral de Direito Civil, v. 22, 2005, p. 71-95.

[42] É de se conferir, com relação à aplicação do *nemo potest venire contra factum proprium* às ações negatórias de paternidade, o substancioso estudo de Rose Melo Vencelau Meireles, *A vedação ao comportamento contraditório nas ações de desconstituição da paternidade – Uma aplicação prática do princípio da sócio-afetividade* (no prelo): "Desse modo, a análise das circunstâncias de cada caso se torna imperiosa, pois onde existir a sócio-afetividade, não poderá ser afastado o vínculo paterno-filial por aquele que sabia não ser o pai biológico, mas sustentou esse vínculo frente ao filho que sempre teve naquele pai – presente ou ausente, bom ou mau – a figura paterna. Trata-se da vedação ao *venire contra factum proprium* em matéria de filiação."

Parece, todavia, que a construção tem, aí, a finalidade não de tutelar a confiança, mas de proteger o melhor interesse da criança, assegurando, de alguma forma, sua formação, seu sustento, sua educação com o auxílio de uma figura paterna. Tanto é assim que irrazoável seria sustentar a vedação à ação negatória de paternidade proposta por aquele que, não sendo o pai biológico, fosse desprovido de condições pessoais de assumir a paternidade de forma saudável à criança. E em nada importaria, nessa situação, a expectativa da criança, legítima ou não, no sentido daquela paternidade, já que, fora das relações biológicas, a atribuição do qualificativo paterno depende, sempre, daquilo que consiste objetivamente no melhor interesse do menor.[43]

Em outras palavras, a boa-fé objetiva e suas especificações, como a proibição de comportamento contraditório, na qualidade de conceitos forjados e desenvolvidos em âmbito negocial, dirigem-se a tutelar a expectativa das partes envolvidas, pressupondo, porque isso é o normal em relações contratuais, a plena correspondência entre expectativa e melhor interesse. Entretanto, no campo das relações existenciais, e, sobretudo, das relações existenciais envolvendo menores, expectativa e melhor interesse não raro divergem. Porque o apaixonar-se facilmente é a característica fundamental da infância, não é incomum que uma criança seja fascinada por uma figura a ela nociva, em termos objetivos. Em tais casos, a negatória de paternidade será, por certo, exercitada livremente e sem resistência.

Vale dizer: o critério técnico a frear ou não a impugnação à presunção de paternidade não pode ser a expectativa do menor, a sua confiança na manutenção da situação fática estabelecida, mas o seu melhor interesse, em acepção objetiva. Aplicar a boa-fé objetiva e o *nemo potest venire contra factum proprium* a fim de solucionar tais conflitos equivaleria a transferir a uma relação existencial uma lógica originariamente negocial, em oposição a toda a elevada existencialidade que se vai reconhecendo às relações entre pais, biológicos ou não, e filhos.[44]

Atribuir à expectativa da criança o condão de servir de fundamento à conservação da presunção de paternidade representaria, nesse sentido, o reconhecimento à tal expectativa de efeitos juridicamente vinculantes. Disso decorreria certa contradição interna no sistema jurídico brasileiro, já que efeitos juridicamente vinculantes não são atribuídos sequer à manifestação expressa de vontade do menor, por força do instituto da incapa-

---

[43] Sobre o princípio de proteção ao melhor interesse da criança, ver, principalmente, Tânia da Silva Pereira (Coord.), *O Melhor Interesse da Criança – Um Debate Interdisciplinar*, Rio de Janeiro: Renovar, 1999.

[44] "Busca-se uma família mais livre, sem massificação, com valorização da liberdade individual mas também da reciprocidade, com uma vivência mais solidarista, em que cada qual pensa e vive a família como resposta às suas aspirações de desenvolvimento pessoal, mas também com base na ajuda mútua e no diálogo. A família solidarista é o novo paradigma, que vem substituir o da família patriarcal. Não é mais o patrimônio o valor fundamental, mas sim, a pessoa humana" (Ana Carolina Brochado Teixeira, *Família, Guarda e Autoridade Parental*, Rio de Janeiro: Renovar, 2005, p. 34).

cidade.[45] Embora a opinião e a expressão da criança ganhem cada vez maior relevância na legislação específica e na própria normativa constitucional das relações familiares, parece algo contraditório afirmar que à vontade exteriorizada não se concede efeito jurídico vinculante – a título positivo (celebração de negócios jurídicos) ou negativo (culpa, para fins de configuração de ato ilícito) –, mas que tal efeito pode derivar, com importante repercussão para um terceiro, da expectativa intimamente despertada no menor.

Por fim, fundar a conservação da presunção de paternidade na tutela da confiança infantil implicaria, necessariamente, em manter livre o exercício da negatória onde tal expectativa não viesse a se formar. Significaria isso, de certo modo, estimular o tratamento frio por parte do pai presumido ou impor esclarecimentos que podem ser excessivamente impactantes no universo infantil. A esses e outros efeitos colaterais da solução de tais conflitos com base exclusivamente na aplicação da boa-fé objetiva, a doutrina e jurisprudência não podem permanecer indiferentes.

7 Conclusão

Não resta dúvida de que a boa-fé objetiva tem experimentado uma crescente expansão rumo a novas espécies de relações jurídicas. Os efeitos práticos desta expansão e da própria efetividade da boa-fé objetiva em seu campo original – o direito das obrigações – permanecem, todavia, sob o risco de uma certa banalização do conceito, decorrente da habitual associação entre boa-fé objetiva e ética, e caracterizada por um uso jurisprudencial meramente decorativo da cláusula geral, dissociado dos esforços mais recentes no sentido da especificação técnica do seu conteúdo.[46] Paradoxalmente, é só o emprego rigorosamente técnico da boa-fé objetiva que permite vislumbrar a propriedade ou impropriedade de sua extensão a certos segmentos de conflitos concretos, como os que dizem respeito às relações de família.

Nesse sentido, cumpre, antes de tudo, distinguir dentro do direito de família, com a máxima clareza possível, as relações de caráter patrimonial e as relações de caráter existencial, cujo tratamento diferenciado se impõe por força da axiologia consagrada na Constituição. Nas relações patrimoniais, não resta dúvida de que a boa-fé objetiva encontra aplicação, como conceito construído sob a ótica negocial, e que tem reconhecida incidência sobre qualquer espécie de relação fulcrada no direito das obrigações.

---

[45] "Art. 3º São absolutamente incapazes de exercer pessoalmente os atos da vida civil: I – os menores de dezesseis anos [...]."

[46] Observa Menezes Cordeiro que a expansão da boa-fé objetiva para além do direito civil "é notável e denota a complexão da boa fé não como instituto jurídico comum, mas como factor cultural importante, ligado, de modo estreito, a um certo entendimento do jurídico" (*Da Boa Fé no Direito Civil*, cit., p. 371).

Nas relações existenciais de família, também se deve admitir a aplicação da boa-fé objetiva, como mecanismo de controle dos atos de autonomia privada, onde outros instrumentos, mais específicos, já não exercerem esta função. Imperativo faz-se, todavia, atentar, sobretudo em tais relações, para a incidência direta dos princípios constitucionais, que, sendo hierarquicamente superiores à tutela da confiança e à boa-fé objetiva, quase sempre antecipam para os conflitos instaurados neste campo uma certa solução.[47] Tal solução pode não apenas se mostrar contrária à solução recomendada pela boa-fé objetiva, onde sua base negocial tiver decisiva influência, mas se revela, mesmo em caso de convergência, fundamentada em norma mais elevada sob o ponto de vista da hierarquia do sistema jurídico vigente, característica importantíssima na sua conservação.[48]

Não se pode, em síntese, renunciar à aplicação dos princípios constitucionais, nem tampouco escapar ao importante debate sobre os meios adequados à sua concretização, mediante um recurso aberto e generalizado à boa-fé objetiva, como espécie de panaceia apta a solucionar todos os casos. Cumpre, ao contrário, ter atenção às fronteiras da boa-fé objetiva, cuidando para que o instituto, por mais apaixonante que seja o seu percurso na transformação do direito contemporâneo, não venha a afetar a tutela de interesses existenciais constitucionalmente protegidos. Tudo pela muito simples razão de que cada paixão tem seu papel.

---

[47] Como se sustentou em outra sede: "O *nemo potest venire contra factum proprium* é, pois, aplicável também às situações existenciais. Nada obstante, é de se observar que, sobre tais situações, frequentemente incidem outros princípios que, por serem expressões mais diretas da dignidade da pessoa humana e dos valores fundamentais da Constituição, adquirem, quase sempre, um peso maior que a proteção à confiança (como o direito à privacidade, o direito ao conhecimento da origem biológica, etc.)" (Anderson Schreiber, *A Proibição de Comportamento Contraditório*, cit., p. 262).

[48] Importância que está longe de representar sujeição a um mero formalismo jurídico: "A hierarquia das fontes não responde apenas a uma expressão de certeza formal do ordenamento para resolver os conflitos entre as normas emanadas por diversas fontes; é inspirada, sobretudo, em uma lógica substancial, isto é, nos valores e na conformidade com a filosofia de vida presente no modelo constitucional" (Pietro Perlingieri, *Perfis do Direito Civil*, cit., p. 9-10).

22

Aborto do Feto Anencéfalo e Tutela dos Direitos da Mulher

*Desde que a pessoa tenha dinheiro para pagar,
o aborto é permitido no Brasil.*

Drauzio Varella

Sumário: 1. O aborto no Brasil. 2. A inconstitucionalidade da tipificação penal do aborto e a autodeterminação corporal da mulher. 3. Aborto de fetos anencéfalos e o julgamento da ADPF 54. 4. Para além da anencefalia.

1   O aborto no Brasil

Tratado como tabu por décadas, e tipificado como crime no Brasil, o aborto ganhou, enfim, o espaço público. Pouco a pouco, a sociedade brasileira começa a despertar para o drama de milhares de mulheres que, desprovidas de recursos econômicos, realizam abortos em clínicas clandestinas, sob condições insalubres e com grave risco para a sua integridade física. A criminalização do aborto no Brasil nunca evitou a prática, apenas a condenou ao submundo, à marginalidade do Estado de Direito. Pesquisa realizada pela Universidade de Brasília e pelo Instituto ANIS revelou que, no Brasil, uma em cada cinco mulheres de 40 anos já realizou, ao menos, um aborto ao longo da vida.[1]

---

[1]   Uma síntese dos resultados obtidos na Pesquisa Nacional do Aborto, realizada pela Universidade de Brasília e pelo Instituto ANIS – Instituto de Bioética, Direitos Humanos e Gênero, pode ser consultada no endereço eletrônico <www.abortoemdebate.com.br/wordpress/?p=640>. Acesso em: 31.8.2012.

Diante de uma realidade tão frequente, a discussão jurídica em torno da legitimidade ou não do aborto soa quase fantasiosa. Independentemente do que diga a lei, as mulheres brasileiras realizam abortos. O que a criminalização do aborto faz em nosso país é lançar o procedimento na clandestinidade, privando-o de fiscalização e controle sanitário e inibindo a busca do melhor tratamento para as numerosas complicações que a prática clandestina do aborto pode provocar no organismo das pacientes.

Estudos de campo revelam que os números de internações pós-aborto são extremamente elevados em nosso país.[2] E o atual tratamento legislativo contribui para agravar intensamente esse quadro, na medida em que, por força da criminalização do aborto, a paciente normalmente tenta ocultar de familiares e vizinhos os sintomas de que começa a padecer após o procedimento, retardando o ingresso no hospital e intensificando seu estado patológico. Quando, finalmente, se submete ao atendimento médico, deixa de revelar o aborto, dificultando o diagnóstico, o tratamento e a recuperação. Confira-se o impressionante relato do médico Drauzio Varella:

> "A técnica desses abortamentos geralmente se baseia no princípio da infecção: a curiosa introduz uma sonda de plástico ou agulha de tricô através do orifício existente no colo do útero e fura a bolsa de líquido na qual se acha imerso o embrião. Pelo orifício, as bactérias da vagina invadem rapidamente o embrião desprotegido. A infecção faz o útero contrair e eliminar seu conteúdo. O procedimento é doloroso e sujeito a complicações sérias, porque nem sempre o útero consegue livrar-se de todos os tecidos embrionários. As membranas que revestem a bolsa líquida são especialmente difíceis de eliminar. Sua persistência na cavidade uterina serve de caldo de cultura para as bactérias que subiram pela vagina, provoca hemorragia, febre e toxemia. A natureza clandestina do procedimento dificulta a procura por socorro médico, logo que a febre se instala. Nessa situação, a insegurança da paciente em relação à atitude da família, o medo das perguntas no hospital, dos comentários da vizinhança e a própria ignorância a respeito da gravidade do quadro colaboram para que o tratamento não seja instituído com a urgência que o caso requer. A septicemia resultante da presença de restos infectados na cavidade uterina é causa de morte frequente entre as mulheres brasileiras em idade fértil."[3]

A interminável discussão moral e religiosa em torno da legitimidade ou não do aborto cede passagem a um problema concreto de saúde pública. A "questão do aborto", expressão usualmente empregada quando se trata do tema, não pode mais ser encarada desse modo: como uma "questão", uma indagação de ordem filosófica em torno da qual nunca se chegará a um consenso. Discutir o aborto nesse plano é como tentar obter um

---

[2] "A internação pós-aborto foi observada em cerca de metade dos abortos" (Débora Diniz e Marcelo Medeiros, *Aborto no Brasil: uma pesquisa domiciliar com método de urna*, in *Ciência e Saúde Coletiva*, v. 15, supl. 1, Rio de Janeiro, jun./2010).

[3] Drauzio Varella, *A Questão do Aborto*, disponível no endereço eletrônico: <http://drauziovarella.com.br/saude-da-mulher/gravidez/a-questao-do-aborto/>. Acesso em: 31.8.2012.

acordo entre religião e ciência. Sempre haverá opiniões contrárias à prática; muitas das mulheres que se submetem ao aborto também são contra o aborto, mas são impelidas a realizá-lo por pressões familiares, medo de perder o emprego, vergonha da comunidade ou simples impossibilidade financeira de criar um filho. A criminalização do aborto só contribui para tudo isso na medida em que cerca o procedimento médico de clandestinidade e impede que as próprias gestantes analisem, de modo equilibrado e transparente, os riscos envolvidos em cada uma das alternativas. Em outras palavras: a superação da abordagem criminalizante do aborto poderia até, paradoxalmente, contribuir para reduzir o número de casos em que é praticado.

Vale dizer: nem para quem é contrário à prática do aborto, sua tipificação penal encontra justificativa palpável. A oposição à "legalização" do aborto somente se explica por razões morais e religiosas que se encontram em um plano abstrato e inteiramente diverso do problema de saúde pública representado pela realidade da prática clandestina do aborto. E se é certo que a alteração do Código Penal neste particular seria muito bem-vinda, está longe de ser imprescindível, na medida em que a interpretação sistemática do ordenamento jurídico brasileiro já revela que a opção legislativa pela proibição penal do aborto é nula, por flagrante afronta aos valores constitucionais.

2   A inconstitucionalidade da tipificação penal do aborto e a autodeterminação corporal da mulher

No plano estritamente jurídico, não pode haver qualquer dúvida de que a tipificação penal do aborto afigura-se flagrantemente contrária às normas fundamentais do ordenamento, devendo ser considerada não recepcionada pelo atual texto constitucional. Ao elevar a dignidade humana a fundamento da República, a Constituição de 1988 assegurou proteção à autodeterminação existencial do ser humano em diferentes esferas. Ao declarar que "ninguém será submetido a tortura nem a tratamento desumano ou degradante" (art. 5º, III), o Constituinte brasileiro não assegurou apenas a inviolabilidade da integridade física dos cidadãos frente ao Estado, mas se comprometeu também com a sua proteção em face da sociedade civil e dos costumes religiosos, na esteira de uma longa evolução histórica no tratamento jurídico do corpo humano.

Visto, por muitos séculos, como uma dádiva divina, o corpo humano era considerado como objeto merecedor de uma proteção superior aos desígnios individuais. O intenso simbolismo religioso construído em torno do corpo, que pode ser vislumbrado no ritual católico da comunhão ("corpo de cristo"), impôs historicamente diversas restrições morais ao uso do corpo, que foram acolhidas pela tradição jurídica e que se situam nas raízes da repressão penal à prostituição e ao adultério. O Estado também apropria-se do corpo humano, ora como fruto do exercício da persecução penal, ora por razões de saúde pública (disposição de cadáveres, por exemplo), alijando o indivíduo da sua mais íntima expressão material. O pensamento moderno procura romper com essa perspectiva, recolocando, gradativamente, a integridade corporal no campo da autonomia do sujeito.[4] Nesse sentido é que se passa a falar em "direito ao próprio corpo", expressão que procura enfatizar que o corpo deve atender à realização da própria pessoa, e não aos interesses de qualquer entidade abstrata (Igreja ou Estado).

O direito ao próprio corpo consolida-se na realidade contemporânea e, no caso específico do ordenamento jurídico brasileiro, vem encontrar fundamento na tutela constitucional da dignidade da pessoa humana. Diversas práticas corporais antes vistas como afrontas aos bons costumes ou vedadas por dispositivos legais específicos têm hoje amparo em uma visão renovada do direito ao próprio corpo. O corpo reingressa na esfera de autonomia do ser humano, passando a representar instrumento da realização do seu próprio projeto de vida e felicidade. Difunde-se na sociedade o uso do corpo como meio de expressão artística (*bodyart*), puramente estética ou intelectual, ou, ainda, como instrumento de diversão e lazer.[5]

Na mesma direção, reconhece-se a legitimidade da modificação do corpo humano para atender à concepção de bem-estar do seu titular. Exemplo emblemático é o das cirurgias de transgenitalização (cirurgias de readequação de sexo), que, outrora tratadas como procedimentos ilegais e clandestinos, ganharam, na última década, a acolhida da comunidade médica, da sociedade em geral e, finalmente, do Poder Judiciário, que vem a ser não raro a última fronteira para matérias que envolvam a quebra de tabus e a alteração dos costumes.

O reconhecimento jurídico da possibilidade de se alterar o próprio corpo para suprimir um sentimento de inadequação ao sexo anatômico é conquista que revela a prevalência da busca pela genuína realização do ser humano, albergada pela Constituição da República, sobre o determinismo biológico e social, que caracterizou o tratamento do corpo no passado. O exemplo tem muito a contribuir para a discussão do aborto, ainda às voltas com argumentos que pretendem impor um certo destino (social, moral e religioso) ao corpo da mulher, de modo indiferente ou até contrário à sua vontade, como se o corpo fosse um fardo, e não um instrumento de realização da felicidade pessoal, como quer a ordem constitucional brasileira.

Note-se que, mesmo nas hipóteses extremas, envolvendo risco de vida ou mesmo morte provável, nossa ordem jurídica vem reconhecendo a livre disposição do corpo humano, por meio de normas jurídicas e deontológicas. Recentemente, o Conselho Federal de Medicina editou a Resolução CFM 1.995/2012, que dispõe sobre as "diretivas antecipadas de vontade", definidas como "o conjunto de desejos, prévia e expressamente manifestados pelo paciente, sobre cuidados e tratamentos que quer, ou não, receber no momento em que estiver incapacitado de expressar, livre e autonomamente, sua

---

[4] José Antônio Peres Gediel, *Os Transplantes de Órgãos e a Invenção Moderna do Corpo*, Curitiba Moinho do Verbo, 2000, p. 1-8.

[5] Sobre o tema, seja consentido remeter a Anderson Schreiber, *Direitos da Personalidade*, São Paulo Atlas, 2012, capítulo 2: *Direito ao Próprio Corpo*.

vontade".[6] A norma reforça o espaço de autodeterminação do ser humano em matéria existencial, reconectando-o ao pleno domínio do seu corpo e ao modo como é tratado mesmo nas hipóteses mais extremas.

Toda essa aventura libertária do corpo ganha contornos ainda mais fortes quando contemplada sob a ótica dos direitos da mulher. Já vista como mera depositária da continuidade genética do varão, predestinada à gestação pela Igreja e pela sociedade, a mulher se depara, com intensidade talvez inédita na História, com a sua liberdade corporal. A revolução feminista, o advento da pílula anticoncepcional e uma séria de outros fatores culminam, a partir dos anos 70, na superação do destino maternal como única via possível para a realização feminina. As mulheres conquistam, após longas lutas, a sua autodeterminação corporal plena. A maternidade deixa de ser vista como uma necessidade orgânica para se tornar uma escolha pessoal.

A essa gigantesca transformação permanece indiferente a legislação penal brasileira relativa ao aborto. Em franca contradição com a expressa disposição do Código Civil de 2002 que somente considera "pessoa" quem nasce com vida (art. 2º), a codificação penal continua a listar o aborto entre os crimes contra a vida. O Código Penal pune tanto a gestante que provoca o aborto em si mesma ou consente que terceiro o provoque (art. 124), quanto o terceiro (médicos etc.) que realiza o aborto, sem ou com o consentimento da gestante (arts. 125 e 126). As exceções penais continuam limitadas às hipóteses de risco de vida da gestante e de gravidez resultante de estupro:

> "Art. 128 Não se pune o aborto praticado por médico:
>
> I – se não há outro meio de salvar a vida da gestante;
>
> II – se a gravidez resulta de estupro e o aborto é precedido de consentimento da gestante ou, quando incapaz, de seu representante legal."

Somente nessas hipóteses, a codificação penal afasta a punibilidade do médico. Diante do risco, a maior parte deles não se dispõe a realizar o procedimento, que acaba restrito a clínicas clandestinas, que cobram caro pela prática. O evidente contraste das disposições penais com a axiologia constitucional permanece mascarado por argumentos morais e religiosos que não encontram amparo no direito positivo do nosso Estado laico. Um sopro de renovação veio se fazer sentir, contudo, em uma hipótese específica: a do aborto de fetos anencéfalos.

3 Aborto de fetos anencéfalos e o julgamento da ADPF 54

A anencefalia é, tecnicamente, uma má formação do tubo neural durante a fase embrionária. Trata-se, em outras palavras, de uma má formação fetal do cérebro. Ao

---

[6] Sobre o tema, ver, neste mesmo volume, *Testamento Biológico e Resolução CFM 1.995/2012*.

contrário do que o termo poderia sugerir, fetos anencéfalos podem possuir partes do tronco cerebral, garantindo algumas funções vitais do organismo. A patologia, todavia, é letal. A maioria dos fetos já nasce sem vida. Para aqueles que sobrevivem ao nascimento, não existe cura ou tratamento. A maior parte morre algumas horas ou dias após o parto. Em hipóteses muito raras, a sobrevida alcança um ou, no máximo, dois anos. A maioria dos casos de anencefalia pode ser diagnosticada no período pré-natal, por um simples exame de ultrassom.

Dispensa explicação o drama vivido por mulheres gestantes de fetos anencéfalos. A decisão de prosseguir ou não com a gestação e de tentar ter ou não o bebê nessas condições consiste, a toda evidência, em uma decisão personalíssima. Entretanto, o direito positivo brasileiro suprime esta possibilidade de escolha ao tipificar o aborto como crime, sem abrir exceção à anencefalia ou a qualquer outra anomalia letal do feto, que conduza ao seu falecimento necessário antes, durante ou logo após o parto. Daí a Confederação Nacional dos Trabalhadores na Saúde ter proposto, em junho de 2004, a Arguição de Descumprimento de Preceito Fundamental 54, pleiteando, em síntese, que o Código Penal passasse a ser interpretado em conformidade com os princípios constitucionais, de modo a se afastar a configuração de crime de aborto na interrupção da gravidez de fetos anencefálicos.

Analisando o pedido da Confederação Nacional dos Trabalhadores na Saúde, o Ministro Marco Aurélio de Mello concedeu, em 1º de julho de 2004, corajosa liminar reconhecendo o "direito constitucional da gestante de submeter-se à operação terapêutica de parto de fetos anencefálicos, a partir de laudo médico atestando a deformidade, a anomalia que atingiu o feto". Destacou, na ocasião, o Ministro:

> "a gestante convive diuturnamente com a triste realidade e a lembrança ininterrupta do feto, dentro de si, que nunca poderá se tornar um ser vivo. Se assim é – e ninguém ousa contestar –, trata-se de situação concreta que foge à glosa própria ao aborto – que conflita com a dignidade humana, a legalidade, a liberdade e a autonomia de vontade".

A liminar viria a ser revogada um mês depois pelos demais Ministros, abrindo-se nova fase do processo, para a realização de audiências públicas com entidades envolvidas com a causa. Embora tenham se arrastado por tempo demasiadamente longo, as audiências públicas sensibilizaram os Ministros e a sociedade para o drama vivido pelas gestantes de fetos anencefálicos. Finalmente, em abril de 2012, quase oito anos após a sua propositura, a ADPF 54 foi a julgamento definitivo. Por 8 (oito) votos a 2 (dois), o Supremo Tribunal Federal decidiu que o pedido era procedente: a interrupção da gravidez de fetos anencéfalos não configura crime de aborto no Brasil.

O Ministro Marco Aurélio, relator do processo, citou dados da Organização Mundial de Saúde (OMS), referentes ao período entre 1993 e 1998, segundo os quais o Brasil é o quarto país no mundo em incidência de anencefalia fetal. E destacou:

"Aborto é crime contra a vida. Tutela-se a vida em potencial. No caso do anencéfalo, não existe vida possível. O feto anencéfalo é biologicamente vivo, por ser formado por células vivas, e juridicamente morto, não gozando de proteção estatal. [...] O anencéfalo jamais se tornará uma pessoa. Em síntese, não se cuida de vida em potencial, mas de morte segura. Anencefalia é incompatível com a vida."

Na mesma direção, registrou o Ministro Luiz Fux:

"Um bebê anencéfalo é geralmente cego, surdo, inconsciente e incapaz de sentir dor. Apesar de que alguns indivíduos com anencefalia possam viver por minutos, a falta de um cérebro descarta completamente qualquer possibilidade de haver consciência. [...] Impedir a interrupção da gravidez sob ameaça penal equivale à tortura."

O Ministro Gilmar Mendes lembrou que, dos 194 países vinculados à Organização das Nações Unidas (ONU), 94 já permitiam o aborto quando verificada a ausência parcial ou total de cérebro no feto. E o Ministro Ayres Britto afirmou:

"é um direito que tem a mulher de interromper uma gravidez que trai até mesmo a ideia-força que exprime a locução 'dar à luz'. Dar à luz é dar à vida e não dar à morte. É como se fosse uma gravidez que impedisse o rio de ser corrente".

O entendimento pela procedência do pedido foi acompanhado, ainda, pelos Ministros Joaquim Barbosa, Rosa Weber, Cármen Lúcia e Celso de Mello. Ricardo Lewandowski e Cezar Peluso, Presidente da Corte, votaram pela improcedência e restaram vencidos. O Ministro Toffoli declarou-se impedido para participar do julgamento, por já ter se manifestado publicamente, quando Advogado-Geral da União, sobre a ADPF 54, a favor da possibilidade de interrupção da gravidez em casos de anencefalia.

O julgamento da ADPF 54 representou importante passo na tutela da dignidade da mulher e de seus direitos fundamentais. O Supremo Tribunal Federal afastou o tratamento repressivo do direito penal que servia de obstáculo ao livre exercício da autodeterminação corporal da mulher, em uma situação extrema. A Corte foi, contudo, cautelosa em sua conclusão, evitando recomendar ao Ministério da Saúde e ao Conselho Federal de Medicina que adotassem medidas para viabilizar o aborto nos casos de anencefalia, como queriam alguns Ministros. Também preocupou-se todo o tempo em destacar que cuidava de uma situação peculiar e específica, receosa de que suas conclusões fossem estendidas a outras hipóteses de aborto. Advertiu, nesse sentido, a Ministra Carmem Lúcia:

"Faço questão de frisar que este Supremo Tribunal Federal não está decidindo permitir o aborto."

Não há como deixar, contudo, de aplicar o mesmo raciocínio libertário a outras situações que vão além da anencefalia.

4 Para além da anencefalia

As conclusões alcançadas pelo Supremo Tribunal Federal no julgamento da ADPF 54 aplicam-se estritamente à anencefalia. O raciocínio traçado pela Corte pode e deve, contudo, ser estendido a outras situações patológicas que, radicando na mesma característica fundamental da anencefalia, evidenciem o elevado risco de morte do feto antes, durante ou logo após o parto (como ocorre, por exemplo, em certas hipóteses de má--formação óssea). Não há qualquer razão para que a interrupção da gravidez nesses casos seja considerada crime, se já não o é na hipótese de anencefalia.

Em um segundo grau de extensão devem ser consideradas, também, aquelas situações que, embora sem o componente sombrio do prognóstico da morte certa, impõem risco grave de vida ou comprometem de modo significativo a saúde da criança. Em muitos países, por exemplo, é autorizada a interrupção da gravidez em caso de diagnóstico de rubéola, doença que, se contraída pela gestante, pode impor severas limitações físicas à criança que venha a nascer.

Por fim, e já aqui transcendendo as conclusões do Supremo Tribunal Federal, impõe--se a revisão da vedação penal ao aborto, privilegiando-se, de modo mais efetivo e realista, a autodeterminação pessoal da gestante em qualquer hipótese. As situações identificadas acima (anencefalia, má-formação óssea, rubéola etc.) revelam apenas hipóteses tópicas em que a criminalização do aborto assume conotação monstruosa, assemelhando-se, como asseverou o Ministro Luiz Fux, à imposição da tortura. A verdade, contudo, é que, em qualquer situação, a maternidade deve ser uma dádiva desejada, não havendo, à luz da nossa ordem jurídica, qualquer razão legítima para que o Estado interfira na autonomia corporal da mulher, impondo-lhe, a partir de descuidos ou acidentes, uma gravidez involuntária.

A maternidade é, em essência, uma decisão. A intromissão pública nos destinos do corpo e na opção pela maternidade – tornando-a, portanto, uma não opção – afronta diretamente a dignidade humana, tutelada na Constituição como valor fundamental da República (art. 1º, III). Agride, ainda, o art. 226, que alude à paternidade responsável e impede a interferência coercitiva do Estado no planejamento familiar (§ 7º). Pior: atentando-se para a realidade social, onde o aparato público repressivo não logra impedir o aborto para quem quer que tenha recursos para financiá-lo, verifica-se, como já destacado, que a vedação criminal tem como único efeito empurrar mães jovens e pobres para clínicas clandestinas, com imenso risco à sua saúde e à sua vida.

Concorde-se ou não com tudo quanto foi dito até aqui, o que se faz urgente é um debate social e jurídico mais franco, que tenha olhos abertos para a realidade e que transcenda a mera repetição de dogmas e preconceitos construídos à luz de ideologias do passado, não mais compatíveis com os valores consagrados na Constituição brasileira. O direito ao próprio corpo, visto em uma dimensão mais ampla como direito à integridade psicofísica, à saúde e ao bem-estar, não apenas impede, mas faz parecer verdadeiramente medieval o uso da força do Estado para reprimir uma escolha que é importante demais para não ser íntima, pessoal e desejada.

23

Testamento Biológico e Resolução CFM 1.995/2012

O filme *Mar Adentro*, de Alejandro Amenábar, retrata a comovente história de Ramón Sampedro, escritor espanhol que se tornou tetraplégico após sofrer um acidente de mergulho aos 25 anos de idade.[1] Durante quase três décadas, Ramón lutou em cortes judiciais espanholas e europeias para ver reconhecido o seu direito de pôr fim à própria vida, de maneira digna. Durante todo esse tempo, reiterou invariavelmente sua decisão de encerrar a própria existência, ato para o qual necessitava, por sua paralisia, da ajuda de terceiros que não queria ver responsabilizados pelas consequências da sua própria decisão. O pleito jamais foi acolhido pelos tribunais, mas Ramón finalmente atingiu seu objetivo em janeiro de 1998, envenenando-se com cianureto.

O procedimento que conduziu ao seu suicídio foi dividido em numerosas pequenas ações, de modo a dificultar a responsabilização penal de quem quer que fosse. Ainda assim, dias após a sua morte, a polícia espanhola chegou a prender uma de suas amigas mais próximas, Ramona Maneiro, sob a acusação de assistência ao suicídio. A polícia foi, contudo, forçada a libertá-la após um movimento internacional formado por centenas de pessoas que enviaram cartas às autoridades espanholas confessando a autoria do suicídio, o que acabou resultando no arquivamento do processo por inviabilidade da investigação.

Ramón Sampedro não foi a única pessoa a lutar para que a ordem jurídica reconhecesse seu direito de morrer dignamente. No mundo todo, por diferentes razões, as cortes judiciais vêm sendo chamadas a se manifestar em situações em que uma pessoa pretende pôr fim a uma existência dolorosa ou que considera, por algum motivo, indigna. Contornos ainda mais delicados adquirem aqueles casos em que a luta judicial é assumida por

---

[1] A obra mais conhecida de Ramón Sampedro é o seu *Cartas desde el Infierno*, publicado em 1996, dois anos antes da sua morte.

parentes da pessoa cuja vida (cerebral) é mantida artificialmente, naquilo que se denomina "estado vegetativo". Tornou-se célebre nesse sentido a batalha judicial travada, nos Estados Unidos, pela família de Nancy Cruzan.

Nancy viveu sua vida normalmente até os 25 anos, quando, vítima de um acidente automobilístico, foi ressuscitada por paramédicos, recuperando suas funções vitais, mas não sua consciência. Permaneceu em coma por três semanas em um hospital do Missouri, nos Estados Unidos, ingressando, a partir daí, no que se denomina de "estado vegetativo permanente". Sua família iniciou, então, uma longa cruzada para obter o direito de retirar o tubo que a alimentava, deixando-a morrer. Os médicos recusaram-se a tomar qualquer atitude sem autorização judicial. A ação judicial foi promovida com base na alegação de que Nancy havia, ao longo da vida, manifestado diversas vezes sua intenção de não ser mantida viva em estado vegetativo. Embora o juiz de primeiro grau tenha acolhido o pedido, a Suprema Corte do Missouri entendeu, em um primeiro julgamento, que não havia prova clara e convincente de que fosse esse o desejo de Nancy Cruzan.

O recurso da família Cruzan à Suprema Corte dos Estados Unidos foi negado, ao fundamento de que o Estado do Missouri era livre para exigir alguma espécie de formalização da vontade do paciente para fins de interrupção do tratamento médico. Naquele julgamento, contudo, a Corte Suprema reconheceu, pela primeira vez, pela maioria de seus membros, um direito constitucional à interrupção do tratamento médico que mantém vivas pessoas em estado vegetativo permanente, desde que respeitadas as formalidades exigidas por cada Estado.[2]

A batalha legal da família Cruzan, que dividiu a opinião pública norte-americana, encerrou-se em 1990, quando o caso foi reapresentado à Corte do Missouri e, finalmente, acolhido com base em novas provas da intenção inequívoca de Nancy. Em dezembro daquele ano, Nancy Cruzan foi enterrada no cemitério de Carterville, sua cidade-natal, sob uma lápide em que se lê: "Nascida em 20 de julho de 1957. Partiu em 11 de janeiro de 1983. Em paz em 26 de dezembro de 1990."[3]

Casos como o de Nancy Cruzan têm sido debatidos no Brasil de modo acalorado, sob o enfoque moral, cultural e religioso. Também no campo jurídico, a discussão tem se mantido nos extremos, contrapondo, de um lado, aqueles que rejeitam a eutanásia, classificando-a como crime de homicídio privilegiado (Código Penal, art. 121, § 1º), e, de outro, aqueles que a defendem diante da ausência de norma expressa a respeito, quer na legislação civil, quer na legislação penal. Assim encarado, o debate parece destinado a não evoluir. É que o próprio termo "eutanásia" (do grego, *boa morte*) é empregado para designar uma ampla diversidade de situações concretas, que merecem exame em separado.[4]

---

[2] *Supreme Court of the United States*, 497 U.S. 261, 25.6.1990.
[3] Sobre a tocante jornada da família Cruzan, confira-se a matéria de Andrew Malcolm intitulada *Nancy Cruzan: End to Long Goodbye*, publicada em 29.12.1990, e disponível ainda hoje no site do jornal *The New York Times*.
[4] Anderson Schreiber, *Direitos da Personalidade*, São Paulo: Atlas, 2011, p. 55-57.

Há, em primeiro lugar, hipóteses em que o paciente capaz opta livremente por recusar certo tratamento, mesmo após ter sido informado de que a recusa pode conduzir progressivamente ao agravamento da doença e, em última análise, ao óbito. É o caso da vítima de câncer que opta por não realizar quimioterapia. Aqui, não pode haver dúvida de que a vontade do paciente deve ser respeitada. Trata-se de inevitável aplicação do já aludido princípio do consentimento informado, que, como constata elevada doutrina, "de regra da vida está se tornando também regra do morrer, assinalando a passagem do poder do terapeuta à responsabilidade do paciente".[5] Do mesmo modo que o direito protege a opção da pessoa por tratamentos menos invasivos ou dolorosos, acolhe também sua consciente decisão de não receber tratamento algum. Ainda que a decisão conduza à morte, não se tem, a rigor, eutanásia.

Debates mais intensos surgem quando o paciente, já em fase terminal, solicita a suspensão de procedimentos e tratamentos que prolongam artificialmente a sua existência. Aqui, atender à vontade do paciente resulta diretamente no resultado letal. A participação do médico entra em cena como elemento agravante do dilema ético e jurídico. Trata-se do que se vem denominando de ortotanásia ou eutanásia passiva. Nada obstante a diferença fática, também nessa hipótese a vontade consciente e informada do paciente deve ser atendida. A livre opção pela interrupção de tratamento voltado à conservação artificial da vida deve ser respeitada, como expressão da tutela constitucional da dignidade humana.

Nessa direção, o Conselho Federal de Medicina editou a Resolução 1.805/2006 cujo art. 1º permite "ao médico limitar ou suspender procedimentos e tratamentos que prolonguem a vida do doente em fase terminal, de enfermidade grave e incurável, respeitada a vontade da pessoa ou de seu representante legal". Decisão de antecipação de tutela proferida no âmbito de ação civil pública suspendeu a eficácia da norma de 2006, ao argumento de que tal modificação no ordenamento jurídico não poderia advir de mera resolução.[6] A rigor, todavia, não se trata de modificação no ordenamento, mas de simples regulamentação do exercício de autodeterminação do paciente, o qual já decorre da norma constitucional de proteção à dignidade humana (art. 1º, III).

De todo modo, encontra-se atualmente em tramitação no Congresso Nacional projeto de lei destinado a regulamentar a ortotanásia, também chamada eutanásia passiva, entendida como "suspensão de procedimentos ou tratamentos extraordinários, que têm por objetivo unicamente a manutenção artificial da vida de paciente terminal, com enfermidade grave e incurável" (Projeto de Lei 3.002/2008, art. 2º). O projeto exige "solicitação expressa e por escrito do doente ou seu representante legal" (art. 3º) e estabelece

---

[5] Stefano Rodotà, em entrevista ao *Il Manifesto*, publicada em 27.9.2006 sob o título *La dignità della fine*.
[6] TRF – 1ª Região, Processo 2007.34.00.014809-3, 23.10.2007.

um amplo sistema de controle da decisão com base na atuação de junta médica especializada, do Ministério Público e, eventualmente, do Poder Judiciário (art. 6º).[7]

A aceitação da eutanásia passiva ou ortotanásia torna-se ainda mais imperativa naquelas hipóteses em que a conservação artificial das funções vitais se dá com grande sacrifício para o paciente, especialmente quando as chances de cura são nulas ou muito remotas, ou quando a manutenção da vida se promete extremamente dolorosa. Insere-se nessa hipótese, por exemplo, o célebre caso da inglesa Lillian Boyes, que sofria de uma forma tão dolorosa de artrite reumatoide que, mesmo sob o efeito dos mais poderosos analgésicos, gritava de dor quando seu filho tocava sua mão com o dedo.[8] Sua agonia encerrou-se com uma injeção letal, aplicada por seu médico, Dr. Nigel Cox, que foi condenado a um ano de reclusão, veredicto que deflagrou uma vasta campanha em prol da legalização da eutanásia no Reino Unido.[9]

Casos como o de Lillian Boyes merecem um capítulo à parte na discussão da eutanásia. Termos específicos têm sido cunhados para reforçar a legitimidade da extinção da vida nesses casos. Fala-se, na Itália, em *"accanimento terapeutico"*, expressão que designa o apego obstinado e fiel (a exemplo da fidelidade canina) ao tratamento médico, sem a necessária reflexão sobre a sua oportunidade e conveniência no caso específico.[10] No Brasil, tem se difundido, com sentido semelhante, o termo "distanásia", sinônimo de "morte lenta, com grande sofrimento", em que os potenciais benefícios do tratamento médico "para o paciente são nulos ou tão pequenos ou improváveis que não superam os seus potenciais malefícios".[11] Em casos assim, parece desnecessário recordar que a vida é um direito do paciente, não um dever, devendo ser autorizada a interrupção do tratamento que preserva artificialmente a sobrevivência do enfermo.

A dignidade humana impõe, como já se viu, não apenas uma vida digna, mas também uma morte digna. Tal garantia revela-se ainda mais importante nessas situações em que a preservação da vida do paciente se dá com enorme sofrimento. Por sofrimento, a propósito, não se deve entender apenas o elevado desconforto físico. Também o sofrimento

---

[7] Para mais detalhes, ver Gustavo Tepedino e Anderson Schreiber, *O Extremo da Vida – Eutanásia, Accanimento Terapêutico e Dignidade Humana*, in RTDC – Revista Trimestral de Direito Civil, v. 39, p. 3-17.

[8] Ronald Dworkin, *Domínio da Vida – Aborto, Eutanásia e Liberdades Individuais*, São Paulo: Martins Fontes, 2009, 2. ed., p. 251.

[9] Confira-se a matéria de Kathy Marks, *Consultant convicted of attempted murder*, publicada no The Independent, em 20.9.1992.

[10] Sobre o tema, ver Gustavo Tepedino e Anderson Schreiber, *O Extremo da Vida: Eutanásia, Accanimento Terapeutico e Dignidade Humana*, in RTDC – Revista Trimestral de Direito Civil, v. 39, p. 3-18.

[11] Renato Lima Charnaux Sertã, *A Distanásia e a Dignidade do Paciente*, Rio de Janeiro: Renovar, 2005, pp. 32-33.

emocional pode justificar a escolha por uma morte digna. A hipótese é mais polêmica, mas juridicamente reflete o mesmo exercício de autonomia pessoal no encerramento da vida.[12]

As maiores dificuldades técnico-jurídicas surgem nos casos de pacientes incapacitados. Em tais hipóteses, em que os pacientes são jurídica ou fisicamente incapazes de manifestar sua vontade, abre-se um amplo e compreensível espaço para debate acerca da decisão mais acertada. Discute-se não apenas se alguém pode substituir o paciente para tomar tal decisão, mas também quem seria, em caso afirmativo, o legitimado para tanto.

A doutrina registra que, "se o doente está impossibilitado de manifestar-se, a família, em geral considerada guardiã do enfermo, tem assumido tal responsabilidade".[13] Não raro, todavia, há divergência entre parentes, cônjuges, companheiros. Daí a advertência de que,

> "mais do que as pessoas que sejam vinculadas pelo sangue ou pelo matrimônio ao doente, aqueles que tenham vivenciado de fato a realidade do enfermo, conheçam-no em profundidade, e ainda, mantenham com eles laços afetivos verdadeiros, estarão mais habilitadas a vislumbrar a *integridade do seu perfil*, de modo a melhor interpretarem os seus desígnios mais verazes".[14]

Deve-se reconstruir, de fato, a intenção do paciente, como já tantas vezes ressaltado. A interferência dos familiares em uma decisão tão irreversível suscita, não raro, preocupações com o eventual interesse patrimonial de herdeiros do paciente. Daí por que os médicos e as cortes judiciais hesitam em atender aos pedidos de interrupção de tratamento apresentados por familiares. Tal hesitação tem levado, nos Estados Unidos, e mais recentemente na Europa, a uma crescente difusão do chamado testamento biológico ou testamento vital, tradução literal da expressão norte-americana *living will*.

Trata-se, em apertada síntese, do instrumento por meio do qual a pessoa manifesta, antecipadamente, sua recusa a certos tratamentos médicos, com o propósito de escapar ao drama terminal vivido por pacientes incapazes de exprimir a sua vontade. Com o mesmo propósito, alguns ordenamentos jurídicos têm admitido que a pessoa indique um mandatário para assuntos dessa natureza, por meio das chamadas *health care proxies* ou simplesmente "procurações de saúde".

No Brasil, mesmo à falta de qualquer autorização legislativa, a doutrina mais atenta já vinha defendendo a validade do testamento biológico, como expressão do direito de

---

[12] Emblemático, nesta direção, foi o caso de Edwardo Downes, maestro britânico que, após ter sido informado do diagnóstico de câncer terminal de sua mulher, a bailarina Joan Downes, decidiu que não queria sobreviver a ela. Sobre o tema, ver Anderson Schreiber, *Direitos da Personalidade*, cit., p. 59.

[13] Heloísa Helena Barboza, *Poder Familiar em face das Práticas Médicas*, in *Revista do Advogado*, n. 76, jun. 2007, p. 40.

[14] Renato Lima Charnaux Sertã, *A Distanásia e a Dignidade do Paciente*, Rio de Janeiro: Renovar, 2005, p. 128.

"autodeterminação do paciente acerca de futuros tratamentos médicos a serem empregados ou não quando a doença futura não lhe permita discernir bastante para naquele momento tomar a decisão a respeito deles".[15] Seguindo essa tendência, o Conselho Federal de Medicina editou, recentemente, a Resolução CFM 1.995/2012, que dispõe sobre as "diretivas antecipadas de vontade", assim definidas no art. 1º da mesma resolução:

> "Art. 1º Definir diretivas antecipadas de vontade como o conjunto de desejos, prévia e expressamente manifestados pelo paciente, sobre cuidados e tratamentos que quer, ou não, receber no momento em que estiver incapacitado de expressar, livre e autonomamente, sua vontade."

Em boa hora, o Conselho Federal de Medicina deixou de estabelecer requisitos formais para a elaboração das diretivas antecipadas de vontade, limitando-se a aludir ao "conjunto de desejos, prévia e expressamente manifestados pelo paciente". O art. 2º, § 4º, da Resolução CFM 1.995/2012 determina que "o médico registrará, no prontuário, as diretivas antecipadas de vontade que lhes foram diretamente comunicadas pelo paciente". Essa forma de registro é meramente exemplificativa e não exclui outras, que independam da direta comunicação entre médico e paciente.

A Resolução CFM 1.995/2012 distancia-se, portanto, de certo posicionamento doutrinário que vinha sustentando a conveniência de se adotar, em relação ao testamento vital, "os requisitos exigidos para o testamento tradicional".[16] O entendimento não era mesmo o mais adequado, como já enfatizado em outra sede.[17] No campo existencial, como destaca Rodotà, devem-se evitar

> "procedimentos rígidos demais: o testamento biológico deve ser informal e revogável a qualquer momento. É justo, de outro lado, prever a possibilidade de desrespeitá-lo sempre que entre o momento de sua emissão e o momento da decisão final tenham surgido novidades terapêuticas relevantes".[18]

A Resolução CFM 1.995/2012 atende, portanto, à melhor abordagem do tema: reconhece a validade das manifestações prévias de vontade do paciente, a prevalecer sobre "os desejos dos familiares" (art. 2º, § 3º); e impõe ao médico o dever de respeitá-las (art. 2º, *caput*, embora o Conselho pudesse aí ter empregado expressão mais firme que o simples "levá-las em consideração"). A referida resolução não esmiúça – e andou bem,

---

[15] Rose Melo Vencelau Meireles, *A Autonomia Privada nas Situações Jurídicas Subjetivas Existenciais: Uma Análise Qualitativa em face das Situações Patrimoniais*, tese de doutorado defendida na Universidade do Estado do Rio de Janeiro, 2007, p. 157-158.

[16] Lydia Neves Bastos Telles Nunes, *O Consentimento Informado na Relação Médico-Paciente: Respeitando a Dignidade da Pessoa Humana*, in RTDC, v. 29, p. 109.

[17] Anderson Schreiber, *Direitos da Personalidade*, cit., p. 61-62.

[18] Stefano Rodotà, *La dignità della fine*, cit. Ainda sobre o tema, Gustavo Tepedino e Anderson Schreiber, *O Extremo da Vida – Eutanásia, Accanimento Terapeutico e Dignidade Humana*, cit., p. 14-16.

nesse particular – requisitos formais ou procedimentos de instrumentalização, deixando livre como deve ser a manifestação de vontade sobre aspecto tão extremo e fluido da existência humana.

De fato, o reconhecimento do testamento biológico por meio da figura das "diretivas antecipadas de vontade" não eliminou nenhuma via de realização da vontade do paciente. Não há que se render aqui a um princípio da tipicidade, como se faz no plano patrimonial. E mesmo que não haja registro de manifestação do paciente, não se deve excluir, em determinados casos, a reconstrução da intenção presumida do indivíduo, à luz da sua personalidade, de modo a autorizar a interrupção de tratamentos artificiais que ele, se tivesse refletido a respeito, não teria desejado.

Foi o que reconheceu o Poder Judiciário italiano na corajosa decisão emitida no caso de Eluana Englaro, jovem italiana que vivia em coma desde 1992. A gradativa interrupção do tratamento artificial que conservava suas funções vitais foi autorizada pela *Corte di Cassazione*, em 13 de novembro de 2008, após uma longa batalha travada entre seu pai e as autoridades públicas.[19]

Ao analisar a situação da jovem à luz da sua própria concepção de vida, decidiu a corte italiana pela possibilidade de interrupção do tratamento,

"levando em consideração seja a extraordinária duração do estado vegetativo permanente (e, portanto, irreversível) de Eluana, seja a igualmente extraordinária tensão do seu caráter rumo à liberdade, bem como a impossibilidade de conciliação da sua concepção sobre dignidade da vida com a perda total e irrecuperável das próprias faculdades motoras e psíquicas e com a sobrevivência somente biológica do seu corpo em um estado de absoluta sujeição à vontade alheia, todos fatores que aparecem, na espécie, como prevalentes sobre uma necessidade de tutela da vida biológica em si e por si considerada".[20]

O paradigmático julgado ressalta a importância de se analisar o caso à luz da concepção de vida digna do próprio paciente, inconciliável, naquele caso concreto, com a prolongada permanência em um estado meramente vegetativo. Sem negar relevância a outros interesses que circundam a decisão, como os interesses de familiares, desgastados por um continuado sofrimento, ou os interesses da sociedade como um todo (possibilidades escassas do sistema público de saúde etc.), a corte decidiu que o critério a ser seguido, sob o prisma constitucional, é o da concepção de vida digna ostentada pela própria pessoa humana.

---

[19] Sentença n. 27145, de 13.11.2008, disponível em <www.cortedicassazione.it>.
[20] Trecho do acórdão 27145, de 13.11.2008, em que a *Cassazione*, acolhendo os fundamentos o tribunal *a quo*, negou provimento ao recurso interposto pela *Procura di Milano* contra decisão que autorizou a interrupção do tratamento médico de Eluana Englaro.

Parte II

Pareceres

24

Direito do Consumidor e Acesso à Saúde: a Questão dos Quimioterápicos Orais

> EMENTA: Advento dos medicamentos orais para tratamento do câncer. Necessidade de interpretação histórica, teleológica e sistemática da Lei 9.656 (arts. 10, VI, e 12). Integralidade das ações de saúde e acesso a novos tratamentos. Parâmetros hermenêuticos fornecidos pela Constituição da República (art. 1º, III) e pelo Código de Proteção e Defesa do Consumidor (arts. 4º e 47). Princípios da razoabilidade e da proporcionalidade. Vedação ao enriquecimento injustificado (Código Civil, art. 884). Insuficiente regulamentação da Agência Nacional de Saúde Suplementar. Jurisprudência do Superior Tribunal de Justiça acerca do tema. Adequada interpretação da Lei 9.656: inclusão dos quimioterápicos orais no âmbito da cobertura obrigatória.

A consulta formulada pode ser sintetizada em um único quesito:

> "À luz do disposto no art. 10, VI, da Lei 9.656, que exclui da cobertura mínima obrigatória o 'fornecimento de medicamentos para tratamento domiciliar', as operadoras de planos de saúde podem deixar de arcar com medicamentos quimioterápicos orais prescritos aos usuários pelos seus médicos em substituição à quimioterapia em hospitais?"

A resposta é negativa. As operadoras de planos de saúde não podem se recusar a arcar com medicamentos quimioterápicos orais prescritos aos seus usuários pelos seus médicos. Embora o art. 10, VI, da Lei 9.656, exclua da cobertura mínima obrigatória o "fornecimento de medicamentos para tratamento domiciliar", tal dispositivo legal não pode ser lido de maneira isolada, fazendo-se necessário conjugá-lo com outras normas jurídicas, em uma interpretação sistemática, histórica e teleológica que assegure a necessária coerência e a indispensável unidade do ordenamento brasileiro no tratamento da matéria.

Nesse sentido, é de se notar, em primeiro lugar, que a Lei 9.656 foi promulgada em 1998, há mais de dez anos, quando medicamentos quimioterápicos orais ainda não se haviam revelado como alternativa disponível para o tratamento do câncer. Ao tempo de sua edição, a Lei 9.656 assegurou a mais ampla cobertura possível aos consumidores aplacados pela referida doença, mencionando expressamente a "quimioterapia" e a "radioterapia" em seu art. 12, ao tratar da cobertura obrigatória dos planos contendo internação hospitalar:

> "Art. 12 [...] II [...] d) cobertura de exames complementares indispensáveis para o controle da evolução da doença e elucidação diagnóstica, fornecimento de medicamentos, anestésicos, gases medicinais, transfusões e sessões de quimioterapia e radioterapia, conforme prescrição do médico assistente, realizados ou ministrados durante o período de internação hospitalar; [...]"

Os quimioterápicos orais representam uma nova realidade farmacêutica, apta a permitir a substituição das penosas "sessões de quimioterapia e radioterapia", realizadas nos hospitais, que tantas vezes minam o ânimo do paciente para lutar contra a doença, pela simples administração de um medicamento oral. O consumo de tal medicamento pode ocorrer no próprio hospital, em clínicas especializadas, no consultório médico ou até mesmo no domicílio do paciente. Valer-se desse aspecto puramente estrutural (local de consumo) para, com base no art. 10, VI, da Lei 9.656, excluir da cobertura obrigatória os "medicamentos para tratamento domiciliar", chega a ser um simplismo grosseiro, que passa ao largo da relevantíssima função desempenhada por esses medicamentos: substituir, com extremas vantagens para o paciente, um tormentoso tratamento hospitalar cujo custo recai, por força de lei, sobre as operadoras (art. 12).

Em outras palavras, problema tão delicado não pode ser resolvido com a simples invocação do art. 10, VI, da Lei 9.656. Se a literalidade deste dispositivo pode ser invocada para negar cobertura aos quimioterápicos orais, a literalidade do art. 12, II, alínea *d*, pode ser invocada em sentido diametralmente oposto. Acrescente-se que a própria expressão empregada pelo art. 10 da Lei 9.656 – "medicamentos para tratamento domiciliar" – apresenta múltiplos significados. Em tal expressão, o adjetivo "domiciliar" refere-se inegavelmente ao tratamento, não já aos medicamentos que, mesmo que consumidos no domicílio do paciente, não tornam domiciliar o tratamento de uma doença como o câncer, que exige visitas a clínicas e consultórios e acompanhamento permanente de médicos e outros profissionais de saúde.

Há, como se vê, um amplo espaço de interpretação no qual gravita a questão dos quimioterápicos orais. A solução do impasse não pode ser alcançada pela mera interpretação da textualidade da Lei 9.656. Impõe-se uma interpretação histórica e teleológica do diploma legal, bem como uma interpretação sistemática, apta a conjugá-la com outras normas do ordenamento jurídico brasileiro.[1]

Sob o prisma da interpretação histórica e teleológica (finalística), não há dúvida de que a Lei 9.656 veio inaugurar uma nova abordagem do problema da saúde no Brasil. Propondo-se a disciplinar o setor suplementar de saúde, a Lei 9.656 abriu as portas para uma ampla e densa regulamentação que, em linha com os propósitos da referida lei, "proibiu a seleção de risco", "definiu e limitou carências", determinou o "fim dos limites de internação"[2] e eliminou outros abusos que resultavam da inevitável disparidade de poderes de negociação entre consumidores e gestores de planos e seguros de saúde.

De modo geral, a Lei 9.656 apontou para um modelo de saúde suplementar mais abrangente, concentrado não tanto sobre a cobertura deste ou daquele procedimento médico, mas sobre o efetivo tratamento da doença, estimulando medidas anteriores (prevenção) e posteriores (acompanhamento) ao desencadeamento da enfermidade e impondo a integralidade das ações voltadas à sua superação. Além da integralidade dos tratamentos, o tecido normativo inaugurado pela Lei 9.656 assegurou, por diversos caminhos, o acesso às tecnologias de saúde.

Esses propósitos da Lei 9.656 são inspirados por outras normas do ordenamento jurídico brasileiro, em especial da Constituição da República e do Código de Proteção e Defesa do Consumidor. O texto constitucional traz como fundamento da República a dignidade da pessoa humana, a impor máximo respeito à autonomia e ao bem-estar do ser humano (art. 1º, III). É certo que a referida norma encontra-se em um plano elevado de abstração e, se não traz solução específica para o problema examinado (a obrigatoriedade de cobertura ou não dos quimioterápicos orais), oferece um parâmetro interpretativo inafastável em nossa realidade jurídica.

Na mesma direção e de modo mais específico caminham as normas do Código de Defesa do Consumidor que reconhecem a vulnerabilidade dos consumidores (art. 4º, I) e orientam o intérprete a adotar, em caso de conflito interpretativo, a solução que lhes seja mais favorável (art. 47).[3] Em relação ao problema que se discute no presente parecer, os usuários de planos de saúde, como consumidores, fazem jus à aplicação da interpretação que lhes seja mais favorável. Se a Lei 9.656 não trata expressamente dos quimioterápicos orais, oferecendo indicações ora num sentido, ora noutro, a solução interpretativa pende em favor do usuário do plano de saúde, consumidor do serviço prestado, confirmando-se

---

[1] Sobre os métodos interpretativos, ver Carlos Maximiliano, *Hermenêutica e Aplicação do Direito*, Rio de Janeiro: Forense, 2001.

[2] Expressões entre aspas extraídas de documento official da ANS, disponível no endereço eletrônico da agência: <www.ans.gov.br/portal/upload/instanciaparticipacao/transparencia_consultas_publicas/consulta30_exposicao_de_motivos.pdf>.

[3] Registre-se que, embora o art. 47 aluda apenas à interpretação de cláusulas contratuais, a mesma orientação tem sido aplicada na solução de conflitos interpretativos oriundos de normas legais. É farta, nesse sentido, a jurisprudência, especialmente no âmbito dos Juizados Especiais Cíveis.

por meio de outras normas do sistema jurídico aquela que já era a orientação recomendada pela história e pela finalidade da própria Lei 9.656.

Nada disso significa que as operadoras de planos de saúde devam arcar ilimitadamente com todos os gastos imagináveis para a conservação da saúde do paciente. Os elevados custos do "direito à saúde" não podem ser levianamente lançados sobre as operadoras, sem atenção às normas jurídicas e à viabilidade econômica da sua própria atividade. Limites legais e contratuais devem ser observados, sempre que não constituam restrições ilegais ou abusivas a direitos assegurados pela ordem jurídica brasileira. O que não se mostra consentâneo com os fins perseguidos pela Lei 9.656 e com outras normas do nosso ordenamento jurídico é a repartição formalista e estrutural do tratamento da doença: trata-se o câncer no hospital, mas, se uma alternativa menos nociva ao paciente pode ser empregada no ambiente mais confortável do seu domicílio, aí interrompe-se o custeio do tratamento, deixando o paciente à própria sorte.

Registre-se, ademais, que diversos estudos revelam que o custeio dos quimioterápicos orais não traria impacto econômico-financeiro significativo para as operadoras de planos de saúde.[4] Muito provavelmente, a despesa adicional que seria trazida pelo custeio de quimioterápicos orais seria inteiramente compensada pela economia nos gastos com a quimioterapia hospitalar tradicional. Nesse sentido, a tentativa de excluir da cobertura obrigatória os quimioterápicos orais não apenas afrontaria a interpretação histórica, teleológica e sistemática da Lei 9.656, à luz da Constituição e em conjunto com o Código de Defesa do Consumidor, mas geraria verdadeiro enriquecimento injustificado das operadoras de planos de saúde, violando o princípio geral contido no art. 884 do Código Civil.

Tal entendimento representaria também um atentado aos princípios da razoabilidade e da proporcionalidade, que devem guiar a atividade hermenêutica.[5] Isso porque os tormentosos prejuízos impostos ao paciente privado dos quimioterápicos orais e o pesado ônus lançado sobre o sistema público de saúde não se mostram proporcionais ao ganho das operadoras de planos de saúde, que, como já visto, não sofreriam prejuízo significativo com o custeio desses medicamentos.

É com base em todas essas premissas interpretativas que se deve proceder ao exame da regulamentação expedida pela Agência Nacional de Saúde Suplementar (ANS). As idas e vindas da regulamentação revelam ora maior ora menor abertura na definição da expressão "medicamentos de tratamento domiciliar", mas as resoluções normativas da ANS nunca chegaram a disciplinar expressamente a questão dos quimioterápicos orais. A Resolução Normativa 167/2008 incluía no conceito os medicamentos "que não requerem administração assistida, ou seja, não necessitam de intervenção ou supervisão direta de

---

[4] Confira-se, a título ilustrativo, Otavio Clark, *Quimioterapia Oral no Brasil*, disponível no sítio eletrônico <www.oncoguia.com.br/site/print.php?cat=134&id=3510&menu=54>.

[5] Sobre o tema, ver Luis Roberto Barroso, *Interpretação e Aplicação da Constituição*, São Paulo: Saraiva,1999, p. 215 ss.

profissional de saúde habilitado", sugerindo que não estariam excluídos de cobertura os medicamentos ministrados em domicílio sob "supervisão direta" do médico, expressão que, por sua vez, abria novo leque de vias interpretativas (*e. g.*, discutia-se se a supervisão direta exigia ou não a presença física do médico, e assim por diante).[6] A Resolução Normativa 211/2010, revogando a resolução anterior, definiu "medicamentos para tratamento domiciliar" como aqueles "prescritos pelo médico assistente para administração em ambiente externo ao de unidade de saúde", mas não encerrou a polêmica, pois manteve no âmbito da cobertura da quimioterapia oncológica ambulatorial a menção aos medicamentos para tratamento do câncer, incluindo medicamentos para o controle de efeitos adversos relacionados ao tratamento e adjuvantes, "independentemente da via de administração".[7]

A cada revisão ou atualização do chamado Rol de Procedimentos de Saúde, a questão dos quimioterápicos orais volta ao centro dos debates. Entretanto, os últimos passos da ANS têm sido extremamente tímidos nesse particular. O texto da mais recente atualização (Resolução Normativa 262/2011) continua sem mencionar expressamente os quimioterápicos orais e mantém a exclusão genérica para "medicação de uso oral domiciliar", que adentra apenas uma cobertura adicional facultativa que as operadoras de planos de saúde podem, mas não têm o dever de oferecer aos consumidores.[8]

Não se pode incorrer aqui no grave equívoco metodológico de dar maior valor à norma hierarquicamente inferior, apenas porque ocasionalmente mais específica. A regulamentação da Agência ostenta *status* infralegal, não podendo, por essa razão, contrariar nem as diretrizes extraídas das leis ordinárias (Lei 9.656, Código de Defesa do Consumidor etc.), nem, muito menos, da Constituição da República. Em sua tarefa de dar interpretação aos termos da Lei 9.656, a Agência não exerce um papel arbitrário, nem pode contrariar a interpretação imposta por todo o edifício normativo que existe acima das suas resoluções.

De todo modo, tais resoluções seguem sem tratar especificamente do tema dos quimioterápicos orais. O fato de não incluírem expressamente tais medicamentos na cobertura obrigatória não pode ser invocado como argumento nem contrário, nem superior, à orientação que se extrai da Lei 9.656, do Código de Proteção e Defesa do Consumidor e da própria Constituição da República. É o que têm decidido reiteradamente os nossos tribunais.

Em importantes precedentes, o Superior Tribunal de Justiça tem destacado que os medicamentos orais para o tratamento do câncer "não podem ser, de forma alguma, dissociados de todo o procedimento clínico (tratamento quimioterápico, igualmente abrangido pela cobertura)". Assim, o STJ tem considerado "revestir-se de manifesta abu-

---

[6] Resolução Normativa 167/2008, art. 13, VI.
[7] Resolução Normativa 211/2010, art. 17, XI.
[8] Resolução Normativa 262/2011, art. 15.

sividade, por frustrar inequivocamente o objeto do contrato, a cláusula contratual que exclui da cobertura os medicamentos a esse tratamento correlato, tão somente pelo fato destes serem ministrados em ambiente domiciliar". A corte superior vem concluindo "inexistir qualquer razão plausível para que a seguradora, contratualmente responsável pelos medicamentos a serem ministrados no paciente internado, assim também não o seja, na hipótese desses medicamento serem ministrados no ambiente domiciliar, em que demanda gastos notadamente menores à Seguradora (conforme consignado pelas Instâncias ordinárias) e enseja, certamente, uma melhor recuperação do paciente".[9] No entendimento do STJ, "não pode o paciente, em razão de cláusula limitativa, ser impedido de receber tratamento com o método mais moderno disponível no momento em que instalada a doença coberta".[10]

Os tribunais estaduais têm seguido a mesma orientação. Nos últimos anos, foram julgadas pelas cortes estaduais inúmeras ações judiciais propostas com o objetivo de assegurar a cobertura de quimioterápicos orais. Em 2009, foram quase 60 ações judiciais apenas no Estado de São Paulo, e outras tantas em Minas Gerais, Rio Grande do Sul e Rio de Janeiro. Todos os casos de que se tem notícia foram julgados a favor dos pacientes, garantindo-se o acesso e a cobertura dos quimioterápicos orais. Com base em normas da Constituição da República, do Código Civil e do Código de Defesa do Consumidor – hierarquicamente superiores às resoluções da ANS –, as cortes estaduais concluíram que negar cobertura a tais medicamentos, "limitando-se as obrigações da ré ao rol da ANS, implicaria na negação da própria finalidade do contrato que é assegurar a continuidade da vida e da saúde, deixando o prestador de serviços de atuar com o cuidado próprio à sua atividade".[11]

Como bem ressaltado em acórdão do Tribunal de Justiça do Rio de Janeiro:

> "há dispositivos constitucionais e legais que, por ampararem o direito à preservação da vida e por privilegiarem o consumidor, convalidam a cobertura obrigatória de medicamentos pelo Plano de Saúde, mesmo quando o paciente não se encontra em regime de internação hospitalar".[12]

Sob a ótica da Constituição e das leis ordinárias, o objetivo do sistema de saúde não é a cobertura de uma ou outra terapia, mas o efetivo acesso à saúde e a integralidade das ações voltadas à cura daquela doença, o que implica não deixar o paciente ao desamparo pelo fato de que uma tecnologia mais benéfica encontra-se disponível para o seu tratamento. Os quimioterápicos orais oferecem vantagens inestimáveis para o paciente, sem

---

[9] Ver, entre outros, STJ, AgRg no AI 1.137.474/SP, Rel. Min. Massami Uyeda.
[10] STJ, REsp 668.216/SP, Rel. Min. Menezes Direito.
[11] TJSP, AC 994.06.135844-0, Rel. Des. Mathias Coltro.
[12] TJRJ, AC 0101677-90.2008.8.19.0001, Rel. Des. Lima Montenegro.

produzir impacto financeiro relevante sobre as operadoras, que já são obrigadas por lei a custear a quimioterapia em ambiente hospitalar.

Em conclusão, seja por força da interpretação histórica e teleológica da Lei 9.656, seja por força da sua interpretação sistemática à luz da Constituição da República, do Código Civil e do Código de Defesa do Consumidor, com ênfase nos princípios da razoabilidade, da vedação ao enriquecimento sem causa e da interpretação pró-consumidor, as operadoras de planos de saúde não podem deixar de arcar com medicamentos quimioterápicos orais prescritos aos usuários pelos seus médicos em substituição à quimioterapia hospitalar.

Rio de Janeiro, 10 de janeiro de 2012.

Prof. Anderson Schreiber

Regime Jurídico das Associações e Exercício do Direito de Voto

> EMENTA: Regime jurídico das associações e caráter personalíssimo da condição de associado. Participação na vida associativa e exercício do direito de voto. *Proxy voting* e transparência nas votações. O estatuto da Associação Alpha e o exercício do direito de voto pelos seus associados. Disposições estatutárias. Distinção entre o voto por carta e o voto por procuração.

A pedido da Associação Alpha,[1] examinei, à luz da legislação brasileira e do seu estatuto, a possibilidade do exercício do direito de voto por procuração no âmbito das suas assembleias.

A fundamentação teórica do parecer foi dividida em dois tópicos, a seguir desenvolvidos. No primeiro, examina-se o regime jurídico das associações no direito brasileiro e o caráter personalíssimo da condição de associado; no segundo, analisam-se especificamente o estatuto da Associação Alpha e as condições para o exercício do direito de voto pelos seus associados.

---

[1] Os nomes mencionados ao longo do texto, bem como a redação de cláusulas estatutárias, foram alterados para preservar a identidade das partes envolvidas.

I Regime jurídico das associações e caráter personalíssimo da condição de associado

Acolhendo orientação já há muito predominante na doutrina brasileira, o Código Civil de 2002 distinguiu as pessoas jurídicas de direito privado em fundações, sociedades e associações.[2] Assume especial relevância a distinção entre as duas últimas espécies, já que a codificação anterior não tratava das associações como figura autônoma, cuidando sob o mesmo título "das sociedades ou associações civis". O legislador de 2002 dedicou capítulo específico às associações, definindo-as como a "união de pessoas que se organizem para fins não econômicos" (art. 53).

A expressão "para fins não econômicos" não pode, todavia, ser interpretada de modo literal.[3] Admite-se que as associações desenvolvam atividades de caráter econômico, desde que não haja a *finalidade lucrativa*, ou seja, o objetivo primordial de produzir lucros e reparti-los entre os associados.[4] O propósito lucrativo é característica das sociedades,[5] constituindo traço distintivo entre essa espécie de pessoa jurídica e as associações.

Como esclarece a doutrina, "há sociedade quando duas ou mais pessoas põem seus capitais em comum para o fim de colher um benefício, ou lucro, e uma associação quando as entradas ou prestações consistem em atividades, faculdades, iniciativa, conhecimento que os associados põem em comum para realizar fins religiosos, morais, científicos, artísticos, políticos ou de simples recreio".[6]

A diversidade de propósito entre sociedades e associações conduz a diferenças significativas no papel que deve ser desempenhado por sócios e associados. Na sociedade, o elemento dominante é o "aporte de bens, enquanto que na associação o aporte é de ati-

---

[2] "Art. 44. São pessoas jurídicas de direito privado: I – as associações; II – as sociedades; III – as fundações."

[3] Gustavo Tepedino, Heloisa Helena Barboza e Maria Celina Bodin de Moraes, *Código Civil Interpretado Conforme a Constituição da República*, v. I, Rio de Janeiro: Renovar, 2007, p. 140.

[4] "Apareceu, portanto, como elemento diferencial, o *animus lucrandi*. Onde este se depare, denuncia-se existência de sociedade" (Waldemar Ferreira, *Tratado de Direito Comercial*, v. III, São Paulo: Saraiva, 1961, p. 45). Confira-se também a lição, sempre referida, de Tulio Ascarelli: "è possibile distinguere tra società e mutua – nell'ambito del contratto plurilaterale – in quanto scopo della società è quello di conseguire utili da ripartire tra i soci; scopo della mutua quello di offrire agli associati determinati servizi" (Società, Associazione, Consorzi, Cooperative e Trasformazione, in *Rivista del Diritto Commerciale e del Diritto Generale delle Obbligazioni*, ano XLVII, 1949, 2ª parte, p. 425-426).

[5] De modo emblemático, o Código Civil define, em seu art. 981, o contrato de sociedade como aquele em que "as pessoas que reciprocamente se obrigam a contribuir, com bens ou serviços, para o exercício de atividade econômica e a partilha, entre si, dos resultados".

[6] A passagem, inspirada nos ensinamentos de Pedro Lessa, encontra-se em Orlando Gomes, *Parecer – Associações Civis*, RT, 1972, v. 445, p. 38.

vidade, de inteligência ou de conhecimentos".[7] O sócio participa da sociedade por meio do seu capital; o associado participa da associação cooperando para a consecução do fim comum por meio da sua atividade pessoal.[8]

Daí a lição de que, nas associações, "a admissão no quadro social é fundada em razões *intuitu personae*".[9] Com efeito, o vínculo associativo assume um caráter personalíssimo, que deriva da própria essência da associação.[10] Funda-se o fenômeno associativo não na capacidade econômica dos seus integrantes, mas no valor moral da dedicação particular de cada associado, razão de ser do convívio comum.

Não é por outra razão que o art. 56 declara a intransmissibilidade da qualidade de associado. Confira-se a redação do dispositivo:

> "Art. 56. A qualidade de associado é *intransmissível*, se o estatuto não dispuser o contrário.
>
> Parágrafo único. Se o associado for titular de quota ou fração ideal do patrimônio da associação, a transferência daquela não importará, de per si, na atribuição da qualidade de associado ao adquirente ou ao herdeiro, salvo disposição diversa do estatuto."

Como se extrai do texto legal, a condição de associado ostenta caráter pessoal, escapando à regra geral das sucessões. Falecido o associado, sua posição não se transmite aos seus herdeiros, ainda que o *de cujus* seja titular de quota ou fração ideal do patrimônio da associação. Ao contrário do que ocorre nas sociedades, a propriedade da quota, por si só, não atribui ao seu titular a condição de associado. O Código Civil dissocia o eventual título patrimonial e o direito de participação na associação, direito que, salvo disposição em contrário no próprio estatuto, conserva natureza personalíssima.

Tal natureza exprime-se também na participação do associado na vida associativa. "O que, sob esse ponto de vista, se destaca na associação não é uma postura de fortuna ou de bens, mas um aporte de elementos extrapatrimoniais consistente em uma *par-*

---

[7] Juan L. Paez, *El Derecho de las Associaciones*, Buenos Aires: Kraft, 1940, p. 43 (tradução livre).

[8] Confira-se a lição da doutrina italiana, que, nesta matéria, exerceu forte influência sobre o direito brasileiro: "*Carattere saliente dell'associazione è che ogni associato mira e coopera per ottenere il vantaggio sperato, non solamente per sè, ma anche per gli altri suoi associati*" (Cesare L. Gasca, *Le Associazioni Commerciali e Civili*, v. II, Torino: UTET, 1913, p. 4).

[9] Caio Mário da Silva Pereira, *Instituições de Direito Civil*, v. I, Rio de Janeiro: Forense, 2004, p. 351. Significativa, ainda, a definição trazida por Mota Pinto, que apresenta as associações como "pessoas colectivas de substrato pessoal" (Carlos Alberto da Mota Pinto, *Teoria Geral do Direito Civil*, Coimbra: Coimbra Editora, 1985, 3. ed., p. 291).

[10] Como se sabe, em certas sociedades, a relação entre sócios pode também assumir caráter *intuitu personae*, mas tal circunstância não é essencial à sociedade, onde a contribuição do sócio é sempre analisada sob o prisma econômico.

ticipação efetiva na realização do fim comum, no apoio moral mais que material que o associado *deve* prestar".[11] O ingresso em uma associação desperta nos consortes do associado a legítima expectativa de sua pessoal participação no seio da entidade que passa a integrar, expectativa que encontra tutela nos imperativos de lealdade e confiança que regem o contato social privilegiado mantido entre os membros da associação, sobretudo no tocante àquelas decisões conjuntas que se revelem cruciais para a vida associativa.[12]

Nesse sentido, entre outros direitos fundamentais dos associados, como "o uso e gozo de dependências" e a "frequência às atividades" da associação, a doutrina destaca a intervenção "na realização dos fins sociais, o que basicamente se dá através da participação nas assembleias, que são os atos mais importantes das associações, quer se manifestando, quer votando" sobre as matérias colocadas em discussão.[13]

"A concorrência dos associados à assembleia não é só um direito, mas também uma obrigação."[14] A presença dos associados afigura-se imprescindível para assegurar a plena legitimidade da manifestação da vontade associativa, como vontade comum dos associados, especialmente no tocante às matérias de suma relevância que a lei e o estatuto reservarem à assembleia.[15]

Aplica-se aqui, com toda a sua intensidade, o art. 48 do Código Civil que, tratando da disciplina geral das pessoas jurídicas, determina:

> "Art. 48. Se a pessoa jurídica tiver administração coletiva, as decisões se tomarão pela maioria de votos dos *presentes*, salvo se o ato constitutivo dispuser de modo diverso."

Da conjugação do dispositivo, que alude expressamente à presença dos votantes, com a natureza personalíssima da condição de associado extrai-se, como uma das "normas básicas sobre associações", que "o voto nas assembleias é computado em função do número de associados presentes".[16] O voto por procuração somente pode ser admitido em caráter excepcional, quando houver expressa autorização do estatuto.

Nesse particular, o Código Civil brasileiro não vai tão longe quanto outras codificações que chegam a declarar, de modo absoluto, que "o associado não pode incumbir

---

[11] Juan L. Paez, *El Derecho de las Asociaciones*, cit., p. 57 (grifou-se).

[12] Sobre a tutela da confiança, seja permitido remeter a Anderson Schreiber, *A Proibição de Comportamento Contraditório – Tutela da Confiança e Venire contra factum proprium*, Rio de Janeiro: Renovar, 2. ed., 2007, especialmente p. 69-95.

[13] Renan Lotufo, *Código Civil Comentado*, v. I, São Paulo: Saraiva, 2003, p. 160.

[14] Juan L. Paez, *El Derecho de las Asociaciones*, cit., p. 187.

[15] A importância da assembleia é destacada na lição de Pontes de Miranda, para quem: "Se falta a assembleia, não se trata de associação" (*Tratado de Direito Privado*, t. I, Rio de Janeiro: Borsoi, 1954, p. 383).

[16] José Edwaldo Tavares Borba, *Direito Societário*, Rio de Janeiro: Renovar, 2007, 10. ed., p. 8.

outrem de exercer os seus direitos pessoais" (Código Civil português, art. 180). Ainda assim, vê-se claramente do tecido normativo pátrio que o voto por procuração é medida excepcional, que depende de autorização expressa no estatuto do ente associativo.

Registre-se que, ainda quando o estatuto autorize o voto por procuração, tal artifício somente poderá ser empregado para contornar impedimentos circunstanciais do associado, não se podendo admitir a reiterada manifestação por representante, a se converter em permanente porta-voz do associado. A pessoalidade do vínculo associativo não se coaduna com a atuação continuada por meio de mandatário, que caracterizaria, em tal hipótese, verdadeiro abuso de direito, contrariando a própria finalidade autorizadora da manifestação por procurador.[17]

Mesmo quando o estatuto admita o voto por procuração, é recomendável que não se limite a uma autorização genérica, devendo regular detalhadamente a forma e os requisitos da representação em assembleia, com a exigência de específica delimitação da vontade do representado, além do amplo esclarecimento prévio dos associados acerca da matéria em pauta, tudo a fim de evitar a transferência ao eventual procurador do poder decisório de que é titular pessoal e exclusivo o associado.

Registre-se que, mesmo no âmbito das sociedades, onde a participação do sócio é essencialmente econômica e, em regra, impessoal, diversas cautelas têm sido adotadas a fim de assegurar a transparência nas hipóteses de votação por procuração. Mencione-se, a título meramente ilustrativo, a minuta de instrução normativa que a Comissão de Valores Mobiliários colocou em audiência pública no dia 1º de abril de 2009, com o propósito de regular o exercício do direito de voto em companhias abertas. Consoante informa a própria CVM, "visando a aumentar a transparência do processo decisório das companhias, a minuta do texto exige que certas informações e documentos sejam fornecidos aos acionistas antes das assembleias gerais, tais como currículo de candidatos a cargos na administração, proposta de remuneração de administradores e comentários sobre as demonstrações financeiras".[18] Evita-se, com isso, que o *proxy voting*, prática comum nas companhias de capital pulverizado, converta-se em obstáculo à efetiva participação do acionista nas decisões societárias.

A observação é relevante porque mostra, também no campo das sociedades, a crescente preocupação com a participação efetiva dos integrantes da entidade comum. Tal preocupação deve ser imensamente maior no campo das associações, onde, ao contrário do que ocorre no terreno societário, o voto por procuração somente pode ser admitido em caráter excepcional, se autorizado pelo estatuto, como instrumento destinado

---

[17] Com efeito, ter-se-ia aqui "concordância com a estrutura formal de um dado direito subjetivo e, simultaneamente, discordância, desvio, oposição, ao próprio valor jurídico que daquele comportamento faz um direito subjetivo" (Fernando Augusto Cunha de Sá, *Abuso do direito*, Lisboa: Petrony, 1973, p. 456).

[18] Comunicado da Comissão de Valores Mobiliários disponível em seu *site*: <www.cvm.gov.br>.

a contornar impedimentos ocasionais dos associados, não já como método corriqueiro de manifestação.

Nesse ponto, cumpre evitar o equívoco comum de se buscar na lógica societária solução para questões próprias do direito das associações. Na praxe brasileira, "como as normas predispostas para as associações são reduzidas se comparadas às previstas para as sociedades", estas últimas "tendem a ser reproduzidas em outros negócios similares aos quais falte a busca de lucro para posterior divisão entre os participantes".[19] O recurso às regras societárias, contudo, só é válido "no que não conflitarem com o tipo"[20] da entidade que se tem em vista, não se podendo ignorar que, no caso específico das associações, o Código Civil trilhou expressamente o caminho inverso: submeteu as sociedades à aplicação supletiva da disciplina das associações, não o contrário (art. 44, § 2º).[21] A opção legislativa corrobora aquela que já é há muito a advertência da doutrina: o laconismo da disciplina legal das associações "não pode justificar igual tratamento a entes estruturalmente diversos"[22] e que atendem a funções inteiramente diferenciadas. A solução de conflitos surgidos no âmbito de associações deve ter sempre como ponto de referência a especial natureza do vínculo associativo.

Feitas essas considerações de caráter geral, cumpre examinar, no caso concreto, o estatuto da Associação Alpha, a fim de verificar se é admissível o voto por procuração no âmbito das suas assembleias gerais.

II O estatuto da associação Alpha e o exercício do direito de voto pelos seus associados

O estatuto é a lei orgânica de uma associação. Expressão da liberdade constitucional de associação (Constituição, art. 5º, XVII),[23] o estatuto reflete a vontade autêntica dos associados, definindo as bases da vida associativa. Em analogia emblemática, a doutrina chega a afirmar que, guardadas as proporções, o estatuto "equipara-se à própria Carta política da Nação, porque fornece os elementos de constituição do agrupamento e a sua disciplina interna".[24]

---

[19] Rachel Sztajn, *Associações e Sociedades: Semelhanças e Distinções à luz da Noção de Contrato Plurilateral*, Revista de Direito Privado, 2005, v. 21, p. 230.

[20] Rachel Sztajn, *Associações e Sociedades*, cit., p. 230.

[21] "Art. 44. [...] § 2º As disposições concernentes às associações aplicam-se subsidiariamente às sociedades que são objeto do Livro II da Parte Especial deste Código."

[22] Orlando Gomes, *Parecer – Associações Civis*, Revista dos Tribunais, 1972, v. 445, p. 38.

[23] "Art. 5º [...] XVII – é plena a liberdade de associação para fins lícitos, vedada a de caráter paramilitar."

[24] Caio Mário da Silva Pereira, *Parecer – Associações Civis*, Revista dos Tribunais, 1972, v. 445, p. 28. Era já a antiga lição de Giorgio Giorgi, *La Dottrina delle Persone Giuridiche o Corpi Morali*, v. VI, Florença: Fratelli Cammelli, 1902, 2. ed., p. 490.

O art. 54 do Código Civil impõe que o estatuto das associações regule, entre outras matérias, "o modo de constituição e de funcionamento dos órgãos deliberativos". Dentre os órgãos deliberativos, por sua vez, avulta em importância a assembleia geral de associados, "órgão máximo da associação".[25]

O estatuto da associação Alpha trata cuidadosamente da assembleia geral em três títulos e treze dispositivos. Já em seu art. 10, o estatuto exige, para a destituição de administradores e alteração das normas estatutárias, "o voto concorde de 2/3 (dois terços) dos presentes". À luz da literalidade do dispositivo, não resta dúvida quanto à necessidade, em tais hipóteses, da presença física dos associados, exigência justificada pela própria relevância da matéria votada para o destino da associação.

Também no que tange à eleição dos membros do Conselho Administrativo, o estatuto da Alpha exige expressamente que o voto dos associados seja emitido de modo presencial. Os arts. 21 e 22 do estatuto disciplinam, detalhadamente, o sistema de eleição dos conselheiros, exigindo o preenchimento e depósito de cédula "em urna própria", além da assinatura de um "livro de presença, sob as vistas da mesa eleitoral". Vale transcrever o inteiro teor dos dispositivos:

> "Art. 21. A cédula conterá, em ordem alfabética, os nomes dos candidatos indicados pelos associados de acordo com o artigo 24 do Estatuto. Na cédula, haverá o número de espaços correspondentes às vagas, com os nomes dos candidatos, que deverão ser assinalados conforme a preferência do eleitor. Após preenchida, a cédula será depositada em urna própria.
>
> Art. 22. O eleitor, ao colocar a cédula na urna, deverá assinar o livro de presença, sob as vistas da mesa eleitoral."

É de clareza solar, portanto, o estatuto da Alpha, ao exigir o voto presencial dos associados para a eleição dos conselheiros.[26] A imprescindibilidade da presença dos associados afigura-se inteiramente razoável em face dos amplos poderes de gestão que o mesmo estatuto atribui ao Conselho Administrativo (especialmente, em seus arts. 14 e 16). Trata-se, em outras palavras, de assegurar a participação plena e efetiva dos associados na eleição daqueles que, em última análise, determinarão os rumos da entidade associativa.

---

[25] Nagib Slaibi Filho, *Da Associação no Novo Código Civil*, Revista de Direito do Tribunal de Justiça do Estado do Rio de Janeiro, 2004, v. 60, p. 38.

[26] A solução não é incomum, como registra José Edwaldo Tavares Borba, ao afirmar que "a eleição dos administradores deverá observar os critérios estabelecidos nos estatutos, sendo usual, nas associações com grande número de associados, adotar-se um processo de votação aberto a todo quadro social, através de urnas recolhedoras de votos" (*Direito Societário*, Rio de Janeiro: Renovar, 2007, 10. ed., p. 9).

Conclui-se, à luz dos dispositivos examinados, que o estatuto da Alpha, reforçando o caráter personalíssimo que o Código Civil brasileiro reserva ao vínculo associativo, exige o voto presencial dos associados para aquelas matérias consideradas de maior importância no âmbito da associação, quais sejam, a eleição dos membros do Conselho Administrativo (arts. 21-22), a destituição de administradores e a alteração das normas estatutárias (art. 10).

Como destaca a jurisprudência estrangeira em conclusão de todo aplicável à hipótese em exame, diante de matérias críticas para o desenvolvimento da associação, "justifica-se a exigência da presença (física), porquanto só esta permite, sobre cada ponto em discussão e votação, uma tomada de posição do associado consciente, esclarecida e responsável".[27]

Para outras deliberações, de menor importância, o estatuto da Alpha autoriza, nos precisos termos do seu art. 12, a manifestação dos associados ausentes "por meio de carta dirigida ao Diretor Presidente da Associação e na qual o votante declinará o seu nome por inteiro, o seu endereço e o número de sua carteira de identidade ou documento equivalente".

Sobre o sistema engendrado para o voto dos associados ausentes, é de se notar, primeiramente, que não tem aplicação naquelas matérias já mencionadas onde o próprio estatuto da Alpha exige a presença dos associados votantes. Tal conclusão, que já derivaria da mais elementar interpretação sistemática do estatuto, foi reforçada expressamente pelo art. 13 que, logo em seguida à referência à votação por carta, teve a preocupação de esclarecer que "nas assembleias gerais, far-se-á a eleição, de acordo com as normas estatuídas no Título VIII", título no qual vem regulado o voto em urna com assinatura de livro de presença sob as vistas da mesa eleitoral, método que, a toda evidência, é incompatível com o voto por missiva.

Em segundo lugar, cumpre esclarecer que o voto por carta não se confunde, juridicamente, com o voto por procuração. No voto por carta tem-se a manifestação direta – embora não presencial – da vontade do associado, enquanto no voto por procuração tal manifestação é indireta, delegada que foi sua declaração a um mandatário. O voto por carta não permite interferência do mensageiro, que cumpre tão somente o encargo material de entregá-la ao destinatário, no caso, o Diretor Presidente da Associação. Já o voto por procuração reserva, frequentemente, certa margem de discricionariedade ao representante, que exerce algum "poder deliberante".[28] O procurador não se limita à

---

[27] Acórdão do Supremo Tribunal de Justiça português, processo 09B0139, 16.4.2009, decisão unânime, disponível nas Bases Jurídico-Documentais do Ministério da Justiça de Portugal (www.dgsi.pt).

[28] A expressão é de Alfredo Rocco, que afirma: *"nella rappresentanza vi è sempre prestazione di una attività volitiva. E perciò si dirà che vi è rappresentante quando taluno presta altrui la sua attitudine a volere, e quindi nel formare la dichiarazione di volontà ha un potere deliberante"* (*Principii di Diritto Commerciale*, Torino: UTET, 1928, p. 322).

entrega material de uma manifestação completa e fechada, previamente emitida pelo associado, mas exerce o seu poder de representação de acordo com termos e condições mais ou menos gerais ajustados em sua relação com o representado.[29] Há aqui menor grau de segurança em relação à efetiva vontade pessoal do associado, a quem a questão é colocada sempre antecipadamente e, muitas vezes, sem as especificidades que surgem durante a própria deliberação do tema em pauta.

O estatuto da Alpha foi expresso ao eleger, como solução para a ausência do associado, o envio de carta dirigida ao Diretor Presidente, contendo os dados fundamentais do associado. Não há, como se vê, autorização para o voto por procuração no estatuto da Alpha, onde se regula, em detalhes, o modo de manifestação dos associados, inclusive quando ausentes.[30] À falta de expressa permissão, o voto por procuração não pode ser admitido.

Confira-se, nesse sentido, decisão proferida pelo Tribunal de Justiça de São Paulo em caso semelhante ao que se examina, envolvendo associação cujo estatuto tampouco autorizava o voto por procuração:

> "Como bem observou o sentenciante, 'quanto a representação de condôminos por procurações, não há previsão no Estatuto da Associação para a sua utilização' (fls. 161). Na realidade, haveria até vedação, consoante os termos contidos na redação do item V, letra 'a' (fls. 15), segundo o qual os associados têm o direito de *pessoalmente* participar de assembleias gerais, votar e ser votado para quaisquer cargos da diretoria e Conselho Fiscal. Como se vê, a redação do dispositivo é clara no sentido de que os associados têm o direito de participar pessoalmente e, não por representante. A participação mediante representação seria cabível caso expressamente prevista no Estatuto. [...] Além disso, consoante a deliberação havida, a forma de votação da eleição para os cargos de direção era secreta. Logo, incabível a participação mediante representação."[31]

Também no caso em análise, cumpre respeitar, em sua plenitude, a norma estatutária que, como fruto da vontade soberana dos associados, representa, na expressão célebre de Orosimbo Nonato, "o *fiat* criador" da associação.[32]

---

[29] Sobre o tema, seja consentido remeter a Anderson Schreiber, *A Representação no Novo Código Civil*, in Gustavo Tepedino (Org.), *A Parte Geral do Novo Código Civil: Estudos na Perspectiva Civil-Constitucional*, Rio de Janeiro: Renovar, 2003, 2. ed., p. 229-253.

[30] Aplicável, a propósito, o ensinamento de Francesco Ferrara: "Sul modo e forma di votazione, dispone lo statuto. I singoli però devono *simul et communiter, non separatim consentire*" (Francesco Ferrara, *Teoria delle Persone Giuridiche*, Torino: UTET, 1923, p. 830).

[31] Tribunal de Justiça de São Paulo, Primeira Câmara de Direito Privado, Apelação Cível/Revisão 227.675-4/0-00, julgamento em 6.5.2008.

[32] Orosimbo Nonato, *Associação Civil – Parecer*, RT, 1972, v. 445, p. 51.

Síntese das conclusões

De todo o exposto, é possível extrair, a título de resposta à consulta formulada, as seguintes conclusões:

(i) Ao contrário do que ocorre no âmbito das sociedades, as associações exigem a participação efetiva do associado, que contribui para o ente coletivo não com aportes econômicos, mas com sua particular atuação. O associado ostenta, assim, condição pessoal e intransmissível (Código Civil, art. 56), a ser concretamente exercida em favor do propósito comum que o vincula aos demais consortes.

(ii) Nesse contexto, o comparecimento pessoal às assembleias não configura apenas um direito, mas também um dever do associado, aplicando-se o art. 48 do Código Civil em sua plena intensidade. Embora não seja expressamente vedado, como ocorre em outros países, o voto por procuração assume, diante do tecido normativo pátrio e da pessoalidade do vínculo associativo, um caráter excepcional, dependendo de inequívoca autorização no estatuto da associação.

(iii) Mesmo quando autorizado pelo estatuto, o voto por procuração somente poderá ser empregado para contornar impedimentos circunstanciais do associado, não se admitindo a reiterada manifestação por representante que se converta em permanente porta-voz do representado. Ainda em tal hipótese, é recomendável que o estatuto regule as condições e requisitos para a emissão do voto por procuração, a fim de evitar a transferência ao eventual procurador do poder decisório de que é titular pessoal e exclusivo o associado.

(iv) O estatuto da associação Alpha, reforçando o caráter pessoal que o Código Civil brasileiro reserva ao vínculo associativo, exige o voto presencial dos associados para as matérias consideradas de maior importância no âmbito da associação, quais sejam, a destituição de administradores e a alteração das normas estatutárias (art. 10), bem como a eleição dos membros do Conselho Administrativo (arts. 21-22).

(v) Em relação à eleição dos conselheiros, o estatuto da associação Alpha exige expressamente o preenchimento e depósito de cédula "em urna própria", além da assinatura de um "livro de presença, sob as vistas da mesa eleitoral", sistema que, a toda evidência, se afigura incompatível com qualquer intervenção por parte de associado ausente. A exigência justifica-se pelo fato de só a presença física do associado ser capaz de assegurar uma tomada de posição consciente, esclarecida e responsável acerca dos temas cruciais para o desenvolvimento da associação.

(vi) Para outras deliberações, de menor importância, o estatuto da associação Alpha autoriza, nos precisos termos do seu art. 12, a manifestação dos associados ausentes "por meio de carta dirigida ao Diretor Presidente da Associação e na qual o votante declinará o seu nome por inteiro, o seu endereço e o número de sua carteira de identidade ou documento equivalente". Tal sistema, mesmo nas hipóteses em que é admitido pelo estatuto, não se confunde com o voto por procuração, que, ao contrário da transmissão meramente material de voto por carta, reserva ao representante margem de discricionariedade que reduz o grau de segurança com relação à vontade pessoal do associado, a quem a questão é colocada sempre antecipadamente e, muitas vezes, sem a previsão de especificidades que surgem durante a própria deliberação do tema em pauta.

(vii) O voto por procuração não é autorizado pelo estatuto da associação Alpha.

São as conclusões do parecer, que exprime, a meu juízo, o melhor posicionamento acerca da matéria no direito brasileiro.

Rio de Janeiro, 13 de maio de 2009.

Prof. Anderson Schreiber

26

Venire Contra Factum Proprium e Interpretação de Estatuto Social

> EMENTA: Boa-fé objetiva e proibição de comportamento contraditório (*nemo potest venire contra factum proprium*). Impossibilidade de alegação de nulidade de garantia em contradição com comportamento anterior, como o envio de proposta de repactuação da dívida. Plena eficácia da garantia. Ausência de configuração da nulidade. Interpretação do estatuto social conforme a boa-fé objetiva (Código Civil, art. 113). Teoria da aparência e publicidade do registro. Ambiguidade do ato registrado. Interpretação em favor do terceiro contratante.

A pedido da Consulente, examinei à luz do direito brasileiro a validade e a eficácia de certa garantia concedida em seu favor pela sociedade Alpha S.A.[1] Para a elaboração do presente parecer, foram levadas em consideração as seguintes premissas fáticas, consideradas incontroversas:

> (i) Em 10 de outubro de 1996, a sociedade Alpha S.A. (doravante denominada simplesmente "Alpha") emitiu garantia em relação a certas obrigações assumidas, no âmbito de programa de emissão de notas, por sociedade integrante do mesmo grupo econômico (doravante simplesmente "Garantia").

> (ii) A Garantia foi assinada pela Alpha, representada no ato por dois de seus diretores.

---

[1] Os nomes mencionados ao longo do texto, bem como a redação de cláusulas estatutárias, foram alterados para preservar a identidade das partes envolvidas.

(iii) Diante de ação judicial de execução promovida pela Consulente, a Alpha alega a nulidade da Garantia de acordo com as leis brasileiras, por ausência de autorização do Conselho de Administração da companhia para sua emissão.

O presente parecer foi dividido em dois eixos temáticos. No primeiro, examina-se a admissibilidade da alegação de nulidade diante do comportamento anteriormente empregado pela Sociedade Alpha. No segundo, investigam-se a validade e a eficácia da garantia concedida pela mesma sociedade, à luz do direito brasileiro.

I – Boa-fé objetiva e proibição de comportamento contraditório (*venire contra factum proprium*). Impossibilidade de alegação de nulidade em contradição com comportamento anterior, como o envio de proposta de repactuação da dívida. Plena eficácia da Garantia.

A boa-fé objetiva consiste em princípio fundamental do direito brasileiro. Preceito de ordem pública e matriz constitucional, há muito aplicado em sede jurisprudencial e doutrinária,[2] a boa-fé objetiva encontrou consagração expressa no atual Código Civil, especialmente em seus arts. 187 e 422:

> "Art. 187. Também comete ato ilícito o titular de um direito que, ao exercê-lo, excede manifestamente os limites impostos pelo seu fim econômico ou social, pela boa-fé ou pelos bons costumes.
>
> Art. 422. Os contratantes são obrigados a guardar, assim na conclusão do contrato, como em sua execução, os princípios de probidade e boa-fé."

Inspiradas na construção doutrinária em torno do § 242 do Código Civil alemão (BGB) e no amplo desenvolvimento da boa-fé objetiva na experiência europeia,[3] a doutrina e a jurisprudência brasileiras têm imposto aos contratantes uma atitude voltada à efetiva realização dos seus compromissos e ao atendimento das expectativas despertadas com o ajuste.[4] Calcando-se na herança cultural da *fides* romana, a boa-fé objetiva, como "hábito de firmeza e de coerência de quem sabe honrar os compromissos assumidos",

---

[2] Por todos, Clóvis do Couto e Silva, *A Obrigação como Processo*, São Paulo: José Bushatsky, 1976, p. 30.

[3] Confira-se, entre outros, Dieter Medicus, *Tratado de las relaciones obligacionales*, v. I, Barcelona: Bosch, 1995, p. 74.

[4] Gustavo Tepedino e Anderson Schreiber, *A Boa-fé Objetiva no Código de Defesa do Consumidor e no Novo Código Civil*, in *Obrigações – Estudos na Perspectiva Civil-Constitucional*, Rio de Janeiro: Renovar, 2005, p. 29-44. Ver, ainda, Gustavo Tepedino, *Novos Princípios Contratuais e Teoria da Confiança*, in *Temas de Direito Civil*, t. II, Rio de Janeiro: Renovar, 2006, p. 241-273.

impõe uma atuação leal e transparente voltada ao "bom fim das obrigações: o cumprimento do objetivo contratual e a realização dos interesses das partes".[5]

Como uma das diversas manifestações específicas da boa-fé objetiva, doutrina e jurisprudência brasileiras consideram vedada a prática de comportamentos contraditórios, que sejam capazes de ferir a legítima confiança depositada por terceiros, causando-lhes prejuízo.[6] Trata-se da proibição de comportamento contraditório, também chamada "doutrina dos atos próprios" e sintetizada no antigo brocardo latino segundo o qual *nemo potest venire contra factum proprium*: a ninguém é permitido contrariar seus próprios atos.

Conhecida e aplicada na maior parte dos ordenamentos de tradição romano-germânica (*civil law*),[7] a proibição de comportamento contraditório destina-se a preservar a "confiança despertada na outra parte, ou em terceiros, de que o sentido objetivo daquele comportamento inicial seria mantido, e não contrariado".[8]

A jurisprudência brasileira tem vedado comportamentos contraditórios em uma série de hipóteses, incluindo situações em que um contratante, depois de agir por certo período como se um dado contrato fosse válido e eficaz, vem a alegar sua invalidade (nulidade ou anulabilidade), em franca contradição com o seu comportamento anterior.[9]

---

[5]   Cláudia Lima Marques, *Contratos no Código de Defesa do Consumidor – O novo regime das relações contratuais*, São Paulo: Revista dos Tribunais, 1998, p. 107. Ver também Bruno Lewicki, *Panorama da boa-fé objetiva*, in Gustavo Tepedino (Coord.), *Problemas de Direito Civil-constitucional*, Rio de Janeiro: Renovar, 2000, p. 57.

[6]   Confira-se o Enunciado 362, aprovado na IV Jornada de Direito Civil, organizada pelo Conselho da Justiça Federal: "A vedação do comportamento contraditório (*venire contra factum proprium*) funda-se na proteção da confiança, tal como se extrai dos arts. 187 e 422 do Código Civil." Sobre o tema, seja consentido remeter a Anderson Schreiber, *A Proibição de Comportamento Contraditório – Venire Contra Factum Proprium e Tutela da Confiança*, Rio de Janeiro: Renovar, 2007, 2. ed.

[7]   Alguns autores têm sustentado que a ideia encontra respaldo também no *Common Law*, guardando semelhança de fundamento com o instituto anglo-saxônico da *estoppel*. Ver, por exemplo, David Snyder, *Comparative law in action: promissory estoppel, the civil law, and the mixed jurisdiction*, in 15 *Ariz. J. Int'l & Comp. Law* 705.

[8]   Anderson Schreiber, *A Proibição de Comportamento Contraditório – Tutela da Confiança e Venire Contra Factum Proprium*, cit., p. 96.

[9]   Cite-se, entre tantos outros exemplos, acórdão proferido pelo Superior Tribunal de Justiça, que considerou inadmissível o comportamento de uma mulher que, após se beneficiar por longo período de contrato de promessa de compra e venda de imóvel celebrado pelo marido, questiona a validade do ajuste por ausência de outorga uxória: "Além disso, considero o longo tempo decorrido desde quando celebrada a avença, mais de 17 anos, durante o qual os promissários compradores exerceram a posse mansa e pacífica do bem, sem qualquer oposição dos recorridos, que assim tacitamente confirmaram o negócio feito, do qual receberam metade do preço no ato, e a outra metade através de ação consignatória promovida pelos compradores. É inacreditável que durante todos esses anos, não houvesse qualquer impugnação da mulher interessada, o que somente aconteceu depois de proposta a ação de consignação [...]. Para ter o comportamento da mulher como relevante, lembro a importância da doutrina sobre os atos próprios. O Direito moderno não

É o que ocorre no caso concreto. Com efeito, a alegação de nulidade por parte da Sociedade Alpha contraria sua conduta anterior, configurando *venire contra factum proprium*, vedado pelo ordenamento brasileiro (Código Civil, arts. 187 e 422) e reiteradamente coibido pelas cortes nacionais. Nesse sentido, cinco aspectos merecem ser ressaltados:

(i) a prolongada omissão da Sociedade Alpha, que somente veio impugnar a validade da Garantia quando acionada pela Consulente, embora tenha tido diversas oportunidades para fazê-lo anteriormente;

(ii) a conduta adotada pela Sociedade Alpha, que ofereceu proposta para a quitação do débito, reconhecendo, com isso, a plena validade da Garantia;

(iii) o fato de, independentemente de eventual vício, a Sociedade Alpha ter se beneficiado da emissão da Garantia, condição indispensável à concessão de vantagens a outra sociedade integrante do seu grupo econômico;

(iv) o caráter meramente formal e interno do vício alegado pela Sociedade Alpha, relacionado à emissão de autorização prévia por órgão da própria companhia;

(v) a declaração (*representation*) dada pelo próprio Diretor Jurídico da Sociedade Alpha de que a Garantia teria sido devidamente autorizada.

Examine-se cada um destes aspectos em separado.

Em primeiro lugar, a Sociedade Alpha se comportou, por vários anos, como se o ato de emissão da Garantia fosse válido, deixando de impugná-lo, o que só veio a fazer depois de demandada pela Consulente. Ao longo de todo esse período, a Sociedade Alpha tinha plena ciência das expectativas geradas em torno da Garantia, não tendo deixado de corroborá-las em nenhum momento, como revela, por exemplo, carta emitida pela companhia em 20 de dezembro de 2001, com cópia para a Consulente, ali definida como *"final creditor"* (credor final). Nessa e em outras tantas oportunidades, a Sociedade Alpha teve a chance de impugnar a validade da Garantia, o que jamais fez.

Ainda no que diz respeito à omissão, não há tampouco notícia de qualquer sanção aplicada, ao longo de todos esses anos, contra os diretores signatários da Garantia, que teriam, segundo alega a Sociedade Alpha, extravasado seus poderes de administração. Ao contrário, dados apresentados pela Sociedade Alpha à Comissão de Valores Mobiliários – CVM revelam que os dois diretores signatários permanecem como administradores da companhia até a presente data, alternando-se em cargos do Conselho da Administração

---

compactua com o *venire contra factum proprium*, que se traduz como o exercício de uma posição jurídica em contradição com o comportamento assumido anteriormente." (Superior Tribunal de Justiça, Recurso Especial 95.539/SP, Rel. Min. Ruy Rosado de Aguiar, 3.9.1996).

e da Diretoria, a revelar contínua interação entre esses órgãos e prolongada conivência com os atos daqueles diretores.[10]

Diante dessas circunstâncias, a omissão continuada e específica da Sociedade Alpha, que jamais se insurgiu contra a validade da Garantia, não pode ser, agora, contrariada pela sua alegação de nulidade, sob pena de configurar *venire contra factum proprium*.

Para além da sua contínua omissão, a Sociedade Alpha praticou atos incompatíveis com a alegação de nulidade.

Em primeiro lugar, seu Diretor Jurídico apresentou declaração (*representation*) de que a Garantia "foi devidamente autorizada" e constitui "obrigação legal e vinculante em relação ao Garantidor". Acrescentou, ainda, que "todos os atos, condições e eventos necessários à celebração da Garantia foram devidamente realizados, de acordo com as leis brasileiras".[11]

Além disso, a própria Sociedade Alpha formulou proposta para a quitação do débito originado da Garantia, reconhecendo, com seu comportamento, a plena validade e eficácia do ato e dos demais instrumentos que integravam a operação.[12] Configura evidente *venire contra factum proprium* a atitude da Sociedade Alpha, que, primeiro, apresenta proposta para quitar o débito, e, depois, diante da recusa legítima do credor em aceitar as condições propostas, alega a inexigibilidade da dívida por vício formal na emissão da Garantia.

O comportamento flagrantemente contraditório da Sociedade Alpha torna-se ainda mais repreensível quando se observa que, independentemente do alegado vício formal, a companhia beneficiou-se da Garantia, condição indispensável à concessão de certas vantagens a outra sociedade, integrante do seu grupo econômico. É de se notar que, à época da emissão das notas (1996), a Sociedade Alpha possuía 100% das ações da referida companhia,[13] que consistia, assim, em verdadeira *longa manus* da Garantidora. Desse modo, o benefício auferido pela sociedade controlada reverte, por óbvio, em favor da própria Sociedade Alpha.

A jurisprudência brasileira tem sido especialmente rigorosa ao rejeitar a alegação de nulidade por quem se tenha beneficiado do ato nulo. Transcreva-se, por sua clareza, a seguinte decisão:

---

[10] IAN – Informações Anuais, disponibilizadas pela Sociedade Alpha no *site* da CVM – Comissão de Valores Mobiliários.

[11] Carta assinada pelo Diretor Jurídico, datada de outubro de 1996.

[12] Carta da Sociedade Alpha à Consulente datada de 10 de agosto de 2005, em que a Sociedade Alpha propõe novas condições para o pagamento da dívida.

[13] IAN – Informações Anuais, disponibilizadas pela Sociedade Alpha no *site* da CVM – Comissão de Valores Mobiliários.

"Aquele que contrata e se beneficia da contratação não pode, posteriormente, sustentar a nulidade do pacto firmado (venire contra factum proprium)" (Tribunal de Justiça do Paraná, 15ª Câmara Cível, Acórdão 9.148, Apelação Cível 0370079-2, 26.9.2007).

Note-se, ainda, que o Superior Tribunal de Justiça tem desconsiderado a formal distinção entre pessoas jurídicas pertencentes a um mesmo grupo econômico, para fins de vedação ao *venire contra factum proprium*, reconhecendo que o comportamento adotado por uma sociedade não pode ser contrariado por outra que seja controlada pelo mesmo centro de interesses. Veja-se entre as mais recentes decisões da Corte:

"Não se admite sustentação jurídica contrária a ato praticado a fim de que seja obtida consequência jurídica específica – *venire contra factum proprium*. Com base nesse princípio, não se pode aceitar a tese de nulidade de duplicata em razão de ela ter sido emitida sem lastro, quando a emitente e sacada, nada obstante serem pessoas jurídicas diversas, possuem em comum sócio quotista que é administrador de ambas e responsável tanto pela emissão como pelo aceite." (STJ, Recurso Especial 957.769/PE, 18.12.2008).

A decisão se aplica integralmente à relação entre a Sociedade Alpha e sua controlada, não apenas porque a primeira detinha 100% do capital social da última, mas porque a administração das duas companhias se confundia permanentemente. É emblemática, nesse sentido, a situação dos administradores que assinaram os documentos da operação pela subsidiária, os quais ocupavam também cargos de administração na Sociedade Alpha, situação que até hoje perdura.[14] Tudo a revelar que, como no precedente citado, a Sociedade Alpha e sua subsidiária, "nada obstante serem pessoas jurídicas diversas", possuíam uma administração comum.

Vê-se, então, que o comportamento pregresso da Sociedade Alpha, que sempre se comportou como se a Garantia fosse válida, beneficiando-se, ademais, do ato, impede a atual alegação de nulidade. Tal alegação se afigura inadmissível no direito brasileiro, por configurar *venire contra factum proprium*, vedado pelo princípio da boa-fé objetiva.

Tal conclusão vem reforçada pelo quinto aspecto antes mencionado, qual seja, o fato de o vício alegado pela Sociedade Alpha apresentar natureza puramente formal (não substancial). A nulidade invocada se funda, de fato, na mera ausência de autorização prévia emitida pelo Conselho de Administração da companhia para a assinatura da Garantia, levada a cabo, ainda assim, por dois de seus diretores.

A proibição de *venire contra factum proprium* tem sido aplicada com vigor pela mais elevada jurisprudência brasileira a vícios formais, em hipóteses bastante semelhantes à

---

[14] IAN – Informações Anuais, disponibilizadas pela Sociedade Alpha no *site* da CVM – Comissão de Valores Mobiliários.

que se analisa no presente parecer. Confira-se recente decisão proferida pelo Superior Tribunal de Justiça no julgamento do Recurso Especial 681.856/RS, em que um clube de futebol alegava nulidade de execução fundada em contrato assinado pelo seu Presidente, em virtude da ausência de assinatura do Vice-Presidente de Finanças, conforme exigido pelo estatuto social da entidade. Ressaltando o caráter meramente formal do vício alegado, decidiu o Superior Tribunal de Justiça:

> "Incensurável o tratamento dado ao caso pela Corte de origem, não só [...] mas, principalmente, pela repulsa à invocação de suposto vício na constituição do pacto, levado a efeito pelo próprio executado, uma vez havendo o recorrido agido de boa-fé e alicerçado na teoria da aparência, que legitimava a representação social por quem se apresentava como habilitado à negociação empreendida. Nada mais natural, militando, na espécie, como milita, em favor do recorrido, a denominada teoria da aparência, que se preserve, até em respeito ao princípio da boa-fé contratual, o negócio jurídico, com a executividade que lhe é própria, uma vez obrigada a sociedade pelo ato de seu presidente. [...] Denota-se, assim, que a almejada declaração de nulidade do título exequendo está nitidamente em descompasso com o proceder anterior do recorrente, valendo trazer à liça, o magistério de Pontes de Miranda, segundo o qual 'a ninguém é lícito *venire contra factum proprium*, isto é, exercer direito, pretensão ou ação, ou exceção, em contradição com o que foi a sua atitude anterior, interpretada objetivamente, de acordo com a lei' (cf. Tratado de Direito Privado, Campinas: Bookseller, 2000, p. 64). [...] Diante desse quadro, interpretação que conferisse o desate pretendido pelo recorrente, no sentido de que se declare a inexequibilidade do contrato entabulado entre as partes, em razão de vício formal, afrontaria o princípio da razoabilidade, assim como o da própria boa-fé objetiva, que deve nortear tanto o ajuste, como o cumprimento dos negócios jurídicos em geral" (Superior Tribunal de Justiça, Recurso Especial 681.856/RS, 12.6.2007).

Assim, a natureza puramente formal do suposto vício reforça a necessidade de aplicação do *nemo potest venire contra factum proprium* ao caso concreto, como instrumento de atenuação do formalismo jurídico, de modo a privilegiar os comportamentos concretamente adotados pelos envolvidos em detrimento de solenidades exigidas para certos atos que, a despeito da exigência, surtem efeitos na realidade fática.

Tal necessidade se torna ainda mais intensa diante do caráter interno do vício alegado, que se restringe à inobservância de procedimento intrínseco à própria companhia – a prévia consulta ao seu órgão consultivo –, procedimento sobre o qual os beneficiários da Garantia, seus cessionários e os terceiros que confiaram na legitimidade da operação não detêm qualquer domínio ou controle. Nesse sentido, não há dúvida de que era a Sociedade Alpha a entidade mais apta a exercer a aferição de regularidade do ato de emissão da Garantia e de controlar a atuação dos dois diretores que vieram a assiná-la. Pretender transferir a outrem o ônus de eventual omissão nessas tarefas é conduta que, diante dos aspectos já apontados acima, não se compadece com a boa-fé objetiva e, portanto, com o direito brasileiro.

Por todo exposto, conclui-se que, ainda que a Garantia fosse nula, a alegação do vício pela Sociedade Alpha se mostra, diante das circunstâncias acima apontadas, inadmissível à luz do direito brasileiro, por configurar *venire contra factum proprium*, vedado pela boa-fé objetiva (Código Civil, arts. 187 e 422). Cumpre preservar, portanto, a Garantia, em todos os seus efeitos, como se válida fosse.

II – Ausência de configuração da nulidade. Interpretação do estatuto social da Sociedade Alpha. Interpretação conforme a boa-fé objetiva (Código Civil, art. 113). Teoria da aparência e publicidade do registro. Ambiguidade do ato registrado. Interpretação em favor do terceiro contratante.

Como se viu, ainda que a Garantia fosse nula, a alegação de nulidade nesse caso afigura-se inadmissível por representar *venire contra factum proprium*, vedado pela boa-fé objetiva. Examine-se, contudo, apenas a título de esclarecimento, a alegação de nulidade em si.

A Sociedade Alpha sustenta que a Garantia é nula porque teria lhe faltado a prévia autorização do seu Conselho de Administração. Não tem razão a Sociedade Alpha.

O art. 142 da Lei 6.404/76 (Lei das S.A.) determina:

> "Art. 142. Compete ao conselho de administração:
>
> [...]
>
> VIII – autorizar, se o estatuto não dispuser em contrário, a alienação de bens do ativo não-circulante, a constituição de ônus reais e a prestação de garantias a obrigações de terceiros."

O art. 142 da Lei das S.A. tem nítido caráter dispositivo, já que emprega a expressão "se o estatuto não dispuser em contrário".[15] Vale dizer: no entendimento do legislador, a matéria é de livre disposição pelos integrantes da sociedade, não constituindo preceito imperativo. Não se trata, em outras palavras, de questão de ordem pública, mas de matéria afeta à autonomia privada na elaboração do estatuto social.

---

[15] Tal caráter dispositivo já afastaria, por princípio, o efeito de nulidade, na esteira da lição segundo a qual a nulidade corresponde à violação de normas de ordem pública, imperativas, cogentes (Silvio Rodrigues, *Direito Civil*, v. 1, São Paulo: Saraiva, 1996, 26. ed., p. 285). No máximo, poder-se-ia cogitar de vício de anulabilidade.

No caso concreto, o estatuto social da Sociedade Alpha lista em seu art. 7º as atribuições do Conselho de Administração, não fazendo qualquer referência à concessão de garantias. Note-se que o estatuto repetiu no mesmo dispositivo diversas atribuições legais previstas no art. 142. Assim, a alínea *c* do art. 7º do estatuto trata da eleição e destituição de diretores (art. 142, inciso II); a alínea *b* contempla o exame a qualquer tempo dos livros e papéis da companhia (art. 142, inciso III); a alínea *e* cuida da deliberação sobre a emissão de ações (art. 142, inciso VII).

Em nenhum momento, todavia, o art. 7º do estatuto social da Sociedade Alpha reproduziu a atribuição do art. 142, inciso VIII, que diz respeito à autorização para a prestação de garantias a obrigações de terceiros.

Por sua vez, o art. 9º do estatuto social da Sociedade Alpha descreve as atribuições da Diretoria, nos seguintes termos:

> "Artigo 9º A Diretoria da Sociedade terá amplos poderes de administração e gestão dos negócios para a prática de todas as operações que se relacionarem com o objeto social, podendo inclusive:
>
> a) Contrair empréstimos nacionais ou internacionais;
>
> b) Promover transações e renunciar a direitos;
>
> c) Adquirir, alienar e onerar bens patrimoniais pertencentes à Sociedade.
>
> Parágrafo único. A representação da Sociedade, ativa e passivamente, em juízo ou fora dele, será sempre exercida por 02 (dois) Diretores, em conjunto e indistintamente, ou por um Diretor e um Procurador legalmente constituído."

O estatuto social da Sociedade Alpha atribui, portanto, à Diretoria *"amplos poderes de administração e gestão dos negócios para a prática de todas as operações que se relacionarem com o objeto social"*. Com isso, o estatuto expande, consideravelmente, a competência dos seus diretores, que pela lei brasileira estaria limitada à "prática de atos necessários ao seu funcionamento regular" (Lei das S.A., art. 144). Mais: o estatuto da Sociedade Alpha atribui especificamente aos seus diretores os poderes para "onerar bens patrimoniais pertencentes à Sociedade".

Como se vê, o estatuto social da Sociedade Alpha, de um lado, amplia largamente os poderes dos diretores e, de outro, não reproduz, ao tratar da competência do Conselho de Administração, a atribuição do art. 142, VIII, da Lei das S.A., embora o faça em relação a outras atribuições previstas no mesmo artigo. Se é certo que a reprodução do art. 142, VIII, não seria, a rigor, obrigatória, não é menos correto que a omissão do estatuto da Sociedade Alpha, em meio à repetição de outras atribuições do mesmo dispositivo, pode conduzir à convicção natural de que *inclusio unius exclusio alterius*, máxima de interpretação que já era aplicada pelos juristas romanos.

Ainda que assim não se entenda, é de se reconhecer, no mínimo, que o estatuto social da Sociedade Alpha enseja, nesta matéria específica, *dúvida razoável* acerca de sua interpretação.

De fato, não seria inimaginável, à luz do quadro normativo brasileiro, que os beneficiários da Garantia, examinando o estatuto social da Sociedade Alpha, concluíssem, pelas razões já expostas acima, que a Diretoria possuía, no âmbito de seus "amplos poderes de administração" (a abranger a "prática de todas as operações que se relacionarem com o objeto social" e, ainda, sem qualquer ressalva, a aptidão para "onerar bens patrimoniais pertencentes à Sociedade"), a plena capacidade para a emissão da Garantia.

Nesse contexto, tem aplicação o art. 113 do Código Civil, que impõe sejam os negócios jurídicos interpretados conforme a boa-fé:

"Art. 113. Os negócios jurídicos devem ser interpretados conforme a boa-fé e os usos do lugar de sua celebração."

O princípio da boa-fé objetiva consiste, no campo da interpretação dos negócios jurídicos, em "uma aplicação particular do princípio mais amplo da confiança e auto-responsabilidade", que impõe "investigar os possíveis sentidos da declaração e acolher o que o destinatário podia e devia atribuir-lhe com fundamento nas regras comuns de linguagem e no particular modo de se comunicar e se entender com a outra parte".[16]

O estatuto social da Sociedade Alpha deve, assim, ser interpretado de forma a atender às expectativas que sua leitura pode despertar em terceiros que negociam com a companhia. Com efeito, a Sociedade Alpha é a única responsável pela redação do seu estatuto, devendo, portanto, sofrer o ônus de omissões ou ambiguidades que ensejem dúvidas razoáveis acerca do real sentido das suas disposições.

Como alerta a doutrina brasileira, "é justo, portanto, que o elaborador do instrumento ou título sofra as consequências das próprias ambiguidades e imprecisões de linguagem, talvez propositadas, que levaram o outro a aceitar o pacto por o ter entendido em sentido inverso do que convinha ao coobrigado".[17]

Trata-se, a rigor, do mesmíssimo raciocínio que o Código Civil consagra expressamente ao tratar dos contratos de adesão:

"Art. 423. Quando houver no contrato de adesão cláusulas ambíguas ou contraditórias, dever-se-á adotar a interpretação mais favorável ao aderente."

---

[16] Orlando Gomes, *Introdução ao Direito Civil*, Rio de Janeiro: Forense, 2001, 18. ed., p. 462-463.
[17] Carlos Maximiliano, *Hermenêutica e Aplicação do Direito*, Rio de Janeiro: Forense, 2001, 19. ed., p. 287.

Quem redige um instrumento jurídico deve, portanto, sofrer o ônus da interpretação que conclua por um sentido que, embora não seja o desejado pelo redator, se afigura possível e razoável diante da literalidade do texto.

Assim, se a redação do estatuto social, examinada de acordo com o ordenamento brasileiro, dá margem a uma *dúvida razoável* em torno da necessidade ou não de autorização do Conselho de Administração para a prestação de garantia a obrigações de terceiros, não pode a Sociedade Alpha, única responsável pela redação do seu estatuto, rejeitar interpretação que conclua em sentido que o texto autoriza.

Tal conclusão vem reforçada, na espécie, pela postura adotada pela Sociedade Alpha, que, como já se destacado no item I do presente parecer, comportou-se sempre como se fosse válida a Garantia, a comprovar a aparência de legitimidade daquela interpretação.

Como destacam os manuais de hermenêutica:

> "A vontade, que se interpreta e converte em realidade, não é o que uma pessoa quis e possivelmente deixou fora do alcance da percepção do coobrigado, ou legatário; porém o que aparece como aceito por uma das partes e pensado e proposto pela outra."[18]

A teoria da aparência tem aqui aplicação para proteger o terceiro que, de boa-fé, confia no sentido razoavelmente possível do estatuto social. A jurisprudência brasileira invoca a teoria para proteger, em diversas hipóteses, terceiros de boa-fé que contratam com sociedades, confiando legitimamente em que estejam representadas por quem tem poderes para tanto. Sobre o tema, confira-se, entre outros, os seguintes precedentes do Superior Tribunal de Justiça:

> "Teoria da aparência. Investimento. Agente captador de recursos. Terceiro de boa-fé. Comprovado que o emitente do recibo de aplicação no mercado financeiro era notoriamente agente autorizado a captar recursos para aplicar em certa instituição financeira, responde esta pelo desvio do numerário, uma vez que a teoria da aparência protege o terceiro de boa-fé" (STJ, Recurso Especial 276.025/SP, 12.2.2000).

> "A concessionária integrante do mesmo grupo da companhia de arrendamento mercantil é parte legítima passiva para responder à ação de indenização por danos materiais e morais proposta por adquirente de automóvel dito zero quilômetro, que vem a descobrir, em ulterior perícia, que o veículo já havia sofrido colisão. A responsabilidade existe, ainda que o negócio tenha se efetivado por meio de contrato de *leasing*, porquanto celebrada a avença no interior da empresa revendedora,

---

[18] Carlos Maximiliano, *Hermenêutica e Aplicação do Direito*, cit., p. 275.

diretamente com seus empregados, circunstância que autoriza a aplicação da teoria da aparência, cujo escopo é a preservação da boa-fé nas relações negociais, afastando a interpretação de que o contrato foi firmado com terceiro" (STJ, Recurso Especial 369.971/MG, 16.12.2003)

É bem verdade que parte da doutrina comercialista brasileira sustenta que a teoria da aparência deve ser mitigada em campo societário, diante do registro dos atos constitutivos da companhia, cuja publicidade afastaria qualquer possível alegação de boa-fé em benefício de quem contrata com a sociedade.

Aqui, todavia, não se mostra necessário ingressar no debate (ainda em aberto na experiência brasileira) entre o princípio da aparência e o princípio da publicidade, nem de defender a prevalência da tutela da aparência sobre o caráter vinculante do registro. Trata-se tão somente de avaliar o próprio conteúdo do ato registrado. Havendo ambiguidade ou omissão capaz de ensejar dúvida na interpretação, é certo que a força vinculante do registro não vem afastar – antes: reforça – a proteção ao sentido aparente do ato registrado.

Como destaca a doutrina brasileira, ao tratar da limitação de poderes de diretores constante de ato registrado:

"Sempre, portanto, que a limitação fique oculta, até por insuficiência de publicidade para terceiros que razoavelmente não poderiam conhecê-la, deve a sociedade responder pelos atos dos seus diretores praticados não obstante proibição do ato constitutivo, ou de qualquer alteração que haja sofrido."[19]

A "insuficiência de publicidade" não ocorre apenas quando os terceiros não têm, por qualquer razão, o fácil acesso ao registro do ato constitutivo da companhia, mas também quando esse ato, embora registrado, dá margem a dúvida razoável quanto ao seu sentido e alcance. A questão aí é a própria interpretação do estatuto social, sendo certo que a publicidade não desempenha nisto nenhum papel substancial. Limita-se a outorgar força vinculante ao ato em sua multiplicidade de sentidos, não desautorizando qualquer deles, muito menos o mais *aparente*, diante do próprio comportamento da companhia.

Conclui-se, assim, que inexiste nulidade da Garantia, já que a redação ambígua do estatuto social da Sociedade Alpha deve ser interpretada em favor do terceiro contratante, considerando-se dispensada a autorização do Conselho de Administração na presente hipótese.

---

[19] Orlando Gomes, *Transformações Gerais do Direito das Obrigações*, São Paulo: Revista dos Tribunais, 1980, 2. ed., p. 125.

Síntese das Conclusões

As conclusões alcançadas neste parecer podem ser assim sintetizadas:

(i) Ainda que a Garantia fosse inválida, a alegação de nulidade pela Sociedade Alpha não pode ser admitida, por se afigurar contrária ao seu comportamento anterior. De fato, a Sociedade Alpha não apenas deixou de impugnar a Garantia emitida, beneficiando-se de seus frutos por vários anos, mas também praticou diversos atos incompatíveis com a alegação de invalidade, como a apresentação de proposta para repactuação das condições de pagamento da dívida originada da Garantia, reconhecendo, assim, a plena validade e eficácia do ato. Nesse cenário, a atual alegação de um vício formal da Garantia não pode ser admitida à luz do direito brasileiro por ser contrária à boa-fé objetiva e ao princípio que veda o *venire contra factum proprium* (proibição de comportamento contraditório).

(ii) Não bastasse a conclusão acima alcançada, a Garantia se afigura válida à luz do direito brasileiro. Com efeito, o art. 142, inciso VIII, da Lei das S.A., que trata da competência do Conselho de Administração para autorizar a prestação de garantias a obrigações de terceiros, consiste em norma dispositiva, que pode ser afastada pelo estatuto social de cada companhia. No caso concreto, o estatuto da Sociedade Alpha, de um lado, outorga amplos poderes à Diretoria, inclusive para onerar bens da sociedade; de outro, não reproduz, na parte em que se ocupa das atribuições do Conselho de Administração, a norma relativa à necessidade de autorização para a prestação de garantias a terceiros, embora repita inúmeras outras atribuições deste órgão contempladas no mesmo art. 142, a sugerir que *inclusio unius exclusio alterius*, como já afirmavam os juristas romanos. Ainda que assim não se entenda, é de se reconhecer, no mínimo, que o estatuto da Sociedade Alpha enseja, nesta matéria, *dúvida razoável* acerca da sua interpretação. Diante disso, os arts. 113 e 423 do Código Civil, bem como a tutela da aparência, impõem que o estatuto seja interpretado em favor do terceiro contratante, que não é responsável pela redação do texto estatutário, de exclusiva responsabilidade da própria Sociedade Alpha, que, como já destacado, jamais impugnou a validade da Garantia. Assim, a interpretação que deve prevalecer no caso concreto é a de que o estatuto da Sociedade Alpha dispensava a autorização do Conselho de Administração para a prestação da Garantia assinada por dois de seus diretores, de modo que não há que se falar em nulidade ou anulabilidade da Garantia.

Tais conclusões exprimem, a meu juízo, o melhor posicionamento acerca da matéria no direito brasileiro.

Rio de Janeiro, 9 de fevereiro de 2009.

Prof. Anderson Schreiber

27

Qualificação Contratual e o Chamado Contrato de Locação de Satélites

> EMENTA: Distinção entre locação e prestação de serviço no direito brasileiro. *Locatio conductio rei* e *locatio conductio operarum*. Evolução da matéria no Código Civil de 2002. Diferenças estruturais e funcionais entre a locação e a prestação de serviços. Qualificação dos contratos celebrados pela Alpha. Ausência dos elementos essenciais da locação e ausência de função locatícia. Análise da atividade da Alpha: obrigações de fazer, e não de dar. Configuração de prestação de serviços de telecomunicação e incidência de ICMS.

A pedido do consulente, examinei, à luz do ordenamento jurídico brasileiro, determinados contratos celebrados entre a sociedade Alpha S.A.[*] e seus clientes, intitulados "Contratos de Locação de Satélites", com o propósito de responder aos seguintes quesitos:

1. Quais os requisitos essenciais para a caracterização, no direito brasileiro, de um contrato de locação, especialmente de coisa móvel?

2. Os contratos celebrados pela Alpha S.A. podem ser chamados de "Contratos de Locação de Satélites"?

3. Em não sendo de locação as relações firmadas entre a Alpha e seus clientes, qual seria a correta qualificação do contrato? Há prestação de serviço de telecomunicação?

O presente parecer foi dividido em três partes: a primeira parte contempla, em breves linhas, a distinção entre locação e prestação de serviço no direito brasileiro; a segunda parte é dedicada à qualificação dos contratos celebrados pela Alpha S.A.; a terceira parte

---

[*] Os nomes mencionados ao longo do parecer foram alterados para preservar a identidade das partes.

sintetiza as conclusões alcançadas por meio de resposta específicas aos quesitos que me foram submetidos.

I – Distinção entre locação e prestação de serviço no direito brasileiro

A consulta formulada centra-se sobre a qualificação dos contratos celebrados entre a Alpha S.A. (doravante denominada simplesmente Alpha) e seus clientes. A companhia sustenta que tais contratos exprimem "simples locação ou provimento/cessão de capacidade de satélite".[1] Informa que, no desempenho de sua atividade econômica, "se limita a disponibilizar parte da capacidade de seus satélites" para determinados clientes, aos quais "cede, durante certo tempo, o uso desses equipamentos".[2] Assim agindo, a companhia estaria dispensada do recolhimento de ICMS, que não incide sobre locações.

Antes de proceder à qualificação dos contratos examinados, é preciso compreender perfeitamente a distinção entre os dois tipos contratuais suscitados no caso concreto. A locação e a prestação de serviço encontram sua origem histórica em um mesmo e único instituto: a *locatio conductio*, tipo contratual do Direito Romano que abarcava, em seu amplíssimo objeto, a locação de coisas (*locatio conductio rei*), a prestação de serviço (*locatio conductio operarum*, comumente traduzida como locação de serviço) e, ainda, a realização de obra (*locatio conductio operis*).[3]

Para os juristas romanos, portanto, a prestação de serviço e a locação de coisas compunham um mesmo tipo contratual. A capacidade de trabalho do prestador do serviço era, nessa perspectiva, equiparada a uma *coisa*, colocada à disposição do contratante. Tal abordagem se explica diante da própria estruturação da vida social em Roma, caracterizada pela abundância de escravos, a quem era relegada a imensa maioria das tarefas braçais.[4] O homem livre que emprestava sua força para a realização de tarefas menores aproximava-se, em alguma medida, do escravo, o que autorizava a assimilação entre a prestação de serviço e a locação de bens.[5]

A tradição romana nessa matéria foi sendo gradativamente abandonada ao longo da História. A progressiva emancipação do Homem veio revelar o equívoco inerente à equiparação da capacidade humana a uma coisa, objeto da apropriação alheia. A contra-

---

[1] TJRJ, processo judicial 2009.001.231930-9, petição inicial da Alpha, p. 3.

[2] TJRJ, processo judicial 2009.001.231930-9, petição inicial da Alpha, p. 3.

[3] Confira-se, entre outros, José Carlos Moreira Alves, *Direito Romano*, v. II, Rio de Janeiro: Forense, 2000, 6. ed., p. 177.

[4] Manuel Inácio Carvalho de Mendonça, *Contratos no Direito Civil Brasileiro*, t. II, Rio de Janeiro: Forense, 1957, 4. ed, p. 83.

[5] Neste sentido, Ebert Chamoun, *Instituições de Direito Romano*, Rio de Janeiro: Forense, 1962, 4. ed., p. 378. Ver, em igual direção, José Cretella Júnior, *Curso de Direito Romano*, Rio de Janeiro: Forense, 2002, 27. ed., p. 194.

tação do trabalho distanciou-se da simples disposição de um bem. Os juristas da Modernidade expurgaram, pouco a pouco, do âmbito do contrato de locação, as modalidades romanas centradas sobre a atividade do contratado, que passaram a ser consideradas como tipos contratuais autônomos. A antiga *locatio conductio operis* deu origem ao contrato de empreitada e a *locatio conductio operarum* converteu-se no atual contrato de prestação de serviço.

No Brasil, o Código Civil de 1916 ainda sofreu influência da tradição romana, tratando da empreitada e da "locação de serviço" como seções do capítulo dedicado à locação (arts. 1.188-1.247). Mesmo naquela codificação, contudo, era tamanha a disparidade entre o regramento da locação de coisas e da chamada locação de serviço que a imensa maioria da doutrina já lhes reservava autonomia, criticando duramente a letra da lei:

> "Atualmente, locação é só a de coisas. Não é questão apenas de rigor terminológico, pois as outras espécies tradicionais de locação não se ajustavam perfeitamente ao conceito único a que se pretendeu reduzi-las. Para se verificar o artificialismo da pretensa unidade, basta considerar a chamada locação de serviço, hoje desdobrada nas figuras independentes do contrato de trabalho e do contrato de prestação de serviços. Designá-los com a expressão clássica é dar falsa ideia desses contratos."[6]

Na esteira da Constituição de 1988, que elegeu a dignidade humana como valor máximo do ordenamento jurídico, o Código Civil de 2002 veio corrigir, em definitivo, o equívoco da codificação anterior.[7] Apartando o trabalho humano da disposição de bens, a nova codificação ocupou-se da locação de coisas, da prestação de serviço e da empreitada em capítulos distintos, como contratos independentes. Apartou até mesmo topograficamente os dois primeiros tipos contratuais, inserindo entre a locação e a prestação de serviço a disciplina do empréstimo. Não resta dúvida de que, no direito brasileiro contemporâneo, a locação e a prestação de serviço configuram contratos autônomos, de estruturas e funções inteiramente distintas.

A locação consiste no contrato por meio do qual alguém se obriga a ceder a outrem o uso e gozo de coisa não fungível, por determinado tempo, mediante retribuição (Código Civil, art. 565). Na prestação de serviço, ao contrário, alguém se obriga a realizar em favor de outrem, mediante remuneração, certa tarefa ou atividade (Código Civil, arts. 593-594). Enquanto a locação se centra sobre uma obrigação de dar, a prestação de serviço assenta sobre uma obrigação de fazer.

---

[6] Orlando Gomes, *Contratos*, Rio de Janeiro: Forense, 2001, 24. ed., p. 272-273.
[7] Sobre a constitucionalização do direito civil brasileiro, ver, por todos, Gustavo Tepedino, *Premissas Metodológicas para a Constitucionalização do Direito Civil*, in *Temas de Direito Civil*, Rio de Janeiro: Renovar, 2004, 3. ed., p. 1-22.

A distinção entre os dois tipos contratuais examinados não é puramente estrutural, mas reflete verdadeira disparidade de funções na vida social e econômica. Enquanto na locação a utilidade do contrato recai sobre a própria coisa infungível que o locador entrega ao locatário, na prestação de serviço é a atividade do prestador que interessa ao outro contratante. Diversamente do locatário, que pretende explorar por sua própria conta e risco o bem entregue pelo locador, o tomador do serviço pretende que o prestador atue efetivamente na persecução do seu interesse. Enquanto o locatário acredita nas potencialidades da coisa, o tomador do serviço confia na qualidade técnica do prestador.

Dessa distinção de estrutura e propósito derivam inúmeras diferenças na disciplina normativa dos dois tipos contratuais. Por exemplo, "o característico da locação é o regresso da coisa locada ao seu dono; ao passo que o serviço prestado fica pertencendo a quem o pagou e não é suscetível de restituição".[8] Em outras palavras: enquanto a locação gira em torno do binômio entrega-restituição da coisa infungível, a prestação de serviço, ainda que dependa da manipulação de certos bens, escapa a esta lógica. Não é por outra razão que o Código Civil, ao tratar da locação, reserva ao locatário, por exemplo, o direito de retenção, instituto que não encontra paralelo na disciplina da prestação de serviço. Da mesma maneira, os deveres de guardar a coisa e usá-la do modo adequado só fazem sentido na locação, já que, na prestação de serviço, ainda quando se limite à operação de uma coisa, o bem permanece todo o tempo sob o controle do prestador, que da sua posse não se despede.

Compreendida, em linhas gerais, a distinção entre a locação e a prestação de serviço no direito brasileiro contemporâneo, cumpre retornar ao caso concreto.

II – Qualificação dos contratos celebrados pela Alpha

Em que pese o esforço da Alpha, os contratos examinados não se qualificam como contratos de locação, nem estruturalmente, nem funcionalmente. Pode-se dizer, na esteira de preciosa lição, que a estrutura do contrato revela "como ele é", enquanto sua função explica "para que serve".[9] Examinando-se, em primeiro lugar, o aspecto estrutural dos contratos celebrados pela Alpha, conclui-se que carecem dos elementos essenciais da locação.

---

[8] Miguel Maria de Serpa Lopes, *Curso de Direito Civil*, v. IV, Rio de Janeiro: Freitas Bastos, 1999, 5. ed., p. 152.
[9] Pietro Perlingieri, *Perfis do Direito Civil – Introdução ao Direito Civil Constitucional*, Rio de Janeiro: Renovar, 1999, p. 94.

II.1 – Ausência dos elementos essenciais da locação

Sob o prisma estrutural, os contratos celebrados pela Alpha não contemplam uma cessão temporária do uso e gozo de coisa infungível, como seria indispensável a um genuíno ajuste locatício. É o que se extrai de inúmeros aspectos da relação contratual examinada, entre os quais merecem destaque os seguintes:

> (a) os instrumentos contratuais examinados não preveem a entrega de qualquer coisa aos clientes da Alpha;
>
> (b) a coisa que a Alpha alega entregar (a chamada "capacidade espacial do satélite") não é infungível, como registram os próprios instrumentos contratuais;
>
> (c) os clientes da Alpha não têm o dever de restituir o que quer que seja à companhia;
>
> (d) os clientes da Alpha não têm qualquer possibilidade fática ou jurídica de reter a coisa alegadamente locada.

Examine-se, em separado, cada um destes aspectos.

II.1.A – Não há entrega de coisa

A obrigação fundamental do locador é a de proporcionar o uso e gozo da coisa locada. Tal obrigação, no dizer da doutrina, desdobra-se "de molde a cobrir três aspectos de utilização pelo locatário: entrega, manutenção e garantia".[10] A entrega da coisa locada ao locatário constitui "a principal obrigação do locador, a obrigação chave, por assim dizer".[11] Trata-se, de fato, do dever primeiro que o Código Civil impõe ao locador:

> "Art. 566. O locador é obrigado:
>
> I – a entregar ao locatário a coisa alugada, com suas pertenças, em estado de servir ao uso a que se destina, e a mantê-la nesse estado, pelo tempo do contrato, salvo cláusula expressa em contrário [...]."

Os contratos celebrados entre a Alpha e seus clientes não contemplam a entrega de qualquer bem. Os satélites permanecem durante todo o lapso contratual na posse direta e indireta da Alpha. Tais equipamentos não são entregues aos clientes da companhia, nem física, nem operacionalmente. Não há entrega física porque os satélites permane-

---

[10] Caio Mário da Silva Pereira, *Instituições de Direito Civil*, v. III, Rio de Janeiro: Forense, 2005, 12. ed., atualizado por Regis Fichtner, p. 283.

[11] Miguel Maria de Serpa Lopes, *Curso de Direito Civil*, v. IV, Rio de Janeiro: Freitas Bastos, 1999, 5. ed., p. 47.

cem em suas órbitas, gravitando a mais de 36.000 quilômetros da superfície terrestre. Não há entrega operacional porque os clientes da Alpha não passam a deter controle ou qualquer outra forma de ingerência sobre os satélites, limitando-se a manter o funcionamento das suas estações terrenas, como se vê, por exemplo, das obrigações descritas na cláusula 6ª do contrato celebrado entre a Alpha e a Rádio Guaíba S./A.

A cláusula 4ª do mesmo contrato registra textualmente que a Alpha mantém o pleno controle dos satélites, da sua posição orbital, da frequência utilizada e das demais características técnicas da transmissão satelital:

> "4.3. O satélite, a posição orbital, a frequência da portadora e demais características técnicas serão designados pela Alpha [...]."

E a cláusula 8ª daquele instrumento contratual acrescenta:

> "8.1. Caberá à Alpha indicar as designações de satélite, segmentos de satélites e suas faixas de frequências de operação e polarização para operação da Cessão ora contratada [...]."

Tais disposições repetem-se em todos os instrumentos contratuais examinados, revelando que a Alpha não transfere a seus clientes, em nenhum momento, a posse direta ou indireta dos satélites. Tais equipamentos permanecem sob o comando e a governabilidade da companhia, que fornece todas as especificações técnicas para a transmissão dos dados e supervisiona até mesmo a operação das estações terrestres de emissão e recepção, como se vê da cláusula 6.1.6 dos instrumentos contratuais mencionados:

> "6.1. Constituem obrigações e responsabilidades da Contratante, além de outras previstas neste Contrato:
> [...]
> 6.1.6. Assegurar livre acesso aos funcionários da Alpha nos locais de instalação das ETTS, para avaliar o atendimentos das mesmas aos parâmetros técnicos estabelecidos na Cessão."

Não há, no âmbito das relações contratuais examinadas, a entrega de qualquer coisa aos clientes da Alpha, elemento que seria imprescindível à configuração de locação ou cessão temporária de bem. Para justificar sua menção à locação, a companhia sustenta que a coisa cujo uso e gozo cede aos seus clientes não é o satélite em si, mas a "capacidade espacial do satélite". Embora engenhoso, o argumento não conduz, tecnicamente, à qualificação contratual pretendida pela Alpha.

II.1.B – A coisa que a companhia sustenta entregar não é infungível

"Contrato de cessão de capacidade espacial de satélite" é o título que a Alpha reserva aos contratos celebrados com seus clientes. Tal capacidade consiste, como explica a companhia, no potencial de transmissão de uma determinada quantidade de equipamentos, denominados *transponders*, de que é munido cada satélite.[12] O bem cujo uso e gozo é cedido aos clientes não consistiria, assim, nos satélites (de cuja posse a companhia não se despede em nenhum momento), mas em um bem incorpóreo consubstanciado no potencial de transmissão de dados inerente a um certo conjunto de *transponders*.

O argumento não supera, contudo, o obstáculo à configuração da locação. Por definição legal, a locação é contrato que recai sobre "o uso e gozo de coisa não fungível" (art. 565), assim entendida aquela que é certa e individualizada, não podendo ser substituída por outra da mesma espécie, quantidade e qualidade.[13] Como ressalta a doutrina:

> "É da própria essência do contrato de locação a obrigação de restituir o bem locado, sem qualquer alteração (CC, art. 569, IV), o que retira da esfera deste contrato os bens fungíveis, como os consumíveis, a não ser que se estabeleça, no contrato, a sua infungibilidade."[14]

Basta examinar os contratos celebrados pela Alpha para compreender que, ainda que fosse possível considerar a capacidade satelital como coisa locada, não seria possível considerá-la infungível. Não deixa qualquer dúvida acerca do tema a cláusula 8ª dos instrumentos contratuais examinados, em que se lê:

> "8.1. Caberá à Alpha indicar as designações de satélite, segmentos de satélites e suas faixas de frequências de operação e polarização para operação da Cessão ora contratada, considerando acordos operacionais firmados com outras empresas, nacionais e internacionais, operados de satélites. *A Alpha poderá, a qualquer tempo, e caso necessário, a seu exclusivo critério, modificar tais designações* por motivo de ordem técnica ou em decorrência de novos acordos internacionais ou ainda de novas obrigações contidas em regulamentos nacionais e/ou internacionais" (grifou-se).

Se pode a Alpha alterar, "a seu exclusivo critério", as "designações de satélite, segmentos de satélites e suas faixas de frequências de operação e polarização para operação", não há dúvida de que a coisa que a companhia alega ceder aos seus clientes – a "capa-

---

[12] TJRJ, processo judicial 2009.001.231930-9, petição inicial da Alpha, p. 3.
[13] "Art. 565. Na locação de coisas, uma das partes se obriga a ceder à outra, por tempo determinado ou não, o uso e gozo de coisa não fungível, mediante certa retribuição."
[14] Gustavo Tepedino *et al.*, *Código Civil Interpretado Conforme a Constituição da República*, v. II, Rio de Janeiro: Renovar, 2006, p. 251.

cidade espacial do satélite" – é fungível, podendo ser substituída por outra, da mesma espécie, qualidade e quantidade, nos exatos termos do art. 85 do Código Civil.[15]

Vale dizer: ainda que se considerasse verdadeira a tese da Alpha, entendendo que o objeto do negócio não consiste no uso dos satélites em si, mas no uso de uma certa "capacidade espacial do satélite", não seria possível, de acordo com o direito brasileiro, cogitar de locação. É que a capacidade espacial do satélite, se fosse o bem objeto da avença, seria claramente um bem fungível.

A cláusula 13ª dos instrumentos contratuais examinados reafirma, de modo muito claro, a aludida fungibilidade:

> "13.5. No caso de ocorrência de falha do segmento de satélite objeto da Cessão, a Alpha envidará seus melhores esforços no sentido de prover segmentos de satélite alternativos em outros satélites no SBTS para dar continuidade à prestação da Cessão nas condições contratadas."

O expresso reconhecimento da possibilidade de se "prover segmentos de satélite alternativos em outros satélites no SBTS para dar continuidade à prestação" evidencia que o potencial de transmissão de cada conjunto de *transponders* pode (e, sempre que possível, deve) ser substituído por outro da mesma espécie, qualidade e quantidade, demonstrando, a mais não poder, a fungibilidade do bem cujo uso e gozo a Alpha sustenta transmitir. Como se vê, mesmo que se assumisse como verdadeira a linha argumentativa da Alpha, a coisa cedida seria fungível, de modo que contrato de locação não haveria.

II.1.C – Não há dever de restituição

O principal dever que a legislação brasileira atribui ao locatário é o de restituir a coisa locada. Neste sentido, registra textualmente o art. 569, IV, do Código Civil:

> "Art. 569. O locatário é obrigado:
> [...]
> IV – a restituir a coisa, finda a locação, no estado em que a recebeu, salvas as deteriorações naturais ao uso regular."

Os contratos de "locação" ou "cessão" de "capacidade espacial de satélite" celebrados pela Alpha não preveem a restituição da coisa supostamente cedida. Não há qualquer cláusula que regule uma futura devolução da capacidade satelital pelos clientes da com-

---

[15] Art. 85. São fungíveis os móveis que podem substituir-se por outros da mesma espécie, qualidade e quantidade.

panhia. A ausência é compreensível quando se reconhece que, apesar do título atribuído aos instrumentos contratuais, nada é transferido no âmbito daqueles contratos. Tanto os satélites, quanto a sua incorpórea capacidade satelital, permanecem todo o tempo sob o comando, o uso, o controle, o monitoramento e a governabilidade da Alpha. Seus clientes nada podem restituir porque nada receberam.

Também não há como se cogitar, nas relações contratuais examinadas, do cumprimento de outros tanto deveres que a codificação civil atribui aos locatários. O já mencionado art. 569 lhes impõe, por exemplo, o dever de tratar a coisa "com o mesmo cuidado como se sua fosse". Os clientes da Alpha não teriam, ainda que desejassem, qualquer meio fático ou jurídico para descumprir tal dever, já que a da coisa não se ocupam em momento algum, limitando-se a emitir suas informações de estações terrestres de acordo com as especificações técnicas fornecidas pela própria companhia.

II.1.D – Impossibilidade de retenção

Os contratos da Alpha não se mostram incompatíveis apenas com os deveres legalmente atribuídos ao locatário, mas também com os direitos que a codificação civil lhes reserva. Dentre esses, avulta em importância o direito de retenção, contemplado nos arts. 571 e 578 do Código Civil, como meio eficiente de proteção do locatário contra o arbítrio do locador.[16,17] Seu exercício legitima o prolongamento da posse do locatário no bem locado. Trata-se de meio lícito de coação, mediante a conservação da coisa em poder do locatário contra a vontade do locador.

Embora o direito de retenção possa ser excluído pelas partes em um contrato de locação, seu pressuposto fático, que é a possibilidade natural de conservação da coisa, afigura-se inerente ao ajuste locatício, como reflexo da própria entrega do bem locado. Tal possibilidade inexiste, contudo, nos contratos celebrados pela Alpha. Os instrumentos contratuais reconhecem expressamente que a Alpha tem não apenas o direito, mas o poder técnico, de interromper o uso dos satélites a qualquer tempo. É o que se extrai, por exemplo, da cláusula 11.3.2, que autoriza a "suspensão da cessão após o 30º (trigésimo) dia de atraso do pagamento, a critério da Alpha".

Se a interrupção da transmissão pode ser promovida pela Alpha a seu exclusivo critério, parece claro que seus clientes não têm qualquer possibilidade jurídica ou mesmo

---

[16] "Art. 571. Havendo prazo estipulado à duração do contrato, antes do vencimento não poderá o locador reaver a coisa alugada, senão ressarcindo ao locatário as perdas e danos resultantes, nem o locatário devolvê-la ao locador, senão pagando, proporcionalmente, a multa prevista no contrato. Parágrafo único. O locatário gozará do direito de retenção, enquanto não for ressarcido."
[17] "Art. 578. Salvo disposição em contrário, o locatário goza do direito de retenção, no caso de benfeitorias necessárias, ou no de benfeitorias úteis, se estas houverem sido feitas com expresso consentimento do locador."

fática de retenção dos satélites, dos *transponders* ou de sua capacidade espacial. Os equipamentos e seu potencial de transmissão conservam-se todo o tempo com a companhia, não havendo cessão aos seus clientes para que os explorem diretamente. O benefício que auferem da rede satelital é o benefício que auferem por meio da atuação da Alpha.

II.2 – Os contratos da Alpha não desempenham função locatícia

A qualificação dos contratos se opera, para a civilística tradicional, por meio da identificação dos elementos essenciais do tipo contratual na operação econômica realizada. Trata-se da chamada doutrina dos *essentialia*,[18] método que se centra sobre uma análise exclusivamente estrutural do contrato. Viu-se, nesse sentido, que os contratos celebrados pela Alpha não apresentam os elementos essenciais da locação, como a entrega e restituição de bem infungível. A doutrina mais recente tem, contudo, destacado a importância de se proceder a uma análise funcional do contrato, que permita sua qualificação a partir não apenas da sua estrutura, mas também da finalidade econômica e social que pretende atender.[19] Tampouco sob o prisma funcional os contratos da Alpha se qualificam como locações.

A locação tem como propósito nuclear a transmissão de um bem para que o locatário dele extraia, por certo tempo, a utilidade que lhe convier. O locador se limita, nesse sentido, a entregar a coisa, assumindo, a partir daí, uma postura relativamente passiva na relação contratual, que se destaca justamente pela sua não interferência na utilização do bem entregue ao locatário. Mesmo quando é chamado a agir, o locador o faz a pedido do locatário, para resguardá-lo dos embaraços ou turbações de terceiros. Sua atuação se limita a remediar eventuais patologias que ameacem a exploração direta do bem pelo locatário.

Por definição, o locador não atua ativamente na extração da utilidade econômica da coisa. Nem mesmo auxilia o locatário no seu aproveitamento da coisa locada. Limita-se a garantir sua utilização pacífica, rechaçando interferências indevidas sobre o bem que é objeto da locação. Ao locatário compete, com exclusividade, explorar economicamente a coisa, agindo por sua própria conta e risco, de modo a extrair do bem os benefícios que porventura lhe interessarem. O locador não envida qualquer esforço nesse sentido, restringindo-se a cumprir uma obrigação de dar e a assegurar, pelo lapso contratual, a manutenção dos seus efeitos.

---

[18] A denominação advém da clássica tripartição dos elementos do negócio jurídico em essenciais (*essentialia*), naturais (*naturalia*) e acidentais (*accidentalia*). Ver, sobre o tema, Antônio Junqueira de Azevedo, *Negócio Jurídico – Existência, Validade e Eficácia*, São Paulo: Saraiva, 2000, 3. ed., p. 30-39.
[19] Confira-se, entre outros, María del Carmen Gete-Alonso y Calera, *Structura y Función del Tipo Contractual*, Barcelona: Bosch, 1979, p. 696-710.

Vê-se daí que as relações contratuais estabelecidas pela Alpha não se qualificam funcionalmente como locações. Independentemente da roupagem que se lhes atribua, os instrumentos contratuais analisados refletem uma conduta ativa da companhia, que auxilia continuamente seus clientes na transmissão dos seus dados pela via satelital. A leitura dos instrumentos contratuais revela, de fato, a atuação decisiva da Alpha em todas as etapas da operação.

Das disposições contratuais extrai-se, por exemplo, que a Alpha providencia o cadastramento e licenciamento do cliente junto à Anatel (cláusula 5.1.5); informa os equipamentos que devem ser utilizados pelo cliente (cláusula 5.1.7); ativa, no momento oportuno, a estação terrena do cliente (cláusula 5.1.6); realiza testes periódicos para avaliar a observância dos requisitos técnicos necessários à transmissão via satélite (cláusula 4.5); tem livre acesso aos locais de instalação das estações terrenas para avaliar o atendimento dos parâmetros técnicos (cláusula 6.1.6); avalia a compatibilidade do projeto apresentado com a transmissão dos dados via satélite (cláusula 5.1.2); examina eventuais modificações na configuração do sistema das estações terrenas de transmissão (cláusula 5.1.3); e assim por diante.

Verifica-se, ainda, nos contratos examinados que é a Alpha quem informa aos clientes de eventuais interrupções ou suspensões decorrentes de interferência solar no funcionamento dos satélites (cláusula 13.2); faz a manutenção preventiva dos satélites (cláusula 13.3); e provê segmentos alternativos em outros satélites no caso de falhas técnicas (cláusula 13.5). Além disso, assegura que a remuneração paga pelos seus clientes corresponderá à adequada transmissão de dados pela via satelital, concedendo descontos "por interrupções ou suspensões decorrentes de falha técnica de sua responsabilidade" (cláusula 13.1).

Os contratos celebrados entre a Alpha e seus clientes não desempenham, desse modo, a função típica da locação. Não formalizam a cessão de uso e gozo de um bem para que dele façam uso os clientes, como melhor entenderem, reservando-se à Alpha uma posição passiva de não interferência. Muito ao contrário, os contratos examinados revelam uma atuação ativa e continuada da companhia para atender ao propósito dos seus clientes, os quais não se dispõem a operar, por sua própria conta e risco, os satélites, confiando, isto sim, na especialização técnica e trabalho diligente da Alpha.

Para além, portanto, da ausência dos elementos estruturais indispensáveis à configuração da locação, os contratos da Alpha não desempenham a função socioeconômica que caracteriza os ajustes locatícios ou de cessão temporária de bens.

II.3 – Qualificação dos contratos da Alpha como prestação de serviço

Como visto, os contratos celebrados pela Alpha não se qualificam como contratos de locação. Pelos instrumentos contratuais examinados, a Alpha não assume obrigação de ceder o uso e gozo de bem infungível, nem seus clientes assumem obrigação de restituir o que quer que seja. A relação contratual entre as partes centra-se sobre obrigação que não é de dar, mas de fazer.

Das diversas cláusulas contratuais já examinadas, extrai-se um amplo feixe de tarefas assumidas pela Alpha, que atua em todo o processo técnico e jurídico de transmissão satelital de dados. Como se viu, a Alpha age, em uma primeira etapa, providenciando o cadastramento e licenciamento do cliente junto à Anatel (cláusula 5.1.5); informando os equipamentos que devem ser utilizados (cláusula 5.1.7); e assessorando amplamente os seus clientes nos preparativos para a transmissão. No momento oportuno, a Alpha "ativa" as estações terrenas dos cliente (cláusula 5.1.6), o que equivale a viabilizar a transmissão de dados entre elas por meio dos seus satélites. Ao longo de todo o lapso contratual presta assistência aos clientes, assegurando o correto funcionamento dos satélites e se responsabilizando por eventuais interrupções ou suspensões na transmissão de dados (cláusulas 13.2, 13.3 e 13.5).

Em outras palavras: a companhia não apenas prepara toda a operação de transmissão, como também "transporta" efetivamente as informações de uma a outra estação terrena dos clientes. Sua participação é ativa e permanente, não se confundindo com a posição contratual de um locador ou mero cedente. O conhecimento técnico necessário à operação da rede satelital pertence exclusivamente à Alpha, não se propondo seus clientes a operar, por iniciativa própria, o equipamento espacial.

Nesse contexto, não há dúvida de que os contratos celebrados pela Alpha qualificam-se, de acordo com o direito brasileiro, como contratos de prestação de serviço.

Contrato "dominado pelas regras das obrigações de fazer",[20] a prestação de serviço caracteriza-se justamente por ser espécie contratual de caráter residual, onde acabam por recair todos os ajustes centrados sobre uma atividade do contratado que não se enquadrem em outros tipos contratuais caracterizados por um *facere* específico, como o transporte ou o mandato. É esse o caso dos contratos celebrados pela Alpha, que se obriga a transmitir dados de uma a outra estação terrena dos seus clientes, mediante o uso de satélites que a própria companhia opera e controla.

A estrutura dos referidos contratos, já se viu, é composta por um amplo conjunto de obrigações de fazer assumidas pela Alpha em troca de uma remuneração periódica, como é próprio da prestação de serviço. A análise funcional dos contratos examinados confirma essa conclusão. Seu propósito consiste, claramente, em atribuir aos clientes da Alpha uma utilidade econômica consubstanciada na transmissão de dados entre suas estações terrenas, utilidade que se confunde com a própria atuação da companhia. Aos clientes da Alpha não interessa qual o satélite utilizado, ou quais os *transponders* que lhe são reservados em cada satélite. Seu objetivo limita-se à correta transmissão de seus

---

[20] Manuel Inácio Carvalho de Mendonça, *Contratos no Direito Civil Brasileiro*, t. II, Rio de Janeiro: Forense, 1957, 4. ed., p. 85.

dados de uma estação terrena a outra. Falta-lhes não apenas o *know-how*, mas também o interesse para operar os satélites.

Eis a circunstância que torna inviável, no direito brasileiro, a tese da Alpha de que sua atividade se limita à locação da "capacidade espacial do satélite". É evidente que a imensa maioria dos serviços depende, para sua prestação, da operação de algum equipamento, mas isso não converte o ajuste em um contrato de locação, se aquilo que o cliente persegue não é a exploração por ele próprio do maquinário, mas a operação do equipamento, no seu interesse, pelo prestador. Em um exemplo trivial, quem vai ao cinema não celebra contrato de locação de "capacidade cinematográfica do projetor"; contrata, isso sim, a prestação do serviço de projeção do filme.

Mesmo que o serviço contratado consista tão somente em operar o equipamento, a avença não se transmuta em locação. O prestador do serviço de lavagem de automóveis se limita, muitas vezes, a apertar um botão para acionar o lava-jato. Nem por isso o contrato se converte em uma locação ou cessão da "capacidade de higienização do lava-jato". O contrato continua a ser de prestação de serviço. Não se desnatura, porque o fornecedor continua assumindo uma obrigação que não é de dar, mas de fazer, da mesma maneira que o cliente continua interessado na realização do serviço e não na exploração direta do bem, cuja posse permanece todo o tempo com o próprio prestador.

O que a Alpha oferece, por meio dos instrumentos examinados, é claramente a prestação de um serviço. Todo o esforço para apresentar tais contratos como locação ou cessão não é capaz de alterar sua qualificação. O título atribuído aos instrumentos contratuais é de todo irrelevante. Como já advertia Darcy Bessone em obra elegante sobre a teoria geral dos contratos, *"il y a le nom et la chose,* dizem os franceses, querendo significar que o nome não altera a essência da coisa".[21]

De fato, "não é a parte quem dá o nome ao contrato, mas a natureza jurídica deste, e o fato dos contratantes lhe darem certo nome não obsta que, verificada aquela natureza, seja ele diversamente denominado pelo juiz e submetido aos preceitos reguladores do contrato correspondente".[22] Seja qual for a terminologia empregada pela Alpha nos seus instrumentos contratuais, mantidas a estrutura e a função da operação econômica examinada, tais contratos continuarão a ser, no direito brasileiro, contratos de prestação de serviço.

A esse propósito, afigura-se revelador o exame dos contratos celebrados pela antecessora da Alpha, anteriormente à sua privatização, em fins da década de 1990. Tais contratos, que tinham por objeto a mesma operação econômica desempenhada atualmente pela Alpha, intitulavam-se *Contratos para a Prestação do Serviço Especial de Transmissão Digital de Áudio e Dados Via Satélite.*

---

[21] Darcy Bessone, *Do Contrato – Teoria Geral*, Rio de Janeiro: Forense, 1987, p. 225.
[22] E. V. de Miranda Carvalho, *Contrato de Empreitada*, Rio de Janeiro: Freitas Bastos, 1953, p. 16.

Para além do título, confira-se a redação das cláusulas 1ª e 2ª de um desses contratos:

> "Cláusula Primeira – Objeto do Contrato
>
> 1.1. O presente Contrato de Direito Público tem por objeto a prestação pela Embratel e a utilização, pela Contratante, do Serviço Especial de Transmissão Digital de Áudio e Dados Via Satélite (SETADS), doravante referido simplesmente como Serviço.
>
> Cláusula Segunda – Descrição do Serviço
>
> 2.1. O Serviço consiste no fornecimento, à Contratante, mediante a cobrança de valores mensais, de 2 (dois) circuitos digitais unidirecionais via Brasilsat, para uso permanente e exclusivo da Contratante em conformidade com as especificações estabelecidas nos Anexos I, II e III, destinado a Transmissão Digital de Áudio e Dados, em circuito fechado, utilizando o Sistema Brasileiro de Telecomunicações por Satélite (SBTS), para uso dentro dos limites do território nacional brasileiro."

A Alpha adota terminologia diversa em seus instrumentos contratuais, mas reproduz substancialmente as disposições do contrato mencionado, como se vê especialmente das cláusulas 5ª, 6ª e 7ª, que descrevem as obrigações das partes. Trata-se rigorosamente da mesma operação econômica: a prestação do serviço de transmissão de dados via satélite. A mera alteração do título e das expressões empregadas nos contratos atuais não tem o condão de modificar a sua natureza, que continua a ser de prestação de serviço.

Na mesma direção, verifica-se que a própria Alpha, ao anunciar em seu *site* a obtenção de novo certificado de qualidade, descreve a sua atividade como sendo de prestação de "serviço de controle de satélites". Confira-se a afirmação da companhia na rede mundial de computadores:

> "A Alpha tem um dos controles de satélites mais confiáveis em todo o mundo. Seu certificado ISO 9001:2000, para o *Serviço Controle de Satélites*, foi obtido após um trabalho de [...]. É um feito e tanto para uma empresa que foi a primeira operadora de satélites do mundo a ter esse *serviço* certificado pela ISO [...]. Isso significa que a Alpha é detentora de um prestígio global. Essa certificação é o reconhecimento, nacional e internacional, da padronização implantada no *serviço de controle de satélites brasileiro*, que tem melhorado significativamente [...]"[23] (grifou-se).

Também os atos constitutivos da Alpha confirmam que a sua atividade não é de mera locação ou de cessão de satélites, mas de prestação de uma série de serviços de comunicação, relacionados à transmissão de dados por meio satelital. No art. 3º do estatuto social da companhia, lê-se que a Alpha tem como objeto social "principal e especialmente

---

[23] Informações disponíveis na internet.

a exploração de satélites", o que abrange, inclusive, "operar o equipamento terrestre necessário" ao desenvolvimento da referida atividade (item i). O mesmo dispositivo estatutário contém referências ao "desenvolvimento de projetos, a construção, instalação, operação, exploração e manutenção de satélites" (art. 3º, item ii); ao "transporte de sinais de telecomunicações, através de satélites brasileiros" (art. 3º, item xi); e, por fim, à "prestação de serviços de telecomunicações no Brasil" (art. 3º, item xii).

Como se vê, não é apenas a análise estrutural e funcional dos instrumentos contratuais celebrados pela Alpha que revela a configuração de uma autêntica prestação de serviço. Diversos elementos externos àqueles contratos, como o estatuto social da companhia e as suas declarações na rede mundial de computadores, confirmam tal conclusão. Um olhar ainda mais amplo atestaria que o expediente empregado pela Alpha não é original: em diversos países, sociedades prestadoras do serviço de transmissão de dados via satélite têm procurado apresentar seus contratos como sendo de "locação" de satélites, possivelmente com o propósito de escapar à tributação do serviço.

Nesse sentido, revela-se emblemática proposta atualmente em curso na *OECD – Organisation for Economic Co-operation and Development*. Com efeito, a minuta para discussão pública dos comentários ao art. 12 da Convenção Modelo sobre Tributação da OECD aborda especificamente o tema da qualificação contratual do chamado provimento de capacidade satelital. A proposta da OECD afirma, em síntese, que, embora os respectivos contratos se refiram frequentemente a uma "locação" de *transponder*, "o satélite é operado pelo locador e o locatário não tem acesso ao *transponder* que lhe foi atribuído". Conclui, desse modo, que os pagamentos feitos pelos clientes, no âmbito desses contratos, devem ser considerados "pagamentos por serviços", e não pagamentos "pelo uso ou direito de usar" o aludido equipamento.[24]

A mesma conclusão se aplica no direito brasileiro, onde, como visto, a operação econômica de transmissão de dados via satélite não se caracteriza, nem estrutural, nem funcionalmente, como locação, mas sim como prestação de serviço de telecomunicação. Afigura-se tecnicamente incorreta, portanto, a alegação da Alpha de que se encontra dispensada do recolhimento de ICMS por desempenhar atividade de mera locação de satélites.

---

[24] No original: *"Whilst the relevant contracts often refer to the 'lease' of a transponder, in most cases the customer does not acquire the physical possession of the transponder but simply its transmission capacity: the satellite is operated by the lessor and the lessee has no access to the transponder that has been assigned to it. In such cases, the payments made by the customers would therefore be in the nature of payments for services, to which Article 7 applies, rather than payments for the use, or right to use, ICS equipment. A different, but much less frequent, transaction would be where the owner of the satellite leases it to another party so that the latter may operate it and either use it for its own purposes or offer its data transmission capacity to third parties. In such a case, the payment made by the satellite operator to the satellite owner could well be considered as a payment for the leasing of industrial, commercial or scientific equipment."*

III – Resposta aos quesitos formulados

A título de conclusão, passa-se à resposta específica de cada um dos quesitos formulados.

1. Quais os requisitos essenciais para a caracterização, no direito brasileiro, de um contrato de locação, especialmente de coisa móvel?

Resposta: A locação consiste no contrato por meio do qual alguém se obriga a ceder a outrem o uso e gozo de coisa não fungível, por determinado tempo, mediante retribuição (Código Civil, art. 565). Elementos essenciais da locação são, portanto, o bem infungível, cuja posse direta é temporariamente transmitida ao locatário, e a retribuição paga, em contrapartida, ao locador. É indispensável à caracterização da locação que o locador assuma a obrigação de entregar o bem infungível ao locatário e que este se obrigue, por sua vez, a restituir o bem ao locador no encerramento do lapso contratual. Sob o prisma funcional, a locação desempenha propósito socioeconômico específico, consubstanciado na exploração direta do bem pelo locatário, sem coparticipação do locador, que assume posição passiva caracterizada justamente pela sua não interferência na utilização do bem entregue ao locatário.

2. Os contratos celebrados pela Alpha S.A. podem ser chamados de "Contratos de Locação de Satélites"?

Resposta: Os instrumentos contratuais celebrados pela Alpha não configuram contratos de locação. Não há entrega de qualquer bem aos clientes da Alpha. Os satélites permanecem todo o tempo na posse direta e indireta da companhia. Tampouco se pode falar em locação da capacidade espacial do satélite, já que, consoante registrado nos próprios instrumentos contratuais (cláusulas 8.1 e 13.5), tal capacidade é fungível. Carecem, ainda, os contratos examinados de qualquer dever de restituição por parte dos clientes da companhia. De locação não se trata.

3. Em não sendo de locação as relações firmadas entre a Alpha e seus clientes, qual seria a correta qualificação do contrato? Há prestação de serviço de telecomunicação?

Resposta: Os contratos celebrados pela Alpha caracterizam-se como contratos de prestação de serviço. A companhia assume uma série de obrigações de fazer, atuando continuamente no interesse de seus clientes. Como revela a leitura dos instrumentos contratuais, a Alpha age, em uma primeira etapa, providenciando o cadastramento e licenciamento do cliente junto à Anatel (cláusula 5.1.5); informando os equipamentos que devem ser utilizados (cláusula 5.1.7); e assessorando amplamente os seus clientes nos preparativos para a transmissão. No momento oportuno, a Alpha "ativa" as estações terrenas dos cliente (cláusula 5.1.6), o que equivale a viabilizar a transmissão de dados entre elas por meio dos seus satélites. Ao longo de todo o lapso contratual presta assistência aos clientes, assegurando o correto funcionamento dos satélites e se responsabilizando por eventuais interrupções ou suspensões na transmissão de dados (cláusulas 13.2, 13.3 e 13.5). De acordo com os instrumentos contratuais examinados, a obrigação principal da Alpha consiste em transmitir dados de uma a outra estação terrena de seus clientes, pela via satelital. Nesse sentido, os contratos celebrados pela Alpha configuram contratos de prestação de serviços de comunicação, já que se centram sobre o transporte de dados de uma localidade a outra, por meio do uso da rede de satélites da companhia. O próprio estatuto social, ao descrever o objeto social da Alpha, refere-se à "prestação de serviços de telecomunicações no Brasil". Afigura-se tecnicamente incorreta, portanto, a alegação da Alpha de que se encontra dispensada do recolhimento de ICMS por desempenhar atividade de mera locação de satélites.

É o parecer, que exprime, em meu entendimento, a melhor orientação sobre a matéria no direito brasileiro.

Rio de Janeiro, 16 de junho de 2010.

Prof. Anderson Schreiber

28

Direito Autoral e o Conceito de Obra Intelectual

> EMENTA: Direito autoral e objeto da sua proteção. O conceito de obra intelectual. A materialização da ideia criativa. O indispensável componente cultural. Inaplicabilidade do direito autoral para a proteção de estratégias de marketing, planos comerciais ou novos produtos financeiros. Ausência de tutela autoral sobre o nome dos títulos de capitalização. Direito marcário e o critério da prioridade do registro. Ausência de tutela de marca no caso concreto.

Alpha S.A.[1] informa que figura como ré em processo judicial no qual o autor pleiteia o reconhecimento de direito autoral sobre um novo conceito de negócio que teria desenvolvido e que corresponderia a um novo e bem-sucedido produto: títulos de capitalização conhecidos como "Mototítulos". Sentença, publicada há poucos dias, julgou parcialmente procedente o pedido, reconhecendo "a autoria da obra-conceito do produto título de capitalização – Mototítulo" e condenando a Alpha ao pagamento de indenização por danos patrimoniais e morais. Diante destes fatos, Alpha formula as seguintes indagações:

1º Quesito. O produto "Mototítulo", ou a estratégia comercial desenvolvida pelo demandante, configuram obra intelectual, a ensejar a proteção de direitos autorais?

2º Quesito. O nome "Mototítulo" pode ser objeto de proteção autoral?

É o que se passa a examinar.

---

[1] Os nomes mencionados ao longo do parecer foram alterados para preservar a identidade das partes envolvidas.

I – Direito autoral e o objeto da sua proteção: obras intelectuais

O autor da demanda afirma ser responsável pela criação "de um direcionamento de produto, de um *'merchandising'* original e novo, potencializado pela necessidade local de aquisição de motocicletas".[2] Como se depreende da petição inicial, o demandante não chegou a alterar as características do produto cuja venda promovia. Os títulos de capitalização que ele negociava, a serviço da Alpha S.A., já atribuíam aos seus subscritores o direito de adquirir, no momento do resgate, qualquer bem de consumo, inclusive motocicletas. O que fez o demandante foi enfatizar esta última possibilidade, inclusive por meio de material publicitário produzido por sua própria conta, de modo a estimular as vendas por meio da associação dos títulos de capitalização com a compra de motocicletas. Elaborou, em suas próprias palavras, um original "projeto de alavancagem de vendas".[3]

Se a estratégia foi ou não inovadora é o que as partes discutem no processo. Trata-se de matéria fática, sujeita à análise e interpretação do órgão julgador. Independentemente, contudo, da conclusão que se alcance neste particular, o certo é que não há que se falar em proteção a direito autoral. Em outras palavras: mesmo que a estratégia de comercialização desenvolvida pelo demandante fosse original e inovadora, não haveria aqui infração a direito autoral.

Objeto do direito autoral são as "obras intelectuais", noção que revela, de pronto, dois aspectos relevantes para a análise do caso concreto. Primeiro, o que o direito autoral tutela são as "obras" em si mesmas, não as ideias que as inspiram. Segundo, para atrair a tutela do direito autoral a obra deve ser "intelectual", representando uma manifestação de cultura artística, literária ou científica. Cumpre examinar cada um desses aspectos em separado.

A legislação brasileira não deixa qualquer dúvida quanto à impossibilidade de se proteger como objeto de direito autoral ideias, conceitos, projetos, métodos, esquemas, planos e outras inovações de caráter puramente abstrato. É de se conferir nesse sentido a redação do art. 8º, incisos I e II, da Lei 9.610/1998:

> "Art. 8º Não são objeto de proteção como direitos autorais de que trata esta Lei:
>
> I – as ideias, procedimentos normativos, sistemas, métodos, projetos ou conceitos matemáticos como tais;
>
> II – os esquemas, planos ou regras para realizar atos mentais, jogos ou negócios;
>
> [...]"

---

[2] Petição inicial, fl. 18 dos autos judiciais.
[3] Petição inicial, fl. 5 dos autos judiciais.

Em outras palavras, o que se protege com o direito autoral são as obras em si mesmas, ou seja, os produtos materializados da manifestação criativa, não as ideias, os projetos ou as estratégias. Como já lecionava Antônio Chaves:

> "Objeto do direito de autor é o produto da criação intelectual, isto é, a obra, o que exclui, como veremos em seguida, a proteção à simples ideia, que não encontra ainda, no sistema monopolístico do direito de autor, proteção adequada. Apenas sua expressão, *a forma*, é que encontra amparo, persistindo ainda hoje o conceito de que a ideia, manifestada sem suporte material, poderá ser aproveitada por qualquer pessoa."[4]

Nem se poderia entender diversamente à luz do nosso ordenamento civil-constitucional. A Constituição da República tutela a liberdade de pensamento (art. 5º, IV) e reconhece valor social à livre iniciativa (art. 1º, IV), impedindo que o direito autoral se converta em obstáculo à livre circulação das ideias. Um direito autoral que criasse um monopólio do autor sobre conceitos, planos ou estratégias, acabaria por engessar a evolução da vida social e econômica. Por mais criativa que se afigure uma ideia, o direito autoral não se presta à sua proteção, como tem insistido a doutrina especializada:

> "Preocupam-me essas tentativas de enquadramento na categoria de obras protegidas de tudo aquilo que se conceitue como 'obra do espírito' ou 'criação', porque tudo o que emana da cabeça, da imaginação do ser humano, é, afinal, obra do espírito. Daí, a se conferir *status* de obra protegida pelo direito de autor a qualquer produção intelectual, vai uma grande distância. A obra reconhecida juridicamente como autoral confere a seu titular verdadeiro monopólio de uso, um direito real oponível *erga omnes*, um escudo contra qualquer tentativa de apropriação indevida desse direito por terceiro. Exatamente pela força e importância que apresenta deve ser invocado com prudência. Por isso, fundamental o seu conhecimento e sua adequação à lei especial e às convenções e tratados internacionais ratificados pelo Brasil, quando submetido à análise do intérprete."[5]

Para o direito autoral, não basta que a ideia se materialize em uma "obra". É necessária uma "obra" que se possa dizer "intelectual". Adentra-se aí o segundo aspecto da noção, a revelar que o objeto do direito autoral consiste sempre em uma manifestação de cultura (artística, literária ou científica). Como ensina José de Oliveira Ascensão:

---

[4] Antônio Chaves, *Direito de Autor – Princípios Fundamentais*, Rio de Janeiro: Forense, 1987, p. 166.
[5] Eliane Yachouh Abrão, *Proteção ao Direito Autoral tem Limites*, in *Tribuna do Direito*, novembro/1995, p. 6.

"todo o Direito de Autor é necessariamente Direito da Cultura. A componente cultural tem de ser aqui muito forte, não se deixando absorver por preocupações comercialistas ou egocêntricas, por exemplo".[6]

O direito brasileiro filia-se claramente a tal orientação. A percepção culturalista da tutela autoral se revelava já na assinatura e ratificação da Convenção de Berna para a Proteção das Obras Literárias e Artísticas. No plano interno, a Lei 5.988/1973 e, mais recentemente, a Lei 9.610/1998 seguiram o mesmo caminho, arrolando, como exemplos do que o direito autoral se propõe a tutelar, as obras fotográficas, as obras de pintura, as composições musicais, as obras dramáticas, e assim por diante.[7] A conexão do direito autoral brasileiro com as manifestações de cultura mostra-se tão intensa que autores como Carlos Alberto Bittar chegam a afirmar que o direito autoral protege apenas as obras que possuam "valor estético autônomo".[8]

Esse viés cultural do direito autoral é indispensável para compreender sua inserção no sistema jurídico brasileiro. Trata-se de ramo intensamente atrelado à tutela da personalidade humana e dos valores existenciais. O escopo do direito autoral não é permitir a apropriação exclusiva de ideias e inovações de caráter econômico, mas tutelar criações genuínas do espírito humano no campo cultural, como manifestações existenciais do seu autor. O direito autoral não brota no terreno comercial ou industrial, onde as novidades ou são livremente utilizáveis, como expressão necessária do desenvolvimento econômico, ou são tuteladas pelo regime específico da Lei de Propriedade Industrial (Lei 9.279/1996).

II – Inaplicabilidade do direito autoral para a proteção de estratégias de marketing, planos comerciais ou novos produtos financeiros

O direito autoral não se presta à proteção de estratégias de marketing, planos comerciais ou novos produtos financeiros. Como destaca a doutrina mais atual:

"a invocação do direito autoral para socorrer as demandas mais variadas da sociedade só se justifica por apego à tradição. Discussões sobre a proteção de formatos televisivos, cópia do 'espírito' de estabelecimentos comerciais físicos ou mesmo virtuais, bem como das embalagens de produtos, sorveterias que se aproveitam de sabores lançados pela concorrência, professores de ioga que se apropriam dos movimentos desenvolvidos por outros (assim como os advogados que, segundo os prejudicados, 'surrupiam' os petitórios dos colegas) – questões que ocuparam, nos

---

[6] José de Oliveira Ascensão, *Direito Autoral*, Rio de Janeiro: Renovar, 2007, 2. ed., p. 28.
[7] Para outros exemplos, ver art. 7º da Lei 9.610/1998.
[8] Carlos Alberto Bittar, *Direito de Autor na Obra Publicitária*, São Paulo: Revista dos Tribunais, 1981, p. 34.

últimos anos os tribunais ou os jornais (ou ambos), estariam mais bem albergadas – se tanto – pelos muitos incisos do art. 195 da LPI, e não pelo direito autoral".[9]

O caso em análise escapa do direito autoral por ambos os aspectos analisados anteriormente: falta de materialização em obra e falta de caráter cultural da inovação. Em primeiro lugar, ainda que o método de vendas criado pelo demandante fosse inovador, não deflagraria a proteção do direito autoral por força do art. 8º, inciso I, da Lei 9.610/1998. Um plano de comercialização ou, nos termos da inicial, uma "estratégia de marketing"[10] configuram ideias, que, sem embargo da sua originalidade, carecem da materialização em uma "obra", pressuposto necessário para atrair a incidência do direito autoral.

Também falta ao conflito em exame o aspecto cultural examinado anteriormente. Um "projeto de comercialização de títulos de capitalização"[11] não pode deflagrar tutela autoral porque não se qualifica como manifestação de cultura literária, artística ou científica. Sua finalidade declarada é a venda de um produto. A incidência do direito autoral esbarra, neste particular, no art. 8º, inciso II, da Lei 9.610/1998, que exclui do seu âmbito de proteção os "esquemas, planos ou regras" para "realizar negócios".

A sentença proferida no caso concreto desvia-se, portanto, dos limites fixados pelo ordenamento jurídico brasileiro para a tutela do direito de autor. Após reconhecer que o demandante "desenvolveu um *método* que aplicou concretamente e que se mostrou eficaz e rentável", a sentença conclui que essa aplicação concreta do método seria suficiente para atrair a proteção do direito autoral, pois "materializou-se a 'ideia', a qual, desenvolvida e 'viva', passou do plano abstrato para o concreto".[12]

Tal espécie de materialização não se mostra suficiente para atrair a proteção do direito de autor. O fato de uma pessoa colocar uma ideia em prática não a converte em objeto de tutela autoral. Tampouco o uso comercial de um método tem esse efeito. Mesmo que se entenda, como fez a sentença, que tal concretização configura "obra", não chegaria a configurar "obra intelectual" por carecer do componente cultural. Como explica, mais uma vez, José de Oliveira Ascensão:

> "A obra não é uma ideia de ação. Um plano de estratégia militar não é a obra que nos interessa. O problema tem sido muito discutido a propósito de esquemas publicitários, de guiões para concursos de televisão etc. Aqui a ideia comandaria

---

[9] Bruno Lewicki, *Limitações aos Direitos do Autor: Releitura na Perspectiva do Direito Civil Contemporâneo*, tese de doutorado (inédita), UERJ, 2007, p. 236.
[10] Petição inicial, fl. 17 dos autos judiciais.
[11] Petição inicial, fl. 4 dos autos judiciais.
[12] Sentença, fl. 1.346 dos autos judiciais.

uma determinada execução, que se visaria proibir. Mas esta proteção, ou cabe em qualquer dos quadros da propriedade industrial, ou não se admite."[13]

Assim como "um plano de estratégia militar", um plano de estratégia de comercialização de títulos de capitalização, ainda que elaborado e executado de modo pioneiro pelo seu autor, não deflagra a proteção do direito autoral. A simples aplicação prática do plano é forma de "materialização" que carece do componente cultural (artístico, literário ou científico), condição indispensável para a configuração de uma "obra intelectual". Se o demandante tivesse escrito um livro detalhando seu método de comercialização, teria ação contra quem plagiasse o livro, pois este sim configura obra intelectual, produto cultural que exprime o espírito criativo do autor. Mesmo nessa hipótese, contudo, o autor não teria ação contra quem empregasse o método descrito no livro, pois não é o método o objeto da proteção autoral.

Tome-se como exemplo a estratégia de expor produtos em vitrines ou, ainda, de fazer anúncios em painéis publicitários de estádios de futebol. Foram seguramente métodos inovadores, aplicados com pioneirismo em algum momento, mas nem por isso atribuíram aos seus criadores direito autoral. Tais inovações comerciais ou adentram o campo da propriedade industrial (marcas e patentes) ou podem ser livremente utilizadas por todos. O direito autoral não lhes empresta tutela.

Ao reconhecer que a criação do demandante consiste em "um método inédito e eficaz de comercialização de um produto no mercado",[14] a sentença afasta necessariamente o conflito do campo autoral. Nele não reingressa quando afirma que, para além de um novo método de vendas, o demandante teria inventado um "produto autêntico", consubstanciado no título de capitalização para a finalidade específica de aquisição de motocicletas.

Mesmo que o autor tivesse criado uma nova espécie de título de capitalização, o direito autoral não impediria a utilização de tal "conceito" por outrem, como não impediu que o próprio autor se valesse do conceito de título de capitalização (já "inventado" anteriormente) para desenvolver o que a sentença considerou um novo produto. Não há direito autoral sobre a criação de novos títulos de capitalização, do mesmo modo que não o há sobre a criação de novas espécies de seguro, novas formas de capitalização ou novas operações econômicas de qualquer natureza. São inovações comerciais, que, repita-se, podem ser livremente utilizadas por todos, salvo se adentrarem o terreno da propriedade industrial.

---

[13] José de Oliveira Ascensão, *Direito Autoral*, Rio de Janeiro: Renovar, 2007, 2. ed., p. 29.
[14] Sentença, fl. 1.346 dos autos judiciais.

II – O nome dos títulos de capitalização

Nesse passo, cumpre examinar a questão atinente ao nome "Mototítulo", que o demandante afirma ter criado e que a Alpha S.A. teria "usurpado" ao lançar, em 2001, os títulos "Alpha Mototítulos". Também aqui não há incidência de direito autoral. O art. 8º, inciso VI, da Lei 9.610/1998 exclui expressamente do âmbito de proteção autoral o uso de nomes e títulos isolados. Confira-se a letra da lei:

> "Art. 8º Não são objeto de proteção como direitos autorais de que trata esta Lei:
> [...]
> VI – os nomes e títulos isolados;"

Os nomes e títulos ou integram uma obra intelectual, no sentido que lhe empresta a Lei de Direitos Autorais, ou consistem em matéria própria do direito marcário. Tal orientação vem reforçada pelo art. 10 da Lei 9.610/1998, cuja redação evidencia que o nome atribuído a uma obra intelectual somente assume relevância no contexto da manifestação cultural, como parte integrante da própria obra criada pelo autor:

> "Art. 10. A proteção à obra intelectual abrange o seu título, se original e inconfundível com o de obra do mesmo gênero, divulgada anteriormente por outro autor."

No caso concreto, já se viu que inexiste obra intelectual tutelada pela legislação autoral, de modo que a questão da utilização do nome "Mototítulo" fica reservada ao domínio das marcas, obedecendo ao regime de prioridade de registro nos termos estabelecidos pela Lei 9.279/1996. A prova produzida nos autos dá conta da existência de registro da marca "Mototítulo" junto ao INPI em nome da sociedade Zeta Ltda.[15] Trata-se de terceiro estranho ao conflito que se examina, datando o registro de época anterior à utilização do nome pelo demandante, que não detém, a princípio, legitimidade para pleitear indenização pela indevida utilização da marca.

Além disso, a expressão "Mototítulo" representa, a toda evidência, mera derivação do uso da marca "Autotítulo", já registrada pela Alpha S.A. muitos anos antes.[16] O direito marcário não acolhe, portanto, a pretensão do demandante, que não detém o registro do nome que afirma ter criado. O pedido foi, de qualquer modo, calcado no direito autoral, que não tem, como exaustivamente demonstrado, qualquer aplicação no caso concreto.

---

[15] Registro 812.853.954.
[16] Registro 813.963.606, classe 36.40, depositado em 17.11.1992 e concedido em 5.4.1994.

Conclusão

A título de conclusão, passa-se à resposta específica de cada um dos quesitos formulados.

1º Quesito. O produto "Mototítulo", ou a estratégia comercial desenvolvida pelo demandante, configuram obra intelectual, a ensejar a proteção de direitos autorais?

Resposta: Não. Objeto do direito autoral são as obras intelectuais, noção que revela duplo aspecto: de um lado, não basta a ideia, fazendo-se necessária sua materialização em uma obra; de outro, é preciso que a obra se qualifique como intelectual, por representar uma manifestação de cultura artística, literária ou científica do seu autor. O caso concreto escapa ao campo do direito autoral por ambos os aspectos. A pretensão do demandante recai sobre estratégia inovadora de vendas, situação excluída de tutela autoral, quer por força do art. 8º, inciso I, da Lei 9.610/1998, que afasta a proteção de meras ideias, conceitos ou projetos, quer por força do seu inciso II, que nega tutela a "esquemas, planos ou regras" voltados à realização de "negócios". O descuido da sentença está em assumir que a concretização prática da estratégia de comercialização dos títulos seria suficiente para a converter em "obra" intelectual protegida pelo direito autoral. Muito ao contrário, ainda que tal concretização prática fosse vista como "obra", careceria do componente cultural, imprescindível à incidência do direito do autor.

2º Quesito. O nome "Mototítulo" pode ser objeto de proteção autoral?

Resposta: Não. O nome "Mototítulo" também não pode ser objeto de proteção autoral, conforme se extrai expressamente do art. 8º, inciso VI, que exclui de tutela "nomes e títulos isolados". Não havendo obra intelectual, o nome ou é livremente utilizável ou é objeto do direito marcário, guiado pela prioridade do registro, no caso, promovido anos antes por terceiro estranho ao conflito instaurado entre as partes. Nem o direito marcário, portanto, nem o direito autoral socorrem o demandante na sua tentativa de impedir a utilização do nome "Mototítulo".

É o parecer que exprime, em meu entendimento, a melhor orientação sobre a matéria no direito brasileiro.

Rio de Janeiro, 5 de outubro de 2010.

Prof. Anderson Schreiber

29

Solidariedade Passiva e Renúncia Tácita

EMENTA: Direito das Obrigações. Solidariedade passiva. Fonte convencional. Função de garantia e estabilidade estrutural do instituto. Interpretação de aditivo. Irrelevância da alteração do tipo contratual. Inexistência de renúncia tácita à solidariedade. Critério da incompatibilidade objetiva. Preservação do caráter solidário da dívida.

Alpha S. A.[*] celebrou, em março de 2006, Contrato de Implantação de Empreendimento, a Preço Global, na modalidade EPC (*Engineering, Construction and Procurement*), no qual as sociedades Beta S. A. e Gamma S. A assumiram solidariamente a obrigação de construir e implantar duas centrais hidrelétricas em determinado afluente do Rio Paranaíba. Um primeiro aditivo ao contrato foi celebrado em agosto de 2007. Em outubro de 2008, foi celebrado um segundo aditivo no qual a sociedade Alpha S. A. assumiu parte das responsabilidades da Gamma S. A. (doravante denominado simplesmente Segundo Aditivo).

Diante destes fatos, indaga a sociedade Alpha:

1º Quesito. A eventual "desnaturação" do contrato de EPC em um contrato de empreitada simples, por meio do Segundo Aditivo, implica extinção da solidariedade estabelecida no contrato original?

2º Quesito. A celebração do Segundo Aditivo pode ser interpretada como renúncia (expressa ou tácita) à solidariedade?

3º Quesito. A assunção pela Alpha S. A. de parte das responsabilidades da Gamma S. A., no curso da relação contratual, implica renúncia tácita ou leva, de qualquer modo, à extinção da solidariedade passiva entre Gamma S. A. e Beta S. A.?

---

[*] Os nomes das partes foram alterados de modo a preservar a identidade dos envolvidos.

Para responder aos quesitos formulados, o presente parecer foi dividido em dois tópicos, ao fim dos quais se segue uma conclusão, com a resposta específica aos quesitos formulados.

I – Solidariedade passiva: função e estrutura. Função de garantia e estabilidade estrutural do instituto. Preservação da solidariedade passiva, de fonte convencional, na hipótese de alteração do tipo contratual.

A solidariedade passiva é fenômeno de fecunda aplicação prática. Para além daquelas hipóteses em que a própria lei a estabelece, sua instituição por acordo entre as partes mostra-se extremamente frequente na atividade negocial. Planiol e Ripert chegaram mesmo a afirmar que, "embora a situação dos co-devedores solidários seja legalmente a exceção, de fato ela pode ser considerada como regra".[1] Isso ocorre porque o regime da solidariedade passiva representa "uma forte garantia para o direito do credor".[2]

Ao autorizar o credor a cobrar de qualquer dos devedores a dívida por inteiro, a solidariedade passiva evita os incômodos de demandas parciais e, mais que isso, oferece "segurança eficaz contra a eventualidade de insolvência de um dos devedores".[3] Na prática dos negócios, sua tarefa é a de "tornar mais seguro o crédito e de agilizar para o credor a sua cobrança".[4] Seu benefício para os codevedores é indireto, na medida em que facilita a obtenção do crédito, por tornar mais provável sua recuperação pelo credor. Na lição de Pontes de Miranda:

> "A função da solidariedade passiva é de maior vantagem e de maior probabilidade de bom êxito para o credor, inclusive quanto à facilitação da cobrança e da execução."[5]

---

[1] "*Si la situation des codébiteurs solidaires est légalement l'exception, en fait elle peut être considérée comme la règle. La solidarité entre débiteurs est en effet de toutes les sûretés personnelles, celle qui représente la plus forte garantie de paiement et le plus puissant moyen de crédit*" (Marcel Planiol e Georges Ripert, *Traité Pratique de Droit Civil Français*, t. VII, com a colaboração de Paul Esmein, Jean Radouant e Gabriel Gabolde, Paris: LGDJ, 1931, p. 371).

[2] Mário Júlio de Almeida Costa, *Direito das Obrigações*, Coimbra: Almedina, 1979, 3. ed., p. 437.

[3] Tito Fulgêncio, *Do Direito das Obrigações – Das Modalidades das Obrigações*, Rio de Janeiro: Forense, 1958, 2. ed., p. 297.

[4] Giorgio Giorgi, *Teoria delle obbligazioni nel diritto moderno italiano*, v. I, Florença: Fratelli Cammelli, 1924, 7. ed., p. 141.

[5] *Tratado de Direito Privado*, Parte Especial, t. XXII, Rio de Janeiro: Borsoi, 1958, 2. ed., p. 331.

Por atribuir a cada codevedor a responsabilidade integral pela dívida, a doutrina é unânime em reconhecer que a solidariedade passiva desempenha uma nítida "função de garantia". Como bem esclarece Díez-Picazo:

> "La solidariedad passiva cumple, de esta manera, essencialmente una función de garantía. Se garantiza al acreedor en la medida en que todos los deudores asumen la total responsabilidad del cumplimiento del deber de cada uno de ellos."[6]

A função do instituto jurídico determina sua estrutura.[7] Por desempenhar a função de garantia, a disciplina da solidariedade passiva é cercada de estabilidade pelo ordenamento jurídico. Sabendo que uma garantia vale muito pouco se puder ser desconstituída facilmente, o legislador brasileiro procura preservar a solidariedade passiva, mesmo diante de algumas alterações profundas na relação obrigacional. Por exemplo, o art. 388 afirma que a remissão de dívida em relação a um dos devedores solidários não extingue a solidariedade. O art. 383 conserva, por sua vez, a solidariedade no caso de "confusão operada na pessoa do credor ou devedor solidário". E o art. 279 do Código Civil, que trata da impossibilidade superveniente da prestação, determina que, mesmo quando o objeto se desnatura por completo, os codevedores continuam solidariamente responsáveis pelo pagamento do equivalente.[8]

Neste último exemplo, tem-se, aliás, um dos principais traços distintivos entre a solidariedade e a indivisibilidade. Enquanto esta última se desfaz diante da alteração da natureza da prestação, a solidariedade se mantém íntegra, justamente porque não deriva de uma especial característica do objeto ou do próprio negócio; sua instituição atende à finalidade de garantir a recuperação do crédito. Tal função determina a estrutura do instituto jurídico, que o Código Civil cerca de estabilidade. O "para que serve" determina o "como é".[9]

Se a desnaturação do objeto da relação obrigacional não extingue a solidariedade, é de se perguntar se a modificação do tipo contratual pode ter esse efeito. Quando a

---

[6] Luis Díez-Picazo, *Fundamentos del Derecho Civil Patrimonial*, v. I, Madri: Tecnos, 1986, 2. ed., p. 432. A orientação é também recorrente entre nós. Ver, por todos, Orlando Gomes, *Obrigações*, Rio de Janeiro: Forense, 2000, 15. ed., p. 66.

[7] A lição é de Salvatore Pugliatti, *La Proprietà nel Nuovo Diritto*, Milano: Dott. A. Giuffrè, 1964, p. 300, onde o autor afirmou, de modo precursor, que a função "dà la ragione genetica dello strumento, e la ragione permanente del suo impiego, cioè la ragione d'essere (oltre a quella di essere stato). La base verso cui gravita e alla quale si collegano le linee strutturali di un dato istituto, è costituita dall'interesse al quale è consacrata la tutela. L'interesse tutelato è il centro di unificazione rispetto al quale si compongono gli elementi strutturali dell'istituto [...]".

[8] "Art. 279. Impossibilitando-se a prestação por culpa de um dos devedores solidários, subsiste para todos o encargo de pagar o equivalente; mas pelas perdas e danos só responde o culpado."

[9] Pietro Perlingieri, *Perfis do Direito Civil – Introdução ao Direito Civil Constitucional*, Rio de Janeiro: Renovar, 1999, p. 94.

solidariedade deriva da lei, o tipo contratual pode, claro, assumir relevância para a incidência ou não da norma que a impõe. Por exemplo, o art. 680 do Código Civil, ao tratar do mandato outorgado por duas ou mais pessoas para um negócio comum, as torna solidariamente responsáveis perante o mandatário "por todos os compromissos e efeitos do mandato". Essa solidariedade é imposta pela lei como parte da disciplina do contrato de mandato, e não poderá ser aplicada a um outro tipo contratual, salvo diante de expressa remissão à disciplina do mandato, pois, como também reconhece o Código Civil, a solidariedade não se presume (art. 265).

Se, contudo, a solidariedade não deriva da lei, mas da vontade das partes, a desnaturação do tipo contratual – *rectius:* requalificação do contrato – em nada afeta o vínculo de solidariedade, que se preserva íntegro. No direito brasileiro, a estipulação convencional da solidariedade passiva não está adstrita a certos tipos contratuais, nem vinculada ao esquema negocial específico desenhado pelas partes. É livre a sua instituição em qualquer relação obrigacional, que, por sua vez, pode adentrar ou não um tipo contratual previamente delineado pela legislação, consagrado que está entre nós o princípio da atipicidade dos contratos (art. 425).

Feitos esses esclarecimentos preliminares, já é possível responder ao primeiro quesito formulado. A solidariedade passiva foi instituída pelas partes por meio da cláusula 2ª dos contratos de EPC (*Engineering, Construction and Procurement Contract*), celebrados em março de 2006, nos seguintes termos:

"Cláusula 2ª Responsabilidade Solidária

[...]

2.2. Cada uma das empresas integrantes do Contratado, individualmente qualificada no preâmbulo do presente Contrato, reconhece ser solidariamente responsável perante à Contratante, pelo completo e integral cumprimento de todas as obrigações, compromissos e responsabilidades definidos neste Contrato, independentemente de sua maior ou menor participação no consórcio que constitui o Contratado ou no cumprimento do objeto contratual, podendo a Contratante, em consequência dessa solidariedade, exigir de qualquer delas, individualmente ou em conjunto, o cumprimento de todas as obrigações objeto deste Contrato [...]."

Tratando-se de solidariedade passiva de fonte convencional – derivada não da lei, mas da vontade das partes –, a eventual transformação dos contratos de EPC em contratos de empreitada simples, por meio de aditivo contratual, não "descaracteriza" ou "desnatura" a solidariedade passiva instituída originalmente. A requalificação do contrato não resulta em extinção da solidariedade passiva, que, no direito brasileiro, não decorre do tipo contratual no qual se subsume a operação econômica realizada pelas partes, mas que, ao contrário, pode ser aposta, como pacto acessório, a qualquer relação obrigacional, integrante de contrato típico ou atípico.

Ainda sobre a alteração superveniente do tipo contratual, é de se acrescentar que, como visto, o ordenamento jurídico preserva a solidariedade passiva mesmo diante de modificações bem mais drásticas da relação obrigacional, como a desnaturação do objeto por impossibilidade da prestação. Essa característica de estabilidade da solidariedade passiva deriva da função socioeconômica de garantia que o instituto desempenha nas relações obrigacionais e que, como elemento funcional, determina a sua estrutura, guiando a sua disciplina normativa e assegurando a sua conservação, salvo diante daquelas situações em que a sobrevivência da solidariedade seja objetivamente impossível (*e. g.*, extinção total da dívida, extinção da pluralidade de devedores) ou subjetivamente indesejada, como ocorre notadamente no caso da renúncia à solidariedade.

II – Renúncia à solidariedade. Admissão de renúncia tácita no direito brasileiro. Interpretação de aditivo contratual. Expressa preservação das responsabilidades originárias. Critério da incompatibilidade objetiva.

Da mesma maneira que pode fazê-lo em relação a qualquer garantia em sentido estrito, o credor pode renunciar à solidariedade passiva. O Código Civil reconhece expressamente tal possibilidade:

> "Art. 282. O credor pode renunciar à solidariedade em favor de um, de alguns ou de todos os devedores."

Há muito, a doutrina registra que, "de ordinário", a renúncia à solidariedade é "objeto de um pacto expresso".[10] A expressa manifestação de vontade reveste de segurança o ato de renúncia, evitando controvérsias em torno da real intenção do renunciante. Daí Larombière ter chegado a sustentar que a renúncia à solidariedade, "como toda renúncia a um direito, não se presume e deve ser expressamente pactuada".[11] Tal entendimento afigurar-se-ia, contudo, excessivamente restritivo nos dias atuais. A renúncia tácita à solidariedade é admitida pela doutrina contemporânea e deve continuar a sê-lo diante da crescente valorização do comportamento das partes no âmbito obrigacional. Isso não significa, todavia, que a renúncia possa ser presumida ou extraída de meras interpretações unilaterais dos acontecimentos. Como já advertia Lacerda de Almeida:

---

[10] Marcel Planiol e Georges Ripert, *Traité Pratique de Droit Civil Français*, t. VII, cit., p. 404.
[11] "*Cette renonciation, comme toute renonciation à un droit, ne se présume pas, et doit être expressément convenue*" (Léobon Larombière, *Theorie et Pratique des Obligations*, t. III, Paris: Pedone-Lauriel, 1885, p. 479).

"Como liberalidade, que é, a renúncia não se presume, deve ser expressa ou resultar ao menos de fatos inequívocos que denunciem da parte do credor a intenção de renunciar."[12]

O Código Civil brasileiro parece seguir a mesma trilha. Enquanto diversos códigos estrangeiros, a exemplo do *Code Napoléon*, elencam situações fáticas das quais se pode deduzir uma renúncia à solidariedade, nossa codificação adotou estrutura inteiramente diversa: não estabelece presunções de renúncia tácita e, quando se ocupa do tema, é para garantir que certos fatos *não* serão interpretados como renúncia. Confira-se o teor do parágrafo único do art. 275 do Código Civil:

"Art. 275. [...] Parágrafo único. Não importará renúncia da solidariedade a propositura de ação pelo credor contra um ou alguns dos devedores."

Caminha bem a nossa codificação. Não se deve presumir com facilidade que alguém renuncie ao seu direito. Já o afirmavam os romanos: *nemo facile praesumitur juri suo renuntiare*. A presunção é, na verdade, oposta: todos têm, a princípio, a intenção de conservar seus direitos e garantias. Por isso mesmo, o legislador enxerga a renúncia com cautela e até com alguma suspeita. Exemplo disso é o art. 114, em que o Código Civil determina expressamente que a renúncia deve ser interpretada de modo restritivo:

"Art. 114. Os negócios jurídicos benéficos e a renúncia interpretam-se estritamente."

Tem-se, diante do exposto, o seguinte cenário: a renúncia à solidariedade pode ser expressa ou tácita, mas depende, neste último caso, de uma aferição rigorosa. Como já sustentado em outra sede:

"Com efeito, embora a renúncia tácita à solidariedade possa derivar das circunstâncias concretas, sua aferição deve se dar de forma cautelosa, seja porque toda renúncia interpreta-se estritamente (art. 114 do Código Civil), seja porque a garantia de solidariedade, não admitindo presunção, vem instituída inequivocamente pela das partes e igual caráter deve se exigir da sua dispensa."[13]

A jurisprudência brasileira corrobora essa orientação. Diversos julgados rejeitam a configuração de renúncia tácita à solidariedade diante de atos que poderiam assumir, em tese, essa conotação, não militasse a presunção em sentido oposto:

---

[12] Lacerda de Almeida, *Obrigações*, São Paulo: Revista dos Tribunais, 1916, 2. ed., p. 50.
[13] Gustavo Tepedino e Anderson Schreiber, *Código Civil Comentado*, v. IV – *Direito das Obrigações*, São Paulo: Atlas, 2008, p. 148.

"Cumprimento de sentença. Ajuizamento em face de todos os condenados solidariamente. Suposta renúncia do credor à solidariedade. Rejeição. Compete ao credor escolher entre seus devedores aquele que melhor lhe aprouver para o cumprimento da obrigação, podendo preferir um, alguns ou todos. Não é de se presumir que o credor tenha querido cercear sua garantia (*nemo juri suo facile renuntiare praesumitur*)."[14]

"não há que se confundir desistência de prosseguimento de execução, ainda em fase de liquidação de sentença, contra devedor, em virtude de dificuldades de sua localização e gastos com publicação de editais, com renúncia de direito de solidariedade".[15]

No mesmo sentido, a doutrina exige, para a configuração da renúncia tácita, "circunstâncias explícitas, que revelem de modo inequívoco a intenção de arredar a solidariedade", ressaltando, ainda, que a "renúncia deve ser muito clara" e que "não pode ser inferida de meras conjecturas".[16] O critério mais seguro a ser empregado nesse campo é aquele defendido por Tito Fulgêncio, com base nas fontes francesas e italianas, qual seja, o critério da incompatibilidade objetiva:

"Quanto à forma, a renúncia da solidariedade pode ser: [...] II. Tácita: quando resultante de *fatos incompatíveis* com a intenção do credor de conservar intata a sua ação solidária [...], incompatibilidade que se entende rigorosa e não presumida."[17]

O critério da incompatibilidade objetiva evita que o julgador se torne refém do subjetivismo das intenções, que, não raro, dão ensejo a interpretações divergentes ou impressões contraditórias. É preciso, em suma, identificar no comportamento do credor a "prática de atos incompatíveis", sob o prisma objetivo, com a conservação de uma obrigação solidária.[18] Nesses casos e somente nesses casos, haverá renúncia tácita. "Na dúvida, presume-se não existir."[19] Vale dizer: a presunção aqui milita contra os devedores.[20] Não porque o credor detenha alguma condição privilegiada ou posição de superioridade na relação obrigacional, mas pela simples razão de que se trata de renúncia a uma "garantia", que opera naturalmente em seu favor. É nesse sentido, aliás, que deve

---

[14] TJSP, AI 9038109-52.2008.8.26.0000, Rel. Des. Santini Teodoro, j. 3.2.2009.

[15] TJRS, AC 587034646, Rel. Des. Manoel Celeste dos Santos, j. 2.9.1987.

[16] Washington de Barros Monteiro, *Curso de Direito Civil*, São Paulo: Saraiva, 2001, 31. ed., p. 192.

[17] Tito Fulgêncio, *Do Direito das Obrigações – Das Modalidades das Obrigações*, cit., p. 357 (grifou-se).

[18] Miguel Maria de Serpa Lopes, *Curso de Direito Civil*, v. II, Rio de Janeiro: Freitas Bastos, 1995, p. 137.

[19] Washington de Barros Monteiro, *Curso de Direito Civil*, cit., p. 192.

[20] "*Mais le doute doit s'interpréter contre les débiteurs, parce que la solidarité étant prouvée, c'est à eux à prouver la renonciation qu'ils opposent par voie d'exception*" (Léobon Larombière, *Theorie et Pratique des Obligations*, t. III, Paris: Pedone-Lauriel, 1885, p. 479).

ser compreendida a afirmação da doutrina de que a solidariedade passiva é instituída no "exclusivo interesse" do credor.[21]

Examinando a hipótese concreta à luz desses preceitos, parece mais fácil responder ao segundo quesito, relativo à configuração ou não de renúncia à solidariedade por meio da celebração do Segundo Aditivo. Renúncia expressa seguramente não houve, já que inexiste no instrumento cláusula que se ocupe do tema. É de se indagar, contudo, se houve ali renúncia tácita à solidariedade passiva estabelecida no contrato original.

A resposta é negativa. Em primeiro lugar, pelo que consta do próprio aditamento contratual. O Segundo Aditivo trata, em diversas passagens, de conservar expressamente as responsabilidades pactuadas no contrato original. Confira-se a Cláusula Nona:

> "Cláusula Nona: Salvo quando disposto de forma diversa no presente Aditivo, ficam mantidas, sem qualquer alteração, as responsabilidades assumidas por cada uma das partes na execução das obras de instalação dos Empreendimentos.
>
> Parágrafo Primeiro: Observado o disposto no *caput*, Beta S.A. e Gamma S.A. permanecerão integralmente responsáveis pelo escopo do Contrato."

A doutrina adverte que a ressalva expressa quanto à preservação de direitos, ainda que efetuada de modo genérico, depõe contra a configuração de renúncia tácita à solidariedade:

> "À luz dos critérios legais, não se pode reconhecer renúncia tácita de solidariedade, em se dando as circunstâncias: (a) Se o credor fizer reserva da solidariedade *ou, genericamente, dos seus direitos*, ou que recebe por conta. Sendo a renúncia tácita fundada na interpretação da vontade do credor, não é possível admiti-la quando está em contradição formal com a intenção nitidamente expressa [...]."[22]

Aqui, é interessante notar que a celebração de um instrumento escrito não auxilia, mas desfavorece a ocorrência da renúncia tácita, se nele não se fez inserir a renúncia expressa. Vale dizer: se o credor teve a oportunidade de renunciar explicitamente à solidariedade e não o fez, reafirmando, ao contrário, direitos e responsabilidades, o ato não deve ser interpretado como renúncia tácita. Há aí manifestações de vontade de ambas as partes em direção incompatível, por princípio, com a renúncia.

Na hipótese em exame, há outras passagens do Segundo Aditivo, além da Cláusula Nona, que determinam a conservação das responsabilidades originárias.[23] Tam-

---

[21] Manuel Inácio Carvalho de Mendonça, *Doutrina e Prática das Obrigações*, t. I, Rio de Janeiro: Forense, 1956, 4. ed., p. 329.

[22] Tito Fulgêncio, *Do Direito das Obrigações – Das Modalidades das Obrigações*, cit., p. 360 (grifou-se).

[23] Por exemplo, o Parágrafo Primeiro da Cláusula Oitava determina que "a Contratada BETA S.A. permanecerá integralmente responsável pelo escopo contratual a ela atribuído originalmente,

bém é relevante notar que Beta S.A. e Gamma S.A. firmaram o Segundo Aditivo como integrantes de consórcios construtores, de modo muito semelhante ao que haviam feito nos Primeiros Aditivos, o que corrobora a impressão de que não pretendiam afastar a sua responsabilidade solidária frente à Alpha S.A., conservando, ao contrário, o *status quo ante*.

Por fim, a Cláusula Sétima do Segundo Aditivo veda qualquer interpretação que possa conduzir à "renúncia" de direitos das partes. A disposição não chega a ser incomum em aditivos contratuais, mas, examinada em conjunto com as cláusulas já mencionadas, revela que a intenção das partes não caminhava no sentido de renúncia à solidariedade:

> "Cláusula Sétima: O presente Aditivo não poderá ser utilizado por nenhuma das partes como excludente de quaisquer de suas responsabilidades aqui assumidas, ou assumidas no Contrato e/ou seus aditivos, em qualquer pleito, inclusive arbitral. Ademais, nenhuma disposição, termo, condição, 'considerando', afirmação, premissa ou declaração constante do presente Aditivo poderá ser interpretado como novação ou renúncia a qualquer direito invocado pelas partes e nem constituirá admissão, confissão ou aceitação dos pleitos deduzidos pela parte contrária perante qualquer foro, judicial ou arbitral."

Como se vê, diversas cláusulas do Segundo Aditivo depõem contra a configuração de uma renúncia tácita à solidariedade. A análise, contudo, não deve se limitar ao plano da formalização do instrumento contratual. Cumpre examinar substancialmente a operação econômica pretendida pelas partes para verificar se há alguma incompatibilidade objetiva entre a celebração do Segundo Aditivo e a preservação da solidariedade.

Conforme se depreende da parte inicial do Segundo Aditivo, o instrumento exprime a comum intenção das partes de promover a assunção pela Alpha S.A. de parcela das obrigações do consórcio construtor, a cargo da Gamma S.A., no âmbito das duas centrais hidrelétricas:

> "Considerando que a Alpha S.A. pretende assumir e gerenciar (i) a execução, por si ou por terceiros, a instalação de linha de transmissão que interliga as duas centrais hidrelétricas e ambas à subestação ('LT') no estado em que se encontram na data de assinatura do presente aditivo ('Aditivo'), assumindo, para tanto, parte do escopo contratual anteriormente atribuído à Gamma S.A. e (ii) todos os pagamentos oriundos de fornecimentos de serviços sub-contratados pela Gamma S.A. a partir do ponto em que se encontram na data de assinatura do presente; [...]."

Trata-se, em outras palavras, da assunção pelo credor de parcela da responsabilidade de um codevedor solidário. Tal operação, quer ocorra no momento da celebração

---

o qual não é alterado em nenhum aspecto, em razão da celebração do presente Aditivo, salvo o disposto na Cláusula Primeira do presente Aditivo".

do Segundo Aditivo, quer se dê no curso da relação contratual, não resulta em renúncia tácita à solidariedade passiva, nem a extingue por qualquer outro modo. No direito brasileiro, a solidariedade passiva exerce, como se viu, função de garantia, que continua a ser útil e relevante para o credor, ainda que este assuma para si a execução de parte do débito que se encontrava originariamente a cargo de um dos codevedores solidários.

Registre-se que, mesmo na hipótese de confusão, o Código Civil conserva a solidariedade:

> "Art. 383. A confusão operada na pessoa do credor ou devedor solidário só extingue a obrigação até a concorrência da respectiva parte no crédito, ou na dívida, subsistindo quanto ao mais a solidariedade."

A confusão extingue a dívida em si, não já a solidariedade.[24] Na sistemática do Código Civil, seu efeito é "a extinção da obrigação até a concorrência da sua parte no débito, mas a solidariedade subsiste quanto aos demais codevedores solidários, que continuam vinculados pelo remanescente".[25] Assim, mesmo que se verifique a confusão parcial entre o credor e um dos codevedores solidários conserva-se a solidariedade passiva porque remanesce, em parte, a dívida, pela qual ambos os codevedores respondem solidariamente.

O Código Civil brasileiro, repita-se ainda uma vez, preserva a solidariedade diante de modificações por vezes intensas à relação contratual. Ainda que o credor pratique o ato mais extremo de alteração do pacto obrigacional, qual seja, a remissão da dívida de um dos codevedores, nossa codificação, em benefício do credor, preserva expressamente "a solidariedade contra os outros" (art. 388). Se o perdão da dívida não extingue a solidariedade, tal efeito não pode tampouco ser extraído da assunção parcial do débito pelo credor – conduta que, ademais, não é usualmente adotada com o escopo de liberar os devedores, mas com o fim de proteger investimentos já realizados.

Importante compreender que, no direito brasileiro, a solidariedade passiva não advém de uma especial relação entre os codevedores ou de um equilíbrio, similitude ou harmonia das suas posições contratuais. Nosso Código Civil não apenas admite que os codevedores solidários detenham posições e interesses distintos no arranjo negocial,[26]

---

[24] Registre-se que, para parcela minoritária da doutrina, a confusão não chega nem mesmo a extinguir a dívida, mas apenas suspende a sua eficácia. Não atinge, de qualquer modo, a solidariedade. Confira-se, por todos, o posicionamento de Marcel Planiol e Georges Ripert: *"La confusion prive l'obligation de son efficacité pratique, le créancier ne pouvant agir contre lui-même. Elle constitue un obstacle de fait à son exécution plutôt qu'un mode d'extinction proprement dit"* (*Traité Pratique de Droit Civil Français*, t. VII, cit., p. 631).

[25] Judith Martins-Costa, *Comentários ao Novo Código Civil*, v. V, t. I – *Do Direito das Obrigações. Do Adimplemento e da Extinção das Obrigações*, Rio de Janeiro: Forense, 2003, p. 645.

[26] Exemplo mais extremo desta orientação é o art. 285 que admite a possibilidade da "dívida solidária interessar exclusivamente a um dos devedores".

como reconhece expressamente, em seu art. 278, a possibilidade de que tais posições sejam alteradas ao longo do processo obrigacional, não extraindo disso qualquer renúncia à solidariedade.[27] Nos termos daquele dispositivo, se a alteração se dá com o consentimento de todos os codevedores, o acréscimo, ainda que agrave a sua situação originária, passa a integrar o vínculo solidário. Se ocorre sem tal consentimento, o acréscimo vincula apenas o codevedor que com ele concordou, mas a solidariedade é preservada em relação à dívida original.[28]

A função da solidariedade passiva não consiste em petrificar no tempo a relação contratual, impedindo que a obrigação se desenvolva "como processo" que é.[29] Sua função consiste em servir de garantia ao pagamento do crédito, garantia que sobrevive intacta enquanto guardar utilidade para o desempenho do seu fim primordial.

No caso em exame, o Segundo Aditivo, ao promover a assunção pela Alpha S.A. de parcela das responsabilidades da Gamma S.A., transferindo-lhe "parte do escopo contratual", na linguagem do derradeiro "considerando" daquele instrumento, não implica em renúncia tácita, nem extingue de qualquer modo a solidariedade passiva, que continua a servir de garantia do cumprimento do contrato em face dos codevedores solidários.

III – Conclusão

A título de conclusão, passa-se à resposta específica de cada um dos quesitos formulados.

1º **Quesito** – A eventual "desnaturação" do contrato de EPC em um contrato de empreitada simples, por meio do Segundo Aditivo, implica extinção da solidariedade estabelecida no contrato original?

Resposta: Não. Tratando-se de solidariedade passiva de fonte convencional – derivada não da lei, mas da vontade das partes –, a eventual transformação dos contratos de EPC em contratos de empreitada simples, por meio de aditivo contratual,

---

[27] "Art. 278. Qualquer cláusula, condição ou obrigação adicional, estipulada entre um dos devedores solidários e o credor, não poderá agravar a posição dos outros sem consentimento destes."

[28] É o que a doutrina extrai *a contrario sensu* do art. 278: "A eficácia da solidariedade limita-se ao que foi estipulado com o consentimento de todos os devedores e, consequentemente, tudo o que exceder ao que foi originalmente pactuado será suportado de forma exclusiva pelo devedor que consentiu com o agravamento" (Gustavo Tepedino, Heloisa Helena Barboza e Maria Celina Bodin de Moraes (Coord.), *Código Civil Interpretado Conforme a Constituição da República*, v. I, Rio de Janeiro: Renovar, 2007, 2. ed., p. 562).

[29] Foi a lição de Clovis do Couto e Silva em obra seminal: *A Obrigação como Processo*, São Paulo: Bushatsky, 1976.

não "descaracteriza" ou "desnatura" a solidariedade passiva instituída originalmente. A alteração do tipo contratual (requalificação do contrato) não resulta em extinção da solidariedade passiva, que, no direito brasileiro, não decorre do tipo contratual no qual se subsume a operação econômica realizada pelas partes, mas que, ao contrário, pode ser aposta, como pacto acessório, a qualquer relação obrigacional, integrante de contrato típico ou atípico. Além disso, o ordenamento jurídico preserva a solidariedade passiva mesmo diante de modificações bem mais drásticas da relação obrigacional, como a desnaturação do seu próprio objeto, por impossibilidade da prestação (art. 279). Essa característica de estabilidade da solidariedade passiva deriva da função socioeconômica de garantia que o instituto desempenha nas relações obrigacionais e que, como elemento funcional, determina a sua estrutura, guiando a sua disciplina normativa e assegurando a sua conservação.

2º Quesito – A celebração do Segundo Aditivo pode ser interpretada como renúncia (expressa ou tácita) à solidariedade?

Resposta: Não. De renúncia expressa não se pode cogitar pela ausência de disposição contratual a respeito. Tampouco se extrai do Segundo Aditivo uma renúncia tácita. Doutrina e jurisprudência brasileiras reconhecem que a renúncia tácita é excepcional (*nemo facile praesumitur juri suo renuntiare*), devendo derivar de "circunstâncias explícitas, que revelem de modo inequívoco a intenção de arredar a solidariedade", ressaltando, ainda, que a "renúncia deve ser muito clara" e que "não pode ser inferida de meras conjecturas." Na hipótese em exame, as próprias partes ressalvam no Segundo Aditivo a preservação de direitos e responsabilidades (cláusulas 8ª e 9ª, especialmente), parâmetro que a doutrina utiliza para rechaçar a configuração da renúncia tácita. Além disso, não há incompatibilidade objetiva entre a operação econômica consubstanciada no Segundo Aditivo e a preservação da solidariedade passiva.

3º Quesito – A assunção pela Alpha S.A. de parte das responsabilidades da Gamma S.A., no curso da relação contratual, implica renúncia tácita ou leva, de qualquer modo, à extinção da solidariedade passiva entre Gamma S.A. e Beta S.A.?

Resposta: Não. A assunção pelo credor de parcela da responsabilidade de um codevedor solidário, quer ocorra no momento da celebração do aditamento, quer se dê no curso da relação contratual, não resulta em renúncia tácita à solidariedade passiva, nem conduz à sua extinção. No direito brasileiro, a solidariedade passiva exerce, como se viu, a função de garantia, que continua a ser útil e relevante para o credor, ainda que este assuma para si a execução de parte do débito que se encontrava originariamente a cargo de um dos codevedores solidários. O Código Civil preserva a solidariedade mesmo em face da remissão da dívida de um dos codevedores (art. 388), preservação que se impõe, com maior razão, em caso de assunção parcial do débito pelo credor.

É o parecer, que exprime, em meu entendimento, a melhor orientação sobre a matéria no direito brasileiro.

Rio de Janeiro, 5 de julho de 2011.

Prof. Anderson Schreiber

Contrato de Distribuição e Resolução Abusiva

> EMENTA: Definição de caso fortuito ou de força maior. Ausência de mora. Dever anexo de cooperação imposto pela boa-fé objetiva. Estado de dependência do distribuidor. Recusa injustificada à venda de produtos com pagamento a vista. Abuso do direito e ilegitimidade da resolução. Inadmissibilidade de transferência genérica de risco no caso concreto. Parâmetros para a quantificação de indenização por danos sofridos pelo distribuidor na hipótese de rescisão sem justa causa.

Em 2004, o Grupo Alpha,[1] de Honduras, assumiu contratualmente a obrigação de atuar como distribuidor de veículos da Beta Ltda., sociedade brasileira integrante do Grupo Beta, da Alemanha. Em 2008 e 2009, a atividade do Grupo Alpha foi severamente atingida pela crise econômica mundial (*subprime mortgage crisis*) e pela crise política de Honduras, que levou à deposição do seu então Presidente e à paralisação do país por diversos meses. Segundo informa o Grupo Alpha, a demanda por veículos caiu drasticamente, o que levou o Grupo Alpha a deixar de efetuar pagamentos devidos ao Grupo Beta por determinado período. O Grupo Alpha vinha buscando alternativas para elevar as vendas e atrair investimentos, quando o Grupo Beta decidiu não mais lhe fornecer produtos, mesmo com oferta de pagamento à vista, e, posteriormente, no início de 2011, deu por resolvidos os contratos com base na "mora" do Grupo Alpha.

---

[1] Os nomes das partes e outras circunstâncias do caso concreto foram alterados para preservar a identidade dos envolvidos.

Diante de tais fatos, indaga o Grupo Alpha:

1. A crise econômica mundial de 2008, iniciada nos Estados Unidos (conhecida como subprime mortgage crisis), e a crise política em Honduras, ocorrida em 2009, que levou à deposição do presidente e à paralisação do país, por diversos meses, constituem eventos de força maior ou caso fortuito, na forma do art. 393 do Código Civil?

2. Essas circunstâncias elidem, por consequência, a mora e a aplicação de quaisquer penalidades pecuniárias às Requerentes, inclusive a cobrança de juros de mora?

3. A ressalva contida na cláusula 23 do contrato, que exclui o efeito exonerativo do caso fortuito, é válida à luz do Direito brasileiro?

4. Diante dessas circunstâncias, é legítimo o exercício do direito de resolução calcado na mora do devedor?

5. Aplica-se ao caso a Lei 6.729/1979 (Lei Ferrari)?

Para responder aos quesitos formulados, o presente parecer foi dividido em quatro tópicos, ao fim dos quais se segue uma conclusão, com a resposta específica aos quesitos formulados.

I – Definição de caso fortuito ou de força maior. Configuração de caso fortuito no caso concreto. Ausência de mora.

No direito brasileiro, caso fortuito e força maior são expressões definidas em lei. Designam, nos termos do art. 393, parágrafo único, do Código Civil, o fato necessário, cujos efeitos não era possível evitar ou impedir.

"Art. 393. [...] Parágrafo único. O caso fortuito ou de força maior verifica-se no fato necessário, cujos efeitos não era possível evitar ou impedir."

Parte da doutrina brasileira distingue a força maior (*vis majoris*) do caso fortuito, valendo-se da tradição romana, em que "o caso fortuito era caracterizado pela impossibilidade de ser previsto – *nullum humanum consilium praevidere potest* – e a força maior pela impossibilidade de ser vencida – *vis cui resisti non potest*".[2] Afirma-se, nesse sentido, que "a situação de força maior corresponderia aos fenômenos naturais, inevitáveis, mas não necessariamente imprevisíveis, como as tempestades, tufões, furacões, abalos sísmicos, erupções vulcânicas, maremotos e os astros que se precipitam dos céus: os *acts of God* dos ingleses", enquanto o caso fortuito consistiria em "evento nascido da ação humana,

---

[2] M. I. Carvalho de Mendonça, *Doutrina e Prática das Obrigações*, v. I, Rio de Janeiro: Forense, 1956, p. 29-30.

de previsibilidade impossível ou ao menos bastante remota para os padrões exigidos pelas regras objetivas de conduta impostas pela boa-fé, como nas situações de guerra, revolução civil ou movimentos sociais inesperados".[3]

Em que pese a diferenciação doutrinária, já o Código Civil de 1916 tratara das expressões caso fortuito e força maior como sinônimos perfeitos, orientação que foi preservada no Código Civil de 2002. A sinonímia mostra-se realmente adequada, quer pelo núcleo conceitual comum das duas noções, quer pela absoluta identidade dos efeitos que lhes reserva a ordem jurídica brasileira.

No plano conceitual, tem-se que tanto o caso fortuito quanto a força maior consistem em fatos cuja fonte "escapa ao controle ou à dominação do interessado" e cujos efeitos ele não poderia, por meio da sua atuação diligente, evitar.[4] Ambos os conceitos gravitam em torno da inevitabilidade do acontecimento para o devedor, que sofre as suas consequências.[5] Não é por outra razão que alguns autores adotam um conceito negativo de caso fortuito ou força maior, conceituando-os simplesmente como "a ausência

---

[3] Marcos Jorge Catalan, *Descumprimento Contratual – Modalidades, Consequências e Hipóteses de Exclusão do Dever de Indenizar*, Curitiba: Juruá, 2007, p. 191. No mesmo sentido, ver Sergio Cavalieri Filho, *Programa de Responsabilidade Civil*, São Paulo: Malheiros, 2000, p. 66.

[4] Caio Mário da Silva Pereira, *Caso Fortuito e Força Maior*, in *Obrigações e Contratos – Pareceres (de acordo com o Código Civil de 2002)*, seleção e atualiz. Leonardo de Campos Melo et al., Rio de Janeiro: GEN, 2011, p. 359.

[5] A imprevisibilidade do evento é, a rigor, irrelevante para o conceito de caso fortuito ou de força maior, como já registrava Clovis Bevilaqua: "Não é, porém, a imprevisibilidade que deve, principalmente, caracterizar o caso fortuito, e, sim, a inevitabilidade. E, porque a força maior também é inevitável, juridicamente, se assimilam estas duas causas de irresponsabilidade" (*Código Civil dos Estados Unidos do Brasil Comentado*, v. IV, Rio de Janeiro: Ed. Paulo de Azevedo, 1958, 11. ed., p. 172). Confira-se, na mesma direção, Miguel Maria de Serpa Lopes, *Curso de Direito Civil*, v. II, Rio de Janeiro: Freitas Bastos, 1995, 6. ed., p. 378: "a previsão real ou possível de acontecimentos suscetíveis de implicarem na impossibilidade absoluta de executar a obrigação não exclui em nada, em princípio pelo menos, a eventualidade da superveniência da noção de caso fortuito ou de força maior com todos os seus efeitos nas relações entre credor e devedor".

de culpa do devedor".[6] Na sempre lembrada lição de Eduardo Espínola, "onde cessa a culpa, começa o fortuito".[7]

No plano dos efeitos jurídicos, o ordenamento brasileiro reserva ao caso fortuito e à força maior idêntica consequência, o que reforça a inutilidade da distinção.[8] Resultam ambos na exclusão da responsabilidade do devedor, como deixa claro o art. 393, *caput*, do Código Civil:

> "Art. 393. O devedor não responde pelos prejuízos resultantes de caso fortuito ou força maior, se expressamente não se houver por eles responsabilizado."

Trata-se de corolário do princípio geral de que o devedor não responde pelos prejuízos aos quais não tenha dado causa. Se a inexecução total ou parcial do contrato decorre de caso fortuito ou de força maior, a lei isenta o devedor de responsabilidade perante o credor. Rompe-se o nexo de causalidade entre a conduta do devedor e o dano eventualmente sofrido pelo credor em decorrência do descumprimento da prestação. A supressão do nexo de causalidade impede a configuração do ilícito contratual e, portanto, da responsabilidade do devedor.

Registre-se que, em nenhum momento, o legislador alude à impossibilidade da prestação como requisito do caso fortuito ou de força maior ou como condição para a exoneração do devedor. Aqueles autores que definem o fortuito a partir da impossibilidade da prestação incorrem em confusão que já foi, há muito, detectada pela doutrina italiana: na noção de fortuito entra sempre uma impossibilidade, mas é "a impossibili-

---

[6] É a posição defendida, com maestria, por Spencer Vampré: "O ponto fundamental do conceito é ser o caso fortuito fato estranho ao devedor da obrigação. O fato inteiramente estranho ao devedor é para ele imprevisto e inevitável. Daí a antiga noção de caso fortuito como acidente que se não pode impedir ou resistir. Todavia, é a culpa o fundamento da responsabilidade civil, não sendo a imprevisibilidade ou a irresistibilidade senão consequências exteriores. [...] O ser evitável ou previsível importa pouco, não só porque estes caracteres dependem de circunstâncias ocasionais, como porque o mais evitável e previsível dos fatos pode constituir caso fortuito desde que não haja culpa do agente. O caso fortuito confina com a culpa: onde um acaba, aí começa o outro" (Spencer Vampré, *O Caso Fortuito nos Acidentes Pessoais de Transporte*, in RT, v. 37, 1921, p. 147).

[7] Eduardo Espinola, *Sistema do Direito Civil Brasileiro*, v. 2, Rio de Janeiro: Freitas Bastos, 1944, 2. ed., p. 360-363. Veja-se, na mesma direção, Carvalho Santos: "Como se vê, razão têm aqueles que sustentam que o fortuito começa onde acaba a culpa" (*Código Civil Brasileiro Interpretado*, v. 14, Rio de Janeiro: Calvino Filho, 1936, p. 240). Outros autores lembram que a ausência de culpa pode derivar de outras causas como o fato do credor. É a posição de Arnoldo Medeiros da Fonseca, *Caso Fortuito e Teoria da Imprevisão*, Rio de Janeiro: Revista Forense, 1958, p. 163. Em todas estas hipóteses, o efeito será o afastamento da responsabilidade do devedor.

[8] "Caso fortuito e força maior são coisas que, praticamente, se equiparam: não há uma consequência diversa do caso fortuito e da força maior. De modo que diferenciar um do outro é apenas um exercício intelectual: não tem interesse prático, logo não tem interesse teórico" (San Tiago Dantas, *Programa de Direito Civil*, v. II, Rio de Janeiro: Rio, 1978, p. 94).

dade de evitar o próprio acontecimento ou seus efeitos".[9] A impossibilidade da prestação não integra, de fato, o conceito de fortuito, como se vê do parágrafo único do art. 393 do nosso Código Civil. Trata-se tão somente de uma das possíveis consequências da sua verificação, à qual o legislador atribuiu efeitos que vão além da simples isenção de responsabilidade do devedor.[10]

Pode ocorrer, diversamente, que o caso fortuito ou de força maior não suprima em absoluto a possibilidade de cumprimento da prestação, mas a impossibilite apenas em parte, ou a inviabilize por certo lapso de tempo, ou ainda se limite a dificultar sobremaneira o cumprimento da obrigação (a chamada onerosidade excessiva).[11] Em todas estas hipóteses, o devedor continua isento de responsabilidade pelo fato que é estranho à sua esfera – falta-lhe a culpa, fundamento da responsabilidade obrigacional –, mas já não se dá a resolução automática que o legislador impõe nos casos de impossibilidade definitiva da prestação.

Assim, a avaliação dos casos concretos envolvendo a alegação de caso fortuito ou de força maior percorre, normalmente, duas etapas lógicas distintas: (i) a primeira, em que se verifica se há ou não caso fortuito; (ii) a segunda, em que se verifica qual o efeito produzido pelo fortuito sobre a prestação devida (impossibilidade definitiva ou temporária, impossibilidade total ou parcial, onerosidade excessiva ou nenhum efeito de todo).

No caso concreto, a combinação da crise econômica mundial de 2008 (*subprime mortgage crisis*) com a crise política e econômica de Honduras de 2009 configura caso fortuito à luz do direito brasileiro. De extrema gravidade, o conjunto desses acontecimentos seguramente "escapa ao controle ou à dominação do interessado"; consiste, para utilizar mais uma das expressões doutrinárias invocadas anteriormente, em "fato inteiramente

---

[9] Lodovico Barassi, *Se e quando lo sciopero di forza maggiore*, em apêndice à edição italiana do *Traité Théorique et Pratique de Droit Civil*, de Baudry-Lacantinere, 1921, t. 22, p. 27 ss. Entre nós, ver, na mesma direção, Arnoldo Medeiros da Fonseca, *Caso Fortuito e Teoria da Imprevisão*, cit., p. 145-146.

[10] De fato, ao cuidar da impossibilidade superveniente das obrigações, "sem culpa do devedor", o Código Civil não apenas isenta o devedor de responsabilidade, mas também impõe a resolução *ipso jure* (automática) do vínculo obrigacional (Código Civil, arts. 234, 248 e 250). É que, não sendo mais possível o cumprimento da obrigação, o vínculo perde sua razão de ser, dissipando-se prontamente a relação entre credor e devedor. A extinção, note-se, não é um efeito do caso fortuito ou de força maior, mas da inutilidade na preservação da relação obrigacional.

[11] O instituto da revisão e da resolução contratual por onerosidade excessiva foi disciplinado nos arts. 317 e 478-480 do Código Civil de 2002. Antes disso, a jurisprudência brasileira já reconhecia efeitos semelhantes à construção doutrinária conhecida como teoria da imprevisão, referindo-se, ainda, à antiga *cláusula rebus sic stantibus*. Ver, sobre o tema, J. M. Othon Sidou, *Resolução Judicial dos Contratos (Cláusula Rebus Sic Stantibus) e Contratos de Adesão*, Rio de Janeiro: Forense, 2000, 3. ed., p. 1-119.

estranho ao devedor da obrigação".[12] Não há dúvida de que uma crise de tamanhas proporções qualifica-se como "fato necessário, cujos efeitos não era possível evitar ou impedir", nos exatos termos do art. 393, parágrafo único, do Código Civil. Seus efeitos não poderiam, naturalmente, ter sido evitados ou impedidos pelo devedor.

Registre-se que a doutrina brasileira reconhece a configuração do caso fortuito em crises políticas e econômicas. Em parecer específico sobre o tema, afirmou Caio Mário da Silva Pereira:

> "Na generalidade dos casos, o motivo de força maior concentra-se em um evento isolado, ou identificado em limites precisos. É a autoridade policial que interdita um trecho da via pública. [...] É, enfim, um fato certo e determinado, que interfere no adimplemento contratual, e susta a sua execução, em caráter permanente ou transitório. Mas nem sempre isto ocorre. Pode acontecer uma sequência de eventos, de ordens, de medidas, de orientações políticas, de determinações econômicas e financeiras, ou de política econômico-financeira que se vão acumulando, para de seu complexo resultar a força maior excusativa do cumprimento do contrato."[13]

Também as cortes judiciais brasileiras admitem que crises econômicas, até menos drásticas que aquela experimentada por Honduras, configuram fatos extraordinários capazes de exonerar ou mitigar a responsabilidade do devedor. Nesse sentido, já decidiu o Superior Tribunal de Justiça:

> "A desvalorização da moeda nacional frente à moeda estrangeira que serviu de parâmetro ao reajuste contratual, por ocasião da crise cambial de janeiro de 1999, apresentou grau expressivo de oscilação, a ponto de caracterizar a onerosidade excessiva que impede o devedor de solver as obrigações pactuadas."[14]

Assim, não há dúvida de que a grave crise política e econômica que se abateu sobre a República de Honduras configura caso fortuito ou de força maior, ou se qualifica, como preferem os dispositivos que tratam da onerosidade excessiva, como fato extraordinário e imprevisível. Conclui-se nisso a primeira etapa lógica indicada acima, consubstanciada na verificação do fortuito.

---

[12] Sobre os graves efeitos das duas crises – sucessivas e, de certo modo, interligadas –, ver o estudo do economista Roberto Enrique Chang López, Professor Catedrático da Universidade Católica de Honduras, *Desafíos que enfrenta Honduras ante la crisis económica mundial y la crisis política actual*, anexo à consulta.

[13] *Caso Fortuito e Força Maior*, cit., p. 360.

[14] STJ, Recurso Especial 299.501/MG, 11.9.2001. Em seu voto, destacou, ainda, a Rel. Min. Nancy Andrighi: "Também é inafastável a conclusão de que a estabilidade contratual ficou comprometida com a liberação da cotação da moeda estrangeira, fato que, ademais, era imprevisível, ante os compromissos públicos do Estado em assegurar a contenção da inflação."

A segunda etapa lógica consiste em avaliar o impacto do caso fortuito sobre a obrigação devida, ou, em outras palavras, o efeito concreto produzido pelo fortuito sobre a prestação que competia ao devedor: terá causado sua impossibilidade definitiva, sua impossibilidade temporária, sua impossibilidade parcial, onerosidade excessiva ou nenhum desses efeitos?

Aqui, a análise jurídica depende fortemente dos dados econômicos. Os laudos apresentados juntamente com a consulta indicam que as crises de 2008 e 2009 atingiram de modo significativo os negócios do Grupo Alpha, interrompendo investimentos e diminuindo a demanda por máquinas de construção em Honduras e nos países vizinhos.[15] Também não deixa de ser emblemático o fato de que, anteriormente às referidas crises, jamais tenha havido inadimplemento do Grupo Alpha. Tudo indica que o caso fortuito tenha provocado a impossibilidade temporária do pagamento pontual das prestações devidas.[16]

Se o retardamento da prestação deriva de caso fortuito, o devedor não incorre em mora. Como já sublinhava Clovis Bevilaqua:

"Pode ainda acontecer que o caso fortuito ou de força maior apenas retarde o cumprimento da obrigação. O efeito liberatório refere-se, então, exclusivamente, à mora."[17]

A culpa do devedor é requisito indispensável à configuração da mora *debitoris*. Nosso Código Civil conta com norma expressa sobre o tema:

"Art. 396. Não havendo fato ou omissão imputável ao devedor, não incorre este em mora."

Sem a culpa do devedor, a mora não pode ser invocada pelo credor como fundamento para o exercício do direito de resolução ou para a cobrança de juros moratórios,

---

[15] Certificado da sociedade de auditoria Moore Stephens Baggia y Asociados, anexo à consulta.

[16] A noção de impossibilidade da prestação não abrange apenas a impossibilidade física, mas também a inviabilidade econômica, como já esclareciam Ennecerus, Kipp e Wolff: "*Si a la prestación posible en origen se oponen, más tarde, obstáculos extraordinarios que sólo pueden vencerse mediante un sacrificio absolutamente desproporcionado, o bajo graves riesgos, o violando deberes de mayor importancia, la prestación tiene que considerarse como impossible a la luz de la consideración racional, ética y económica que es decisiva para el derecho*" (*Tratado de Derecho Civil – Derecho de Obligaciones*, v. I, t. II, Barcelona: Bosch, 1933, p. 235).

[17] Clovis Bevilaqua, *Código Civil dos Estados Unidos do Brasil Comentado*, v. IV, Rio de Janeiro: Paulo de Azevedo, 1958, 11. ed., p. 172.

como ocorreu no caso concreto.[18] Em outras palavras, os efeitos da mora não se verificam diante do fortuito. Como já se destacou em outra sede:

> "Se o não-cumprimento provém, por exemplo, de caso fortuito ou de força maior, ou de fato do credor, não incorre o devedor em mora."[19]

A passagem é duplamente oportuna, pois, na hipótese em exame, além do impacto da crise hondurenha – caso fortuito –, o descumprimento contratual parece ter sofrido contribuição relevante da atitude do credor, que, segundo os fatos narrados pelo consulente, recusou-se a remeter produtos ao Grupo Alpha, a partir de dezembro de 2008, mesmo com oferta de pagamento a vista, restringindo sua capacidade de desenvolvimento e, portanto, suas chances de recuperação econômica.

II – Fato do credor. Violação ao dever anexo de cooperação imposto pela boa-fé objetiva. Recusa injustificada à venda de produtos à vista. Abuso do direito. Ilegitimidade da resolução.

Em um contexto contratual marcado pela boa-fé objetiva (art. 422),[20] impõe-se o atendimento, dentre outros deveres anexos, do dever de cooperação. Dos contratantes se exige uma atuação colaborativa, atenta aos legítimos interesses da contraparte e às suas ocasionais necessidades. Em outras palavras, "a consideração da boa-fé como vetor da disciplina dos contratos substitui a lógica oportunista, *advantage-taking*, por outra colaborativa, que impele os agentes econômicos à atuação em prol do fim comum".[21]

A intensidade do dever de cooperação, derivado da boa-fé objetiva, amplia-se nos contratos de duração continuada, também chamados contratos relacionais, em que as partes são chamadas a permanecer em um estado de "interações contínuas".[22] Impõe-se com ainda mais força naqueles contratos duradouros em que as partes não se encontram

---

[18] A notificação de resolução, datada de 20 de maio de 2011 e anexa à consulta, funda-se na cláusula 24.3 dos contratos e alude expressamente à mora do Grupo Alpha.
[19] Gustavo Tepedino e Anderson Schreiber, *Código Civil Comentado, v. IV – Direito das Obrigações*, org. Álvaro Villaça Azevedo, São Paulo: Atlas, 2008, p. 361.
[20] "Art. 422. Os contratantes são obrigados a guardar, assim na conclusão do contrato, como em sua execução, os princípios de probidade e boa-fé."
[21] Paula Forgioni, *Teoria Geral dos Contratos Empresariais*, São Paulo: Revista dos Tribunais, 2009, p. 211.
[22] "O dever de cooperação é notável e mais exigente nos contratos relacionais, que partem de interações contínuas" (Paulo Lôbo, *Direito Civil – Contratos*, São Paulo: Saraiva, 2011, p. 114).

em posições antagônicas, mas atuam como parceiros contratuais, efetuando investimentos conjuntos em busca da realização de objetivos comuns.[23]

É o caso dos contratos de distribuição, em que a doutrina destaca uma marcante atuação da boa-fé objetiva e do dever de cooperação, a fim de manter entre os contratantes "um nível de colaboração impeditivo da manifestação dos comportamentos oportunistas disfuncionais à racionalidade econômico-empresarial do contrato concretamente considerado".[24] Veda-se, nesse sentido, que um dos contratantes se aproveite de eventuais momentos de vulnerabilidade do outro para impor renegociações nocivas, exigir novos ganhos ou restringir benefícios que vinham sendo concedidos à contraparte, agindo contra a preservação do contrato e, em última análise, contra a efetiva realização do fim contratual.

Na hipótese descrita na consulta, o fabricante adotou, diante da crise política e financeira que atingiu seu distribuidor, uma postura mais rígida e arredia do que aquela que vinha empregando anteriormente, deixando de aceitar pedidos de fornecimento de seus produtos, mesmo com oferta de pagamento à vista. Tal atitude afigura-se abusiva, na medida em que, diante da momentânea dificuldade do distribuidor, o fabricante se recusa a aceitar pedido de fornecimento, essencial à atividade de distribuição e cuja aceitação não implicaria em qualquer prejuízo para si (resultaria, ao contrário, em lucro normalmente decorrente do pagamento à vista dos produtos).

Nessas circunstâncias, a recusa do fabricante configura abuso do direito, por violação à boa-fé objetiva, enquadrando-se no art. 187 do Código Civil:

"Art. 187. Também comete ato ilícito o titular de um direito que, ao exercê-lo, excede manifestamente os limites impostos pelo seu fim econômico ou social, pela boa-fé ou pelos bons costumes."

Atenta contra a boa-fé objetiva, qualificando-se como objetivamente desleal e abusivo, o comportamento do credor que, sem qualquer benefício para si, se recusa a atender pedido inerente à sua relação contratual com o devedor, principalmente quando a

---

[23] "Assim, o longo tempo de contrato, a especial carga de pessoalidade envolvida na relação, a necessidade de um mútuo investimento de confiança no comportamento da contraparte agregam, aos elementos nascidos das declarações negociais, ainda outros elementos, como a confiabilidade no comportamento da contraparte, a previsibilidade (ainda que relativa) acerca de suas ações, a possibilidade de uma renegociação de certas condições contratuais etc., tudo convergindo para uma intrínseca e muito intensa necessidade de cooperação intersubjetiva, distinta daquela exigível em contratos instantâneos atomizados, bem como naqueles em que a estrutura dos interesses contratuais é fundada na contraposição, como ocorre, por exemplo, numa compra e venda isolada" (Judith Martins-Costa, *O Caso dos Produtos Tostines: Uma Atuação do Princípio da Boa-fé na Resilição de Contratos Duradouros e na Caracterização da Suppressio*, in Ana Frazão e Gustavo Tepedino, *O Superior Tribunal de Justiça e a Reconstrução do Direito Privado*, São Paulo: Revista dos Tribunais, 2011, p. 533).

[24] Paula Forgioni, Teoria Geral dos Contratos Empresariais, cit., p. 211.

aceitação do pedido afigurava-se indispensável à recuperação comercial deste último, lançado, por caso fortuito, em um especial momento de necessidade. A configuração do abuso confirma-se na absoluta ausência de interesse (ausência de ganho ou vantagem) do produtor em recusar o fornecimento de produtos mediante pagamento a vista.[25]

Há muito, a doutrina francesa qualifica como abusivas aquelas situações em que *"un individu a exercé son droit de façon préjudiciable à autrui sans profit pour lui-même"*.[26] Ainda hoje, um dos fatores que permite identificar o abuso do direito é justamente o fato de o direito ter sido exercido "sem utilidade para o titular",[27] tal qual ocorrido no caso concreto. A boa-fé objetiva veio reforçar a repressão ao exercício caprichoso de um direito sem real utilidade para o seu titular.

Em uma relação contratual duradoura, na qual uma das partes se compromete a vender máquinas e equipamentos de certo fabricante, captando mercado para sua marca, a recusa no fornecimento de novos produtos – "incluindo peças daquelas máquinas e equipamentos já vendidos"[28] – produz prejuízo evidente sobre a atividade do revendedor. Se a oferta de aquisição se dá mediante pagamento a vista, a recusa lesiva ao distribuidor não encontra justificativa em nenhum interesse legítimo do produtor, havendo ainda maior razão para que seja considerada abusiva e contrária à boa-fé.

Ao analisar célebre caso relacionado à distribuição de produtos, o Superior Tribunal de Justiça pronunciou-se no sentido de que a recusa ao fornecimento representa atitude drástica do fabricante, inadmissível mesmo em caso de atraso no pagamento pelo distribuidor:

> "Demonstrou-se, realmente, que a apelada vinha atrasando o cumprimento de suas obrigações. Isto, entretanto, não era suficiente para que a apelante simplesmente parasse de fornecer mercadorias, máxime porque os atrasos sempre foram tolerados."[29]

A recusa do fabricante, no caso concreto, representou ainda violação ao dever do credor – imposto também pela boa-fé objetiva – de não provocar o aumento dos pró-

---

[25] Registre-se que a configuração do abuso do direito independe da demonstração de uma intenção lesiva por parte de quem pratica a conduta abusiva. A objetiva disfunção entre o exercício do direito e a sua finalidade axiológico-normativa já é suficiente para a repressão à figura. Sobre o tema, seja permitido remeter a Anderson Schreiber, *A Proibição de Comportamento Contraditório – Tutela da Confiança e Venire Contra Factum Proprium*, Rio de Janeiro: Renovar, 2007, 2. ed., p. 109-120.

[26] Antoine Bardesco, *L'Abus du Droit*, Paris: Giard & Brière, 1913, p. 279.

[27] Fernando Noronha, *O Direito dos Contratos e seus Princípios Fundamentais*, São Paulo: Saraiva, 1994, p. 169.

[28] Descrição dos fatos, que integra a consulta.

[29] STJ, Recurso Especial 401.704/PR, Rel. Min. Honildo Amaral de Mello Castro (des. conv.), 25.8.2009.

prios prejuízos, ou, na expressão inglesa, *duty to mitigate loss*.[30] O instituto resulta do reconhecimento de que o credor tem o dever de empregar esforços razoáveis para evitar o agravamento dos danos decorrentes do descumprimento contratual, seja ele derivado ou não de culpa do devedor.

A invocação do *duty to mitigate loss* tem sido crescente no Brasil, merecendo destaque o seguinte acórdão do Superior Tribunal de Justiça:

> "Direito Civil. Contratos. Boa-fé objetiva. *Standard* ético-jurídico. Observância pelas partes contratantes. Deveres anexos. *Duty to mitigate the loss*. Dever de mitigar o próprio prejuízo. Inércia do credor. [...] Os contratantes devem tomar as medidas necessárias e possíveis para que o dano não seja agravado. [...] O fato de ter deixado o devedor na posse do imóvel por quase 7 (sete) anos, sem que este cumprisse com o seu dever contratual (pagamento das prestações relativas ao contrato de compra e venda), evidencia a ausência de zelo com o patrimônio do credor, com o consequente agravamento significativo das perdas, uma vez que a realização mais célere dos atos de defesa possessória diminuiriam a extensão do dano."[31]

No plano internacional, a Convenção de Viena sobre a Compra e Venda de Mercadorias impede o credor de se valer do inadimplemento contratual ao qual tenha dado causa por ação ou omissão (art. 80). Impõe, ainda, expressamente ao credor o dever de adotar "medidas razoáveis" para mitigar seus prejuízos (art. 77):

> "*Article 77. A party who relies on a breach of contract must take such measures as are reasonable in the circumstances to mitigate the loss, including loss of profit, resulting from the breach. If he fails to take such measures, the party in breach may claim a reduction in the damages in the amount by which the loss should have been mitigated.*"

> "*Article 80. A party may not rely on a failure of the other party to perform, to the extent that such failure was caused by the first party's act or omission.*"

Na hipótese descrita na consulta, a recusa do credor afigurou-se abusiva, violando a boa-fé objetiva e o dever de mitigação dos próprios danos. Tal recusa contribuiu, em paralelo ao caso fortuito, para a inviabilidade do cumprimento da prestação pelo devedor. Nesse contexto, mostra-se também abusivo e contrário à boa-fé objetiva o exercício do direito de resolução, calcado em inadimplemento para o qual o credor contribuiu com seu próprio comportamento, ao interromper, mesmo com oferta de pagamento a vista,

---

[30] Véra Maria Jacob de Fradera, *Pode o credor ser instado a diminuir o próprio prejuízo?*, in *Revista Trimestral de Direito Civil – RTDC*, Rio de Janeiro: Padma, v. 19, 2004, p. 109-119.
[31] STJ, Recurso Especial 758.518/PR, Rel. Min. Vasco Della Giustina (des. conv.), 17.6.2010.

o fornecimento de produtos ao seu distribuidor, em sentido diametralmente oposto à realização do fim contratual.

Como destaca a melhor doutrina ao tratar do tema da extinção unilateral de contratos duradouros:

"esse rompimento, por vezes, pode ser abusivo, isto é: disfuncional aos fins concretos do contrato, à sua causa, às expectativas que, legitimamente, tenha gerado acerca de sua continuidade. Consequentemente, podem ser configuradas – e, em regra, configuram-se – situações de extremada injustiça para aquele contraente que, contando com a continuidade do contrato que se desenvolvia desde muito tempo, sem termo determinado para a sua extinção, não se preparou para o desligamento, seja redirecionando os seus negócios, seja buscando outro fornecedor, ou, ainda, o que fez investimentos de monta para poder prover a execução contratual, mas vê o contrato rompido sem que tivesse corrido tempo necessário para viabilizar a possibilidade de um retorno financeiro. A 'extremada injustiça' acima aludida relaciona-se, diretamente, com as peculiaridades dos contratos duradouros dentre as quais estão, além da relação entre o tempo e o adimplemento, uma especial carga de pessoalidade e, ainda, a sua própria racionalidade econômica, só compreensível em vista da complexa trama de interesses em aliança e interesses em potencial conflito que, comumente, está a permear a sua estrutura. Essas peculiaridades aumentam a intensidade da colaboração contratualmente devida, sob pena de comprometer-se a própria consecução da finalidade contratual".[32]

Em definitivo: é abusiva a resolução contratual, calcada em impontualidade decorrente de caso fortuito – que impede a configuração da mora – e agravada pela atitude do próprio credor, que recusa, mesmo com oferta da pagamento a vista, o fornecimento de produtos ao seu distribuidor, impedindo o desenvolvimento da sua atividade econômica.

III – Análise de cláusula contratual que ressalva o efeito liberatório do caso fortuito. Transferência de risco. Inadmissibilidade de transferência genérica. Art. 424 do Código Civil: nulidade da cláusula. Necessidade de delimitação do risco transferido.

O contrato firmado entre as partes no caso concreto estabelece, em sua cláusula 23, a ausência de responsabilidade de qualquer das partes caso a mora ou inadimplemento absoluto decorram de "eventos ou circunstâncias que escapem ao controle razoável da parte afetada". A disposição contratual reitera o efeito exoneratório do caso fortuito ou de força maior, em consonância com art. 393 do Código Civil.

---

[32] Judith Martins-Costa, *O Caso dos Produtos Tostines*, cit., p. 532.

A cláusula 23 faz, contudo, uma ressalva que merece exame mais detido. Trata-se de expressão contida entre parênteses, que teria imposto ao distribuidor, mesmo diante de eventos ou circunstâncias que escapem ao seu "controle razoável", a responsabilidade pela obrigação de pagar pelos produtos remetidos pelo fabricante. Confira-se a redação do dispositivo contratual:

> "23. *Force Majeure*
>
> *Neither Party shall be liable for delay in the performance or non-performance of its obligations hereunder (other than Dealer's obligation to pay for Beta Products shipped), if such delay or failure results from events or circumstances beyond the reasonable control of the Party affected.*"

Não é inválida no direito brasileiro a transferência de riscos entre os contratantes. Todavia, diversos dispositivos legais estabelecem a nulidade de cláusulas que alteram sensivelmente o equilíbrio entre os riscos contratuais, como no caso de cláusulas excludentes ou mitigadoras de responsabilidade do fornecedor de produtos ou serviços em relações de consumo.[33] Para além dessas restrições legais, a doutrina vem invocando a boa-fé objetiva para impor controle de legitimidade sobre a transferência de riscos entre os contratantes, mesmo em contratos aleatórios. Conforme já salientado em comentários à codificação civil:

> "É o que ocorre nos chamados contratos de risco, em que o contratante assume o ônus de indenizar o credor mesmo que o inadimplemento não derive de sua conduta, mas de um evento natural ou alheio, inevitável. É certo, todavia, que tal assunção representa ônus excessivo sobre o devedor, e sua estipulação deverá ser sempre cercada da plena informação e transparência com relação aos riscos assumidos [...]."[34]

Nesse sentido, muitos autores têm rechaçado cláusulas genéricas, que imponham a um dos contratantes risco que seria naturalmente da outra parte, sem a devida individualização e especificação do risco assumido. Nas palavras de Ruy Rosado Aguiar Júnior:

> "O fenômeno moderno do poder normativo da empresa (*law making power*) tem sido controlado através de lei, nos países mais avançados. A regulação dos fatos

---

[33] Nesse sentido, ver art. 51, I, da Lei 8.078, de 11 de setembro de 1990 (Código de Proteção e Defesa do Consumidor): "Art. 51. São nulas de pleno direito, entre outras, as cláusulas contratuais relativas ao fornecimento de produtos e serviços que: I – impossibilitem, exonerem ou atenuem a responsabilidade do fornecedor por vícios de qualquer natureza dos produtos e serviços ou impliquem renúncia ou disposição de direitos. Nas relações de consumo entre o fornecedor e o consumidor pessoa jurídica, a indenização poderá ser limitada, em situações justificáveis."

[34] Gustavo Tepedino e Anderson Schreiber, *Código Civil Comentado*, cit., p. 355.

futuros, feita em cláusulas genéricas, a desfavor da parte aderente, não pode ser considerada para excluir a possibilidade de invocação da onerosidade excessiva, quando caracterizado o abuso de posição contratual do estipulante."[35]

Na hipótese que ora se examina, as partes não celebraram contrato de risco, em sentido estrito. Sua relação contratual não se enquadrava como contrato aleatório, no sentido de que seu objeto não abrangia uma álea incomum aos negócios em geral. Tratava-se de relação comercial das mais tradicionais: o fornecimento de veículos para distribuição e revenda em determinadas zonas territoriais. Nesse cenário, a ressalva contida na cláusula 23 do contrato mostra elevado grau de generalidade: não define um risco específico atribuído ao Grupo Alpha. Por meio de uma estrutura de exceção (*other than...*), atribui-lhe a responsabilidade pela obrigação de pagar pelos produtos remetidos pelo fabricante diante de *qualquer* caso fortuito ou de força maior. Não especifica o risco transferido, apontando apenas o elemento sobre o qual o risco se abate: a obrigação de pagamento.

Em outras palavras, a cláusula 23 não define as espécies de eventos extraordinários (crises econômicas, elevação do dólar, guerras, calamidades naturais) cujo risco de ocorrência está sendo transferido do fabricante para o seu distribuidor. É, nesse particular, uma assunção genérica de riscos, que não pode legitimar o afastamento do efeito liberatório de um caso fortuito tão extraordinário quanto a grave crise econômica e política que afetou a República das Honduras e repercutiu sobre os países vizinhos.

Outro ponto merece registro: a ressalva da cláusula 23 impede a alegação de caso fortuito ou de força maior em relação àquela que consiste na única obrigação da distribuidora que interessa exclusivamente à sua contraparte. Todas as demais obrigações assumidas pelo Grupo Alpha no contrato – estabelecer e manter uma rede adequada de vendas, atingir metas de vendas, proteger a marca da fabricante etc. – são obrigações que operam também em benefício da própria distribuidora, já que indispensáveis ao desempenho da sua atividade econômica. Dentre as principais obrigações do acordo, a única que beneficia exclusivamente a fabricante é a obrigação de pagar pelos produtos remetidos – justamente esta a obrigação que a ressalva da cláusula 23 priva do efeito liberatório do caso fortuito ou de força maior.

Assim, a literal aplicação da ressalva contida na cláusula 23 acabaria por esvaziar o conteúdo expresso daquela disposição contratual, que é declaradamente o de admitir o efeito liberatório do caso fortuito ou força maior.[36] Afastado tal efeito no tocante à

---

[35] Ruy Rosado Aguiar Júnior, *Extinção dos Contratos por Incumprimento do Devedor (Resolução)*, Rio de Janeiro: Aide, 1991, p. 157.

[36] Registre-se que o Superior Tribunal de Justiça coíbe, há muito, manobras redacionais que esvaziam de conteúdo expressões contidas no contrato. Confira-se, a título ilustrativo, STJ, Recurso Especial 264.562, 12.6.2001: "'Seguro de assistência médico-hospitalar. Plano de assistência integral (cobertura total)', assim nominado no contrato. As expressões 'assistência integral' e

obrigação de pagar assumida pela distribuidora, a cláusula 23 acaba por não atingir a sua declarada finalidade, beneficiando exclusivamente a fabricante, já que as demais obrigações do Grupo Alpha, sendo indispensáveis ao seu negócio, operam em larga medida no seu próprio benefício. E, por isso mesmo, em relação a essas outras obrigações, a distribuidora já corre, em larga medida, os riscos do fortuito, sendo o seu efeito liberatório mais relevante justamente na obrigação de pagamento.

Disso se extrai que, embora apresentada de forma aparentemente pontual, a ressalva contida na cláusula 23 configura alteração bastante significativa na repartição dos riscos do negócio, na medida em que transfere da fabricante para o Grupo Alpha o ônus do caso fortuito na única obrigação do distribuidor cujo descumprimento afetaria exclusivamente a sua contraparte. Resulta, nesse sentido, em renúncia antecipada a direito resultante da natureza do negócio, prática vedada pelo art. 424 do Código Civil:

> "Art. 424. Nos contratos de adesão, são nulas as cláusulas que estipulem a renúncia antecipada do aderente a direito resultante da natureza do negócio."

Contratos de adesão, também chamados de "contratos *standard*", são aqueles em que o conteúdo das disposições contratuais é predeterminado por uma das partes, não sendo dado à outra parte alterar a essência do que lhe é apresentado.

> "Isto não impede, naturalmente, eventuais negociações entre as partes quanto a alguns aspectos do contrato – no essencial, porém, ele será regido, no todo ou em parte, pelas cláusulas pré-formuladas, sem que o aderente possa alterá-las. Tais cláusulas não são, pois, o resultado das negociações – pelo contrário, elas antecedem eventuais negociações, são elaboradas antes e independentemente de quaisquer hipotéticas negociações."[37]

No caso concreto, o contrato celebrado entre as partes configura, a toda evidência, contrato de adesão, padronizado pelo fabricante para ser empregado na sua rede de distribuição em diferentes zonas territoriais. Já no título, o contrato em questão revela uma elaboração marcada pela posição dominante do produtor, o que se confirma pela absoluta identidade de cláusulas entre o acordo celebrado para El Salvador e aquele atinente a Honduras, Guatemala e Nicarágua.

Nessas circunstâncias, ao transferir risco genérico e excessivo ao distribuidor em um negócio que não é tipicamente aleatório (como são os de seguro, jogo e aposta etc.), a ressalva contida na cláusula 23 do referido contrato choca-se frontalmente com o art.

'cobertura total' são expressões que têm significado unívoco na compreensão comum, e não podem ser referidas num contrato de seguro, esvaziadas do seu conteúdo próprio, sem que isso afronte o princípio da boa-fé nos negócios."

[37] António Pinto Monteiro, *Contratos de Adesão e Cláusulas Contratuais Gerais: Problemas e Soluções*, in *Revista Trimestral de Direito Civil – RTDC*, Rio de Janeiro: Padma, v. 7, 2001, p. 5

424 do Código Civil, por privar o aderente de um direito resultante da natureza (não aleatória) do negócio de distribuição, qual seja, o direito de invocar o efeito liberatório do fortuito.[38] Daí decorre a nulidade da ressalva.

Embora a transferência de riscos seja admissível em tese no direito brasileiro, a ressalva estabelecida na cláusula 23 do *Beta Dealer Agreement* é nula e se reputa não escrita, quer por seu caráter genérico, rechaçado pela melhor doutrina, quer porque viola o art. 424 do Código Civil, ao privar o aderente de direito resultante da natureza do negócio. Ainda que assim não fosse, o efeito da ressalva estaria restrito ao fortuito, não abrangendo o fato do credor (recusa injustificada ao fornecimento) que contribuiu, como destacado na consulta, para o descumprimento das prestações.

IV – Exame da aplicabilidade da Lei Ferrari. Parâmetros para indenização dos danos sofridos pelo distribuidor na hipótese de rescisão sem justa causa.

O derradeiro quesito apresentado pelo consulente diz respeito à aplicabilidade ao caso concreto da Lei 6.729, de 28 de novembro de 1979, conhecida como Lei Ferrari.[39] Trata-se de lei especial que regula, no ordenamento jurídico brasileiro, a distribuição de veículos automotores de via terrestre, assim entendidos "o automóvel, caminhão, ônibus, trator, motocicleta e similares" (art. 2º, III).[40]

A distribuição desses produtos opera, como esclarece a própria Lei Ferrari, sob regime denominado de "concessão comercial". A expressão levou alguns autores a sustentarem o surgimento de contrato autônomo em relação ao contrato de distribuição de que se ocupa atualmente o Código Civil (arts. 710-721). Tal entendimento não resiste, todavia, ao próprio teor da lei especial que, no seu art. 2º, § 1º, deixa claro tratar-se de mera espécie de distribuição:

---

[38] Sobre a expressão "direito resultante da natureza do negócio", empregada pelo art. 424 do Código Civil, afirma a doutrina: "Trata-se, pois, de não perder de vista a necessidade de proceder diferentemente, por exemplo, na presença de contratos gratuitos e onerosos; tratar de forma distinta as relações fiduciárias e aquelas que não fincam raízes profundas na confiança entre as partes; reconhecer e fazer valer a diversidade existente entre contratos comutativos e pactos aleatórios" (Gustavo Tepedino, Heloisa Helena Barboza e Maria Celina Bodin de Moraes (Coord.), *Código Civil Interpretado Conforme a Constituição da República*, v. II, Rio de Janeiro: Renovar, 2006, p. 31).

[39] A alcunha da lei é antiga referência ao advogado Renato Ferrari, então Presidente da ABRAVE – Associação Brasileira de Revendedores Autorizados de Veículo, que havia coordenado a elaboração do projeto original da lei, vetado em 1978 pelo então Presidente Ernesto Geisel e reformulado para dar origem à lei de 1979.

[40] O termo "trator", por sua vez, é definido como "aquele destinado a uso agrícola, capaz também de servir a outros fins, excluídos os tratores de esteira, as motoniveladoras e as máquinas rodoviárias para outras destinações" (art. 2º,§ 1º, alínea *b*).

"Art. 2º [...] § 1º Para os fins desta lei:

a) intitula-se também o produtor de concedente e o distribuidor de concessionário [...]"

Daí a lição da doutrina:

> "As duas formas praticamente se igualam, estando a diferença entre uma e outra no objeto do negócio, tanto que, mantendo-se a lógica do que se disse acima, os preceitos do Código Civil regem ambas as espécies. Revelam-se como contratos relativamente novos, que nasceram da prática comercial de se encarregar alguém para a venda de determinados produtos [...] quando esta prática envolve veículos automotores, denomina-se concessão comercial. Afora dos veículos, a espécie enquadra-se como distribuição."[41]

A distribuição de veículos automotores consiste, portanto, em "espécie" do gênero contrato de distribuição. Ocorre que, por ser a única espécie de distribuição regulada de modo detalhado, sua lei de regência vem sendo aplicada, por analogia, a outras espécies de distribuição. Essa aplicação analógica de dispositivos da Lei 6.729 já era sustentada por Orlando Gomes:

> "A atividade distribuidora economicamente mais importante no país é a que consiste na revenda autorizada de veículos automotores – automóveis, caminhões, ônibus, tratores, motocicletas e similares. A implantação de fábricas produtoras de tais veículos provocou a disseminação no território nacional, de empresas constituídas para a sua comercialização. As relações dessas empresas com os fabricantes não tinham disciplina legal própria, nem encontravam regras aplicáveis num esquema normativo típico de caráter geral. Vem, afinal, o diploma especial reclamado pela rede distribuidora. Conquanto se limite a regular, para o setor, o contrato de distribuição, suas disposições, com exceção de umas poucas, podem ser aplicadas, por analogia, às outras relações entre produtores e distribuidores."[42]

Assim, à distribuição de combustíveis, bebidas, eletrodomésticos e alimentos, entre outras, a doutrina manda aplicar não apenas a disciplina codificada da distribuição – cujos termos são excessivamente genéricos –, mas também, por analogia, certos dispositivos da Lei 6.729.[43] A aplicação analógica é especialmente recorrente no tocante aos arts. 24

---

[41] Arnaldo Rizzardo, *Contratos*, Rio de Janeiro: Forense, 2005, p. 754 e 757.
[42] Orlando Gomes, *Contratos*, Rio de Janeiro: Forense, 2001, p. 374-375.
[43] Arnaldo Rizzardo, *Contratos*, cit., p. 757. Mesmo quem sustenta a tese oposta reconhece que seu resultado deixaria sem regulamentação adequada os demais setores de distribuição. Confira-se Paula Forgioni, *Contrato de Distribuição*, São Paulo: Revista dos Tribunais, 2008, p. 94: "muitas vezes, os distribuidores vêem-se privados da devida tutela de seus interesses porque falta legislação específica que discipline a relação com os fornecedores. Trata-se de conclusão inegável que exsurge

e 25 da lei especial, que estabelecem parâmetros para a reparação do dano sofrido pelo distribuidor em decorrência da rescisão contratual por iniciativa do fabricante ou por fato a ele imputável.[44]

Tais parâmetros indenizatórios foram estabelecidos pela Lei 6.729 em virtude do peculiar impacto que o rompimento da relação de distribuição produz sobre o distribuidor, causando a frustração de investimentos já realizados (estoque de veículos e peças, maquinário etc.), a perda de lucros razoavelmente esperados e danos decorrentes da ruptura de relações contratuais que o distribuidor estabelece com terceiros (clientes, empregados e fornecedores) em função e na expectativa de preservação do seu vínculo com o fabricante. Tais consequências transcendem o âmbito da concessão de veículos automotores, alcançando uma série de espécies de distribuição e justificando a aplicação analógica dos arts. 24 e 25 da Lei 6.729. Como destaca Gustavo Tepedino:

> "Assim, aplicam-se as indenizações previstas na Lei 6.729/1979 aos contratos de distribuição em geral, para tutelar o distribuidor toda vez que, estando em situação análoga à do concessionário de veículos automotores terrestres, venha a ser dispensado sem justa causa."[45]

No caso concreto, os arts. 24 e 25 da Lei Ferrari podem e devem ser aplicados ao contrato celebrado entre as partes. Em primeiro lugar, tal contrato elege expressamente

---

da observação cotidiana dos contratos atípicos de distribuição. O novo Código Civil, muito embora preveja regras que se prestam à proteção das partes em situação de dependência econômica (por exemplo, arts. 473 e 187), não deverá alcançar o mesmo grau de efetividade da Lei Ferrari, ou mesmo da Lei do Representante Comercial".

[44] "Art. 24. Se o concedente der causa à rescisão do contrato de prazo indeterminado, deverá reparar o concessionário: I – readquirindo-lhe o estoque de veículos automotores, implementos e componentes novos, pelo preço de venda ao consumidor, vigente na data da rescisão contratual; II – efetuando-lhe a compra prevista no art. 23, inciso II; III – pagando-lhe perdas e danos, à razão de quatro por cento do faturamento projetado para um período correspondente à soma de uma parte fixa de dezoito meses e uma variável de três meses por quinquênio de vigência da concessão, devendo a projeção tomar por base o valor corrigido monetariamente do faturamento de bens e serviços concernentes a concessão, que o concessionário tiver realizado nos dois anos anteriores à rescisão; IV – satisfazendo-lhe outras reparações que forem eventualmente ajustadas entre o produtor e sua rede de distribuição. Art . 25. Se a infração do concedente motivar a rescisão do contrato de prazo determinado, previsto no art. 21, parágrafo único, o concessionário fará jus às mesmas reparações estabelecidas no artigo anterior, sendo que: I – quanto ao inciso III, será a indenização calculada sobre o faturamento projetado até o término do contrato e, se a concessão não tiver alcançado dois anos de vigência, a projeção tomará por base o faturamento até então realizado; II – quanto ao inciso IV, serão satisfeitas as obrigações vicendas até o termo final do contrato rescindido."

[45] *Comentários ao Novo Código Civil*, v. X, Rio de Janeiro: Forense, 2008, p. 360.

o direito brasileiro como lei de regência (cláusula 28),[46] atraindo, portanto, as suas leis especiais e as suas normas de integração.[47] O objeto da avença consiste, nos termos da sua cláusula 2ª, em atribuir ao Grupo Alpha o dever de promover, à conta do fabricante, a venda e arrendamento de veículos de construção (retroescavadeiras, motoniveladoras etc.) colocados à sua disposição, em determinadas zonas territoriais,[48] por um prazo inicial de três anos, prorrogável automaticamente. O ajuste enquadra-se, à perfeição, na definição de contrato de distribuição adotada pelo art. 710 do Código Civil brasileiro:

> "Art. 710. Pelo contrato de agência, uma pessoa assume, em caráter não eventual e sem vínculos de dependência, a obrigação de promover, à conta de outra, mediante retribuição, a realização de certos negócios, em zona determinada, caracterizando--se a distribuição quando o agente tiver à sua disposição a coisa a ser negociada."

A relação contratual entre as partes consiste, portanto, em espécie de distribuição, sobre a qual incidem os arts. 24 e 25 da Lei 6.729, quer por se tratar de contrato cujo objeto (distribuição de veículos de construção) aproxima-se nitidamente do objeto da Lei Ferrari, quer por estarem presentes na referida relação contratual todos os elementos que serviram de *ratio* à elaboração daqueles dispositivos legais (*analogia legis*). Trata-se, com efeito, de uma relação de longa duração, em que o distribuidor investe de modo significativo na criação de uma rede de distribuição, captando mercado para o fabricante com base em determinadas metas ("quantidades mínimas" e "fatores de penetração", nos termos da cláusula 8ª do *Dealer Agreement*) e se colocando em um estado de acentuada dependência comercial em relação aos produtos do fabricante, que tende a se transformar, nos termos da Exposição de Motivos da Lei Ferrari, em "senhor da relação contratual".[49]

Nesse contexto, a ruptura do contrato de distribuição prejudica intensamente o distribuidor, ao mesmo tempo em que favorece o fabricante, na medida em que "a possibilidade de exploração do mercado pelo revendedor cessa com a extinção do contrato: a clientela, que a ambas beneficiava, passa (ou pode passar) a ser explorada apenas por

---

[46] "28.1. This Agreement shall be governed by, and construed in accordance with, the substantive laws of Brazil."

[47] Aí incluído forçosamente o art. 4º do Decreto-lei 4.657/1942: "Art. 4º Quando a lei for omissa, o juiz decidirá o caso de acordo com a analogia, os costumes e os princípios gerais de direito."

[48] Nomeadamente, Honduras, Guatemala, Nicarágua e El Salvador (cláusula 2.1).

[49] Confira-se, na íntegra, o trecho da Exposição de Motivos da Lei 6.729: "a própria circunstância de uma grande empresa necessitar de uma rede para a comercialização e assistência técnica de seus produtos, ao mesmo tempo em que evidencia o seu extraordinário porte econômico e tecnológico, suscita a desigualdade decorrente do estilhaçamento da relação, na medida em que confronta a grande unidade da empresa concedente com os concessionários, limitados na sua capacidade negocial em razão do seu porte e da sua multiplicidade. O concedente, como grande empresa, tende a tornar-se o senhor da relação contratual e fazer prevalecer sobre cada concessionário isolado a sua vontade, pois detém, graças a sua cadeia de monopólios justapostos, um terrível poder de domínio".

uma das partes. E mais: quando o mercado granjeado está ligado ao produto distribuído, o benefício de sua conquista reverte-se exclusivamente para o fornecedor; igualmente, o incremento do grau de penetração do mercado tende a aumentar a força da marca do fabricante".[50] Há, por assim dizer, uma desproporcionalidade inerente ao ato de ruptura da relação de distribuição, que resulta, de um lado, em vultoso prejuízo para o distribuidor e, de outro, em ganho inevitável para o fabricante.

Todas essas razões de fundo, também presentes no caso concreto, mais que simplesmente autorizar, recomendam a aplicação dos arts. 24 e 25 da Lei Ferrari à hipótese que se examina, no escopo de assegurar a tutela do distribuidor em caso de rescisão por fato do fabricante.

Ressalte-se, a propósito, que a enumeração legal de tais parcelas indenizatórias não tem por objetivo exaurir a indenização devida aos distribuidores. O rol dos arts. 24 e 25 não é considerado *numerus clausus*. As verbas ali indicadas consistem em parâmetros *mínimos* de reparação. São parcelas que o legislador já reconhece como devidas em virtude de danos que a rescisão por fato do fabricante provoca necessariamente sobre o distribuidor, quais sejam: (i) o dano emergente representado pelo estoque de veículos adquiridos do fabricante e ainda não alienado pelo distribuidor (art. 24, I); (ii) o dano emergente decorrente dos "equipamentos, máquinas, ferramental e instalações" adquiridos pelo distribuidor para desempenho da sua atividade, por ordem ou sem oposição do fabricante (art. 24, II c/c 23, II); e (iii) os lucros cessantes decorrentes do faturamento que o distribuidor razoavelmente deixou de auferir em virtude da rescisão, com base na metodologia de cálculo estabelecida na legislação (arts. 24, III, e 25, I). Nada impede, todavia, que outros danos se configurem.

A própria redação dos arts. 24 e 25 da Lei 6.739 atesta seu caráter *numerus apertus*, ao mencionar "outras reparações" que tenham sido ajustadas entre o produtor e os distribuidores (arts. 24, IV, e 25, II). Mesmo à falta de ajuste prévio, cumpre analisar em concreto os danos sofridos pelo distribuidor, que podem transcender as verbas mínimas apontadas, abrangendo outras lesões, como a perda da chance de negócio especialmente rentável, cuja contratação era iminente, ou a frustração de determinada expectativa legítima despertada pelo fabricante que exigira do distribuidor novos investimentos, ou, ainda, o abalo ao nome do distribuidor no seu específico mercado em virtude do caráter abrupto da ruptura.[51]

---

[50] Paula Forgioni, *Contrato de Distribuição*, cit., p. 481-482.

[51] Como registra a doutrina: "Se os prejuízos decorrentes da imotivada rescisão ultrapassarem o montante estabelecido especialmente no item III acima, comportam uma indenização superior, no exato equivalente à cifra a que chegam. Acontece que a expressão 'perdas e danos' é extensa e abrangente, envolvendo prejuízos de toda ordem, os danos emergentes, os lucros cessantes, o déficit no patrimônio, ou, na definição de Alfredo Orgaz, o montante que '*menoscaba el patrimonio como conjunto de valores económicos, y que, portanto, es susceptible de apreciación pecuniária*'" (Arnaldo Rizzardo, *Contratos*, cit., p. 772).

A aplicação da lei especial também não exclui a condenação do fabricante em verbas devidas a outros títulos, como a vedação ao enriquecimento sem causa. É o que ocorre na chamada "indenização de clientela, destinada a evitar um enriquecimento sem causa do fornecedor, porquanto, cessado o vínculo, passou ele a ser o único a continuar explorando o mercado e a clientela conquistada com o esforço da distribuidora".[52] Tal restituição é devida mesmo em caso de rescisão motivada do contrato de distribuição, uma vez que, conforme já destacado, "a criação ou desenvolvimento de uma clientela dá causa a um enriquecimento do fabricante, que, com o fim do contrato, apropria-se ou aproveita-se de certos valores que a outra parte perde".[53]

As parcelas previstas nos arts. 24 e 25 da Lei Ferrari consistem, portanto, em verbas indenizatórias mínimas, não excluindo a reparação de outros danos verificados no caso concreto. O Superior Tribunal de Justiça já se pronunciou, há muito, sobre a matéria:

> "A reparação dos danos não abrangidos pela Lei 6.729/79, que venham a ser cabalmente comprovados como consequentes da resolução do contrato de concessão comercial, por culpa do concedente, tange a responsabilidade civil, não se restringindo às verbas previstas nos artigos 24 e 25 daquele diploma."[54]

Tal entendimento, que já era o melhor, foi reforçado nos últimos anos pela consagração do princípio da reparação integral, voltado a assegurar à vítima a mais plena reparação

---

[52] Tribunal de Justiça de São Paulo, Apelação Cível 9260035-13.2005.8.26.0000, Rel. Des. Andrade Neto, 19.10.2011. Na espécie, a sentença já havia destacado o fato da distribuidora (no caso, de bebidas), durante os anos de vigência do contrato, ter contribuído "para o fortalecimento da imagem da ré em sua área de distribuição, conquistando clientes e consumidores para os seus produtos [...] a autora, a bem dizer percorreu o caminho das pedras e agora a ré sucederá todos os clientes conquistados por aquela, sem ter dispendido um mínimo de esforço para tanto. Desse modo, nada mais justo que o pagamento de uma indenização, até mesmo por esse fundo de comércio incorpóreo, o qual, doravante será da autora e de seus eventuais novos parceiros naquela região".

[53] Paula Forgioni, *Contrato de Distribuição*, cit., p. 480-481, destacando, ainda, a autora que, na hipótese de rescisão motivada do contrato, "não se há de confundir (i) a ausência de direito à indenização em virtude da denúncia motivada por parte do fornecedor (ii) o direito à compensação decorrente do acréscimo patrimonial experimentado pelo fornecedor com o término do contrato" (ob. cit., p. 479).

[54] STJ, Recurso Especial 10.391, Rel. Min. Sálvio de Figueiredo Teixeira, 3.8.1993. Mais recentemente, tal posicionamento foi confirmado em acórdão da lavra do Min. Luis Felipe Salomão (STJ, Recurso Especial 1.261.115/PR, 20.9.2011), no qual restou consignado que os parâmetros indenizatórios fixados na Lei 6.729 não excluem a possibilidade de "uma indenização mais ampla", de acordo com as circunstâncias do caso concreto. Na espécie, a autora da demanda sequer havia chegado "a funcionar nos moldes de uma concessionária em atividade normal" pelo que a aplicação do critério do percentual de faturamento previsto nos arts. 24 e 25 da Lei 6.729 resultaria em indenização inferior ao dano efetivamente sofrido pela distribuidora.

dos danos sofridos.[55] Os arts. 24 e 25 da Lei 6.729 não restringem, de nenhum modo, a reparação destes danos, estabelecendo tão somente parâmetros reparatórios mínimos. Assim, a amplitude dos danos (e, portanto, da reparação) há de ser examinada em concreto, à luz do princípio da reparação integral, consagrado no art. 944 do Código Civil.[56]

V – Conclusão

A título de conclusão, passa-se à resposta resumida de cada um dos quesitos formulados:

1. A crise econômica mundial de 2008, iniciada nos Estados Unidos (conhecida como subprime mortgage crisis*), e a crise política em Honduras, ocorrida em 2009, que levou à deposição do presidente José Manoel Zelaya Rosales, e à paralisação do país, por diversos meses, constituem eventos de força maior ou caso fortuito, na forma do art. 393 do Código Civil?*

Resposta: Sim. A combinação das duas graves crises de conotação econômica e política qualifica-se como "fato necessário, cujos efeitos não era possível evitar ou impedir", nos termos do art. 393, parágrafo único, do Código Civil. Trata-se de evento que escapa ao domínio do devedor e cujas consequências não lhe era dado evitar.

2. Essas circunstâncias elidem, por consequência, a mora e a aplicação de quaisquer penalidades pecuniárias às Requerentes, inclusive a cobrança de juros de mora?

Resposta: A ocorrência do caso fortuito pode produzir efeitos variados conforme a intensidade do seu impacto sobre a prestação devida, análise que depende, em larga medida, dos dados econômicos concretos. Os laudos apresentados juntamente com a consulta indicam que as crises de 2008 e 2009 atingiram de modo significativo os negócios do Grupo Alpha, interrompendo investimentos e diminuindo a demanda por máquinas de construção em Honduras e nos países vizinhos. Também não deixa de ser emblemático o fato de que, anteriormente às referidas crises, jamais tenha havido inadimplemento do Grupo Alpha. Tudo indica que o caso fortuito tenha provocado a impossibilidade temporária do pagamento pontual das prestações devidas. Nessa hipótese, não incorre o devedor em mora, conforme expressa determinação do art. 396 do Código Civil, restando afastadas, por consequência, quaisquer penalidades pecuniárias, incluindo juros de mora.

---

[55] Sobre o processo de ampliação da tutela ressarcitória, ver Anderson Schreiber, *Novos Paradigmas da Responsabilidade Civil*, São Paulo: Atlas, 2012, 4. ed., p. 83-91.
[56] "Art. 944. A indenização mede-se pela extensão do dano."

3. *A ressalva contida na cláusula 23 do contrato, que exclui o efeito exonerativo do caso fortuito, é válida à luz do Direito brasileiro?*

Resposta: Não. Embora a transferência de riscos seja admissível em tese no direito brasileiro, a ressalva estabelecida na cláusula 23 do *Dealer Agreement* é nula e se reputa não escrita, quer por seu caráter genérico, rechaçado pela melhor doutrina, quer porque viola o art. 424 do Código Civil, ao privar o aderente de direito resultante da natureza (comutativa, não aleatória) do negócio. Ainda que assim não fosse, o efeito da ressalva estaria restrito ao fortuito, não abrangendo eventual fato do credor (e. g., recusa injustificada de fornecimento) que contribui para o descumprimento da prestação.

4. *Diante dessas circunstâncias, é legítimo o exercício do direito de resolução calcado na mora do devedor?*

Resposta: Não. É ilegítimo o exercício do direito de resolução contratual calcado no inadimplemento do devedor, como ocorreu no caso concreto, se a não realização prestação decorre de caso fortuito – que impede a configuração da mora – e é agravada por atitude do próprio credor, que recusa, mesmo com oferta de pagamento a vista, o fornecimento de produtos ao seu distribuidor, impedindo o desenvolvimento da sua atividade econômica. Tal recusa de fornecimento afigura--se abusiva, por carecer de qualquer utilidade para o fabricante, e afronta o dever de cooperação imposto pela boa-fé objetiva, ao estabelecer nova dificuldade ao distribuidor que já se encontrava em momento de peculiar necessidade. Viola, ainda, o chamado *duty to mitigate loss*, imposto ao credor na esteira de normas internacionais e acolhido, em momento mais recente, pela jurisprudência brasileira.

5. *Aplica-se ao caso a Lei 6.729/1979 (Lei Ferrari)?*

Resposta: Sim. A relação contratual entre as partes consiste em espécie de distribuição, à qual se aplicam os arts. 24 e 25 da Lei 6.729, quer por se tratar de contrato cujo objeto (distribuição de veículos de construção) aproxima-se nitidamente do objeto da Lei Ferrari, quer por estarem presentes na referida relação contratual todos os elementos que serviram de *ratio* à elaboração daqueles dispositivos legais (*analogia legis*): relação de longa duração; exigência de investimentos significativos do distribuidor; captação de mercado sob a bandeira do fabricante; estado de acentuada dependência comercial do distribuidor em relação ao produtor; especial impacto da rescisão; entre outros. A aplicação dos parâmetros indenizatórios previstos naqueles dispositivos da Lei Ferrari não exclui, como tem reconhecido o Superior Tribunal de Justiça, a necessidade de reparação de outros danos que tenham sido concretamente sofridos, como o abalo ao nome do distribuidor no seu específico mercado, ou a chamada "indenização de clientela", que tem por objetivo evitar o enriquecimento sem causa do fabricante a partir da resolução (imotivada ou não) do contrato de distribuição. Tal entendimento, que já era o melhor, vem reforçado pela consagração do princípio da reparação integral no art. 944 do Código Civil, segundo o qual a indenização se mede pela extensão do dano.

É o parecer, que exprime, em meu entendimento, a melhor orientação sobre a matéria no direito brasileiro.

Rio de Janeiro, 27 de março de 2012.

Prof. Anderson Schreiber

Parte III

Outros Escritos

31

O Caso Cicarelli
e a Privacidade Perdida[*]

O caso Cicarelli dispensa apresentações. O vídeo que exibe a intimidade da modelo na praia de Cádiz tornou-se um dos campeões de acesso na internet e deu margem à ação judicial promovida por Daniella Cicarelli e seu namorado contra o *site YouTube* e importantes veículos de comunicação. A fama internacional do filme intensificou-se em janeiro de 2007, quando o Poder Judiciário chegou a ordenar o bloqueio do acesso ao *site* em sua totalidade, deflagrando protestos de milhares de internautas e a imediata crítica da mídia *online*, como noticiou a *BBC Brasil* na matéria *Sites estrangeiros ridicularizam bloqueio do YouTube no Brasil* (9.1.2007). O livre acesso ao *YouTube* foi restaurado, e o vídeo acabou sendo difundido em outros *sites* como símbolo da liberdade de expressão na rede.

Agora, no mais recente capítulo da trama, a 23ª Vara Cível de São Paulo emitiu, como noticiado pelo jornal *O Globo*, sentença em que julga improcedente o pedido de indenização feito pelo casal, ao argumento de que os retratados agiram "despreocupadamente", praticando "conduta que elegeram como pública", de tal modo que pretender impedir a veiculação das imagens representaria "violação à boa-fé objetiva". À parte os fundamentos técnicos da decisão, ainda sujeita a recurso junto ao Tribunal de Justiça de São Paulo, desperta preocupação o significado que lhe atribuiu o representante do *YouTube*, para quem o importante precedente "mostra que pessoas públicas, fazendo coisas em locais públicos, perdem direito à privacidade". Tem-se, nessa declaração, o recorrente binômio que vem servindo a autorizar, no Brasil, violações flagrantes ao direito de privacidade: local público e pessoa pública.

No que tange, em primeiro lugar, à publicidade do local, faz-se necessário enxergá-la com as lentes certas. Público, para fins do debate em questão, não é simplesmente

---

[*] Publicado originalmente no *O Globo Online*, em 4.7.2007 (http://oglobo.globo.com).

o local de livre acesso, mas aquele onde a captação de imagens não configura artifício anormal, inesperado ou malicioso. Quem participa de uma caminhada pela paz no Rio de Janeiro certamente se coloca em local público, sujeitando-se à captação da sua imagem. Afigura-se, por outro lado, surpreendente que se considere pública a praia remota, ao crepúsculo, onde alguns poucos casais permanecem, e onde aquilo que, em condições normais, não passaria de uma pequena indiscrição pode ser captado à longa distância por um personagem inteiramente improvável naquele ambiente, com o uso de moderna tecnologia, a permitir não apenas a ampliação das imagens, mas também a sua "correção", de tal maneira que, suprindo-se a precária iluminação natural, um afago oceânico à meia-luz acabe se convertendo em uma cena de alta definição e impactante clareza.

Por meio de astúcia semelhante, o cantor Chico Buarque, talvez acreditando nos versos de canção própria – "sei que há léguas a nos separar, tanto mar, tanto mar" –, acabou flagrado por cliques longínquos enquanto namorava nas águas do Leblon; e mais uma vez ergueu-se o coro dos que alegaram público o local e autorizada, por isso mesmo, a divulgação das imagens, sem maiores considerações, todas deixadas para momento posterior ao estardalhaço criado pela veiculação das fotos.

Igualmente questionável mostra-se o segundo argumento invocado no caso Cicarelli e em diversas hipóteses semelhantes, qual seja, a prévia qualificação de certa celebridade como "pessoa pública", a sugerir que nenhum aspecto de sua vida privada permanece a salvo de olhares indiscretos. Contra isso se defendeu de modo heroico o cantor Roberto Carlos, que, abandonando a habitual reserva, veio recentemente a público explicar sua decisão de requerer ao Poder Judiciário a proibição da circulação da sua biografia não autorizada, contendo a descrição minuciosa de adversidades enfrentadas ao longo de sua trajetória. Não se trata, por óbvio, de ratificar uma cultura da autorização prévia, que, certamente, colocaria em risco o próprio gênero biográfico, mas de permitir que, no caso concreto, o biografado, demonstrando a excessiva invasão da sua vida privada, se oponha à publicação de aspectos da sua intimidade.

Na ocasião, o escritor Paulo Coelho, discordando da postura do Rei, chegou a declarar em entrevista ao *Globo Online* (3.5.2007): "Estou pronto para defender minha honra, mas não vou perder um minuto do meu dia telefonando para um advogado e tentando saber o que posso fazer para defender a minha vida privada, já que ela já não me pertence." Muito ao contrário, a Constituição da República assegura, em seu art. 5º, inciso X, direito de todos à privacidade e à intimidade. Tanto quanto Roberto Carlos ou Daniela Cicarelli, Paulo Coelho possui, sim, direito à proteção da sua vida privada. Não se pode excepcionar da tutela constitucional as pessoas célebres e não se deve, sobretudo, presumir o interesse (patrimonial ou existencial) de tais indivíduos à veiculação na mídia e à exposição de suas imagens. Entender diferentemente significa consagrar precedentes judiciais controvertidos como o do famoso litígio envolvendo a atriz Maitê Proença, que, após ter fotografias publicadas com sua autorização em determinada revista, e vê--las novamente publicadas, dessa vez sem seu consentimento, em jornal diário de circulação popular, teve negado pelo Tribunal de Justiça do Rio de Janeiro o seu pedido de indenização por danos morais ao argumento de que "só mulher feia pode se sentir humilhada, constrangida, vexada em ver o seu corpo desnudo estampado em jornais ou em revistas. As bonitas, não".

A mais bonita e a mais midiática das celebridades possui, como qualquer outra pessoa, direito à privacidade, à intimidade e à imagem. A postura mais razoável não consiste, portanto, em considerar "pública" certa pessoa, autorizando-se a divulgação de tudo que lhe diga respeito, mas, ao contrário, verificar a publicidade de atos, acontecimentos ou declarações específicos, que sejam efetivamente dirigidos ao público ou de seu legítimo interesse. E o adjetivo "legítimo" não pode ser aí menosprezado. Em uma realidade marcada pela profusão de dados em quantidade estrondosa e em tempo real, sem a necessária reflexão sobre os acontecimentos e com forte tendência ao culto das personalidades, é preciso que a imprensa reafirme, o quanto antes, o seu papel de ser algo mais que um mero reprodutor de fatos cotidianos ou de bisbilhotices pessoais, assumindo, às claras, sua inevitável tarefa de selecionar as notícias. Cumpre-lhe formar o espírito crítico da opinião pública, privilegiando matérias de efetivo interesse informativo e resistindo à tentação de divulgar imagens atraentes que, longe de valer por mil palavras, nada dizem de útil à sociedade.

O fato de que, nesse campo, o controle judicial, em virtude da celeridade da atividade jornalística, ocorre sempre *a posteriori*, e se mostra muitas vezes ineficaz, diante da impossibilidade de controle da internet, não diminui, mas incrementa a responsabilidade da imprensa, cujas medidas internas podem se mostrar bem mais produtivas, como revelou o exemplo da proibição da empresa *News International*, dona de importantes tabloides britânicos, à divulgação de fotos de Kate Middleton, tiradas por *paparazzi*. Kate, então namorada do príncipe William, era constantemente perseguida por fotógrafos e a própria imprensa britânica chegou a indicar a forte pressão da mídia como uma das razões para o recente encerramento do romance.[1]

Bem mais que a preservação das paixões reais, o que está em jogo, em casos como o da modelo Daniella Cicarelli, é a mais genuína função da mídia, que não se deve converter em antônimo da privacidade, mas que, ao contrário, constitui-se no primeiro *front* de defesa das garantias constitucionais e construção dos valores sociais do futuro. Para isso, não bastará um retrato às escondidas. Exige-se uma imagem clara, obtida de forma leal e transparente.

---

[1] N. do E.: Em data posterior à publicação original do texto, o casal retomou o romance e Kate Middleton se casou com o príncipe britânico na Abadia de Westminster em 29 de abril de 2011.

Direito ou Alfafa? Primeiras Notas sobre o Ensino Jurídico[*]

Conta-se que, na Universidade de Pont-à-Mousson, no século XVIII, um bacharel em direito achou tão fácil obter seu título que pediu um também para o seu cavalo. Um professor, porém, respondeu-lhe que aquela instituição concedia "diplomas de bacharel em direito a burros, mas a cavalos não".[1] No Brasil, a atual "vulgarização do diploma" atingiu em cheio os cursos jurídicos. O baixo custo de aparelhamento – muito inferior, por exemplo, ao exigido para a criação de uma escola de medicina ou odontologia – tem permitido, nos últimos anos, um espantoso aumento do número de faculdades de direito, que já chega a 959 no país e a 213 apenas em São Paulo.[2] Tal crescimento vem sendo, por muitos, contraposto aos resultados cada vez piores obtidos pelos recém-formados no exame da OAB, que aprovou, em maio deste ano, somente 9,79% dos candidatos, alcançando o terceiro pior resultado nos 35 anos de sua realização.[3] Os números impressionam, mas a comparação, a bem da verdade, tem utilidade questionável: confronta o ruim com o pior ainda, já que é notória a falta de qualidade e eficiência dessas avaliações, compostas, em grande parte, por questões que testam apenas a capacidade de memorização ou

---

[*] Publicado originalmente na sessão *Professor Convidado* do *Pilotis Jurídico*, periódico organizado pelos alunos do Departamento de Direito da PUC-Rio, edição de setembro de 2006, ano XI.

[1] R. C. van Caenegem, *Uma Introdução Histórica ao Direito Privado*, São Paulo: Martins Fontes, 2000, p. 179, nota 24.

[2] "Nos Estados Unidos inteiros, registramos menos de 200 faculdades de direito em funcionamento" (dados divulgados pela OAB/SP em 6.6.2006).

[3] O pior resultado da história consistiu na aprovação de 7,16% dos bacharéis no Exame de Ordem n. 126, de maio de 2005, seguido, nesta lamentável disputa, pelo Exame de Ordem n. 124, de setembro de 2004, que contou com um índice de aprovação de 8,57%.

o grau de (des)interesse do candidato.[4] O argumento tem, contudo, uma função menos evidente e mais cruel: a de sugerir que as deficiências no ensino do direito limitam-se às faculdades privadas mais recentes, quando se estendem também pelas instituições mais renomadas e mais tradicionais do país, cuja responsabilidade pelo modelo pedagógico generalizadamente adotado deveria ser considerada ainda maior.

Embora, nos últimos duzentos anos, o direito tenha sofrido profundas transformações, o *ensino* do direito permaneceu quase imutável na sua estrutura, no seu conteúdo e, sobretudo, no seu método. A superação da abordagem estritamente positivista é festejada pelos professores em sala de aula, ao mesmo tempo em que os programas de suas disciplinas continuam a refletir a exata estrutura dos códigos legislativos. A célebre frase de Jean Bugnet – "eu não conheço o direito civil; eu apenas ensino o Código de Napoleão" – vem silenciosamente reeditada na listagem dos pontos que compõem o conteúdo programático das diferentes matérias jurídicas.[5] Com isso, as razões políticas e todo o processo de discussão democrática por trás da norma, quando não os seus efeitos sociais, tendem a ser mencionados de forma *marginal*, como item *à margem* do programa. A formação política e mesmo cívica do aluno fica, muitas vezes, reservada a disciplinas eletivas, grupos de pesquisa, ou atividades extraordinárias promovidas pelos centros acadêmicos, alguns ainda vistos, em seu excessivo isolamento, como guetos de militantismo chato. De outro lado, o próprio corpo docente tende, em face de programas excessivamente amplos, a priorizar o aspecto estritamente técnico-normativo das várias disciplinas.

Essa abordagem quase industrial do ensino reflete-se também na grade curricular dos cursos de direito. A exemplo das linhas de montagem, o fluxograma das matérias continua dividido em ramos estanques (direito civil, direito constitucional etc.) de forma tão incomunicável que os professores de diferentes áreas muitas vezes sequer se conhecem e quase nunca promovem aulas conjuntas ou debates. E as reformas curriculares marcham exatamente no sentido de intensificar essa fragmentação, com a multiplicação de microdisciplinas que buscam, pelo desgastado caminho da autonomia, o prestígio universitário. À parte a evidência de que os problemas da vida real não se apresentam de forma compartimentada, mostra-se especialmente grave que a segregação em novas disciplinas, com professores distintos, venha ocorrendo sem qualquer preocupação com a apresentação de um sistema que seja compreensível, no seu todo, para o estudante. De fato, as conexões entre o direito constitucional e o direito civil, entre o direito civil e o direito do consumidor, entre o direito comercial e o direito tributário, entre outras,

---

[4] "O que é arribada forçada?" – perguntou-se no exame n. 109 da OAB, em um exemplo de indagações que absolutamente nada comprovam acerca da aptidão do candidato para o exercício da advocacia.

[5] "Cristalização, enfim. Pois aquele que se educa pelo Código dele não capta apenas a impessoalidade, mas também a sua fria resistência ao que flui e a ser maleado" (Bruno Lewicki, *O ensino monolítico do direito civil: notas para sua humanização*, in Carmem Lucia Silveira Ramos et al., *Diálogos sobre Direito Civil*, Rio de Janeiro: Renovar, 2002, p. 443).

são geralmente mal explicadas ao aluno, constituindo verdadeiras sinapses no pensamento acadêmico. O resultado disso é que o estudante perde tempo precioso tentando compreender – sozinho – divisões, distinções e dicotomias que, contraditoriamente, declaramos ter "finalidade puramente didática".

O isolamento nas faculdades de direito não se restringe, porém, à falta de contato entre as cadeiras cada vez mais especializadas do curso, mas condena igualmente os poucos projetos de diálogo interdisciplinar com outros saberes e ciências. Sociólogos, historiadores, antropólogos, economistas e psicólogos, que tanto podem acrescentar à compreensão do fenômeno jurídico, são quase sempre mantidos à intransponível distância das salas de aula ao lado; ou, o que é pior, são recebidos com uma curiosidade pueril, sem o estabelecimento de qualquer consenso prévio em torno de categorias, conceitos e questões.[6] Essa profunda síndrome de autorreferência de que padece o ensino do direito compromete também a troca de ideias entre os próprios juristas. A experiência jurídica estrangeira, por exemplo, não costuma ser analisada a sério. Ao contrário das demais ciências, que se universalizaram, a ciência do direito continua presa aos limites estreitos de cada ordenamento jurídico nacional, em olímpico desprezo ao que acontece além das nossas fronteiras.[7] A base comum do fenômeno jurídico universal é investigada, nas faculdades brasileiras, ainda sob o monopólio do Direito Romano,[8] quando poderia ser alcançada, com muito mais proveito (e obviamente mais atualidade), por meio do estudo do Direito Comparado, permitindo-se a circulação crítica, entre nós, de soluções inovadoras aplicadas com sucesso em outros países.

---

[6] Trata-se, como explica Gustavo Tepedino, de uma pseudointerdisciplinariedade, "responsável por um verdadeiro diálogo de ignorantes, substituindo-se o que deveria ser uma compreensão pluralista e multifacetada do fenômeno jurídico, necessariamente interdisciplinar, em busca de uma nova – embora sempre viva – dogmática, substituindo-se tudo isso, por uma justaposição de categorias nada homogêneas, impermeáveis, isolantes, paralisantes" (*Temas de Direito Civil*, t. II, Rio de Janeiro: Renovar, p. 452).

[7] Diz-se que o direito continua preso ao paradigma ptolomaico, acreditando-se que a ciência jurídica gravita em torno de um ordenamento jurídico nacional, e não que os ordenamentos jurídicos nacionais giram em torno da ciência jurídica (cf. Leontin-Jean Constantinesco, *Introduzione al Diritto Comparato*, Torino: G. Giappichelli, 1996, p. 7).

[8] Sobre o excessivo apego ao paradigma romano, há, entre nós, críticas antigas e bem-humoradas, como a de Mendes Fradique: "Conhecedores da existência do Brasil, os europeus souberam, com um pouco de reclame e meia dúzia de ameaças, exaltar no ânimo ingênuo dos brasileiros pacatos o estigma de raça, chamando-nos latinos, como se nós – filhos de portugueses e indígenas, netos de visigodos, sobrinhos de fenícios, bisnetos de iberos e primos de árabes, neo-étnicos indefinidos, caldeados com o sangue tricolor da Europa, América e África – pudéssemos ainda conservar em nossas veias tropicais o sangue de Numa Pompílio, de Caio Júlio, de César, de Paulo Emílio e outras entidades mitológicas do tempo do Onça, que, por falta de educação ou por vício, andavam a avançar em territórios alheios, distribuindo pancada de criar bicho aos camponeses pacíficos da Aquitânia e outras regiões lendárias" (*História do Brasil pelo Método Confuso*, Isabel Lustosa (Org.), São Paulo: Companhia das Letras, 2004, p. 200).

Na ausência de uma real cultura comparatista, os dados colhidos no exterior vêm tomados ora de forma puramente superficial, sem atenção ao concreto funcionamento dos institutos jurídicos, ora de forma subserviente, chegando-se ao emblemático fetiche por decisões alemãs que assola um setor da doutrina constitucionalista brasileira. Esse ensino do direito *nacionalizado*, no pior sentido da expressão, ao privar-nos da análise rigorosa do que é diverso, impede mesmo a identificação do que nos é próprio, atravancando a formação de uma efetiva latino-americanidade,[9] que recorra à experiência estrangeira não como um mergulho autista em mares alheios, mas como uma investigação criativa, voltada à superação de nossos problemas concretos.

Talvez resida aí o maior pecado das atuais faculdades de direito: a sua desatenção aos reais problemas da sociedade brasileira. A passividade de professores e alunos os tem convertido em cúmplices silenciosos na transmissão de um saber desumano,[10] puramente tecnológico, que se apoia na exigência de cumprimento de programas inesgotáveis para se esquivar da definição de valores e da discussão das controvérsias verdadeiramente atuais. O aborto, a eutanásia, o tráfico de drogas, a biotecnologia mal aparecem nas salas de aula. O estudo dos direitos reais normalmente não se aprofunda em questões como a reforma agrária ou a precária moradia em favelas. Os professores de direito penal desprezam, em sua maioria, a face dramática da questão penitenciária. O ensino do direito de família centra-se ainda sobre o matrimônio, e dá ar de inovação à união estável, sem aludir à união entre homossexuais, às famílias monoparentais e a todas as formas de relacionamento que, na esteira de uma maior liberdade sexual, denotam uma "nova sociabilidade".[11]

A universidade como um todo tem o dever de debater francamente esses novos fenômenos, mas ainda maior é a responsabilidade das faculdades de direito. Em um país de índices educacionais desprezíveis, que assiste à manipulação partidária da religiosidade e aos elogios de um avanço econômico ainda invisível para a imensa maioria da população, compete aos juristas a construção de uma ética laica, fundada na solidariedade social e

---

[9] Que não exclua, mas que, ao contrário, se centre sobre a multiplicidade cultural própria da América Latina (v. Gilberto Freire, *Americanidade e Latinidade da América Latina: Crescente Interpenetração e Decrescente Segregação*, Brasília: UnB, 2003, p. 17-34).

[10] Como explica Fernando Savater, "a virtude humanista e formadora das disciplinas ensinadas não reside em seu conteúdo intrínseco, fora do tempo e do espaço, mas na maneira concreta de transmiti-las aqui e agora" (*O Valor de Educar*, São Paulo: Martins Fontes, 1998, p. 138).

[11] A antipatia jurídica a estas novas formas de relacionamento, associada ao aparecimento da AIDS, que "restaurou, sob pena de morte, uma certa monogamia e um certo unissexualismo", conduziram à frustração do movimento de liberação sexual esboçado nos anos 60. Hoje, "o que poderia definir novos modos de relacionamento amoroso acaba se reduzindo a uma reciclagem do velho *pular a cerca*; o que poderia ser uma nova maneira de viver a sexualidade se reduz a um desafogo do corpo; o tesão proibido, longe nos permitir reelaborar a transgressão, se limita a uma descarga física. O que poderia ser a sexualidade de um Wilhelm Reich se contenta com as técnicas da Playboy" (Renato Janine Ribeiro, *A Universidade e a Vida Atual*, Rio de Janeiro: Campus, 2003, p. 31).

firmemente comprometida com o acesso irrestrito aos bens fundamentais.[12] É preciso trazer as pessoas para dentro das faculdades de direito; ouvi-las sobre os seus dramas, instruí-las com as soluções que o direito lhes *pode* oferecer e aprender com elas sobre as soluções que o direito lhes *deve* oferecer.[13] Essa dialética imprescindível exige um idioma simples, que reflita os ideais de inclusão e de tolerância com os entendimentos naturalmente antagônicos de uma sociedade plural. É preciso adotar um modo de expressão que, muito ao contrário da linguagem hermética e especializada que se vem cultivando no direito,[14] torne confortável o acesso dos estudantes recém-chegados, medida preciosa da sociedade que integram.[15] Ao ensino do direito cumpre refletir constantemente este novo *imperativo categórico*: o de abrir as discussões à sociedade, o de "se articular com a miséria",[16] o de reconstruir o país. Mais que aplicar o direito, o estudante deve ser preparado para avaliar criticamente sua aplicação; para promover a alteração das leis, da sua interpretação e das práticas jurisprudenciais. Em síntese: é preciso ensinar a inovar, e o primeiro passo para isso é, impreterivelmente, inovar no ensino.[17]

Tal inovação não pode ser confundida com o uso de novos recursos informáticos ou com a revolução dos métodos audiovisuais. A substituição do giz pelo *PowerPoint* não

---

[12] A importância do diálogo aberto para a construção desta ética é evidenciada em Umberto Eco e Carlo Maria Martini, *Em que creem os que não creem?*, Rio de Janeiro: Record, 2001.

[13] Especialmente nas universidades públicas, estes dramas não raro são os mesmos experimentados pelos alunos em sala de aula: "Na UFRJ, as dificuldades chegaram a situações absurdas. Temos prédios com perigo de incêndio. Ao lado disso, tivemos há pouco um estudante de direito desmaiado numa sala. De fome" (Carlos Lessa, entrevista à *Folha de S. Paulo*, 15.7.2002).

[14] Tal linguagem é marcada "por um conjunto de características sintáticas tais como predomínio das construções passivas e das frases impessoais, próprias para marcar a impessoalidade do enunciado normativo e para constituir o enunciador em sujeito universal, ao mesmo tempo imparcial e objetivo [...] o recurso sistemático ao indicativo para enunciar normas, o emprego próprio da retórica da atestação oficial e do auto, de verbos atestivos na terceira pessoa do singular do presente ou do passado composto que exprimem o aspecto realizado ('aceita', 'confessa', 'compromete-se', 'declarou' etc.); o uso de indefinidos ('todo o condenado') e do presente intemporal – ou do futuro jurídico – próprios para exprimirem a generalidade e omnitemporalidade da regra do direito: a referência a valores transubjetivos que pressupõem a existência de um consenso ético (por exemplo, 'como bom pai de família'); o recurso a fórmulas lapidares e a formas fixas, deixando pouco lugar às variações individuais" (Pierre Bourdieu, *O Poder Simbólico*, Rio de Janeiro: Bertrand Brasil, 2005, p. 215-216).

[15] Emblemático o depoimento de Luis Roberto Barroso: "Vieram as primeiras aulas. Que linguagem era aquela! Jamais superei o pasmo inicial que senti ao deparar com o discurso jurídico em estado bruto. Jurei que nunca falaria ou escreveria daquele jeito. Só pude cumprir parcialmente" (*A Nova Interpretação Constitucional*, Rio de Janeiro: Renovar, 2003, p. XIII).

[16] Leonardo Boff, entrevista a *Umbigos Uni-vos* (publicação do DCE da PUC-Rio), n. 6, ano II, outubro de 2002, p. 9.

[17] E há inúmeras experiências bem-sucedidas neste sentido, como o CineDireito, programa da PUC-Rio que propõe o intercâmbio entre cinema e direito, com debates a partir de exposições cinematográficas dirigidas aos alunos.

mascara a falta de criatividade e o abstracionismo que assolam a maior parte das faculdades jurídicas no país. As reformas curriculares, para merecerem este nome, devem promover bem mais que uma redistribuição de cargas horárias, estimulando uma efetiva revisão dos métodos e das finalidades do ensino do direito.[18] E de nada vale todo esse esforço se os professores permanecerem fiéis ao monólogo tradicional que apresenta o conhecimento como algo fechado, disfarçando sob fórmulas e jargões as angústias e dificuldades que permeiam a ciência jurídica;[19] ou ainda se os estudantes, aflitos com as incertezas do mercado, se contentarem com uma falsa sensação de segurança, reprimindo suas próprias dúvidas ao sinistro argumento de que concursos públicos e entrevistas de emprego se vencem com respostas, não com perguntas. A responsabilidade, nisto como em qualquer coisa, é de todos.

"Aqui, só se entra com vestibular" – foi a frase que um general do Exército teve de engolir de um magnífico reitor, ao tentar invadir o *campus* de uma universidade brasileira durante a ditadura militar. Menos ostensiva, mas não menos violenta, é a ameaça do conservadorismo no ensino, que pode se revelar mesmo mais perigosa, porque vem de dentro das universidades. A isso precisamos resistir de forma intransigente, promovendo a substituição do discurso pelo diálogo, e perseguindo constantemente o melhor modo de ensinar o direito; não apenas sua técnica, mas, sobretudo, seus princípios e valores, especialmente quando à técnica se opuserem. "Desaprender oito horas por dia ensina os princípios" – o verso é de um advogado, o também poeta Manoel de Barros. E se tem aí, para concluir, um bom exemplo do que diferencia as faculdades de direito das escolas de hipismo.

---

[18] Para exemplos preciosos, cf. Philippe Perrenoud, *Dez Novas Competências para Ensinar*, Porto Alegre: Artes Médicas Sul, 2000.

[19] O ensino humanista não despreza, e sim valoriza um permanente grau de incerteza: "*It is good, it is convenient that professors do not master. They acquire a new fragility and passivity, yet unknown to them. It is now necessary to learn from them, more than ever*" (Pablo S. Ghetti, *From the Posthumous Memoirs of Humanity: 'Democracy to come'*, in Law, Culture and Humanities, 2005, I, p. 214).

33

Dez Anos do Código Civil*

O aniversário de dez anos da publicação do Código Civil de 2002 não tem suscitado aplausos. Os resultados alcançados pela codificação ainda são tímidos em termos de real transformação do direito privado – que deveria ser a principal (senão a única) razão para a edição de um novo Código Civil. Nesta sua primeira década de vigência, a codificação de 2002 comprovou a vocação conservadora que a melhor doutrina civilista já havia denunciado ao tempo da sua publicação e que se pode perceber, de modo emblemático, no amplíssimo número de normas que consiste em literal repetição do Código Civil de 1916.

Nem se poderia esperar nada muito diverso de um texto elaborado em 1970 – muitos anos antes, portanto, da Constituição de 1988, que operou uma radical transformação dos valores fundantes da ordem jurídica brasileira, e do Código de Defesa do Consumidor (1990), responsável por uma reorganização significativa do direito privado brasileiro – e redigido sob a expressa diretriz – imposta à comissão redatora pelo governo ditatorial – de acolher tão somente os institutos já consolidados na jurisprudência da época. O resultado foi um projeto de lei que já não nasceu novo e que acabou envelhecendo gradativamente nas gavetas do Congresso Nacional, até que uma súbita retomada, pouco discutida com os especialistas e menos ainda com a sociedade civil, o catapultaria à condição de norma nuclear do direito privado brasileiro. Tudo isso explica o ceticismo com que o Código Civil foi recebido, há uma década. Poucos juristas o acolheram com entusiasmo. A doutrina mais avançada sustentou abertamente a sua inconstitucionalidade, tentando evitar

---

* Publicado originalmente como introdução ao artigo *Dez Anos do Código Civil*, em que os pesquisadores do grupo de pesquisa *Revisão Crítica do Código Civil* (UERJ) examinam os dispositivos mais polêmicos da codificação, elaborando propostas para sua melhor aplicação ou, eventualmente, para sua reforma legislativa (*Revista Trimestral de Direito Civil*, v. 51, 2012, p. 265-298).

o estrago ainda em sua fase embrionária.[1] Sua promulgação foi chamada de um "duro golpe na recente experiência constitucional brasileira".[2]

Passado o momento inicial e encarado o novo Código como realidade, os intérpretes foram conclamados a corrigir os numerosos desvios e omissões da Lei 10.406. Parecia, então, que o esforço hermenêutico da doutrina e da jurisprudência superaria as dificuldades impostas pelo texto da codificação. Ao mesmo tempo, propostas legislativas pontuais começaram a ser apresentadas para sanar os defeitos mais graves que fossem imunes a uma solução puramente interpretativa. Instalou-se a esperança.

Dez anos se passaram e alguns problemas foram, de fato, corrigidos. Outros continuam a gerar dificuldades nos tribunais e na vida. Parte dessas dificuldades parece não ser superável pela mera atuação do intérprete, exigindo reforma legislativa. Outra parcela dos problemas poderia ser contornada com uma atuação mais consistente da doutrina e da jurisprudência, com base na aplicação direta dos valores constitucionais.

Com o propósito de proceder ao levantamento de todas essas dificuldades e de suas possíveis soluções, reuni dedicados pesquisadores dos programas de iniciação científica da Universidade do Estado do Rio de Janeiro (PIBIC-UERJ/CNPq) e da Fundação de Amparo à Pesquisa do Estado do Rio de Janeiro (FAPERJ), além de valorosos acadêmicos que se voluntariaram para ajudar na ambiciosa tarefa. Normas problemáticas do Código Civil foram selecionadas a partir da análise de decisões judiciais de diversos Estados do Brasil, procedendo-se, em seguida, à reunião e à discussão das propostas de solução apresentadas tanto na doutrina quanto na jurisprudência para sua interpretação e aplicação. Apenas quando tais soluções não se mostraram suficientes, discutiram-se a conveniência e o conteúdo de uma proposta legislativa.

Nas páginas seguintes, o leitor encontrará um resumo dos resultados alcançados durante a pesquisa, dividido por artigos da codificação e concentrado em quatro grandes áreas: Parte Geral, Obrigações, Teoria Geral dos Contratos, Responsabilidade Civil. Cada resumo é de autoria de um pesquisador. O fato de serem, ainda, acadêmicos da Faculdade de Direito da UERJ comprova que é possível fazer pesquisa crítica (e produtiva) em sede de graduação, despertando não apenas a vocação científica dos alunos, mas seu genuíno desejo de contribuir, como cidadãos e juristas, para a sociedade em que se inserem. Seus textos sintéticos, mas repletos de conteúdo, exprimem o encontro do velho com o novo, reavivando aquela decenal esperança de que um Código Civil se faz menos pela linguagem antiquada dos seus dispositivos que pela leitura renovada dos seus intérpretes.

---

[1] Luiz Edson Fachin e Carlos Eduardo Pianovski Ruzyk, *Um projeto de Código Civil na contramão da Constituição*, in *Revista Trimestral de Direito Civil*, v. 4, Rio de Janeiro: Padma, 2001, p. 243-263.

[2] Gustavo Tepedino, editorial à *Revista Trimestral de Direito Civil*, v. 7, Rio de Janeiro: Padma, 2002.

Biografias Não Autorizadas: Outra Opinião

Os jornais deram destaque, na última semana, à existência de dois projetos de lei destinados a "liberar" as biografias não autorizadas. A partir daí, não faltaram cartas, artigos e comentários elogiando a iniciativa e afirmando que o direito à privacidade de "pessoas públicas" deve ser protegido de modo menos intenso que o das pessoas anônimas. A discussão vai, assim, se tornando cada vez mais simples: ou se protegem as celebridades, exigindo a autorização para a biografia, ou se protegem o público e a história, dispensando essa autorização. O problema é bem mais complexo que isso, como o leitor pode notar a partir de uns poucos esclarecimentos.

Primeiro, não há qualquer vedação genérica no direito brasileiro à publicação de biografias não autorizadas. O que há, nos termos do Código Civil e de toda a tradição jurídica brasileira, é a proteção do direito à privacidade. Todas as pessoas, famosas ou não, têm direito à privacidade, entendida nesse particular como o direito de manter a salvo do público certos aspectos da sua vida íntima e pessoal. Esse direito é reconhecido na Constituição (art. 5º, inciso X) e no Código Civil (art. 21), sem qualquer ressalva para pessoas famosas. É de se rejeitar, por isso mesmo, qualquer alusão à "pessoa pública". As pessoas são privadas, por definição, e têm direito a manter longe dos olhos do público aspectos da sua vida íntima.

Por outro lado, a Constituição brasileira protege a liberdade de expressão artística e intelectual (art. 5º, IX). Como legítimo exercício dessa liberdade constitucional, um diretor pode decidir fazer um filme ou um escritor pode decidir elaborar uma biografia sobre uma celebridade. Para isso, o biógrafo pode se limitar a reunir e reapresentar ao público, de alguma forma, a trajetória pública do biografado (por exemplo, a vida política de Luis Inácio Lula da Silva ou a vida artística de François Truffaut). Nesse caso, não há qualquer colisão entre a privacidade e a liberdade de expressão. Na maior parte das vezes, contudo, o biógrafo adentra (e é natural que adentre) a vida privada do biografado para apresentá-la ao público em alguma medida. É aí que o conflito se instaura: o biografado pode não querer ver divulgados aos leitores certos detalhes da sua trajetória, como, por exemplo, traumas da sua infância, desilusões amorosas ou o profundo sofrimento provocado pela morte de um ente querido. Surge uma colisão entre dois direitos constitucionalmente protegidos: a privacidade, de um lado, e a liberdade de expressão, de outro.

Trata-se de um conflito delicadíssimo, cuja solução não pode ser encontrada em termos absolutos, com a afirmação de que a liberdade de expressão prevalece sobre a privacidade, ou vice-versa, só porque a pessoa é ou deixa de ser famosa. A solução deve ser buscada na ponderação entre esses dois direitos fundamentais, prevalecendo ora a privacidade, ora a liberdade de expressão, diante das circunstâncias relevantes de cada caso concreto. O que os juristas têm feito, em todo o mundo, é tentar identificar de antemão quais são essas circunstâncias relevantes, de modo a dar segurança a esse gênero literário. Por exemplo, tem-se concluído que, se o fato íntimo já foi divulgado na mídia em momento pretérito, essa circunstância é relevante para a solução do conflito, que passa a pender em favor da liberdade de expressão, uma vez que aquele acontecimento já foi levado ao público no passado. Diversamente, se o fato nunca foi revelado, cresce a importância de se tutelar a privacidade em relação a esse fato específico, mantido até então em sigilo. Além dessa circunstância, outras podem ser mencionadas, como (i) a repercussão emocional do fato sobre o biografado; (ii) a importância daquele fato para a formação da personalidade do biografado; (iii) o eventual envolvimento de terceiros e seu grau de identificação no relato; (iv) o formato da apresentação do fato, que pode ser mais ou menos sensacionalista; além de outras circunstâncias que vêm sendo identificadas pela jurisprudência no Brasil e no exterior, especialmente na Itália, na França e nos Estados Unidos. Nenhuma dessas circunstâncias é, porém, tomada de modo exclusivo. Somam-se todas para encontrar a solução mais apropriada ao caso concreto.

O caminho, como se vê, não é fácil, nem cristalino, mas não pode ser substituído por uma discussão simplista, nos termos do "ou tudo ou nada". Uma restrição excessiva às biografias não autorizadas pode representar intolerável censura e resultar mesmo na extinção do gênero. De outro lado, porém, uma autorização genérica para expor sem qualquer limitação ou cuidado a intimidade de uma pessoa (famosa ou não) significaria suprimir o exercício de um direito fundamental que se mostra cada vez mais vulnerável na sociedade contemporânea: a privacidade. Se o pai de uma atriz abusou dela sexualmente na infância, o fato pode ter sido determinante na formação da sua personalidade e na sua trajetória de vida, mas justifica-se inteiramente o interesse da biografada em não ver os detalhes do episódio relatados nas páginas de um livro. O exemplo é forte, mas ilustra bem como a solução pode variar de acordo com o caso concreto, devendo a necessária segurança ser buscada não em uma solução categórica, que penda unicamente para um dos lados da balança, mas na identificação das circunstâncias relevantes para a ponderação dos interesses em conflito.

Os projetos de lei mencionados nos jornais (PLs 393 e 395/2011) não tratam dessas circunstâncias. Limitam-se a acrescentar um parágrafo ao art. 20 do Código Civil com a seguinte redação: "A mera ausência de autorização não impede a divulgação de imagens, escritos e informações com finalidade biográfica de pessoa cuja trajetória pessoal, artística ou profissional tenha dimensão pública ou esteja inserida em acontecimentos de interesse da coletividade." O acréscimo não resolve o problema. É verdade que o art. 20 exige, em regra, a autorização da pessoa para a divulgação da sua imagem, da sua voz e de seus escritos, mas o próprio dispositivo reconhece que há exceções, às quais os tribunais acrescentam outras tantas, especialmente no exercício das liberdades constitucionais de informação e de expressão. Em outras palavras: os projetos de lei erram o alvo. Nos conflitos instaurados em torno de biografias não autorizadas, não é a "mera ausência de autorização" que impede a sua livre circulação. A jurisprudência brasileira jamais reservou à autorização do biografado um papel tão importante, como se pode ver das numerosas biografias não autorizadas disponíveis nas nossas livrarias. Quando uma dessas biografias é impedida de circular pelo Poder Judiciário, isso não acontece pela "mera ausência de autorização", mas porque os tribunais acabam acolhendo alegações de violação à privacidade, à imagem ou à honra do biografado, apresentadas por ele próprio ou, acaso já falecido, por seus familiares.

Nenhum dos dois projetos de lei evitará, portanto, que as ações judiciais continuem acontecendo e que o público continue privado de excelentes biografias enquanto decisões liminares estiverem em curso. Melhor seria que o legislador se preocupasse em indicar as circunstâncias relevantes para a solução e prevenção dos conflitos, dando um norte para a atuação dos juízes, do corpo jurídico das editoras e dos advogados dos biografados. No campo das biografias póstumas, onde os conflitos são ainda mais frequentes, o legislador poderia acrescentar outros parâmetros e reforçar a ideia (que, a rigor, já consta do Código Civil) de que a violação à privacidade, à honra e à imagem de biografado já falecido deve ser sempre examinada à luz daquele que seria, em vida, o seu interesse, nunca no interesse de familiares ou herdeiros.

De qualquer modo, o debate está lançado e deve envolver toda a sociedade civil. Daí a importância não apenas de uma outra, mas de algumas outras opiniões que possam vir a contribuir para que os projetos de lei mencionados abandonem a tentação de simplificar o problema, para se converterem em foro privilegiado de uma efetiva discussão democrática sobre um tema, que, quer sob o prisma jurídico, quer sob o prisma social, está bem longe de ser simples.

Notas sobre o Dano Moral Coletivo

Perdoai, mas eu preciso ser Outros.
Manoel de Barros, *Retrato do Artista quando Coisa*

Problema dos mais discutidos atualmente no direito civil brasileiro é aquele que diz respeito ao chamado "dano moral coletivo". A expressão não é a mais técnica, mas pretende designar a lesão a um interesse difuso ou coletivo, de cunho extrapatrimonial, tutelado pelo ordenamento jurídico, como, por exemplo, a preservação do meio ambiente sadio e o respeito às relações de trabalho.

O dano moral coletivo não se confunde com a tutela coletiva de danos morais individuais. Com efeito, nosso ordenamento jurídico autoriza – e quanto a isso não há qualquer dissenso – a propositura de ações judiciais coletivas voltadas à reparação de danos morais individuais, desde que resultantes da lesão a interesses individuais homogêneos, assim entendidos os "decorrentes de origem comum" (CDC, art. 81, III).[1] Uma única ação coletiva pode, portanto, ser promovida para que todos os pacientes que ingeriram certo medicamento defeituoso obtenham o ressarcimento dos danos morais individualmente sofridos por cada um deles. A ação judicial será, nesta hipótese, coletiva, mas os danos continuarão sendo individuais.

Coisa inteiramente diversa é o dano moral coletivo. Aqui, não se trata de proteção coletiva dos interesses individuais das vítimas, mas da lesão a um interesse que se quer efetivamente supraindividual, um interesse que não pertence a cada uma das vítimas

---
[1] CDC, art. 81, III.

(como a sua saúde), mas que pertence a toda uma coletividade (determinada ou indeterminada) de pessoas e que é, exatamente por essa razão, indivisível entre os seus titulares.[2]

Há quem negue a existência do dano moral coletivo. A 1ª Turma do Superior Tribunal de Justiça tem rejeitado a figura, afirmando reiteradamente a impossibilidade lógica do dano moral coletivo, já que "a ofensa moral sempre se dirige à pessoa enquanto portadora de individualidade própria; de um *vultus* singular e único".[3] Em sentido diametralmente oposto, posicionou-se a 2ª Turma do Superior Tribunal de Justiça. O caso envolvia a submissão de idosos a procedimento de cadastramento para o gozo do benefício do passe livre, cujo deslocamento foi custeado pelos próprios interessados, quando o Estatuto do Idoso exige apenas a apresentação de documento de identidade (art. 39, § 1º). Em acórdão de relatoria da Ministra Eliana Calmon, a 2ª Turma reconheceu, na hipótese, a configuração do dano moral coletivo:

> "O dano moral coletivo, assim entendido o que é transindividual e atinge uma classe específica ou não de pessoas, é passível de comprovação pela presença de prejuízo à imagem e à moral coletiva dos indivíduos enquanto síntese das individualidades percebidas como segmento, derivado de uma mesma relação jurídica-base."[4]

A controvérsia não se limita ao Superior Tribunal Justiça, alcançando também os tribunais estaduais. Muitos juízes e desembargadores vêm acolhendo o dano moral coletivo, especialmente em hipóteses envolvendo acidentes ambientais e má utilização de recursos públicos. Outros, contudo, têm seguido o mesmo entendimento da 1ª Turma do Superior Tribunal de Justiça, afastando a possibilidade do dano moral coletivo por impossibilidade lógica. A divergência acaba gerando decisões antagônicas, por vezes no mesmo tribunal. Emblemática é a análise dos julgados sobre comercialização de combustível adulterado no âmbito no Tribunal de Justiça de São Paulo: enquanto algumas decisões impõem em tais casos a condenação por dano moral coletivo, outras a rejeitam.

A doutrina pouco tem contribuído para solucionar o impasse. Os estudos sobre o dano moral coletivo, que já não são em grande número, acabam, em sua maioria, importando para dentro do tema novas divergências que pertencem, a rigor, ao gênero da responsabilidade civil como um todo. Assim, a discussão sobre o dano moral coletivo acaba contaminada por problemas que não lhe são exclusivos e nem lhe seriam essenciais, como a dificuldade de prova da ofensa moral, a controvérsia sobre o caráter punitivo da indenização, o temor quanto à expansão desmesurada da responsabilidade civil e assim por diante. Tais interferências dificultam o pronto reconhecimento do dano moral coletivo.

---

[2] CDC, art. 81, I e II: diferença entre difuso e coletivo.
[3] STJ, Recurso Especial 598.281/MG, Rel. Min. Teori Albino Zavascki, 2.5.2006.
[4] STJ, 2ª Turma, REsp 1.057.274, Rel. Min. Eliana Calmon, j. 1.2.2009.

A expressão também não ajuda. Dano moral coletivo é expressão que carrega, de um lado, toda a tradição histórica do dano moral, figura erigida sobre o trinômio "dor, sofrimento, humilhação" (concepção subjetivista do dano moral) e remodelada como lesão a interesses existenciais próprios da pessoa humana (concepção objetivista do dano moral), sendo certo que ambas as construções radicam fortemente no aspecto individual. De outro lado, o termo "coletivo" não se revela o mais técnico, à luz do nosso direito positivo, que diferencia os interesses supraindividuais em coletivos e difusos, não havendo razão para que o dano moral, se admitido, esteja limitado à primeira categoria.

Em que pesem todas essas imprecisões e dificuldades, a ideia defendida sob a denominação de dano moral coletivo é inteiramente compatível com nossa experiência jurídica. Cumpre notar, nesse sentido, que a Constituição brasileira reserva expressa proteção a diversos interesses que transcendem a esfera individual. A tutela do meio ambiente, da moralidade administrativa, do patrimônio histórico e cultural são apenas alguns exemplos de interesses cuja titularidade não recai sobre um indivíduo, mas sobre uma dada coletividade ou sobre a sociedade como um todo. Se a ordem jurídica se dispõe a tutelar tais interesses, é evidente que a sua violação não pode restar admitida, sob pena de tornar inútil o comando normativo. Para prevenir ou remediar a lesão a tais interesses, a ordem jurídica pode disponibilizar remédios específicos (e. g., mandado de segurança coletivo). Em nosso sistema, o remédio residual, aplicável a qualquer caso, mesmo à falta de menção expressa do legislador, é a ação de reparação de danos. Tecnicamente, não há razão para excluir tal caminho no tocante aos interesses supraindividuais.

Não bastasse isso, o Código de Defesa do Consumidor, também ele recheado de dispositivos voltados à tutela de interesses supraindividuais, reconhece expressamente a possibilidade de reparação de danos morais "coletivos e difusos":

"Art. 6º São direitos básicos do consumidor:

[...]

VI – a efetiva prevenção e reparação de danos patrimoniais e morais, individuais, coletivos e difusos."

O mesmo Código de Defesa do Consumidor acrescenta que, para a tutela dos interesses ali reconhecidos, são "admissíveis todas as espécies de ações capazes de propiciar sua adequada e efetiva tutela" (art. 83).[5] Não há, portanto, qualquer restrição a demandas reparatórias envolvendo danos morais difusos ou coletivos. Também a Lei 7.347, que disciplina a ação civil pública, dispõe expressamente:

---

[5] "Art. 83. Para a defesa dos direitos e interesses protegidos por este código são admissíveis todas as espécies de ações capazes de propiciar sua adequada e efetiva tutela."

"Art. 1º Regem-se pelas disposições desta Lei, sem prejuízo da ação popular, as ações de responsabilidade por danos morais e patrimoniais causados:

[...]

IV – a qualquer outro interesse difuso ou coletivo."[6]

O tecido normativo brasileiro não parece deixar qualquer dúvida no tocante ao reconhecimento de tutela a interesses transindividuais, que, uma vez lesados, resultam em danos coletivos ou difusos, que podem assumir conotação patrimonial ou moral. Tais danos podem, como também reconhece expressamente a nossa ordem jurídica, ser objeto de ações de reparação. Qual é, então, o argumento utilizado por aquelas decisões judiciais que negam reconhecimento ao chamado dano moral coletivo? É o próprio conceito de dano moral.

Afirma-se, de um lado, que a coletividade não pode padecer de "dor, sofrimento, humilhação", sentimentos exclusivamente individuais, e que, portanto, não pode sofrer dano moral. Se a premissa é inteiramente correta, a conclusão é falsa aos olhos do próprio Superior Tribunal de Justiça, que reconhece o dano moral à pessoa jurídica, entidade abstrata imune também ela (e bem mais que a coletividade de pessoas humanas) a dor, sofrimento, humilhação.[7]

De outro lado, sustenta-se que, sendo o dano moral, em sua concepção mais objetiva (e mais correta), lesão a interesse existencial da pessoa humana, interesses coletivos e difusos estariam *ipso facto* excluídos do conceito. Até aí não se tem nada de tão assustador: talvez um conceitualismo excessivamente rigoroso para uma figura ainda em transformação, como o dano moral, mas nada disso espanta. O que é surpreendente é que se extraia dessa premissa a conclusão de que a lesão a interesses coletivos e difusos não gera dever de indenizar.

Tal conclusão é de um dogmatismo fervoroso: porque nosso conceito doutrinário de dano moral é estreito, não comportando a lesão a interesses coletivos e difusos, então tais interesses podem ser lesados sem dar margem ao dever de indenizar. Emprega-se um conceito que é ainda bastante controverso e que jamais foi definido pelo legislador para negar o que o próprio legislador declara com todas as letras: o direito à "reparação de danos patrimoniais e morais, individuais, *coletivos e difusos*" (CDC, art. 6º, VI).

Em conclusão: o fato de o dano moral vir sendo conceitualmente remetido à dignidade da pessoa humana não exclui nem inviabiliza a reparação de lesões a interesses extrapatrimoniais de titularidade difusa ou coletiva que o próprio Constituinte e o legis-

---

[6] Note-se que não se trata, na dicção da lei, de danos morais individuais decorrentes de lesão a interesse difuso ou coletivo, mas de "danos morais [...] *causados a* qualquer outro interesse difuso ou coletivo".

[7] STJ, Súmula 227: "A pessoa juridical pode sofrer dano moral." Sobre a imprecisão técnica deste entendimento, seja consentido remeter a Anderson Schreiber, *Dano Moral à Pessoa Jurídica: Discurso Fora do Lugar*, publicado neste mesmo volume.

lador reconhecem nitidamente. Há todo um emaranhado de pontos a debater, como, por exemplo, a destinação da indenização por dano moral coletivo, a ser dirigida preferencialmente a fundos ou entidades legitimadas para a defesa dos interesses violados, o modo de seleção dessas entidades (com o especial propósito de evitar escolhas arbitrárias e dissociadas de um projeto mais abrangente, como já vem ocorrendo em alguns casos na jurisprudência trabalhista) e assim por diante. Toda essa rica discussão permanece em suspenso ou evolui a passos muito lentos enquanto o Superior Tribunal de Justiça não alcança o consenso em torno da reparabilidade dessas lesões supraindividuais.

Chamemos a isso dano moral coletivo, reformulando nosso conceito de dano moral para adequá-lo aos dispositivos legais, ou tratemos dessas situações em outra categoria conceitual (danos extrapatrimoniais coletivos e difusos), pouco importa. O importante é que superemos uma polêmica artificial, de laboratório, que tem obstado a aplicação do instrumento compensatório em defesa de interesses supraindividuais que o ordenamento jurídico brasileiro expressamente reconhece, sem qualquer ressalva, como merecedoras de tutela.

Direito Civil e Direito do Trabalho*

> *Eu não nasci pra trabalho...*
> Ed Motta, *Vamos Dançar*

Grassa entre os civilistas uma sensação generalizada de que o Direito do Trabalho consiste em "um mundo à parte". Embora a proximidade dos conceitos fundamentais do Direito Civil e do Direito do Trabalho seja evidente, a começar pelo próprio contrato de trabalho, o diálogo entre os dois campos é quase inexistente. Os civilistas distanciaram-se do Direito do Trabalho, hoje visto como um campo enigmático, centrado em proposições desprovidas da lógica sistêmica tão cara aos estudiosos do Direito Civil. Por sua vez, os estudiosos do Direito do Trabalho acostumaram-se a enxergar com desconfiança os institutos civilísticos, historicamente marcados por elevadas concessões à liberdade das partes, que, no campo trabalhista, convertiam-se quase sempre na dominação do mais fraco pelo mais forte.

São duas visões que não deixam de ter justificativas históricas, mas que, hoje, se encontram inteiramente desatualizadas. Sobrevivem como meros estereótipos. O Direito do Trabalho, ainda recente na trajetória das disciplinas jurídicas, mas já não tão novo quanto outrora, conta com bases cada vez mais sólidas e uma preocupação cada vez mais acentuada com a sua inserção sistêmica, fato que pode ser exemplificado no amplo debate estabelecido mais recentemente entre o Processo do Trabalho e o Processo Civil. Já o Direito Civil tem se desprendido, já há algumas décadas, da inspiração liberal-indi-

---

* Publicado originalmente como introdução ao artigo *Responsabilidade Civil no Direito Civil e no Direito do Trabalho* in *Diálogos entre o Direito do Trabalho e o Direito Civil*, Ana Frazão et al. (Coord.), São Paulo: RT (prelo).

vidualista do passado e passado por um processo tão intenso de imersão no solidarismo constitucional que muitos de seus instrumentos já se mostram mais efetivos que os instrumentos trabalhistas na proteção das chamadas partes vulneráveis.

Para o civilista, o estudo do Direito do Trabalho apresenta vivo interesse. Por suas próprias características, o Direito do Trabalho consiste em espaço privilegiado para observação do impacto dos valores sociais no funcionamento dos institutos jurídicos tradicionais. Ao mesmo tempo em que importa da dogmática do Direito Civil diversos de seus institutos fundamentais (contrato, prescrição, responsabilidade civil etc.), o Direito do Trabalho rompe, por sua particular vocação, com a tradição liberal-individualista que os inspirava. A Justiça do Trabalho, em particular, demonstra imensa desenvoltura no abandono de construções dogmáticas do passado, característica que se, por um lado, lhe rendeu duras críticas, por outro, não deixou de abrir espaço para a consolidação de novas construções, como o assédio moral e o dano moral coletivo, temas sobre os quais ainda controvertem as cortes cíveis.

Também para o especialista em Direito do Trabalho, o estudo do Direito Civil reveste-se de importância. A função social do contrato, a função social da empresa, a boa-fé objetiva, o equilíbrio das prestações são apenas alguns dos "novos" conceitos civilísticos cuja construção pode ser aplicada, com extremo proveito, no campo das relações trabalhistas. Além disso, o debate atualmente travado no Direito do Trabalho em torno da abertura de espaços para a autonomia negocial dos sindicatos e empresas pode se beneficiar imensamente da reformulação por que passou no campo civil a própria noção de autonomia privada, hoje submetida ao controle de legitimidade do seu exercício à luz dos valores constitucionais. Nesse contexto, a mútua desconfiança entre o Direito do Trabalho e o Direito Civil não mais se justifica. O diálogo têm muito a contribuir para os dois campos e a responsabilidade civil talvez seja o setor onde esta contribuição recíproca se revela mais evidente.

37

Direito ao Esquecimento

A internet não esquece. Ao contrário dos jornais e revistas tradicionais, cujas edições antigas se perdiam no tempo, sujeitas ao desgaste do seu suporte físico, as informações que circulam na rede ali permanecem indefinidamente. Pior: dados pretéritos vêm à tona com a mesma clareza dos dados mais recentes, criando um delicado conflito no campo do direito. De um lado, é certo que o público tem direito a relembrar fatos antigos. De outro, embora ninguém tenha direito de apagar os fatos, deve-se evitar que uma pessoa seja perseguida, ao longo de toda a vida, por um acontecimento pretérito.

Tome-se a hipótese nada incomum da atriz que, em início de carreira, autoriza a veiculação de sua imagem, nua, em dada revista masculina ou atua como personagem de um filme picante. Suponha-se que a mesma atriz, ao longo dos anos seguintes, venha a construir carreira como apresentadora de programas voltados ao público infantil ou adolescente. Não há dúvida de que a veiculação daquelas imagens do passado, destacadas do seu contexto original, podem causar grave dano à pessoa retratada. Mesmo que a autorização para a veiculação da imagem tenha sido dada na ocasião pretérita, de modo abrangente e sem qualquer limite temporal (descartando-se, portanto, a violação ao direito de imagem), resta evidente que a vida da pessoa encaminhou-se em sentido oposto ao daquele ato pretérito. O direito à exibição da imagem entra em choque com faceta importante do direito à privacidade. Trata-se do chamado "direito ao esquecimento, o que significa que nem todas as pegadas que deixei da minha vida devem me seguir implacavelmente, em cada momento da minha existência".[1]

Se toda pessoa tem direito a controlar a coleta e uso dos seus dados pessoais, deve-se admitir que tem também o direito de impedir que dados de outrora sejam revividos

---

[1] Stefano Rodotà, em entrevista disponível no *site* da *Enciclopedia Multimediale delle Scienze Filosofiche*, <www.emsf.rai.it>.

na atualidade, fora do seu contexto originário, sempre que disso possa lhe advir risco considerável. O direito ao esquecimento (*diritto all'oblio*, na expressão italiana) tem sua origem histórica no campo das condenações criminais. Surge como parcela importante do direito do ex-detento à ressocialização, evitando-se que seja perseguido por toda a vida pelo crime cuja pena já cumpriu. A hipótese é ainda atual como se vê do seguinte acórdão:

> "Responsabilidade Civil. Dano moral. Reportagens publicadas em jornal envolvendo ex-traficante de drogas em lavagem de dinheiro, com fotos batidas seis anos antes, após o mesmo encontrar-se completamente recuperado, convertido à religião evangélica, da qual se tornou pastor, casado, com filhos, dando bons exemplos à sociedade. É livre a liberdade de manifestação da expressão e de informação jornalística, direitos que devem ser exercidos com responsabilidade, sem preocupação de fazer sensacionalismo [...]."[2]

Ao longo das últimas décadas, o fortalecimento do papel da mídia trouxe o direito ao esquecimento para as páginas de jornais e revistas *online*, como meio de impedir que fatos pretéritos sejam ressuscitados de modo aleatório, com graves prejuízos para o envolvido. A internet, com a perenidade dos seus dados e a amplitude dos seus sistemas de pesquisa, catapultou a importância do direito ao esquecimento, colocando-o na ordem do dia das discussões jurídicas.

Caso recente foi julgado pelo Tribunal de Justiça do Rio de Janeiro. Pessoa que se submeteu a concurso público foi acusada de "cola" em uma das fases do certame. Acabou reprovada na fase seguinte, mas a suspeita lançada sobre o concurso ganhou as páginas dos jornais à época. O concurso, todavia, não foi anulado. Passados três anos, a candidata constatou que, ao digitar seu nome em buscadores, os resultados listados em primeiro lugar ainda eram todos referentes à suposta fraude no certame. Propôs, então, ação judicial pleiteando que as notícias não fossem listadas a partir da simples busca do seu nome. O tribunal concedeu tutela antecipada para que os buscadores, sem suprimir as notícias do mundo virtual, instalassem filtros de pesquisa, com o escopo de evitar a imediata e recorrente associação do nome da autora à suposta fraude. Confira-se trecho do acórdão:

> "Na hipótese concreta do conflito entre a garantia à intimidade e a chamada 'sociedade da informação', deve prevalecer a primeira, com vista a evitar que o exercício da livre circulação de fatos noticiosos por tempo imoderado possa gerar danos à vida privada do indivíduo. Prevalência, nessa fase, do direito à imagem, à personalidade e do direito ao esquecimento, garantias fundamentais do ser humano."[3]

---

[2] TJRJ, Apelação Cível 2002.001.07149, Rel. Des. Carlos Lavigne de Lemos, 26.11.2002.
[3] Agravo de Instrumento 2009.002.41400, Rel. Des. Antonio Saldanha Palheiro, 25.5.2010. O caso corre em segredo de justiça.

É certo que a ponderação nem sempre se resolverá em favor do direito ao esquecimento. O caso concreto deve ser analisado em suas peculiaridades, sopesando-se a utilidade informativa na reiteração do fato pretérito, o modo de sua reapresentação e os riscos trazidos por ela à pessoa envolvida. Não há direito a reescrever a história ou a apagar o registro de dados pretéritos, mas há direito de evitar que tais fatos sejam reapresentados (muitas vezes, de maneira sensacionalista) fora do seu contexto originário (tempo e espaço) de modo a oferecer um retrato incompatível com a atual identidade da pessoa. Como em outros conflitos já analisados, não há aqui solução simples. Impõe-se, ao contrário, delicado balanceamento entre os interesses em jogo.

38

Dano Moral à Pessoa Jurídica: Uma Ideia Fora do Lugar

De acordo com a Súmula 227 do Superior Tribunal de Justiça, "a pessoa jurídica pode sofrer dano moral". Há, entre nós, duas vertentes conceituais para o dano moral. Para parte da doutrina e para a imensa maioria da jurisprudência, o dano moral é "dor, sofrimento, humilhação". Ora, a pessoa jurídica, ente abstrato, não padece de dor, sofrimento ou humilhação, razão pela qual não poderia, ao contrário do que afirma o STJ, sofrer dano moral, ao menos nessa acepção. O problema é que, na segunda acepção, o dano moral é entendido como lesão a um interesse existencial da pessoa humana, o que tampouco socorre a Súmula, já que as pessoas jurídicas não são pessoas humanas, nem detêm interesses existenciais. Como explicar, então, o dano moral à pessoa jurídica?

Há quem busque a resposta no art. 52 do Código Civil, em que se lê:

> "Art. 52. Aplica-se às pessoas jurídicas, no que couber, a proteção dos direitos da personalidade."

O dispositivo não encontra correspondente na codificação civil anterior. Trata-se de uma inovação do Código Civil de 2002. Uma inovação que parece ter vindo justamente para amparar o entendimento do Superior Tribunal de Justiça. Mas só parece. Bem lido, o art. 52 não reconhece que a pessoa jurídica tenha direitos da personalidade (assim entendidos os direitos indispensáveis da pessoa humana); não reconhece sequer que ela tenha alguns dos direitos da personalidade, como alguns autores chegam a afirmar. O art. 52 tampouco manda "aplicar" à pessoa jurídica, no que couber, os direitos da personalidade. O que ele empresta à pessoa jurídica, apenas "no que couber", é a "proteção" dos direitos da personalidade, ou seja, uma parte específica da disciplina dos direitos da personalidade, que é a parte que cuida dos seus modos de tutela.

Vale dizer: o art. 52, por mais inoportuna que tenha sido a sua criação e por pior que tenha sido a sua técnica de inserção na codificação de 2002, não diz o que a imensa maioria da doutrina dele extrai. O que ele diz é que a "proteção" dos direitos da personalidade pode ser aplicada, "no que couber", às pessoas jurídicas. Isso não significa, por exemplo, que a pessoa jurídica tenha direito ao nome, tal qual reconhecido para a pessoa humana no art. 16 do Código Civil, mas que determinada parcela da disciplina de proteção do nome – por exemplo, o art. 18 que impede, em regra, a utilização do nome alheio em propaganda comercial – pode ser estendida à pessoa jurídica, se assim entender cabível ("no que couber") o magistrado ou intérprete.

O que o art. 52 veicula, portanto, em sua literalidade, é tão somente uma extensão instrumental, uma possibilidade de aplicação de parte dos instrumentos de proteção dos direitos da personalidade às pessoas jurídicas. Mesmo nos casos em que se entender cabível a extensão à pessoa jurídica de parcela da proteção dos direitos da personalidade, essa proteção não pode vir, por óbvio, amparada nos mesmos fundamentos que inspiraram sua construção para a defesa da pessoa humana. Por exemplo, embora a proteção à privacidade possa ser, em parte, estendida à pessoa jurídica, a tutela do sigilo bancário de uma instituição financeira acusada de lavagem de dinheiro não pode ser sustentada com base no discurso formulado para o reconhecimento do direito à privacidade do ser humano.

Quando se procede desse modo, transporta-se para uma realidade inteiramente diversa, porque econômica e institucional, um discurso existencial e personalista. Trata-se de uma ideia fora do lugar, para usar a expressão de Roberto Schwarz.[1] O sigilo bancário é norma procedimental que nada tem com a proteção à privacidade da pessoa humana. Como consequência, por exemplo, o sigilo bancário cede, com muito mais facilidade, diante da proteção de outros valores fundamentais do que cederia a privacidade da pessoa humana. A transposição do discurso de proteção à pessoa humana para a tutela da pessoa jurídica é inteiramente indevida.

Como fica, diante disso, a questão do dano moral à pessoa jurídica? Não é raro que uma sociedade pretenda indenização por força, digamos, de um protesto indevido de título de crédito que "sujou seu nome na praça", ou de uma matéria jornalística inverídica que atingiu sua "reputação no mercado", ou ainda da falsificação de seus produtos que "desvalorizam sua marca entre os consumidores". Os tribunais brasileiros têm reconhecido aí danos morais, derivados quase sempre da violação à "honra objetiva da pessoa jurídica". A distinção entre honra subjetiva e honra objetiva, de origem penalista, é invocada pelas cortes, para concluir que, embora não goze de um sentimento íntimo em relação à sua integridade moral, a pessoa jurídica desfruta, ao menos, de honra objetiva, ou seja, de uma reputação no meio social. No entender dos tribunais, a violação a essa honra objetiva faria com que a pessoa jurídica sofresse um dano moral.

Em que pese a sofisticada construção, parece evidente que o dano sofrido pela pessoa jurídica não guarda semelhança com aquele experimentado pela pessoa humana. A

---

[1] Roberto Schwarz, *Ao Vencedor as Batatas*, São Paulo: Ed. 34, 2000.

lesão à honra da pessoa humana a atinge em seu núcleo essencial, em sua própria dignidade. A lesão ao "bom nome" de que goza uma pessoa jurídica produz um impacto totalmente diverso, de natureza claramente econômica. Uma matéria jornalística que critique injustamente as práticas comerciais de uma sociedade empresária afeta não a sua existencialidade, esfera privativa dos seres humanos, mas o seu patrimônio, produzindo uma desvalorização da marca empresarial, além da eventual queda nas vendas, nas contratações, nos negócios etc. Tais danos são, a toda evidência, danos patrimoniais.

Ocorre, todavia, que, na visão tradicional da Responsabilidade Civil brasileira, o dano patrimonial precisa ser matematicamente demonstrado pela comparação entre o patrimônio do ofendido antes e depois da ofensa (teoria da diferença). E exigir da pessoa jurídica que comprove matematicamente o efeito negativo da matéria jornalística ofensiva significaria impor-lhe prova impossível ou de extrema dificuldade. Com efeito, é praticamente inviável demonstrar de modo matemático o descrédito sofrido pela companhia junto ao público consumidor ou as perdas derivadas dos potenciais negócios que foram perdidos em virtude do ilícito. Embora tal prejuízo seja sem dúvida econômico, provar numericamente o seu *quantum* é quase impossível. Muito mais simples é rotular tal dano como dano moral, abrindo as portas para que o juiz promova a sua quantificação por arbitramento.

Como se vê, a "moralização" dos danos sofridos pela pessoa jurídica não exprime uma opção conceitual refletida da nossa jurisprudência, mas mero expediente prático, destinado a não tornar infrutífero o pleito indenizatório (legítimo) das pessoas jurídicas naquelas situações em que o cálculo matemático do prejuízo se afigura inviável. A postura é compreensível, portanto. Solução melhor, todavia, seria manter tal dano no plano patrimonial, autorizando-se a sua quantificação por arbitramento judicial diante da dificílima demonstração contábil ou pericial do prejuízo.

Tal solução esbarra na visão tradicional das cortes brasileiras, muito apegadas ainda à teoria da diferença para o cálculo do dano patrimonial. Nossa legislação tampouco dispõe de uma autorização expressa para o arbitramento do dano patrimonial, que, embora tecnicamente desnecessária, daria maior segurança aos tribunais para manter o dano ao bom nome da pessoa jurídica no campo econômico.

Solução interessante, contudo, pode ser buscada no art. 953 do Código Civil, que compõe a disciplina da responsabilidade civil. Como já advertido algumas páginas atrás, sua redação é confusa e sua interpretação literal nada acrescentaria ao tecido normativo brasileiro. Uma interpretação inovadora pode, todavia, ser extraída do seu parágrafo único, em que se lê:

> "Art. 953. [...]
>
> Parágrafo único. Se o ofendido não puder provar prejuízo material, caberá ao juiz fixar, equitativamente, o valor da indenização, na conformidade das circunstâncias do caso."

Seguramente, os autores do anteprojeto não pretenderam aí nada mais que repetir a norma idêntica que já constava do Código Civil de 1916. Naquela codificação, a norma se fazia necessária para autorizar o arbitramento do dano moral, cuja reparação não era admitida em regra. No atual contexto, a norma perde utilidade porque a Constituição já assegura a reparação do dano moral, de modo até mais amplo, independentemente do requisito que que dá início ao parágrafo único: "se o ofendido não puder provar prejuízo material...". Assim, o dispositivo não tem aplicação no tocante ao dano moral, mas o intérprete ainda pode lhe atribuir alguma utilidade. Basta enxergar ali uma norma autorizadora do arbitramento do próprio dano patrimonial, quando for inviável ao ofendido demonstrar o prejuízo econômico mediante os métodos habituais de prova (cálculo aritmético, perícia etc.).

Tal interpretação é possível diante da literalidade do dispositivo. Relendo o texto da norma, o leitor encontrará, com alguma boa vontade, a expressa autorização para o arbitramento do dano patrimonial derivado do abalo à reputação. Tal autorização assume especial utilidade em relação às pessoas jurídicas, porque permite o arbitramento do dano econômico gerado por matérias jornalísticas falsas, protesto indevido de títulos de crédito e outras condutas lesivas, já agora sem necessidade de se "moralizar" o prejuízo sofrido em seu patrimônio. Em outras palavras: essa nova interpretação proposta para o parágrafo único do art. 953 permite manter o dano moral no campo da pessoa humana, solucionando os casos que envolvem a pessoa jurídica por meio do arbitramento dos danos patrimoniais de difícil demonstração.

Um observador atento argumentará que a hipótese é, ainda assim, limitada às condutas que ataquem a "honra" da pessoa jurídica, tema de que trata o caput do art. 953. É verdade, mas nada impede sua aplicação analógica aos danos derivados de outras condutas que agridam a pessoa jurídica, como a violação de segredo industrial. O parágrafo único do art. 953 deixaria assim a absoluta inutilidade para assumir o papel de norma oxigenadora da quantificação das indenizações, permitindo ao magistrado arbitrar por si mesmo os danos patrimoniais cuja prova numérica se mostrasse extremamente dificultosa.

O passo é largo, mas tecnicamente possível e socialmente necessário. O crescente reconhecimento de novas modalidades de dano patrimonial evidencia a necessidade de se recorrer a métodos mais flexíveis na sua quantificação, como se vê, por exemplo, dos desenvolvimentos mais recentes em torno da chamada "perda de uma chance". Superado o preconceito que exige o cálculo rígido do dano patrimonial, a transposição de certos prejuízos para o campo moral perde razão de ser. Restaura-se a distinção fundamental entre os dois gêneros de dano, preservando-se o dano moral na esfera não econômica.

É nítida, de fato, a fronteira entre a violação à honra da pessoa humana e o abalo à reputação de que goza a pessoa jurídica nas suas relações negociais. Não há aqui extensão ou equiparação possível, já que as situações atendem a valores inteiramente distintos à luz do texto constitucional. Mesmo as pessoas jurídicas de direito público e as chamadas entidades filantrópicas (sem fins lucrativos) não podem ser equiparadas à pessoa humana em termos de proteção à honra. Quando se afirma que abusos sexuais são cometidos em uma escola, não se atinge sua "honra", mas sim a atividade desenvolvida, o que, mesmo em se tratando de entidade sem fins lucrativos, gera efeitos patrimoniais, como o cancelamento de matrículas, o descrédito da marca e a dificuldade de contratação de empregados. São prejuízos que, por mais drásticos, têm natureza econômica, ainda que ligados a bens ideais. São prejuízos que nada têm a ver com direitos da personalidade, que são, por definição, privativos do ser humano.

Pode ocorrer, isso sim, que o atentado à reputação dessas entidades filantrópicas, diante de certas circunstâncias, implique diretamente em dano moral aos seus fundadores, patronos, dirigentes, empregados voluntários e a outros indivíduos que a elas se dedicam, atraindo então a tutela dos direitos da personalidade em toda sua força e extensão. Tem-se aí não uma exceção, mas uma clara confirmação da diversidade de tratamento entre a pessoa jurídica e a pessoa humana.

39

Em Defesa do Direito de Sátira

A sátira é uma forma jocosa de crítica, normalmente associada ao sarcasmo ou à ironia. A expressão *direito de sátira* tem sido empregada de modo mais abrangente, para designar o direito de fazer humor, crítico ou não, com base em certas pessoas ou fatos da vida real. O direito de sátira consiste, neste sentido, em uma específica manifestação da liberdade de expressão artística, intelectual e de comunicação, tutelada pela Constituição da República (art. 5º, IX).

Não é raro, contudo, que o concreto exercício do direito de sátira acabe se chocando com o exercício de outros direitos também tutelados constitucionalmente, como o direito à honra. Tome-se, como exemplo emblemático, o caso do Castelo de Itaipava, bela construção erguida pelo Barão Smith de Vasconcellos na cidade fluminense de mesmo nome, e herdado por seus familiares. Em nítida galhofa com a revista *Caras*, que se utiliza de um castelo para divulgação do estilo de vida das celebridades, a revista humorística *Bundas* elegeu o Castelo de Itaipava como "Castelo de *Bundas*". A reportagem cômica informou, ainda, que a escolha daquele Castelo era muito oportuna, já que o referido Barão teria feito sua fortuna com os lucros advindos de uma fábrica de papel higiênico. Na sequência, "alegando apenas repetir uma piada recorrente à época da construção do castelo", a revista atribuiu-lhe o título de "o Barão da Merda".[1]

Herdeiros do Barão promoveram ação de indenização por danos morais em face da Editora Pererê, responsável pela veiculação da revista que teria, na aludida matéria, exposto ao ridículo o nome do Barão e de sua família. A sentença de primeiro grau julgou improcedente o pedido, ao argumento de que é "inadmissível impedir a ironia, a piada, a galhofa, o *animus jocandi*, próprio da criação artística, com o intuito apenas de fazer rir

---

[1] Trechos extraídos do relatório da Min. Nancy Andrighi, no julgamento do caso perante o Superior Tribunal de Justiça (Recurso Especial 736.015/RJ, 16.6.2005).

e não denegrir, desmoralizar, desacreditar ou conspurcar a imagem de quem quer que seja". A decisão foi mantida em segundo grau, acrescentando-se que "não se deve restringir a criação artística ou desestimular os grandes humoristas intelectuais." O caso chegou ao Superior Tribunal de Justiça, onde dividiu opiniões.

Vitorioso, por maioria, foi o entendimento da Ministra Nancy Andrighi, que, confirmando as decisões anteriores, considerou inexistir dano à honra naquele caso concreto. Ponderou que,

> "para o deslinde da questão, é preciso analisar não só a expressão apontada como injuriosa, e sim esta em conjunto com a integralidade do texto e com o estilo do periódico que o veiculou. Nesse aspecto, nota-se que o meio de comunicação é explicitamente satírico, o que se evidencia – se não por menos – pela proposta editorial calcada na possibilidade de fazer rir a partir da comparação com outra revista de grande circulação, cujo mote é publicizar a vida íntima daquilo que se convencionou chamar de celebridades".

Analisando a galhofa em si, acrescentou a Ministra Relatora:

> "é essencial notar que o castelo construído pelo antepassado das recorrentes foi, apenas, o *instrumento* da piada e não o alvo final da ridicularização, porquanto a comparação visa demonstrar o quão risível é – na visão dos articulistas – *a proposta editorial* da outra revista. Isso porque, do teor completo da reportagem, percebe-se ironia não só no epíteto concedido ao Barão, mas também no excesso de elogios destinados à construção, especialmente quando esta é comparada com outras presentes na mesma região; o humor praticado, especialmente quando *elogia para criticar*, só pode ser visto como destinado a apontar as incongruências de um estilo de vida que não se refere, de modo algum, ao Barão Smith de Vasconcellos, mas a pessoas outras, que 'dão as caras' – para usar de um trocadilho elucidativo – no magazine que é, efetivamente, o alvo explícito da pilhéria".[2]

O voto vencedor fundou-se, ainda, na inexistência de contestação dos herdeiros do barão em relação à origem histórica da alcunha divulgada na matéria. Mencionou, nesse sentido, carta enviada por eles à revista na qual "admitem os fatos narrados, em especial a propriedade da fábrica de beneficiamento de papéis". A carta foi publicada no número seguinte da revista *Bundas*, com destaque maior do que o oferecido à própria matéria apontada como injuriosa, e precedida do seguinte parágrafo:

> "Tendo em vista que a matéria *O Castelo de Bundas*, veiculada em nosso nº 4, páginas 20 e 21, causou sérios constrangimentos à família Smith de Vasconcellos, passamos a retificar o artigo com a publicação de texto enviado pelas herdeiras

---

[2] STJ, Recurso Especial 736.015/RJ, Min. Nancy Andrighi, 16.6.2005.

do Barão, desde já com as nossas desculpas formais por quaisquer inconvenientes ocasionados por esta Revista."

À luz dessas circunstâncias, concluiu o voto vencedor que

"nada houve para além de uma crítica genérica de costumes pela reportagem; não houve um ataque pessoal à memória do Barão, porquanto a expressão tida por injuriosa pertence ao domínio público e foi utilizada em sentido meramente alegórico, em total coerência com as finalidades da publicação".

Divergindo do entendimento majoritário, o Ministro Castro Filho redigiu voto vencido. Nele, afirma ser a sátira, a piada, a galhofa

"até aceitável, quando se trata de ironia fina, elegante, como sabem fazer muitos de nossos artistas e escritores, aí se incluindo o próprio Ziraldo, ao que parece, fundador da Revista e, de início, um dos réus na demanda. O que se não pode permitir, por ser intolerável, é o humorismo deselegante, ofensivo e vulgarizante que, mesmo não atentando contra a honra, diretamente, ofende a dignidade das pessoas, causando constrangimento, sofrimento e dor".

Enfrentando o caso concreto, prosseguiu o Ministro Castro Filho:

"É, a meu sentir, com a devida vênia da douta relatora, o que ocorre no caso em apreciação: partindo-se de uma atividade lícita de pessoa honrada – o Barão Jayme Luiz Smith de Vasconcelos – que era fabricante de papel, inclusive higiênico, cognominá-lo, por isso, de 'Barão da Merda' e, numa associação de ideias, apelidar seu imponente castelo de 'Castelo de Bundas'. [...] No que concerne, entretanto, à existência de dano moral, a meu sentir, não resta a menor dúvida. A reportagem, com a foto, ainda que não alcunhasse o Barão como o fez, já ensejaria reparação, por ofensa à memória do construtor da obra e ao passado de sua família. Mas o pior é que, mesmo que não tenha havido a intenção de denegrir a publicação, com a deturpação do título de nobresa do Barão, numa revista com tiragem de 160.000 exemplares e circulação em todo o Brasil, representa submeter a família a ridículo em âmbito nacional."[3]

O confronto entre o direito de sátira e a tutela da honra é realmente delicado. Por um lado, é evidente a necessidade de proteção à reputação da pessoa, que não pode sofrer arrefecimento pelo simples intuito humorístico de quem publica um texto, uma caricatura ou uma fotomontagem. Por outro lado, a sátira representa manifestação da liberdade artística, intelectual e de comunicação, também tutelada constitucionalmente, e calcada, por definição, no brincar com costumes sociais, valendo-se para tanto de uma

---

[3] STJ, Recurso Especial 736.015/RJ, Min. Nancy Andrighi, 16.6.2005, voto-vencido.

abordagem jocosa dos fatos públicos e das pessoas notórias. Somente a ponderação entre esses dois interesses igualmente protegidos pode conduzir a uma solução justa para o caso concreto. Significa dizer que a solução não está na prevalência abstrata de um interesse sobre outro, mas no sopesamento entre eles diante das circunstâncias específicas do caso concreto.

Do caso julgado pelo Superior Tribunal de Justiça, é possível extrair alguns parâmetros para essa difícil ponderação. Independentemente do seu desfecho, a discussão instaurada na corte em torno do caso do Castelo de Itaipava aponta diversas circunstâncias fáticas que a corte considerou relevantes para a ponderação entre o direito de sátira e o direito à honra, quais sejam:

> (i) a finalidade do periódico – a finalidade exclusivamente satírica do periódico em que é veiculada a matéria atenua o impacto sobre a reputação dos retratados, vez que seu público não tende a assumir como verídicos os fatos ali narrados. Diversamente, a publicação satírica camuflada entre outras reportagens, de cunho exclusivamente jornalístico, apresenta maior potencial lesivo à honra dos retratados porque não possui a evidente falta de seriedade que já é pressuposta pelo público na primeira hipótese;
>
> (ii) a veracidade ou não do fato satirizado – a peça humorística que se vale de fato verdadeiro, que encontra fundamento na história ou na cultura popular, não sendo contestado pelo próprio retratado, possui, mesmo com os exageros inerentes à sátira, maior grau de merecimento de tutela, como expressão da liberdade intelectual e da liberdade de informação, que a matéria calcada em fato falso, inventado para fazer rir;
>
> (iii) o propósito da sátira – a peça humorística em que a sátira do retratado é mero instrumento para a crítica a algo diverso possui menor potencial ofensivo da honra que a matéria, cujo fim é exclusivamente o de criticar ou diminuir o próprio retratado;
>
> (iv) a divulgação da resposta do retratado – se o mesmo veículo divulga, com destaque igual ou maior, a resposta do retratado ou de seus familiares à peça satírica atenua com isso o potencial lesivo sobre a honra do satirizado. Também deve ser levada em conta a prontidão na divulgação acima mencionada, de modo a evitar o longo transcurso de tempo entre a sátira e a resposta daquele que se sente ofendido pela galhofa.

Há, ainda, quem sustente a necessidade de se adentrar os termos da matéria veiculada, avaliando a "qualidade" do humor empregado, de modo a distinguir, nas palavras do voto vencido, a "ironia fina, elegante" do "humorismo deselegante, ofensivo e vulgarizante". Aqui, é de se tomar algum cuidado, pois, se é certo que a honra da pessoa retratada será lesada de modo mais intenso por termos de maior significado ofensivo, não se pode correr o risco de se converter o Poder Judiciário em órgão de avaliação do humor nacional. Daí ter ressaltado, em importante passagem, a Ministra Nancy Andrighi:

"A questão paralela posta pelas recorrentes, a respeito do 'nível' do humor praticado pelo periódico – apontado como 'chulo' – não é tema a ser debatido pelo Judiciário, uma vez que não cabe a este órgão estender-se em análises críticas sobre o talento dos humoristas envolvidos; a prestação jurisdicional deve se limitar a dizer se houve ou não ofensa a direitos morais das pessoas envolvidas pela publicação. Não cabe ao STJ, portanto, dizer se o humor é 'inteligente' ou 'popular'. Tal classificação é, *de per si*, odiosa, porquanto discrimina a atividade humorística não com base nela mesma, mas em função do público que a consome, levando a crer que todos os produtos culturais destinados à parcela menos culta da população são, necessariamente, pejorativos, vulgares, abjetos, se analisados por pessoas de formação intelectual 'superior'."

O conteúdo da peça cômica deve, por certo, ser analisado para se aferir o grau de ameaça à honra do retratado, mas a linguagem dita "popular", com termos pertencentes muitas vezes ao cotidiano da maior parte da população, não pode ser tratada como elemento caracterizador de ofensa à reputação, simplesmente porque "inadequada" sob a ótica cultural do magistrado ou da própria pessoa retratada. A "qualidade" do humor é questão que passa ao largo da ponderação entre direito de sátira e direito à honra, não devendo o Poder Judiciário encastelar-se, com o perdão do trocadilho, na sua concepção própria de comédia. Deve, ao contrário, reconhecer a importância do pluralismo inerente à rica e variada cultura brasileira, que tem no humor um de seus traços mais marcantes.

Faltou essa sensibilidade ao Tribunal Superior Eleitoral, quando, em 2009, publicou a Resolução 23.191, em 23 de dezembro de 2009. Em seu art. 28, a Resolução afirma:

"Art. 28. A partir de 1º de julho de 2010, é vedado às emissoras de rádio e televisão, em sua programação normal e noticiário:

[...]

II – usar trucagem, montagem ou outro recurso de áudio ou vídeo que, de qualquer forma, degradem ou ridicularizem candidato, partido político ou coligação, bem como produzir ou veicular programa com esse efeito."

A proibição já constava, em termos muito semelhantes, do art. 45 da Lei 9.504, de 30 de setembro de 1997, mas, na prática, não vinha sendo aplicada. Sua incorporação, todavia, à Resolução 23.191 do TSE deu novo fôlego à vedação e acabou por deflagrar diversos conflitos entre comediantes e partidos políticos interessados em reprimir a sátira durante as eleições de 2010. O dispositivo foi invocado para evitar a transmissão de quadros satíricos em programas de rádio e TV, privando os humoristas de trabalharem com o assunto de principal interesse do público naquela época.

Provenha da lei ou da resolução, a restrição é claramente inconstitucional. O humor consiste em legítima manifestação da liberdade de expressão artística e intelectual, consagrada no já citado art. 5º, inciso IX, da Constituição. Atende, ainda, ao interesse coletivo por constituir instrumento importante de fomento à visão crítica, necessária à consolidação do Estado Democrático de Direito. Nesse contexto, a restrição à sátira política só poderia decorrer de razões constitucionais, que se mostrassem prevalentes em determinado caso concreto, como poderia ocorrer diante da específica violação ao direito à honra de certo candidato. Já uma vedação ampla e abstrata à produção satírica durante o período eleitoral revela-se juridicamente insustentável. Trata-se de medida inadequada e desproporcional, que não poderia ser implementada nem pela lei ordinária, nem por resolução do Tribunal Superior Eleitoral.

A lamentável restrição deu ensejo ao movimento "Humor sem Censura", que reuniu mais de 500 pessoas em passeata na Praia de Copacabana. Debaixo de Sol forte, concorrendo com um clássico no Maracanã, os comediantes carregaram faixas de protesto em um esforço que não foi brincadeira. Passadas as eleições de 2010, compete ao povo cobrar dos novos governantes e parlamentares uma séria mudança de postura em relação ao direito de sátira.

40

Atualização do Código de Defesa do Consumidor: Lições para o Direito Civil

Os projetos de lei voltados à atualização do Código de Defesa do Consumidor dividem-se em três grandes áreas: comércio eletrônico (PLS 281/2012), ações coletivas (PLS 282/2012) e superendividamento do consumidor (PLS 283/2012). A divisão em três projetos distintos, temáticos e independentes, limitados a atualizações pontuais, consiste em estratégia prudente e necessária para evitar os retrocessos que poderiam advir de uma proposta mais abrangente, que permitisse a rediscussão de todo o texto do código consumerista no Congresso Nacional.

Embora se trate de um dos códigos mais avançados do mundo, genuína riqueza da legislação nacional, o CDC ainda enfrenta, como se sabe, a resistência de determinados setores da economia brasileira, que, de tempos em tempos, voltam a adotar medidas no afã de afastar a sua incidência. Há mesmo, entre os consumeristas, quem questione a conveniência da atualização, por temer reviravoltas radicais no Parlamento, risco que é, de certo modo, inevitável em nosso sistema legislativo. É evidente, por outro lado, que as lideranças consumeristas também saberão atuar para esclarecer os parlamentares e evitar resultados contrários ao espírito da atualização.

O certo, contudo, é que, independentemente do destino que terão no Congresso Nacional, os três projetos de lei mencionados já trazem ricas contribuições, que não se limitam ao campo do direito do consumidor, mas o transcendem, oferecendo subsídios para a atualização do direito privado como um todo. Os três projetos preparados pela comissão de juristas encarregada da atualização do CDC[1] voltam-se, claro, à tutela do

---

[*] O texto é fruto de palestra proferida no XI Congresso Brasileiro de Direito do Consumidor, realizado em 22-25.5.2012, em Natal/RN.
[1] Integraram a comissão os juristas Herman Benjamin, Ada Pellegrini Grinover, Kazuo Watanabe, Cláudia Lima Marques, Roberto Pfeiffer e Leonardo Roscoe Bessa.

consumidor, mas trazem instrumentos e soluções cuja utilidade se projeta para além das relações de consumo.

Tome-se como exemplo o PL 283/2012, que trata do chamado superendividamento. O projeto em questão acrescenta ao CDC uma nova seção com a expressa finalidade de

"prevenir o superendividamento da pessoa física, promover o acesso ao crédito responsável e à educação financeira do consumidor, de forma a evitar sua exclusão social e o comprometimento de seu mínimo existencial, sempre com base nos princípios da boa-fé, da função social do crédito ao consumidor e do respeito à dignidade da pessoa humana" (art. 54-A). O PL 283/2012 acrescenta, ainda, ao código consumerista o art. 104-A, que autoriza o juiz a instaurar, a requerimento do consumidor, "processo de repactuação de dívidas, visando à realização de audiência conciliatória [...] em que o consumidor apresentará proposta de plano de pagamento com prazo máximo de cinco anos, preservado o mínimo existencial".

Pode-se discutir, como já se discute, os detalhes do procedimento, mas o fato é que o PL 283/2012 não veio apenas consagrar uma nova temática, que a doutrina consumerista já discutia há alguns anos – o superendividamento do consumidor – mas veio também despertar de um sono secular o instituto da insolvência civil, até hoje tratado pela nossa legislação de modo rígido e, em larga medida, punitivo. O Código Civil de 2002, perdendo mais uma dentre tantas oportunidades históricas que perdeu, deixou de reformular o instituto da insolvência, mantendo essencialmente a abordagem da codificação anterior, que trata de modo excludente e rigoroso o devedor insolvente, antecipando o vencimento das suas dívidas (arts. 333, I; 1.425, II) e anulando os seus negócios (arts. 158-160), sem complacência com dificuldades momentâneas (art. 955) e sem qualquer preocupação com a sua reinserção na vida econômica.

Hoje, a rígida disciplina da insolvência, tal qual prevista no Código Civil e no Código de Processo Civil, encontra-se em absoluto descompasso com o tratamento dispensado por nosso ordenamento aos empresários e às sociedades empresárias, amparadas pelo regime bem mais flexível e protetivo da Lei 11.101/2005, que trata da recuperação judicial, da recuperação extrajudicial e da falência. Em outras palavras: embora a Constituição tutele, com primazia, a dignidade da pessoa humana, a legislação infraconstitucional concede às sociedades empresárias inúmeras oportunidades de "recuperação", flexibilizando prazos de pagamento e atenuando os efeitos da mora, enquanto o devedor comum, a pessoa física, não empresária, continua a ser tratada com rigor medieval. A disparidade de tratamento gera, aí, uma inconstitucionalidade flagrante, que se reedita nas decisões judiciais, as quais, não raro, temperam as consequências do inadimplemento das sociedades empresárias, ao argumento de que o seu falimento prejudicaria, em última análise, os seus empregados, mas eles próprios, empregados, permanecem por lei sujeitos à ameaça da insolvência, sem quaisquer atenuações.

O PL 283/2012 suscita, portanto, reflexões que podem ir muito além do campo das relações de consumo. Já é tempo de se debater a reformulação do próprio regime da insolvência, introduzindo no Código Civil mecanismos de incentivo à repactuação de dívidas, de dilação de prazos, de atenuações de juros, estimulando-se a recuperação do devedor insolvente. Todo o Título X do Livro I da Parte Especial do Código Civil também está a merecer reforma, com sua atrapalhada ordem de preferências e privilégios creditórios, indiferente às leis especiais que já se encontravam em vigor ao tempo da promulgação da codificação civil.

Também o Projeto de Lei 281/2012, que trata do comércio eletrônico, traz lições importantes que transcendem o direito do consumidor. O art. 45-A, introduzido pelo referido Projeto, dirige-se à "diminuição da assimetria de informações, a preservação da segurança nas transações, a proteção da autodeterminação e da privacidade dos dados pessoais", todas preocupações que transbordam do ambiente consumerista para outros campos da vida privada. A consagração da teoria da confirmação para a formação do contrato, no art. 45-D, inciso I,[2] também é inovação de vocação universal, que já é proposta, em nível internacional, para todo o comércio eletrônico, seja ele entre fornecedores (*B2B: business to business*) ou dirigido ao consumidor (*B2C: business to consumer*). De modo semelhante, as normas que reprimem o envio de mensagens não solicitadas (*spam*), em especial os §§ 2º, I, e 3º do art. 45-E, trazem parâmetros que devem ser aplicados não apenas ao fornecedor de produtos ou serviços, mas também a quem se valha de mensagens de massa para fim não comercial, como partidos políticos, instituições religiosas ou entidades públicas.

Por fim, cabe uma palavra sobre o Projeto de Lei 282/2012, que trata das ações coletivas. Também aqui o tema apresenta interesse para o direito privado como um todo. A coletivização das demandas é o caminho inevitável para a superação do abarrotamento do Poder Judiciário. As ações coletivas, que ainda não são em grande número no Brasil, esbarram muitas vezes na morosidade da sua tramitação e na falta de efetividade dos seus julgamentos, por ausência de interessados em promover a execução dos julgados, muitas vezes desconhecidos do grande público. O referido Projeto tenta corrigir essas deficiências, reconhecendo prioridade de tramitação às ações coletivas (art. 81, § 3º) e instituindo o Cadastro Nacional de Processos Coletivos, "com a finalidade de permitir que os órgãos do Poder Judiciário e os interessados tenham amplo acesso às informações relevantes relacionadas com a existência e o estado das ações coletivas" (art. 104-B). O art. 2º do mesmo Projeto, ao reformular o art. 16 da Lei da Ação Civil Pública (Lei 7.347/1985), elimina o nefasto limite territorial da coisa julgada nas ações coletivas, em outra inovação que favorece, para além da proteção do consumidor, a tutela do meio ambiente, do patrimônio histórico e artístico, entre outros interesses difusos e coletivos tutelados pelo ordenamento jurídico brasileiro.

---

[2] "Art. 45-D. Na contratação por meio eletrônico ou similar, o fornecedor deve enviar ao consumidor: I – confirmação imediata do recebimento da aceitação da oferta, inclusive em meio eletrônico; [...]."

Como se vê, os três projetos de atualização do Código de Defesa do Consumidor trazem contribuição relevante em diversas temáticas de direito privado. Há, entre os seus dispositivos, alguns que se aplicam para além das relações de consumo, outros que podem ser assim aplicados por analogia ou por interpretação extensiva, ou contribuem de algum modo para a reflexão em torno de reformas necessárias fora da esfera do direito do consumidor. Essa intercomunicação não deve ser motivo de surpresa. O direito do consumidor não consiste em um "nicho" ou um "gueto" do ordenamento jurídico, nem tampouco em um "microssistema", como se costuma afirmar. Integra o sistema jurídico, que é uno e gravita em torno da Constituição da República. Nessa perspectiva constitucional, não é coisa à parte do direito civil; é parte dele.

Referências Bibliográficas

ABBAMONTE, Orazio. *La politica invisibile*. Milão: Giuffré, 2003.

ABRÃO, Eliane Yachouh. Proteção ao direito autoral tem limites, *Tribuna do Direito*, p. 6, nov. 1995.

AGUIAR JÚNIOR, Ruy Rosado. *Extinção dos contratos por incumprimento do devedor (resolução)*. Rio de Janeiro: Aide, 1991.

ALBUQUERQUE FILHO, Carlos Cavalcanti de. A situação jurídica de pessoas que vivem sozinhas, *Revista Brasileira de Direito de Família*, v. 11, Porto Alegre: Síntese, IBDFAM, out./dez. 2001.

ALMEIDA, José Luiz Galvão de. *Código Civil comentado*: direito das sucessões. sucessão em geral. sucessão legítima: artigos 1.784 a 1.856, v. XVIII. São Paulo: Atlas, 2003.

ALMEIDA, Lacerda de. *Obrigações*. 2. ed. São Paulo: Revista dos Tribunais, 1916.

ALPA, G.; BESSONE, M. *La responsabilità civile*. Milano: Dott. A. Giuffrè, 1976.

ALVES, José Carlos Moreira. *A parte geral do projeto de Código Civil Brasileiro*. São Paulo: Saraiva, 1986.

ALVES, José Carlos Moreira. *Direito romano*, v. 1. 13. ed. Rio de Janeiro: Forense, 2000.

_____. *Direito romano*. v. II. Rio de Janeiro: Forense, 2000.

ALVIM, Agostinho. *Da inexecução das obrigações e suas consequências*. São Paulo: Saraiva, 1955.

AMARAL, Francisco. *Direito civil*: introdução. 3. ed. Rio de Janeiro: Renovar, 2000.

AMORIM FILHO, Agnello. Critério científico para distinguir a prescrição da decadência e identificar as ações imprescritíveis, *RT 744/725*, São Paulo, 1997.

ANDORNO, Roberto. El principio de precaución: un nuevo standard jurídico para la era tecnológica. *Diario La Ley*, Buenos Aires, jul. 2002.

ANDRADE, A. Domingues de. *Teoria geral da relação jurídica*. Coimbra: Almedina, 1998. v. II.

ANDRADE, Manuel A. Domingues de. *Teoria geral das obrigações*. Coimbra: Almedina, 1966.

ARAÚJO FILHO, Luiz Paulo da Silva. *Ações coletivas: a tutela jurisdicional dos direitos individuais homogêneos*. Rio de Janeiro: Forense, 2000.

ARENDT, Hannah. *A condição humana*. Rio de Janeiro: Forense Universitária, 2001.

ARONNE, Ricardo. *Propriedade e domínio*: reexame sistemático das noções nucleares de direitos reais. Rio de Janeiro: Renovar: Biblioteca de Teses, 1999.

ASCARELLI, Tulio. Società, associazione, consorzi, cooperative e trasformazione. *Rivista del Diritto Commerciale e del Diritto Generale delle Obbligazioni*, ano XLVII, 1949.

ASCENSÃO, José de Oliveira. *Direito autoral*. 2. ed. Rio de Janeiro: Renovar, 2007.

ASSIS. Araken de. *Resolução do contrato por inadimplemento*. São Paulo: Revista dos Tribunais, 2004.

ATIYAH, Patrick. *Accidents, compensation and the law*. Londres: Weidenfeld and Nicholson, 1975.

ATIYAH, Patrick. *The rise and fall of the freedom of contract*. Oxford: Clarendon Press, 1979.

AZEVEDO, Antonio Junqueira de. Insuficiências, deficiências e desatualização do projeto de Código Civil na questão da boa-fé objetiva nos contratos. *Revista Trimestral de Direito Civil*, v. 1, p. 3-12, 2000.

_____. *Negócio jurídico*: existência, validade e eficácia. 3. ed. São Paulo: Saraiva, 2000.

BANDEIRA DE MELLO, Celso Antonio. *Curso de direito administrativo*. 5. ed. São Paulo: Malheiros, 1994.

BARBOZA, Heloísa Helena. Poder familiar em face das práticas médicas. *Revista do Advogado*, n. 76, p. 40, jun. 2007.

BARCELLONA, Pietro. *L'individualismo proprietario*. Torino: Boringhieri, 1987.

BARDESCO, Antoine. *l'abus du droit*. Paris: Giard & Brière, 1913.

BARROSO, Luís Roberto. Liberdade de expressão, direito à informação e banimento da publicidade de cigarro. *Temas de direito constitucional*. Rio de Janeiro: Renovar, 2001.

_____. Colisão entre liberdade de expressão e direitos da personalidade. critérios de ponderação. Interpretação Constitucionalmente Adequada do Código Civil e da Lei de Imprensa. *RTDC – Revista Trimestral de Direito Civil*, v. 16, p. 89-91.

_____. *Interpretação e aplicação da Constituição*. São Paulo: Saraiva, 1999.

_____. Neoconstitucionalismo e constitucionalização do direito (o triunfo tardio do direito constitucional no Brasil). *ReRE – Revista Eletrônica sobre a Reforma do Estado*. n. 9, 2007 (www.direitodoestado.com.br/rede.asp).

_____. *A nova interpretação constitucional*. Rio de Janeiro: Renovar, 2003.

BATELLA, Juva. *Quem tem medo de Campos de Carvalho?* Rio de Janeiro: 7Letras, 2004.

BECKER, Anelise. Inadimplemento antecipado do contrato. *Revista de Direito do Consumidor*, v. 12, p. 74, out./dez. 1994.

BERLINGUER, Giovanni; GARRAFA, Volnei. *O mercado humano*. Brasília: Editora Universidade de Brasília, 2001.

BESSONE, Darcy. *Direitos reais*. 2. ed. São Paulo: Saraiva, 1996.

_____. *Do contrato*: teoria geral. Rio de Janeiro: Forense, 1987.

BETTI, Emilio. Causa del negozio giuridico. *Novissimo Digesto Italiano*. Torino: UTET, 1959. v. III.

BEVILAQUA, Clovis. *Código Civil dos Estados Unidos do Brasil comentado*. Rio de Janeiro: Francisco Alves, 1930. v. I.

_____. *Código Civil dos Estados Unidos do Brasil comentado*. 11. ed. Rio de Janeiro: Paulo de Azevedo, 1958. v. IV.

_____. *Direito das obrigações*. Campinas: Red Livros, 2000.

_____. *Teoria geral do direito civil*. Serviço de Documentação do Ministério da Justiça, 1972.

BINENBOJM, Gustavo. *Uma teoria do direito administrativo*. Rio de Janeiro: Renovar, 2006.

BITTAR, Carlos Alberto. *Direito de autor na obra publicitária*. São Paulo: Revista dos Tribunais, 1981.

BITTENCOURT, Cezar Roberto. *Tratado de direito penal*: parte especial: v. 4. São Paulo: Saraiva, 2004.

BOEHMER. *Grundlagen der bürgerlichen Rechtsordnung* apud WIEACKER, Franz. *El principio general de la buena fe*. Madrid: Civitas, 1986.

BONAVIDES, Paulo. *Curso de direito constitucional*. 11. ed. São Paulo: Malheiros, 2001.

BORBA, José Edwaldo Tavares. *Direito societário*. 10. ed. Rio de Janeiro: Renovar, 2007.

BORDA, Alejandro. *la teoria de los actos propios*. Buenos Aires, Abeledo-Perrot, 1986.

BRASIELLO, Teucro. *I limiti della responsabilità per danni*. Milano: Dott. A. Giuffrè, 1959.

BRECHT, Bertold. *O nó górdio*, in *Poemas 1913-1956*. 5. ed. São Paulo: Ed. 34, 2000.

BRITO, Rodrigo Toscano de. *Equivalência material dos contratos civis, empresarias e de consumo*. São Paulo: Saraiva, 2007.

BRITO, Maria Helena de. *A representação nos contratos internacionais*: um contributo para o estudo do princípio da coerência em direito internacional privado. Coimbra: Almedina, 1999.

BRUNO, Richard L. *Devotees, pretenders and wannabes*: two cases of factitious disability disorder, in *Journal of Sexuality and Disability*. 1997. v. 15, p. 243-260.

BRUTAU, José Puig. *La doctrina de los actos propios*, in *Medio siglo de estudios jurídicos*. Valencia: Tirant Lo Blanch, 1997.

BUSSATTA, Eduardo Luiz. *Resolução dos contratos e teoria do adimplemento substancial*. São Paulo: Saraiva, 2007.

CALABRESI, Guido. *Costo degli incidenti e responsabilità civile: analisi economico-giuridica*. Milano: Giuffrè, 1975.

CALAMANDREI, Piero. *Eles, os juízes, vistos por um advogado*. São Paulo: Martins Fontes, 1997.

CALERA, María del Carmen. *Gete-Alonso y Structura y función del tipo contractual*. Barcelona: Bosch, 1979.

CANARIS, Claus-Wilhelm. *Pensamento sistemático e conceito de sistema na ciência do direito*. Lisboa: Fundação Calouste Gulbenkian, 1996.

CANOTILHO, J. J. GOMES. *Direito constitucional e teoria da Constituição*. 4. ed. Coimbra: Livraria Almedina.

CAPPELLETTI Mauro; GARTH, Bryant. *Acesso à justiça*. Porto Alegre: Sergio Fabris, 1988.

CARDOSO, Vladimir Mucury. *Revisão contratual e lesão à luz do Código Civil de 2002 e da Constituição da República*. Rio de Janeiro: Renovar, 2008.

CARNEIRO, Athos Gusmão. *Ação de rescisão contratual*: doutrina da gravidade suficiente do inadimplemento – Faculdade Discricionária do Juiz, in *Revista Forense*. 1995. v. 329, p. 177.

CARNEIRO, Paulo César Pinheiro. *Acesso à justiça*: juizados especiais cíveis e ação civil pública. Rio de Janeiro: Forense, 1999.

CARPENA, Heloísa. *Abuso do direito nos contratos de consumo*. Rio de Janeiro: Renovar, 2001.

CARVALHO, Campos de. *O púcaro búlgaro*, in *Obra Reunida*. Rio de Janeiro: José Olympio, 2002.

CARVALHO, E. V. de Miranda. *Contrato de empreitada*. Rio de Janeiro: Freitas Bastos, 1953.

CARVALHO, Luis Gustavo Grandinetti Castanho de. *Direito à informação x direito à privacidade. o conflito de direitos fundamentais*, in *Fórum*: debates sobre justiça e cidadania, *Revista da AMAERJ*, n. 5, 2002, p. 15.

CARVALHOSA, Modesto. *Comentários à Lei de Sociedades Anônimas*. São Paulo: Saraiva, 1977.

CASTRO, Guilherme Couto de. *A responsabilidade civil objetiva no direito brasileiro*. Rio de Janeiro: Forense, 2000.

CASTRONOVO, Carlo. *La nuova responsabilità civile*. Milão: Dott. A. Giuffré, 1997.

CATALAN, Marcos Jorge. *Descumprimento contratual*: modalidades, consequências e hipóteses de exclusão do dever de indenizar. Curitiba: Juruá, 2007.

CAVALCANTI, José Paulo. *Sobre o projeto de Código Civil*: exposição ao Instituto dos Advogados Brasileiros. Rio de Janeiro: Instituto dos Advogados Brasileiros, 1978.

CAVALIERI FILHO, Sergio. *Programa de responsabilidade civil*. São Paulo: Malheiros, 1998.

CENDON, Paolo. *Trattato breve dei nuovi danni*. Milão: Cedam, 2001. v. I.

CHAMOUN, Ebert. *Instituições de direito romano*. 4. ed. Rio de Janeiro: Forense, 1962.

CHANTEUR, Janine. *Condamnés à mort ou condamnés à vivre?*: sutour de l'arrêt Perruche. Paris: Editions Factuel, 2002.

CHAVES, Antônio. *Direito de autor*: princípios fundamentais. Rio de Janeiro: Forense, 1987.

CHAVES, Antonio. *Tratado de direito civil*. São Paulo: Revista dos Tribunais, 1982. v. 2, t. 1.

_____. *Tratado de direito civil*. 3. ed. São Paulo: Revista dos Tribunais, 1984, v. II, t. I.

CHOERI, Raul Cleber da Silva. *O direito à identidade na perspectiva civil-constitucional*. Rio de Janeiro: Renovar, 2010.

COELHO, Francisco Manuel Pereira. *Problema da causa virtual na responsabilidade civil*. Coimbra: Almedina, 1998.

COMPARATO, Fábio Konder. *Função social da propriedade dos bens de produção*, in *Revista de Direito Mercantil*. São Paulo: Revista dos Tribunais, p. 77. n. 63,

CONSTANTINESCO, Léontin-Jean. *Introduzione al diritto comparato*, edição italiana de Antonio Procida Mirabelli e Rocco Favale. Torino: G. Giappichelli, 1996.

CORDEIRO, António Manuel da Rocha e Menezes. *Da boa fé no direito civil*. Coimbra: Almedina, 1997.

CORRY, J. A. *Law and policy*: the W. M. Martin Lectures. Toronto: Clarke, Irwin & Company Limited, 1959.

COSTA, Mário Júlio de Almeida. *Direito das obrigações*. 3. ed. Coimbra: Almedina, 1979.

COSTA, Pedro Oliveira da. O bem de família na jurisprudência do STJ, in *Revista Trimestral de Direito Civil*. Rio de Janeiro: Padma, jul./set. 2000. v. 3, p. 163-194.

COUTO E SILVA, Clóvis do. *A obrigação como processo*. São Paulo: José Bushatsky, 1976.

_____. *A obrigação como processo*. São Paulo: Bushatsky, 1976.

_____. O princípio da boa-fé no direito brasileiro e português, in *Estudos de direito civil brasileiro e português*. São Paulo: Revista dos Tribunais, 1980.

CRETELLA JÚNIOR, José *Curso de direito romano*. 27. ed. Rio de Janeiro: Forense, 2002.

CRUZ, Gisela Sampaio da. *Obrigações alternativas e com faculdade alternativa. Obrigações de meio e de resultado*, in TEPEDINO, Gustavo. *Obrigações*: estudos na perspectiva civil-constitucional, Rio de Janeiro: Renovar, 2005.

DANTAS, San Tiago. *Programa de direito civil*. Rio de Janeiro: Ed. Rio, 1978. v. II.

_____. *Programa de direito civil*: teoria geral. edição revista e atualizada por Gustavo Tepedino et al., Rio de Janeiro: Forense, 2001.

DI LAURO, Antonino Procida Mirabelli. *La responsabilità civile*: strutture e funzioni. Torino: G. Giappichelli Editore, 2004.

DI PIETRO, Maria Sylvia Zanella. *Direito administrativo brasileiro*. São Paulo: Atlas, 1999.

DIAS, José de Aguiar. *Da responsabilidade civil*. Rio de Janeiro: Forense, 1979. v. I.

DIEZ-PICAZO, Luis. *Fundamentos del derecho civil patrimonial*: las relaciones obligatorias. Madrid: Editorial Civitas, 1993. v. II.

_____. *Fundamentos del derecho civil patrimonial*. 2. ed. Madri: Tecnos, 1986. v. I.

DINIZ, Débora; MEDEIROS, Marcelo. *Aborto no Brasil: uma pesquisa domiciliar com método de urna*, in *Ciência e Saúde Coletiva*. Rio de Janeiro, jun./2010. v. 15, supl. 1.

DINIZ, Maria Helena. *Curso de direito civil brasileiro*. São Paulo: Saraiva.

DONEDA, Danilo. *Da privacidade à proteção de dados pessoais*. Rio de Janeiro: Renovar, 2006.

DUGUIT, Leon. *Les Transformations du droit privé depuis le Code Napoléon*. Paris: Armand Colin, 1913.

DWORKIN, Ronald. *Domínio da vida*: aborto, eutanásia e liberdades individuais. 2. ed. São Paulo: Martins Fontes, 2009.

_____. *Taking rights seriously*. 17. ed. Cambridge: Harvard University Press, 1999.

ECO, Umberto. *A ilha do dia anterior*. 5. ed. Rio de Janeiro: Record, 1995.

_____. *Para que servem os jornais*, publicado no Brasil na revista *Entrelivros*, ano 2, n. 23, p. 82).

_____; MARTINI, Carlo Maria. *Em que crêem os que não crêem?* Rio de Janeiro: Record, 2001.

ENGISCH, Karl. *Introdução ao pensamento jurídico*. Lisboa: Fundação Calouste Gulbenkian, 1996.

ENNECCERUS, Kipp e Wolff. *Tratado de derecho civil*. Barcelona: Bosch, 1935. v. II, t. I.

_____. *Tratado de derecho civil*: derecho de obligaciones. Barcelona: Bosch, 1933. v. I, t. II.

ESPINOLA, Eduardo. *Sistema do direito civil brasileiro*. Rio de Janeiro, Francisco Alves, 1917. v. 1.

_____. Eduardo. *Sistema do direito civil brasileiro*. Rio de Janeiro: Freitas Bastos, 1944. v. 2.

ESTACAILLE, Jorge Priore. *Resolución de contratos civiles por incumplimiento*. Montevideo, 1974. t. II.

FACHIN, Luiz Edson; RUZYK, Carlos Eduardo Pianovski. *Código Civil comentado*: direito de família. Casamento (arts. 1.511 a 1.590). Coord. Álvaro Villaça Azevedo, São Paulo: Atlas, 2003.

_____. *Um projeto de Código Civil na contramão da Constituição*, in RTDC – Revista Trimestral de Direito Civil, 2000. v. 4, p. 243-263.

_____. *Um projeto de Código Civil na contramão da Constituição*, in Revista Trimestral de Direito Civil. Rio de Janeiro: Padma, 2001. v. 4, p. 243-263.

FACHIN, Luiz Edson, *estatuto jurídico do patrimônio mínimo*. Rio de Janeiro: Renovar, 2001.

_____. *Questões de direito civil brasileiro contemporâneo*. Rio de Janeiro: Renovar, 2008. p. 5

_____. *Teoria crítica do direito civil*. Rio de Janeiro: Renovar, 2000.

FARIAS, José Fernando de Castro. *A origem do direito de solidariedade*. Rio de Janeiro: Renovar, 1998.

FARNSWORTH, E. Allan; YOUNG, William F.; SANGER, Carol. *Contracts*: cases and materials. New York: Foundation Press, 2001.

FERRARA, Francesco. *Teoria delle persone giuridiche*. Torino: UTET, 1923.

FERREIRA, Waldemar. *Tratado de direito comercial*. São Paulo: Saraiva, 1961. v. III.

FERRI, Luigi. *Nozione giuridica di autonomia privata, in Studi in onore di Francesco Messineo*: per il suo XXXI anno d'insegnamento. Milão: Dott. A. Giuffrè, 1959. v. 4.

FORGIONI, Paula. *Teoria geral dos contratos empresariais*. São Paulo: Revista dos Tribunais, 2009.

FRADA, Manuel António de Castro Portugal Carneiro da. *Teoria da confiança e responsabilidade civil*. Coimbra: Almedina, 2004.

FRADIQUE, Mendes. *História do Brasil pelo método confuso*. (Org.). Isabel Lustosa. São Paulo: Companhia das Letras, 2004.

FRAZÃO, Ana; TEPEDINO, Gustavo. (Coord.). *O STJ e a reconstrução do direito privado*. São Paulo: Revista dos Tribunais, 2011.

FREIRE, Gilberto. *Americanidade e latinidade da América Latina*: crescente interpenetração e decrescente segregação. Brasília: UnB, 2003.

FREITAS, Augusto Teixeira de. *Consolidação das leis civis*. 3. ed. 1896.

FULGÊNCIO, Tito. *Do direito das obrigações*: das modalidades das obrigações. 2. ed. Rio de Janeiro: Forense, 1958.

FUX, Luiz. *Curso de Direito Processual civil*. Rio de Janeiro: Forense, 2001.

GASCA, Cesare L. *Le associazioni commerciali e civili*. Torino: UTET, 1913. v. II.

GEDIEL, José Antônio Peres. *Os transplantes de órgãos e a invenção moderna do corpo*. Curitiba: Moinho do Verbo, 2000.

GHETTI, Pablo S. *From the posthumous memoirs of humanity*: 'democracy to come', in Law, Culture and Humanities. 2005.

GIDDENS, Anthony. *Mundo em descontrole*: o que a globalização está fazendo de nós. 4. ed. Rio de Janeiro: Record.

GIL, Antonio Hernández. *La funcion social de la posesion*. Madrid: Alianza Editorial, 1969.

GIORGI, Giorgio. *La dottrina delle persone giuridiche o corpi morali*. 2. ed. Florença: Fratelli Cammelli, 1902. v. VI.

GIORGI, Giorgio. *Teoria delle obbligazioni nel diritto moderno italiano*. Florença: Fratelli Cammelli, 1924.

GIORGIANNI, Michele. *O direito privado e as suas atuais fronteiras*, in Revista dos Tribunais. v. 747, p. 38.

GOMES, Luís Roberto. *O princípio da função social da propriedade e a exigência constitucional de proteção ambiental*, in Revista de Direito Ambiental n. 17, p. 160-178.

GOMES, Luiz Roldão de Freitas. *Elementos de responsabilidade civil*, in curso de direito civil. Coord. Ricardo Pereira Lira. Rio de Janeiro: Renovar.

GOMES, Orlando. *Contratos*. 24. ed. Rio de Janeiro: Forense, 2001.

_____. *Direito de família*. Rio de Janeiro: Forense, 1968.

_____. *Introdução ao direito civil*. Rio de Janeiro, Forense, 2001.

_____. *Obrigações*. Rio de Janeiro: Forense, 2000.

_____. *Obrigações*. Rio de Janeiro: Forense, 2004.

_____. *Parecer*: associações civis. Revista dos Tribunais, 1972.

_____. *Transformações gerais do direito das obrigações*. 2. ed. São Paulo: Revista dos Tribunais, 1980.

GONÇALVES, Carlos Roberto. *Responsabilidade civil*. São Paulo: Saraiva, 2003.

GOODMAN & GILMAN. *As bases farmacológicas da terapêutica*. Rio de Janeiro: Guanabara.

GUIMARAENS, Dinah; CAVALCANTI, Lauro. *Morar*: a casa brasileira. Rio de Janeiro: Avenir Editora, 1984.

HATTENHAUER, Hans. *Conceptos fundamentales del derecho civil*. Barcelona: Ariel, 1987.

_____. *Conceptos fundamentales del derecho civil*. Barcelona: Ariel, 1987.

HEIDEGGER, Martin. *Ser e tempo*. 4. ed. Parte I, Petrópolis: Vozes, 1993.

HELDRICH, Andreas. *Compensating non-economic losses in the affluent society*, in American Journal of Comparative Law, n. 18, 1970.

HIRONAKA, Giselda. *Direito ao pai*: dano decorrente de abandono afetivo na relação paterno-filial. Disponível em: <www.intelligentiajuridica.com>. Acesso em: 28 set. 2005.

IRTI, Natalino. *L'età della decodificazione*. Milão: Dott. A. Giuffrè, 1999.

IRTI, Natalino. *Quattro giuristi del nostro tempo*, in Scuole e figure del diritto civile. Milão: Giuffrè, 2002.

JOSSERAND, Louis. *Relatividad y abuso de los derechos*, in Del abuso de los derechos y otros ensayos. Santa Fe de Bogotá: Temis, 1999.

KELSEN, Hans. *Teoria pura do direito*. São Paulo: Martins Fontes, 1998.

KONDER, Carlos Nelson. *Contratos conexos*: grupos de contratos, redes contratuais e contratos coligados. Rio de Janeiro: Renovar, 2006.

_____. *Enriquecimento sem causa e pagamento indevido*, in TEPEDINO, Gustavo (Coord.). *Obrigações*: estudos na perspectiva civil-constitucional. Rio de Janeiro: Renovar, 2005.

KROETZ, Maria Cândida Amaral. *A representação voluntária no direito privado*. São Paulo: Revista dos Tribunais, 1997.

KUNDERA, Milan. *Risíveis amores*. Rio de Janeiro: Nova Fronteira, 1985.

LABAND, Paul. *Die Stellvertretung bei dem Abschluss von Rechtsgeschäften nach dem allgemeinen Deutshen Handelsgesetzbuch*. ZHR, Bd. 10, 1866.

LAFARGUE, Paul. *O direito à preguiça*. São Paulo: Hucitec – Unesp, 1999.

LANDIN, Francisco. *O mandato civil sem representação*. Campinas: Agá Juris, 2000.

LAROMBIÈRE, Léobon. *Theorie et pratique des obligations*. Paris: Pedone-Lauriel, 1885. t. III.

LEWICKI, Bruno. *A privacidade da pessoa humana no ambiente de trabalho*. Rio de Janeiro: Renovar, 2003.

LEWICKI, Bruno. *Limitações aos direitos do autor*: releitura na perspectiva do direito civil contemporâneo. Tese de doutorado (inédita), UERJ, 2007.

LEWICKI, Bruno. *Panorama da boa-fé objetiva*, in TEPEDINO, Gustavo (Coord.). *Problemas de direito civil-constitucional*. Rio de Janeiro: Renovar, 2000.

LEWICKI, Bruno. *Realidade refletida: privacidade e imagem na sociedade vigiada*, in *RTDC – Revista Trimestral de Direito Civil*, v. 27, p. 211-219.

LIMA, Marcio Kammer de. *Usucapião coletivo e desapropriação judicial*. Rio de Janeiro: GZ, 2009.

LIRA, Ricardo. Considerações sobre a representação nos negócios Jurídicos: a teoria da aparência e o princípio da publicidade na administração pública, in *Revista da Faculdade de Direito da Uerj*. Rio de Janeiro, 1993. v. 1, p. 309.

LÔBO, Paulo. *Direito civil*: parte geral. São Paulo: Saraiva, 2009.

LÔBO, Paulo. *Direito civil*: contratos. São Paulo: Saraiva, 2011.

LOTUFO, Renan. *Código Civil comentado*. São Paulo: Saraiva, 2003. v. I.

LUPOI, Maurizio. *L'Alambicco del comparatista*: dalla disgrazia al danno. Milano: Giuffrè, 2002.

MACEDO JR., Ronaldo Porto. *Contratos relacionais e defesa do consumidor*. São Paulo: Max Limonad, 1998.

MACHADO DE ASSIS. *A igreja do diabo*, in *Contos consagrados*. Ediouro – Coleção Prestígio. Disponível em: <www.biblio.com.br>.

MAIA JÚNIOR, Mairan Gonçalves. *A representação no negócio jurídico*. São Paulo: Revista dos Tribunais, 2001.

MAIA, Diogo Campos Medina. *Ação coletiva passiva*. Rio de Janeiro: Lumen Juris, 2009.

MALUF, Carlos Alberto Dabus. *O direito de propriedade e o instituto do usucapião no Código Civil de 2002*: questões controvertidas. São Paulo: Método, 2003. v. I.

MARELLA, Maria Rosaria. *La riparazione del danno in forma specifica*. Pádua: Cedam, 2000.

MARINONI, Luiz Guilherme; ARENHART, Sérgio Cruz. *Curso de processo civil*: processo de conhecimento. São Paulo: Revista dos Tribunais, 2007. v. 2

MARQUES, Claudia Lima. *Contratos no Código de Defesa do Consumidor*. São Paulo: Revista dos Tribunais, 2002.

MARQUES, Cláudia Lima. *Contratos no Código de Defesa do Consumidor*: o novo regime das relações contratuais. São Paulo: Revista dos Tribunais, 1998.

MARTINS-COSTA, Judith. *A boa-fé e o adimplemento das obrigações*, in Revista Brasileira de Direito Comparado. Rio de Janeiro: Instituto de Direito Comparado Luso-Brasileiro.

_____. *A boa-fé no direito privado*: sistema e tópica no processo obrigacional. São Paulo: Revista dos Tribunais, 2000.

_____. *Comentários ao Novo Código Civil*: do direito das obrigações. Do Adimplemento e da Extinção das Obrigações. Rio de Janeiro: Forense, 2003. v. V, t. I.

_____. *O caso dos produtos Tostines*: uma atuação do princípio da boa-fé na resilição de contratos duradouros e na caracterização da suppressio, in FRAZÃO, Ana; TEPEDINO, Gustavo: *o superior tribunal de justiça e a reconstrução do direito privado*. São Paulo: Revista dos Tribunais, 2011.

MATTIETTO, Leonardo. *A representação voluntária e o negócio jurídico de procuração*, in Revista Trimestral de Direito Civil. 2000. v. 4, p. 55-71.

MAXIMILIANO, Carlos. *Hermenêutica e aplicação do direito*. 19. ed. Rio de Janeiro: Forense, 2001.

MEDICUS, Dieter. *Tratado de las relaciones obligacionales*. Barcelona: Bosch, 1995. v. I.

MEIRELES, Rose Melo Vencelau. *A autonomia privada nas situações jurídicas subjetivas existenciais*: uma análise qualitativa em face das situações patrimoniais. Tese de doutorado defendida na Universidade do Estado do Rio de Janeiro, 2007.

MEIRELLES, Jussara. *O ser e o ter na codificação civil brasileira*: do sujeito virtual à cláusula patrimonial, in FACHIN, Luiz Edson. *Repensando os fundamentos do direito civil brasileiro contemporâneo*. Rio de Janeiro: Renovar, 2000.

MELLO, Thiago de. *A vida verdadeira*, in Vento Geral. Rio de Janeiro: Civilização Brasileira, 1984.

MENDONÇA, M. I. Carvalho de. *Doutrina e prática das obrigações*. Rio de Janeiro: Forense, 1956. v. I.

MENDONÇA, Manuel Inácio Carvalho de. *Contratos no direito civil brasileiro*. 4. ed. Rio de Janeiro: Forense, 1957. t. II.

MENDONÇA, Manuel Inácio Carvalho de. *Doutrina e prática das obrigações*. 4. ed. Rio de Janeiro: Forense, 1956. t. I.

MONTEIRO FILHO, Carlos Edison do Rêgo. *Elementos de responsabilidade civil por dano moral*. Rio de Janeiro: Renovar, 2000.

MONTEIRO, António Pinto. *Contratos de adesão e cláusulas contratuais gerais*: problemas e soluções, in *Revista Trimestral de Direito Civil – RTDC*. Rio de Janeiro: Padma, 2001. v. 7, p. 5.

MOON, Claire. *Narrating political reconciliation*: South Africa's Truth and Reconciliation Commission. Lanham: Lexington Books, 2009.

MORAES, José Diniz de. *A função social da propriedade e a Constituição Federal de 1988*. São Paulo: Malheiros, 1999.

MORAES, Maria Celina Bodin de. *O princípio da dignidade humana*, in *Princípios do direito civil contemporâneo*. Rio de Janeiro: Renovar, 2006.

_____. *A causa dos contratos*, in *Na medida da pessoa humana*: estudos de direito civil-constitucional. Rio de Janeiro: Renovar, 2010.

_____. *A causa dos contratos*, in *Revista Trimestral de Direito Civil*. v. 21, p. 109.

_____. *Constituição e direito civil: tendências*, in *Revista dos Tribunais*. São Paulo, 2000. n. 779, p. 63.

_____. *Danos à pessoa humana*: uma leitura civil-constitucional dos danos morais. Rio de Janeiro: Renovar, 2003.

_____. *O direito civil-constitucional*, in CAMARGO, Margarida M. Lacombe (Org.). *1988-1998: uma década de Constituição*. Rio de Janeiro: Renovar, 1998.

_____. *O princípio da solidariedade*, in PEIXINHO, Manoel Messias et al. (Org.). *Os princípios da Constituição de 1988*. Rio de Janeiro: Lumen Juris, 2001.

_____. *Sobre o nome da pessoa humana*, in *Revista da EMERJ*. 2000. v. 3, n. 12, p. 71.

MORAES, Renato José de. *Cláusula rebus sic stantibus*. São Paulo: Saraiva, 2001.

MOREIRA NETO, Diogo de Figueiredo. *Mutações do direito administrativo*. Rio de Janeiro: Renovar, 2006.

MOTA, Maurício; TORRES, Marcos Alcino. *A função social da posse no Código Civil*, in *Transformações do direito de propriedade privada*. Rio de Janeiro: Elsevier, 2009.

MUKAI, Toshio. O Imposto Predial e Territorial Progressivo: a função social da propriedade e a Constituição de 1988, in *Cadernos de Direito Municipal*, Revista de Direito Público n. 93, p. 243-244.

NEGREIROS, Teresa. *Teoria do contrato*: novos paradigmas, Rio de Janeiro: Renovar, 2006.

_____. *Fundamentos para uma interpretação constitucional do princípio da boa-fé*. Rio de Janeiro: Renovar, 1998.

_____. *Teoria do contrato*: novos paradigmas. Rio de Janeiro: Renovar, 2002.

_____. *Teoria do contrato*: novos paradigmas. Rio de Janeiro: Renovar, 2003.

NEVARES, Ana Luiza Maia. *A tutela sucessória do cônjuge e do companheiro na legalidade constitucional*. Rio de Janeiro: Renovar, 2004.

NEVARES, Ana Luiza Maia. *O erro, o dolo, a lesão e o estado de perigo no novo Código Civil*, in *A Parte geral do novo Código Civil*, TEPEDINO, Gustavo (Coord.). Rio de Janeiro: Renovar, 2003.

NEVES, Castanheira. *Questão-de-fato, questão-de-direito ou o problema metodológico da juridicidade*: ensaio de uma reposição crítica. Coimbra: Almedina, 1967. v. 1.

NEVES, Gustavo Kloh Müller. *Prescrição e decadência no direito civil*. Rio de Janeiro: Lumen Juris, 2008.

NEVES, Gustavo Kloh Müller. *Prescrição e decadência no novo código civil*, in TEPEDINO, Gustavo (Coord.). *A Parte Geral do Código Civil*. Rio de Janeiro: Renovar, 2002.

NONATO, Orosimbo. *Curso de obrigações*. Rio de Janeiro: Forense, 1959. v. I.

NORONHA, Fernando. *Direito das obrigações*. São Paulo: Saraiva, 2003. v. I.

PAEZ, Juan L. *El derecho de las asociaciones*. Buenos Aires: Kraft, 1940.

PEREIRA, Tânia da Silva (Coord.). *O melhor interesse da criança*: um debate interdisciplinar. Rio de Janeiro: Renovar, 1999.

PEREIRA, Caio Mário da Silva. *Crítica ao anteprojeto de Código Civil*, in Revista Forense. abr./jun. 1973. v. 242, p. 21.

PEREIRA, Caio Mário da Silva. *Instituições de direito civil*. Rio de Janeiro: Forense, 1995.

_____. *Instituições de Direito Civil*. Rio de Janeiro: Forense, 2004. v. I.

_____. *Instituições de Direito Civil*. 12. ed. Rio de Janeiro: Forense, 2005. v. III.

_____. *Lesão nos contratos*. 6. ed. Rio de Janeiro: Forense, 2001.

_____. *Responsabilidade civil*. Forense: Rio de Janeiro, 1999.

PERLINGIERI, Pietro. *Il diritto civile nella legalità costituzionale*. Nápoles: ESI, 2001.

_____. *La dottrina del diritto civile nella legalità costituzionale*, in RTDC – Revista Trimestral de Direito Civil. 2007. v. 31, p. 75-86.

_____. *La personalità umana nell'ordinamento giuridico*. Napoli: Esi, 1972.

_____. *Normas constitucionais nas relações privadas*, in Revista da Faculdade de Direito da UERJ. 1998/1999. n. 6-7, p. 64.

_____. *Norme costituzionali e rapporti di diritto civile*. Napoli: Edizioni Scientifiche Italiane, 1989.

_____. *Perfis do direito civil*: introdução ao direito civil constitucional. Trad. Maria Cristina De Cicco, Rio de Janeiro: Renovar, 1999.

_____. *Perfis de direito civil* (Trad. Maria Cristina De Cicco). Rio de Janeiro: Renovar, 1997.

PETRINI, João Carlos. *Notas para uma antropologia da família*, in Temas Atuais de Direito e Processo de Família. (Coord.). FARIAS, Cristiano Chaves de. Rio de Janeiro: Lumen Juris, 2004.

PINHEIRO, Rosalice Fidalgo. *O abuso do direito e as relações contratuais*. Rio de Janeiro: Renovar, 2002.

PINTO, Carlos Alberto da Mota. *Teoria geral do direito civil*. 3. ed. Coimbra: Coimbra Editora, 1985.

PLANIOL Marcel; RIPERT, Georges. *Traité pratique de droit civil français*. t. VII, com a colaboração de Paul Esmein, Jean Radouant e Gabriel Gabolde. Paris: LGDJ, 1931.

PONTES DE MIRANDA. *Tratado de direito privado*. 2. ed. Parte Especial, Rio de Janeiro: Borsoi, 1958. t. XXII.

_____. *Tratado de Direito Privado*. Rio de Janeiro: Borsoi, 1954. t. I.

_____. *Tratado de Direito Privado*. Rio de Janeiro: Borsoi, 1958. t. XXII.

POTIER, Camille. *Les présomptions de causalité*. Paris: Université de Paris I – Pantheon Sorbonne, 1995-1996.

PRADO JÚNIOR, Caio. *A questão agrária no Brasil*. 5. ed. São Paulo: Brasiliense, 2000.

PROUDHON, P. J. *Théorie de la proprieté*: Suivie d'un nouveau plan d'exposition perpétuelle. Paris: Librarie Internationalle, 1871.

PUGLIATTI, Salvatore. *La proprietà nel nuovo diritto*. Milano: Dott. A. Giuffrè Editore, 1964.

_____. *Studi sulla rappresentanza*. Milão: Giuffrè, 1965.

RAMOS, Carmem Lucia Silveira et al. *Diálogos sobre direito civil*. Rio de Janeiro: Renovar, 2002.

RAU, Aubry e. *Cours de droit civil français*. Paris: Librarie de La Cour de Cassation, 1920. t. 6.

REALE, Miguel. *O Projeto de Código Civil*: situação atual e seus problemas fundamentais. São Paulo: Saraiva, 1986.

RECHT, Pierre. *Le droit d'auteur*: une nouvelle forme de proprieté. Gembloux: J. Duculot, 1969.

RIBEIRO, Renato Janine. *A universidade e a vida atual*: Fellini não via filmes. Rio de Janeiro: Campus, 2003.

LIRA, Ricardo Pereira. *Elementos de direito urbanístico*. Rio de Janeiro: Renovar, 1997.

RIPERT, Georges. *A regra moral nas obrigações civis*. Campinas: Bookseller, 2000.

RIZZARDO, Arnaldo. *Contratos*. Rio de Janeiro: Forense, 2005.

Roberto ANDORNO. *El principio de precaución*: un nuevo standard jurídico para la era tecnológica. in *Diario La Ley*. Buenos Aires, jul. 2002.

ROCCO, Alfredo. *Principii di diritto commerciale*. Torino: UTET, 1928.

ROCHA, Manuel António Coelho da. *Instituições de direito civil português*. Rio de Janeiro: Garnier, 1907.

RODOTÀ, Stefano. *Il problema della responsabilità civile*. Milano: Dott. A. Giuffrè, 1967.

_____. *Intervista su privacy e libertà*. CONTI, Paolo (Org.). Roma-Bari: Laterza.

RODRIGUES, Silvio. *Direito civil*. 26. ed. São Paulo: Saraiva, 1996. v. 1.

ROPPO, Enzo. *O contrato*. Coimbra: Almedina, 1988.

ROSENWALD, Nelson; FARIAS, Cristiano Chaves de. *Direitos reais*. Rio de Janeiro: Lumen Juris, 2008.

ROUDINESCO, Elisabeth. *A família em desordem*. Rio de Janeiro: Jorge Zahar, 2003.

RUDGE, Luiz Fernando; AMENDOLARA, Leslie. *Desvendando a rede dos financiamentos imobiliários*. São Paulo: Pini, 1997.

RUGGIERO, Roberto de. *Instituições de direito civil*. Campinas: Bookseller, 1999. v. 1.

RUZYK, Carlos Eduardo Pianovsky. *Famílias simultâneas*: da unidade codificada à pluralidade constitucional. Rio de Janeiro: Renovar, 2005.

SÁ, Fernando Augusto Cunha de. *Abuso do direito*. Lisboa: Petrony, 1973.

SACCO, Rodolfo. *L'abuso della libertà contrattuale*, in *Diritto Privato*. Padova: Cedam, 1998. v. III, p. 234.

SANTORO-PASSARELLI, Francesco. *Dottrine generali del diritto civile*. Napoli: Eugenio Jovene, 1997.

SARLET, Ingo Wolfgang. *Dignidade da pessoa humana e direitos fundamentais na Constituição Federal de 1988*. Porto Alegre: Livraria do Advogado, 2001.

SARMENTO, Daniel. *A ponderação de interesses na Constituição Federal*. Rio de Janeiro: Lumen Juris, 2000.

SARMENTO, Daniel. *A vinculação dos particulares aos direitos fundamentais no direito comparado e no Brasil*, in BARROSO, Luís Roberto (Org.). *A nova interpretação constitucional*: ponderação, direitos fundamentais e relações privadas. Rio de Janeiro: Renovar, 2003.

SAUNDERS, Rebecca. *Sobre o intraduzível*: sofrimento humano, a linguagem de direitos humanos e a Comissão de Verdade e Reconciliação da África do Sul, in *SUR – Revista Internacional de Direitos Humanos*. São Paulo, dezembro de 2008. v. 5, n. 9.

SCHREIBER, Anderson. *Novos paradigmas da responsabilidade civil*. 2. ed. São Paulo: Atlas, 2009.

_____. *A função social da propriedade na prática jurisprudencial brasileira*, in *RTDC*, v. 6, p. 159-182.

_____. *A proibição de comportamento contraditório*: venire contra factum proprium e tutela da confiança. 2. ed. Rio de Janeiro: Renovar, 2007.

_____. *A proibição de comportamento contraditório*: tutela da confiança e venire contra factum proprium. 2. ed. Rio de Janeiro: Renovar, 2007.

_____. *A Representação no Novo Código Civil*, in TEPEDINO, Gustavo (Org.). *A parte geral do novo Código Civil*: estudos na perspectiva civil-constitucional. 2. ed. Rio de Janeiro: Renovar, 2003.

_____. *Arbitramento do dano moral no novo Código Civil*, in *Revista Trimestral de Direito Civil*. Rio de Janeiro: Padma, n. 12, p. 3-24.

_____. *Direito à moradia como fundamento para a impenhorabilidade do imóvel residencial do devedor solteiro*, in *diálogos sobre direito civil*: construindo a racionalidade contemporânea. Rio de Janeiro: Renovar, 2002.

_____. *Direito civil e Constituição*, in *RTDC*. v. 48, p. 3-26.

_____. *Direitos da personalidade*. São Paulo: Atlas, 2012.

_____. *Novos paradigmas da responsabilidade civil*. São Paulo: Atlas, 2007.

_____. *O princípio da boa-fé objetiva no direito de família*, in PEREIRA, Rodrigo da Cunha (Coord.). *Família e dignidade humana – Anais do V Congresso de Direito de Família*. Belo Horizonte: IBDFam, 2005.

_____. *Os direitos da personalidade e o Código Civil de 2002*, in *Diálogos sobre direito civil*. TEPEDINO, Gustavo; FACHIN, Luiz Edson. Rio de Janeiro: Renovar, 2008. v. II.

SERPA LOPES, Miguel Maria. *Curso de direito civil*. 5. ed. Rio de Janeiro: Freitas Bastos, 1999. v. IV.

_____. *Curso de direito civil*: obrigações em geral. v. II, Rio de Janeiro: Freitas Bastos, 1995.

_____. *Curso de direito civil*. Rio de Janeiro: Freitas Bastos, 1996. v. 1, p. 472.

_____. *Curso de direito civil*. Rio de Janeiro: Freitas Bastos, 1995. v. II.

_____. *Curso de direito civil*. 5. ed. Rio de Janeiro: Freitas Bastos, 1999. v. IV.

SERTÃ, Renato Lima Charnaux. *A distanásia e a dignidade do paciente*. Rio de Janeiro: Renovar, 2005.

SIDOU, J. M. Othon. *A revisão judicial dos contratos*. 2. ed. Rio de Janeiro: Forense.

_____. *Resolução judicial dos contratos (Cláusula Rebus Sic Stantibus) e Contratos de adesão*. 3. ed. Rio de Janeiro: Forense, 2000.

SILVA, Jorge Cesar Ferreira da. *A boa-fé e a violação positiva do contrato*. Rio de Janeiro: Renovar, 2002.

SILVA, Juliana Pedreira da. *Contratos sem negócio jurídico*: crítica das relações contratuais de fato. São Paulo: Atlas, 2011.

SILVA, Rafael Peteffi da. *Responsabilidade civil pela perda de uma chance*. São Paulo: Atlas, 2007.

SILVA, Regina Beatriz Tavares da. Débito conjugal, in PEREIRA, Rodrigo da Cunha (Coord.). *Afeto, ética, família e o novo Código Civil Brasileiro* – Anais do IV Congresso Brasileiro de Direito de Família. Belo Horizonte: Del Rey, 2004.

RODRIGUES, Silvio. *Direito civil.* São Paulo: Saraiva, 1997. v. 3.

SIMONI, Alessandro. *Una macchina risarcitoria*: regole, attori, problemi nel modello svedese di riparazione del danno alla persona. Torino: G. Giappichelli Editore, 2001.

SLAIBI FILHO, Nagib. *Da associação no novo Código Civil.* Revista de Direito do Tribunal de Justiça do Estado do Rio de Janeiro, 2004.

SOMBRA, Thiago Luís Santos. *A eficácia dos direitos fundamentais nas relações jurídico-privadas.* Porto Alegre: Sergio Fabris, 2004.

STAUB, Hermann. *Die positiven Vertragsverletzungen und ihre Rechtsfolgen*, in *Festschrift für den XXVI. Deutschen Juristentag.* Berlim: J. Guttentag, 1902.

RODOTÀ, Stefano. La rinascita della questione proprietaria, in *Il terribile diritto*: studi sulla proprietà privata. Bologna: Il Mulino, 1990.

STENDHAL. *Do Amor.* São Paulo: Martins Fontes, 1999.

SZTAJN, Rachel. *Associações e sociedades*: semelhanças e distinções à luz da noção de contrato plurilateral. Revista de Direito Privado, 2005.

TABET, Gabriela. *A inconstitucionalidade da presunção pater is est*, in *RTDC*: Revista Trimestral de Direito Civil. 2005. v. 22, p. 71-95.

TARTUCE, Flávio. *Função social dos contratos*: do Código de Defesa do Consumidor ao Código Civil de 2002. São Paulo: Método, 2007.

_____; SIMÃO, José Fernando. *Direito das coisas.* São Paulo: GEN-Método, 2011.

TEIXEIRA, Ana Carolina Brochado. *Família, guarda e autoridade parental.* Rio de Janeiro: Renovar, 2005.

TELLES, Inocêncio Galvão. *Direito das obrigações.* Coimbra: Coimbra Editora, 1983.

TEPEDINO, Gustavo; MORAES, Maria Celina Bodin de; LEWICKI, Bruno. *O Código Civil e o direito civil constitucional.* Editorial à *Revista Trimestral de Direito Civil – RTDC.* 2003. v. 13, p. iii.

_____. *A tutela da personalidade no ordenamento civil-constitucional brasileiro*, in *Temas de direito civil.* 3. ed. Rio de Janeiro: Renovar, 2004.

_____. *Notas sobre a função social dos contratos*, in *Temas de direito civil.* Rio de Janeiro: Renovar, 2009. t. III.

_____. *Novas formas de entidades familiares*: efeitos do casamento e da família não fundada no matrimônio, in *Temas de direito civil.* 3. ed. Rio de Janeiro: Renovar.

_____. *Novos princípios contratuais e teoria da confiança*: a exegese da cláusula to the best knowledge of the sellers, in *Temas de direito civil.* Rio de Janeiro: Renovar, 2006. t. II.

TEPEDINO, Gustavo. *Questões controvertidas sobre o contrato de corretagem*: Temas de direito civil. Rio de Janeiro, Renovar, 1999.

_____ et al. *Código Civil interpretado conforme a Constituição da República.* Rio de Janeiro: Renovar, 2006. v. II.

TEPEDINO, Gustavo et al. *Código Civil interpretado*. Rio de Janeiro: Renovar, 2005. v. I.

_____. *O novo Código Civil*: duro golpe na recente experiência constitucional brasileira, editorial à *RTDC – Revista Trimestral de Direito Civil*. 2001. v. 7.

_____. *O novo Código Civil*: duro golpe na recente experiência constitucional brasileira, in *RTDC – Revista Trimestral de Direito Civil*. Rio de Janeiro: Padma, 2001. ano 2, v. 7.

_____. *Premissas metodológicas para a constitucionalização do direito civil*, in *Temas de direito civil*. 3. ed. Rio de Janeiro: Renovar, 2004.

_____. *Temas de direito civil*. 3. ed. Rio de Janeiro: Renovar, 2004.

_____. Premissas metodológicas para a constitucionalização do direito civil, *in Temas de Direito Civil*, Rio de Janeiro: Renovar, 1999.

_____. *Comentários ao novo Código Civil*. Rio de Janeiro: Forense, 2008. v. X.

_____. *Crise de fontes normativas e técnica legislativa na Parte Geral do Código Civil de 2002*, in *Temas de Direito Civil*. Rio de Janeiro: Renovar, 2006. t. II.

_____. *Normas Constitucionais e direito civil na construção unitária do ordenamento*, in *Temas de direito civil*. Rio de Janeiro: Renovar, 2009. t. III.

_____. *O novo Código Civil*: duro golpe na recente experiência constitucional brasileira, in *Revista Trimestral de Direito Civil*. Rio de Janeiro: Padma, 2001. ano 2, v. 7.

_____; Heloisa Helena Barboza e Maria Celina Bodin de Moraes. *Código Civil interpretado conforme a Constituição da República*. 2. ed. Rio de Janeiro: Renvoar, 2007. v. I.

_____; SCHREIBER, Anderson. *A boa-fé objetiva no Código de Defesa do Consumidor e no novo Código Civil*, in TEPEDINO, Gustavo (Coord.). *Obrigações*: estudos na perspectiva civil-constitucional. Rio de Janeiro: Renovar, 2005.

_____; SCHREIBER, Anderson. *A boa-fé objetiva no Código de Defesa do Consumidor e no Novo Código Civil*, in *Obrigações*: estudos na perspectiva civil-constitucional. Rio de Janeiro: Renovar, 2005.

_____; SCHREIBER, Anderson. *Código Civil comentado*: Direito das obrigações. São Paulo: Atlas, 2008. v. IV.

_____; SCHREIBER, Anderson. *O extremo da vida*: eutanásia, accanimento terapeutico e dignidade humana, in *RTDC – Revista Trimestral de Direito Civil*. v. 39, p. 3-18.

_____; SCHREIBER, Anderson. *Os efeitos da Constituição em relação à cláusula da boa-fé no Código de Defesa do Consumidor e no Código Civil*, in Revista da EMERJ. 2003. v. 6, n. 23, p. 139-151.

THUR, Andreas Von. *Derecho civil*: teoria general del derecho civil aleman. Buenos Aires: De Palma, 1948.

TORRENTE, Andrea; SCHLESINGER, Piero. *Manuale di diritto privato*. Milão: A. Giuffrè, 1999.

TORRES, Ricardo Lobo. *Os direitos humanos e a tributação*. Rio de Janeiro: Renovar, 1999.

TOURNEAU Philippe le; CADIET, Loïc. *Droit de la responsabilité*. Paris: Dalloz, 1998.

TROISI, Bruno. *La prescrizione come procedimento*. Camerino: E.S.I., 1980.

VAMPRÉ, Spencer. *O caso fortuito nos acidentes pessoais de transporte*, in *Revista dos Tribunais*. 1921. v. 37, p. 147.

VARELA, João de Mattos Antunes. *Das obrigações em geral*. Coimbra: Almedina, 2000. v. I.

VARELLA, Drauzio. *A questão do aborto*. Disponível em: http://drauziovarella.com.br/saude-da-mulher/gravidez/a-questao-do-aborto/. Acesso em: 31 ago. 2012.

VENOSA, Sílvio de Salvo. *Direito civil*: parte geral. São Paulo: Atlas, 2005. v. 1.

VINEY, Geneviève. *La responsabilité*: conditions. Paris: LGDJ, 1982.

VIOLANTE, Andrea. *Responsabilità oggettiva e causalità flessibile*. Napoli: Edizioni Scientifiche Italiane, 1999.

WATANABE Kazuo. *Código Brasileiro de Defesa do Consumidor comentado pelos autores do anteprojeto*. Rio de Janeiro: Forense Universitária, 1999.

WIEACKER, Franz. *El principio general de la buena fe*. 2. ed. Madrid: Editorial Civitas, 1982.

_____. *História do direito privado moderno*. Tradução de A. M. Botelho Hespanha. Lisboa: Calouste Gulbenkian, 1993.

ZAVASCKI, Teori Albino. *A tutela da posse na Constituição e no Projeto do Código Civil*, in MARTINS-COSTA, Judith (Org.). *A reconstrução do direito privado*. São Paulo: Revista dos Tribunais, 2002.

Formato 17 x 24 cm
Tipografia Iowan 10/13
Papel Alta Alvura 63 g/m² (miolo)
Supremo 250 g/m² (capa)
Número de páginas 512
Impressão Geográfica Editora